Biosphäre 9/10

Baden-Württemberg

Cornelsen

Biosphäre

Band 9/10 Gymnasium Baden-Württemberg

Herausgeber:

Stefan Auerbach, Karlsruhe; Dr. Werner Bils, Tübingen

Autorinnen und Autoren:

Astrid Agster, Reutlingen; Stefan Auerbach, Karlsruhe; Dr. Werner Bils, Tübingen; Robert Felch, Mögglingen; Dr. Horst Janz, Tübingen; Gabriele Rupp, Stutensee; Dr. Stephanie Schrank, Ulm; Dr. Ulrike Schiek, Landau/Pfalz; Hans-Jürgen Staudenmaier, Pfinztal; Dr. Matthias Stoll, Tübingen; Michael Szabados, Denzlingen

Teile dieses Buches sind anderen Ausgaben der Lehrwerksreihe Biosphäre entnommen.

Autorinnen und Autoren dieser Ausgaben:

Anke Brennecke; Frank Deutschmann; Anne-Kathrin Dierschke; Daniela Grabenstein; Franziska Hach; Angelika Huber; Wolfhard Koth-Hohmann; Prof. Dr. Hansjörg Küster; Dr. Karl-Wilhelm Leienbach; Prof. Dr. Anke Meisert; Martin Post; Annegret Schlegel

Redaktion:

Ina Albrecht

Designberatung:

Katharina Wolff-Steininger, Ellen Meister

Gesamtgestaltung und technische Umsetzung:

SOFAROBOTNIK GbR, Augsburg & München

Grafik:

Angelika Kramer, Stuttgart; Karin Mall, Berlin; Tom Menzel, Klingberg/Scharbeutz; Heike Möller, Rödental

Begleitmaterial zum Lehrwerk	
E-Book	978-3-06-420188-0
Lösungen zum Schülerbuch	978-3-06-420037-1
Klassenarbeiten zum Schülerbuch	978-3-06-420038-8
Handreichungen für den Unterricht, Teil 1	978-3-06-420006-7
Handreichungen für den Unterricht, Teil 2	978-3-06-420007-4
Handreichungen für den Unterricht, Teil 3	978-3-06-420008-1
Begleitmaterial auf USB-Stick inkl. E-Book als Zugabe und Unterrichtsmanager auf cornelsen.de	978-3-06-015790-7
Unterrichtsmanager Plus online inkl. E-Book als Zugabe und Begleitmaterialien auf cornelsen.de	978-3-06-420259-7

www.cornelsen.de

1. Auflage, 2. Druck 2020

Alle Drucke dieser Auflage sind inhaltlich unverändert und können im Unterricht nebeneinander verwendet werden.

© 2018 Cornelsen Verlag GmbH, Berlin

Druck und Bindung: Livonia Print, Riga

ISBN 978-3-06-420036-4

INHALTSVERZEICHNIS

Evolution   12

Ökologie   58

Genetik   150

Immunbiologie 218

Informationssysteme 244

Zusatzangebot zur Erweiterung und Vertiefung des Unterrichts

NOCH GEWUSST?

Zelle und Stoffwechsel

Zellen •
Stoffwechsel •

Körper des Menschen

- Ernährung und Verdauung
- Atmung, Blut und Kreislaufsystem
- Stütz- und Bewegungssystem
- Organe des Menschen

Methoden

Mikroskopieren und Zeichnen •
Herstellung eines mikroskopischen •
Präparats von Pflanzenzellen
Ein Versuchsprotokoll erstellen •
Arbeiten mit Modellen •
Präparation eines Schweineherzens •
Präparation eines Schweineauges •

Sexualität und Fortpflanzung

- Sexualität
- Fortpflanzung

Biosphäre 7/8

Basiskonzepte und Biologische Prinzipien

Struktur und Funktion •
Oberflächenvergrößerung ▫
Schlüssel-Schloss-Prinzip ▫
Gegenspielerprinzip ▫
System •
Kompartimentierung ▫
Stoff- und Energie- ▫
umwandlung
Steuerung und Regelung ▫

Informationssysteme

- Sinnesorgane des Menschen
- Hormonsystem
- Sucht und Drogen

Immunbiologie

Krankheitserreger •
Immunsystem •

*Alle Lebewesen zeigen bestimmte Eigenschaften und Lebensvorgänge. Sie werden deshalb als **biologische Prinzipien** bezeichnet. Diese Prinzipien lassen sich in drei Gruppen einteilen, die **Basiskonzepte.***

BASISKONZEPT SYSTEM

Die Lebensvorgänge laufen in offenen Systemen ab, die mit ihrer Umwelt in ständigem Austausch stehen. Zellen nehmen zum Beispiel Stoffe auf und geben Stoffe ab und Lebewesen beeinflussen sich gegenseitig in ökologischen Systemen.

BIOLOGISCHES PRINZIP: STOFF- UND ENERGIEUMWANDLUNG

Die Blätter der Bananenpflanze nehmen Sonnenlicht auf. Die Lichtenergie wird mithilfe der Fotosynthese in chemische Energie umgewandelt und in Form von Glukose und der daraus gebildeten Stärke festgelegt und gespeichert. Diese energiereichen Kohlenhydrate wandelt die Bananenpflanze in energiearme Stoffe um. Dabei wird Energie frei, welche die Zellen nutzen können. Stoff- und Energieumwandlungen sind für die Lebensvorgänge notwendig.

BIOLOGISCHES PRINZIP: INFORMATION UND KOMMUNIKATION

Durch Blicke, Worte und Gesten kann man mit einem Hund Kontakt aufnehmen. Auf diese Informationen reagiert der Hund entsprechend, meistens durch seine Körperhaltung. Diese wiederum stellt eine Information für den Menschen dar. Das Senden und Empfangen von Informationen dient der Verständigung unter Lebewesen und wird als Kommunikation bezeichnet.

BIOLOGISCHES PRINZIP: STEUERUNG UND REGELUNG

Die Jagd eines Uhus ist mit hoher körperlicher Leistung verbunden. Die Energie für die Bewegung wird aus dem Abbau von Nährstoffen gewonnen. Die dazu benötigte größere Sauerstoffmenge wird durch eine erhöhte Atemfrequenz hergestellt. Steuerungs- und Regelungsvorgänge führen zum Beispiel bei Ruhe oder hoher Aktivität zu einer passenden Versorgung des Körpers bei unterschiedlichen Anforderungen.

BIOLOGISCHES PRINZIP: KOMPARTIMENTIERUNG

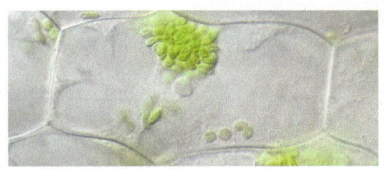

Viele Bestandteile der Zellen sind durch Membranen abgegrenzt und bilden getrennte Räume, in denen unterschiedliche Bedingungen herrschen. Sie werden als Kompartimente bezeichnet. Durch eine Kompartimentierung können verschiedene Stoffwechselvorgänge getrennt voneinander ablaufen, ohne sich gegenseitig zu beeinflussen.

BASISKONZEPT STRUKTUR UND FUNKTION

Lebewesen, Organe und Zellen haben Strukturen, die für die jeweiligen Funktionen günstig sind. Verschiedene Funktionen, Lebensweisen und Umwelteinflüsse haben jeweils andere Strukturen zur Folge. Die Beziehungen zwischen Strukturen und Funktionen erleichtern das Verständnis biologischer Sachverhalte.

BIOLOGISCHES PRINZIP: ANGEPASSTHEIT

Die Seerose ist eine Schwimmblattpflanze, die mit vielen ihrer Merkmale an das Leben im Wasser angepasst ist. Die Laubblätter sind so gebaut, dass sie nicht untergehen. Mit ihren lang gestreckten Sprossausläufern verankert sich die Pflanze im Untergrund. Die Samen der Seerose besitzen Schwimmsäcke und können sich so im Wasser leicht verbreiten.

Lebewesen sind in ihrem Bau und ihrer Lebensweise an ihre Umwelt angepasst.

BIOLOGISCHES PRINZIP: SCHLÜSSEL-SCHLOSS-PRINZIP

Enzyme ermöglichen viele Stoffwechselprozesse im Körper. Aufgrund ihrer spezifischen Struktur können sie einen bestimmten Stoff, ein Substrat, binden und umsetzen. Die Oberflächenform des Substrats passt wie ein Schlüssel zur Oberflächenform des dazugehörigen Enzyms.

Dieses Schlüssel-Schloss-Prinzip findet sich zum Beispiel auch bei Hormonen, die nur an genau passenden Zielzellen ihre Wirkung entfalten können.

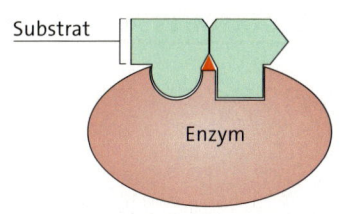

BIOLOGISCHES PRINZIP: GEGENSPIELERPRINZIP

Das Hormon Insulin senkt den Blutzuckerspiegel, indem es den Übertritt von Glukose aus dem Blut in die Zellen und die Umwandlung von Glukose zu Glykogen und Fett fördert. Das Hormon Glukagon hingegen erhöht den Blutzuckerspiegel, indem es den Abbau von Glykogen zu Glukose in der Leber fördert und so den Glukosegehalt im Blut erhöht.

Solche Vorgänge, bei denen jeweils einzelne Teile entgegengesetzt wirken, nennt man Gegenspielerprinzip.

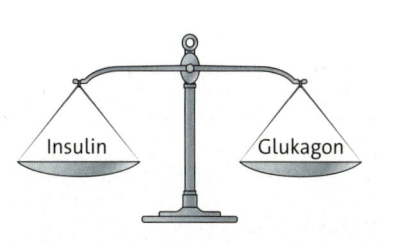

BIOLOGISCHES PRINZIP: OBERFLÄCHENVERGRÖSSERUNG

Die Lebensprozesse werden erst durch die Versorgung der Zellen des Körpers mit Sauerstoff ermöglicht. Die Blutgefäße der Lunge sind für die Aufnahme von Sauerstoff und die Abgabe von Kohlenstoffdioxid verantwortlich. Sie verzweigen sich bis in sehr viele kleine Verästelungen, die Kapillaren. Dadurch wird eine sehr große Oberfläche erreicht, durch die in kurzer Zeit große Mengen Sauerstoff aufgenommen werden können.

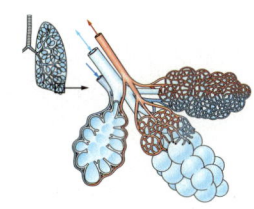

BASISKONZEPT ENTWICKLUNG

Alle Lebewesen und biologischen Systeme entwickeln und verändern sich. Während der langen Erdgeschichte haben sich die heute auf der Erde vorkommenden Lebewesen aus Vorfahren entwickelt. Entwicklung findet auch während des Lebens jedes Individuums statt, und zwar auf der Ebene der Zellen, Gewebe und Organe.

BIOLOGISCHES PRINZIP: REPRODUKTION

Tigerpythons sind ungiftige Schlangen, die vor allem in Südostasien vorkommen. Ein trächtiges Weibchen legt im Durchschnitt 30 weichschalige Eier. Während der Entwicklung der Jungtiere schützt die Schlange die Eier mit ihrem Körper und reguliert so auch ihre Feuchtigkeit und Temperatur. Nach etwa 60 Tagen schlüpfen die Jungtiere, eine neue Generation ist entstanden. Ungefähr zwei Jahre später sind diese geschlechtsreif und können sich ebenfalls fortpflanzen.

Alle Lebewesen produzieren Nachkommen. Diese Reproduktion führt dazu, dass ihre Art erhalten bleibt.

BIOLOGISCHES PRINZIP: VARIABILITÄT

Porzellanschnecken leben vor allem in tropischen Meeren. Sie sind je nach Art zwischen 1 und 20 Zentimeter groß. Vergleicht man die Schneckengehäuse einer Art miteinander, erkennt man, dass sie unterschiedlich sein können. Die Gehäuse der Zick-Zack-Kauri unterscheiden sich beispielsweise in ihrer Farbe und Zeichnung, sie variieren.

Die unterschiedliche Ausprägung der Merkmale von Lebewesen einer Art bezeichnet man als Variabilität. Sie ist eine wichtige Ursache für die Vielfalt des Lebens auf der Erde.

BIOLOGISCHES PRINZIP: EVOLUTION

Die heute auf der Erde vorkommenden Lebewesen sind aus Vorfahren entstanden, die als Fossilien erhalten sein können. Sie haben sich durch Änderungen ihrer Erbinformation und durch Ausleseprozesse über sehr lange Zeiträume hinweg entwickelt. So kam es zu der heutigen Vielfalt der Lebewesen.

Solche Entwicklungsprozesse bezeichnet man als Evolution. Auch heute laufen bei allen Lebewesen ständig Evolutionsprozesse ab.

Aufgaben sind ein wichtiger Bestandteil deines Biologiebuchs „Biosphäre 9/10" und unterstützen auf vielfältige Weise das Lernen. Um Aufgaben lösen zu können, müssen sie richtig verstanden werden. Hierbei ist es wichtig, verschiedene Typen von Aufgaben unterscheiden zu können. Das Verb zu Beginn der Aufgabenstellung, der Operator, gibt dir die Anweisung, welche Form der Aufgabenbearbeitung gefordert ist. Im Folgenden findest du zu den verschiedenen Operatoren jeweils eine Beschreibung und Beispielaufgaben mit Lösungen.

NENNEN · Aufgaben mit dem Verb „Nennen" fordern dazu auf, bestimmte Sachverhalte, Begriffe oder Daten ohne Erläuterungen, aufzuzählen. Auch das Beschriften einer Abbildung gehört dazu.

Beispielaufgabe: Nenne zwei organische Stoffe in Lebewesen, die Stickstoff enthalten und deren jeweilige Funktion!

Lösung: Die Erbsubstanz DNA enthält Stickstoff. Sie speichert die Erbinformation. Proteine, zum Beispiel Enzyme, enthalten Stickstoff. Sie katalysieren Stoffwechselfunktionen.

BESCHREIBEN · Aufgaben mit dem Verb „Beschreiben" zielen darauf ab, wichtige Eigenschaften von Strukturen, Sachverhalten oder Zusammenhängen mit eigenen Worten strukturiert und mithilfe der Fachsprache in ganzen Sätzen wiederzugeben.

Beispielaufgabe: Beschreibe die Funktion von Enzymen bei der Herstellung transgener Bakterien!

Lösung: Zur Herstellung transgener Bakterien werden Schneideenzyme und Bindeenzyme benötigt. Schneideenzyme schneiden aus der menschlichen DNA den Abschnitt aus, der die genetische Information zur Insulinbildung enthält. Ebenfalls haben sie die Funktion, Bakterien-Plasmide zu öffnen. Bindeenzyme haben die Funktion, die Kontaktstellen zwischen menschlicher und bakterieller DNA wieder zusammenzufügen.

VERGLEICHEN · Bei Aufgaben mit dem Verb „Vergleichen" sollen Gemeinsamkeiten und Unterschiede von Merkmalen, den Vergleichskriterien, festgestellt werden. Die Ergebnisse lassen sich zum Beispiel in Textform oder in Form einer Tabelle darstellen.

Beispielaufgabe: Vergleiche die Karyogramme von Vater und Tochter!

Lösung:
Gemeinsamkeiten:
Das Karyogramm von Vater und Tochter weist dieselbe Anzahl an 46 Chromosomen auf. Die 22 Autosomenpaare lassen sich bei Vater und Tochter im Karyogramm nicht unterscheiden.
Unterschiede:
Die Gonosomen hingegen zeigen bei der Tochter die Kombination XX und beim Vater die Kombination XY.

ERKLÄREN · Aufgaben mit dem Verb „Erklären" verlangen, dass die Zusammenhänge von Sachverhalten, Strukturen oder Prozessen auf Gesetze oder allgemeine Aussagen zurückgeführt werden.

Beispielaufgabe: Erkläre, weshalb das Anpflanzen von Pflanzen mit Knöllchenbakterien das Wachstum anderer Pflanzen fördert!

Lösung: Alle Pflanzen sind auf die Versorgung mit Stickstoff angewiesen. Die Knöllchenbakterien binden den Luftstickstoff und überführen ihn in Ammonium. Beim Anpflanzen von Pflanzen mit Knöllchenbakterien wird deshalb der Boden mit Ammonium angereichert. Pflanzen ohne Knöllchenbakterien können Luftstickstoff zum Aufbau von organischen Stickstoffverbindungen nicht nutzen. Enthält aber der Boden reichlich Ammonium, das auch von diesen Pflanzen genutzt werden kann, wird damit auch deren Wachstum gefördert.

ERLÄUTERN · Aufgaben mit dem Verb „Erläutern" fordern dazu auf, dass die Zusammenhänge von Sachverhalten, Strukturen oder Prozessen auf Gesetze oder allgemeine Aussagen zurückgeführt und durch zusätzliche Informationen verständlich dargestellt werden. Hilfreich ist die Verwendung weiterer Beispiele, Vergleiche oder auch Bezüge zu den biologischen Prinzipien.

Beispielaufgabe: Erläutere, weshalb die Lotka-Volterra-Prognosen in der Natur niemals exakt eintreffen!

Lösung: LOTKA und VOLTERRA gingen von einem stark vereinfachten Idealzustand aus. In ihren mathematischen Simulationen berücksichtigten sie nur die Wechselwirkungen zwischen einer einzigen Beuteart und einer Räuberart. In der Natur haben jedoch die meisten Beutetiere mehrere Arten von Fressfeinden und die meisten Räuber jagen wesentlich mehr als nur eine Beuteart. Außerdem hängt die Populationsgröße noch von weiteren Faktoren ab, zum Beispiel klimatischen Veränderungen. Klimaschwankungen bestimmen sowohl die Zusammensetzung als auch die Menge des Nahrungsangebotes der Beutetiere. Zusätzlich beeinflussen sie, vor allem durch Wetterextreme, die allgemeine Überlebenswahrscheinlichkeit der Lebewesen beider Arten. Auch die oft in der Folge von Klimaveränderungen einsetzende Ab- oder Einwanderung anderer Arten kann auf die Populationsgrößen einwirken. Epidemien nehmen ebenfalls Einfluss auf die Größe einer Population. Schließlich kann auch der Mensch durch sein Jagdverhalten und über die Verkehrs- und Handelswege eingeschleppte neue Arten Populationsgrößen einzelner Arten verändern.

BEGRÜNDE · Bei Aufgaben mit dem Verb „Begründe" soll ein Sachverhalt auf Regeln, Gesetzmäßigkeiten oder kausale Zusammenhänge zurückgeführt werden.

Beispielaufgabe: Begründe, ob es sich bei der Kreuzung um einen dominant-rezessiven oder um einen intermediären Erbgang handelt!

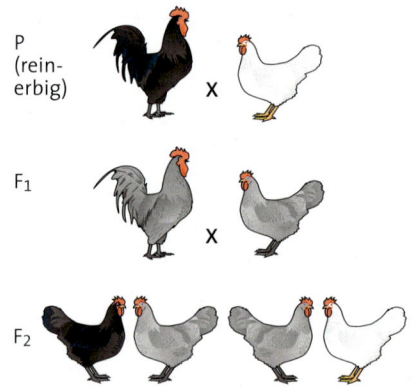

01 Kreuzung von Hühnern

Lösung: Die P-Generation ist reinerbig. Bei einem dominant-rezessiven Erbgang müsste sich eines der Allele in der F_1-Generation durchsetzen. Die Hühner müssten also phänotypisch alle weißes oder schwarzes Gefieder tragen. Da hier jedoch in der F_1-Generation mit dem grau gefärbten Gefieder eine neue Merkmalsausprägung auftritt, die phänotypisch zwischen den Elterntieren liegt, handelt es sich um einen intermediären Erbgang.

BEWERTEN · Bei Aufgaben mit dem Wort „Bewerten" soll eine begründete Einschätzung eines Sachverhaltes abgegeben werden. Dabei sollten fachliche Kriterien sowie persönliche oder gesellschaftliche Werte berücksichtigt werden.

Beispielaufgabe: Bewerte den Anbau von Bt-Mais in Deutschland!

Lösung: *Musterlösung zur Ablehnung des Anbaus von Bt-Mais:*
Ich halte die Argumente, die für den Anbau sprechen, für nicht so bedeutsam wie die Kontra-Argumente.
Begründung:
Ich meine, dass es in Deutschland zu einem gesellschaftlichen Wandel kommen sollte, bei dem der Konsum und damit die Erzeugung von

Fleisch reduziert und der individuelle Straßenverkehr und damit der Verbrauch an Treibstoff verringert werden. Zudem sollte die Landwirtschaft in Deutschland nicht so stark auf den Export von Fleisch ausgerichtet sein. Wenn sich die Gesellschaft und die Landwirtschaft in diesen Richtungen ändern, kann man auf den Anbau von Bt-Mais verzichten.

Außerdem halte ich die gesetzlichen Regelungen für den Bt-Anbau, zum Beispiel den Mindestabstand, für nicht geeignet, um das Risiko zu beseitigen, dass sich das Bt-Gen unkontrolliert verbreitet.

Die Folgen des Anbaus von Bt-Mais für den Naturhaushalt scheinen mir nicht vorhersehbar. Das Risiko, dass nicht nur der Maiszünsler, sondern auch andere Insekten sterben, scheint mir nicht beherrschbar.

Pollen des Bt-Mais gelangen in den Honig. Dadurch sterben Bienen. Das hat schwerwiegende, negative Folgen, zum Beispiel, weil Bestäuber im Obstbau fehlen.

EIN DIAGRAMM ERSTELLEN UND AUSWERTEN ·
Bei der Bearbeitung einer solchen Aufgabe ist es wichtig, ein zum Inhalt passendes Diagramm auszuwählen. Überschrift, Achsenbeschriftungen oder eine Legende sind immer Bestandteil eines Diagramms.

Grundlage für die Auswertung eines Diagramms ist seine Beschreibung. Die Auswertung oder Deutung erfordert nicht nur eine Schlussfolgerung aus dem Diagramm zu nennen, sondern auch zu begründen, weshalb sie aus den Ergebnissen hervorgeht.

Beispielaufgabe: Stelle die Temperaturwerte der beiden Messpunkte in einem Diagramm dar!

Temperaturen in Grad Celsius		
Uhrzeit	Messpunkt 1	Messpunkt 2
15.30 Uhr	19,4	16,0
16.30 Uhr	18,2	15,3
17.30 Uhr	13,9	13,7
18.30 Uhr	12,9	13,0
19.30 Uhr	10,2	12,6

Lösung:

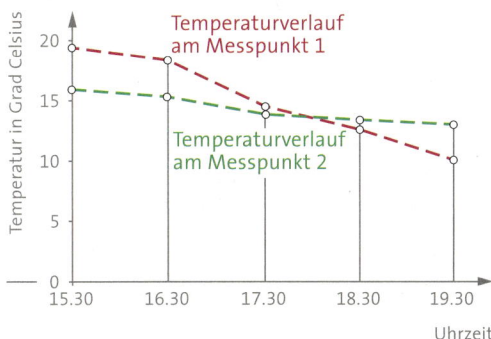

02 Temperaturverlauf

Beispielaufgabe: Beschreibe das Kurvendiagramm und werte es aus!

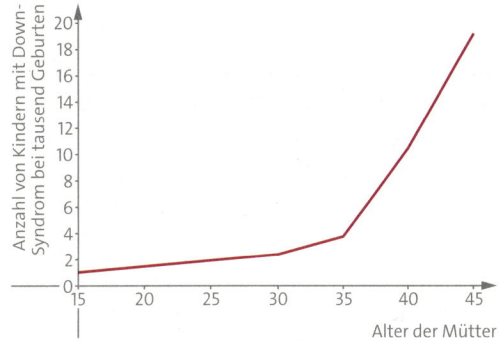

03 Kinder mit Down-Syndrom

Lösung: In dem Kurvendiagramm ist der Anteil der Kinder mit Down-Syndrom an der Gesamtheit der Kinder in Abhängigkeit zum Alter der Mütter dargestellt. Die Y-Achse gibt den Anteil der Kinder in Promille an, während auf der X-Achse das Alter der Mütter in Abständen von fünf Jahren aufgetragen ist. Bis zum Alter von 35 Jahren steigt die Kurve nur flach an und erreicht den Wert von circa 4 Promille der Kinder mit Down-Syndrom. Im Alter zwischen 35 und 45 Jahren steigt dagegen die Kurve steil an. Die Wahrscheinlichkeit, Kinder mit Down-Syndrom zu bekommen, erhöht sich auf 19 Promille bei 45 Jahre alten Müttern. Da die Bildung der späteren Eizellen schon während der Embryonalentwicklung beginnt, steigt das Risiko einer Fehlverteilung mit zunehmendem Alter der Mutter.

Evolution

In diesem Kapitel beschäftigst du dich mit

- ► Lebewesen der Vergangenheit. Du lernst etwas darüber, wie Fossilien entstanden sind und welche Bedeutung sie für die Evolutionsbiologie haben. Außerdem lernst du weitere Belege für die Evolution kennen.

- ► Charles DARWIN. Du lernst etwas über diesen berühmten Forscher und die Bedeutung seiner Erkenntnisse und Ideen zur Entstehung von Arten.

- ► der Evolutionstheorie und erfährst, wie man sich heute die Entstehung der Artenvielfalt vorstellt.

- ► der Stammesgeschichte der Wirbeltiere und Pflanzen. Du lernst, wie man Wirbeltiere und Pflanzen in Gruppen einteilen kann. Weiterhin beschäftigst du dich mit den kennzeichnenden Merkmalen der fünf Wirbeltierklassen und der Evolution von Samenpflanzen.

- ► der Stammesgeschichte des heutigen Menschen. Du erfährst, wie sich die Stammesentwicklung des Menschen anhand verschiedener Belege nachvollziehen lässt und wie der Mensch im Laufe der Zeit die Erde besiedelt hat.

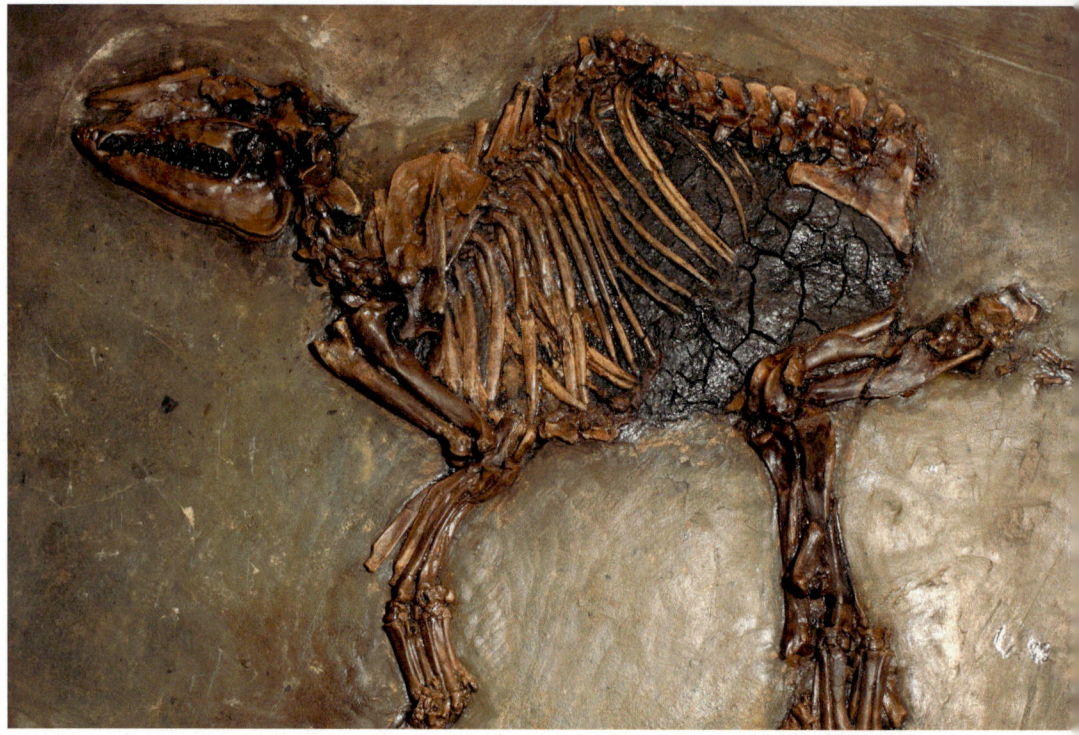

01 Fossil des
Urpferdchens

Fossilien

lateinisch fossilis
= ausgegraben

Im Senckenberg-Museum in Frankfurt wird ein Fund präsentiert, der als Urpferdchen bezeichnet wird und 45 Millionen Jahre alt sein soll. Welche Erkenntnisse lassen sich aus dem Fund gewinnen?

URPFERDCHEN · In der ehemaligen Erzgrube Messel in der Nähe von Darmstadt fanden Wissenschaftler Steine, die wie Knochen aussahen. Ihre Form und ihre Anordnung ähnelten dem Skelett von heute lebenden Säugetieren. Allerdings gibt es auch deutliche Unterschiede.

Untersuchungen zeigten, dass es sich bei einem dieser Funde um Überreste eines Tieres handelte, das viele Ähnlichkeiten hatte mit bereits bekannten Vorfahren unserer heutigen Pferde. Wahrscheinlich lebte das Tier vor etwa 45 Millionen Jahren und ist damit noch älter als diese Vorfahren der Pferde. Die Wissenschaftler nannten es daher *Urpferdchen.* Im Gegensatz zu den heute lebenden Pferden war das Urpferdchen nur ungefähr so groß wie ein Fuchs. Zudem hatte es nicht einen Zeh, sondern vier Zehen pro Fuß.

Die Überreste von Lebewesen aus früheren Zeiten bezeichnet man als **Fossilien.** Der Fund aus der Grube Messel ist also ein Fossil des Urpferdchens. Wissenschaftler, die sich mit der Erforschung von Fossilien beschäftigen, werden als **Paläontologen** bezeichnet. Die entsprechende Wissenschaft nennt man **Paläontologie.**

ENTSTEHUNG VON FOSSILIEN · Wenn ein Lebewesen stirbt, setzen normalerweise Verwesungsprozesse ein und der Körper wird fast vollständig zersetzt. Knochen, Außenpanzer, Schalen oder Zähne bleiben oft erhalten. Werden diese Überreste über einen sehr langen Zeitraum immer wieder von Sand, Kalk oder Schlammschichten bedeckt, können sie nicht weiter abgebaut werden. Solche Ablagerungen nennt man **Sedimente.** Aufgrund des Drucks entste-

02 Haifischzähne, Versteinerungen

03 Seeigel, Steinkern

hen daraus zunehmend festere Gesteinsschichten. Mineralstoffe lagern sich in den Knochen, Panzern oder Schalen ein und ersetzen diese fast vollständig, sodass sie zu Stein werden. Solche **Versteinerungen** lassen die Form und äußere Struktur von Knochen, Panzern oder Schalen gut erkennen.

Das Sediment kann auch in die Hohlräume von Schneckenhäusern oder Muschelschalen gelangen. Während das Sediment im Inneren versteinert, lösen sich die ursprünglichen Schalen mit der Zeit auf. Es entsteht ein harter Kern, auf dessen Außenseite man die Innenstrukturen der Schalen gut erkennen kann. Solche Fossilien nennt man **Steinkerne.**

Fußabdrücke von Tieren, zum Beispiel von Dinosauriern, können mit der Zeit ebenfalls versteinern. Man spricht dann von **Spurenfossilien.** Es gibt aber auch Fossilien von Pflanzenteilen wie Blättern oder Zweigen. Oft ist im Laufe der Fossilbildung das Gewebe völlig zersetzt worden. Zurück bleibt nur der **Abdruck** des Blattes im Stein.

Der Prozess, der oft über viele Millionen Jahre zur Entstehung eines Fossils führt, wird als **Fossilisation** bezeichnet. Aus Fossilien lassen sich viele Erkenntnisse über den Körperbau und die Angepasstheiten von Lebewesen an ihren Lebensraum gewinnen.

BESONDERE FOSSILFORMEN · Werden kleine Insekten von Baumharz vollständig eingeschlossen, können ihre Körper nicht zersetzt werden. Sie bleiben erhalten.

Wenn im Laufe von Millionen Jahren das Baumharz versteinert, entsteht **Bernstein,** in dem man dann die konservierten Insekten finden kann.

Auch im Moorboden, im heißen Wüstensand oder im arktischen Eis verzögert sich die Zersetzung toter Lebewesen, sodass sie konserviert werden und **Mumien** entstehen. Mumien unterscheiden sich von Fossilien durch ihr geringeres Alter und den Erhalt von Weichteilen.

Im Laufe sehr langer Zeiträume ist aus dem Torf von Mooren zunächst Braunkohle und schließlich Steinkohle geworden. Darin findet man häufig Abdrücke von Bäumen und anderen Pflanzen, die in früheren Erdepochen gelebt haben und nach ihrem Absterben im Torf versunken sind.

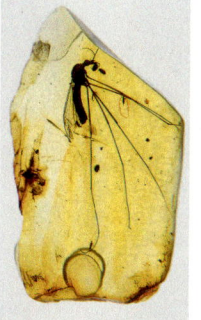

04 Mücke in Bernstein

1 ┘ Erkläre den Begriff Fossil!

2 ┘ Erstelle eine Tabelle, in der du den verschiedenen Fossilformen stichwortartig Angaben zu ihrer Entstehung und Beispiele zuordnest!

05 Farnblatt, Abdruck

BEDEUTUNG VON FOSSILIEN · Sediment kann sich in Farbe, Form und Korngröße unterscheiden. Dadurch können über viele Millionen Jahre verschiedene übereinanderliegende Gesteinsschichten entstehen, wie man zum Beispiel an Felsküsten oder in einem Steinbruch sehen kann. Die untersten Schichten sind früher entstanden und damit älter als die darüberliegenden. Dasselbe gilt für die in den jeweiligen Schichten gefundenen Fossilien.

Manche Fossilien findet man regelmäßig nur in bestimmten Gesteinsschichten. Ein Beispiel dafür sind die *Trilobiten,* die aussehen wie heute lebende Asseln. Trilobiten haben nur zu einer bestimmten Zeit in großen Mengen auf der

06 Gesteinsschichten

Erde gelebt. Das bedeutet, dass alle Gesteinsschichten, in denen man sie findet, in dieser Zeit entstanden und damit gleich alt sind. Solche Fossilien heißen **Leitfossilien.**

Durch Vulkanausbrüche, Erdbeben und die Bewegung der Erdkruste werden Gesteinsschichten ständig verschoben. Dadurch kann sich auch ihre Lage zueinander verändern. Mithilfe der Leitfossilien in den jeweiligen Gesteinsschichten können Wissenschaftler die ursprüngliche Abfolge, also die zeitliche Reihenfolge der Schichten, feststellen. Weitere Fossilien, die man in den Schichten findet, kann man diesen altersmäßig zuordnen. Damit hat man einen Maßstab, mit dessen Hilfe man das ungefähre Alter von Fossilien und Gesteinsschichten im Vergleich zu anderen Fossilien und Gesteinsschichten bestimmen kann. Man nennt das Verfahren deshalb **relative Altersbestimmung.**
Mithilfe moderner physikalisch-chemischer Verfahren kann man das Alter von Gesteinsschichten in Jahren angeben. Man bezeichnet das als **absolute Altersbestimmung.**

Inzwischen hat man in vielen Erdschichten eine riesige Anzahl unterschiedlichster Fossilien gefunden. Ein Vergleich ähnlicher Fossilien verschiedener Schichten zeigt, dass sich die Lebewesen im Laufe der Erdgeschichte verändert haben. Diese Veränderungen werden als **Evolution** bezeichnet. Vielfach weisen Fossilien auch auf frühere Lebensformen hin, die es heute nicht mehr gibt.
Somit liefern Fossilien wichtige Hinweise auf die Entwicklung von Tieren und Pflanzen im Verlauf erdgeschichtlich langer Epochen. Fossilien geben uns Auskunft darüber, wie die Evolution von Lebewesen auf der Erde verlaufen ist.

3 Erkläre, wie man mithilfe von Leitfossilien Aussagen über das Alter anderer Fossilien machen kann!

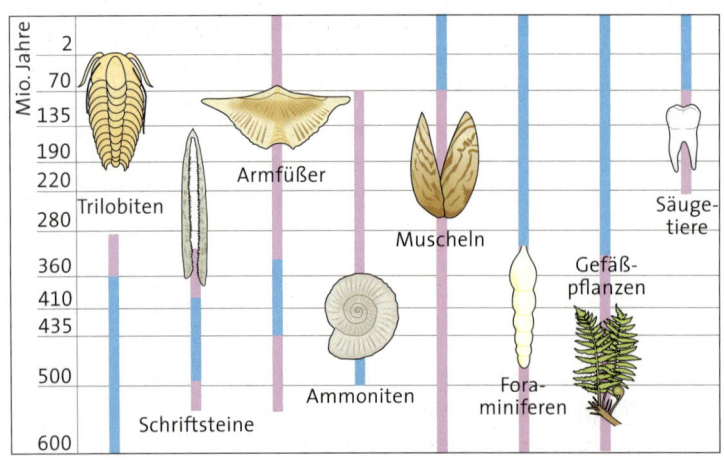

07 Vorkommen (■) und Bedeutung als Leitfossilien (■) in der Erdgeschichte

Material A ▸ Entstehung von Fossilien

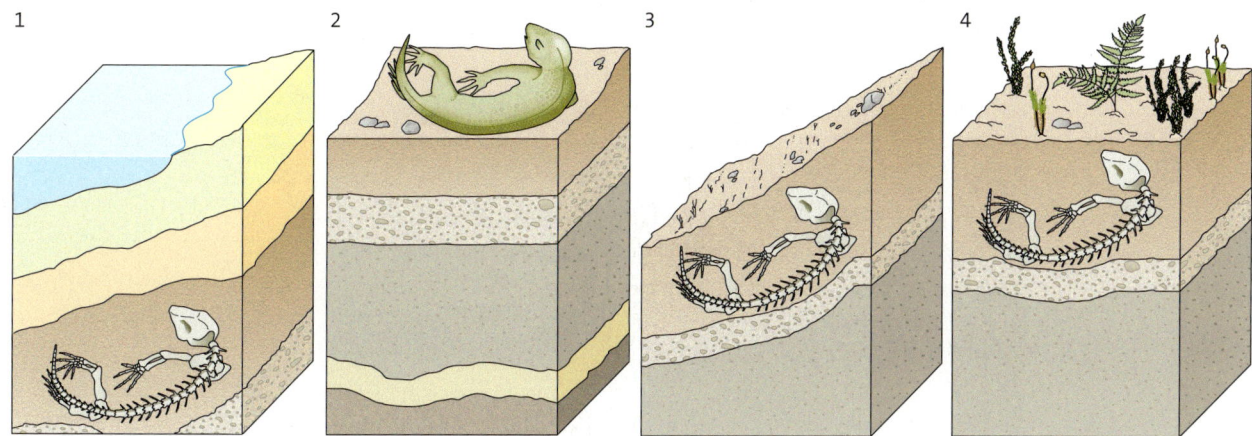

1 2 3 4

A1 Ordne die Einzelbilder zur Entstehung von Fossilien, indem du die Zahlen in der richtigen Reihenfolge notierst!

A2 Beschreibe mithilfe der Abbildung die Entstehung dieses Fossils!

A3 Begründe, um welche Fossilform es sich bei dem abgebildeten Fossil handelt!

Material B ▸ Wollhaarmammut

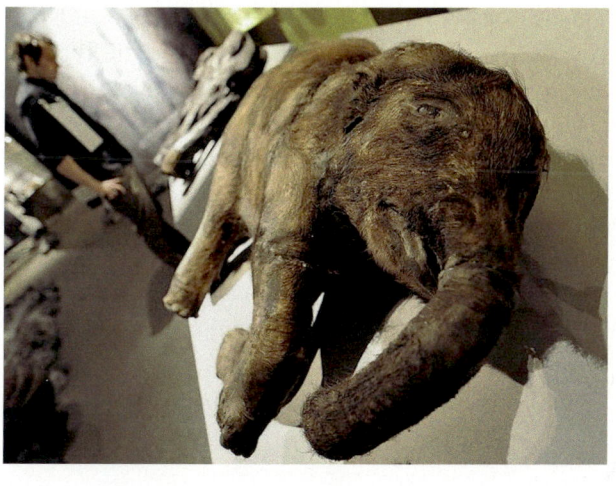

Im vereisten Boden Sibiriens wurde im Jahr 2007 ein junges Wollhaarmammut gefunden. Das gefrorene Tier ist mit Haut und Weichteilen erhalten. In seinem Magen wurden Reste von Gräsern, Moosen und Zweigen gefunden. Zudem entdeckte man auf der Haut dicke Wollhaare. Das Jungtier starb vor etwa 10 000 Jahren.

B1 Begründe, um welche Fossilform es sich bei diesem Fund handelt!

B2 Beschreibe die Vorgänge, die zu dieser Fossilform geführt haben!

B3 Vergleiche die Entstehung dieser Fossilform mit der Entstehung einer anderen Fossilform!

B4 Stelle eine Hypothese zu den Lebensbedingungen des Wollhaarmammuts auf!

B5 Stelle eine Hypothese auf, welche fossilen Reste erwachsener Wollhaarmammuts am häufigsten zu erwarten sind!

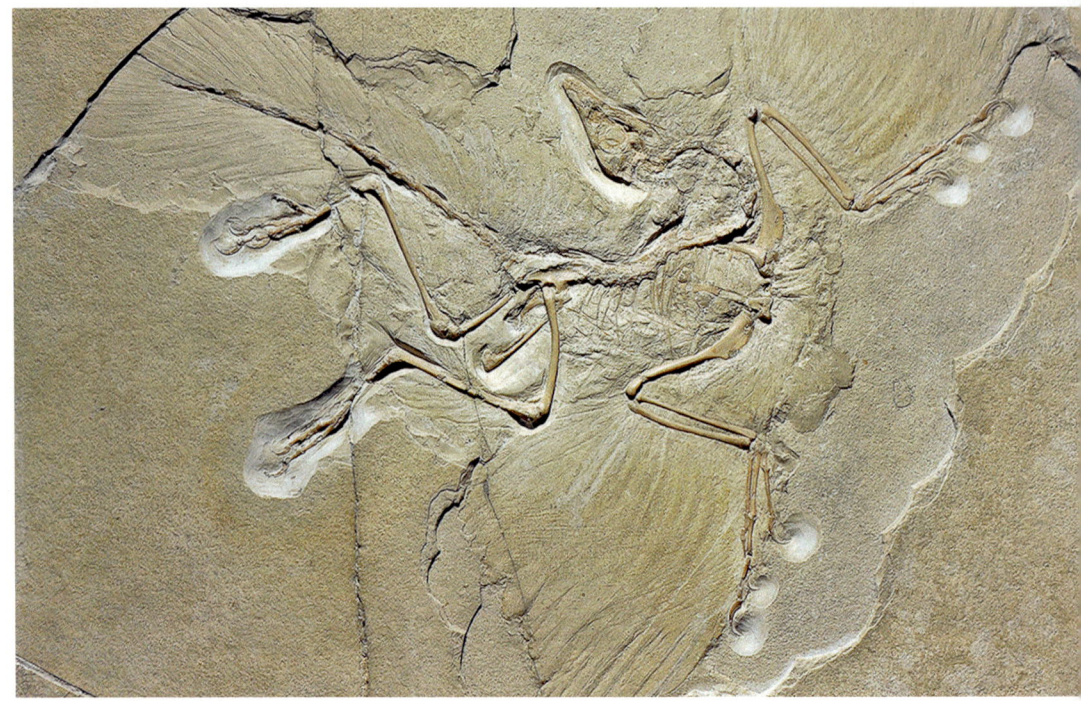

01 *Archaeopteryx*,
Berliner Exemplar
von 1876

Fossilien mit besonderer Bedeutung

Im Jahr 1861 wurde ein Fossil entdeckt, das man auf ein Alter von 150 Millionen Jahre bestimmt hat. Ähnliche Funde, wie das Berliner Exemplar, erregten weltweit besonderes Aufsehen, da sie für die Erforschung der Evolution der Tiere eine große Bedeutung haben. Was ist an diesen Funden so besonders?

ARCHAEOPTERYX · Betrachtet man das Fossil genauer, so fallen einem zunächst die Knochen auf. Man erkennt aber auch die Abdrücke von Federn, die den Körper des Tieres fast vollständig bedeckt haben müssen. Diese Beobachtung macht den Fund zu etwas ganz Besonderem, denn die bis 1876 bekannten fossilen Vögel hatten ein Alter von etwa 100 Millionen Jahren. Offensichtlich hatte man also einen noch älteren Vorfahren der heute lebenden Vögel gefunden. Daher gab man dem Fossil den Namen *Archaeopteryx*, also „Urflügel" oder daraus abgeleitet „Urvogel".

Die Besonderheit des *Archaeopteryx* ergibt sich, wenn man ihn mit Vertretern heute lebender Wirbeltiergruppen vergleicht. Dabei erkennt man, dass er neben dem Federkleid auch Ähnlichkeiten mit dem Skelett heute lebender Vögel wie der Taube hat. Die Schlüsselbeine sind miteinander verwachsen und bilden ein Gabelbein. Die Vorderextremitäten sind flügelähnlich ausgebildet. Die Hand weist

griechisch archaios = uralt

griechisch ptéryx = Flügel, Feder

02 *Archaeopteryx*
(Rekonstruktion)

drei Finger auf, die jedoch – anders als bei Vögeln – nicht verwachsen sind und Krallen tragen. Eine Zehe ist nach hinten gerichtet.

Anders als bei Vögeln hat *Archaeopteryx* keinen Schnabel, sondern Zähne im Ober- und Unterkiefer. Weiterhin besitzt er eine lange Schwanzwirbelsäule, Bauchrippen und Krallen an den Vorderextremitäten. Sein Brustbein hat keinen Fortsatz, der Ansatz für eine so starke Flugmuskulatur wie die der heutigen Vögel bieten könnte. *Archaeopteryx* konnte wahrscheinlich nicht gut fliegen.

Diese Merkmale findet man bei heute lebenden Vögeln nicht. Ähnliche Merkmale gibt es aber bei den heute lebenden Reptilien wie der Zauneidechse. *Archaeopteryx* weist also sowohl vogelähnliche als auch reptilienähnliche Merkmale auf. Diese Zusammensetzung aus Merkmalen verschiedener Gruppen hat zu der Bezeichnung *Mosaikform* geführt. Aus diesem Grund betrachtet man *Archaeopteryx* auch als eine fossile *Übergangsform* zwischen Reptilien und Vögeln, was auch den Namen „Urvogel" erklärt.

Erste Vertreter der Reptilien lebten vor etwa 300 Millionen Jahren. Wissenschaftler gehen heute davon aus, dass es vor etwa 150 Millionen Jahren reptilienähnliche Tiere gab, aus denen sich die heutigen Vögel entwickelt haben. Die Besonderheiten von *Archaeopteryx* können eine Idee davon vermitteln, wie diese Übergangsformen ausgesehen haben könnten. Daraus lassen sich Erkenntnisse über den Ablauf der Evolution gewinnen.

1 Vergleiche *Archaeopteryx*, Taube und Zauneidechse hinsichtlich Körperbedeckung, Zähne, Wirbelsäule, Vorderextremität, Hinterextremität, Brustbein, Schlüsselbein! Erstelle dazu eine Tabelle!

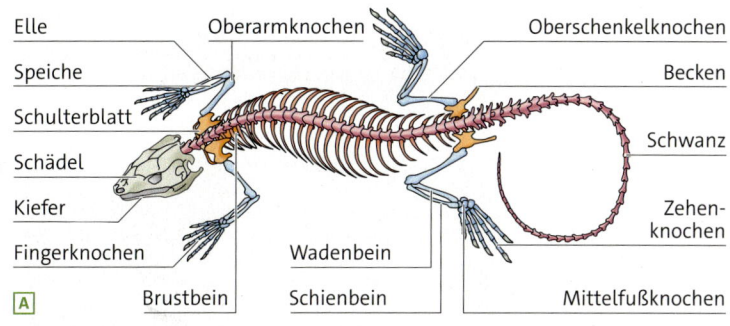

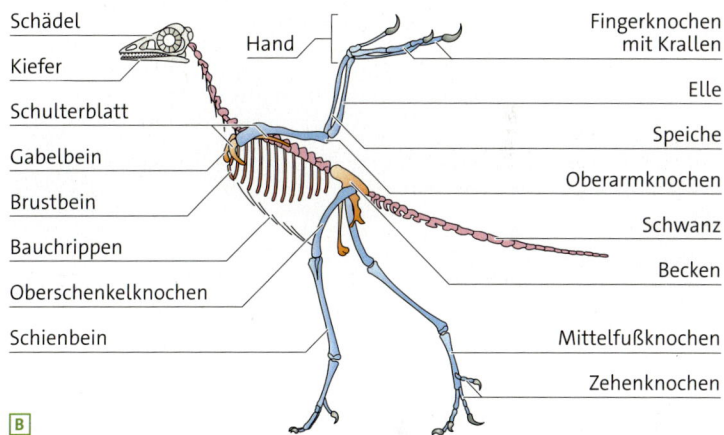

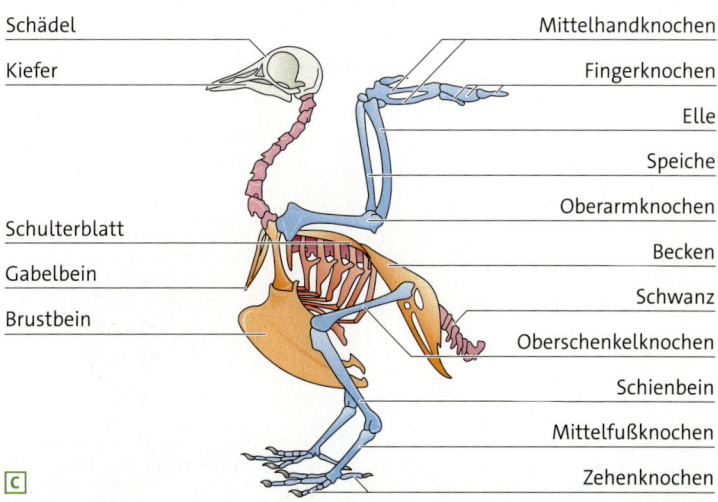

03 Skelette: **A** Zauneidechse, **B** *Archaeopteryx*, **C** Taube

2 Erkläre, was man unter einer Übergangsform versteht!

04 Quastenflosser: **A** 375 Millionen Jahre altes Fossil, **B** lebendes Fossil *Latimeria chalumnae*

05 Schachtelhalm: **A** Fossil, **B** lebendes Fossil *Equisetum arvense*

LEBENDE FOSSILIEN · Quastenflosser sind Knochenfische, die in einem kleinen Gebiet des Indischen Ozeans in einer Tiefe von 150 bis 400 Metern vorkommen. Auffällig ist der Bau der Paarflossen. Sie haben ein bisschen Ähnlichkeit mit Armen und Beinen. Ein ausgewachsenes Tier wird etwa 180 Zentimeter lang und 100 Kilogramm schwer.

Quastenflosser sind die einzigen heutigen Vertreter einer ehemals größeren Tiergruppe, die bereits vor rund 400 Millionen Jahren in den Weltmeeren lebte. Lange Zeit galten sie als ausgestorben, bis im Jahr 1938 ein lebendes Exemplar gefischt wurde. Fossile Funde belegen, dass sich das äußere Erscheinungsbild der Quastenflosser in der langen Zeitspanne nur wenig verändert hat. Sie werden daher als **lebende Fossilien** bezeichnet. Ein weiteres Beispiel dafür sind die in Australien lebenden Schnabeltiere.

Lebende Fossilien unterscheiden sich in besonderem Maße von anderen Tiergruppen, die sich im Verlauf der Evolution erkennbar verändert haben. Eine mögliche Erklärung dafür erhält man, wenn man den Lebensraum dieser Tiere genauer betrachtet. Quastenflosser sind Bewohner der Tiefsee. Dieser Lebensraum ist gekennzeichnet durch Dunkelheit, niedrige Temperaturen und hohen Wasserdruck. In den vergangenen Jahrmillionen haben sich diese Umweltbedingungen kaum verändert. Stabile Umweltbedingungen oder fehlende Konkurrenten sind mögliche Gründe für das Überleben von Arten über erdgeschichtlich lange Zeiträume.

Auch einige Pflanzen werden als lebende Fossilien bezeichnet. So belegen etwa 370 Millionen Jahre alte Funde, dass sich das äußere Erscheinungsbild von Schachtelhalmen im Verlauf der Zeit kaum verändert hat. Manche urtümliche Schachtelhalme waren aber verholzt und erreichten Wuchshöhen von etwa 30 Metern.

Material A ▸ Kopffüßer

Nautilus

Ammonit

Perlboote sind Kopffüßer. Sie leben in tropischen Meeren. Im Gegensatz zu allen ihren heute lebenden Verwandten, den Tintenfischen, haben sie eine feste äußere Schale. Tagsüber ruhen sie in großen Meerestiefen von bis zu 500 Metern. Nachts steigen sie zur Nahrungssuche in geringere Tiefen auf. Die wenigen heute lebenden Arten, zum Beispiel *Nautilus pompilius*, sind Vertreter einer einst artenreichen, weitverbreiteten Gruppe von Schalen tragenden Kopffüßern. Zu ihnen gehören auch die *Ammoniten*. Ihre Fossilien lassen sich schon in 400 Millionen Jahre alten Schichten nachweisen. In den Juraschichten der Schwäbischen Alb sind sie sehr häufig. Vor etwa 70 Millionen Jahren starben sie aus.

A1 Begründe, weshalb *Nautilus* als lebendes Fossil bezeichnet wird!

A2 Begründe, weshalb der Begriff „lebendes Fossil" eigentlich widersprüchlich ist!

A3 Stelle eine Hypothese auf, weshalb sich die Vertreter der Gattung *Nautilus* über Jahrmillionen kaum verändert haben!

Material B ▸ *Gansus yumenensis*

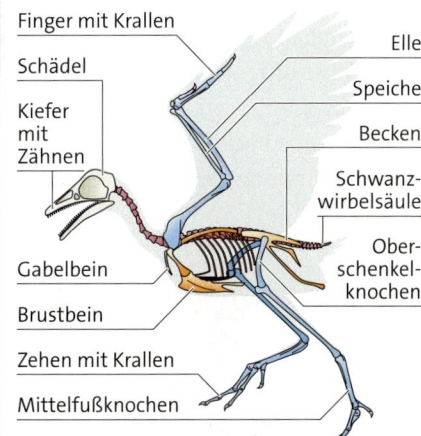

Finger mit Krallen
Schädel
Kiefer mit Zähnen
Gabelbein
Brustbein
Zehen mit Krallen
Mittelfußknochen

Elle
Speiche
Becken
Schwanz-wirbelsäule
Ober-schenkel-knochen

Gansus yumenensis lebte vor 115 Millionen Jahren im Nordwesten des heutigen Chinas. Abgebildet ist die Rekonstruktion dieser fossilen, etwa taubengroßen Tiere. Alle Funde sind gut erhalten. Neben Spuren von Federn wurden auch Reste von Schwimmhäuten gefunden. Der Bau der Beine weist auf eine besonders kräftige Muskulatur hin. *Gansus yumenensis* lebte demnach auf oder am Wasser und gilt als eine der ältesten Vogelarten.

B1 Vergleiche das *Gansus*-Skelett mit dem der Taube und des *Archaeopteryx*! Nutze dazu Abbildung 03 auf Seite 19!

B2 Erläutere die Bedeutung von *Gansus yumenensis* und *Archaeopteryx* für die Evolutionsbiologie!

B3 Erkläre anhand der fossilen Funde von *Gansus yumenensis* das biologische Prinzip Angepasstheit!

01 Fledermaus und Nachtfalter

Belege aus der Anatomie

> *Nachtfalter können, wie die meisten Insekten, fliegen. Wie die Fledermäuse benutzen sie dazu Flügel. Wie sind die Ähnlichkeiten der Flügel von Insekten und Fledermäusen zu erklären?*

ANALOGIE · Sowohl die Flügel der Insekten als auch die der Fledermäuse haben die Form von Tragflächen. Sie werden durch Flugmuskeln bewegt. Diese Flügel haben zwar die gleiche Funktion, sind aber ganz unterschiedlich gebaut. Das hängt damit zusammen, dass Insekten und Fledermäuse zu verschiedenen, nicht näher miteinander verwandten Großgruppen gehören.

Insekten sind Gliederfüßer, Fledermäuse sind Wirbeltiere. Die Insektenflügel sind Ausstülpungen des Chitinpanzers, die Vogelflügel sind Extremitäten. Die Ähnlichkeiten beruhen nicht auf Verwandtschaft, sondern auf einer ähnlichen Angepasstheit an den gleichen Lebensraum Luft und die Lebensweise Fliegen. Ähnlichkeiten, die auf einer Angepasstheit an den gleichen Lebensraum und die gleiche Lebensweise beruhen, aber nicht den gleichen Ursprung haben, bezeichnet man als **Analogien.** Analoge Organe haben die gleiche Funktion, aber einen unterschiedlichen Bau, der auf unterschiedliche Erbinformation zurückzuführen ist. Sie sind unabhängig voneinander aus jeweils einem anderen ursprünglichen Organ entstanden.

Ein Beispiel für Analogien bei Pflanzen sind Wehrorgane. Die Dornen der Schlehe sind sehr fest sitzende, umgewandelte Seitensprosse. Die Stacheln der Rose sind Bildungen der äußeren Bereiche des Sprosses und können leicht abgebrochen werden. Beide Strukturen erfüllen die gleiche Schutzfunktion.

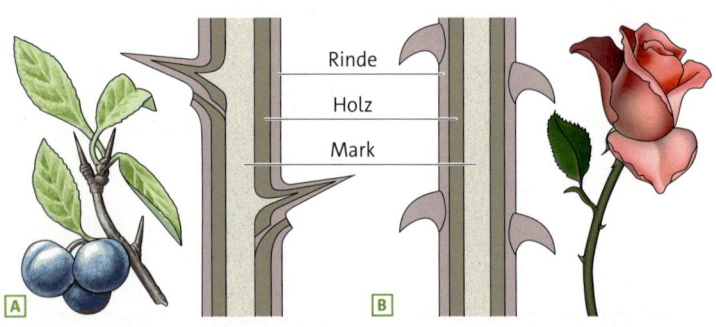

Rinde
Holz
Mark

02 Analogie bei Pflanzen: **A** Dornen der Schlehe, **B** Stacheln der Rose

HOMOLOGIE · Die Flügel der Fledermäuse sind zwar Vorderextremitäten, sehen aber ganz anders aus als die Arme der meisten anderen Wirbeltiere. Zu den ursprünglichen Bestandteilen des Armskeletts gehören ein Oberarmknochen, zwei Unterarmknochen, mehrere Handwurzel- und Mittelhandknochen sowie fünf Finger mit mehreren Gliedern. Bei Fledermäusen ist dieser Grundplan des Armskeletts stark verändert. Deutliche Veränderungen des Grundplans findet man ebenfalls bei Pferden und Walen. Auch die Vögel haben ein anderes Flügelskelett als die Fledermäuse.

Organe, die sich auf den gleichen Grundplan zurückführen lassen, also den gleichen Ursprung haben, bezeichnet man als **homolog.**

Obwohl solchen homologen Organen eine ähnliche Erbinformation zugrunde liegt, können sie ganz unterschiedlich aussehen und verschiedene Funktion haben.

Homologien geben Hinweise darauf, dass Lebewesen aus gemeinsamen Vorfahren entstanden, also miteinander verwandt sind, und sich im Laufe der Erdgeschichte verändert haben. Sie sind daher ein Beleg dafür, dass *Evolution* stattgefunden hat.

KONVERGENZ · Die Flügel der Fledermäuse und die der Nachtfalter sind zueinander analog. Ihre ähnliche Angepasstheit an das Fliegen entstand unabhängig voneinander. Man spricht von **konvergenter Entwicklung** oder **Konvergenz.**

Die Vorderextremitäten der Fledermäuse und der Vögel sind zueinander homolog. Ihre Tragflächenform als Angepasstheit an das Fliegen entstand ebenfalls unabhängig voneinander, also durch konvergente Entwicklungen, die zur Ausbildung der Flügel führten.

Analogien, Homologien und Konvergenzen können Belege dafür liefern, dass Evolution stattgefunden hat.

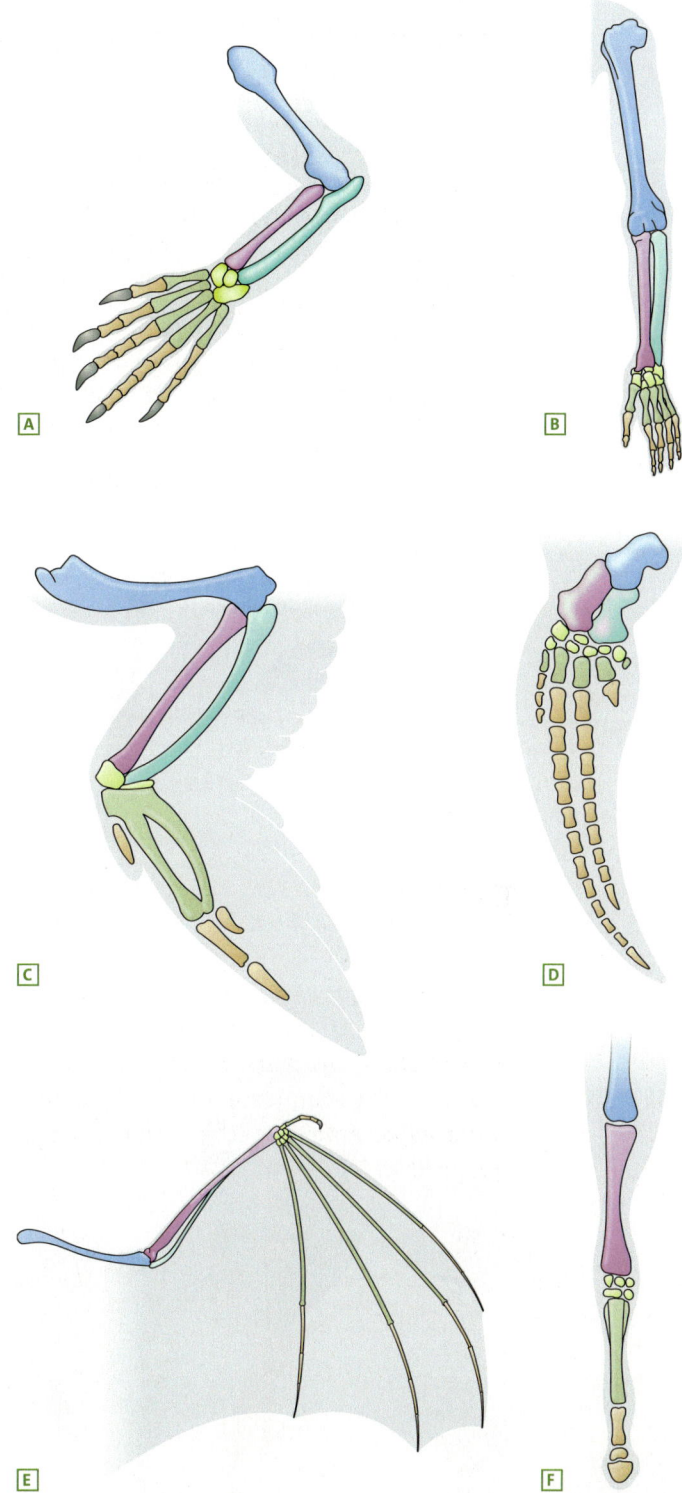

03 Vorderextremitäten von Wirbeltieren: **A** Reptil, **B** Mensch, **C** Vogel, **D** Wal, **E** Fledermaus, **F** Pferd

RUDIMENTE · Die mutmaßlichen Vorfahren des Menschen hatten ein Fell. Beim heutigen Menschen sind nur Teile des Körpers behaart, der Kopf, die Achsel- und Schamregion und beim Mann Kinn und Wangen sowie in vielen Fällen auch die Brust. Diese Teilbehaarung lässt sich als Rest des ehemaligen Fells erklären, wenn man annimmt, dass Evolution stattgefunden hat.

Solche Reste von ursprünglich vollständig ausgebildeten Merkmalen nennt man **Rudimente**. Sie sind häufig funktionslos oder haben ihre ursprüngliche Funktion geändert.

04 Rudimente bei der Erzschleiche

05 Atavismus beim Menschen

Rudimente findet man bei vielen Lebewesen. Beim Menschen zum Beispiel sind der Wurmfortsatz des Blinddarms und die Muskeln der Ohrmuschel rudimentäre Organe. Eine Verwandte der Blindschleiche, die Erzschleiche, hat sehr kleine Beinchen. Sie sind Reste ihrer Eidechsen-Vorfahren.

Rudimente geben Hinweise darauf, dass die Lebewesen aus Vorfahren entstanden sind. Sie sind Belege für die Evolution.

ATAVISMEN · In sehr seltenen Fällen sind Menschen von Geburt an am ganzen Körper dicht behaart. Sie haben eine Art Fell wie unsere mutmaßlichen Vorfahren. Man bezeichnet solche nur bei einzelnen Lebewesen auftretenden Merkmale, die bei den mutmaßlichen Vorfahren vorhanden waren, als **Atavismen**.

Weitere Beispiele für Atavismen sind ein selten auftretender überzähliger Huf an einem Pferdebein oder eine kleine Verlängerung der Wirbelsäule beim Menschen, die wie ein Schwänzchen aussieht.

Atavismus ist durch Evolution erklärbar. Die Gene für das ursprüngliche Organ wurden im Laufe der Evolution blockiert, sodass das Merkmal verschwand oder sehr stark rückgebildet wurde. Wenn diese Blockade aufgehoben wird, kommt es zum Atavismus. Der eigentlich blockierte Teil der Erbinformation kann wieder abgelesen werden, sodass das ursprüngliche Merkmal ausgeprägt wird.

1 Vergleiche das Armskelett von Vögeln und Fledermäusen miteinander!

2 Beschreibe, was man in der vergleichenden Anatomie unter einer Homologie und einer Analogie versteht!

3 Nenne Beispiele für die konvergente Entwicklung sowohl von analogen als auch von homologen Organen!

4 Beschreibe die Unterschiede zwischen einem Rudiment und einem Atavismus und nenne jeweils ein Beispiel!

Material A ▸ Maulwurf und Maulwurfsgrille

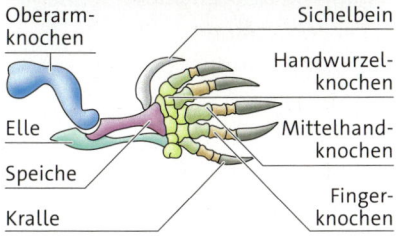

Oberarm-knochen
Sichelbein
Handwurzel-knochen
Elle
Mittelhand-knochen
Speiche
Finger-knochen
Kralle

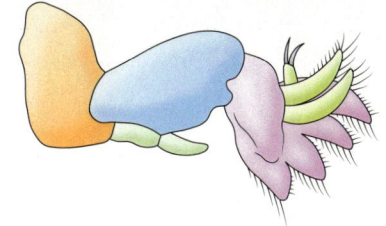

Der Maulwurf ist ein Säugetier. Er legt im Boden ein Netz von Gängen an. In diesem Gangsystem bewegt er sich und sucht seine Beute, vor allem Würmer und Insektenlarven.

Die Maulwurfsgrille ist ein Insekt. Sie gräbt Gänge im Boden. In diesem Gangsystem lebt sie und sucht ihre Nahrung, vor allem Insekten und ihre Larven, aber auch Pflanzenwurzeln.

A1 Vergleiche den Bau und die Funktion der Vorderextremitäten von Maulwurf und Maulwurfsgrille!

A2 Begründe, ob die abgebildeten Vorderextremitäten homolog oder analog sind und ob sie eine Konvergenz darstellen!

A3 Begründe, ob es sich beim Arm des Menschen und dem Vorderbein des Maulwurfs um eine Homologie oder eine Analogie handelt! Verwende dazu die Abbildung 03 auf Seite 23.

A4 Bewerte die folgende Aussage: „Die Vorderextremitäten von Maulwurf und Mensch sind ein Beleg dafür, dass Evolution stattgefunden hat."

Material B ▸ Flugsaurier

Flugsaurier lebten vor etwa 65 bis 220 Millionen Jahren und sind mit den Reptilien verwandt. Ihre Flügel hatten eine Flughaut, die der Flughaut der Fledermäuse ähnelt.

B1 Vergleiche die Flügel des Flugsauriers mit dem der Fledermaus und des Vogels auf der Seite 23!

B2 Begründe, welche der Begriffe Analogie, Homologie, Konvergenz sich beim Vergleich der drei Flügel der Aufgabe B1 anwenden lassen!

B3 Stelle eine Hypothese auf, ob es wahrscheinlich ist, dass die Flugsaurier die Vorfahren der Fledermäuse sind!

B4 Begründe, ob die Flügel von Fledermäusen, Flugsauriern und Vögeln ein Beleg dafür sind, dass Evolution stattgefunden hat!

B5 Recherchiere Abbildungen von homologen und analogen Organen! Begründe jeweils, weshalb es sich um analoge oder homologe Organe handelt!

DARWINs Evolutionstheorie

> *Giraffen ernähren sich von Blättern und Zweigen. Sie können mit ihrem langen Hals hoch an Bäumen stehende Blätter erreichen. Wie kam es zu einem so langen Hals?*

02 Charles Robert DARWIN (1809–1882)

lateinisch evolvere = entwickeln

DARWIN · Im Jahr 1859 veröffentlichte der britische Naturforscher Charles DARWIN sein Hauptwerk „On the origin of species by means of natural selection", auf Deutsch „Die Entstehung der Arten durch natürliche Zuchtwahl". DARWIN legte darin eine Theorie vor, die erklärte, wie sich Pflanzen und Tiere im Laufe der Zeit verändern können. Diese stand im Widerspruch zur Schöpfung durch einen Gott, die zur damaligen Zeit als unumstößliche Wahrheit galt. In seinem Buch beschreibt DARWIN sehr viele Beispiele, darunter auch die Entstehung des langen Giraffenhalses.

Sein Buch legte die Grundlage für die heute weiter ausgearbeitete, kaum widerlegbare **Evolutionstheorie.** Sie beruht auf messbaren und nachprüfbaren Beobachtungen und erklärt, wie Arten durch Veränderung entstehen.

ÜBERPRODUKTION · DARWIN beobachtete, dass Lebewesen viel mehr Nachkommen produzieren, als für das Überleben der jeweiligen Art notwendig ist. Die Anzahl der Pflanzen und Tiere einer bestimmten Art müsste daher von Generation zu Generation ansteigen, weil jedes Elternpaar im Laufe seines Lebens viel mehr als zwei Nachkommen hervorbringt.

DARWIN erläuterte das an einem extremen Beispiel. Elefanten haben im Verlauf ihres etwa 100-jährigen Lebens etwa sechs Jungtiere. Rechnerisch sorgt ein einziges Elefantenpaar dafür, dass nach 750 Jahren ungefähr 19 Millionen Elefanten auf der Erde leben. Für Pflanzen und Tiere mit mehr Nachkommen sind die Zahlen noch erstaunlicher. Wenn zum Beispiel aus allen Samen einer einzigen Rotbuche wieder Bäume heranwachsen würden, wäre die Erde bald von Rotbuchen bedeckt.

DARWIN ging davon aus, dass mehr Nachkommen erzeugt werden, als zur Arterhaltung notwendig wären.

KONKURRENZ · Die tatsächliche Anzahl an Nachkommen, die so lange leben, dass sie sich selber fortpflanzen können, ist sehr viel geringer als die errechnete Anzahl. Einige werden gefressen oder sterben an Krankheiten. Auch andere Umweltbedingungen führen dazu, dass nicht alle Nachkommen überleben. In der Savanne gibt es zum Beispiel nicht genügend Bäume, um alle Nachkommen der Giraffen ernähren zu können. Die Giraffen stehen daher untereinander in **Konkurrenz** – DARWIN spricht vom *„struggle for existence"*.

Konkurrenz ist eine allgemeine, bei allen Lebewesen auftretende natürliche Erscheinung. Vögel konkurrieren zum Beispiel häufig um Brutplätze und Pflanzen um das Wasser im Boden und um das einfallende Sonnenlicht.

GENETISCHE VARIABILITÄT · Die Überproduktion wirft die Frage auf, ob es eine Regel gibt, wer von den Nachkommen überlebt. Zur Beantwortung nahm DARWIN eine weitere Beobachtung zu Hilfe. Die Nachkommen von Pflanzen und Tieren sind fast nie untereinander vollständig gleich. Sie zeigen kleine Unterschiede in ihren Merkmalen, sie *variieren*. Ein Beispiel für solche *Varianten* sind die unterschiedlichen Färbungen von Schnirkelschnecken, die aus dem Gelege einer einzigen Schnecke entstehen. Von Bedeutung für die Evolution sind vor allem die Merkmale, die durch unterschiedliche genetische Information zustande kommen, denn die Erbanlagen für diese Merkmale können an die Nachkommen vererbt werden. Man spricht daher von der **genetischen Variabilität.**

03 Variabilität bei der Hainschnirkelschnecke

MUTATION UND REKOMBINATION · Ursachen für die genetische Variabilität sind Veränderungen der genetischen Information, die **Mutationen.** Sie treten zufällig und ungerichtet auf, das heißt unabhängig von den jeweiligen Umweltbedingungen. Nur die Häufigkeit von Mutationen kann durch die Umwelt beeinflusst werden, nicht die Richtung der Mutation, also welche Veränderungen von Erbanlagen auftreten.

Mutationen sind selten. Sie allein können nicht erklären, dass Nachkommen eines Lebewesens fast immer verschieden sind.

Die Erbanlagen werden bei der Fortpflanzung immer wieder neu kombiniert. Diese **Rekombination** ist ebenfalls dem Zufall unterworfen und kommt sowohl bei der Bildung von Geschlechtszellen durch die Meiose als auch bei der Befruchtung vor. Die Rekombination ist die wichtigste Ursache für die genetische Variabilität.

Bei ungeschlechtlicher Fortpflanzung tritt die Rekombination nicht auf. Daher ist hier die genetische Variabilität sehr viel geringer, weil sie nur auf Mutationen beruht.

Da sich Giraffen geschlechtlich fortpflanzen, unterscheiden sich ihre Nachkommen häufig in bestimmten Merkmalen. Darunter können auch solche sein, die sich in der Halslänge unterscheiden. Die Unterschiede zwischen den Nachkommen sind allerdings nur gering.

1 ⌡ Erkläre den Zusammenhang zwischen Überproduktion und Konkurrenz!

2 ⌡ Erkläre die Bedeutung der geschlechtlichen Fortpflanzung und der ungeschlechtlichen Fortpflanzung für die genetische Variabilität!

3 ⌡ Beschreibe die Einflussmöglichkeiten der Umwelt auf die Veränderung der genetischen Information!

lateinisch mutare = verändern

englisch struggle = Kampf

englisch existence = Dasein

lateinisch variabilis = änderbar

SELEKTION · Giraffen mit einem etwas längeren Hals erhalten zusätzlich zu den für alle erreichbaren Blättern auch noch die höher am Baum stehenden. Solche Varianten unter den Giraffen sind besser mit Nahrung versorgt und können sich gut entwickeln. Sie können mehr und gesündere Jungtiere bekommen, sodass diese mit höherer Wahrscheinlichkeit die ersten Lebensjahre überstehen.

Giraffen mit längeren Hälsen geben daher die Erbinformation für längere Hälse häufiger an die nächste Generation weiter. In den folgenden Generationen werden daher die Giraffen mit etwas längeren Hälsen immer häufiger. Die Fähigkeit, die Erbanlagen an die nächste Generation weiterzugeben, nennt man **Fitness.** Giraffen mit längeren Hälsen sind an ihre Umwelt und Lebensweise besser angepasst. Sie haben eine höhere Fitness.

Diese natürliche Auswahl der jeweils fitteren Lebewesen – DARWIN spricht vom *„survival of the fittest"* – bezeichnet man als **natürliche Selektion.** Die natürliche Selektion hat nur Bedeutung für die Merkmale, die auf genetischer Information beruhen, weil nur diese an die nächste Generation weitergegeben werden können. Erworbene Merkmale können nicht an die nächste Generation weitergegeben werden, weil diese nicht auf Erbinformation beruhen.

Von kurzhalsigen Giraffen ausgehend wurde durch Mutation, Rekombination und natürliche Selektion über sehr viele Generationen hinweg, in sehr langen Zeiträumen und in sehr kleinen Schritten der Hals immer länger bis zu dem der heutigen Giraffen. Dieser Prozess heißt *Evolution*.

EVOLUTIONSFAKTOREN · Mutation, Rekombination und Selektion sind Einflüsse, die zur Änderung der Merkmale von Pflanzen und Tieren führen können. Man nennt sie *Evolutionsfaktoren*. Mutation und Rekombination führen zu einer ungerichteten Veränderung, die Selektion kann dagegen zu einer gerichteten Veränderung führen, die eine stärkere Angepasstheit zur Folge hat.

englisch fit = tauglich, geeignet, passend

lateinisch selectio = Auswahl

04 Entstehung des Giraffenhalses nach DARWINs Evolutionstheorie

BEISPIELE FÜR SELEKTION · *Birkenspanner* sind Nachtfalter, die tagsüber an Birkenstämmen ruhen. Mit ihren hellen Flügeln sind sie gut getarnt vor Vögeln, die sich von Faltern ernähren. Infolge der genetischen Variabilität treten hin und wieder auch schwarze Birkenspanner auf, die Schwärzlinge. Auf den hellen Birkenstämmen fallen sie stärker auf und werden eher von Vögeln gefressen, sie haben also eine geringere Fitness.

Ende des 18. Jahrhunderts entdeckte man in den Industriegebieten Englands immer mehr Schwärzlinge. Wie kam es dazu?

Während der Industrialisierung färbten sich Birkenstämme durch Schadstoffe in der Luft dunkel. Dadurch waren helle Falter auf den dunklen Rinden der Birke besser zu sehen und wurden häufiger gefressen als dunkle Exemplare. In den Industriegebieten war die Fitness der Schwärzlinge also höher, weil sie auf der dunklen Birkenrinde besser getarnt waren. Sie überlebten daher häufiger als die hell gefärbten Birkenspanner. Die Selektion sorgte dafür, dass die Schwärzlinge von Generation zu Generation immer häufiger wurden.

Infolge erfolgreicher Umweltschutzmaßnahmen nimmt der Anteil der hellen Birkenspanner inzwischen wieder zu. In welche Richtung die Selektion wirkt, ist also abhängig von den jeweiligen Umweltbedingungen.

Auch in anderen Fällen wirkte die Selektion durch Beutegreifer. Es entstanden gut getarnte Tiere, zum Beispiel das Wandelnde Blatt und die Stabschrecke. Bei Wespen entwickelten sich Warnsignale, die vor Giften und Stacheln warnen. In einigen Fällen entstanden Tiere, die in ihrem Aussehen wehrhaften Tieren ähneln, selbst aber harmlos sind. Man bezeichnet das als *Mimikry*. Beispiele dafür sind bestimmte Schwebfliegen, die Wespen ähnlich sehen.

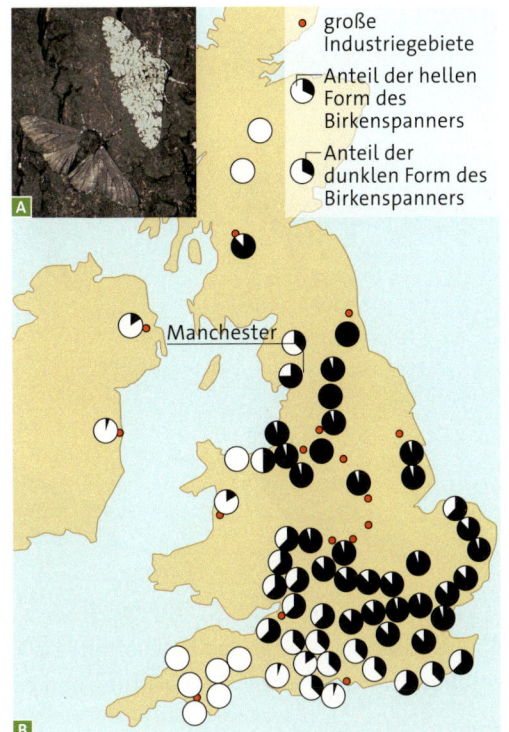

große Industriegebiete
Anteil der hellen Form des Birkenspanners
Anteil der dunklen Form des Birkenspanners

Manchester

05 Selektion beim Birkenspanner:
A helle und dunkle Variante,
B Verbreitung der Formen in Großbritannien und Irland

06 Strategien gegen Beutegreifer: **A** Tarnung beim Wandelnden Blatt, **B** Tarnung bei der Stabschrecke, **C** Warnung bei der Wespe, **D** Mimikry bei der Schwebfliege

4 Erkläre die Entstehung des langen Giraffenhalses mithilfe der Abbildung 04!

5 Erkläre den Zusammenhang zwischen Selektion und Fitness!

6 Erläutere, wie es durch Selektion zur Merkmalsänderung kommen kann!

Material A ▸ Taubenzucht

Dragonertaube   Pfauentaube   Kropftaube

Perückentaube   Felsentaube   Trommeltaube

Alle heute bekannten Taubenrassen stammen von der Felsentaube ab.

Lange Zeit beschäftigte sich DARWIN mit der Beobachtung und Züchtung von Tauben und nutzte seine Erkenntnisse zur Stützung und Erläuterung seiner Evolutionstheorie.

A1 Stelle am Beispiel der Trommeltaube dar, wie Taubenzüchter vorgehen, um eine neue Rasse ausgehend von der Felsentaube zu erhalten!

A2 Erkläre, weshalb DARWIN das Vorgehen der Taubenzüchter als Argument dafür heranzog, dass seine Theorie von der Entstehung der Arten zutrifft!

A3 Vergleiche das Vorgehen der Züchter mit den Vorgängen in der Natur bei der Entstehung der Arten!

Material B ▸ Stülpnasenotter

Von der in Südspanien vorkommenden giftigen Stülpnasenotter sind zwei Farbvarianten bekannt. Eine Variante hat ein auffälliges Zickzackmuster auf dem Rücken, die andere ist einheitlich grau. In einem Experiment mit unterschiedlich gefärbten und unterschiedlich großen Schlangenmodellen wurde untersucht, wie häufig das jeweilige Modell von Greifvögeln attackiert wurde, wenn man es im Gelände platzierte.

B1 Beschreibe die Ergebnisse des Experiments!

B2 Stelle eine Hypothese auf, welchen Einfluss die Merkmale auf die Überlebenswahrscheinlichkeit haben!

B3 Nenne den Evolutionsfaktor, der untersucht werden sollte!

B4 Bewerte die Aussagekraft des Experiments!

Material C ▸ Röhrenschnauze des großen Ameisenbärs

C1 Erkläre, welche Vorteile und Nachteile mit einer längeren oder kürzeren Röhrenschnauze und Zunge verbunden sein könnten!

C2 Beschreibe, wie DARWIN die Entstehung der Röhrenschnauze mit langer Zunge beim Ameisenbär erklären würde! Erstelle dazu ein Pfeildiagramm wie in Abbildung 04 auf Seite 28!

C3 Stelle eine Hypothese auf, weshalb die Röhrenschnauze der Ameisenbären im Verlauf der Evolution nicht noch länger wird!

Ameisenbären kommen ausschließlich in Mittel- und Südamerika vor. Sie sind nicht näher mit den Bären verwandt. Charakteristisch für Ameisenbären ist die lange Röhrenschnauze mit einer bis zu 60 Zentimeter langen Zunge. Ameisenbären ernähren sich fast ausschließlich von Ameisen und Termiten. Mit ihren Krallen brechen sie die Bauten auf und lecken die Tiere dann mit der langen Zunge auf.

Material D ▸ LAMARCKs Evolutionstheorie

Der französische Biologie Jean Baptiste DE LAMARCK veröffentlichte 1809 Vorstellungen zur Evolution von Pflanzen und Tieren. Er nahm unter anderem an, dass sich Merkmale stärker ausprägen, wenn sie stärker genutzt werden, und sich zurückbilden, wenn sie nicht genutzt werden. Diese durch Gebrauch und Nichtgebrauch erworbenen Veränderungen werden nach LAMARCKs Theorie vererbt. So passen sich Pflanzen und Tiere im Laufe der Generationen in kleinen Schritten immer stärker an die jeweilige Umwelt an. Heute gilt die Theorie LAMARCKs als widerlegt.

D1 Formuliere zu jeder Abbildung einen kurzen Text, sodass die drei Texte zusammen die Vorstellungen LAMARCKs am Beispiel der Giraffen darstellen!

D2 Ordne die Sätze „Die Lebewesen verändern sich" und „Die Lebewesen werden verändert" den Theorien LAMARCKs beziehungsweise DARWINs zu! Begründe deine Zuordnung!

D3 Nenne ein Argument aus der Genetik, das gegen die Theorie LAMARCKs spricht!

D4 Beschreibe eine Gemeinsamkeit der beiden Evolutionstheorien!

01 Asiatischer
Marienkäfer

Entstehung von Arten

Auf Dachböden kann man manchmal eine große Anzahl an Marienkäfern finden, die dort überwintern. Obwohl sie sehr unterschiedlich aussehen, gehören sie dennoch zur selben Art. Was versteht man unter einer Art und wie entstehen Arten?

GALAPAGOS · Für die Erforschung der Entstehung von Arten spielen die Galapagosinseln eine wichtige Rolle. Diese aus Vulkanen bestehende Inselgruppe liegt ungefähr 1000 Kilometer vor der Küste Ecuadors im Pazifischen Ozean und besteht aus 7 größeren und 14 kleineren Inseln. Auf den Galapagosinseln leben viele Tiere und Pflanzen, die ausschließlich dort vorkommen. Die bekanntesten Beispiele sind die Riesenschildkröten und die Meerechsen.

DARWINFINKEN · Während seiner Weltreise kam Charles DARWIN im Jahr 1835 auf die Galapagosinseln, wo er fünf Wochen lang intensive Studien der Natur betrieb. Dabei fielen ihm verschiedene Finkenarten auf. Diese Finken ähnelten den Finken des Festlandes unterschiedlich stark. Auch die Finken der verschiedenen Inseln unterschieden sich, vor allem in der Form und Größe ihrer Schnäbel sowie in ihrer Körpergröße.

Nach seiner Rückkehr und der Auswertung seiner Beobachtungen gelangte DARWIN zu dem Schluss, dass Lebewesen sich im Laufe langer Zeiträume verändern.

ISOLATION · Die einzelnen Galapagosinseln sind zwischen 5,6 Millionen und 300 000 Jahre alt. Direkt nach ihrer vulkanischen Entstehung waren die Inseln praktisch frei von Leben. Man geht davon aus, dass vom Festland zufällig einzelne Tiere und Pflanzen auf die Inseln gelangten. Sie wurden beispielsweise vom Wind verdriftet oder kamen mit Treibholz auf die Inseln und besiedelten sie nach und nach.

Unter diesen Erstbesiedlern waren auch einzelne Finken. Auf den verschiedenen Inseln lebten schließlich Gruppen von Finken, die sich untereinander fortpflanzten. Eine solche Gruppe von Lebewesen im gleichen Lebensraum, die sich untereinander fortpflanzen können, nennt man **Population.**

Die einzelnen Inseln sind zum Teil sehr weit voneinander entfernt, sodass in der Regel keine Vermischung zwischen den Populationen der Inseln stattfinden konnte. Die Populationen waren geografisch voneinander **isoliert.**

In jeder dieser isolierten Populationen waren durch *Mutation* und *Rekombination* Individuen mit unterschiedlichen Merkmalen vorhanden. Da sich die Umweltbedingungen der Inseln unterscheiden, wirkte die *Selektion* auf jeder dieser Inseln auf unterschiedliche Weise. Die Populationen der einzelnen Inseln entwickelten sich daher im Laufe der Zeit in unterschiedliche Richtungen. Die geografische Isolation ist ein weiterer *Evolutionsfaktor*.

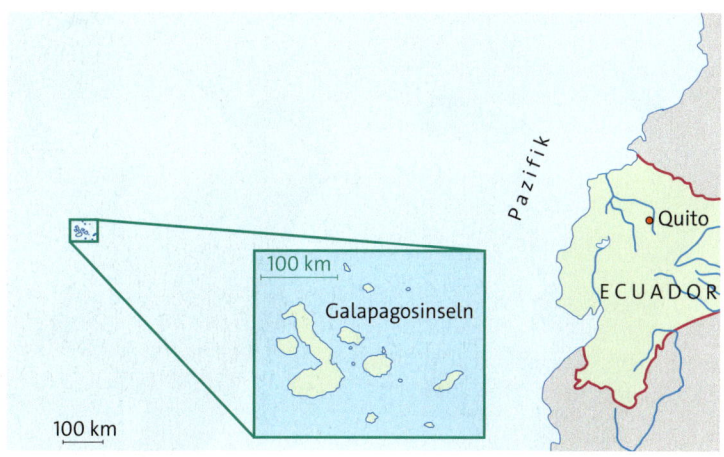

02 Galapagosinseln

Die unterschiedliche Entwicklung innerhalb der isolierten Populationen kann dazu führen, dass sich Individuen aus der einen Population nicht mit Individuen aus der anderen Population fortpflanzen können, selbst wenn sie zufällig aufeinandertreffen würden. Man spricht dann von zwei **Arten.**

Zu einer Art gehören alle Individuen einer oder mehrerer Populationen, die sich untereinander fortpflanzen können und Nachkommen haben, die sich ihrerseits weiter fortpflanzen können. Die Marienkäfer zum Beispiel sehen zwar unterschiedlich aus, können sich aber untereinander fruchtbar fortpflanzen. Sie gehören daher alle zur selben Art.

Auf den Galapagosinseln haben sich so im Laufe der Zeit 14 nahe miteinander verwandte Finkenarten entwickelt. Der auffälligste Unterschied zwischen den Arten ist der Schnabel. Manche Arten haben einen kurzen, kräftigen Schnabel und sind so an das Beißen von hartschaligen Samen angepasst. Andere Finkenarten haben einen längeren und schlankeren Schnabel. Diese Arten ernähren sich von Insekten. Auch der Spechtfink hat einen dünnen Schnabel. Er benutzt Dornen und kleinere Zweige, um Nahrung aus Ritzen in der Rinde von Bäumen hervorzuholen.

03 Vier verschiedene Darwinfinken

1 ⌡ Beschreibe, wie durch geografische Isolation aus einer Art zwei entstehen können!

2 ⌡ Erkläre, was man unter einer Art versteht!

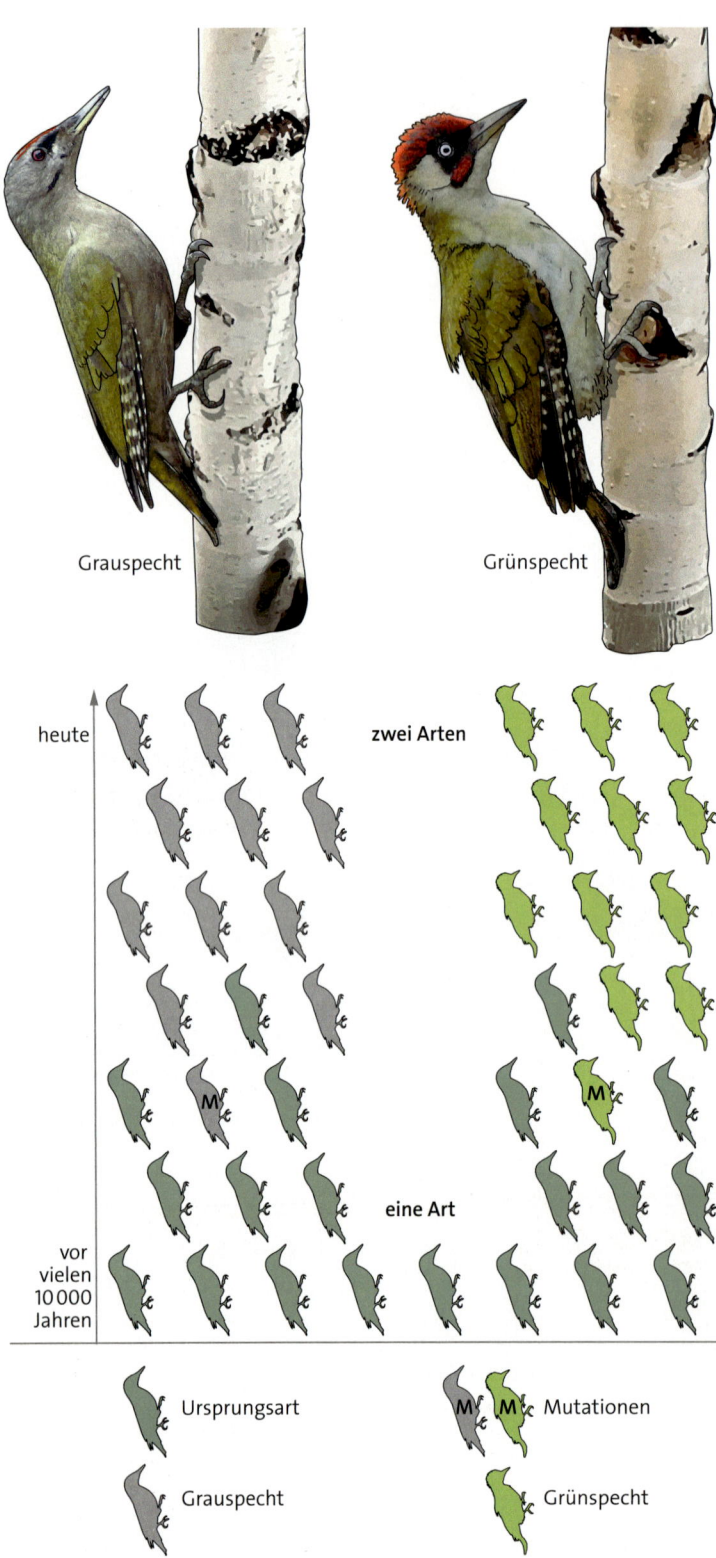

Grauspecht

Grünspecht

heute

zwei Arten

M

M

eine Art

vor vielen 10 000 Jahren

Ursprungsart

Grauspecht

M M Mutationen

Grünspecht

04 Artbildung bei Grauspecht und Grünspecht

SPECHTE · Der Grauspecht und der Grünspecht sind zwei heimische Spechtarten, die einander recht ähnlich sind. Der Grünspecht ist häufiger, etwas größer und hat eine andere Kopfmusterung als der Grauspecht. Die beiden Arten können auch anhand ihrer Rufe unterschieden werden.

Beide Spechte gehen vermutlich auf eine gemeinsame Ausgangsart zurück. Während der letzten Eiszeit wurde die Population der Ausgangsart durch Gletscher in zwei räumlich voneinander getrennte, also *isolierte*, Populationen aufgespalten.

Die *Evolutionsfaktoren* Mutation, Rekombination und Selektion wirkten in beiden Populationen jeweils anders. Zu Beginn der Trennung waren sich die Individuen der beiden Populationen noch ähnlich. Im Laufe der Zeit wurden die Unterschiede größer, beispielsweise was die Rufe oder das Gefieder angeht.

Als nach dem Ende der Eiszeit und dem Abschmelzen der Gletscher beide Populationen wieder miteinander in Kontakt kamen, waren die Unterschiede so stark, dass keine Fortpflanzung zwischen Individuen der beiden Populationen mehr möglich war. Aus einer Ausgangsart hatten sich zwei Arten entwickelt.

Wenn sich zwei Populationen derselben Art im Laufe der Zeit in manchen Merkmalen auseinanderentwickelt haben, aber Individuen der einen Population sich weiterhin mit denen der anderen Population fruchtbar fortpflanzen können, spricht man von **Rassen,** bei Pflanzen von **Sorten.**

Eine Bildung von Rassen und Sorten kann auch durch menschlichen Einfluss geschehen. Diesen Vorgang nennt man **Züchtung.**

3 Beschreibe den Unterschied zwischen Art und Rasse!

Material A ▸ Antilopenhörnchen

Grand Canyon

Weißschwanz-Antilopenhörnchen

Harris-Antilopenhörnchen

Der Grand Canyon ist eine bis zu 29 Kilometer breite und 1,6 Kilometer tiefe Schlucht im Süden der USA, die während Jahrmillionen vom Colorado River ins Gestein gegraben wurde. Am Rand des Canyons leben zwei nah verwandte Arten von Antilopenhörn-chen. Das Weißschwanz-Antilopen-hörnchen kommt nur am Nordrand des Canyons vor, das Harris-Anti-lopenhörnchen nur am Südrand.

A1 Beschreibe die mögliche Entste-hung der beiden Antilopenhörn-chenarten aus einer Ursprungsart!

A2 Vergleiche die Entstehung der beiden Arten mit der Entstehung der beiden Spechtarten!

A3 Stelle Hypothesen auf über ähnliche Situationen in der Erd-geschichte, in denen es zur Art-entstehung kommen kann!

Material B ▸ Gelbbauchunke und Rotbauchunke

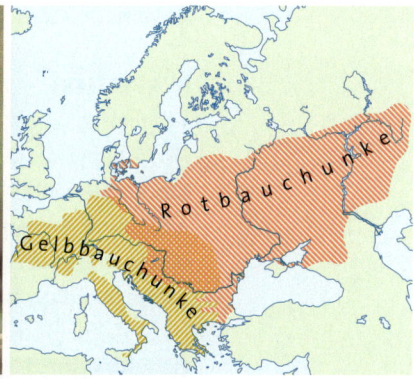

Gelbbauch- und Rotbauchunken kom-men in unterschiedlichen Regionen Europas vor. In einer Region überlap-pen sich ihre Verbreitungsgebiete. Dort kann man Individuen finden, die eine Kombination aus den Merkmalen der Gelbbauchunke und Merkmalen der Rotbauchunke zeigen. Diese Mischlinge sind fortpflanzungsfähig.

B1 Beschreibe die Verbreitungs-gebiete von Gelbbauch- und Rotbauchunke!

B2 Stelle Hypothesen auf, wie Gelb-bauch- und Rotbauchunke ent-standen sein könnten!

B3 Begründe, ob Gelbbauchunke und Rotbauchunke unterschiedliche Arten sind!

01 Wirbeltiere:
A Orang-Utan,
B Nashornvogel,
C Anemonenfisch,
D Waran

Stammesgeschichte der Wirbeltiere

Orang-Utan, Anemonenfisch, Waran und Nashornvogel sehen zwar ganz unterschiedlich aus, haben aber gemeinsame Merkmale. Biologen fassen sie daher zur Gruppe der Wirbeltiere zusammen. In welchem verwandtschaftlichen Verhältnis stehen die Tiere zueinander?

WIRBELTIERE · Die fünf Wirbeltiergruppen *Säugetiere, Vögel, Reptilien, Amphibien* und *Fische* haben als gemeinsame charakteristische Merkmale unter anderem eine Wirbelsäule und zwei Extremitätenpaare. Andere Tiere haben diese Merkmale nicht. Daher geht man davon aus, dass alle Wirbeltiere einen gemein-

samen Vorfahren hatten. Sie sind also miteinander enger verwandt als mit anderen Tieren. Ausgehend von einem Vorfahren als Stammform sind während der Erdgeschichte nicht nur Gemeinsamkeiten erhalten geblieben. Die Evolution führte auch zu Unterschieden zwischen den Wirbeltiergruppen. Man spricht von der **Stammesgeschichte der Wirbeltiere.**

FISCHE · Die ersten in der Erdgeschichte nachweisbaren Wirbeltiere waren Fische. Alle Fische atmen mit Kiemen. Ihre Extremitäten sind als Flossen ausgebildet. Sie legen ihre Eier im Wasser ab. Unter den Fischen kamen schon vor etwa 400 Millionen Jahren Gruppen vor, die außer den Kiemen auch eine *Lunge* als zusätzliches Atmungsorgan hatten. Vermutlich war das eine Angepasstheit an sauerstoffarme Gewässer, weil diese Fische so auch an der Wasseroberfläche atmen konnten. Aus dieser Gruppe der *Lungenfische* haben einige wenige Arten bis heute überlebt, zum Beispiel der Quastenflosser und der australische Lungenfisch.

02 Australischer Lungenfisch

AMPHIBIEN · Aus der Gruppe der Lungenfische entwickelten sich im Laufe der Erdgeschichte Tiere, die an Land leben konnten. Sie konnten Luft atmen und sich an Land gut bewegen, weil die Flossen zu Laufbeinen umgewandelt waren. Ein fossiler Vertreter dieser Gruppe, der *Amphibien*, ist der *Ichthyostega*.

Amphibien atmen außer durch die Lunge auch durch die Haut. Eine Angepasstheit an die Hautatmung ist die nackte Haut, die durch den Verlust der Schuppen entstand, die ihre fischartigen Vorfahren noch hatten.

Zur Fortpflanzung sind Amphibien noch an Gewässer gebunden. Ihre Larven, die Kaulquappen, haben Kiemen als Atmungsorgane.

Die Laufbeine sind ein neu in der Stammesgeschichte auftretendes Merkmal. Es zeichnet die Amphibien und alle später entstandenen Wirbeltiere aus, die **Landwirbeltiere** oder **Vierfüßer.**

REPTILIEN · Aus einer bestimmten Gruppe der Amphibien entwickelten sich Tiere, die besser an das Leben an Land angepasst waren. Ihre Lungen waren leistungsfähiger. Sie konnten daher auf die Hautatmung verzichten, sodass die Bedeckung mit einem festen Schuppenpanzer möglich wurde. Der Verlust von Körperflüssigkeit durch Verdunstung wurde dadurch stark herabgesetzt. Die Tiere legten Eier mit einer lederartigen Schale. Dadurch war die Eiablage an Land möglich. Die Jugendentwicklung lief ohne Larvenstadium vollständig im Ei ab.

Durch diese neuen Merkmale konnte diese Gruppe, die *Reptilien,* in sehr trockenen Gebieten leben, wie zum Beispiel der Waran in Asien.

SÄUGETIERE · Innerhalb der Gruppe, aus der sich auch die heutigen Reptilien entwickelten, entstanden neue Merkmale. Es traten Tiere auf, deren Körper dicht mit Haaren bedeckt war. Das Fell diente vor allem zur Isolation gegen Wärmeverlust. So konnte der Körper unabhängig von der Außentemperatur ständig gleichmäßig warm gehalten werden. Die Tiere waren *gleichwarm,* nicht wie ihre Vorfahren *wechselwarm.*

03 *Ichthyostega* (Rekonstruktion)

Aus dieser Teilgruppe der Reptilien entstanden die *Säugetiere,* zu denen auch der Orang-Utan gehört. Sie haben noch weitere gemeinsame Merkmale wie Milchdrüsen, mit denen die Jungtiere ernährt werden.

Die neuen Merkmale ermöglichen den Säugetieren, in fast allen Gebieten der Erde zu leben.

VÖGEL · Aus einer anderen Teilgruppe der frühen Reptilien entwickelte sich eine neue Gruppe, die *Vögel.* Auch sie sind gleichwarm wie die Säugetiere. Als Isolation des Körpers dienen ihnen jedoch Federn. Die Vorderbeine sind zu Flügeln umgewandelt. Ihre Jungen entwickeln sich in Eiern, die eine feste Kalkschale haben. Durch die ständig hohe Körpertemperatur können Vögel ihre Eier bebrüten. Dadurch ist die Entwicklungszeit der Embryonen viel kürzer als bei den Reptilien.

Federn und Flügel sind neu in der Stammesgeschichte auftretende Merkmale.

BESONDERHEITEN DER STAMMESGESCHICHTE · Die kennzeichnenden Merkmale können bei Teilen einer Gruppe wieder verloren gehen. Wale zum Beispiel sind Säugetiere. Sie haben eine Lunge, aber kein Fell. Auch ihre Hinterbeine sind reduziert. Schlangen gehören zu den Reptilien und damit auch zu den Vierfüßern, obwohl im Verlauf der Stammesgeschichte die Extremitäten zurückgebildet wurden.

1 Nenne in Form einer Tabelle die in der Stammesgeschichte jeweils neu aufgetretenen Merkmale der Landwirbeltiere!

griechisch amphi = beides,

griechisch bios = Leben

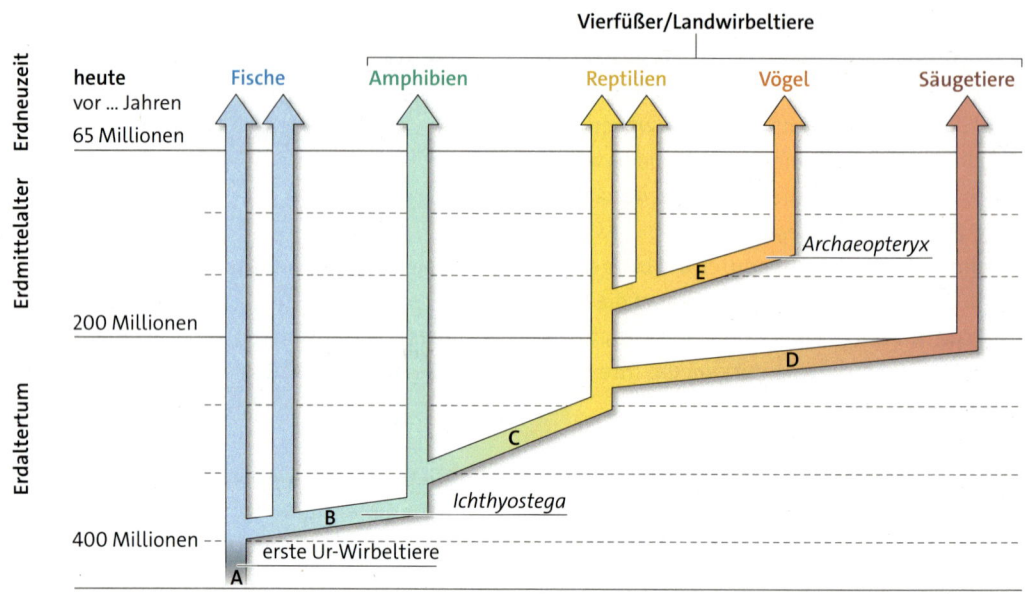

04 Stammbaum der Wirbeltiere

STAMMBÄUME · Hinweise auf Verwandtschaft findet man vor allem durch nachweisbare Veränderungen homologer Merkmale. Die Umwandlung der Vorderbeine zu Flügeln zum Beispiel dient als Argument dafür, dass sich alle Vögel aus einem einzigen Vorfahren entwickelt haben. Alle Vögel sind daher untereinander näher verwandt als mit anderen Tieren. Sie bilden eine *Verwandtschaftsgruppe*.

Für den Nachweis von Verwandtschaft dürfen nur neu in der Stammesgeschichte auftretende Merkmale verwendet werden. Die Flügel der Vögel sind solch ein neues Merkmal. Andere Argumente, zum Beispiel die Anzahl der übereinstimmenden Merkmale, sind nicht zulässig.

Die Abstammung und die Verwandtschaft lassen sich durch eine Grafik veranschaulichen, den **Stammbaum.** Am Fuß eines Stammbaums steht der vermutlich älteste Vorfahr der dargestellten Gruppe. Die heute noch vorkommenden Gruppen werden in der obersten Ebene eingetragen. Fossile Gruppen stehen darunter. Wo sie eingetragen werden, gibt eine senkrechte Zeitskala an.

SYSTEMATISCHE ORDNUNG · Lebewesen kann man in immer umfassender werdende Verwandtschaftsgruppen ordnen. Man spricht von einem **natürlichen System.**

Der Borneo-Orang-Utan ist ein Beispiel für die kleinste systematische Gruppe, die **Art.** Er hat die Bezeichnung *Pongo pygmaeus* erhalten. Pongo ist die Bezeichnung der nächstgrößeren Gruppe, der **Gattung,** zu der auch *Pongo abelii* gehört, der Sumatra-Orang-Utan. Die Gattung Pongo bildet zusammen mit einigen anderen Affen die **Familie** der *Menschenaffen,* die wiederum mit allen anderen Affen zusammengefasst werden zur **Ordnung** der *Primaten.* Primaten sind eine Teilgruppe der **Klasse** der *Säugetiere,* und die Säugetiere bilden zusammen mit den Klassen der *Fische, Amphibien, Reptilien* und *Vögel* den **Stamm** der *Wirbeltiere.*

Stamm: Wirbeltiere
Klasse: Säugetiere
Ordnung: Primaten
Familie: Menschenaffen
Gattung: Pongo (Orang-Utans)
Art: Pongo pygmaeus (Borneo-Orang-Utan)

05 Borneo-Orang-Utan im natürlichen System

Material A ▸ Stammbaum

Fortpflanzung	Körperbedeckung	Extremitäten	Körperachse
Eier mit lederartiger Schale, Eiablage an Land	Körper mit Haaren bedeckt, die ein Fell bilden	Vorderbeine als Flügel ausgebildet	Körper mit einer in der Längsachse liegenden Wirbelsäule
Milchdrüsen zur Ernährung der Jungtiere	Federn	vier Laufbeine	–
Eier mit Kalkschale, Eiablage an Land	–	–	–

A1 Ordne die angegebenen Merkmale begründet den Kennbuchstaben des Stammbaumschemas der Abbildung 04 auf Seite 38 zu!

A2 Erläutere, weshalb sich für die Bearbeitung von A1 von den vielen Merkmalen der Wirbeltiere die in der Tabelle angegebenen eignen!

A3 Nenne zwei Tiere, die keine Laufbeine haben, aber dennoch in die Gruppe der Vierfüßer eingeordnet werden!

A4 Stelle eine Hypothese auf, nach welchen Befunden man suchen müsste, um die Einordnung der unter A3 erwähnten Tiere zu rechtfertigen!

Material B ▸ Schnabeltier

B1 Recherchiere Informationen zu den Merkmalen des Schnabeltiers und fertige eine Tabelle an!

B2 Nenne ein Merkmal des Schnabeltiers, das schon bei seinen Vorfahren vorhanden war, aber bei fast allen anderen Säugetieren nicht zu finden ist!

B3 Begründe, weshalb das Schnabeltier innerhalb der Wirbeltiere eindeutig den Säugetieren zugeordnet werden kann!

Material C ▸ Systematische Ordnung

Schwertwal

Walhai

C1 Recherchiere über die beiden Tierarten und beschreibe ihre Stellung im natürlichen System! Nimm die Abbildung 04 auf Seite 38 zu Hilfe!

C2 Vergleiche in Form einer Tabelle Skelett, Atmungsorgane, Haut und Gebiss der Klassen, zu der die beiden Arten gehören!

01 Mischwald

Stammesgeschichte der Pflanzen

In unseren Wäldern wachsen viele verschiedene Pflanzen, Moose, Farne, krautige Blütenpflanzen und Bäume. Wie kam es zu dieser großen Vielfalt von Pflanzen?

FRÜHE PFLANZENEVOLUTION · Pflanzen können Fotosynthese betreiben. Ohne diesen Vorgang wäre Leben in der heutigen Form nicht möglich, weil alle Nährstoffe und fast der gesamte Sauerstoff aus der Fotosynthese stammen. Pflanzen sind daher für das Leben auf der Erde von großer Bedeutung.

Lange Zeit in der Erdgeschichte lebten alle Pflanzen im Wasser, zunächst als einzellige, häufig durch eine Geißel frei bewegliche Algen. Später entstanden daraus mehrzellige Algen.

Vor etwa 400 Millionen Jahren besiedelten die ersten Pflanzen das Land. Die ersten Landpflanzen, die *Urfarne*, zeigten bereits wichtige Angepasstheiten für das Leben außerhalb des Wassers.

Während Wasserpflanzen Wasser an jeder Stelle des Körpers aufnehmen können, müssen Landpflanzen ihr Wasser aus dem Boden bezie-

Geißel

Zell-kern

Chloro-plast

Zellwand

02 Algen:
A einzellige Alge,
B mehrzellige Alge

A

B

hen und dann in alle Bereiche ihres Körpers transportieren. Die Sprosse der ersten Urfarne hatten ein Leitungsgewebe, das zusätzlich zur Stabilisierung diente. Die Stabilisierung war erforderlich, da an Land die stützende Wirkung des Wassers wegfällt. Der an Land drohende Wasserverlust durch Verdunstung wurde schon bei den Urfarnen durch eine feste, den äußeren Zellen aufgelagerte *Kutikula* gering gehalten. Durch kleine Poren in der Kutikula, die den heutigen Spaltöffnungen ähneln, konnte Kohlenstoffdioxid aus der Luft aufgenommen und Sauerstoff abgegeben werden.

Die Urfarne hatten an den Spitzen von senkrecht wachsenden Sprossteilen kleine Behälter, aus denen widerstandsfähige, einzellige Gebilde, die *Sporen*, abgegeben werden konnten. Sporen entstehen ungeschlechtlich und können vom Wind verbreitet werden. Aus ihnen entstehen neue Pflanzen.

SPORENPFLANZEN · Im Verlauf der Evolution der Pflanzen kam es zu weiteren Angepasstheiten an das Leben an Land. Die Wasseraufnahme durch die Wurzeln und die Wasserleitung durch spezielle Gewebe wurden leistungsfähiger. Jetzt traten auch die ersten breitflächigen Blätter auf. So konnten die Pflanzen viel Sonnenlicht aufnehmen, sodass die Fotosyntheserate stieg.

Einige Farnpflanzen bildeten hohe, verholzte Stämme, die in der Konkurrenz um Licht einen Selektionsvorteil brachten, die ersten Bäume entstanden. Voraussetzung dafür war ein leistungsfähiges Leitungsgewebe, das hoch liegende Pflanzenbereiche versorgen konnte. Die Siegel- und Schuppenbäume sind solche Vertreter der frühen Bäume. Man findet ihre Fossilien in der Steinkohle. Heute sind diese baumartigen Bärlappe und Schachtelhalme ausgestorben.

Die Ausbreitung und Vermehrung geschah weiterhin durch Sporen. Man fasst daher diese

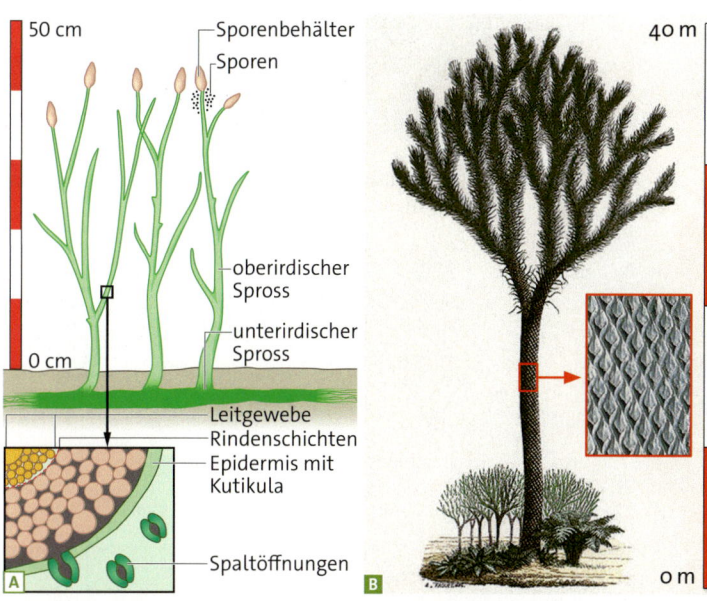

03 Erste Landpflanzen: **A** Urfarn, **B** Schuppenbaum

04 Heutige Sporenpflanzen: **A** Moos, **B** Bärlapp

Pflanzen *als Sporenpflanzen* zusammen. Auf solche Pflanzen gehen unsere heutigen Moose und Farnpflanzen zurück.
Sporenpflanzen sind bei der geschlechtlichen Fortpflanzung weiterhin an Wasser gebunden, weil ihre männlichen Geschlechtszellen sich mit Geißeln fortbewegen.

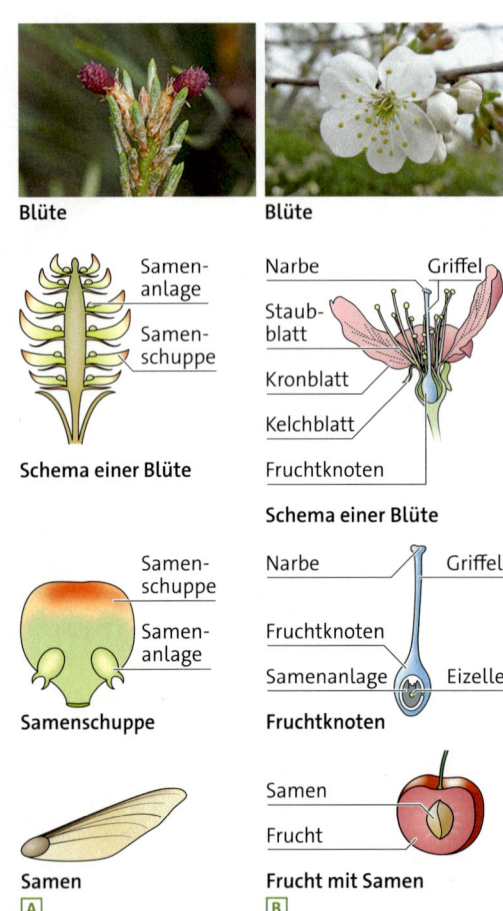

Blüte

Blüte

Samen-anlage
Samen-schuppe

Schema einer Blüte

Narbe — Griffel
Staub-blatt
Kronblatt
Kelchblatt
Fruchtknoten

Schema einer Blüte

Samen-schuppe
Samen-anlage

Samenschuppe

Narbe — Griffel
Fruchtknoten
Samenanlage — Eizelle

Fruchtknoten

Samen
Frucht

Frucht mit Samen

05 Blüten und Samen von
A Nacktsamern,
B Bedecktsamern

Samen
A

B

SAMENPFLANZEN · Vor etwa 350 Millionen Jahren wurde die geschlechtliche Fortpflanzung der Landpflanzen vom Wasser unabhängig. Die Befruchtung der Eizelle geschieht nun nicht mehr durch begeißelte, männliche Geschlechtszellen, sondern durch *Pollenkörner*. In einem Pollenkorn liegt die männliche Geschlechtszelle. Ihr Kern erreicht die Eizelle nach der Bestäubung durch einen Schlauch, den das Pollenkorn austreibt.

Die Eizelle liegt in der Samenanlage. In der Samenanlage entsteht aus der befruchteten Eizelle ein *Samen*. Dieser besteht aus einem Pflanzenembryo und gespeicherten Nährstoffen, die zusammen von einer widerstandsfähigen Hülle umgeben sind. Der Embryo ist so vor Austrocknung, Pilzinfektion und Fressfeinden geschützt. Bei günstigen Umweltbedingungen kann aus dem Embryo durch die gespeicherten Nährstoffe sehr schnell eine neue Pflanze entstehen. Alle Pflanzen, die Samen bilden, fasst man unter dem Begriff *Samenpflanzen* zusammen. Zu ihnen gehören die meisten der heutigen Pflanzen.

EVOLUTION DER SAMENPFANZEN · Bei den ersten Samenpflanzen lagen die Samenanlagen frei zugänglich auf Schuppen, die häufig zu Zapfen zusammenstanden. Heutige Nachfahren dieser **Nacktsamer** sind die *Nadelbäume*. Bei den meisten Samenpflanzen sind die Samenanlagen von Fruchtblättern vollständig umschlossen, sodass ein *Fruchtknoten* entsteht. Man bezeichnet diese Gruppe daher als **Bedecktsamer**. Viele haben farbenprächtige Blüten. Ihre Samen liegen häufig in einer Frucht, die von Fruchtblättern gebildet wird.

1 Vergleiche den Bau von Sporen- und Samenpflanzen!

2 Beschreibe die Angepasstheiten, durch die die Fortpflanzung der Samenpflanzen unabhängig vom Wasser ablaufen kann!

///// **BIOLOGISCHES PRINZIP** //////////////////////////////

Evolution

Auf der Erde gibt es heute eine große Vielfalt von Lebewesen mit einer hohen Anzahl an Arten. Alle Arten sind aus Vorfahren hervorgegangen. Die Entstehung neuer Merkmale und Arten beruht auf Veränderungen und Neukombinationen der genetischen Information. Von den dadurch entstehenden unterschiedlichen Lebewesen haben diejenigen die größte Chance, sich weiter fortzupflanzen, die an die jeweilige Umwelt am besten angepasst sind. Es kommt daher zu einer Auswahl, einer Selektion, unter den Lebewesen.

Die genetische Information veränderte sich von Beginn des Lebens bis heute. Sie wurde ohne Unterbrechung von Generation zu Generation weitergegeben. Daher sind alle Lebewesen miteinander verwandt.

Weil diese Entwicklungsvorgänge alle Lebewesen zu allen Zeiten betreffen, spricht man vom biologischen Prinzip der **Evolution.**

Material A ▸ Stammbaum der Pflanzen

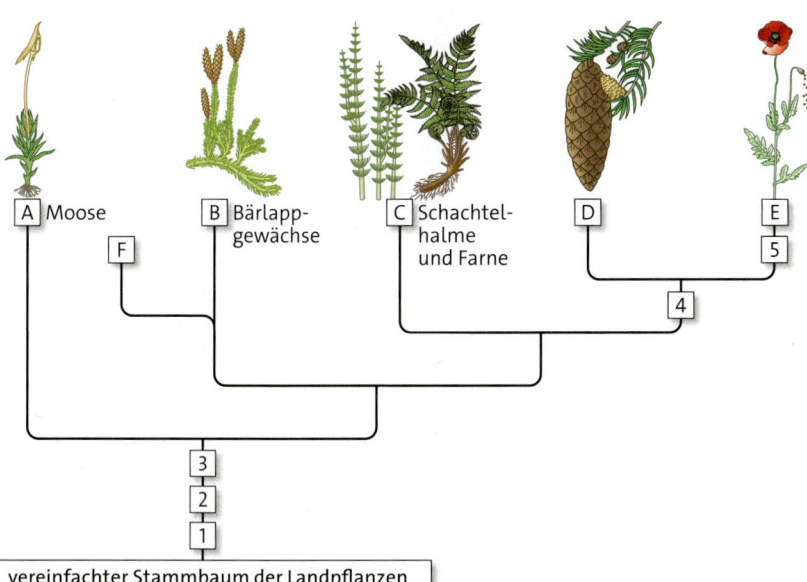

A | Moose
F
B | Bärlapp-
gewächse
C | Schachtel-
halme
und Farne
D
E
5
4
3
2
1

vereinfachter Stammbaum der Landpflanzen

A3 Nenne die Gruppen des Stammbaumschemas, die zu den Sporenpflanzen beziehungsweise den Samenpflanzen gehören!

A4 Vergleiche Sporen, Pollen und Samen miteinander!

A5 Stelle eine Hypothese auf, welche Pflanzengruppen bei F eingetragen werden könnten! Beschreibe ihre Bedeutung für den Menschen!

A6 Stelle eine Hypothese auf, weshalb sich die pflanzenfressenden Dinosaurier nicht von Gras ernähren konnten! Berücksichtige dabei, dass Gras zur Gruppe E gehört!

A1 Nenne die Fachbegriffe für die mit D und E gekennzeichneten Gruppen des Stammbaumschemas!

A2 Nenne die mit Zahlen gekennzeichneten Merkmale, die neu in der Stammesgeschichte der Pflanzen auftreten!

Material B ▸ Ginkgo

Ginkgoblätter

fossiles Ginkgoblatt

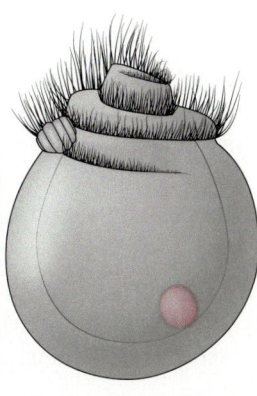

männliche Geschlechtszelle des Ginkgos

B1 Beschreibe die männliche Geschlechtszelle!

B2 Vergleiche die Befruchtung des Ginkgos mit der der übrigen Samenpflanzen!

B3 Vergleiche das abgebildete fossile Blatt mit den Blättern des heute lebenden Ginkgos!

B4 Erkläre, weshalb man den heute noch lebenden Ginkgo als „lebendes Fossil" bezeichnet!

B5 Vergleiche den Ginkgo mit einem anderen, heute lebenden Baum! Erstelle dazu eine digitale Präsentation!

Der Ginkgo ist ein Baum und gehört zu den Nacktsamern. Er hat ungewöhnlich geformte Blätter und eine besondere Form der Befruchtung. Er bildet Pollenkörner, die auf die weiblichen Blüten übertragen werden. Dort setzen sie männliche Geschlechtszellen frei, die aktiv schwimmend die Eizelle erreichen.

01 Fußspuren von
Laetoli

Stammesgeschichte des Menschen

In dem ostafrikanischen Ort Laetoli fand man fossile Fußspuren, die denen heutiger Menschen ähneln. Sie sind 3,6 Millionen Jahre alt. Wer waren die Lebewesen, die hier entlangliefen, und in welcher Beziehung stehen sie zum heutigen Menschen?

ERFORSCHUNG DER STAMMESGESCHICHTE ·
Woher wir kommen, ist eine der ältesten Fragen, mit der sich Menschen beschäftigen. Zu ihrer Lösung tragen in erster Linie Fossilfunde von Knochen, Zähnen und zum Beispiel auch die Fußspuren von Laetoli bei. Der Vergleich von anatomischen Merkmalen, aber auch der DNA verschiedener Lebewesen liefert Hinweise auf Verwandtschaft und ermöglicht, Stammbäume zu erstellen.

Altersbestimmungen können Fossilien zeitlich einordnen. Zahnformen lassen Rückschlüsse auf die Nahrung zu und einige Fossilfunde geben Auskunft über die Fortbewegungsweise. Klimatische Gegebenheiten vergangener Erdepochen können herangezogen werden, um Vorgänge und Veränderungen während der Stammesgeschichte der Menschen zu erklären.

So entsteht ein immer genaueres Bild der Menschheitsgeschichte. Selbst wenn noch vieles im Dunkeln liegt, bestätigt eine Vielzahl der vorliegenden Indizien die Annahme, dass der Mensch von Tieren abstammt.

Die Rekonstruktion der Stammesgeschichte des Menschen bleibt allerdings an manchen Stellen unbestimmt. Das liegt daran, dass Fossilien mutmaßlicher Vorfahren des Menschen relativ selten und fast immer unvollständig sind. Meistens lassen sie Spielraum für Interpretationen zu. Zum Beispiel sind Rückschlüsse auf die Nahrung, den Lebensraum oder die Lebensweise oft nicht eindeutig und die Zeitspanne der Existenz einer Art ist häufig nur ungefähr zu bestimmen.

Wie die Menschwerdung im Laufe der Erdgeschichte ablief, ist also nicht endgültig geklärt. Neue Funde und verbesserte Methoden führen immer wieder dazu, dass bisherige Vorstellungen verändert werden müssen.

PRIMATEN · Alle Merkmale, die die systematische Gruppe der Säugetiere kennzeichnen, treffen auch für den heutigen Menschen zu. Innerhalb der Säugetiere lässt sich der heutige Mensch gemeinsam mit den Affen in eine Gruppe der Herrentiere zusammenfassen, der Primaten.

Das Gehirn der Primaten ist relativ groß. Die meisten Arten sind an das Leben in Bäumen angepasst. Die Augen sind nach vorne gerichtet. Das verbessert die Fähigkeit, räumlich zu sehen und Entfernungen abzuschätzen, zum Beispiel beim Springen von Ast zu Ast. Sie haben Greifhände und Greiffüße mit abspreizbaren Daumen und Großzehen. Die Füße der Affen passen also nicht zu den Fußspuren in Laetoli.

Die Primaten lassen sich grob in drei Verwandtschaftsgruppen gliedern. Die *Halbaffen* sind ursprüngliche, noch wenig affenähnlich aussehende Primaten.
Die Affen Asiens und Afrikas sind die *Altweltaffen* und die Affen Süd- und Mittelamerikas bilden die *Neuweltaffen*.
Innerhalb der Altweltaffen sind die Menschenaffen die nächsten Verwandten des Menschen. Dazu gehören Orang-Utans, Gorillas und Schimpansen. Der Vergleich der Erbsubstanz, der DNA, zeigt, dass die Schimpansen näher mit dem Menschen verwandt sind als mit den übrigen Menschenaffen.

VORMENSCHEN · Vor etwa fünf bis sechs Millionen Jahren kam es in Afrika zu einer Klimaänderung, durch die weite Gebiete zu Graslandschaften wurden, die von einzelnen Bäumen durchsetzt waren. In solchen halboffenen Landschaften, den *Baumsavannen*, entwickelten sich aus Baum bewohnenden Menschenaffen zweibeinig und aufrecht laufende Affen, die *Australopithecus-Arten*. Man fasst sie häufig als Vormenschen zusammen. Die Fußspuren in Laetoli stammen sehr wahrscheinlich von Australopithecinen.

Der aufrechte Gang verhalf den Vormenschen zu einem guten Überblick im offenen Gelände. Dadurch konnten sie sich leichter orientieren und Feinde frühzeitig erkennen. Die durch den aufrechten Gang frei gewordenen Hände konnten sie einsetzen, um mit Geräten und Waffen zu hantieren, Nahrung zu transportieren und vermutlich auch, um die Kinder auf dem Arm zu tragen.
Außerdem heizte sich der Körper nicht so stark auf, weil nur eine kleine Fläche von der Sonne bestrahlt wurde.

Ein sehr wichtiger Fund aus dieser Zeit ist „Lucy", ein etwa drei Millionen altes Fossil. Weil es in der Afar-Region in Äthiopien gefunden wurde, erhielt es die Bezeichnung *Australopithecus afarensis*.

02 Verwandtschaftsgruppe der Primaten:
A Schimpanse,
B Altweltaffe (Berberaffe),
C Neuweltaffe (Brüllaffe),
D Halbaffe (Katta)

lateinisch australis = südlich,

griechisch pithekos = Affe

LUCY · Lucy war eine etwa 1,20 Meter große Frau. Ihr Gebiss ähnelte bereits dem heutiger Menschen.

Der Schädel aber war noch affenartig. Er hatte keine Stirn, die Kiefer standen so weit vor, dass sie eine Schnauze bildeten, und über den Augen traten kräftige Knochenverdickungen hervor, die *Überaugenwülste*.

Mit seinen 400 Kubikzentimetern war das Gehirn etwa so groß wie das heutiger Schimpansen. Vermutlich bewegte sich Lucy vorwiegend zweibeinig am Boden, konnte aber wohl auch noch gut in Bäumen klettern.

Im Laufe der Stammesgeschichte entstanden mehrere *Australopithecus*-Arten. Die letzten starben vor etwa eine Million Jahren aus.

FRÜHMENSCHEN · Aus einer der *Australopithecus*-Arten entstand ein Vorfahr des Menschen, dem man die ältesten Funde von selbst hergestellten Steinwerkzeugen zuordnen kann. Wissenschaftler nennen ihn daher **Homo habilis,** das heißt „geschickter Mensch".

Die Werkzeuge sind sehr einfach. Sie bestehen aus zerschlagenen Steinen, die scharfe Kanten haben. Mit ihnen konnte *Homo habilis* unter anderem die ledrige Haut großer Beutetiere aufschneiden und so an das Fleisch gelangen, sodass die Versorgung mit Eiweiß besser wurde. Die Fähigkeit, Werkzeuge herzustellen, war ein wichtiger Evolutionsschritt in der stammesgeschichtlichen Entwicklung des Menschen. Mit ihr ging die Vergrößerung des Gehirns einher.

Fossilien mit einem Alter zwischen zwei Millionen bis 500 000 Jahren zeigen, dass sich die mit Lucy und *Homo habilis* begonnenen Evolutionstendenzen fortsetzten.

Durch eine Vergrößerung des Hirnschädels entstand ein menschenähnliches Gesicht und Platz für ein größeres Gehirn von etwa 1000 Kubikzentimetern. Im Vergleich zu früheren Formen waren die Arme kürzer und die Beine länger. Das führte zu einer Körperhaltung, die diesen Vorfahren die Bezeichnung **Homo erectus** einbrachte, „aufrechter Mensch".

Wegen der langen Beine nimmt man an, dass *Homo erectus* ein guter Langstreckenläufer war. Vermutlich war sein Körper nur wenig behaart, eine Angepasstheit an das Laufen. Bei lang andauernder Anstrengung konnte so die hohe Körpertemperatur besser an die Umgebung abgegeben werden.

Homo erectus konnte Werkzeuge aus Feuerstein herstellen, die viel besser bearbeitet waren als die Werkzeuge von *Homo habilis*. Auch den ältesten Fund von Fernwaffen, ein sorgfältig angefertigter Holzspeer, kann man eindeutig dem *Homo erectus* zuordnen.

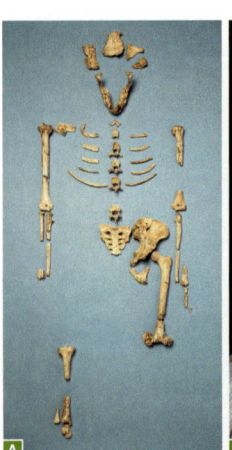

03 Lucy: **A** Knochenfund, **B** Rekonstruktion

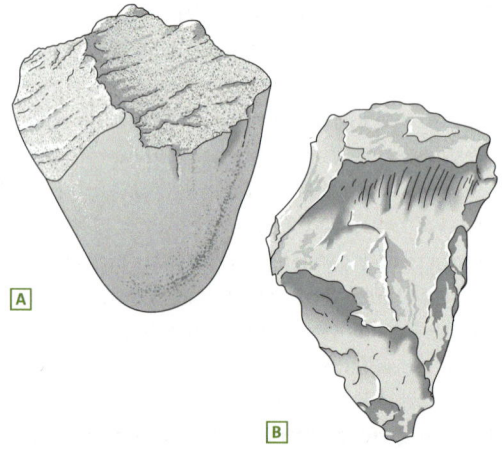

04 Steinwerkzeuge von: **A** *Homo habilis,* **B** *Homo erectus*

Besonders bemerkenswert sind die Spuren von Feuerstellen des *Homo erectus.* Die Handhabung des Feuers ist ein weiterer wichtiger Schritt in der menschlichen Stammesgeschichte. Nun konnten Mahlzeiten gekocht oder gebraten werden. So wurde die Nahrung leichter verdaulich und lieferte mehr Nährstoffe. Die bessere Versorgung mit Nährstoffen ermöglichte größere Gehirne, weil die Vorgänge im Gehirn sehr energieaufwändig sind.

MODERNE MENSCHEN · Aus der Gruppe, zu der *Homo erectus* und seine Verwandten gehören, entstanden zwei Menschentypen, der **Neandertaler,** *Homo neanderthalensis,* und der heutige Mensch, **Homo sapiens.** Bis vor 35 000 Jahren, als der Neandertaler ausstarb, lebten beide Menschenarten nebeneinander auf der Erde.

Beide Arten haben mit 1500 Kubikzentimetern ein etwa dreimal so großes Gehirn wie *Australopithecus afarensis.* Beide sind sehr geschickte Handwerker, die viele verschiedene fein ausgearbeitete Steinwerkzeuge herstellten.

Vor allem *Homo sapiens,* eventuell aber in einem bescheidenen Rahmen auch der Neandertaler, stellte die ersten Kunstwerke her, vor allem Höhlenmalereien. In Baden-Württemberg fand man die ältesten Plastiken der Welt. Viele sind kleine, sehr kunstvoll gearbeitete Nachbildungen von Tieren.

Die Wortsprache des *Homo sapiens* ist einzigartig unter den Primaten. Sie machte eine fein abgestimmte Zusammenarbeit, die Arbeitsteilung und die gemeinsame, vorausschauende Planung möglich.

Vor allem aber beschleunigte sie die kulturelle Entwicklung, weil sie die Weitergabe von Kenntnissen erleichterte. Durch Funde bestimmter Knochen des Kehlkopfs kann man nachweisen, dass auch der Neandertaler sprechen konnte.

1 ❭ Vergleiche Vormenschen und moderne Menschen miteinander!

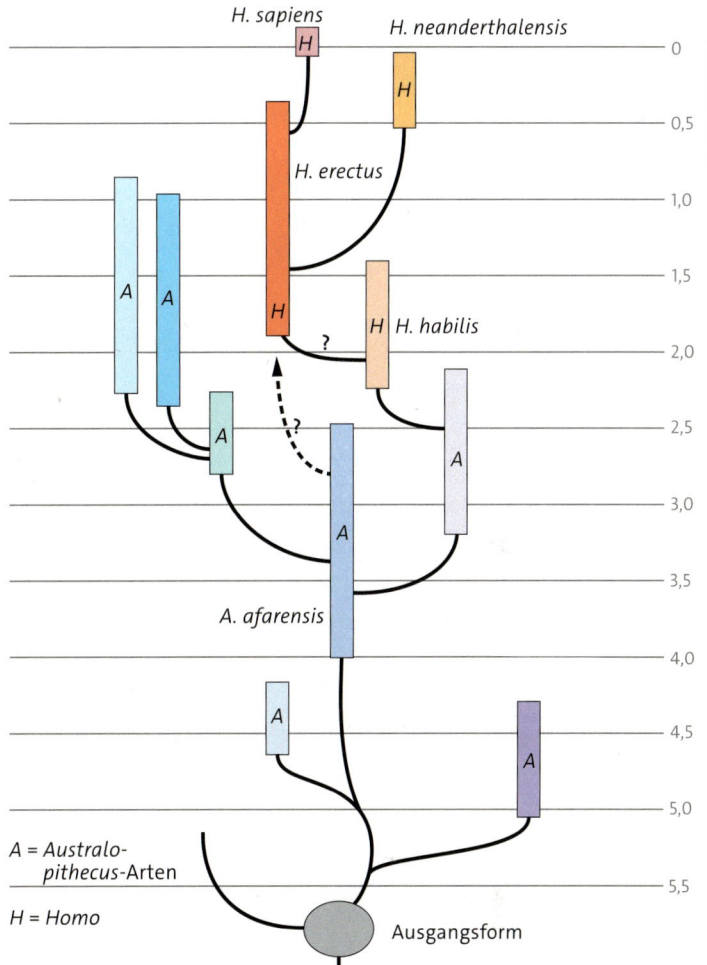

05 Möglicher, vereinfachter Stammbaum des Menschen

06 Etwa 30 000 Jahre alte Elfenbeinskulptur eines Höhlenlöwen aus der Vogelherdhöhle in Baden-Württemberg

2 ❭ Beschreibe vier wichtige Tendenzen in der Evolution bis zum heutigen Menschen!

3 ❭ Erkläre, weshalb die kulturelle Entwicklung des heutigen Menschen schnell verlief!

Material A ▸ Schädelvergleich

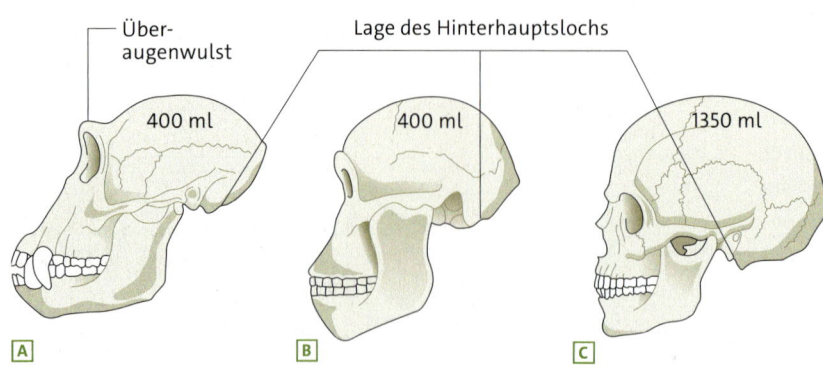

Über-augenwulst · Lage des Hinterhauptslochs

400 ml · 400 ml · 1350 ml

A · B · C

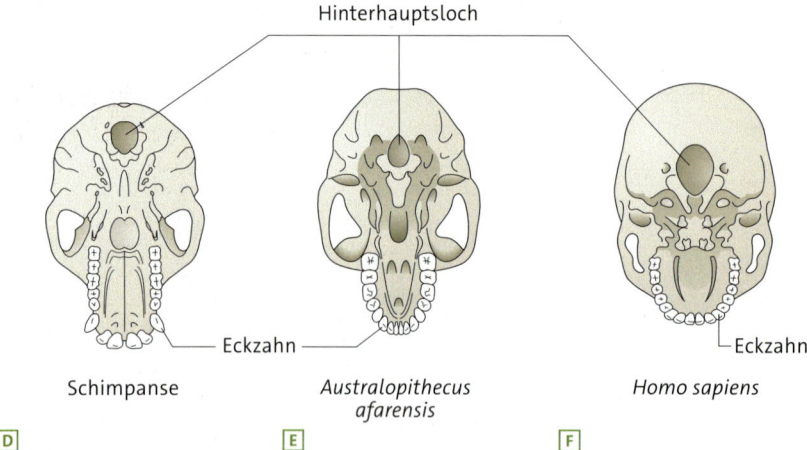

Hinterhauptsloch

Eckzahn · Eckzahn

Schimpanse · *Australopithecus afarensis* · *Homo sapiens*

D · E · F

Die Abbildungen zeigen Schädel in der Ansicht von der Seite und von unten. Die Größenverhältnisse sind nicht berücksichtigt, alle Schädel sind gleich groß gezeichnet.

Den vorderen Teil des Schädels nennt man Gesichtsschädel, den hinteren Hirnschädel. Die Stelle, an der der Schädel auf der Wirbelsäule aufliegt, heißt Hinterhauptsloch.

A1 Vergleiche bei den drei Schädeln:
- die Form des Gesichtsschädels,
- das Größenverhältnis zwischen dem Gesichts- und dem Hirnschädel,
- die Eckzähne,
- die Stirn und die Überaugenwülste,
- die Lage des Hinterhauptslochs!

A2 Ordne die Schädel nach dem Volumen ihres Hirnschädels und erkläre die Unterschiede!

A3 Stelle eine Hypothese auf, durch die sich die Form der Stirn beim *Homo sapiens* erklären lässt!

A4 Beschreibe die Veränderungen in der Lage der Zähne, die dazu geführt haben, dass sich die für den *Homo sapiens* typische Form des Gesichtsschädels entwickelte!

A5 Stelle eine Hypothese auf, die die Veränderung der Lage des Hinterhauptslochs durch den Übergang zum aufrechten Gang erklärt!

A6 Stelle eine Hypothese auf, die erklären kann, weshalb die Wurzeln unserer Eckzähne sehr viel länger sind als die der Schneidezähne!

Material B ▸ Aufrechter Gang

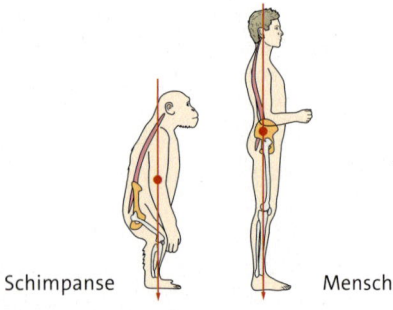

Schimpanse · Mensch

B1 Vergleiche die Körperhaltung, die Form der Wirbelsäule und die Lage des mit einem roten Punkt gekennzeichneten Schwerpunkts beim Schimpansen und *Homo sapiens*!

B2 Erkläre die bei B1 beschriebenen Unterschiede!

B3 Beschreibe die Längenverhältnisse zwischen Armen und Beinen bei Schimpansen und beim *Homo sapiens*!

B4 Erkläre die bei B3 beschriebenen Unterschiede in den Längenverhältnissen der Extremitäten durch die Lebensweisen!

Material C ▸ Menschwerdung

Im Verlauf der Stammesgeschichte fanden Entwicklungen statt, die zu den Eigenschaften des Menschen geführt haben, die ihn von Tieren unterscheiden. Als Wendepunkte für diese Menschwerdung werden diskutiert:

- die Handhabung des Feuers und damit die Möglichkeit, Nahrung zu kochen,
- der Erwerb des aufrechten Gangs,
- der Erwerb der Wortsprache,
- die Herstellung und die Nutzung von Werkzeugen.

C1 Ordne die dargestellten Fähigkeiten in der Reihenfolge ihrer Entstehung an!

C2 Beschreibe für alle vier Fälle, welchen Einfluss die jeweiligen Neuerungen auf die Lebenssituation der betreffenden Lebewesen hatten!

C3 Stelle Hypothesen dazu auf, welche Zusammenhänge zwischen der Gehirnentwicklung und den dargestellten Fähigkeiten bestehen könnten!

C4 Diskutiere, welche der vier neuen Fähigkeiten der Startpunkt der Menschwerdung sein könnte!

Material D ▸ Gehirnentwickung und Energiebedarf

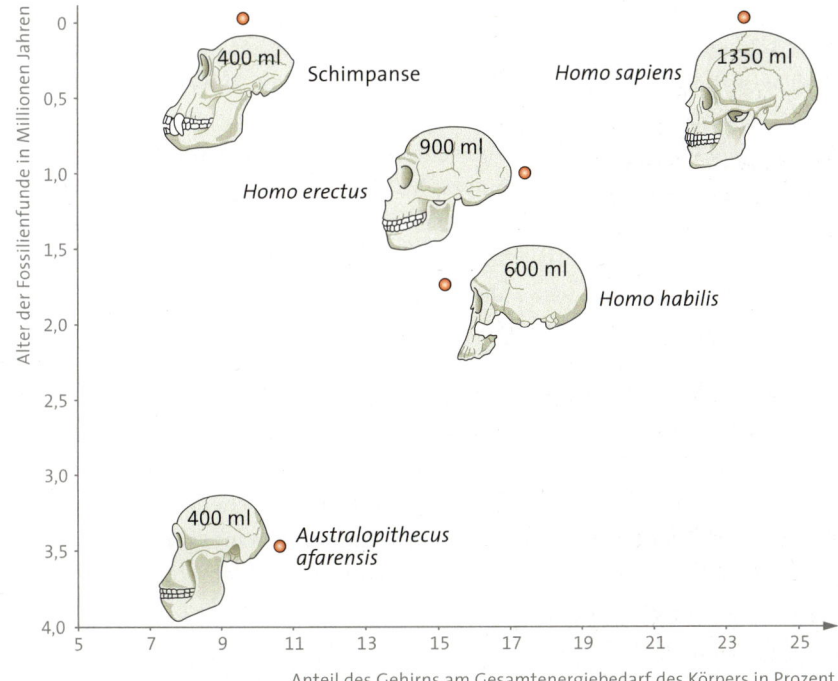

D1 Beschreibe die im Diagramm dargestellten Sachverhalte!

D2 Erläutere, weshalb für das Diagramm nicht die absoluten Werte des Energiebedarfs des Gehirns verwendet wurden, sondern die sich relativ zum Gesamtenergiebedarf ergebenen!

D3 Begründe, ob sich mithilfe des Diagramms die Hypothese stützen lässt, dass die Zunahme der Gehirngröße eine Voraussetzung für den aufrechten Gang war!

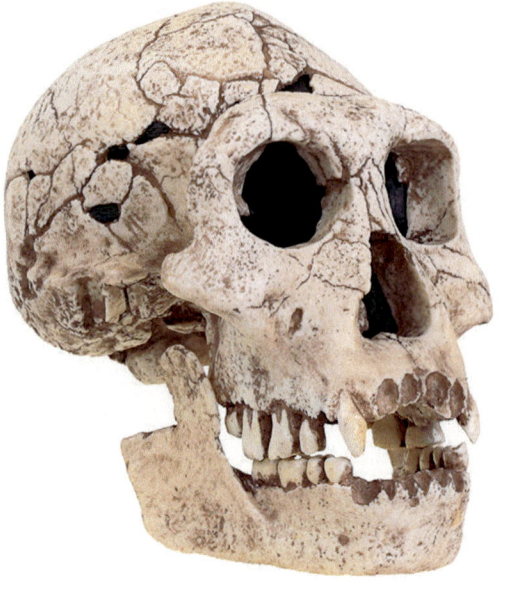

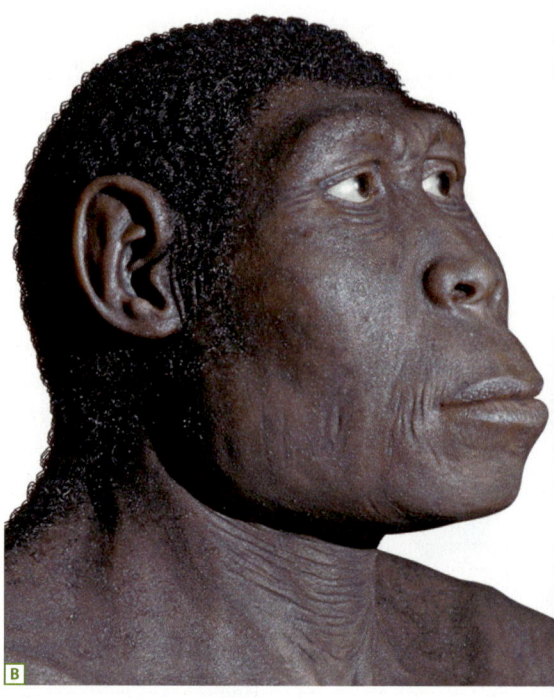

01 Javamensch:
A Knochenfund,
B Rekonstruktion

A

B

Der Mensch erobert die Erde

Auf der indonesischen Insel Java und in China wurden Knochen gefunden, die man dem Früh-menschen Homo erectus zuordnen kann. Der älteste Fund wurde auf etwa 1,8 Millionen Jahre datiert. Dies entspricht in etwa dem Alter von Funden des Homo erectus in Afrika. Wie lässt sich das erklären?

AUSBREITUNG DER FRÜHMENSCHEN · Nach Ansicht der meisten Wissenschaftler hat der Mensch seinen Ursprung in Ostafrika, in einem Gebiet des heutigen Äthiopien, Tansania und Kenia. Dort wurden auch etwa zwei Millionen Jahre alte Fossilien eines grazilen *Homo erectus* gefunden.

Neben den Fossilien in Ostasien und auf den indonesischen Inseln wurden auch in Südafrika, in Spanien, im Kaukasus und in Deutschland Überreste gefunden, die *Homo erectus* zuzu-ordnen sind. Dazu gehört auch ein Fund in der Nähe von Heidelberg, der *Homo heidelbergensis*. Alles deutet darauf hin, dass *Homo erectus* in Ostafrika entstanden ist. Wenn das stimmt, kann er also nur durch Einwanderung in die genannten Gebiete gelangt sein.

Auf seiner Wanderung kam *Homo erectus* bis in ungefähr 10 000 Kilometer entfernte Gebiete und besiedelte sogar Inseln. Möglich wurde das unter anderem, weil während der verschie-denen Eiszeiten der Meeresspiegel mehr als 100 Meter tiefer lag, sodass Landbrücken ent-standen, auf denen Meeresarme überwunden oder heutige Inseln erreicht werden konnten. Außerdem gab es im Gebiet der heutigen ara-bischen Halbinsel und der Sahara in Nordafri-ka keine unüberwindlichen Wüsten, sodass auch hier Wanderungen möglich waren. *Homo erectus* war der erste Mensch, der außer in Afrika auch in Asien und Europa lebte. Nord- und Südamerika sowie Australien erreichte er auf seinen Wanderungen nicht.

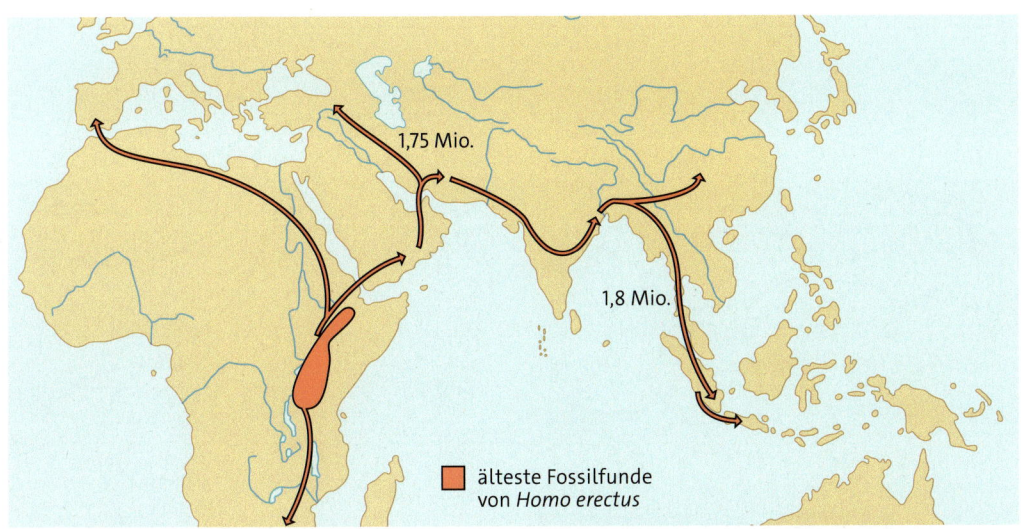

älteste Fossilfunde
von *Homo erectus*

02 Die Ausbreitung
von *Homo erectus*
vor etwa 1,8 Millionen
Jahren

DER NEANDERTALER · Im Jahr 1856 fanden
Arbeiter in einem Steinbruch in der Nähe von
Düsseldorf Knochen, die später dem *Neandertaler* zugeordnet wurden. Anhand weiterer Funde weiß man heute, dass dieser Menschentyp
etwa 250 000 Jahre lang bis ungefähr vor 30 000
Jahren in Europa und im Nahen Osten lebte.
Der Neandertaler war untersetzt und musku-
löser als *Homo sapiens*. Er hatte einen kinn-
losen Kiefer und Überaugenwülste. Sein lang
gestreckter Schädel hatte ein etwas größeres
Gehirnvolumen als heutige Menschen. Der Kehl-
kopf war so gebaut, dass er die anatomischen
Voraussetzungen zum Sprechen hatte. Er stellte
verschiedene, gut ausgebreitete Werkzeuge her
und benutzte Speere mit Knochenspitzen. Seine
Nahrung bestand vorwiegend aus Fleisch. Er
lebte in räumlich aufgeteilten Höhlen oder in
Zelten aus Fellen und schützte sich mit Fell-
kleidung vor Kälte. Einige Knochenfunde zeigten Verletzungen, die offenkundig medizinisch
behandelt worden waren. Grabbeigaben weisen
auf Bestattungsrituale hin.
Als sein direkter Vorfahre gilt ein Verwandter
des *Homo erectus*, der *Homo heidelbergensis*.
Dieser wird von einigen Forschern als eigen-
ständige Art, von anderen hingegen als eine an
das kalte Klima angepasste Form des *Homo
erectus* angesehen.

03 Neandertaler,
Rekonstruktion aus
dem Neandertaler-
museum in
Mettmann

Sicher scheint zu sein, dass der Vorfahre von
Homo heidelbergensis vor etwa einer Million
Jahren aus Nordafrika kommend in Südeuropa
eingewandert ist.

1 Beschreibe die Ausbreitungswege von
Homo erectus!

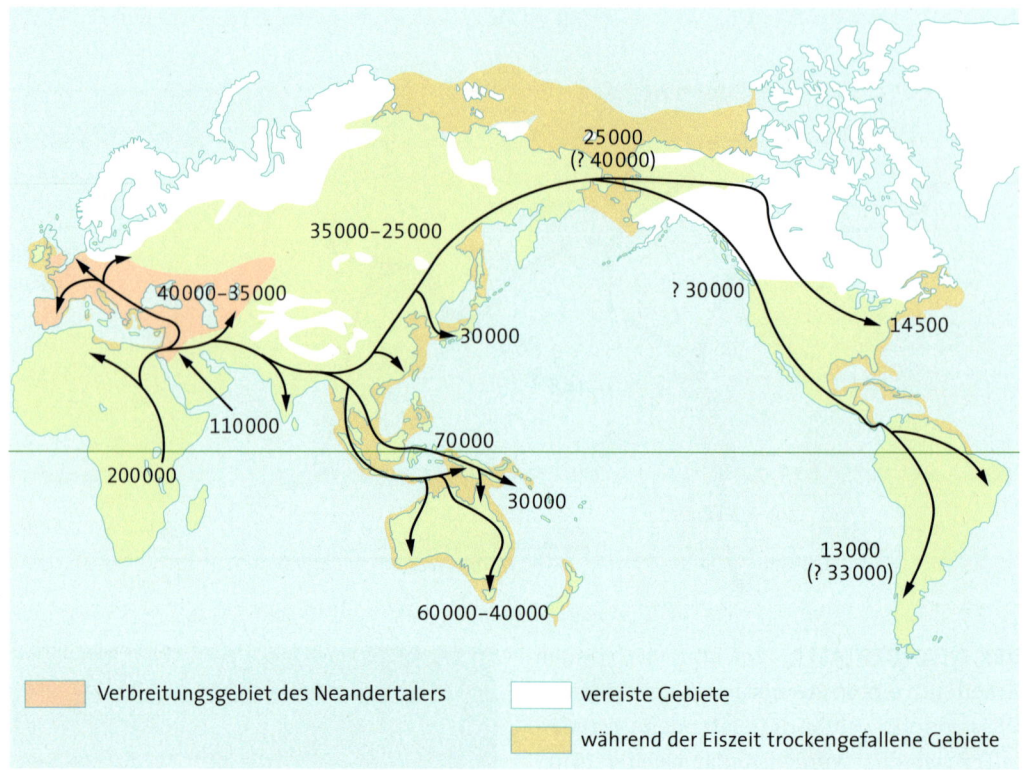

25 000
(? 40 000)

35 000 – 25 000

40 000 – 35 000

? 30 000

14 500

30 000

110 000

70 000

200 000

30 000

13 000
(? 33 000)

60 000 – 40 000

Verbreitungsgebiet des Neandertalers | vereiste Gebiete

während der Eiszeit trockengefallene Gebiete

04 Die Ausbreitung
von *Homo sapiens*

AUSBREITUNG DES *HOMO SAPIENS* · Die meisten Wissenschaftler sind davon überzeugt, dass *Homo sapiens* in Afrika entstand und von dort aus die ganze Erde erobert hat. Diese **Out-of-Africa-Hypothese** wird sowohl durch Fossilmaterial als auch durch genetische Untersuchungen gestützt. Die ältesten Fossilien, die eindeutig *Homo sapiens* zugeordnet werden können, stammen aus dem heutigen Äthiopien und sind ungefähr 160 000 Jahre alt.
Die genetischen Untersuchungen wurden weltweit durchgeführt. Dabei wurde festgestellt, dass der Urahn der heutigen Menschen vor etwa 200 000 Jahren in Afrika gelebt haben muss.

Mithilfe der Untersuchungsergebnisse konnten auch die Ausbreitungswege rekonstruiert werden. Demzufolge lebte *Homo sapiens* bis vor rund 110 000 Jahren nur auf dem afrikanischen Kontinent. Danach besiedelte er zunächst Asien und später die anderen Kontinente.
Im heutigen Hinterindien trennten sich die Wege. Eine Gruppe breitete sich nordwärts über Ostasien und die während der Eiszeit trockengefallene Beringstraße bis nach Nord- und Südamerika aus. Die andere Gruppe zog südwärts und erreichte Australien über die ebenfalls während der Eiszeit weitgehend zusammenhängende Landmasse des heutigen Indonesien. Vor etwa 40 000 Jahren erreichte der moderne Mensch Europa. Die Besiedlung erfolgte wahrscheinlich von Südosten her über Vorderasien.

Nach neueren Untersuchungen enthält das Erbgut von Eurasiern, Australiern, Nord- und Südamerikanern sowie Nordafrikanern einen Anteil von zwei bis vier Prozent Neandertalergenen. Afrikaner südlich der Sahara besitzen diese Gene nicht. Dies kann nur damit erklärt werden, dass der aus Afrika auswandernde *Homo sapiens* vor etwa 100 000 Jahren mit dem in Europa und im Gebiet des heutigen Nahen Ostens lebenden Neandertalern gemeinsame Nachkommen hatte.

2 ꒐ Vergleiche die Ausbreitung von *Homo sapiens* mit der von *Homo erectus*!

Material A ▸ Der Ursprung des modernen Menschen

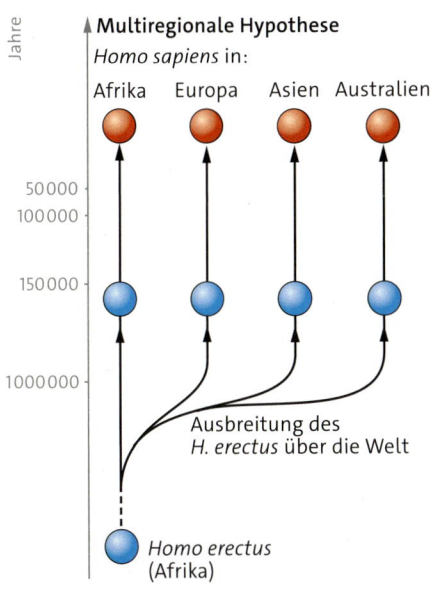

In der Abbildung sind stark vereinfacht zwei Hypothesen zur Entstehung der Formen des heutigen *Homo sapiens* dargestellt. Nach Nord- und Südamerika gelangte der *Homo sapiens* erst spät und von Asien aus.

Um zu prüfen, welche der beiden Hypothesen wahrscheinlicher ist, verglich man das Erbgut von Bewohnern aller Kontinente. Die Untersuchungen zeigten, dass die Unterschiede sehr gering sind.

A1 Beschreibe für jede der beiden Hypothesen, wie die Entstehung der heutigen Unterschiede zwischen den Bewohnern der Kontinente erklärt wird!

A2 Vergleiche die beiden Hypothesen hinsichtlich der Zeitdauer, in der die Unterschiede zwischen den heutigen Bewohnern der Kontinente entstanden!

A3 Erkläre, welche der beiden Hypothesen durch den Vergleich des Erbguts gestützt wird!

A4 Bewerte, ob die Hypothesen als naturwissenschaftliche Argumente gegen rassistische Anschauungen verwendet werden können!

Material B ▸ Vermutungen zum Aussterben des Neandertalers

Vermutungen zum Aussterben des Neandertalers

A Neandertaler waren Spezialisten für das kalte Klima in Europa während der Eiszeit.

B Der Neandertaler war Großwildjäger. Das Aussterben von Mammuts und anderen Beutetieren führte daher zu Nahrungsengpässen.

C Der moderne Mensch hatte bessere Waffen und hat den Neandertaler zum Aussterben gebracht.

D Die Kindersterblichkeit war bei Neandertalern höher und ihre Lebenserwartung geringer.

E Der moderne Mensch und der Neandertaler konkurrierten um die gleichen Umweltangebote und der moderne Mensch war überlegen.

F Der moderne Mensch brachte Krankheitserreger mit, gegen die der Neandertaler nicht immun war.

Neandertaler und moderner Mensch lebten mehrere tausend Jahre in Europa nebeneinander.

Es ist nicht geklärt, weshalb der Neandertaler ausgestorben ist. Die Abbildung zeigt einige Vermutungen.

B1 Stelle Hypothesen auf, welche Spuren Hinweise für die Richtigkeit der Vermutungen A bis D geben könnten!

B2 Erläutere, welche Probleme aufgetreten sein könnten, wenn Vermutung E zutrifft!

B3 Recherchiere vergleichbare Beispiele aus der jüngeren Menschheitsgeschichte für den Fall F!

B4 Begründe, welche Vermutungen ernst zu nehmende Erklärungen für das Aussterben des Neandertalers liefern!

Menschliche Rassen – ein umstrittener Begriff

ART UND RASSE · Alle heute lebenden Menschen gehören zur Art *Homo sapiens*. Mit dem Begriff **Art** werden alle Lebewesen bezeichnet, die gemeinsam fruchtbare Nachkommen zeugen können. Genetische Untersuchungen der DNA von Fossilien deuten darauf hin, dass auch der Neandertaler zu dieser Art gehörte. Manche Fachleute halten ihn für eine **Unterart** des *Homo sapiens*. Der biologische Begriff Unterart wird für Populationen einer Art verwendet, die sich in vielen Merkmalen unterscheiden. Manchmal wurde früher anstelle des Begriffs Unterart auch der Begriff **Rasse** benutzt.

Von Rassen spricht man vor allem in der Tierzucht. Dort werden Tiere mit besonderen Merkmalen gezielt gepaart. Nach etlichen Generationen prägen sich bestimmte Merkmalskombinationen aus, die für die jeweilige Rasse typisch sind.

RASSEN UND RASSENDISKRIMINIERUNG · In verschiedenen Regionen der Erde sehen Menschen unterschiedlich aus. Vor allem die Merkmale Körpergröße, Statur, Hautfarbe, Augenfarbe, Haarfarbe und Haarstruktur variieren stark. Deshalb hat man auch Menschen in verschiedene Rassen eingeteilt. Infolge von Abgrenzungsproblemen wurden drei, zehn oder bis zu 60 Rassen unterschieden.

Bereits in der Mitte des 19. Jahrhunderts wurde äußeren Merkmalen vielfach auch kulturelle Fähigkeiten und Intelligenz zugeordnet. Nach der Veröffentlichung von DARWINs Evolutionstheorie übertrugen viele seine Aussagen auf die menschliche Gesellschaft und begründeten damit den **Sozialdarwinismus**. Sie behaupteten, dass auch kulturelle und soziale Veränderungen der natürlichen Selektion unterliegen.

Dadurch wurde nicht mehr nur zwischen verschiedenen Rassen unterschieden, sondern sie wurden auch bewertet. So wurde die eigene Rasse als besser, überlegen oder höherwertig angesehen. Es entstand eine Weltanschauung, die andere Lehrmeinungen weitgehend ausschloss. In der Zeit des Nationalsozialismus führte diese Ideologie zur Judenverfolgung und wurde sogar zum Inhalt des Biologieunterrichts. Mit den Nürnberger Rassengesetzen rechtfertigte das NS-Regime später seine Massenmorde. Auch nach dem zweiten Weltkrieg blieb Rassendiskriminierung offiziell erhalten, in den Südstaaten der USA bis in die 1960er-Jahre und in Südafrika sogar bis 1990.

Auch heute noch gibt es auf der ganzen Welt Menschen, die für rassistische Parolen und diskriminierende Sprüche empfänglich sind. Dies zeigt der Zuspruch, den einige politische Gruppierungen mit ihrer zum Teil offen rassistischen Wählerwerbung erfahren.

01 Toilettenanlage während der Apartheid

MENSCHENGRUPPEN · Lange Zeit war man nur auf äußere Merkmale angewiesen, wenn man Daten von Menschen erhalten wollte. So wurden Menschen verschiedener Kontinente vermessen, gezeichnet, fotografiert und danach klassifiziert.

Heute forscht man mit molekulargenetischen Methoden, um die Verwandtschaft verschiedener Menschengruppen zu untersuchen. Dabei stellt man immer wieder fest, dass es nur sehr geringfügige Unterschiede zwischen menschlichen Populationen gibt. Zum Beispiel belegten Untersuchungen an mehr als 1000 Personen aus 51 verschiedenen Populationen, die im Jahr 2008 veröffentlicht wurden, dass eine scharfe genetische Trennung zwischen den einzelnen Populationen nicht möglich ist. Man beobachtete lediglich sehr feine geografische Abstufungen im Erbgut von Menschen verschiedener Regionen.

Aufgrund dieser Erkenntnisse erklärte die UNESCO, die Organisation der Vereinten Nationen für Erziehung, Wissenschaft und Kultur, im Jahr 1995, dass die Anwendung des Rassebegriffs auf den Menschen wissenschaftlich nicht mehr vertretbar sei.

BEISPIEL HAUTFARBE · Ein wichtiges Kriterium der Rassentheorie war die Hautfarbe. Aber welche Bedeutung hat die Hautfarbe für die Evolution des Menschen?

Wissenschaftler nehmen an, dass die dunkle Hautfarbe bei den frühen Menschen entstand, nachdem sie ihre dichte Körperbehaarung verloren hatten. Die Pigmentierung der Haut schützt vor schädlicher UV-Strahlung und verringert dadurch das Krebsrisiko. Andererseits benötigt der Mensch eine geringe Dosis UV-Strahlung zur Synthese von Vitamin D, das für die Kalkeinlagerung bei der Knochenbildung wichtig ist. Deshalb ist in Gegenden mit hoher Sonneneinstrahlung eine dunkle Haut von Vorteil. In Gegenden mit wenig Sonneneinstrahlung hingegen sind hellhäutige Menschen besser angepasst.

Im Jahr 2005 entdeckten Wissenschaftler zwei Varianten eines an der Pigmentsynthese beteiligten Enzyms, die sich nur geringfügig unterscheiden. Bei hellhäutigen Menschen ist an Position 111 eine einzige Aminosäure ausgetauscht. Hierdurch ist die Wirkung des Enzyms gegenüber dem Enzym dunkelhäutiger Menschen wesentlich herabgesetzt. Eine kleine genetische Veränderung hat also eine große Auswirkung auf das äußere Erscheinungsbild.

Dies scheint bei anderen genetisch bedingten Unterschieden ähnlich zu sein. Es leuchtet ein, dass vor allem solche Gene der Selektion unterworfen waren, die als Angepasstheit an unterschiedliche Klimazonen äußere Merkmale bestimmen. Weil aber das äußere Erscheinungsbild so unterschiedlich ist, nahm man Gleiches auch vom Rest der genetischen Ausstattung an. Dies ist jedoch ein Trugschluss: Der genetische Unterschied aller Menschen ist nur sehr gering.

1) Erkläre, weshalb man bei den Jugendlichen in Abbildung 02 nicht von menschlichen Rassen sprechen darf!

02 Vielfalt der Menschen

A ▸ Belege der stammesgeschichtlichen Verwandtschaft

Kann ich ...

1 ⌡ die Entstehung von verschiedenen Fossilien beschreiben? *(Seite 14 und 15)*

2 ⌡ die Bedeutung von Fossilien für eine relative Altersbestimmung erklären? *(Seite 16)*

3 ⌡ die Merkmale von *Archaeopteryx* mit denen heutiger Reptilien und Vögeln vergleichen? *(Seite 18 und 19)*

4 ⌡ erklären, weshalb die Erkenntnisse über *Archaeopteryx* für die Erforschung der Evolution der Tiere von großer Bedeutung sind? *(Seite 18 und 19)*

5 ⌡ erklären, was ein lebendes Fossil ist und Beispiele nennen? *(Seite 20)*

6 ⌡ analoge und homologe Organe miteinander vergleichen und Beispiele nennen? *(Seite 22 und 23)*

7 ⌡ erklären, was man unter einer konvergenten Entwicklung versteht? *(Seite 23)*

8 ⌡ begründen, weshalb Analogien, Homologien und Konvergenzen Belege für einen Evolutionsprozess sind? *(Seite 22 und 23)*

9 ⌡ die Unterschiede zwischen einem Rudiment und einem Atavismus erläutern? *(Seite 24)*

B ▸ Enstehung von Vielfalt

Kann ich ...

1 ⌡ die Evolutionstheorie von Charles DARWIN erläutern? *(Seite 26 bis 28)*

2 ⌡ den Vorgang der Selektion an einem Beispiel beschreiben? *(Seite 29)*

3 ⌡ erklären, was man unter einer Art versteht? *(Seite 32 und 33)*

4 ⌡ die Entstehung von Arten durch geografische Isolation beschreiben? *(Seite 32 und 33)*

5 ⌡ die Unterschiede zwischen einer Art und einer Rasse erklären? *(Seite 34)*

C ▸ Stammesgeschichte der Wirbeltiere und Pflanzen

D ▸ Evolution des Menschen

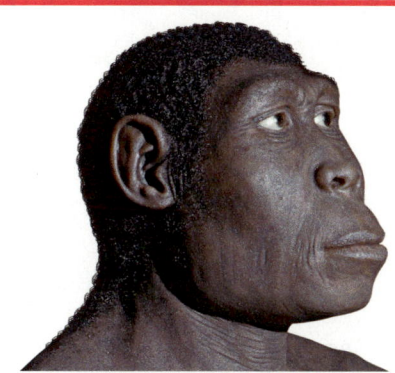

Kann ich …

1 ⌡ die fünf Wirbeltiergruppen miteinander vergleichen? *(Seite 36 und 37)*

2 ⌡ die Stammesgeschichte der Wirbeltiere beschreiben und Besonderheiten nennen? *(Seite 36 und 38)*

3 ⌡ die systematische Ordnung von Lebewesen an einem Beispiel beschreiben? *(Seite 38)*

4 ⌡ die Stammesgeschichte der Pflanzen anhand von Beispielen beschreiben? *(Seite 40 bis 42)*

5 ⌡ die Kennzeichen von Sporenpflanzen nennen? *(Seite 41)*

6 ⌡ die Sporenpflanzen mit den Samenpflanzen vergleichen? *(Seite 41 und 42)*

7 ⌡ die Nackt- und Bedecktsamer miteinander vergleichen? *(Seite 42)*

Kann ich …

1 ⌡ beschreiben, wie die Stammesgeschichte des Menschen erforscht werden kann? *(Seite 44)*

2 ⌡ Kennzeichen der Primaten beschreiben und die Verwandtschaftsgruppen nennen? *(Seite 45)*

3 ⌡ die Vormenschen mit den Frühmenschen vergleichen und Beispiele nennen? *(Seite 45 und 46)*

4 ⌡ die wichtigen Schritte und Tendenzen in der Evolution bis zum heutigen Menschen beschreiben? *(Seite 44 bis 47)*

5 ⌡ Kennzeichen des modernen Menschen beschreiben? *(Seite 47)*

6 ⌡ erklären, weshalb man von einer kulturellen Entwicklung des Menschen spricht? *(Seite 47)*

7 ⌡ die Verbreitung der Frühmenschen auf der Erde beschrieben? *(Seite 50 und 51)*

8 ⌡ die Merkmale und die Lebensweise des Neandertalers beschreiben? *(Seite 51)*

9 ⌡ die Ausbreitung des *Homo sapiens* beschreiben und mit der von *Homo erectus* vergleichen? *(Seite 50 bis 52)*

Kann ich aus dem Kapitel „Evolution" Beispiele nennen für das biologische Prinzip:

■ Evolution?   ■ Variabilität?   ■ Reproduktion?   ■ Angepasstheit?

Ökologie

In diesem Kapitel beschäftigst du dich mit

- verschiedenen Ökosystemen. Du lernst die Kennzeichen eines Ökosystems kennen und erfährst, wie man ein Ökosystem untersuchen kann.

- dem Ökosystem Wald. Hierbei lernst du unterschiedliche Waldtypen, ihren Bau und ihre Umweltbedingungen kennen. Außerdem beschäftigst du dich mit dem Energiefluss und den Stoffkreisläufen im Wald und lernst etwas über Beziehungen zwischen Waldbewohnern. Du erfährst auch etwas über die Gefährdung von Wäldern und Waldschäden.

- dem Ökosystem See. Du lernst etwas über die Zonierung und den Veränderungen im Jahresverlauf eines Sees. Du beschäftigst dich mit Nahrungsbeziehungen in einem See und lernst etwas über die Gefährdung des Ökosystems See.

- Fließgewässern. Dabei lernst du verschiedene Lebensräume eines Fließgewässers kennen. Du lernst etwas über die Lebensweise der Tiere in Flüssen und Bächen und erfährst, wodurch ein Fließgewässer gefährdet wird.

- Auswirkungen der Bevölkerungszunahme auf die Umwelt. Du lernst etwas über die Belastung verschiedener Ökosysteme und die Bedrohung der Biodiversität.

- umweltbewusstem und nachhaltigem Handeln sowie dem Umgang mit Ressourcen.

01 Weinberg mit
Trockenmauern

Trockenmauer

> In Weinbergen sieht man häufig Mauern aus
> Natursteinen, die ohne Mörtel aufeinander-
> geschichtet sind. Diese Mauern bieten vielen
> Pflanzen und Tieren einen Lebensraum. Welche
> Bedingungen herrschen in diesem Lebensraum?

LEBENSRAUM · Eine aus Natursteinen aufge-
schichtete Weinbergmauer lässt bei Regen
durch ihre Fugen das Wasser rasch vom Hang
abfließen, verhindert aber das Wegschwem-
men des Bodens. Da eine solche Mauer meistens nach Süden oder Westen gerichtet ist,
trocknet sie nach kurzer Zeit wieder. Man
bezeichnet sie daher auch als **Trockenmauer.**
Die Mauerkrone sowie die Vorderseite der
Trockenmauer sind Sonne, Wind und Regen
unmittelbar ausgesetzt. Bei Sonnenschein
können sich diese Bereiche bis auf 70 Grad
Celsius erwärmen, sodass es hier meistens sehr
trocken ist. Dagegen ist es am Mauerfuß, in
den Mauerfugen und auf der Rückseite der
Mauer schattiger, windgeschützter, kühler und
feuchter. Physikalische Faktoren, wie Licht,

*griechisch bios
= Leben*

*griechisch tópos
= Ort*

Wind, Wärme, Feuchtigkeit oder die Oberflächenbeschaffenheit des Gesteins, und chemische Faktoren, wie der Mineralstoffgehalt
und pH-Wert des Bodens, der sich in den
Mauerfugen ansammelt, bezeichnet man als
abiotische Umweltfaktoren.
Trotz dieser zum Teil extremen Umweltbedingungen findet man an der Trockenmauer eine
Vielfalt von Lebewesen. Sie stellt daher einen
Lebensraum, einen **Biotop,** dar.

LEBENSGEMEINSCHAFT · Auf den ersten Blick
fallen verschiedene Pflanzenarten auf, die in
den Mauerfugen verankert sind. Dazu gehören
Farnpflanzen, wie die *Mauerraute,* und Blütenpflanzen, wie das *Zimbelkraut* und der *Scharfe
Mauerpfeffer.* Auf der Mauerkrone kann man
das *Mauer-Drehzahnmoos* und auf der Mauer-
fläche *Mauerflechten* finden. Flechten bestehen aus Pilzen und Algen, die in einer sehr
engen Beziehung mit gegenseitigem Nutzen
zusammenleben. Alle Individuen einer Art, die
zum Beispiel auf einer Trockenmauer vorkom-

men, nennt man eine **Population.** So bilden alle Pflanzen des Zimbelkrauts eine Zimbelkrautpopulation. Alle Pflanzenpopulationen der Trockenmauer bilden zusammen die charakteristische Pflanzengesellschaft oder **Flora** dieses Biotops. Auch die hier typischen Tierarten bilden Populationen, die man in ihrer Gesamtheit als Tiergesellschaft oder **Fauna** der Trockenmauer bezeichnet. Auf der Mauer kann man *Mauereidechsen* und *Weinbergschnecken* antreffen. Eine weitere Schneckenart, der *Steinpicker,* hält sich vorwiegend in den Mauerfugen auf. Dort leben auch verschiedene Spinnenarten, zum Beispiel die *Spaltenkreuzspinne,* Tausendfüßer, wie der *Steinläufer,* und die zu den Krebstieren gehörenden *Asseln.* Charakteristische Insektenarten der Trockenmauer sind Hautflügler, wie *Steinhummeln* und *Braune Mauerbienen,* Käfer, vor allem *Lauf-* und *Kurzflügelkäfer,* und flügellose Insekten, wie *Felsenspringer.* Mit bloßem Auge nicht zu erkennen sind Bakterien und Pilze, die vor allem im Bodenmaterial der Mauerfugen vorkommen.

Alle Lebewesen, die auf der Trockenmauer leben, bilden eine **Lebensgemeinschaft,** eine **Biozönose.** Die Lebewesen einer Biozönose stehen in einer engen Wechselbeziehung zueinander, zum Beispiel durch Konkurrenz um die gleiche Nahrungsquelle oder durch Räuber-Beute-Beziehungen. Solche von den Lebewesen ausgehenden Bedingungen nennt man **biotische Umweltfaktoren.**

ÖKOSYSTEM · Die Biozönose der Trockenmauer ist an die abiotischen Umweltfaktoren ihres Biotops gut angepasst. Sie verändert sich, wenn sich diese Faktoren ändern. Umgekehrt beeinflusst aber auch die Biozönose den Biotop, zum Beispiel verändert der Pflanzenbewuchs die Maueroberfläche.

Der Biotop und die Biozönose stehen also ebenfalls in einer Wechselbeziehung zueinander. Sie bilden zusammen eine Funktionseinheit, ein **Ökosystem.**

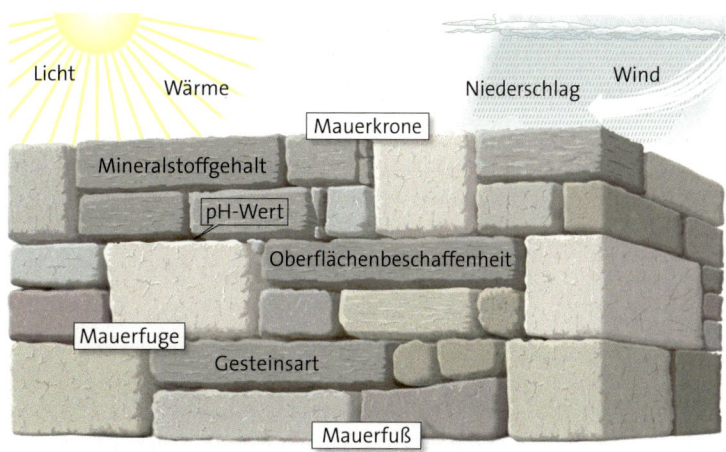

02 Biotop Trockenmauer mit einigen ihrer abiotischen Umweltfaktoren

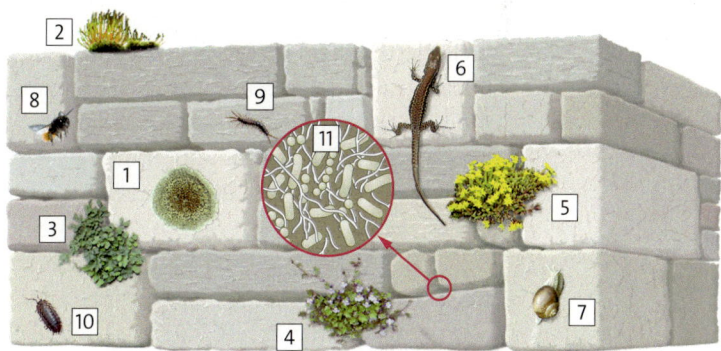

| 1 | Mauerflechte, | 2 | Mauer-Drehzahnmoos, | 3 | Mauerraute, | 4 | Zimbelkraut, |

1 Mauerflechte, 2 Mauer-Drehzahnmoos, 3 Mauerraute, 4 Zimbelkraut, 5 Scharfer Mauerpfeffer, 6 Mauereidechse, 7 Weinbergschnecke, 8 Steinhummel, 9 Steinläufer, 10 Assel, 11 Bakterien und Pilze

03 Biozönose der Trockenmauer

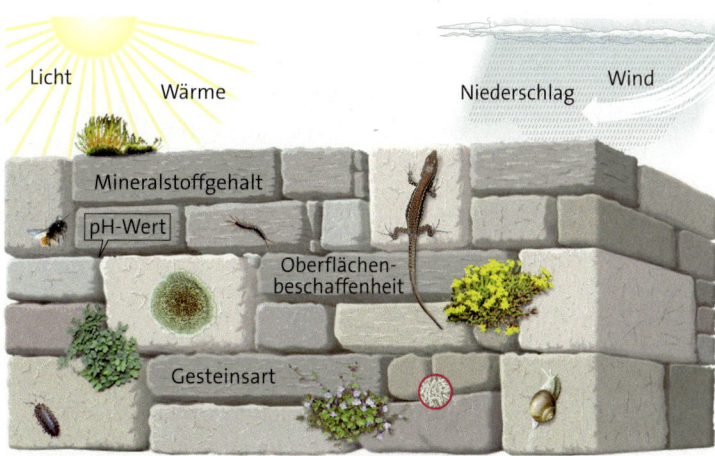

04 Ökosystem Trockenmauer

NAHRUNGSBEZIEHUNGEN IM ÖKOSYSTEM · Zwischen den Lebewesen einer Trockenmauer kann man Nahrungsbeziehungen beobachten. So ernähren sich Asseln beispielsweise von Mauerflechten. *Steinläufer* fressen Asseln und werden selbst von *Mauereidechsen* gefressen. Nahrungsbeziehungen, in denen ein Lebewesen jeweils Nahrungsgrundlage für ein folgendes ist, bezeichnet man als **Nahrungskette.** Asseln ernähren sich aber nicht nur von Mauerflechten, sondern auch von abgestorbenen Pflanzenteilen, und *Steinläufer* fressen neben Asseln auch Insektenlarven. Die einzelnen Nahrungsketten sind also wie Fäden eines Netzes zu **Nahrungsnetzen** miteinander verknüpft.

Grundlage jeder Nahrungsbeziehung sind Pflanzen. Sie bauen durch Fotosynthese mithilfe des Sonnenlichts aus Kohlenstoffdioxid und Wasser Nährstoffe auf. Mineralstoffe werden aus dem Boden der Mauerfugen oder direkt aus den Mauersteinen aufgenommen. Da die Pflanzen Nährstoffe produzieren, werden sie als **Produzenten** bezeichnet. Pflanzenfresser, wie die Asseln, die ausschließlich pflanzliche Nährstoffe konsumieren, nennt man **Konsumenten erster Ordnung.** Räuberische Tiere, wie die *Steinläufer,* die sich vorwiegend von pflanzenfressenden Tiere ernähren,

lateinisch destruere = zerstören

lateinisch consumere = verbrauchen

werden als **Konsumenten zweiter Ordnung** bezeichnet, und solche, die andere Räuber fressen, zum Beispiel die *Mauereidechse,* nennt man **Konsumenten dritter Ordnung.** Sowohl abgestorbene Pflanzenreste als auch tote Tiere und Tierkot bilden schließlich die Nahrungsgrundlage für Bakterien und Pilze. Diese bauen die Nährstoffe ab, sodass nur noch Mineralstoffe übrig bleiben. Sie sind daher die **Destruenten** oder **Mineralisierer** des Biotops.

EINTEILUNG VON ÖKOSYSTEMEN · Das kleine Ökosystem *Trockenmauer* ist ein Teil des größeren Ökosystems *Weinberg.* Dieses gehört zusammen mit beispielsweise den Ökosystemen *Wiese, Wald* und *Gebirge* zur Gruppe der **Landökosysteme.** Die Ökosysteme *Meer, See* und *Fluss,* die jeweils auch aus verschiedenen kleineren Ökosystemen bestehen, sind dagegen **Gewässerökosysteme.** Ökosysteme sind also keine geschlossenen Systeme, sondern stehen mit anderen Ökosystemen in Verbindung. Die Gesamtheit aller Ökosysteme unserer Erde bildet das größte Ökosystem, die **Biosphäre.**

1 Erkläre den Begriff Ökosystem!

2 Beschreibe die Nahrungsbeziehungen im Ökosystem Trockenmauer!

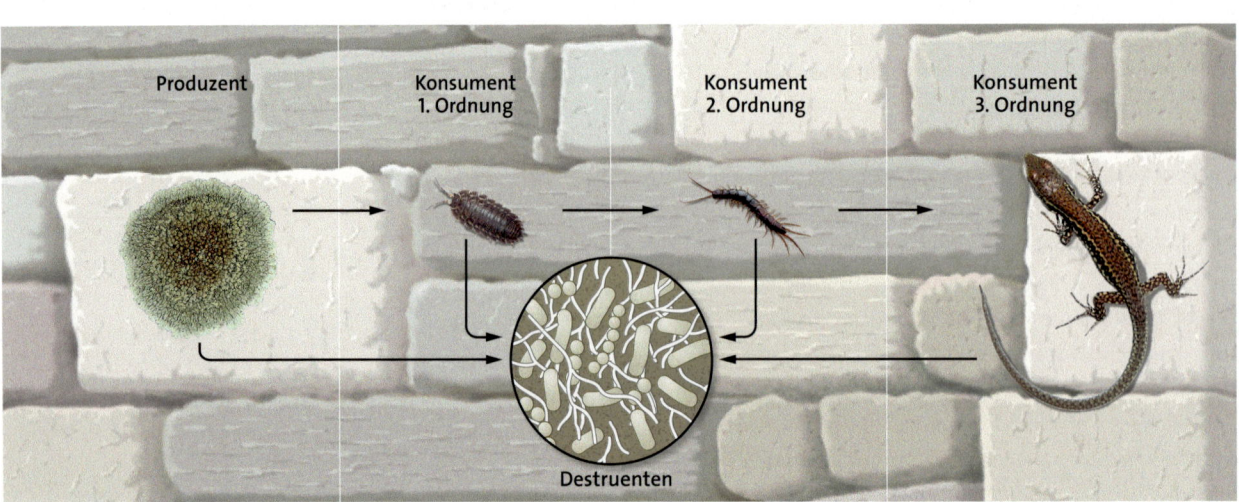

Produzent · Konsument 1. Ordnung · Konsument 2. Ordnung · Konsument 3. Ordnung

Destruenten

05 Ausschnitt der Nahrungsbeziehungen im Ökosystem Trockenmauer

Material A ▶ Trockenmauerbewohner

Zimbelkraut

Mauerflechte

Mauereidechse

Felsenspringer

Steinpicker

Spaltenkreuzspinne

A1 Erstelle für zwei der abgebildeten Trockenmauerbewohner Steckbriefe!

A2 Beschreibe die abiotischen Umweltfaktoren, denen die *Mauereidechse* und die *Spaltenkreuzspinne* ausgesetzt sind!

A3 Erläutere nach Recherche an den Beispielen *Felsenspringer* und *Spaltenkreuzspinne* das biologische Prinzip *Angepasstheit*!

A4 Trockenmauern sind künstlich vom Menschen angelegt und werden erst schrittweise besiedelt. Stelle Hypothesen auf, in welchen natürlichen Biotopen diese Lebewesen vorkommen!

Material B ▶ Ökosysteme

Aquarium

Heißer Lavastrom

Quelle

Schulhof

Mond

Kuhfladen

B1 Begründe, ob es sich bei den Abbildungen jeweils um ein Ökosystem handelt!

B2 Erläutere, ob die Bezeichnung „Biotop" für einen im Garten selbst angelegten Teich zutreffend ist!

B3 Ordne in einem Schema folgende natürliche Ökosysteme so an, dass die Rangfolge deutlich erkennbar wird: Binnengewässer, Bach, Wüste, Tiefsee, Gewässerökosysteme, Buchenwald, Biosphäre, See, Regenwälder, Meer, Laubwälder, Fließgewässer, Landökosysteme, Fluss, Tümpel, Moor, Buchenlaubstreu, stehende Gewässer, Watt!

Untersuchung eines Ökosystems

01 Untersuchungsgebiet

Um ein Ökosystem, zum Beispiel eine Trockenmauer, charakterisieren zu können, muss man eine Vielzahl von Daten durch Freilanduntersuchungen erfassen. Mit verschiedenen Methoden lassen sich sowohl die abiotischen Umweltfaktoren als auch die Zusammensetzung der Biozönose sehr genau untersuchen. Die Untersuchungsergebnisse werden in einem Protokoll festgehalten.

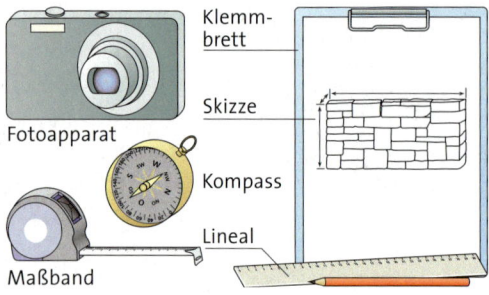

02 Material für die Kartierung

KARTIERUNG · *Fotografiere den zu bearbeitenden Mauerabschnitt und notiere die geografische Lage. Ermittle mit dem Kompass die Ausrichtung der Mauer und notiere diese. Vermiss den Mauerabschnitt und notiere die Länge, Höhe und Tiefe. Fertige eine große, genaue Skizze des Mauerabschnitts an.*

ERFASSUNG ABIOTISCHER FAKTOREN · *Notiere Datum, Uhrzeit und Wetter. Miss mit dem Luxmeter die Lichtstärke an der Mauerkrone, der Mauermitte und am Mauerfuß, bei frei stehenden Mauern auch auf der lichtabgewandten Seite. Miss ebenso die Temperatur und Luftfeuchtigkeit an verschiedenen Mauerstellen. Berücksichtige auch die Temperatur der Steine sowie die Temperatur und Feuchtigkeit in den Mauerfugen. Bestimme das Gestein, aus dem die Mauer besteht, und beschreibe seine Oberflächenbeschaffenheit. Notiere deine Ergebnisse in einer Tabelle.*

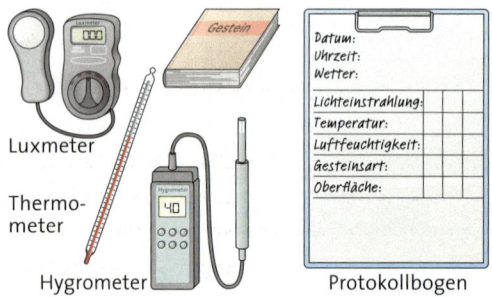

03 Material zur Erfassung abiotischer Faktoren

ERFASSUNG DER FLORA · *Bestimme mit Lupe und Pflanzenbestimmungsbuch die Pflanzen des Mauerabschnitts. Notiere die Namen der Pflanzenarten in der Reihenfolge Flechten, Moose, Farne, Blütenpflanzen. Fotografiere die verschiedenen Pflanzenarten. Trage mit Kennzahlen das Vorkommen der einzelnen Arten in die Mauerskizze ein. Mache dir auch Notizen zur Flächengröße, die von der jeweiligen Pflanze bedeckt wird.*

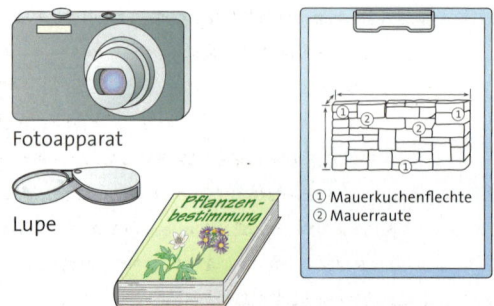

04 Material zur Erfassung der Pflanzengesellschaft

ERFASSUNG DER FAUNA · *Tiere sind aufgrund ihrer Beweglichkeit sehr viel schwerer zu erfassen als Pflanzen. Beobachte deshalb die Mauer vor der genaueren Untersuchung nach Tieren etwa fünf bis zehn Minuten ruhig und notiere deine Beobachtungen. Fange geflügelte Insekten und andere schnelle Gliederfüßer mit dem Insektenkescher und überführe sie mithilfe der Federstahlpinzette zur Bestimmung in eine Becherlupe. Langsamere Gliederfüßer und Würmer können direkt mit der Federstahlpinzette gefangen und mithilfe der Becherlupe bestimmt werden. Schnecken kann man mit der Hand auflesen. Sehr kleine Gliederfüßer werden mit einem speziellen Sauggerät, einem Exhauster, gefangen, in Sammelgefäße überführt und mithilfe der Stereolupe bestimmt. Erfasse mit diesen Methoden die Tiergesellschaft verschiedener Mauerbereiche. Notiere die Namen der gefundenen Tiere in der Reihenfolge Würmer Schnecken, Spinnentiere, Asseln, Tausendfüßer, Insekten und Insektenlarven, Wirbeltiere. Notiere auch jeweils den genauen Fundort auf der Mauer, und schätze die Häufigkeit der jeweiligen Tierart ab. Nimm mit dem Spatel mehrere Bodenproben aus den Mauerfugen zur genaueren Untersuchung mithilfe der Stereolupe.*

05 Material zur Erfassung der Fauna

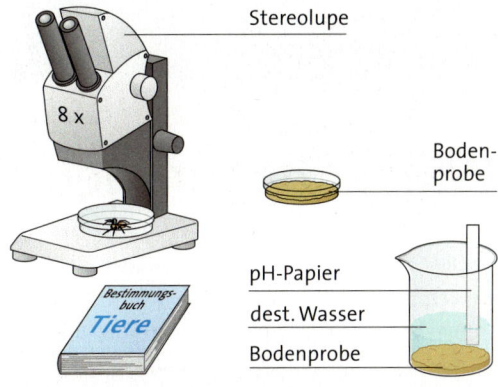

06 Material für Untersuchungen im Biologieraum

UNTERSUCHUNGEN IM BIOLOGIERAUM · *Überführe die gesammelten Gliederfüßer in kleine Petrischalen mit Deckel und bestimme sie mithilfe der Stereolupe. Gib jeweils zwei Spatellöffel der Bodenproben in größere Petrischalen und verteile die Probe zu einer dünnen Schicht. Durchsuche unter der Stereolupe die Probe systematisch nach kleinsten Tieren und bestimme diese, zum Beispiel mithilfe eines Bestimmungsschlüssels. Stelle fest, welche Tiere besonders häufig oder selten sind. Fülle fünf Spatellöffel der durchsuchten Bodenprobe in ein Becherglas, gib 50 Milliliter destilliertes Wasser dazu und miss den pH-Wert mit pH-Papier.*

AUSWERTUNG UND DOKUMENTATION · *Zur Auswertung werden die Aufzeichnungen und Ergebnisse der einzelnen Gruppen zusammengetragen und ein Gesamtbild der untersuchten Trockenmauer, der abiotischen Faktoren und der erfassten Pflanzen- und Tierarten erstellt. Informiere dich über die Ansprüche, Angepasstheiten und Lebensweisen der erfassten Pflanzen und Tiere, und vergleiche diese mit den von dir gemachten Beobachtungen. Stelle fest, welche der gefundenen Pflanzen und Tiere sehr gut an die speziellen Umweltbedingungen angepasst sind, und beschreibe diese Angepasstheiten. Dokumentiere deine Untersuchung mit Bildern, Grafiken, Tabellen und einem nach wissenschaftlichen Gesichtspunkten verfassten Text.*

01 Buchenmischwald

Wälder haben viele Gesichter

Die Gerüche, die Farben und das Licht im Wald werden von den vorherrschenden Baumarten bestimmt. Vergleicht man die Artenvielfalt der Bäume in verschiedenen Gebieten, bemerkt man typische Unterschiede. Wie entstehen diese unterschiedlichen Waldtypen?

WÄLDER · Wenn Bäume einen größeren lückenlosen Bestand bilden, bezeichnet man dieses Ökosystem als *Wald*. Vor Beginn der ersten Rodungen vor etwa 5000 Jahren war nahezu ganz Europa von einer zusammenhängenden Waldfläche bedeckt. Ausnahmen bildeten nur die Hochgebirgs- und Küstenregionen. Die natürliche Verbreitung der Baumarten innerhalb dieser riesigen Waldfläche war schon immer charakteristisch. In den Wäldern Nordeuropas wuchsen vor allem Birken und Waldkiefern, während in Mitteleuropa Buchen und Eichen das Gesicht des Waldes bestimmten.

BUCHENMISCHWALD · In den meisten Waldgebieten des mitteleuropäischen Tieflands ist die *Buche* die vorherrschende Baumart. Hier trifft sie auf für sie ideale Wachstumsbedingungen. Das gemäßigte Klima ist durch mittlere Temperatur- und Feuchtigkeitswerte mit geringen jahreszeitlichen Schwankungen gekennzeichnet. Die durchschnittliche Temperatur liegt in mindestens vier Monaten im Jahr bei über zehn Grad Celsius, extreme Frostperioden sind selten und meistens nur kurz. Die durchschnittlichen Jahresniederschläge von etwa 600 bis 800 Litern pro Quadratmeter fallen verteilt über das ganze Jahr.

In den besonders warmen Regionen, zum Beispiel im Rheintal, kommen neben Buchen auch *Eichen* vor. In den höheren und damit etwas kühleren und niederschlagsreicheren Mittelgebirgen findet man dagegen *Esche*, *Ahorn* und *Tanne*. Da neben der Buche als vorherrschende Baumart auch weitere Baumarten vorhanden sind, spricht man von einem *Buchenmischwald*. Das Klima ist also ein Faktor, der die Entstehung eines Waldtyps beeinflusst.

BERGWALD · Die Wälder der nördlichen Alpen zwischen 1000 und 1800 Metern sind von der *Fichte* geprägt. Für diese frostunempfindliche und auf eine hohe Bodenfeuchtigkeit angewiesene Art bietet das Gebirgsklima ideale Wachstumsbedingungen. Die Temperaturen liegen hier über viele Monate deutlich unter null Grad Celsius und erreichen dabei häufig Extremwerte bis unter minus 20 Grad Celsius. Die durchschnittlichen Jahresniederschläge von etwa 1800 Litern pro Quadratmeter sind viel höher als im Tiefland.

In sehr trockenen Gebieten der Alpen überwiegen hingegen *Kiefern* und *Lärchen,* die einen Wassermangel besonders gut verkraften können. Neben der hohen winterlichen Schneelast stellt der steile, felsige und oft mineralstoffarme Boden im Gebirge eine besondere Herausforderung dar, die von diesen drei Baumarten des *Bergwalds* besonders gut bewältigt wird. Auch die Bodenbeschaffenheit prägt also das Gesicht eines Waldtyps.

AU- UND BRUCHWÄLDER · Der Boden entlang großer Flussläufe ist durch den hohen Grundwasserspiegel und die häufigen Überschwemmungen ständig stark durchnässt. Staunässe und Überflutungen ertragen nur wenige Baumarten, auch wenn die klimatischen Verhältnisse sonst ideal für sie wären. In diesem *Auwald* überwiegen *Pappeln, Weiden* und *Schwarzerlen.* Das Holz der Schwarzerle ist gegenüber Fäulnisprozessen sehr widerstandsfähig, was ihr auf nassen Böden einen bedeutenden Überlebensvorteil bietet.

Der weiche Boden in den überfluteten Flussauen führt oft dazu, dass auch gesunde Bäume umstürzen. Deshalb spricht man hier von *Bruchwäldern.* Pappeln, Weiden und Schwarzerlen sind in der Lage, sehr rasch erneut Wurzeln und Zweige in großer Anzahl auszutreiben, was ihnen hier einen weiteren Überlebensvorteil sichert. Auch die Holzeigenschaften und das Wachstumsverhalten der Baumarten bestimmen also die Ausprägung eines Waldtyps.

02 Bergwald

03 Auenbruchwald

WEITERE WALDTYPEN · Gebiete mit anderen Standortbedingungen führen zur Ausprägung weiterer Waldtypen. Auf besonders trockenen und sandigen Böden entstehen häufig typische von *Kiefern* geprägte Mischwälder. In kühleren Regionen findet man *Kiefern-Birken-Wälder,* in wärmeren Gebieten *Kiefern-Traubeneichen-Wälder.* Am Rand von Moorgebieten gedeihen auf dem sehr nassen Untergrund mit sehr saurem pH-Wert kleinflächige Wälder aus *Moorbirken, Ebereschen, Stieleichen* und *Hainbuchen.*

1 Beschreibe die Bedingungen, die die Entstehung eines Waldtyps beeinflussen!

WACHSTUM UND VERBREITUNG OHNE KONKURRENZ ·

Um herauszufinden, unter welchen Umweltbedingungen eine Baumart wachsen kann, werden ihre Samen auf Versuchsfeldern ausgesät, die sich in Feuchtigkeit, Mineralstoffgehalt und pH-Wert des Bodens und im Hinblick auf die Licht- und Temperaturverhältnisse unterscheiden. So erkennt man, unter welchen Umweltbedingungen diese Baumart ihr stärkstes Wachstum erreicht. Diese Verhältnisse stellen dann ihr **physiologisches Optimum** dar, das von Art zu Art variieren kann.

Schwarzerle und Waldkiefer zum Beispiel erreichen, wie viele andere Baumarten auch, ein hohes Wachstum bei mittlerer Bodenfeuchtigkeit. Diese Verhältnisse zeigen ihren *Vorzugsbereich* an. Während der Experimente wird verhindert, dass Samen anderer Arten auf die Versuchsfelder gelangen. So kann man ermitteln, in welchen Gebieten sich eine Art ohne Konkurrenz verbreiten könnte. Solche Erkenntnisse spielen bei der Wiederaufforstung baumloser Gebiete eine wichtige Rolle.

WACHSTUM UND VERBREITUNG MIT KONKURRENZ ·

In der Natur gelangen Samen mehrerer Arten gleichzeitig auf den Boden. Sobald sie Wurzeln und Blätter austreiben, kommt es zur Konkurrenz um Wasser, Mineralstoffe und Licht. Unter den Bedingungen der meisten mitteleuropäischen Wälder hat die Buche das größte Durchsetzungsvermögen. Sie erreicht daher ihr stärkstes Wachstum auch unter Konkurrenz im Bereich ihres physiologischen Optimums.

Anderen Baumarten gelingt dies nicht. Sie erreichen ihr stärkstes Wachstum unter Konkurrenz nur unter extremen Umweltbedingungen außerhalb ihres Vorzugsbereichs, denn hier sind sie der Buche überlegen. Diese Verhältnisse stellen das **ökologische Optimum** dar. Es liegt bei der Schwarzerle zum Beispiel im Bereich sehr nasser Böden, da sie diese besser als viele andere Baumarten verträgt. Die Waldkiefer weicht sogar in zwei unterschiedliche Extreme aus. Sie erreicht ihr stärkstes Wachstum unter Konkurrenz sowohl auf sehr trockenen als auch sehr nassen Böden.

04 Wachstum der Schwarzerle:

A physiologisches Optimum,

B ökologisches Optimum

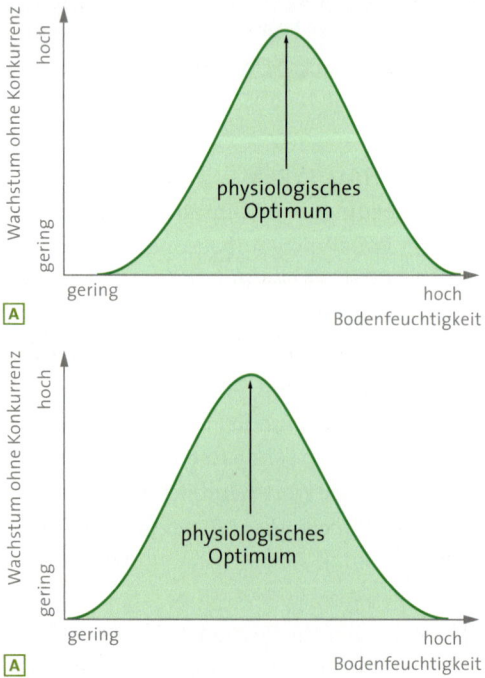

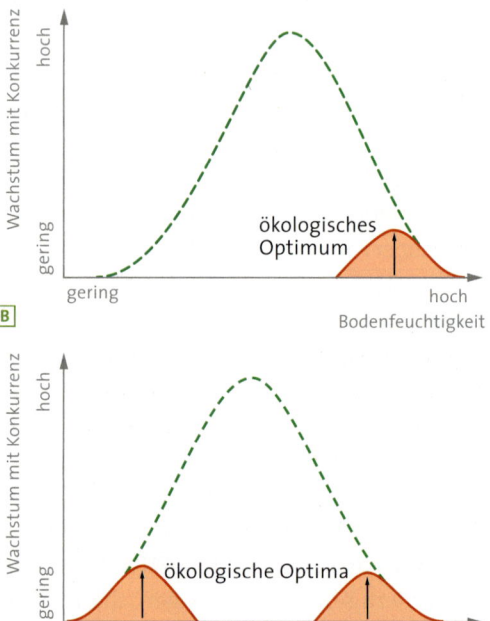

05 Wachstum der Waldkiefer:

A physiologisches Optimum,

B ökologisches Optimum

Material A ▸ Fichtenwald

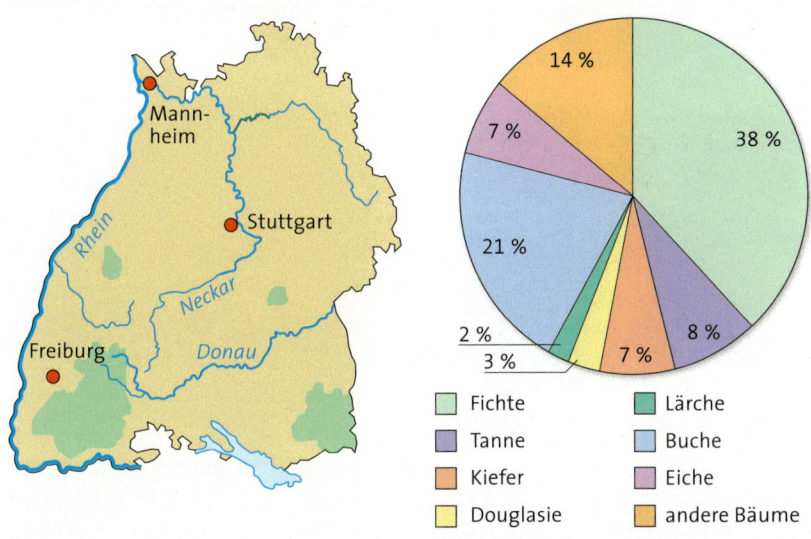

In der Karte sind die Gebiete grün markiert, in denen die Fichte aufgrund ihrer Umweltansprüche ohne Eingriffe des Menschen vorkommen würde. Das Kreisdiagramm zeigt ihren tatsächlichen heutigen Anteil.

A1 Vergleiche den ökologisch zu erwartenden mit dem tatsächlichen prozentualen Anteil der Fichte an unseren Wäldern!

A2 Erläutere an diesem Beispiel, inwiefern der Mensch durch die Forstwirtschaft in natürliche Konkurrenzprozesse eingreift!

Material B ▸ Wiederaufforstung

Geländeprofil mit Gebieten unterschiedlicher Bodenbeschaffenheit

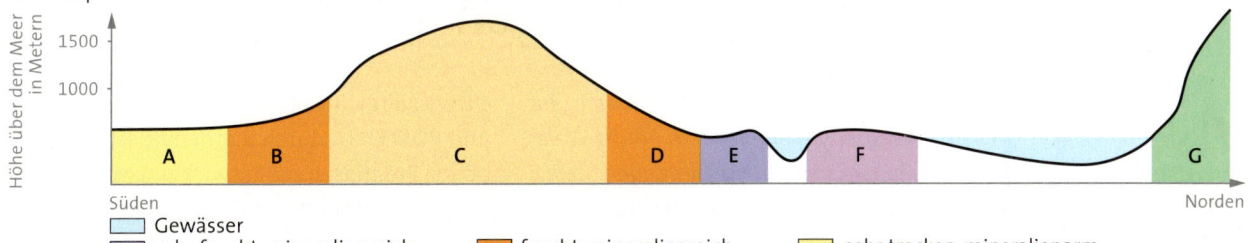

Umweltansprüche verschiedener Baumarten

Baumart	Wärme	Wasser	Bodenmineralstoffe
Fichte	gering	hoch	gering
Rotbuche	hoch	mittel bis hoch	mittel
Schwarzerle	mittel	extrem hoch	gering
Schwarzpappel	hoch	extrem hoch	sehr hoch
Stiel-/Traubeneiche	sehr hoch	tolerant*	mittel bis hoch
Waldkiefer	tolerant*	sehr gering	sehr gering

* tolerant: Diese Baumart verträgt den gesamten Bereich bis in beide Extreme.

B1 Ordne den Gebieten A bis G jeweils die Baumarten zu, die sich aufgrund ihrer Umweltansprüche für eine erfolgreiche Aufforstung am besten eignen!

B2 Begründe, welcher weitere Umweltfaktor im Gebiet C für das Wachstum der Baumarten von Bedeutung ist!

B3 Stelle zwei Hypothesen auf, welche weiteren Eigenschaften einer Baumart ihre ökologische Durchsetzungsfähigkeit erhöhen können!

01 Uhu jagt Maus

Nahrungsbeziehungen im Wald

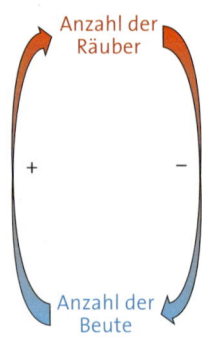

02 Wechselwirkungen zwischen Räuber und Beute

Uhus sind die größten Eulen Deutschlands. Zur Beute dieser Raubtiere gehören häufig Waldmäuse. In welcher Wechselbeziehung stehen die Populationen dieser beiden Arten?

RÄUBER UND BEUTE · Da Räuber ihre Beute töten, führt die Zunahme der Räuberpopulation zu einer Verringerung der Beutepopulation. Die Beute wiederum dient den Räubern als Nahrung, sodass ihre Vermehrung zu einer Erhöhung der Räuberpopulation durch mehr Nachkommen führt. Aus dieser Wechselwirkung entwickelten die Naturwissenschaftler LOTKA und VOLTERRA durch mathematische Simulationen Prognosen zur Entwicklung von **Räuber-Beute-Beziehungen** nach folgenden Regeln:
1. Die Größen der Räuber- und Beutepopulationen schwanken regelmäßig und zeitversetzt.
2. Die Mittelwerte beider Populationen bleiben langfristig konstant. Die Population der Beutetiere ist dabei immer deutlich größer.
3. Brechen beide Populationen gleichzeitig zusammen, erholt sich die Beutepopulation wesentlich schneller.

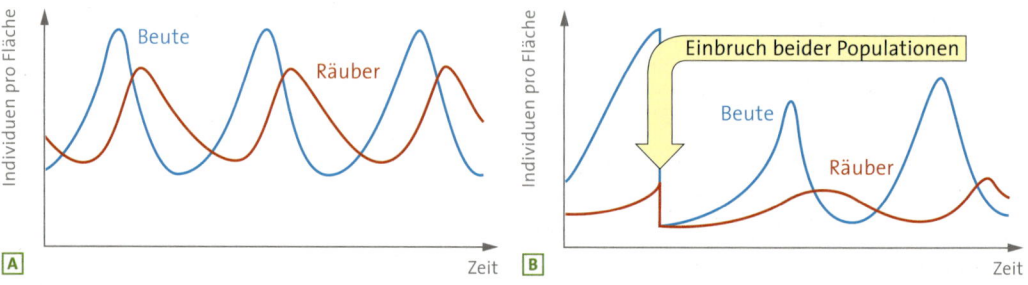

03 Prognose nach: **A** der 1. und 2. Lotka-Volterra-Regel, **B** der 3. Lotka-Volterra-Regel

NAHRUNGSKETTE · Da sich auch Beutetiere von anderen Lebewesen ernähren und auch viele Räuber selbst zur Beute größerer Fleischfresser gehören können, ergeben sich **Nahrungsketten.** Eine Nahrungskette beginnt zum Beispiel mit der *Fichte*, von der sich der *Borkenkäfer* ernährt. Dieser ist ein Beutetier des *Buntspechts*, der wiederum vom *Uhu* gejagt wird.

NAHRUNGSNETZ · Borkenkäfer sind aber auch Beutetiere des Schwarzspechts, der ebenfalls vom Uhu gejagt wird. Auch der Fichtenkreuzschnabel ernährt sich von Fichten und ist ebenfalls Beutetier des Uhus. Alle diese Nahrungsketten sind also miteinander verbunden. Durch solche Verbindungen sind die zahlreichen Nahrungsketten im Ökosystem Wald zu einem großen **Nahrungsnetz** verknüpft.
Wird nun eine Art durch Krankheiten, Umweltveränderungen oder Jagd durch den Menschen dezimiert, hat dies nicht nur auf ihre unmittelbaren Nahrungsquellen oder Fressfeinde Auswirkungen, sondern indirekt auch auf alle Lebewesen im gesamten Nahrungsnetz.

EBENEN IM NAHRUNGSNETZ · Am Beginn jeder Nahrungskette stehen chlorophyllhaltige Pflanzen, die Nährstoffe durch Fotosynthese selbst produzieren können. Sie werden daher als *Produzenten* bezeichnet. Im Ökosystem Wald sind das Moose, Kräuter, Sträucher und Bäume. Pflanzenfressende Tiere bilden die unterste Ebene der Verbraucher, die *Primärkonsumenten*. Zu ihnen gehört zum Beispiel die *Waldmaus*. Auf der nächsten Ebene folgen Räuber, die sich von Pflanzenfressern ernähren und deshalb *Sekundärkonsumenten* genannt werden. Der zu ihnen gehörende *Baummarder* wird schließlich vom *Uhu* gefressen. Da dieser keine Fressfeinde besitzt, gehört er zu den *Endkonsumenten*. Die Überreste aller Lebewesen werden von Bakterien und Pilzen, den *Destruenten,* zu Mineralstoffen, CO_2 und H_2O abgebaut. Da die Produzenten diese Verbindungen wieder aufnehmen, entsteht ein Kreislauf.

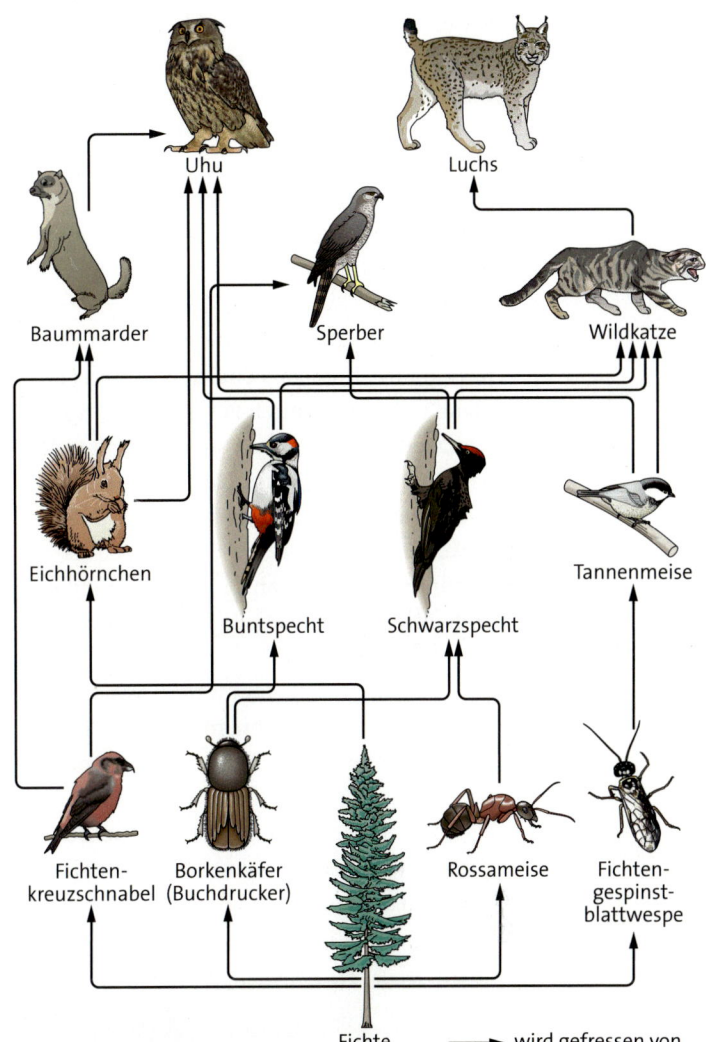

Baummarder · Sperber · Wildkatze
Eichhörnchen · Buntspecht · Schwarzspecht · Tannenmeise
Fichtenkreuzschnabel · Borkenkäfer (Buchdrucker) · Rossameise · Fichtengespinstblattwespe
Fichte → wird gefressen von ...

04 Stark vereinfachter Ausschnitt aus einem Nahrungsnetz

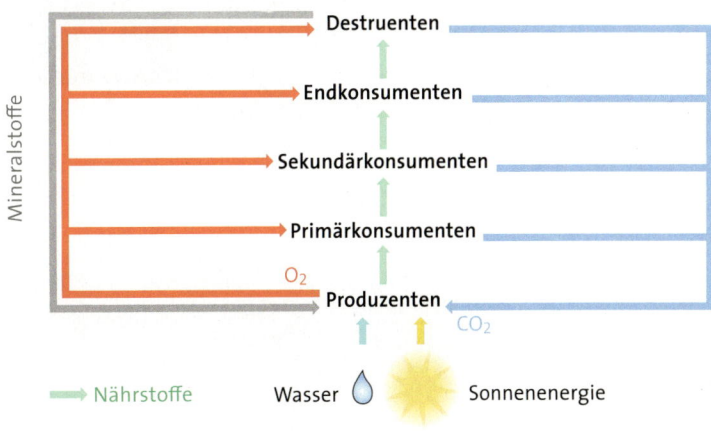

Destruenten · Endkonsumenten · Sekundärkonsumenten · Primärkonsumenten · Produzenten
Mineralstoffe · O_2 · CO_2
→ Nährstoffe · Wasser · Sonnenenergie

05 Ebenen und Kreisläufe in Nahrungsnetzen

griechisch mykes
= Pilz

griechisch rhiza
= Wurzel

SYMBIOSE · Die feinen Enden der Wurzeln vieler Bäume sind mit einer dünnen Schicht aus fadenförmigen Fortsätzen, den *Hyphen*, verschiedener Pilze umgeben. Dieses dichte Geflecht aus den Feinwurzeln des Baumes und den Pilzhyphen heißt *Mykorrhiza*.

Der enge Kontakt dieser beiden Strukturen ermöglicht einen gegenseitigen Stoffaustausch. Pilze können über ihre feinen Hyphen Wasser und Mineralstoffe aus dem Boden besser aufnehmen als Bäume. Sie sind jedoch nicht in der Lage, durch Fotosynthese Kohlenhydrate herzustellen, da sie kein Chlorophyll besitzen. Pilz und Baum gleichen ihre Mängel durch ihren Stoffaustausch aus. Über die Mykorrhiza erhalten die Bäume Wasser und Mineralstoffe von den Pilzen, die wiederum Kohlenhydrate von den Bäumen aufnehmen.

Eine solche Lebensgemeinschaft von Lebewesen verschiedener Arten, in der beide Partner voneinander profitieren, nennt man **Symbiose.** Da sich beide in einer wechselseitigen Abhängigkeit befinden, beeinträchtigt die Schädigung eines der beiden Symbiosepartner immer auch den anderen.

PARASITISMUS · Zecken ernähren sich vom Blut verschiedener Säugetiere. Sie gelangen zu ihnen, indem sie auf Grashalme oder kleine Büsche klettern und dort warten, bis sich ein vorbeilaufendes Tier nähert. Dies erkennen sie anhand von Erschütterungen und chemischen Duftstoffen. Werden sie beim Vorbeistreifen berührt, klammern sie sich mit ihrem vordersten Gliedmaßenpaar im Fell des Tieres fest. Nun suchen sie Körperstellen auf, an denen sie mit einem Stich leicht an Blutgefäße gelangen können. Beim Blutsaugen geben die Zecken Speichel in die Wunde ab, dessen Bestandteile die Blutgerinnung und das Schmerzempfinden hemmen. Durch das Blut erhalten sie alle lebensnotwendigen Nährstoffe.

Ein solches Verhalten, bei dem ein Lebewesen einen Vertreter einer anderen Art schädigt und selbst davon profitiert, heißt **Parasitismus.** Dabei wird der *Wirt* zwar beeinträchtigt, aber meistens nicht getötet. Im Ökosystem Wald befallen Zecken oft Rehe, aber auch viele kleinere Säugetiere. Sie können auch an Menschen parasitieren und dabei gefährliche Infektionskrankheiten übertragen.

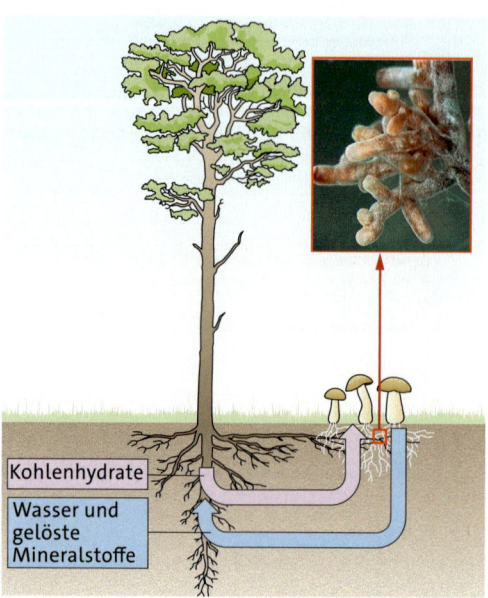

06 Symbiose zwischen Baum und Pilz

Kohlenhydrate

Wasser und gelöste Mineralstoffe

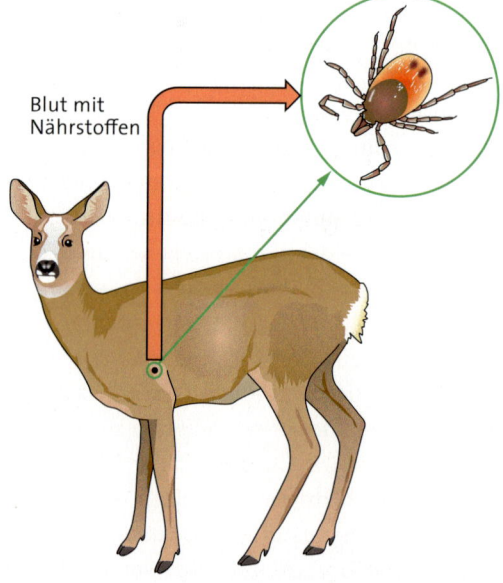

Blut mit Nährstoffen

07 Parasitismus zwischen Zecke und Reh

Material A ▸ Luchse und Schneeschuhhasen

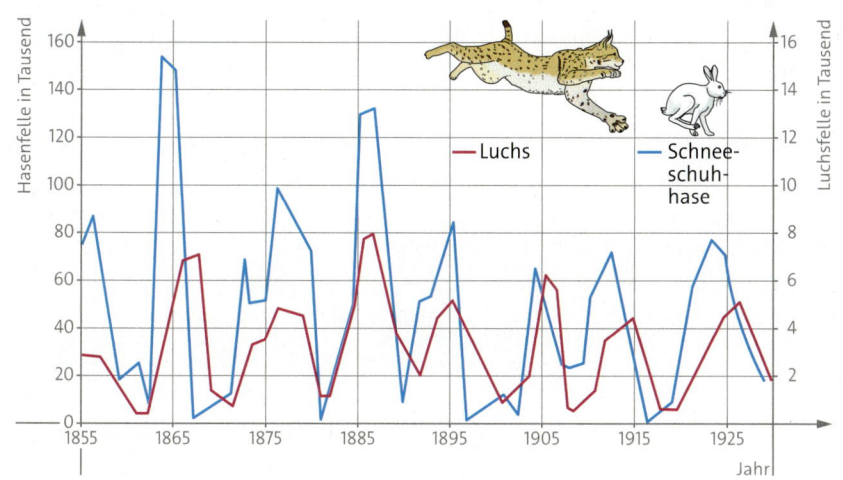

Die Grafik zeigt die Anzahl der zwischen 1855 und 1930 von Jägern bei der kanadischen Hudson Bay Company abgelieferten Felle von Luchsen und Schneeschuhhasen.

A1 Vergleiche die Daten mit den Prognosen nach der 1. und 2. Lotka-Volterra-Regel!

A2 Erläutere, weshalb die Lotka-Volterra-Prognosen in der Natur niemals exakt eintreffen!

Material B ▸ Nahrungsnetz

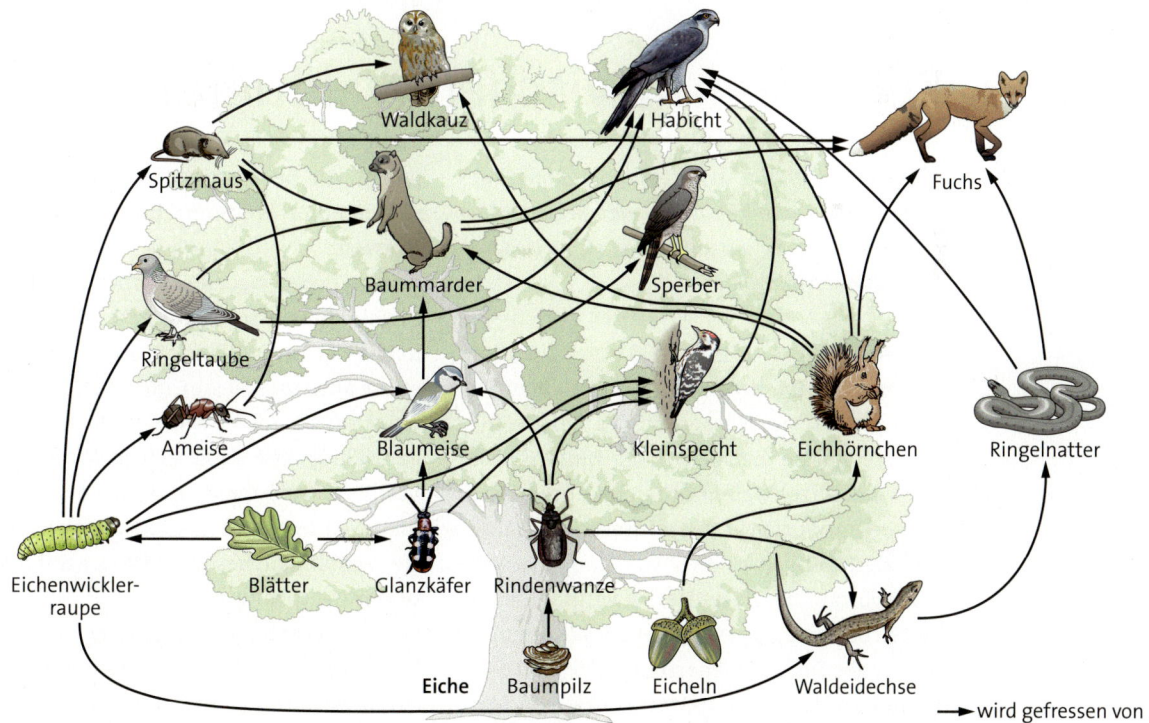

Die Abbildung zeigt einen kleinen Ausschnitt eines Nahrungsnetzes.

B1 Formuliere eine hier erkennbare sechsteilige Nahrungskette!

B2 Nenne die verschiedenen Ebenen eines Nahrungsnetzes und ordne ihnen jeweils die entsprechenden abgebildeten Lebewesen zu!

B3 Beschreibe die Folgen, die eine Dezimierung der Eichenwicklerraupen durch die Bekämpfung mit Insektengiften auf dieses Nahrungsnetz hätte!

01 Europäisches
Eichhörnchen

Konkurrenz zwischen Waldtieren

Eichhörnchen sind in mitteleuropäischen Wäldern weit verbreitet. In welchen Beziehungen und Wechselwirkungen stehen sie zu anderen Lebewesen im Wald?

LEBENSWEISE · Die etwa 200 bis 400 Gramm schweren *Eichhörnchen* ernähren sich überwiegend von Beeren, Nüssen und Samen. Außerdem fressen sie Knospen, Rinde, Blüten, Flechten und Pilze. Gelegentlich gehören auch Schnecken, Würmer, Larven, Insekten, Vogeleier und kleine Küken zu ihrer Nahrung. Die Nahrungsvorräte, die sie im Herbst vergraben, enthalten oft Baumsamen. Da sie im Winter nicht immer alle Depots wiederfinden, können diese Samen im Frühjahr ungestört auskeimen. Eichhörnchen tragen dadurch zur Verjüngung des Baumbestands eines Waldes bei. Durch ihre *Ernährungsweise* treten sie also in eine wichtige Beziehung mit ihrer Umwelt.

Eichhörnchen werden wiederum häufig von *Baummarder*, *Wildkatze*, *Uhu* und *Habicht* gejagt. Als Beute für ihre *Fressfeinde* stehen sie in einer weiteren Beziehung mit ihrer Umwelt.

Nur am Boden jagende Raubtiere, wie Fuchs und Dachs, können sie kaum erbeuten, da sie sich überwiegend auf Bäumen aufhalten. Dort bauen sie auch ihre Nester, die Kobel, in denen die tagaktiven Tiere die Nacht verbringen. Sie sind ganzjährig aktiv, da sie sich im Winter von ihren Vorräten ernähren. Durch ihren bevorzugten *Aufenthaltsort* und ihre *Aktivitätszeiten* treten sie ebenfalls auf besondere Weise mit ihrer Umwelt in Wechselwirkung.

Häufig werden Eichhörnchen von Zecken, Flöhen, Läusen und Milben befallen. Ein besonderer Virus kann bei ihnen eine tödliche Pockenerkrankung auslösen. Auch der Befall mit *Parasiten* und *Krankheitserregern* stellt eine Wechselwirkung mit ihrer Umwelt dar.

Die Gesamtheit aller Beziehungen und Wechselwirkungen einer Art mit ihrer Umwelt wird als **ökologische Nische** bezeichnet.

KONKURRENZ · Im Lebensraum Wald existieren neben dem Eichhörnchen weitere ähnliche Tierarten, die jeweils eigene spezifische ökologische Nischen bilden. Das vor etwa 120 Jahren aus Nordamerika vom Menschen nach Europa eingeführte, bis zu 700 Gramm schwere *Grauhörnchen* ernährt sich überwiegend von Samen, Knospen, Rinde und Pilzen. Gelegentlich frisst es auch Insekten, Frösche, Vogeleier, kleine Küken oder sogar eigene Artgenossen. Fressfeinde sind vor allem *Baummarder*, *Waldkauz* und *Uhu*. Das tagaktive Tier hält sich überwiegend auf Bäumen auf. Nachts schläft es in Baumhöhlen alter Buchen oder Eichen. Grauhörnchen sind ganzjährig aktiv, da sie sich im Winter von ihren vergrabenen Vorräten ernähren.

Die ökologischen Nischen von Grauhörnchen und Eichhörnchen überschneiden sich also weitreichend. Zwischen beiden Arten kommt es dadurch zu einer **Konkurrenz** um lebenswichtige Ressourcen. Da Grauhörnchen eine höhere Vermehrungsrate besitzen, bei der Nahrungssuche weniger wählerisch und körperlich robuster sind, verdrängen sie in gemeinsamen Lebensräumen das Eichhörnchen.

Solche Verdrängungsprozesse konnte der Biologe G. F. GAUSE erstmals mathematisch vorhersagen. Er erkannte, dass in einem Lebensraum niemals zwei Arten mit völlig identischen ökologischen Nischen dauerhaft vorkommen können. Die im direkten Vergleich konkurrenzschwächere Art muss entweder neue ökologische Nischen bilden, den Lebensraum wechseln oder stirbt sogar aus. Man spricht vom **Konkurrenzausschlussprinzip**.

Der 70 bis 160 Gramm schwere *Siebenschläfer* ernährt sich vor allem von Bucheckern, Eicheln, Haselnüssen und Kastanien. Auch Knospen, Rinde, Früchte und Pilze gehören zu seiner Nahrung. Gelegentlich frisst er auch Insekten, Vogeleier oder kleine Küken. *Baummarder*, *Mauswiesel* und *Waldkauz* sind seine wichtigsten Fressfeinde. Tagsüber schläft das nachtak-

02 Konkurrenten: **A** Amerikanisches Grauhörnchen, **B** Siebenschläfer

tive Tier in Höhlen alter Bäume. Seinen Winterschlaf verbringt der Siebenschläfer in tiefen Erdhöhlen, Baumhöhlen, aber auch im Dachstuhl älterer Gebäude. Milben, Zecken, Flöhe und Läuse sind seine häufigsten Parasiten.

Die ökologischen Nischen von Siebenschläfer und Eichhörnchen überschneiden sich also in einigen Bereichen, vor allem bei der Ernährungsweise und teilweise in der Wahl der Aufenthaltsorte im Lebensraum. Unterschiedliche Aktivitätszeiten und Überwinterungsstrategien führen jedoch dazu, dass zwischen ihnen nur eine geringe Konkurrenz herrscht.

1 」 Vergleiche die Lebensweise von Eichhörnchen, Grauhörnchen und Siebenschläfer in Form einer Tabelle!

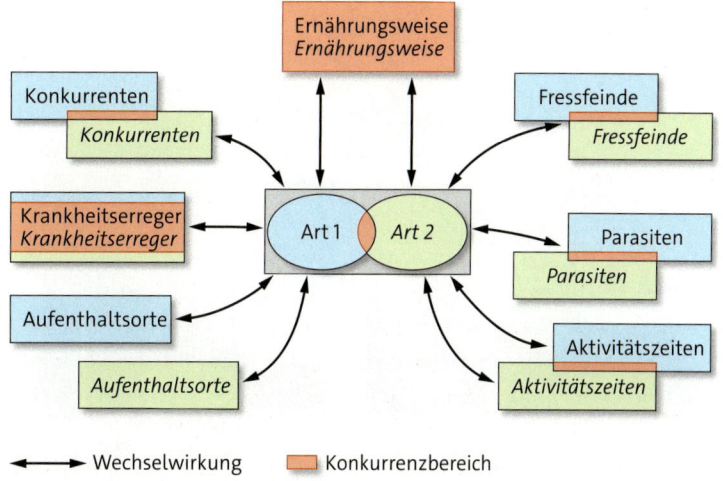

03 Schematische Darstellung einer Konkurrenzsituation zwischen zwei beliebigen Arten

KONKURRENZVERMEIDUNG · Innerhalb eines Lebensraums konkurrieren Individuen verschiedener Arten um Nahrung, Brutplätze oder andere Ressourcen. Obwohl diese Arten also in **interspezifischer Konkurrenz** zueinander stehen, können im Lebensraum Wald zahlreiche Vogelarten nebeneinander leben, also *koexistieren*. Dies ist möglich, weil sie in Teilbereichen ihrer ökologischen Nische jeweils andere Wechselwirkungen mit ihrer Umwelt eingehen. Sie nutzen zum Beispiel andere Nahrungsquellen oder sind zu anderen Tageszeiten aktiv.

Wie die vorhandenen Ressourcen besonders effektiv genutzt werden können, zeigt die Verteilung der Brutplätze verschiedener Waldvögel. *Eichelhäher*, *Elster*, *Goldhähnchen* und *Pirol* brüten nur im Kronenbereich der Bäume, während *Buchfink*, *Habicht* und *Ringeltaube* ihre Nester eng am Stamm bauen. *Buntspecht*, *Kleiber* und *Waldkauz* nutzen Höhlen in älteren Bäumen zum Brüten. *Amsel* und *Singdrossel* bauen ihre Nester in Büschen. *Nachtigall*, *Rotkehlchen* und *Zilpzalp* brüten auf dem Erdboden. Diese Aufteilung führt zur Vermeidung interspezifischer Konkurrenz.

Auch innerhalb einer Art treten die Individuen miteinander in Konkurrenz. Diese **intraspezifische Konkurrenz** ist manchmal jedoch nur gering. Die Larven von Käfern oder Schmetterlingen ernähren sich zum Beispiel oft von anderen Pflanzen als die erwachsenen Tiere. Bei manchen Greifvögeln unterscheiden sich Männchen und Weibchen deutlich in ihrer Körpergröße. Beim *Habicht* werden die Weibchen bis zu 1400 Gramm schwer und jagen vor allem *Krähen*, *Ringeltauben*, *Elstern* und *Eichelhäher*, manchmal sogar *Fasane*. Da die Habichtmännchen etwa 900 Gramm schwer werden, jagen sie bevorzugt *Eichelhäher* und *Stare*. Auch noch kleinere Vögel, zum Beispiel *Sperlinge*, *Meisen* und *Zaunkönige*, sind für sie eine ausreichende Jagdbeute.

Solche innerartlichen Unterschiede führen zur Vermeidung starker intraspezifischer Konkurrenz.

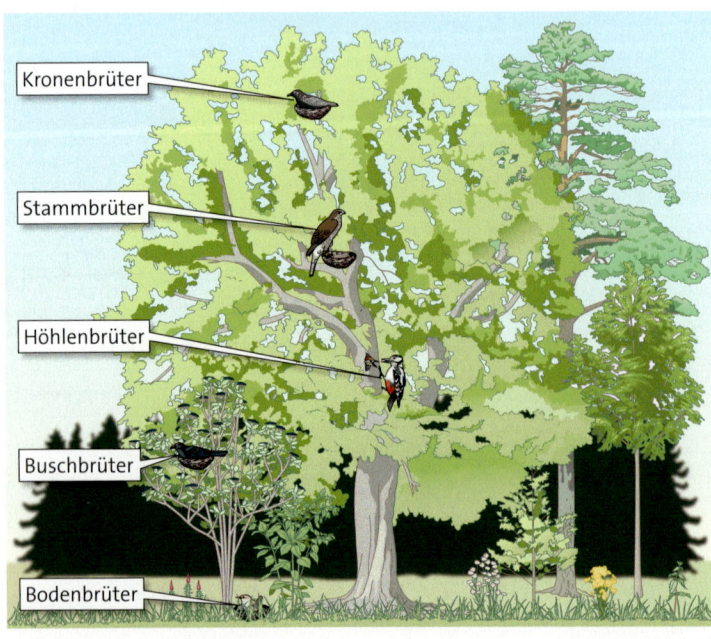

04 Brutplätze von Waldvögeln

Beute

Fasan	1200-1500 g
Krähe	520 g
Ringeltaube	480 g
Elster	215 g
Eichelhäher	160 g
Star	75 g
Haussperling	30 g
Blaumeise	11 g
Zaunkönig	9 g

Habicht

♀ 1400 g

♂ 870 g

seltene Beute

häufige Beute

Kronenbrüter

Stammbrüter

Höhlenbrüter

Buschbrüter

Bodenbrüter

05 Beutetiere des Habichts

Material A ▸ Beutefang bei Meisen

Ort des Beutefangs	Größe der gefangenen Beute in Millimeter		
Blätter	1–8	–	–
Zweige	1–5	2–8	–
Äste	1–3	2–8	6–8
Sträucher	–	2–6	4–8
Boden	–	–	2–8
Meisenart	Blaumeise	Sumpfmeise	Kohlmeise
Körpermasse	11 Gramm	12 Gramm	22 Gramm

X Blaumeise   X Sumpfmeise   X Kohlmeise

Für drei Meisenarten wurden die bevorzugten Fangorte und die Größe ihrer Beutetiere bestimmt.

A1 Beschreibe die dargestellten Ergebnisse!

A2 Erläutere den Zusammenhang zwischen eigener Körpermasse, Beutegröße und bevorzugtem Fangort der drei Meisenarten im Hinblick auf ihre Konkurrenz!

Material B ▸ Konkurrenz zwischen Raubvögeln

	Waldohreule	Waldkauz	Habicht
Aufenthalts-ort	Rand von Misch- und Nadelwäldern mit angrenzenden Wiesen und Feldern	Laub- und Misch-wälder mit angren-zenden Wiesen und Feldern	Laub- und Misch-wälder mit angren-zenden Wiesen und Feldern
Brutplatz	verlassene Nester von Greifvögeln, Krähen oder Elstern	Baumhöhlen	Kronen hoher alter Bäume
Ernährungs-weise (selten)	Feld- und Rötel-mäuse (kleine Vögel)	Feld- und Rötel-mäuse (Wanderrat-ten, Eichhörnchen, Kaninchen, kleine Vögel)	kleine bis mittel-große Vögel (Feld- und Rötelmäuse, Kaninchen)
Aktivitäts-zeit	Dämmerung, Nacht	Dämmerung, Nacht	Tag
Körperbau	bis 370 g, bis 36 cm	bis 630 g, bis 42 cm	bis 1500 g, bis 63 cm

Die Tabelle enthält neben Angaben zu Körperbau und -größe Informationen zu wichtigen Wechselwirkungen der drei Vogelarten mit ihrer Umwelt.

B1 Stelle die Umweltwechselwirkun-gen „Aufenthaltsort", „Ernährungs-weise", „Aktivitätszeit" und „Brut-platz" von Waldkauz und Habicht in einer Grafik entsprechend der Abbildung 03 auf Seite 75 dar!

B2 Beschreibe die theoretische Kon-kurrenzsituation zwischen diesen drei Vogelarten!

B3 Stelle eine Hypothese auf, ob diese drei Arten in einem Gebiet dauer-haft koexistieren könnten!

01 Grillplatz

Energiefluss und Stoffkreisläufe im Wald

Für ein Grillfeuer verwendet man Holz aus dem Wald. Beim Verbrennen des Holzes wird Energie in Form von Wärme frei. Wie ist diese Energie ins Holz gekommen?

ENERGIEUMWANDLUNG · Die Pflanzen des Waldes benötigen für die Fotosynthese *Lichtenergie.* In Mitteleuropa liefert die Sonne im Jahresdurchschnitt täglich etwa 120 000 Kilojoule Energie pro Quadratmeter. Davon können selbst die am stärksten bestrahlten Bäume nur einen geringen Anteil zur Fotosynthese nutzen. Mithilfe der aufgenommenen Lichtenergie stellen diese Produzenten aus den energiearmen anorganischen Stoffen, Wasser und Kohlenstoffdioxid, den energiereichen organischen Stoff Glukose her. Dabei wird die Lichtenergie in *chemische Energie* umgewandelt. Etwa 50 Prozent dieser chemischen Energie benötigen die Pflanzen für ihre Lebensvorgänge. Sie wird zum großen Teil als *Wärmeenergie* bei der Zellatmung abgegeben. Etwa zehn Prozent der chemischen Energie wird in den Aufbau anderer organischer Stoffe wie der *Zellulose* gesteckt. Zellulose dient Pflanzen als Baustoff und ist der Hauptbestandteil von Holz. Verbrennt man Holz, wird Zellulose wieder in energiearme anorganische Stoffe zerlegt, und die darin gebundene chemische Energie wird als Wärme frei.

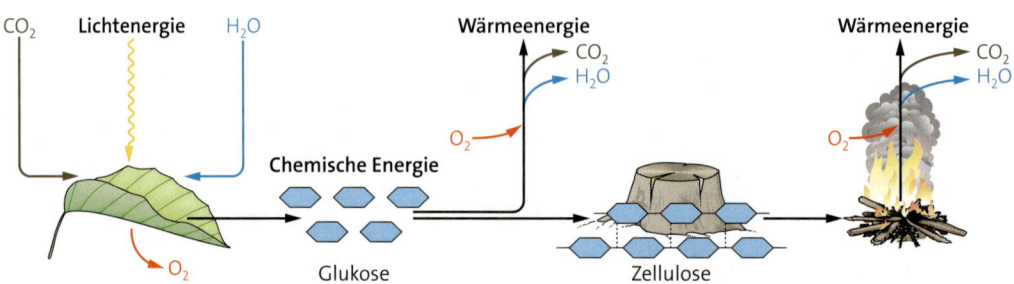

02 Energie-
umwandlung

ENERGIEFLUSS · Pflanzenfresser, die lebende Pflanzenteile fressen, wie Schmetterlinge und Rehe, können nur maximal ein Prozent der von den Produzenten chemisch gebundenen Energie aufnehmen. Sie bilden als Konsumenten 1. Ordnung dieser *Weidegänger-Nahrungskette* die auf die Produzenten folgende nächsthöhere Ernährungsebene. Auch sie benötigen den Großteil der aufgenommenen Energie für ihre Lebensvorgänge, sodass davon nur zehn Prozent, also nur 0,1 Prozent der chemischen Energie der Produzenten, an die Konsumenten 2. Ordnung weitergegeben werden. Die restliche Energie gelangt über Ausscheidungen und tote Tiere in den Waldboden. Auch beim Übergang zur folgenden Ernährungsebene, den Konsumenten 3. Ordnung, wiederholt sich diese Energieaufteilung.

Die verbleibenden 39 Prozent chemische Energie der Produzenten gelangt gebunden in abgestorbenen Pflanzenteilen wie Falllaub auf den Waldboden. Diese Laubstreuschicht ist die Nahrungsgrundlage für viele kleine und kleinste Lebewesen wie Asseln, Hornmilben und Würmer. Sie sind die Konsumenten 1. Ordnung der *Laubstreuzersetzer-Nahrungskette*, die für das Ökosystem Wald eine große Bedeutung hat. Von diesen Konsumenten 1. Ordnung

ernähren sich wiederum Hundertfüßer und Raubmilben, die ihrerseits die Beute von Laufkäfern sind. Diese Nahrungskette steht in enger Wechselwirkung mit den eigentlichen Destruenten, den Bakterien und Pilzen, und ist auch mit der Weidegänger-Nahrungskette zu einem Nahrungsnetz verknüpft. Von den etwa neun Prozent chemische Energie, die von den Konsumenten 1. Ordnung der Laubstreuzersetzer aufgenommen wird, gelangt wiederum nur ein Zehntel zur folgenden Ernährungsebene. Man spricht deshalb bei der Energieweitergabe in Nahrungsketten von der **Zehn-Prozent-Regel.** Der Rest der gebundenen Energie sowie die in toten Tieren und Ausscheidungen noch enthaltene Energie wird schließlich beim Abbau zu anorganischen Stoffen durch die Destruenten freigesetzt. Die von den Produzenten aufgenommene Energie verlässt also letztendlich das Ökosystem Wald in Form von Wärmeenergie. Da die Energie von Ernährungsebene zu Ernährungsebene weitergegeben wird und das Ökosystem sozusagen durchfließt, nennt man diesen Prozess **Energiefluss.**

1 Beschreibe die Zehn-Prozent-Regel des Energieflusses im Ökosystem Wald!

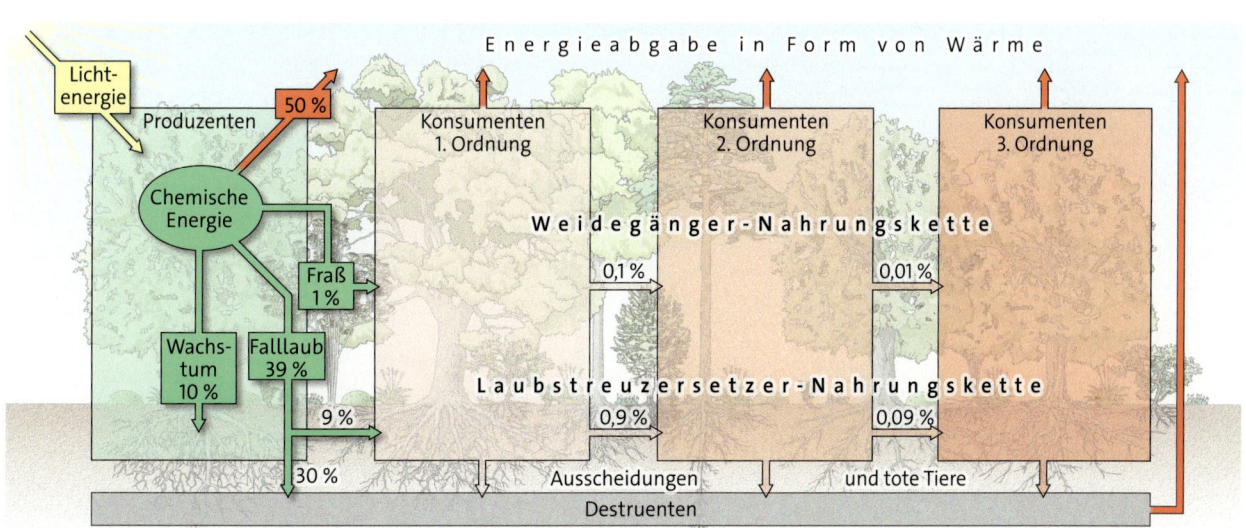

03 Energiefluss im Ökosystem Wald

STOFFKREISLÄUFE · Die Masse organischer Stoffe, die in Lebewesen gebunden ist, nennt man **Biomasse.** Sie besteht vor allem aus den Elementen *Kohlenstoff, Wasserstoff* und *Sauerstoff.* Bei der Fotosynthese bilden die Produzenten zunächst das Kohlenhydrat Glukose. Der dazu erforderliche Kohlenstoff und Sauerstoff wird mit dem Kohlenstoffdioxid der Luft aufgenommen. Wasserstoff wird bei der Fotosynthese aus Wasser gewonnen. Dabei wird Sauerstoff frei und entweicht in die Luft. Aus Glukose bauen die Produzenten weitere energiereiche organische Stoffe wie Stärke, Zellulose und Fette auf. Die Konsumenten nehmen diese mit ihrer Nahrung auf und bauen sie durch Zellatmung zu energieärmeren Stoffen ab. Dafür benötigen sie Sauerstoff aus der Luft und geben Kohlenstoffdioxid und Wasser ab. Auch die Destruenten, die totes organisches Material durch Zellatmung zu anorganischen Stoffen abbauen, benötigen Sauerstoff und geben Wasser und Kohlenstoffdioxid ab. Übrig bleiben noch Mineralstoffe, die die Produzenten wieder aufnehmen. Da alle Ausgangsstoffe, die zum Aufbau von Biomasse gebraucht werden, bei deren Abbau wieder frei werden, spricht man von **Stoffkreisläufen.**

STICKSTOFFKREISLAUF · Zum Aufbau organischer Stickstoffverbindungen kann der in der Luft reichlich vorhandene *elementare Stickstoff* von Pflanzen und Tieren nicht genutzt werden. Pflanzen, die Produzenten, sind auf die Aufnahme der anorganischen Verbindungen *Ammonium* und *Nitrat* angewiesen. Tiere, die Konsumenten, müssen organische N-Verbindungen, vor allem Proteine, mit ihrer Nahrung aufnehmen und diese in ihre körpereigenen Stoffe umbauen. Beim Abbau dieser Stoffe entstehen energieärmere organische N-Verbindungen wie *Harnstoff* oder *Harnsäure*, die ausgeschieden werden. Die Destruenten bauen die organischen N-Verbindungen des toten organischen Materials zu Ammonium ab. Dieses nehmen die Produzenten teilweise wieder auf. Der größere Teil wird aber von Bakterien zunächst zu *Nitrit* und dann zu *Nitrat* abgebaut, das den Produzenten zum erneuten Aufbau organischer N-Verbindungen dient. Bestimmte Bakterien entziehen dem Nitrat im Boden Sauerstoff, wodurch Luftstickstoff entsteht. Manche Pflanzen können aber den Luftstickstoff nutzen. Besondere Bakterien in ihren Wurzeln, die *Knöllchenbakterien,* binden den Luftstickstoff und überführen ihn in Ammonium.

N_2 = elementarer Stickstoff

NH_4^+ = Ammonium

NO_3^- = Nitrat

NO_2^- = Nitrit

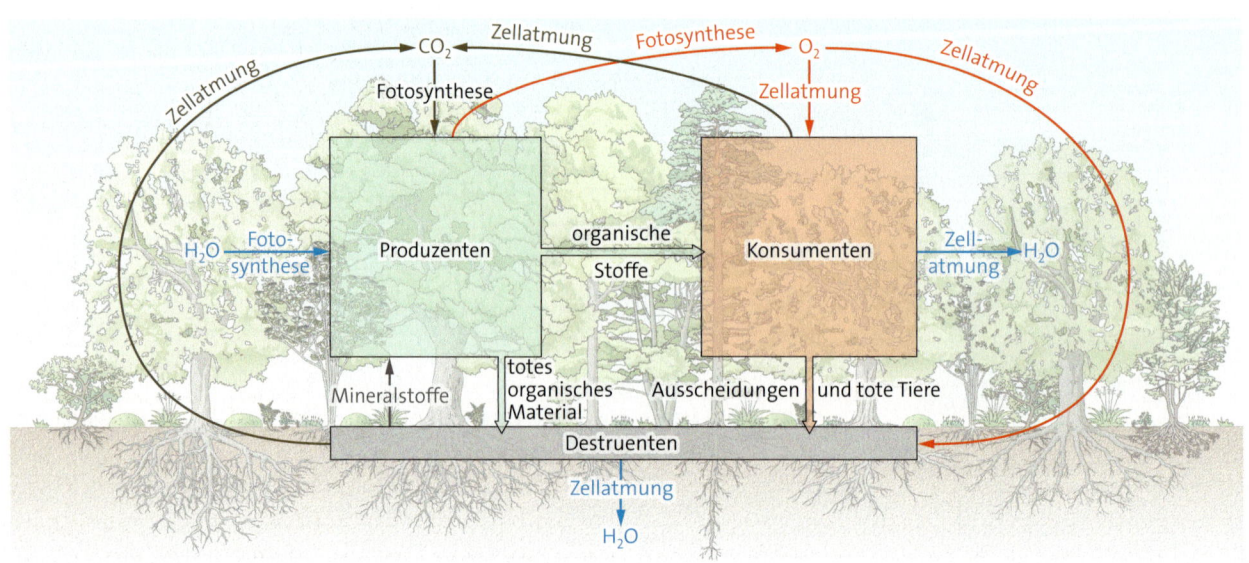

04 Kohlenstoff- und Sauerstoffkreislauf im Ökosystem Wald

Material A ▸ Biomasse und Energiefluss

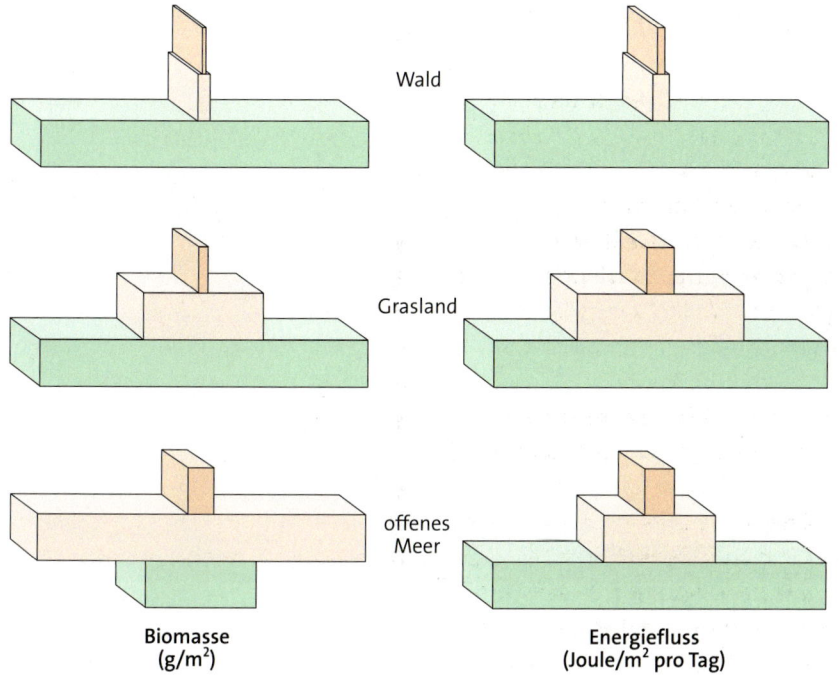

Wald

Grasland

offenes
Meer

Biomasse
(g/m²)

Energiefluss
(Joule/m² pro Tag)

A1 Beschreibe, was in den Biomassen- und Energieflusspyramiden dargestellt ist!

A2 Vergleiche die Biomassen von Wald und Grasland sowie deren Energieflusspyramiden!

A3 Stelle Hypothesen auf, worauf die in A2 festgestellten Unterschiede zurückzuführen sind!

A4 Nenne wichtige Produzenten und Konsumenten 1. Ordnung im offenen Meer!

A5 Stelle eine Hypothese über die Abweichungen der Biomassenpyramide der Lebewesen im offenen Meer auf!

Material B ▸ Stickstoffkreislauf

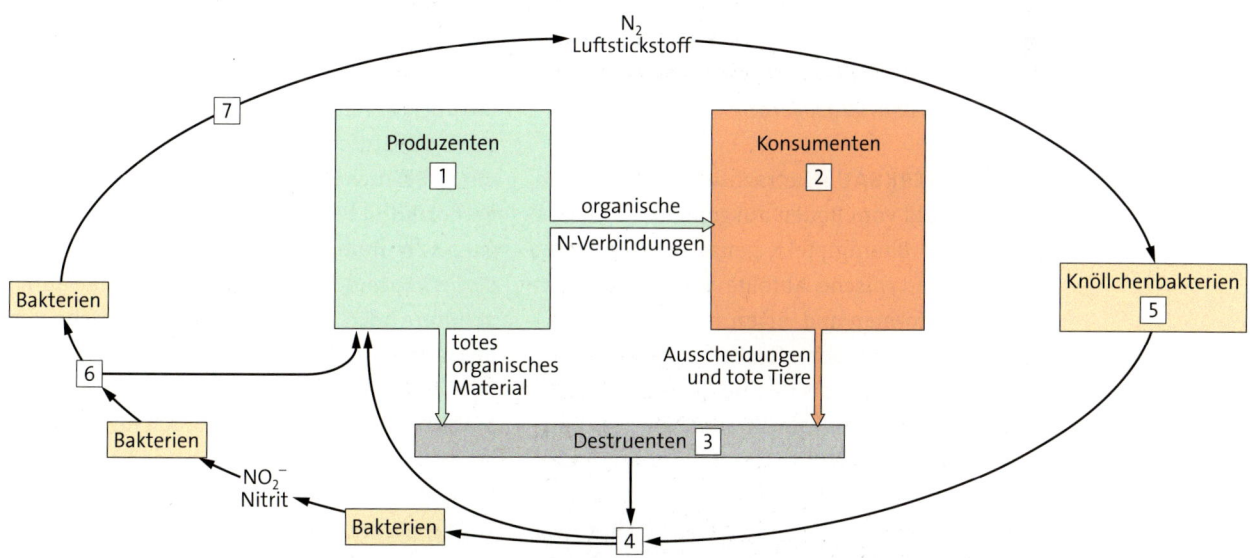

B1 Beschreibe die mit Zahlen markierten Stellen des Stickstoffkreislaufs!

B2 Nenne zwei organische Stoffe in Lebewesen, die Stickstoff enthalten und deren jeweilige Funktion!

B3 Erkläre, weshalb das Anpflanzen von Pflanzen mit Knöllchenbakterien das Wachstum anderer Pflanzen fördert!

01 Naturnaher
Mischwald

Stockwerke der Mischwälder

*Naturnahe, also vom Menschen kaum beein-
flusste Mischwälder wirken auf den ersten Blick
wie ein wildes Durcheinander unzähliger Pflanzenarten. Wie kann man diese große Artenvielfalt sinnvoll gliedern?*

STOCKWERKBAU · Betrachtet man einen
Mischwald vom Boden ausgehend bis zu den
höchsten Baumgipfeln genauer, so erkennt
man eine typische Abfolge von bestimmten
Pflanzenformen und -arten.

Unterhalb der Erdoberfläche reichen die Wurzeln der Pflanzen bis in eine Tiefe von mehreren Metern. Dieser Bereich wird daher als **Wur-
zelschicht** bezeichnet. Unmittelbar am Boden
wachsen Moose, zum Beispiel *Frauenhaarmoos*
und *Sternmoos*, aber auch Pilze und einige
Flechten. Diese **Moosschicht** ist etwa zehn bis
20 Zentimeter hoch. Zwischen 15 Zentimetern
und etwa einem Meter Höhe findet man gelegentlich Farne und vor allem Kräuter.
Im Frühling blühen hier zum Beispiel *Busch-

windröschen, Scharbockskraut, Leberblümchen,
Maiglöckchen* und *Waldmeister*, im Sommer
wachsen hingegen häufig *Sauerklee* und
Springkraut in dieser **Krautschicht.**

Darüber schließt sich zwischen zwei und etwa
zehn Metern ein Bereich an, in dem sich vor
allem Sträucher befinden. Ihre Sprosse sind
verholzt und bilden zahlreiche dünne Stämm-
chen. Zu ihnen gehören *Hasel, Vogelbeere,
Berberitze* und *Stechpalme.* Auch junge Bäume
gehören noch zu dieser **Strauchschicht,** die
besonders am Waldrand ausgebildet ist. In der
obersten Schicht in einer Höhe von zehn bis 40
Metern befinden sich schließlich nur noch die
Stämme und Kronen der höchsten Bäume, zum
Beispiel *Buche, Eiche, Esche, Ahorn* oder auch
Tanne, Fichte, Kiefer und *Lärche.* Sie heißt
daher **Baumschicht.**

Diese regelmäßige Abfolge der Pflanzen-
schichten mit ihren typischen Formen führt
zu einer Gliederung des Mischwalds in Stockwerke.

UMWELTBEDINGUNGEN · Im Mischwald sind einige abiotische Faktoren je nach Stockwerk sehr verschieden und führen dort zu unterschiedlichen Umweltbedingungen.

Während auf das Blätterdach der höchsten Baumkronen 100 Prozent des einfallenden Sonnenlichts treffen, kommen durch den Schattenwurf der Bäume und Sträucher in der Krautschicht nur noch etwa zwei Prozent davon an. Eine besondere Angepasstheit an den Umweltfaktor **Licht** zeigt die *Buche*. Im oberen, stark belichteten Kronenbereich sind ihre Blätter klein, dick und dunkelgrün. Diese *Lichtblätter* können dort durch ihr großes Palisadengewebe mit seiner hohen Dichte an Chloroplasten besonders effektiv Fotosynthese betreiben. In den schattigeren, unteren und inneren Kronenbereichen sind ihre Blätter dagegen größer, dünner und hellgrün. Diese *Schattenblätter* haben zwar nur ein kleines Palisadengewebe mit einer geringen Chloroplastendichte, tragen aber auch ohne direktes Sonnenlicht zur Fotosyntheseleistung des Baumes bei.

Unmittelbar über dem Waldboden sind die tageszeitlichen Schwankungen der **Temperatur** geringer als in den höheren Schichten. Tagsüber verhindert der Schatten der oberen Stockwerke eine starke Erwärmung und nachts schützt ihr dichter Bewuchs vor einer starken Abkühlung. Deshalb können hier hitze- und frostempfindliche Kräuter gut wachsen.

Während die Baumwipfel einem stürmischen **Wind** ausgesetzt sein können, führt die hohe Dichte des Pflanzenbewuchses in den unteren Schichten dazu, dass es dort meistens nahezu windstill ist. Auch diese geringe Windgeschwindigkeit am Waldboden stellt für viele Pflanzen einen wichtigen Standortvorteil dar. Schließlich ist auch die hohe **Luftfeuchtigkeit** eine wichtige Umweltbedingung des Mischwalds. Direkt über der Bodenoberfläche ist sie durch die Wasserverdunstung aus der beschatteten, feuchten Walderde am höchsten und schwankt im Tagesverlauf kaum. Daher findet man hier oft Farne, die auf eine hohe Feuchtigkeit angewiesen sind.

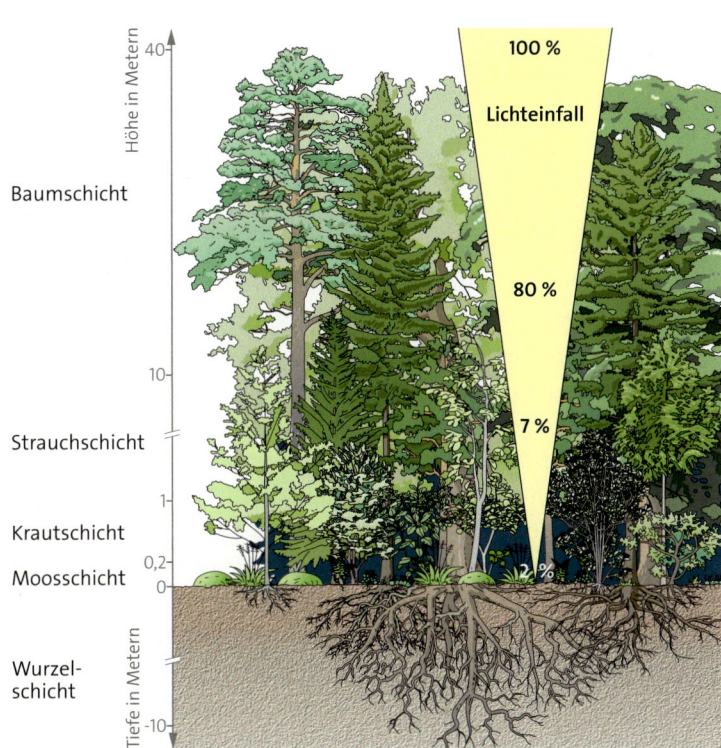

02 Stockwerke im naturnahen Mischwald mit Lichteinfall

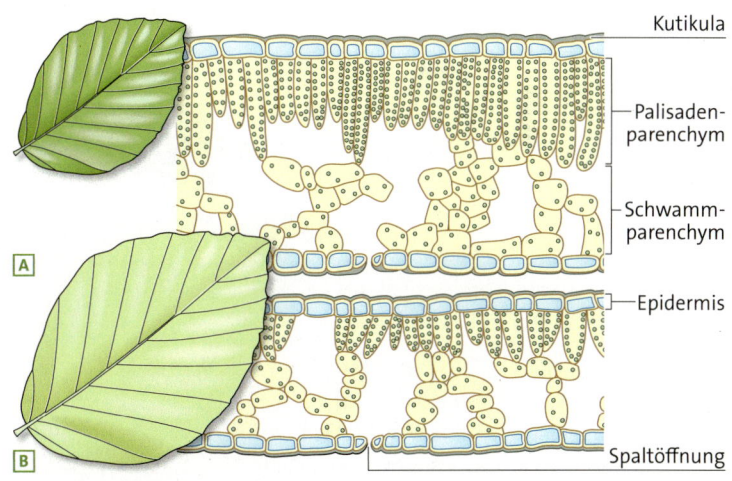

03 Buchenblätter: **A** Sonnenblatt, **B** Schattenblatt

Die Pflanzen im Mischwald sind also von zahlreichen abiotischen Faktoren abhängig, die sie wiederum selbst stark beeinflussen.

1 ⌡ Ordne den verschiedenen Stockwerken des Mischwalds jeweils zwei typische Pflanzenarten und Umweltbedingungen zu!

Boden

ENTSTEHUNG · Die Entstehung eines Bodens benötigt in Mitteleuropa etwa 10 000 Jahre, in denen vielfältige physikalische, chemische und biologische Umwandlungsprozesse ablaufen. Der ursprüngliche Untergrund aus kahlem, kompaktem Gestein wird zunächst durch den Frost aufgebrochen. Flechten als Erstbesiedler greifen seine Struktur chemisch an und lösen dabei Mineralstoffe heraus. Diese wiederum werden von den ersten Pflanzen benötigt. Dabei handelt es sich oft um Gräser und spezialisierte Kräuter, die im lockeren Gestein Halt finden können. Ihre Wurzeln dringen bis in kleinste Felsspalten vor, erweitern diese beim Wachstum und zerkleinern das Gestein so immer weiter. Außerdem geben sie Stoffe ab, die zu einer Versauerung führen und das Gestein so chemisch weiter zersetzen. Wenn Kleinstlebewesen, zum Beispiel Bakterien, Pilze und Einzeller, abgestorbene Pflanzen und Reste von toten Tieren abbauen, entsteht der mineralstoffreiche *Humus.* Erst in dieser dicken Humusschicht können sich schließlich Pflanzen ansiedeln.

AUFBAU · Die Böden der mitteleuropäischen Wälder zeigen oft eine viele Meter tief reichende, deutlich horizontale Schichtung. Die oben aufliegende *Streuschicht* besteht überwiegend aus unzersetztem Laub der Bäume und Sträucher. Darunter folgt der zehn bis 30 Zentimeter starke, dunkle *A-Horizont.* Hier wird ein Großteil der abgestorbenen Pflanzen und toten Tiere durch Kleinstlebewesen zersetzt. Deshalb besitzt diese Schicht einen hohen Humusanteil. Da ihn größere Bodenlebewesen, wie Wühlmäuse und Regenwürmer, durch ihre Gänge gut durchlüften, herrschen hier sehr gute Wachstumsbedingungen für die Wurzeln vieler Pflanzenarten. Nur wenige Baumwurzeln ragen bis in den folgenden helleren, etwa 40 Zentimeter starken, mineralstoffreichen *B-Horizont.* Hier existieren nur noch wenige Bodenlebewesen. Schließlich folgt der *C-Horizont,* der aus dem nur leicht verwitterten Ausgangsgestein besteht.

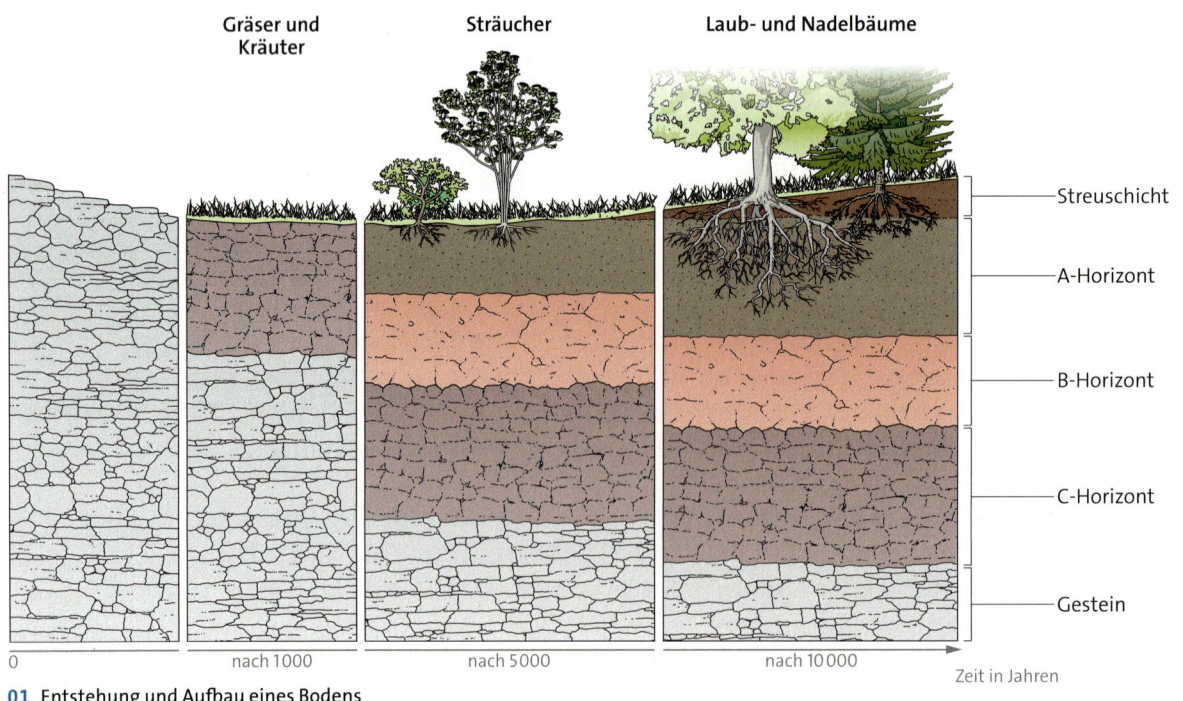

01 Entstehung und Aufbau eines Bodens

Material A ▸ Abiotische Faktoren

Temperaturen in Grad Celsius		
Uhrzeit	Messpunkt 1	Messpunkt 2
15.30 Uhr	19,4	16,0
16.30 Uhr	18,2	15,3
17.30 Uhr	13,9	13,7
18.30 Uhr	12,9	13,0
19.30 Uhr	10,2	12,6

Relative Luftfeuchtigkeit in Prozent		
Uhrzeit	Messpunkt 1	Messpunkt 2
08.00 Uhr	61	91
12.00 Uhr	49	87
16.00 Uhr	44	83
20.00 Uhr	56	85
24.00 Uhr	60	89

An zwei Messpunkten, im Wald und auf einer Wiese, wurden Temperatur und Luftfeuchtigkeit in einem Meter Höhe mehrmals gemessen.

A1 Stelle die Messwerte der Messpunkte 1 und 2 für Temperatur und Luftfeuchtigkeit jeweils in einem Liniendiagramm dar!

A2 Vergleiche in den Diagrammen jeweils die beiden Kurven!

A3 Ordne die Messpunkte 1 und 2 dem Wald oder der Wiese zu und begründe!

Material B ▸ Wasser und Boden

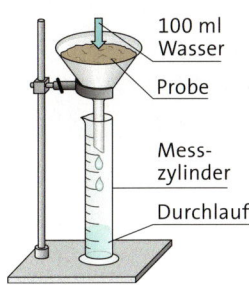

Probenmaterial			
Durchlauf nach	Kies	Sand	Waldhumus
10 Sekunden	19 ml	0 ml	0 ml
20 Sekunden	42 ml	4 ml	0 ml
30 Sekunden	63 ml	15 ml	0 ml
40 Sekunden	82 ml	31 ml	2 ml
50 Sekunden	93 ml	55 ml	5 ml
60 Sekunden	95 ml	70 ml	9 ml

B1 Beschreibe die Durchführung des Versuchs!

B2 Stelle die Werte in einem geeigneten Diagramm dar!

B3 Leite aus den Ergebnissen eine besondere Funktion des Waldes ab!

Material C ▸ Zersetzung von Blättern

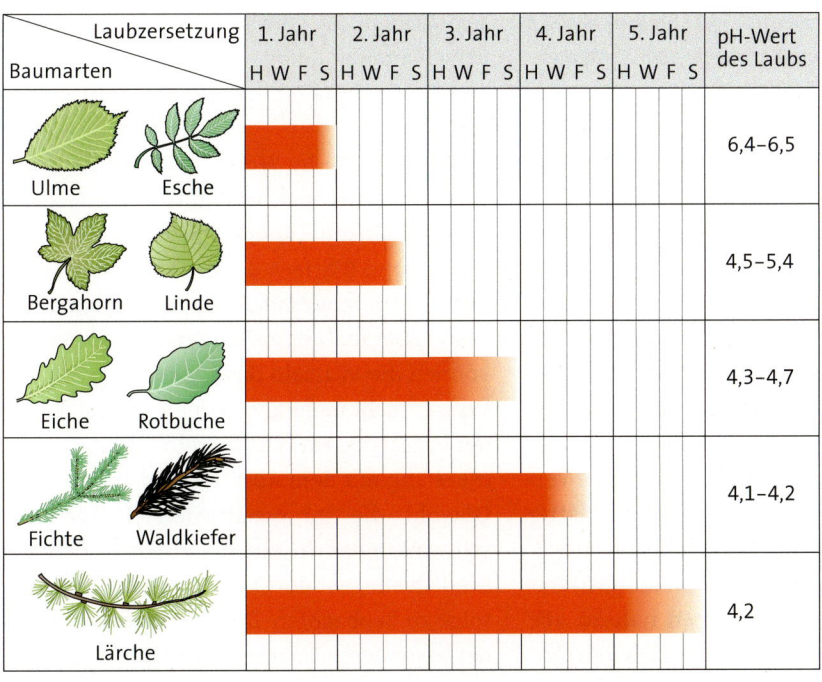

Die Zersetzungsdauer und der pH-Wert abgeworfener Blätter wurden bei verschiedenen Laub- und Nadelbäumen bestimmt.

C1 Vergleiche die Zersetzungsdauer der Blätter von Laub- und Nadelbäumen!

C2 Stelle eine Hypothese über die Auswirkungen des pH-Werts des Laubs auf seine Zersetzungsdauer auf!

C3 Stelle mithilfe der Tabelle eine Hypothese auf, weshalb reine Nadelwälder oft keine Krautschicht besitzen!

01 Laubwald im Jahresverlauf:
A Frühling,
B Sommer,
C Herbst,
D Winter

Veränderungen im Wald

Betrachtet man einen Laubwald zu verschiedenen Jahreszeiten, so fallen deutliche Unterschiede auf, vor allem in der Belaubung der Bäume und im Wachstum von Kräutern. Welche Faktoren verursachen diese immer wiederkehrenden Veränderungen?

LAUBWALD IM JAHRESVERLAUF · Im Frühling entfalten die Laubbäume ihre neuen Blätter. Bereits kurz zuvor beginnen ihre Samen vom vergangenen Herbst auf dem noch kahlen Waldboden zu keimen und Moose, Kräuter und Farne fangen an zu wachsen. Bis in den Sommer hinein treiben Bäume und Sträucher neue Zweige aus. Am Waldboden wachsen dann nur noch wenige und andere Kräuterarten als im Frühling. Im Herbst setzen die Verfärbung und schließlich der Abwurf der Blätter der Laubbäume ein. Am Waldboden vertrocknen die verblühten Kräuter, die allmählich zersetzt werden. Im Winter ruhen nahezu alle pflanzlichen Lebensvorgänge. Die Artenzusammensetzung einer Pflanzengesellschaft während einer bestimmten Jahreszeit wird *Aspekt* genannt, ihr jahreszeitlicher Wechsel **Aspektfolge.** Sie geht auf die Schwankungen verschiedener abiotischer Faktoren zurück, zum Beispiel der Temperatur und des Lichtes.

TEMPERATUR · Im Winter kann die Temperatur in Mitteleuropa weit unter den Gefrierpunkt absinken. Dünne Gewebe in Kräutern, Farnen und Blättern der Laubbäume werden durch gefrierendes und sich dabei ausdehnendes Wasser in ihren Zellen zerstört. Außerdem können die Wurzeln das im Boden gefrorene Wasser nicht mehr aufnehmen. Der Rückgang der Vegetation im Winter steht also in Zusammenhang mit dem Absinken der Temperatur. Obwohl die jahreszeitlichen Temperaturschwankungen in einem reinen Nadelwald ähnlich sind, ist dort keine deutliche Aspektfolge zu beobachten. Dies ist auch eine Folge der besonderen Lichtverhältnisse.

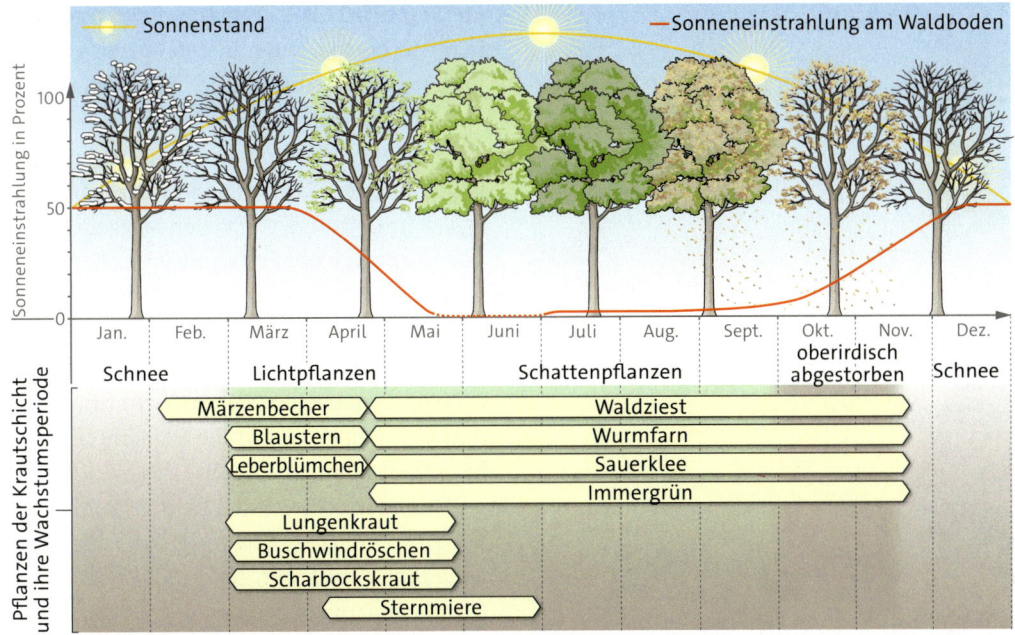

02 Licht und Vegetation im Jahresverlauf

LICHT · Der Tag mit der kürzesten Sonneneinstrahlung und dem niedrigsten Sonnenstand ist der 21. Dezember, die Wintersonnenwende. Danach werden die Tage bis zur Sommersonnenwende am 21. Juni wieder länger und auch der Sonnenstand wird höher.

Laubbäume sind im Juni am dichtesten belaubt. Die Vegetation der Kräuter und Farne am Waldboden eines Laubwalds erreicht aber bereits zwischen Ende März und Anfang Mai ihr stärkstes Wachstum. Das einfallende Sonnenlicht wird noch nicht durch das Blätterdach der Bäume abgeschirmt und die Temperaturen erlauben bereits das Wachstum dieser **Frühblüher.** Zu ihnen gehören zum Beispiel *Buschwindröschen, Scharbockskraut, Märzenbecher, Blaustern, Leberblümchen, Sternmiere* und *Lungenkraut.* Sie besitzen besondere Speicherorgane, die den Winter überdauern können. *Buschwindröschen, Leberblümchen, Sternmiere* und *Lungenkraut* verfügen über verdickte Erdsprosse. *Blaustern* und *Märzenbecher* bilden Zwiebeln und das *Scharbockskraut* besitzt Wurzelknollen. In diesen verdickten Geweben speichern sie Nährstoffe, vor allem Stärke, Mineralstoffe und Wasser. Dadurch können die Frühblüher sofort mit Anstieg der Temperatur und Sonneneinstrahlung austreiben und wachsen.

Wenn sich etwa Mitte Mai das Blätterdach der Laubbäume schließt, endet auch die Wachstumsperiode der Frühblüher. Am nun fast völlig beschatteten Waldboden wachsen dann nur noch wenige Pflanzen. *Sauerklee, Immergrün, Waldziest,* Moose und Farne gehören zu diesen **Schattenpflanzen.** Ihre Blätter sind oft auffallend groß, dünn und zueinander versetzt angeordnet. So können sie das geringe Sonnenlicht optimal einfangen. Auch ihr sehr hoher Chlorophyllanteil, der ihren Blättern häufig eine kräftig dunkelgrüne Färbung verleiht, ermöglicht es ihnen, im Schatten noch ausreichend Fotosynthese zu betreiben.

1 ⌟ Erläutere die Angepasstheiten von Frühblühern und Schattenpflanzen!

2 ⌟ Erkläre den Verlauf der Kurve zur Sonneneinstrahlung am Waldboden in Abbildung 02!

03 Buschwindröschen

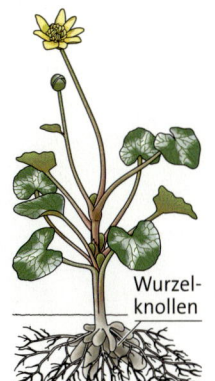

04 Scharbockskraut

05 Sukzession im Mischwald

ENTSTEHUNG EINES WALDES · Der Wald stellt in Mitteleuropa, außer in den Küstenregionen und im Hochgebirge, die natürliche Vegetationsform dar. Wird er durch äußere Einwirkungen wie einen schweren Sturm, einen Waldbrand oder Kahlschlag zerstört, regeneriert er sich im Zeitraum von vielen Jahrzehnten bis Jahrhunderten über mehrere Zwischenstufen wieder bis zu seiner ursprünglichen Form.

Fehlen Bäume und Sträucher, wird der Boden nicht mehr beschattet. Diese extreme Veränderung des abiotischen Faktors Licht führt dazu, dass sich nun eine typische Gemeinschaft aus besonders lichtbedürftigen Gräsern, Kräutern und Stauden entwickelt. Zu ihr gehören Arten wie *Weidenröschen*, *Johanniskraut*, *Springkraut*, *Fingerhut*, *Greiskraut*, *Goldrute*, verschiedene Distelarten und Sauergräser.

Nach einigen Jahren können sich schnellwüchsige **Pionierpflanzen** durchsetzen. Zu ihnen gehören zum Beispiel *Hasel*, *Sandbirke* und *Salweide*. Es entsteht eine strauchartige Vegetation, die durch ihren Schattenwurf die zunächst vorherrschenden lichtbedürftigen Kräuter und Stauden zunehmend verdrängt. Außerdem erhöht diese Beschattung die Bodenfeuchtigkeit. Erst nach mehreren Jahrzehnten können sich schließlich die langsamer wachsenden typischen Waldbäume, zum Beispiel *Rotbuche*, *Stieleiche*, *Weißtanne* und *Gemeine Fichte*, durchsetzen und wieder eine geschlossene Baumschicht ausbilden.

Die Abfolge dieser verschiedenen Lebensgemeinschaften eines Ökosystems bezeichnet man als **Sukzession.** Ihre Entwicklung endet bei stabilen äußeren Einflüssen und ohne menschliche Eingriffe in einer langfristig weitgehend stabilen *Klimaxgesellschaft*. Im Tiefland stellt zum Beispiel oft ein Buchenmischwald, im Gebirge ein Nadelmischwald die natürliche Klimaxgesellschaft dar. Da die herrschenden abiotischen Faktoren jedoch nie völlig konstant bleiben, entwickeln sich alle Lebensgemeinschaften dennoch ständig weiter.

Material A ▸ Lichtverhältnisse am Boden

	Monat	J	F	M	A	M	J	J	A	S	O	N	D
Sonneneinstrahlung: in 30 Zentimetern Höhe, in Prozent der Gesamteinstrahlung	Gebiet A	50	50	50	31	05	01	02	02	03	10	27	48
	Gebiet B	05	05	05	04	02	01	01	01	01	03	04	05
	Gebiet C	100	100	100	100	100	100	100	100	100	100	100	100

Die Sonneneinstrahlung am Boden wurde im Jahresverlauf in drei Gebieten gemessen. Dabei handelte es sich um eine Wiese, einen Laubwald und einen Nadelwald.

A1 Stelle die Messwerte der Gebiete A, B und C in einem Diagramm dar!

A2 Ordne die Datenreihen den drei Gebieten zu und begründe!

A3 Stelle mithilfe der Messwerte eine Vermutung über die Vegetation der Krautschicht in einem Nadelwald an!

Material B ▸ Waldbewirtschaftung

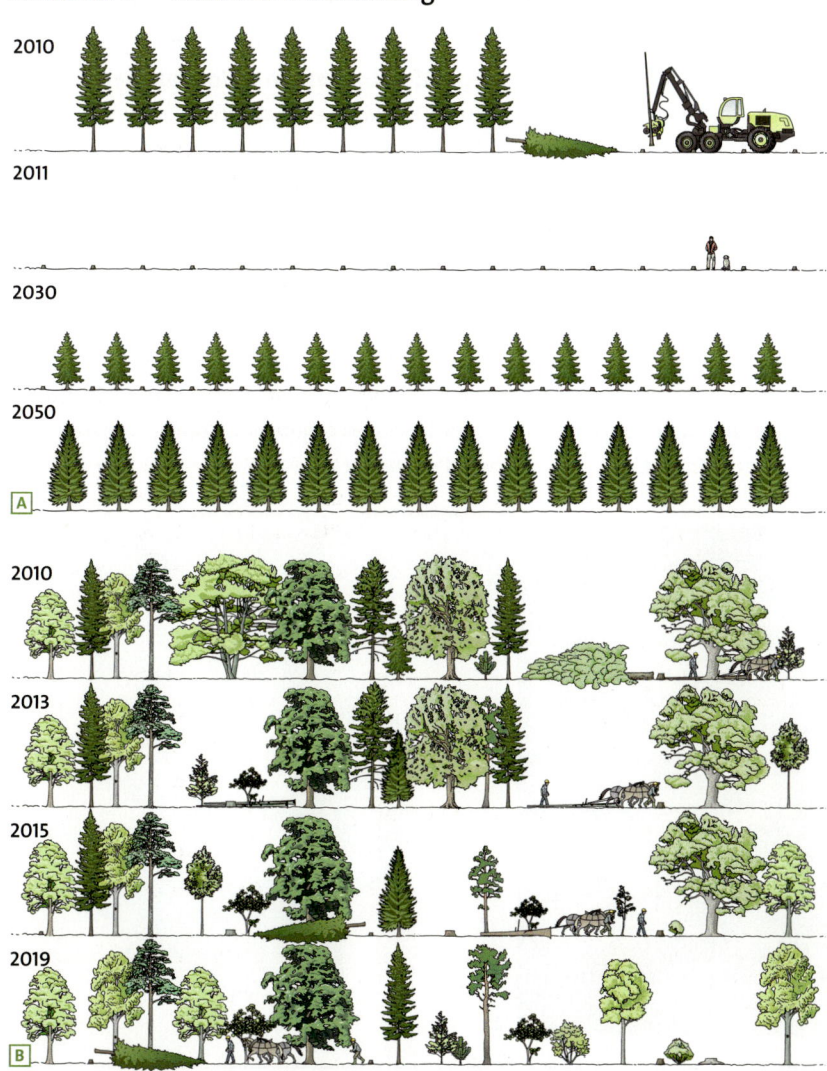

Die Abbildungen zeigen zwei Formen der Waldbewirtschaftung zur Holzgewinnung. In A ist die Kahlschlagernte dargestellt, in B die Methode der Plenterung.

B1 Beschreibe die in der Abbildung A beziehungsweise B jeweils erkennbaren Waldformen!

B2 Beschreibe jeweils den Ablauf der beiden Methoden!

B3 Erkläre, weshalb große Holzkonzerne vor allem den Kahlschlag einsetzen und kleine Waldbauernbetriebe häufig mit der Plenterung arbeiten!

B4 Bewerte die Anfälligkeit der durch die beiden Methoden jeweils entstehenden Waldformen für Sturmschäden und Schädlingsbefall!

B5 Stelle eine Hypothese auf, wie sich die in A dargestellte Fichtenmonokultur ohne Waldbewirtschaftung im Verlauf von etwa 500 Jahren weiterentwickeln würde!

Vom Urwald zum Nutzwald

ENTSTEHUNG DER URWÄLDER · Während der letzten großen Eiszeit, die vor etwa 12 000 Jahren zu Ende ging, waren große Flächen Europas von Eis bedeckt. Auf den wenigen eisfreien Flächen konnten aufgrund der extremen Kälte nur Gräser und Sträucher wachsen. Mit dem Anstieg der Temperaturen und dem damit verbundenen Rückgang der Gletscher konnten sich erste Bäume ansiedeln, die zunächst noch einzeln oder in kleinen Gruppen standen. Im Tiefland handelte es sich dabei vor allem um *Birke*, *Weide* und *Kiefer*, die das trockene und kühle Klima gut vertragen. In den höheren, noch kälteren, aber niederschlagsreicheren Mittelgebirgslagen siedelten sich *Fichte* und *Tanne* an.

Die jahrhundertelang weiter steigenden Temperaturen führten dazu, dass sich im Tiefland lichte Eichenmischwälder aus *Eiche*, *Ulme* und *Linde* verbreiteten. Durch den weiteren Anstieg der Temperaturen kamen noch *Ahorn* und *Esche* hinzu. Das zunehmend feuchtere Klima ermöglichte schließlich die Ausbreitung der *Rotbuche*, *Hainbuche* und *Tanne*.

Die Rotbuche verbreitete sich nun immer weiter und stellte schließlich in vielen der immer dichter werdenden Wälder die häufigste Baumart dar.

Ob und wann eine Baumart in einer bestimmten Region innerhalb der letzten 12 000 Jahre vorkam, konnte durch Grabungen in alten Schichten torfhaltiger Böden bestimmt werden. Dort wurden ihre Pollen in den säurehaltigen Mooren so gut konserviert, dass sie noch heute einzelnen Arten zugeordnet werden können.

Bevor Menschen vor etwa 5000 Jahren begannen, in das Ökosystem Wald einzugreifen, bestanden die meisten Wälder aus vielen Baumarten. Die Bäume wuchsen auf engstem Raum in allen Altersklassen, von jungen Keimlingen über niedrige, wenige Jahrzehnte alten Exemplaren bis zu mehrere Jahrhunderte alten Baumgiganten. Dazwischen war der Waldboden von herabgefallenen Ästen und dem toten Holz abgestorbener alter Stämme übersät. Ein solcher unberührter Wald wird als **Urwald** bezeichnet. Vor 5000 Jahren war Mitteleuropa fast vollständig von solchen undurchdringlichen Urwäldern bedeckt.

01 Wald früher:
A Mitteleuropäischer Urwald,
B Waldfläche vor 5000 Jahren

ENTSTEHUNG DER NUTZWÄLDER · Bereits vor etwa 5000 Jahren, in der Jungsteinzeit, griff der Mensch zum ersten Mal durch Rodungen in den Lebensraum Wald ein. Holz wurde als *Baumaterial*, *Brennstoff* und zur Herstellung von *Werkzeugen* und *Waffen* eingesetzt. Auch zur Gewinnung von *Weideflächen* und für den *Ackerbau* wurden Wälder abgeholzt. Man begann sogar, in Köhlereien *Holzkohle* herzustellen.

Vor etwa 1500 Jahren, etwa mit Beginn des Mittelalters, wurden immer größere Waldflächen gerodet, um den steigenden Holzbedarf der ständig wachsenden Bevölkerung zu decken. Holz wurde nun auch in Glashütten zur *Glasschmelze* und in Hochöfen zur *Eisenerzverhüttung* genutzt. Im *Bergbau* wurden große Mengen an Balken für den Stollenausbau benötigt. Haustiere wurden auf *Waldweiden* gemästet, wo sie große Mengen an Samen fraßen und die Bäume durch das Verbeißen junger Triebe schädigten.

Bis ins 17. Jahrhundert wurden die Wälder immer intensiver genutzt und dabei immer stärker verändert oder sogar zerstört. Dadurch wurden nahezu alle mitteleuropäischen Urwälder in Nutzwälder, die **Forste**, umgewandelt.

Der dramatische Holzmangel führte Anfang des 18. Jahrhunderts zu einem Umdenken. Hans Carl von CARLOWITZ formulierte 1713 erstmals Regeln zur langfristigen Planung der Waldnutzung. Er forderte, nach jeder Holzernte sofort wieder junge Bäume nachzupflanzen. Seitdem gilt in der Forstwirtschaft das Prinzip der *Nachhaltigkeit*. Es besagt, dass dem Wald pro Jahr nur so viel Holz entnommen werden darf, wie in einem Jahr nachwachsen kann. Dadurch soll die langfristig stabile Nutzung eines Forstes gesichert werden.

Um den immer größer werdenden Holzbedarf zu decken, wurde bis Mitte des 20. Jahrhunderts nach Rodungen statt natürlich vorkommender Baumarten überwiegend die besonders schnellwüchsige Fichte angepflanzt. Um sie schneller und einfacher maschinell ernten zu können, wurden häufig altersgleiche **Monokulturen** angelegt. Fichtenmonokulturen sind gegenüber Stürmen, Trockenheit und Schadinsekten jedoch besonders empfindlich. Deshalb pflanzt man heute mit dem Ziel einer nachhaltigen Bewirtschaftung immer häufiger naturnähere Mischwälder an, die aus am jeweiligen Standort natürlich vorkommenden Baumarten bestehen.

02 Wald heute:
A Waldfläche 2010,
B Altersgleiche Fichtenmonokultur

01 Großflächige
Waldschäden im
Mittelgebirge

Waldschäden

Einzelne abgestorbene Bäume gehören zum natürlichen Erscheinungsbild eines Waldes. In den 1970er-Jahren begannen jedoch ganze Waldflächen in Mitteleuropa abzusterben. Was sind die Ursachen für diese Schäden?

NATÜRLICHE WALDSCHÄDEN · Wenn einzelne Äste dürr werden und schließlich der Baum abstirbt, ist das häufig ein natürlicher **Alterungsprozess.** Extreme Wetterverhältnisse wie lange **Frost-, Hitze-** und **Trockenperioden** können aber auch junge Bäume schädigen. Deren Blätter oder Nadeln verfärben sich dann zunächst gelb oder braun, vertrocknen und fallen schließlich ab. Dadurch werden die Bäume dauerhaft geschwächt. Sie produzieren deshalb oft weniger Harz und können sich so kaum noch gegen **Insektenbefall** wehren. Die Insekten können sich dann so stark vermehren, dass extrem große Populationen entstehen, die nun sogar gesunde Bäume schädigen können.

Borkenkäfer legen ihre Eier unter der Borke in die Rinde. Die Larven legen dort Fraßgänge an und zerstören so lebenswichtige Gewebe. Sie bringen vor allem Fichten dadurch zum Absterben. Auch im noch frischen Holz von Bäumen, die durch **Stürme** abgebrochen oder entwurzelt worden sind, können sich Borkenkäfer sehr stark vermehren.

Manche Schmetterlingsraupen, zum Beispiel von *Schwammspinner* und *Eichenspanner*, ernähren sich von jungen Blättern und können dadurch nach Massenvermehrungen Laubbäume wie Eichen stark schädigen.

Schließlich können auch verschiedene **Pilze** einzelne Bäume schädigen. Zum Beispiel befällt der *Blasenrost* einige Kiefernarten.

Allen diesen natürlichen Waldschäden ist gemeinsam, dass sie kleinräumig begrenzt bleiben und nur für wenige Jahre, vor allem nach Wetterextremen, auftreten.

Zustand der Baumkrone:

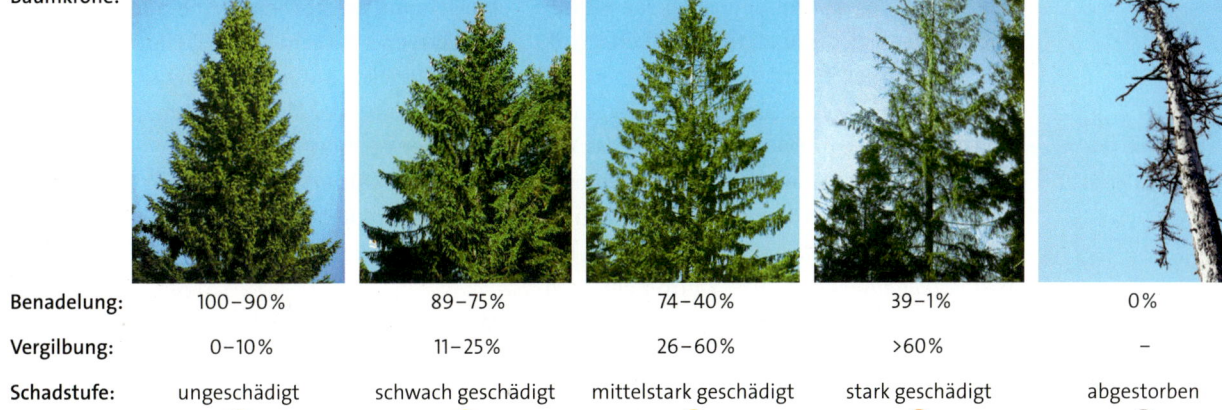

Benadelung:	100–90%	89–75%	74–40%	39–1%	0%
Vergilbung:	0–10%	11–25%	26–60%	>60%	–
Schadstufe:	ungeschädigt	schwach geschädigt	mittelstark geschädigt	stark geschädigt	abgestorben
	0	1	2	3	4

WALDSTERBEN · In den 1970er-Jahren beobachteten Förster erstmals in vielen Gebieten Mitteleuropas ein großflächiges Absterben von Bäumen, das mit natürlichen Ursachen nicht erklärt werden konnte. Es breitete sich immer weiter aus und wurde daher als **Waldsterben** bezeichnet. Anfangs waren vor allem *Tannen* betroffen, nach einigen Jahren zeigten auch *Fichten* deutliche Schäden. Bei diesen Schädigungen verfärben sich die Nadeln zunächst fleckig gelb bis braun und fallen schließlich ab. Durch den Nadelverlust werden die Kronenbereiche immer kahler und schließlich sterben die Bäume ab.

Seit den 1990er-Jahren sind auch Laubbäume, vor allem *Buchen* und *Eichen,* von ähnlichen Schäden betroffen. Auch bei ihnen kommt es zu Blattverfärbungen, Blattverlusten und langsamem Absterben.

ZUSTAND DES WALDES · Um den aktuellen Stand und die Entwicklung der Schäden zuverlässig einschätzen zu können, wird seit 1984 der Gesamtzustand des Waldes in Deutschland jährlich überprüft. Die Ergebnisse werden im **Waldzustandsbericht** veröffentlicht. In einem aufwändigen Verfahren beurteilen hierfür Fachleute den Zustand der Bäume. Das Ausmaß der Vergilbung der Nadeln und Blätter sowie die Dichte der Benadelung und Belaubung der Kronen erlauben Rückschlüsse auf den Gesundheitszustand eines Baumes. Diese Symptome entscheiden, in welche der fünf **Schadstufen** ein Baum eingeordnet wird.

Vergleicht man die Ergebnisse der jährlichen Waldzustandsberichte über mehrere Jahrzehnte, kann man kurz- und langfristige Trends in der Entwicklung der Waldschäden erkennen.

02 Einteilung der Schadstufen am Beispiel der Fichte

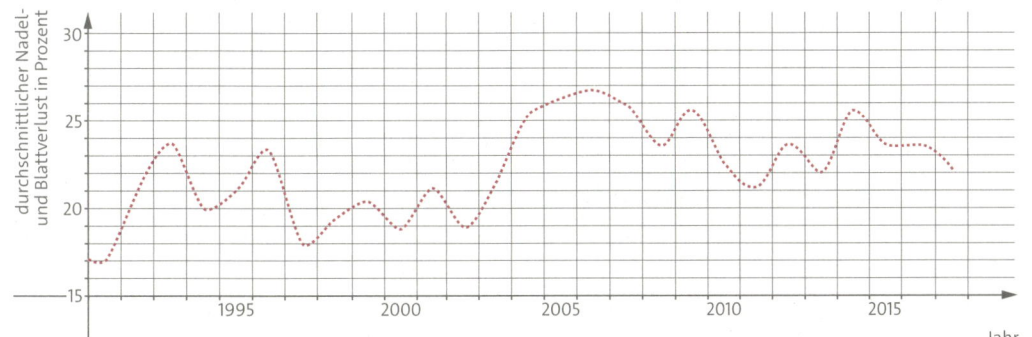

03 Durchschnittlicher Nadel- und Blattverlust der häufigsten Baumarten in Baden-Württemberg

URSACHEN DES WALDSTERBENS · Die Nadeln und Blätter der geschädigten Bäume weisen Verätzungen auf, die auch fotosynthetisch aktive Gewebe beschädigen. Außerdem ist ihr symbiontisches Mykorrhiza-Wurzelsystem gestört. Durch diese Beeinträchtigungen der Versorgung mit Nähr- und Mineralstoffen kommt es zu einer massiven Schwächung der Bäume, die sich gegen natürliche Schädlinge, zum Beispiel *Borkenkäfer* oder Pilze, kaum noch wehren können und vor allem auf Trockenheit besonders empfindlich reagieren.

Verursacher der Verätzungen und Wurzelschäden sind Säuren, die über den Regen verbreitet werden. Sie gehen auf Abgase von Industrie, Verkehr und Haushalten zurück, die vor allem bei der Verbrennung von Kohle und Erdöl entstehen. Dort freigesetztes Schwefeldioxid reagiert in der Atmosphäre mit Wasserdampf zu Schwefelsäure. Stickoxide reagieren auf ähnlichem Weg zu Salpetersäure. Gelangt dieser **saure Regen** ins Erdreich, sinkt der pH-Wert im Boden. Neben den direkten Schäden am

Schwefeldioxid = SO_2
Schwefelsäure = H_2SO_4
Stickoxide = NO_x
Salpetersäure = HNO_3
Ozon = O_3

Mykorrhiza-Wurzelsystem führt dies auch zur Freisetzung giftiger Schwermetalle, die für alle Lebewesen eine erhebliche Gefahr darstellen. Außerdem kommt es zur Auswaschung wichtiger Mineralsalze, die den Bäumen dann nicht mehr zur Verfügung stehen.

Stickoxide führen außerdem zur Entstehung von bodennahem Ozon, das Nadeln und Blätter ebenfalls schädigen kann.

MASSNAHMEN · Zur Begrenzung der Waldschäden werden abgestorbene Bäume möglichst rasch gefällt und aus dem Wald entfernt, um eine Massenvermehrung von Borkenkäfern zu vermeiden. Außerdem werden Waldgebiete großflächig gekalkt, um den pH-Wert der versauerten Böden wieder anzuheben. Damit werden jedoch lediglich die Symptome bekämpft. Um die Ursachen zu beseitigen, setzt man Entschwefelungsanlagen und spezielle Filter in Industrieanlagen und Katalysatoren in Fahrzeugen ein, wodurch der Anteil von Schwefeldioxid und Stickoxiden in Abgasen reduziert wird. Auf diese Weise konnte der Schwefeldioxidausstoß von Industrie und Haushalten in den letzten 33 Jahren so weit verringert werden, dass es nicht zum befürchteten Absterben des gesamten Ökosystems Wald gekommen ist. Durch den ständig steigenden Verkehr ist die Belastung mit Stickoxiden jedoch annähernd gleich geblieben. Der aktuelle Waldzustandsbericht verdeutlicht, dass noch immer keine stabile Erholung der Baumbestände eingetreten ist.

PROGNOSEN · Der aktuelle rasche Klimawandel scheint zu weiteren Belastungen des Waldes zu führen. Die erwarteten längeren Trockenheiten im Sommer schwächen die Bäume. Wärmere Winter und trockenere Frühjahre begünstigen Massenvermehrungen der Borkenkäfer. Die im wärmeren Klima häufigeren und stärkeren Stürme führen zu weiteren Schäden.

1 Stelle die Ursachen von Waldschäden in einer Übersicht dar!

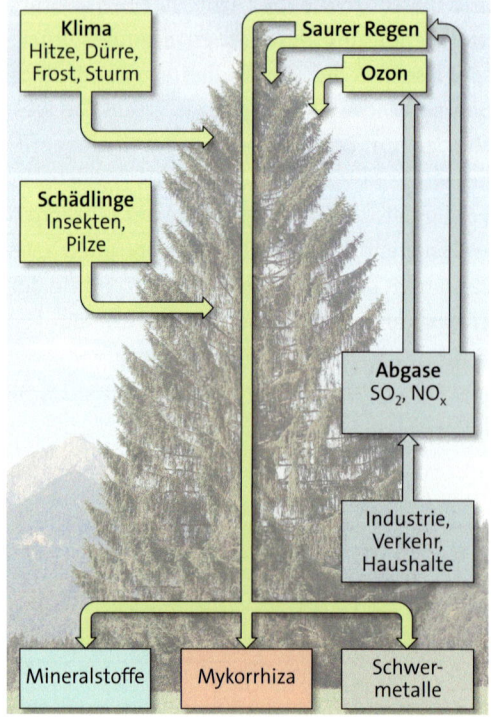

04 Natürliche und vom Menschen hervorgerufene Ursachen von Waldschäden

Material A ▸ Regionale Verteilung der Schadstufen in Baden-Württemberg

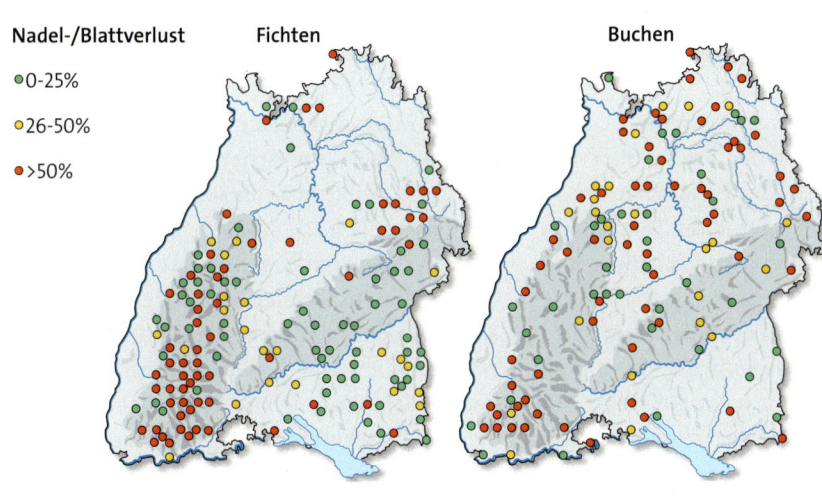

Nadel-/Blattverlust

● 0-25%

● 26-50%

● >50%

Fichten

Buchen

A1 Beschreibe die regionale Verteilung der Schadstufen bei Fichten!

A2 Vergleiche die regionale Verteilung der höchsten Schadstufe bei Fichten und Buchen!

A3 Formuliere eine Hypothese über mögliche Ursachen der Unterschiede zwischen den beiden Verteilungsmustern der höchsten Schadstufe bei Fichten und Buchen!

Material B ▸ Schäden bei jüngeren und älteren Fichten

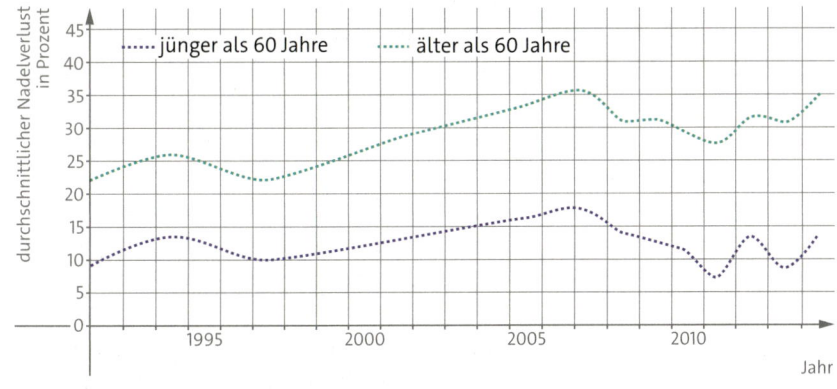

durchschnittlicher Nadelverlust in Prozent

······ jünger als 60 Jahre   ······ älter als 60 Jahre

Jahr

B1 Beschreibe die Entwicklungen des Nadelverlusts bei jüngeren Fichten!

B2 Vergleiche die Entwicklungsverläufe des Nadelverlusts bei jüngeren und älteren Fichten!

B3 Stelle jeweils eine Hypothese über die Ursachen der Gemeinsamkeiten und Unterschiede zwischen beiden Altersklassen auf!

Material C ▸ Infrarotaufnahmen

Eine Waldfläche mit See wurde aus dem Helikopter mit einer Infrarotkamera aufgenommen. In ihrem Bild sind warme Oberflächen in Rottönen und kalte Oberflächen in Blautönen dargestellt. Schatten bleiben schwarz.

C1 Beschreibe die Aufnahme!

C2 Bewerte den Nutzen dieser Technik für die Einschätzung des Waldzustands!

Tropischer Regenwald in Gefahr

Die Klimazone der Tropen erstreckt sich von etwa 23,5 Grad nördlicher Breite über den Äquator bis etwa 23,5 Grad südlicher Breite. Die Sonneneinstrahlung und die Temperatur sind das ganze Jahr über sehr hoch. Es gibt in den Tropen keine Jahreszeiten wie bei uns. Neben der Temperatur ist der Niederschlag ein wichtiger Faktor zur Abgrenzung von Klimazonen und zur Einteilung in Bereiche mit gleichartiger natürlicher Vegetation, den *Vegetationszonen*.

Innerhalb der Tropenzone unterscheidet man mehrere Vegetationszonen. In der innersten, von etwa 10 Grad nördlicher bis 10 Grad südlicher Breite, fällt gleichmäßig über das Jahr verteilt mehr als 2000 Millimeter Niederschlag. Man bezeichnet diese Zone daher als *immerfeuchte Tropen*. Ihre charakteristische Vegetationsform ist der **tropische Regenwald.** Er macht zurzeit etwa 10 Prozent der Vegetation der Erde aus. Das Kongo-Becken in Afrika, das Amazonas-Gebiet in Südamerika und Teile Südost-

asiens sind die größten zusammenhängenden Regenwaldregionen der Erde, mit insgesamt etwa 13 Millionen Quadratkilometern.

Der Bau eines tropischen Regenwalds lässt sich stark vereinfacht in Form von Stockwerken beschreiben. Die *Strauch-* und *Krautschicht* erstreckt sich vom Boden bis in etwa zehn Meter Höhe. Moose, krautige Pflanzen und junge Bäume wachsen hier bis in das nächste Stockwerk hinein, die *untere Baumschicht*. Dort stehen niedrige Bäume. Dieses Stockwerk reicht bis etwa 20 Meter und geht dann in die mittlere Baumschicht über. Sie wird durch ein fast geschlossenes *Kronendach* in etwa 40 Meter Höhe begrenzt. Einzelne *Baumriesen* ragen über diese Kronenschicht heraus bis in eine Höhe von über 60 Metern.

In jedem Stockwerk herrschen spezifische ökologische Bedingungen. So nehmen der Lichteinfall und die Temperatur von oben nach unten stark ab, die Luftfeuchtigkeit hingegen steigt stark an. Viele verschiedene Pflanzen und Tiere sind an diese vielen unterschiedlichen Lebensbedingungen angepasst. Daraus ergibt sich eine außerordentlich große Artenvielfalt von Pflanzen und Tieren. Fast zwei Millionen Arten sind im tropischen Regenwald bekannt, geschätzt werden etwa 20 Millionen. Der Regenwald hat damit eine sehr große Bedeutung für die biologische Vielfalt der Lebewesen.

Die klimatischen Bedingungen führen zu einem schnellen Wachstum der Pflanzen und einer sehr schnellen Zersetzung der toten organischen Materialien durch Destruenten. Die Mineralstoffe werden von den Pflanzen schnell wieder aus der obersten Bodenschicht aufgenommen. Man spricht von kurzen und schnellen Stoffkreisläufen. Der Boden hat daher nur eine dünne Humusschicht und speichert im Gegensatz zu einem mitteleuropäischen Waldboden kaum Mineralstoffe. Er ist deshalb recht unfruchtbar.

60 m

Baumriesen

40 m

obere Baumschicht

Kronendach

mittlere Baumschicht

20m

untere Baumschicht

10 m

Strauch- und Krautschicht

01 Stockwerkbau des tropischen Regenwalds

Die im Regenwald lebenden Menschen versuchen traditionell, den Wald so zu nutzen, dass er nicht zerstört wird. Um Felder für den Ackerbau im dichten Regenwald zu gewinnen, werden Bäume gefällt und nach dem Trocknen verbrannt. Lässt der Ernteertrag aufgrund des Mineralstoffmangels im Boden nach, wird eine neue Fläche für den Ackerbau vorbereitet. Dieser **Brandrodungsfeldbau** kann allerdings nur eine geringe Anzahl von Menschen ernähren.

Heute benötigen Siedlungsflächen für die stark wachsende Bevölkerung und neue Felder für Bauern viele offene Landflächen. Die dadurch notwendigen großflächigen Rodungen und der Bau von Straßen zerstören den Regenwald im Gegensatz zur kleinflächigen Brandrodung so stark, dass eine Erholung der natürlichen Vegetation nicht mehr möglich ist. Für Viehweiden, Plantagen und die Gewinnung von Rohstoffen, wie Erze und Erdöl, werden ebenfalls große Flächen gerodet.

In der Konkurrenz um Licht wachsen die Bäume des Regenwalds sehr schnell in die Höhe. Dabei bilden sie kaum Äste aus. Die Einlagerung von Stoffen, die der Abwehr von Parasiten und Pilzen dienen, machen das Holz einiger Baumarten hart und widerstandsfähig. Diese Holzeigenschaften sind für die Produktion von beispielsweise Gartenmöbeln, Terrassen- und Bodenbelägen für den Weltmarkt von großer Bedeutung. Teak, Mahagoni und Bangkirai sind beliebte Tropenholzarten. Durch den großflächigen Holzeinschlag und den Straßenbau für den Abtransport von Baumstämmen wird der tropische Regenwald zusätzlich zerstört. Die Auswertung von Satellitenbildern lässt darauf schließen, dass pro Jahr etwa 100 000 Quadratkilometer tropischer Regenwälder vernichtet werden.

Dies hat Folgen für das regionale Klima, da der Wald den Wasserhaushalt reguliert und ohne Bäume sein Boden austrocknet. Hohe Niederschläge spülen den vegetationsfreien, ohnehin dünnen Boden weg. Bei der Brandrodung werden sehr große Mengen des treibhauswirksamen Kohlenstoffdioxids in die Atmosphäre abgegeben. Gleichzeitig stehen viel weniger Bäume für die Aufnahme von Kohlenstoffdioxid aus der Atmosphäre zur Verfügung. Die Zerstörung des tropischen Regenwalds ist daher eine der Ursachen für die steigende globale Erderwärmung.

Durch den Verlust an Lebensraum sterben viele Pflanzen- und Tierarten des tropischen Regenwalds aus, sodass die Artenvielfalt auf der Erde sinkt. Zurzeit sind viele Staaten bestrebt, den Regenwald zu schützen oder ihn wenigstens nachhaltig zu nutzen.

02 Brandrodung

03 Gartenmöbel und Terrassenboden aus Tropenholz

Bewerten am Beispiel Naturschutzkonflikte

01 Neustadt

Streit in Neustadt

In Neustadt wird gestritten. Mitten im nahe gelegenen Wald will ein Unternehmer einen Freizeitpark errichten. Dafür müsste ein großes Stück Wald abgeholzt werden. Ein Teil der Bürger ist dafür: Sie hoffen, dass es durch den Bau des Parks neue Arbeitsplätze in Neustadt gibt. Kinder und Jugendliche wünschen sich schon lange mehr Freizeitmöglichkeiten und sind begeistert von der Idee. Bisher gibt es nämlich in Neustadt kaum attraktive Möglichkeiten, seine Freizeit zu verbringen. Andere Bürger fürchten, dass mehr Verkehr in die Stadt kommt. Sie fürchten um ihre Ruhe. Vor allem Naturschützer sind gegen das Projekt. Denn der Uhu und weitere seltene Tiere könnten vertrieben werden. Sie bevorzugen große und ruhige Wälder. Der Versuch, dem Unternehmer ein anderes Gelände anzubieten, misslang: Er ist davon überzeugt, dass sein Freizeitpark nur in dem strittigen Waldstück erfolgreich sein wird.

Einige Menschen, die von einem solchen Projekt hören, haben sofort eine Meinung dazu, ohne sich die Argumente dafür oder dagegen zu überlegen. Sie beginnen erst dann, ihre Meinung zu begründen, wenn der Konflikt ausgebrochen ist. Häufig weichen sie nicht so leicht von ihrer einmal geäußerten Ansicht ab.

Lösungsmöglichkeiten des Konfliktes zeichnen sich nur dann ab, wenn beide Seiten ihre Ansichten klar präsentieren und kompromissbereit sind. Wenn alle bei ihrer einmal geäußerten spontanen Meinung bleiben, wird keine Lösung gefunden. Vielleicht ist nicht einmal ein Kompromiss möglich, sodass nur zwei Alternativen bleiben: Entweder der Freizeitpark wird gebaut und der Wald wird zerstört oder man rettet den Wald, hat dann aber keinen Freizeitpark.

*Um schließlich eine Lösung des Konfliktes herbeizuführen, muss man sachliche **Argumente sammeln, prüfen** und **gewichten**. Jeder Einzelne muss daraufhin entscheiden, ob er bei seiner spontan geäußerten Meinung bleibt oder sich umstimmen lässt. Es ist nicht immer ein Zeichen von Stärke, wenn man auf seinem Standpunkt beharrt und so einen Kompromiss verhindert, der viele Menschen zufriedenstellen könnte.*

Argumente sammeln

*Befürworter und Gegner des Projektes sammeln Begründungen für ihre Meinungen. Einfache Aussagen wie „Das ist doch ein Wald wie jeder andere", „Der halbe Wald reicht auch aus" oder „Die Befürworter des Parks denken nur an ihr eigenes Vergnügen" reichen nicht aus. Man braucht zunächst eine **Tatsachenaussage,** die sich auf Fakten bezieht, zum Beispiel: „In dem Waldgebiet kommen der Uhu und andere seltene Tierarten vor."*

*Dieser Teil des Arguments wird mit einer **„Soll"-Aussage** präzisiert: „Zum Schutz der Artenvielfalt sollen Waldgebiete mit seltenen einheimischen Tierarten erhalten werden. Sie machen die Einmaligkeit des Waldes und des Gebietes rings um Neustadt aus." Beide Aussagen zusammen ergeben eine tragfähige **Schlussfolgerung,** die den dritten Teil des Arguments bildet. Alle Argumente zu einem Konflikt kann man tabellarisch zusammenstellen.*

Argument	Tatsachenaussage	„Soll"-Aussage	Schlussfolgerung
„Artenvielfalt"	In dem Waldgebiet kommen der Uhu und andere seltene Tierarten vor. ✓	Zum Schutz der Artenvielfalt sollen Waldgebiete mit seltenen einheimischen Tierarten erhalten werden. ✓	Das Waldgebiet soll geschützt werden.
„Wald wie jeder andere"	Die Artenvielfalt im Waldgebiet bei Neustadt existiert auch in anderen Wäldern. ✓	Nur Waldgebiete mit einer ungewöhnlichen Artenvielfalt sollen geschützt werden. fraglich	Das Waldgebiet kann/soll für den Bau eines Freizeitparks genutzt werden.
„halber Wald"	Die Hälfte der Waldfläche ist ausreichend, um die Artenvielfalt zu erhalten. fraglich	Artenvielfalt soll geschützt werden. ✓	Die Hälfte des Waldgebiets soll erhalten bleiben, wenn der Rest für den Bau eines Freizeitparks genutzt wird.
„Arbeitsplätze"	Durch den Bau des Freizeitparks entstehen neue Arbeitsplätze. ✓	Die Entstehung neuer Arbeitsplätze soll gefördert werden. ✓	Der Freizeitpark soll gebaut werden.
...	...	...	...

Argumente prüfen

Auf der Grundlage der Argumentesammlung kann geprüft werden, ob die Tatsachen- und „Soll"-Aussagen gültig und überzeugend sind. Die Überprüfung von Tatsachenaussagen spielt in Naturschutzkonflikten eine große Rolle. Die Aussage, dass auch eine halbe Waldfläche zum Erhalt der Artenvielfalt ausreicht, muss von Fachleuten geprüft werden.

„Soll"-Aussagen können dahingehend geprüft werden, ob sie von vielen Menschen akzeptiert werden oder nicht. Der Schlussfolgerung, der Wald bei Neustadt sei nicht schützenswert, weil er nicht ungewöhnlich sei, liegt beispielsweise die fragwürdige „Soll"-Aussage zugrunde, dass nur Waldgebiete mit einer besonderen Ausprägung Schutz bedürfen. Die Ergebnisse der Überprüfungen können mit Symbolen in die Tabelle eingetragen werden.

Argumente gewichten

Zur Planung und zum Naturschutz gibt es Gesetze, die beachtet werden müssen. Man muss darüber hinaus wissen, dass man zahlreichen Werten verpflichtet ist, die sich auch widersprechen können. Zu ihnen gehören Bewahrung eines Ökosystems, Artenschutz, Bereitstellung von Freizeitmöglichkeiten, Attraktivität, Wohlstand, Arbeitsplätze oder Schönheit der Landschaft.

Mit Bezug auf die Werte werden alle Argumente systematisch gewichtet. Hierzu kann das Instrument „Zielscheibe" genutzt werden. In eine Hälfte der Zielscheibe werden die Argumente für die eine, in die andere die für die andere Lösungsmöglichkeit geschrieben. Jedes Argument wird durch Ankreuzen als mehr oder weniger wichtig eingestuft. Man kann beide Seiten vergleichen und dabei feststellen, ob es mehr wichtige Argumente für die eine oder die andere Lösung gibt. Die Ergebnisse können sehr unterschiedlich sein.

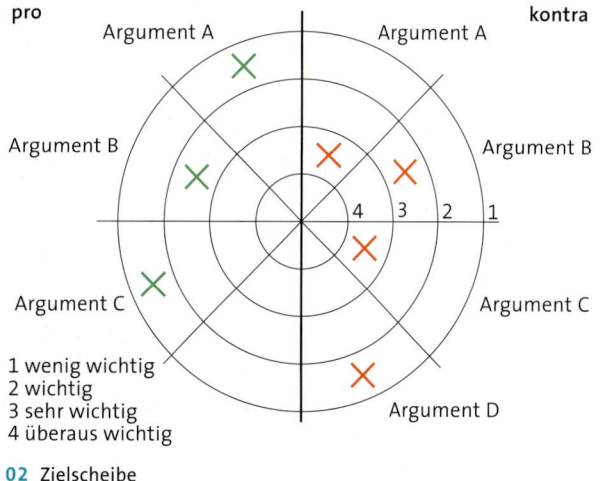

1 wenig wichtig
2 wichtig
3 sehr wichtig
4 überaus wichtig

02 Zielscheibe

01 Seeufer

Zonierung eines Sees

Die Ufer naturnaher, im Flachland vorkommender Seen zeigen oft eine typische Abfolge verschiedener Pflanzen. Während am Uferrand Bäume und Büsche wachsen, erstrecken sich in den See hinein Flächen mit Schilf und Seerosen. Wie lässt sich dies erklären?

ÖKOSYSTEM SEE · Kleine stehende Gewässer natürlichen Ursprungs, die ganzjährig mit Wasser gefüllt sind, nennt man *Weiher*. Stehende Kleingewässer, die von Zeit zu Zeit austrocknen, bezeichnet man als *Tümpel* und künstlich angelegte stehende Kleingewässer als *Teiche*. Ein stehendes Binnengewässer mit einer Mindestfläche von etwa 10 000 Quadratmetern, das tiefer als zwei Meter ist, nennt man **See**. Viele Seen in Deutschland bildeten sich nach der Eiszeit in vom Gletschereis geformten Becken. Einige entstanden in Kratern von Vulkanen, wie die Eifelmaare. Daneben gibt es zahlreiche künstliche, vom Menschen geschaffene Seen wie Stauseen oder Baggerseen. Wie alle Ökosysteme besteht auch ein See aus einem Lebensraum, dem *Biotop*, und einer Lebensgemeinschaft, der *Biozönose*. Der Lebensraum See umfasst den Seeboden und das Freiwasser. Mit zunehmender Tiefe verändern sich die abiotischen Umweltfaktoren. Deshalb unterteilt man den Seeboden in eine *Uferzone*, die bis in etwa acht Meter Tiefe reicht, und eine *Tiefenzone*. Ebenso wird das Freiwasser in eine vom Licht durchflutete *Oberflächenwasserzone* und eine dunkle *Tiefenwasserzone* gegliedert.

Neben klimatischen Faktoren, wie Lufttemperatur, Sonneneinstrahlung, Niederschläge und Wind, kennzeichnen vor allem Form und Tiefe des Seebeckens, die Beschaffenheit des Seebodens sowie die Wasserzufuhr und der Wasserabfluss diesen Biotop. Diese Faktoren beeinflussen weitere abiotische Umweltfaktoren wie Wassertemperatur, Sauerstoffgehalt, Mineralstoffgehalt und pH-Wert des Wassers.

1 Beschreibe die in Abbildung 02 dargestellte Einteilung eines Sees!

PFLANZENZONEN · Bei naturnahen Seen mit flach abfallenden Ufern zeigt sich mit zunehmender Tiefe eine Abfolge typischer Pflanzengesellschaften, die **Pflanzenzonen.** Die oberste Zone wird bei starkem Hochwasser überschwemmt und weist auch sonst einen sehr hohen Grundwasserspiegel auf. Weil sich in den Böden dieser Zone das Wasser staut, sind sie sauerstoffarm. Die Pflanzen sind an diese Bedingungen durch flache Wurzeln und zusätzliche Einrichtungen zur Sauerstoffversorgung der Wurzeln angepasst. Da in dieser Pflanzenzone vor allem Waldpflanzen vorkommen, nennt man sie **Bruchwaldzone.** An diese Bedingungen sind auch die Pflanzen der folgenden Zone angepasst. Sie fällt nur bei Niedrigwasser trocken. Nach den hier häufigen Sauergräsern, den Seggen, wird sie als **Seggenzone** bezeichnet. Dauerhaft in bis zu einem Meter tiefen Wasser wachsen Schilfrohr und Rohrkolben. Mit biegsamen Halmen und einer festen Verankerung im Seegrund sind sie an Wind und Wellenschlag angepasst. Sie sind die typischen Pflanzen der **Röhrichtzone.** Auch die mit ihren Blättern auf der Wasseroberfläche schwimmenden See- und Teichrosen sitzen mit kräftigen Wurzeln fest im Untergrund. Ihre Wurzeln sind über lange, elastische Stängel mit den Blättern verbunden. So können die

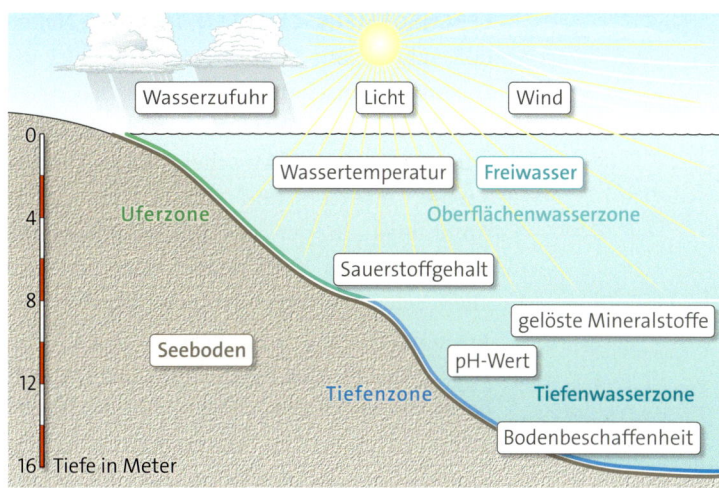

02 Abiotische Umweltfaktoren im See

Pflanzen dieser **Schwimmblattzone** unterschiedliche Wasserstände ausgleichen. Vollständig untergetaucht und nur locker verwurzelt ist die Wasserpest. Diese Pflanze und weitere untergetauchte Pflanzen nehmen sowohl das Kohlenstoffdioxid als auch die Mineralstoffe mit den Blättern direkt aus dem Wasser auf. Sie bilden die **Tauchblattzone.** Nur in sehr klaren Seen findet man in Tiefen von acht bis zehn Metern Armleuchteralgen. In dieser **Armleuchteralgenzone** sind nur noch wenige Pflanzen an die geringe Lichteinstrahlung und den hohen Wasserdruck angepasst.

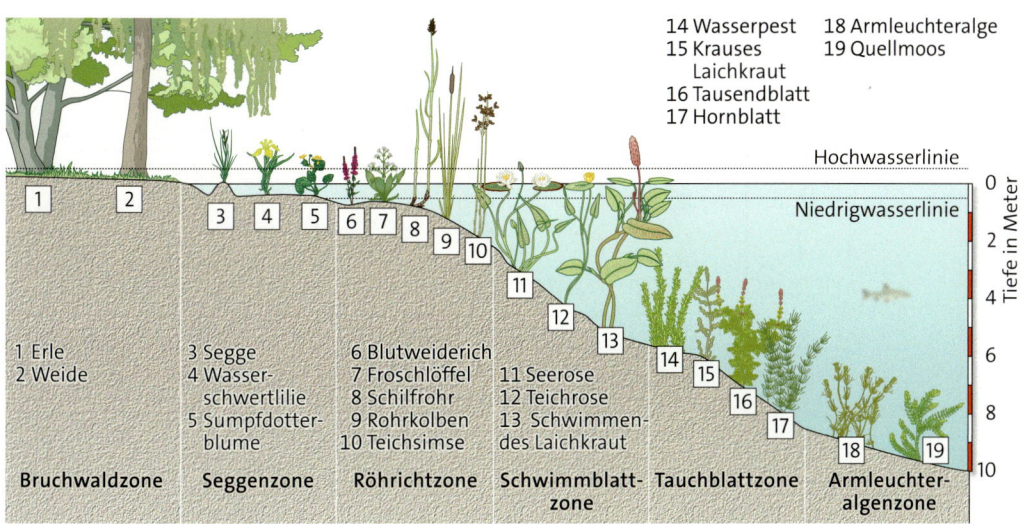

14 Wasserpest   18 Armleuchteralge
15 Krauses   19 Quellmoos
    Laichkraut
16 Tausendblatt
17 Hornblatt

1 Erle
2 Weide

3 Segge
4 Wasserschwertlilie
5 Sumpfdotterblume

6 Blutweiderich
7 Froschlöffel
8 Schilfrohr
9 Rohrkolben
10 Teichsimse

11 Seerose
12 Teichrose
13 Schwimmendes Laichkraut

Bruchwaldzone   **Seggenzone**   **Röhrichtzone**   **Schwimmblattzone**   **Tauchblattzone**   **Armleuchteralgenzone**

03 Pflanzenzonen eines Seeufers

LEBENSGEMEINSCHAFTEN IM SEE · Neben den zahlreichen Pflanzenarten umfasst die **Lebensgemeinschaft der Uferzone** viele Arten der Tiergruppen Einzeller, Platt- und Ringelwürmer, Schnecken, Muscheln, Wassermilben, Krebse, Insekten und ihre Larven sowie Amphibien. In der deutlich artenärmeren Tiefenzone des Seebodens findet man vor allem Schalenamöben, Schlammwürmer, Erbsenmuscheln und Zuckmückenlarven.

Arten, die auf oder direkt unter der Wasseroberfläche leben, und solche, die sich im Wasser aufhalten, bilden die **Lebensgemeinschaft des Freiwassers.** Zum Beispiel können die zu den Wanzen gehörenden Wasserläufer auf der Wasseroberfläche laufen, ohne unterzugehen, und Stechmückenlarven hängen kopfunter mit ihren Atemröhren an der Wasseroberfläche. Bei den im Freiwasser vorkommenden Arten unterscheidet man zwischen mikroskopisch kleinen, im Wasser schwebenden Arten, dem *Plankton,* und sich aktiv im Wasser bewegenden Arten wie Fische. Das Plankton umfasst einzellige Algen und Algenkolonien, das *Pflanzenplankton,* sowie Wimpertierchen, Rädertierchen, Wasserflöhe und Hüpferlinge, das *Tierplankton.* Während die Oberflächenwasserzone sehr artenreich ist, findet man in der dunklen Tiefenwasserzone nur einige Arten des Tierplanktons und vereinzelt Fische. Man kann also die Gesamtheit der Lebewesen eines Sees, die Biozönose, vergleichbar dem Biotop in verschiedene Lebensgemeinschaften unterteilen.

NAHRUNGSBEZIEHUNGEN · Die Lebewesen der Biozönose See sind durch vielfältige Nahrungsbeziehungen miteinander verbunden. Die Grundlage dafür bilden die Pflanzen der Uferzone und die Algen des Pflanzenplanktons, die durch Fotosynthese Nährstoffe produzieren. Von diesen *Produzenten* ernähren sich die *Konsumenten erster Ordnung* wie das Tierplankton. Dieses wird wiederum von *Konsumenten zweiter Ordnung,* zum Beipiel von Fischen wie der Plötze, gefressen. Die Plötze ist wieder ein Beutetier des Hechts, der als *Konsument dritter Ordnung* am Ende dieser **Nahrungskette** steht. Da die Plötze wie viele Tierarten nicht nur eine Nahrungsquelle nutzt, sondern beispielsweise auch Pflanzen frisst, sind mehrere Nahrungsketten zu einem **Nahrungsnetz** verknüpft. Tierkot und tote Lebewesen werden schließlich von Bakterien und Pilzen, den *Destruenten,* so abgebaut, dass nur noch Mineralstoffe übrig bleiben.

2 Vergleiche tabellarisch die verschiedenen Lebensgemeinschaften des Freiwassers!

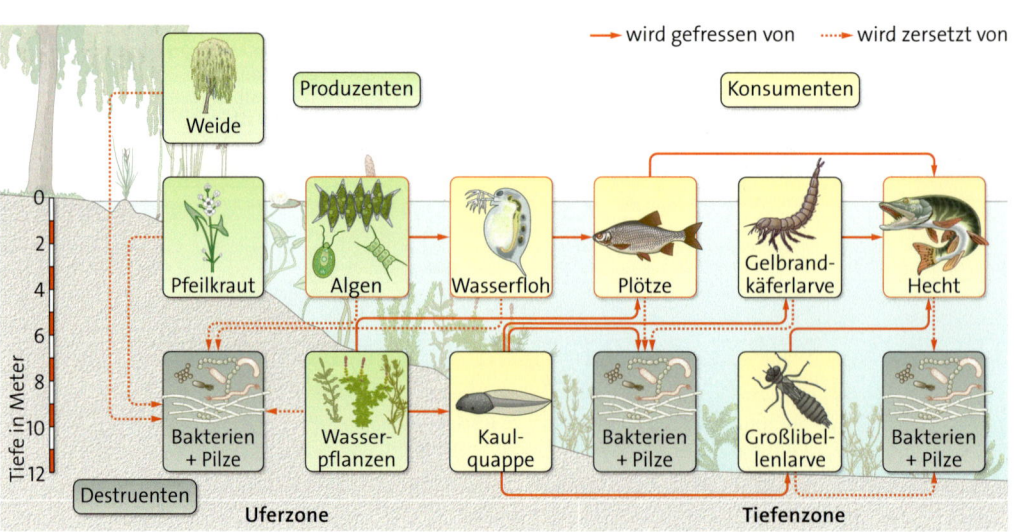

04 Nahrungsbeziehungen im Ökosystem See

Material A ▸ Seezonierung

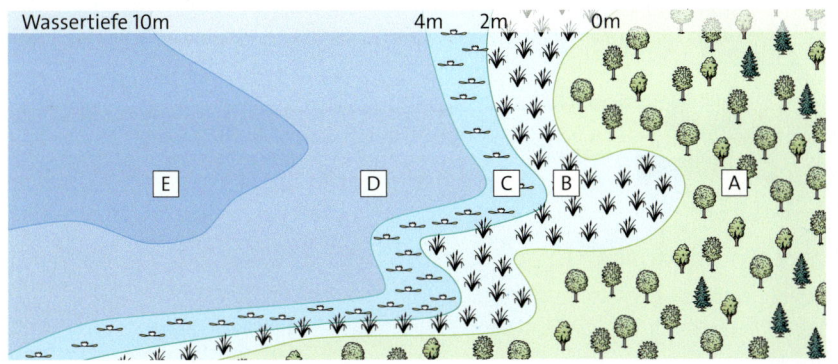

Wassertiefe 10m   4m   2m   0m

E   D   C   B   A

A1 Nenne die mit A bis C bezeichneten Bereiche und ordne jedem Bereich zwei typische Pflanzen zu!

A2 Beschreibe die abiotischen Umweltfaktoren im Bereich B!

A3 Begründe das Vorkommen von Pflanzen in D und E!

Material B ▸ Wasserpflanzen

Blattquerschnitt   Spaltöffnung

Seerose

Hohlraum   Festigungselement

Blattquerschnitt   Hohlraum

Wasserpest

B1 Vergleiche tabellarisch den Bau der Laubblätter von Landpflanzen, Seerosen und der Wasserpest!

B2 Erläutere den Zusammenhang von Struktur und Funktion am Beispiel des Baus der abgebildeten Blätter!

B3 Stelle Hypothesen auf, aus welchem Stoff die auf dem Foto der Wasserpest sichtbaren Gasbläschen bestehen, und beschreibe, wie es zu ihrer Bildung kommt!

Hinweis: Die Größenverhältnisse sind bei den Blattquerschnitten nicht berücksichtigt!

Material C ▸ Nahrungsbeziehungen

Hüpferling

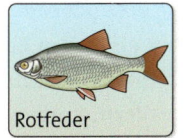

Rotfeder

Graureiher

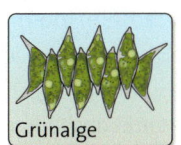

Grünalge

Schlammröhrenwurm

Stechmückenlarve

Bergmolch

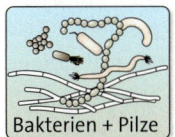

Bakterien + Pilze

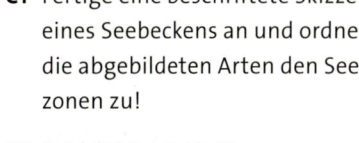

C1 Fertige eine beschriftete Skizze eines Seebeckens an und ordne die abgebildeten Arten den Seezonen zu!

C2 Entwirf durch Einfügen von Pfeilen ein Schema der vermutlichen Nahrungsbeziehungen dieser Arten!

01 Zugefrorener See

Der See im Jahresverlauf

> *In einem kalten Winter frieren auch in Deutschland Seen zu. Bohrt man ein Loch ins Eis, findet man unter der Eisdecke eine Vielzahl von Lebewesen, die auch die frostige Jahreszeit überleben. Wie ist das möglich?*

WINTERSCHICHTUNG · Wenn im Winter die Lufttemperatur sinkt, kühlt sich zunächst das Oberflächenwasser eines Sees ab. Bei vier Grad Celsius hat Wasser seine größte Dichte. Deshalb sammelt es sich im Tiefenbereich des Sees. Sinkt die Lufttemperatur unter null Grad, bildet sich an der Wasseroberfläche Eis. Im Unterschied zu anderen Stoffen, die im festen Zustand eine höhere Dichte haben als im flüssigen Zustand, hat Eis eine geringere Dichte als flüssiges Wasser. Es sinkt deshalb nicht auf den Seeboden, sondern schwimmt oben. Bei anhaltender Kälte bildet sich eine geschlossene und zunehmend dicker werdende Eisdecke. Diese verhindert, dass das darunterliegende Wasser weiter abkühlt. Im Winter kann man deshalb häufig eine Schichtung des Wassers im See beobachten. Unmittelbar unter der Eisdecke hat das Wasser eine Temperatur von null bis einem Grad Celsius. Zwischen dieser Schicht und dem vier Grad kühlen Wasser des Tiefenbereichs folgen Wasserschichten mit Temperaturen zwischen einem und vier Grad. Diesen Zustand nennt man **Winterschichtung.** Da wegen der Eisdecke eine Durchmischung des Oberflächenwassers durch den Wind nicht möglich ist und auch die von null nach vier Grad zunehmende Dichte des Wassers einen Austausch zwischen den Schichten verhindert, spricht man auch von der **Winterstagnation.**

Wegen der besonderen Dichteeigenschaften des Wassers steht den Lebewesen eines Sees auch im Winter unter der Eisdecke flüssiges Wasser zur Verfügung, in dem sie überleben können. Zu einem begrenzenden Faktor kann jedoch der Sauerstoffgehalt des Wassers werden. Da im Winter keine Durchmischung des Wassers stattfindet und auch kaum Sauerstoff durch Fotosynthese entsteht, nimmt vor allem im Tiefenbereich der Sauerstoffgehalt ab.

lateinisch stagnare = still stehen

FRÜHJAHRSZIRKULATION · Im Frühjahr wird die Sonneneinstrahlung stärker, die den See bedeckende Eisdecke schmilzt. Wenn sich das Oberflächenwasser auf eine Temperatur von vier Grad erwärmt, sinkt es aufgrund seiner höheren Dichte nach unten. Da nun das gesamte Wasser im See die gleiche Temperatur und Dichte besitzt, durchmischt es sich vollständig. Wind, der das Oberflächenwasser bewegt, verstärkt diesen kreisförmigen Wasseraustausch zwischen Oberflächenwasser und Wasser des Tiefenbereichs. Man nennt diesen Prozess **Frühjahrszirkulation.** Durch die Frühjahrszirkulation gelangt wieder sauerstoffreiches Wasser aus der oberen Schicht in den Tiefenbereich.

SOMMERSCHICHTUNG · Im Sommer kann sich das Oberflächenwasser auf über 20 Grad erwärmen. Da die Dichte des Wassers mit zunehmender Erwärmung über vier Grad abnimmt, bildet das erwärmte Wasser eine obere Wasserschicht, die *Deckschicht.* In ihr kann das vom Wind bewegte Wasser zirkulieren. Ein Austausch mit dem kühleren Wasser darunter findet nicht statt, da dieses Wasser eine höhere Dichte hat. Zwischen der Deckschicht und der aus vier Grad kühlem Wasser bestehenden *Tiefenschicht* liegt eine Schicht, in der sich das Wasser sprunghaft abkühlt. Sie wird als *Sprungschicht* bezeichnet. Im Sommer bildet sich also wieder eine Abfolge unterschiedlich warmer Wasserschichten, zwischen denen kein Austausch stattfindet. Man spricht deshalb von der **Sommerschichtung** oder **Sommerstagnation.** Während die Deckschicht gut mit Sauerstoff versorgt wird, nimmt der Sauerstoffgehalt in der Sprungschicht stark ab und ist in der Tiefenschicht sehr gering.

HERBSTZIRKULATION · Kühlt sich im Herbst das Oberflächenwasser bis auf die Temperatur des Tiefenwassers ab, findet erneut eine vollständige Durchmischung statt, die **Herbstzirkulation.** Dabei gelangt wieder sauerstoffreiches Wasser von oben in den Tiefenbereich.

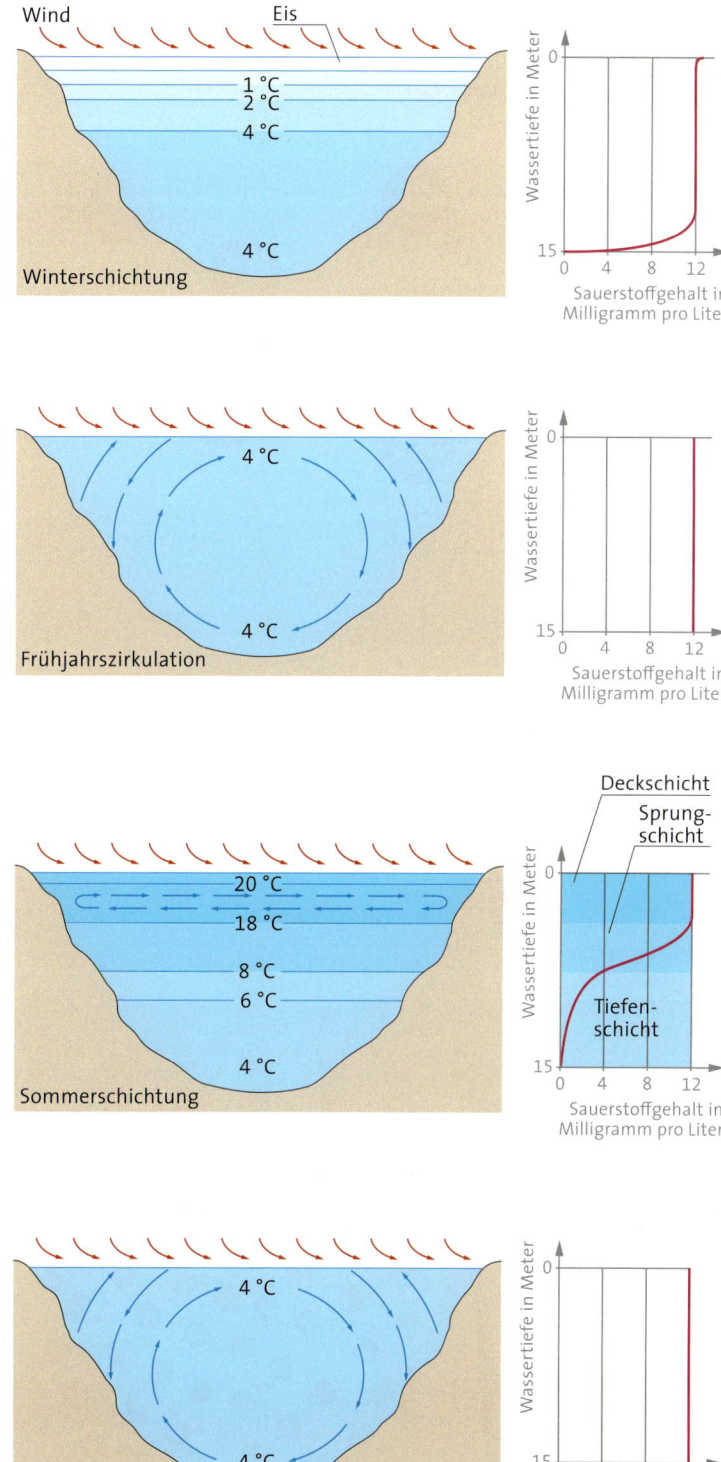

02 Wassertemperatur und Sauerstoffgehalt eines Sees im Jahresverlauf

Wasser

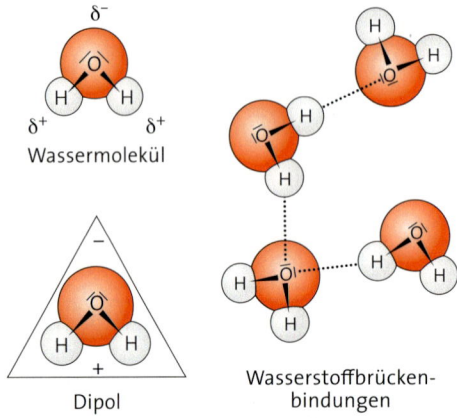

δ⁻ in LaTeX... δ^-
δ^+ δ^+
Wassermolekül

−
+
Dipol

Wasserstoffbrücken-
bindungen

01 Wassermolekül
und Wasserstoff-
brückenbindungen

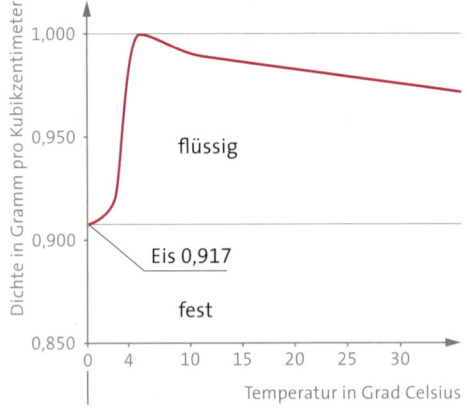

*Dichte = Masse/
Volumen,
$\rho = m/V \ [g/cm^3]$*

02 Dichte von
Wasser bei unter-
schiedlichen
Temperaturen

(Diagramm: y-Achse: Dichte in Gramm pro Kubikzentimeter; x-Achse: Temperatur in Grad Celsius)

1,000
0,950 — flüssig
0,900 — Eis 0,917
fest
0,850
0 4   10   15   20   25   30

BAU DES WASSERMOLEKÜLS · Ein Wassermolekül besteht aus zwei Wasserstoffatomen, die
mit einem Sauerstoffatom durch Elektronen-
paarbindungen verbunden sind. Die beiden
Bindungselektronenpaare werden vom Sauerstoffatom etwas stärker angezogen. Deshalb
besitzt dort das Wassermolekül eine negative
Teilladung und an den Wasserstoffatomen
positive Teilladungen. Die unterschiedlichen
Teilladungen befinden sich wegen des gewin-
kelten Baus an den entgegengesetzten Enden
des Moleküls und bilden so einen *Dipol*. Weil
Wassermoleküle Dipole sind, treten sie miteinander in Wechselwirkung. Die positiv teilge-
ladenen Wasserstoffatome eines Moleküls und
die freien Elektronenpaare des Sauerstoffatoms
eines anderen Moleküls ziehen sich an. Dabei
bilden sich *Wasserstoffbrückenbindungen*.

DICHTEANOMALIE DES WASSERS · Normalerweise haben Stoffe im festen Zustand ihre höchste Dichte. Im flüssigen Zustand nimmt die Dichte
mit steigender Temperatur ab. Wasser hat seine
höchste Dichte im flüssigen Zustand bei vier
Grad Celsius. Kühlt man es weiter ab, sinkt die
Dichte stark und erreicht im festen Zustand, als
Eis, den geringsten Wert. Erwärmt man es über
vier Grad, nimmt die Dichte langsam ab. Diesen
Verlauf bezeichnet man als **Dichteanomalie.** Im
Eis sind die Wassermoleküle über Wasserstoffbrückenbindungen zu einem weitmaschigen Gitter mit großen Hohlräumen verbunden. Deshalb
ist die Dichte gering. Beim Schmelzen brechen
Gruppen von Molekülen, *Cluster* genannt, aus
diesem Gitter heraus. Diese füllen bei vier Grad
die Hohlräume noch vorhandener Gitterreste.
Dadurch ergibt sich die hohe Dichte. Bei Erwärmung bricht das Gitter weiter auf, die Cluster
werden kleiner und entfernen sich voneinander.
Die Dichte nimmt ab.

03 Eis auf Wasser: **A** im Glas, **B** molekularer Aufbau von Eis und Wasser

Material A ▸ Dichteanomalie des Wassers

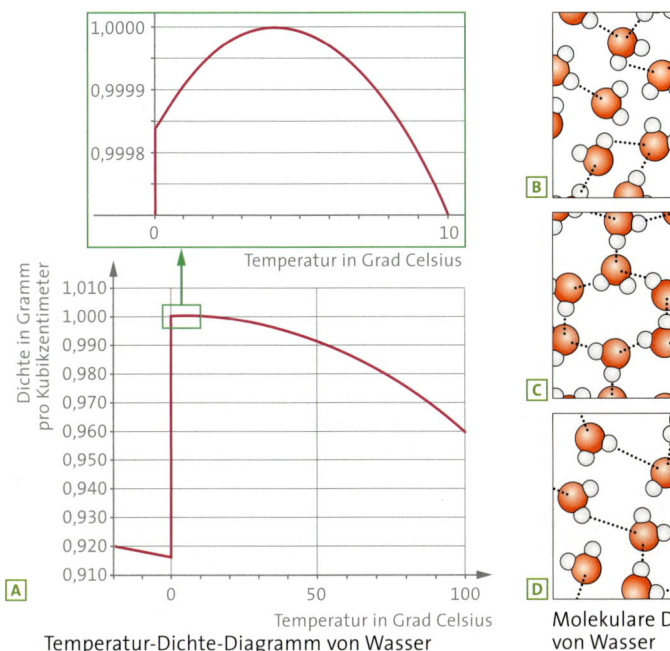

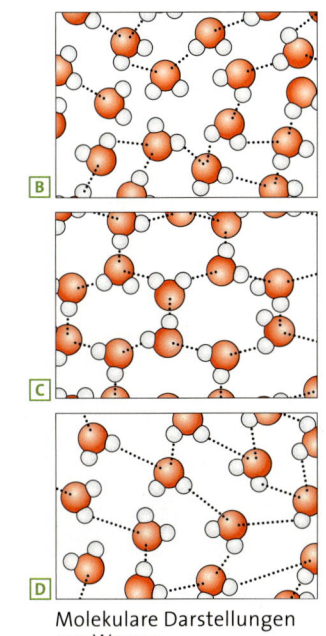

Molekulare Darstellungen
von Wasser

Temperatur-Dichte-Diagramm von Wasser

A1 Ordne die drei molekularen Darstellungen von Wasser, B, C und D, den Temperaturen, 0 °C, 4 °C und 90 °C zu und begründe!

A2 Nenne jeweils den genauen Dichtewert zu den drei Temperaturen!

A3 Erläutere mithilfe des Diagramms, worin die Dichteanomalie des Wassers besteht!

A4 Begründe, wodurch das Überleben von Tieren in einem zugefrorenen See gewährleistet ist!

A5 Ermittle das Volumen von einem Kilogramm Eis!

Material B ▸ Jahresverlauf im See

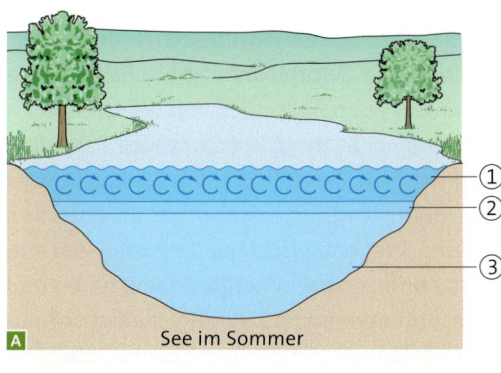

See im Sommer

See im Winter

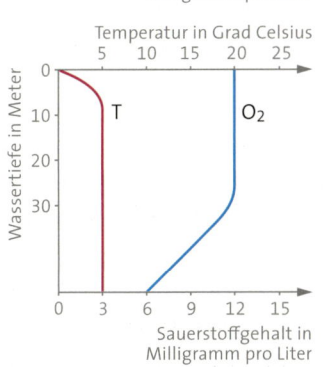

B1 Benenne die Schichten 1 bis 3 der Abbildung A!

B2 Nenne die Wassertemperaturen der Schichten 1 bis 3 sowie im See der Abbildung B!

B3 Erkläre, weshalb im Sommer nur eine teilweise Durchmischung des Wassers stattfindet und im Winter keine!

B4 Vergleiche die Veränderung des Sauerstoffgehalts mit der Wassertiefe im Sommer und im Winter!

B5 Stelle Hypothesen auf zu den Temperaturverhältnissen in einem Gartenteich im Sommer und im Winter!

01 Sonneneinstrahlung in einen See

Energiefluss und Stoffkreisläufe im See

Für das Ökosystem See ist die Sonne die wichtigste Energiequelle. Wie wird diese Energie von den Lebewesen des Sees genutzt?

ENERGIEFLUSS · Das Ökosystem See ist ein offenes System, das auf Energiezufuhr von außen angewiesen ist. Die meisten Seen beziehen ihre Energie vor allem durch das Sonnenlicht. In Mitteleuropa liefert die Sonne im Jahresdurchschnitt täglich etwa 120 000 Kilojoule Energie pro Quadratmeter. Der größte Teil dieser Energie wird von der Wasseroberfläche reflektiert oder vom Wasser aufgenommen. Nur maximal fünf Prozent der eingestrahlten Energie kann von Wasserpflanzen und Pflanzenplankton, den Produzenten des Sees, genutzt werden. Mithilfe der *Lichtenergie* stellen die Produzenten durch Fotosynthese aus den energiearmen Stoffen, Wasser und Kohlenstoffdioxid, energiereiche organische Stoffe wie Glukose her. Dabei findet also eine Energieumwandlung von Lichtenergie in *chemische Energie* statt.

Etwa fünf Zehntel der so gespeicherten Energie nutzen die Produzenten selbst durch Zellatmung für ihre Lebensvorgänge. Diese Energie wird schließlich als *Wärmeenergie* abgegeben. Weitere vier Zehntel der chemischen Energie gelangen beim Absterben von Pflanzenteilen oder Algen in die Tiefenzone des Sees. Das verbleibende Zehntel erhalten die Konsumenten erster Ordnung, wenn sie Produzenten fressen. Dies entspricht nur 0,5 Prozent der eingestrahlten Sonnenenergie. Produzenten und Konsumenten erster Ordnung stellen aufeinanderfolgende Ernährungsebenen dar. Die Konsumenten erster Ordnung nutzen von der aufgenommenen Energie etwa sechs Zehntel für ihre Lebensvorgänge, und drei Zehntel sinken in Ausscheidungen oder beim Absterben dieser Konsumenten auf den Seeboden. Wieder bleibt nur ein Zehntel der Energie für die folgende Ernährungsebene, die Konsumenten zweiter Ordnung, übrig. Diese Vorgänge wiederholen sich auch beim Übergang zu den Konsumenten dritter Ordnung, sodass dort nur noch

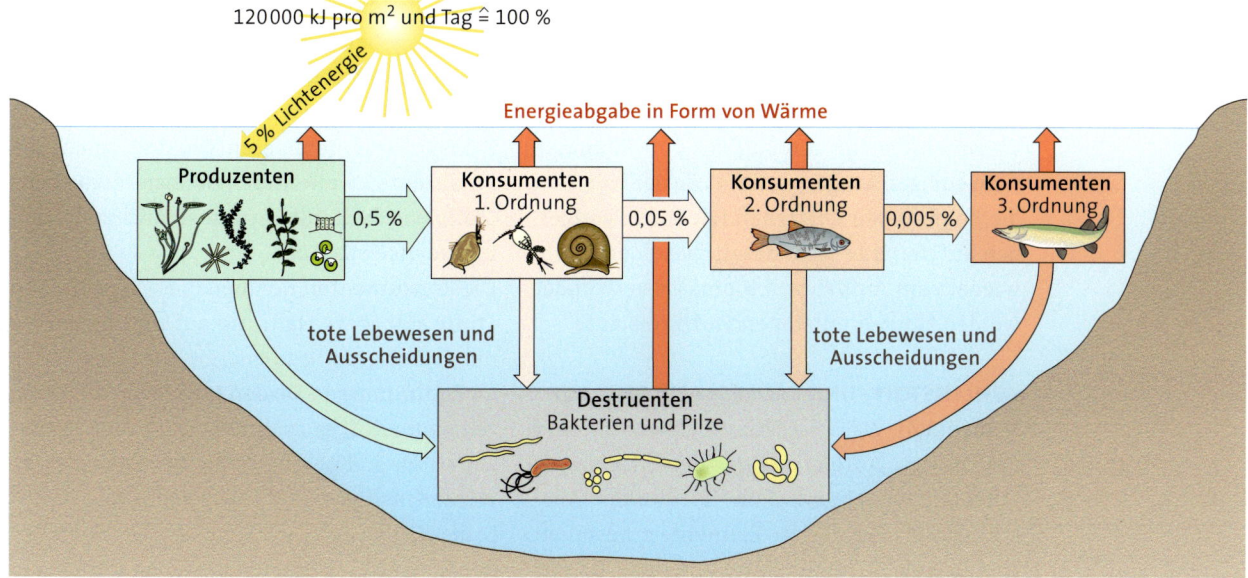

120000 kJ pro m² und Tag ≙ 100 %

5 % Lichtenergie

Energieabgabe in Form von Wärme

Produzenten

0,5 %

Konsumenten
1. Ordnung

0,05 %

Konsumenten
2. Ordnung

0,005 %

Konsumenten
3. Ordnung

tote Lebewesen und
Ausscheidungen

tote Lebewesen und
Ausscheidungen

Destruenten
Bakterien und Pilze

02 Energiefluss im Ökosystem See

0,005 Prozent der eingestrahlten Energie ankommen. Da also jeweils nur ein Zehntel oder zehn Prozent der Energie von einer Ernährungsebene zur nächsthöheren weitergegeben werden, spricht man von der **Zehn-Prozent-Regel.**
Die in den toten Lebewesen und Ausscheidungen noch gebundene Energie wird von den Destruenten beim Abbau zu anorganischen, energiearmen Stoffen freigesetzt. Diese Weitergabe von Energie von Ernährungsebene zu Ernährungsebene nennt man **Energiefluss.**

BIOMASSENPRODUKTION · Der Energiefluss ist mit dem Auf- und Abbau organischer Stoffe verbunden. Die Masse der organischen Stoffe, die in Lebewesen gebunden ist, bezeichnet man als **Biomasse.** Bestimmt man die Biomassen der Lebewesen der verschiedenen Ernährungsebenen auf der Basis von gleich großen Flächen- oder Volumeneinheiten, erhält man eine *Biomassenpyramide.* Bei den meisten Ökosystemen besitzen die Produzenten die größte Biomasse und bilden eine breite Pyramidenbasis. Die Biomassen nehmen aufgrund der Zehn-Prozent-Regel von Ebene zu Ebene stark ab, sodass die Konsumenten dritter Ordnung die Pyramiden-

spitze bilden. Beim Ökosystem See ergibt sich aber für die Produzenten und Konsumenten erster Ordnung eine umgekehrte Pyramide. Dieser angebliche Widerspruch zur Zehn-Prozent-Regel des Energieflusses lässt sich mit der raschen Vermehrung des Pflanzen- und Tierplanktons erklären. Die Neubildung von Biomasse, die **Produktion,** erfolgt in diesen beiden Ernährungsebenen in sehr kurzer Zeit. Vergleicht man die Biomassen der Ernährungsebenen eines Sees, die in einer bestimmten Zeit aufgebaut werden, also die **Biomassenproduktion,** ergibt sich auch hier eine Pyramide, die der allgemeinen Biomassenpyramide entspricht.

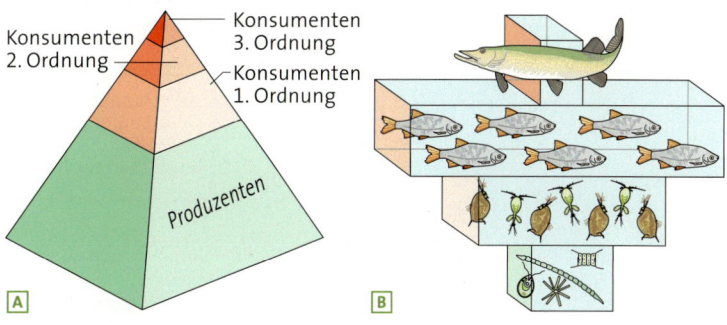

Konsumenten
2. Ordnung

Konsumenten
3. Ordnung

Konsumenten
1. Ordnung

Produzenten

A

B

03 Biomassenpyramide: **A** Ökosysteme allgemein, **B** Ökosystem See

STOFFKREISLÄUFE · Die Energie, die im Ökosystem See weitergegeben wird, kommt als Sonnenenergie aus dem Weltall und entweicht als Wärmeenergie wieder ins Weltall. Dagegen stammen die für den Aufbau von Biomasse notwendigen Ausgangsstoffe von der Erde, und die beim Abbau entstehenden Stoffe verbleiben auf der Erde. Weil damit dieselben Stoffe wieder zum Aufbau von Biomasse verwendet werden können, entstehen **Stoffkreisläufe.**

KOHLENSTOFF- UND SAUERSTOFFKREISLAUF · Kohlenstoff, Wasserstoff und Sauerstoff sind die für den Aufbau organischer Stoffe entscheidenden chemischen Elemente. Ausschließlich aus diesen Elementen bestehen zum Beispiel Kohlenhydrate und Fette. Bei der Fotosynthese bilden die Produzenten zunächst das Kohlenhydrat Glukose. Der dazu erforderliche Kohlenstoff und Sauerstoff wird mit dem Kohlenstoffdioxid aufgenommen. Dieses ist in der Luft mit etwa 0,04 Prozent enthalten. Es löst sich in Wasser, sodass die Produzenten es direkt aus dem Wasser aufnehmen können. Der Wasserstoff stammt aus dem Wasser, das bei der Fotosynthese aufgenommen wird.

Dabei bleibt Sauerstoff übrig, der ins Seewasser abgegeben wird. Ist dieses mit Sauerstoff gesättigt, entweicht er in die Luft. Dort liegt sein Anteil bei etwa 20 Prozent. Aus der durch Fotosynthese gebildeten Glukose bauen die Produzenten weitere energiereiche organische Stoffe wie die Kohlenhydrate Stärke und Zellulose sowie Fette auf.

Die Konsumenten nehmen diese organischen Stoffe mit ihrer Nahrung auf und bauen sie durch Zellatmung zu energieärmeren Stoffen ab. Dafür müssen sie den im Seewasser gelösten Sauerstoff aufnehmen. Die Produkte der Zellatmung, Kohlenstoffdioxid und Wasser, werden ins Seewasser abgegeben. Diese Schritte des *Kohlenstoff-* und *Sauerstoffkreislaufs* finden in der Oberflächenwasserzone statt. In der Tiefenwasserzone bauen die Destruenten die organischen Stoffe abgestorbener Pflanzen, toter Tiere und Ausscheidungen durch Zellatmung zu anorganischen Stoffen ab. Sie nehmen dazu Sauerstoff auf, und als Produkte entstehen Wasser, Kohlenstoffdioxid und Mineralstoffe. Da diese Stoffe wieder den Produzenten als Ausgangsstoffe dienen, sind damit die Stoffkreisläufe geschlossen.

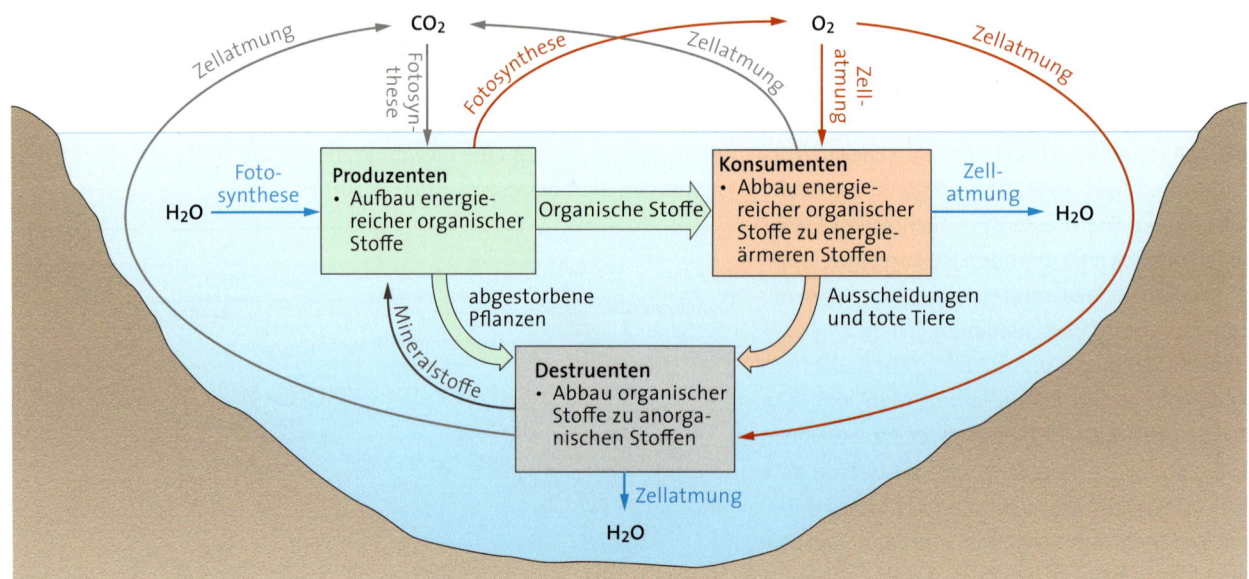

04 Kohlenstoff- und Sauerstoffkreislauf im Ökosystem See

STICKSTOFFKREISLAUF · Für den Aufbau organischer Stickstoffverbindungen wie Proteine und DNA benötigen Lebewesen Stickstoff. In der Luft ist Stickstoff mit 78 Prozent das häufigste Element. Dieser *elementare Stickstoff* ist aber chemisch so stabil und reaktionsträge, dass ihn Pflanzen und Tiere nicht nutzen können. Pflanzen, die Produzenten, sind deshalb auf die Aufnahme der anorganischen Stickstoffverbindungen *Ammonium* und *Nitrat* angewiesen, die im Wasser gelöst vorkommen. Nur mithilfe dieser Salze können sie organische Stickstoffverbindungen aufbauen. Tiere, die Konsumenten, können dies nicht. Sie müssen organische Stickstoffverbindungen, vor allem Proteine, mit ihrer Nahrung aufnehmen und diese in ihre körpereigenen Stoffe umbauen. Beim Abbau dieser Stoffe entstehen energieärmere organische Stickstoffverbindungen wie *Harnstoff* oder *Harnsäure*, die ausgeschieden werden. Ein entscheidender Faktor für den weiteren Kreislauf des Stickstoffs ist der Sauerstoffgehalt in der Tiefenwasserzone. Ist ausreichend Sauerstoff vorhanden, werden die mit den abgestorbenen Pflanzen, toten Tieren und Ausscheidungen in die Tiefenwasserzone gelangten organischen Stickstoffverbindungen von den Destruenten zu Ammonium abgebaut. Dieses kann zum Teil wieder von den Produzenten aufgenommen werden. Der größere Teil des Ammoniums wird von Bakterien, die auf Sauerstoff angewiesen sind, den *aeroben* Bakterien, zunächst zu *Nitrit* und dann zu Nitrat oxidiert. Nitrat wird von den Produzenten zum erneuten Aufbau organischer Stickstoffverbindungen aufgenommen. Herrscht dagegen Sauerstoffmangel, stoppt der Abbau von organischen Stickstoffverbindungen durch die Destruenten, und es kommt zur Ablagerung dieser Stoffe. Außerdem reduzieren *anaerobe* Bakterien das vorhandene Nitrat und Nitrit zu Ammonium und elementarem Stickstoff. Dadurch geht nutzbarer Stickstoff für die Produzenten verloren. Eine Anreicherung des Ökosystems See mit anorganischen Stickstoffverbindungen kann auch durch Eintrag von Nitrat, zum Beispiel Dünger, über Zuflüsse erfolgen. Ebenso erhöhen die bei Gewittern aus Luftstickstoff durch die chemische N_2-Fixierung entstehenden Stickoxide den Nitratgehalt im Seewasser. Außerdem sind *Cyanobakterien* in der Lage, durch die biologische N_2-Fixierung Luftstickstoff in Ammonium zu überführen.

N_2 = elementarer Stickstoff

NH_4^+ = Ammonium

NO_3^- = Nitrat

NO_2^- = Nitrit

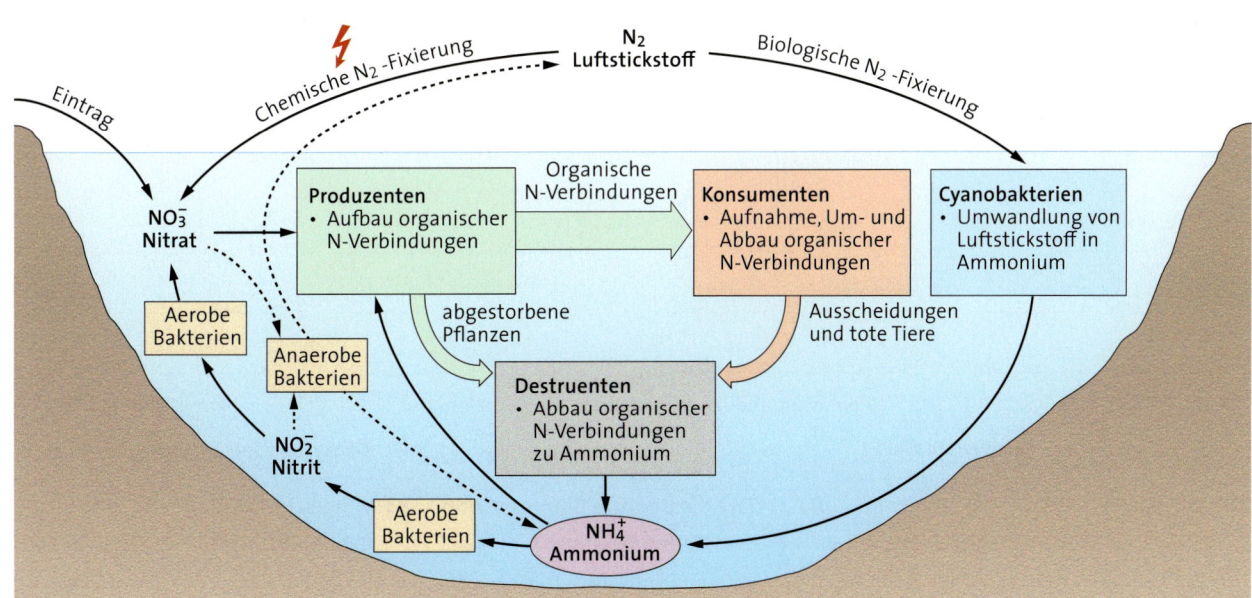

05 Stickstoffkreislauf im Ökosystem See

Material A ▸ Energieflussmodelle

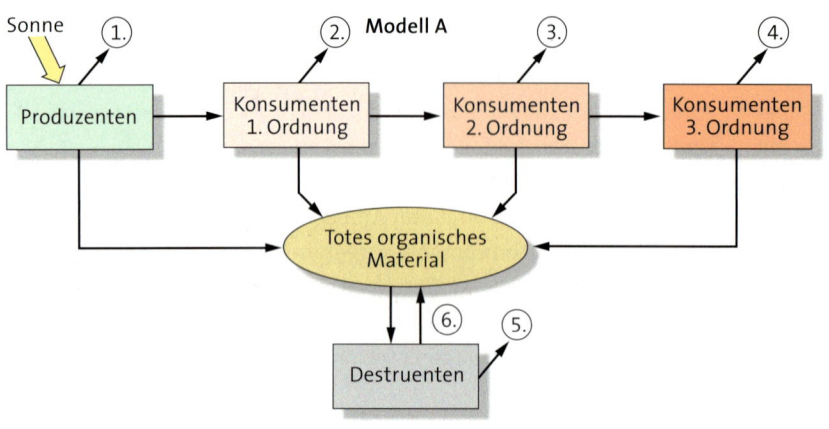

In Energieflussmodellen lassen sich die Verknüpfungen der Lebewesen verschiedener Ernährungsebenen und der Energiefluss im Ökosystem See darstellen. Die Modelle A und B sind vereinfachte Darstellungen mit unterschiedlicher Energiequelle.

A1 Nenne für jede Ernährungsebene von Modell A jeweils ein charakteristisches Lebewesen!

A2 Erkläre die Bedeutung der Pfeile 1 bis 6!

A3 Vergleiche die Modelle A und B!

A4 Stelle Hypothesen auf zur Lage und Umgebung von Seen, die ausschließlich Modell A oder B entsprechen!

A5 Zeichne ein Energieflussmodell, das beide Aspekte des Energieeintrags vereinigt!

Material B ▸ Biomassenpyramiden

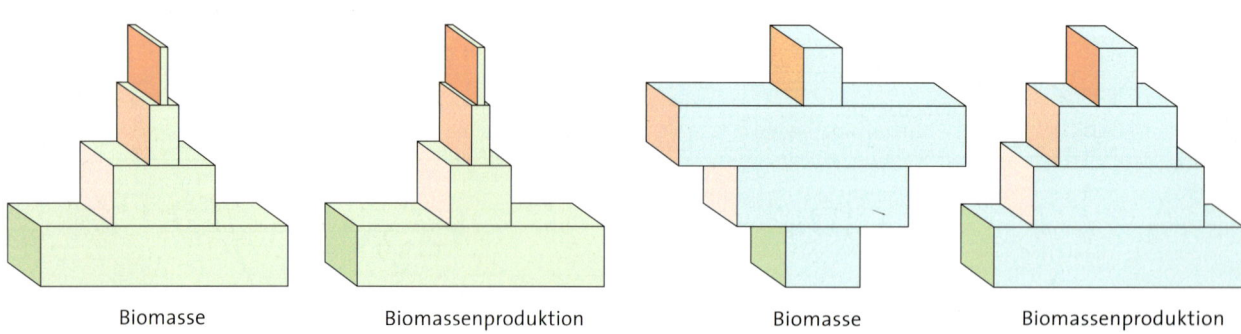

B1 Ordne den Ernährungsebenen der beiden Ökosysteme folgende Lebewesen zu: Grünalgen, Buchfink, Eule, Plötze, Marder, Wasserfloh, Buche, Hecht!

B2 Erkläre die Begriffe Biomasse und Biomassenproduktion!

B3 Vergleiche die Biomasse- und Biomassenproduktionspyramiden der beiden Ökosysteme, und erkläre die Unterschiede!

Material C ▸ Phosphorkreislauf

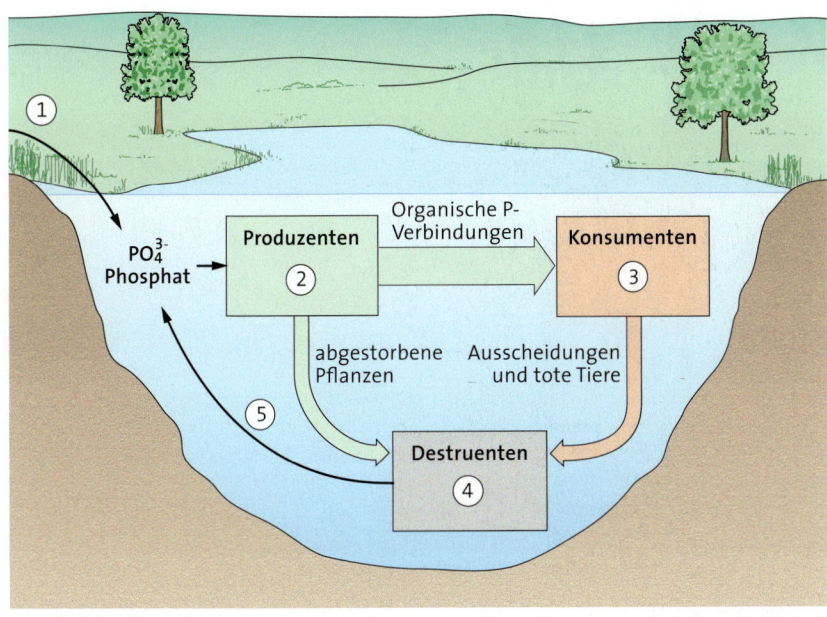

C1 Beschreibe die mit Zahlen markierten Stellen des Phosphorkreislaufs in einem See!

C2 Vergleiche den Phosphorkreislauf mit dem Stickstoffkreislauf!

C3 Recherchiere, wozu Lebewesen eines Sees die Elemente S, Ca, Fe und K benötigen und in welchen chemischen Verbindungen sie aufgenommen werden!

C4 Nenne die Stoffe in Lebewesen, die Phosphor enthalten!

Material D ▸ Abiotische Umweltfaktoren

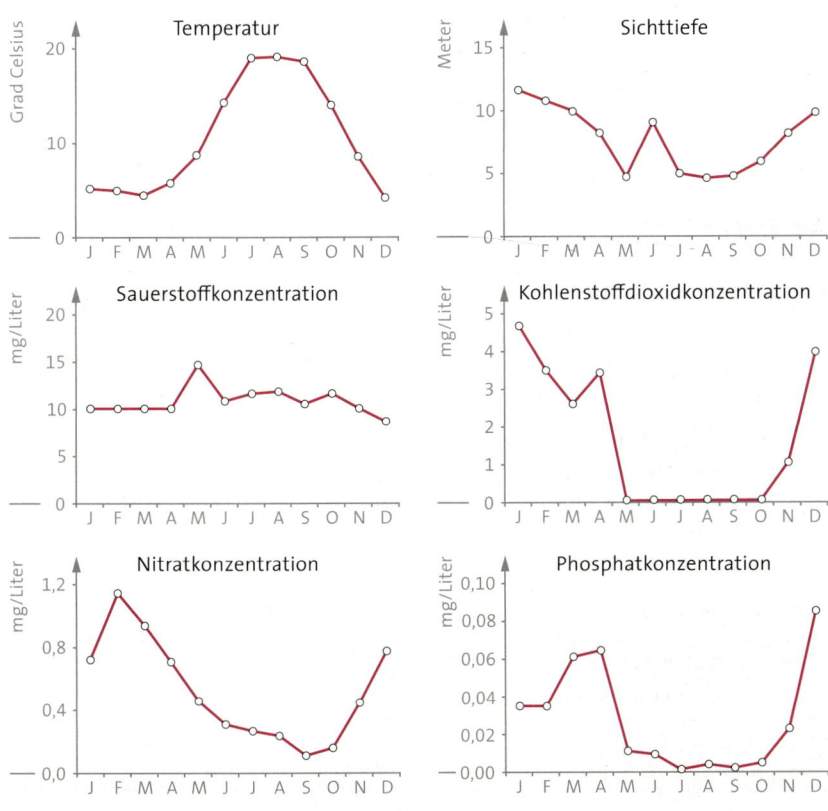

Die Abbildungen zeigen den Jahresverlauf einiger abiotischer Umweltfaktoren im Bodensee.

D1 Stelle mithilfe des Temperaturverlaufs Hypothesen auf, in welcher Wasserschicht die abiotischen Umweltfaktoren gemessen wurden!

D2 Vergleiche den Jahresverlauf der Sauerstoff- und Kohlenstoffdioxidkonzentration!

D3 Stelle Hypothesen auf, weshalb die Sichttiefe in den Sommermonaten geringer ist!

D4 Erkläre den Rückgang der Kohlenstoffdioxid-, Nitrat- und Phosphatkonzentration in den Monaten Mai bis Oktober!

01 Durch Abwässer eines Kupferbergwerks verschmutzter See

Gefährdung des Ökosystems See

In einem See, in den die Abwässer eines Kupferbergwerks eingeleitet wurden, findet man keine Lebewesen mehr – das Ökosystem ist zerstört. Seen sind aber auch zahlreichen weniger drastischen Gefährdungen ausgesetzt. Welche sind das?

GEFÄHRDUNGEN · Durch die Einleitung ungeklärter *Industrieabwässer* gelangen Giftstoffe in den See, die Lebewesen sofort schädigen. Die Abwässer eines Kupferbergwerks enthalten unter anderem Schwermetalle. Diese blockieren Enzyme, die für alle Lebensvorgänge notwendig sind. Andere Gefährdungen können eine schrittweise Schädigung des Ökosystems See bewirken. Durch eine zu große *Wasserentnahme* aus einem See oder seinem Zufluss schrumpft die Seefläche. Das ist zum Beispiel beim ehemals viertgrößten See der Erde, dem Aralsee in Kasachstan, der Fall. Dabei erhöht sich auch der Salzgehalt des Wassers, sodass die meisten der an das Süßwasser angepassten Lebewesen dort nicht mehr leben können. Die Artenvielfalt des Sees nimmt stark ab. Dies ist auch der Fall beim *Einsetzen fremder Lebewesen* in einen See, die ursprünglich nicht zu dieser Biozönose gehören. So hat sich zum Beispiel die außergewöhnliche Vielfalt an Buntbarschen im Victoriasee in Afrika stark verringert, nachdem dort der Nilbarsch eingesetzt wurde, der Buntbarsche frisst. Die *Nutzung der Seeufer* durch Strandbäder, Campingplätze oder Bebauung zerstört die natürliche Pflanzenzonierung. Auch *Wassersport* wie Surfen, Segeln oder Rudern kann die Wasserpflanzen der Uferzone und die darin brütenden Vogelarten schädigen. Mit der Einleitung ungeklärter *Haushaltsabwässer* und der *Einschwemmung von Düngemitteln* aus landwirtschaftlich genutzten Flächen gelangen oft auch Giftstoffe, zum Beispiel Insektizide, in den See, die viele Lebewesen schädigen. Vor allem werden aber zu viele organische Stoffe und Mineralstoffe wie Phosphat und Nitrat in den See eingetragen.

1 Nenne Gefährdungen des Ökosystems See!

OLIGOTROPHER SEE · Neu entstandene Seen haben meistens sehr klares Wasser mit einer großen Sichttiefe und nur schwach ausgebildeten Pflanzenzonen. Sie enthalten nur sehr wenig Biomasse und Mineralstoffe. Tiefe Seen, in die aus dem Umland wenig organisches Material und Mineralstoffe eingetragen werden, bleiben sehr lange Zeit in diesem mineralstoffarmen oder **oligotrophen** Zustand. Oligotrophe Seen findet man zum Beispiel in den Alpen und dem Alpenvorland. Da den Produzenten dieser Seen nur eine begrenzte Menge an Mineralstoffen zur Verfügung steht, können sie auch bei viel Sonnenlicht nur wenig Biomasse aufbauen. Damit bleibt auch die Biomasse der Konsumenten gering, und es gelangt nur wenig totes organisches Material in die Tiefe. Dieses kann von den Destruenten unter geringem Sauerstoffverbrauch vollständig zu anorganischen Stoffen abgebaut werden. Der Sauerstoffgehalt bleibt deshalb das ganze Jahr über in allen Schichten hoch. Wegen des vollständigen Stoffkreislaufs weisen auch die Mineralstoffe Nitrat und Phosphat im Tiefenprofil konstant geringe Konzentrationen auf.

EUTROPHER SEE · Seen mit ausgeprägten Pflanzenzonen enthalten mehr Biomasse und Mineralstoffe. Ihr Wasser ist in den Sommermonaten wegen großer Mengen an Pflanzenplankton oft grün gefärbt, und die Sichttiefe ist gering. Zeitweise kann das Algenwachstum so stark sein, dass man von *Algenblüten* spricht. Solche Seen sind oft flach und erhalten aus dem Umland viel organisches Material und Mineralstoffe. Man bezeichnet sie als **eutroph**. Die Produzenten eutropher Seen bauen im Sommer viel Biomasse auf. Den Konsumenten steht somit viel Nahrung zur Verfügung, weshalb auch ihre Biomassenproduktion hoch ist. Dadurch gelangen sehr große Mengen an totem organischem Material in die Tiefe. Als Folge vermehren sich auch die Destruenten stark und verbrauchen viel Sauerstoff. Da im Sommer der Sauerstoffgehalt in der Tiefenwasserzone begrenzt ist, können die Destruenten diese Mengen an organischem Material nicht vollständig abbauen. Es kommt zu einem Mangel an Sauerstoff, der *Sauerstoffzehrung*. Unter solchen anaeroben Bedingungen reichert sich Ammonium an, weil der Sauerstoff für die Oxidation zu Nitrat fehlt. Auch der Phosphatgehalt erhöht sich, da unter anaeroben Bedingungen überdies das im Bodenschlamm gebundene Phosphat freigesetzt wird. Beim Abbau schwefelhaltiger Stoffe wie Proteinen durch anaerobe Bakterien entsteht giftiger Schwefelwasserstoff, H_2S. Werden weiterhin zu viele Mineralstoffe eingetragen, verstärken sich diese Prozesse der *Eutrophierung*. Breitet sich schließlich der giftige Schwefelwasserstoff im gesamten See aus, sterben alle auf Sauerstoff angewiesene Lebewesen ab. Man bezeichnet dies als **Umkippen** des Sees.

griechisch eu = gut

griechisch trophe = Nahrung

griechisch oligos = wenig

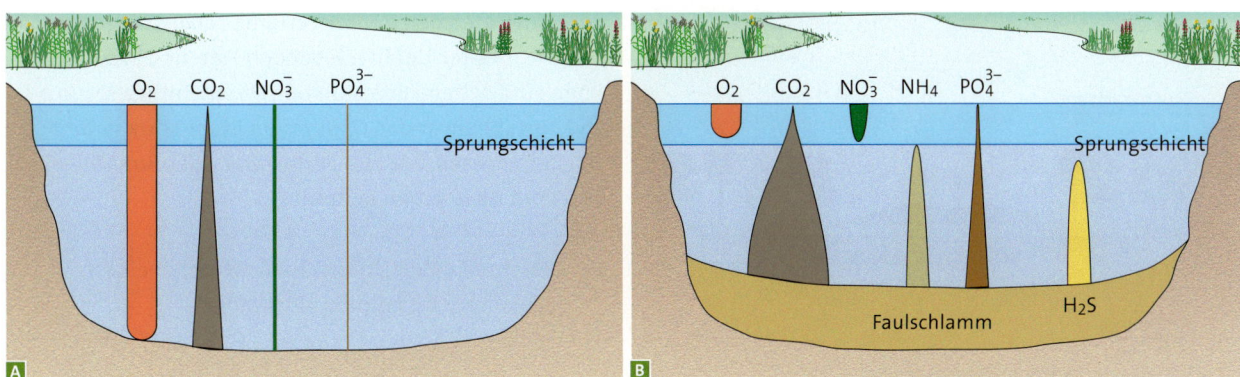

02 Tiefenverteilung von Sauerstoff, Kohlenstoffdioxid, Mineralstoffen und Schwefelwasserstoff im Sommer: **A** oligotropher, **B** eutropher See

Entstehung von Mooren

Ohne menschliche Einflüsse verläuft die Eutrophierung eines Sees allmählich. Sie ist ein natürlicher Prozess, der nicht zum plötzlichen Umkippen des Ökosystems See führt. Im Laufe von Jahrtausenden werden oligotrophe Seen zu eutrophen. Diese verlanden schrittweise und bilden **Moore.**

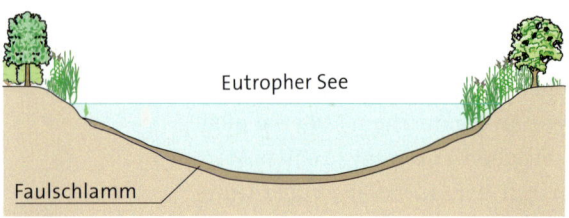

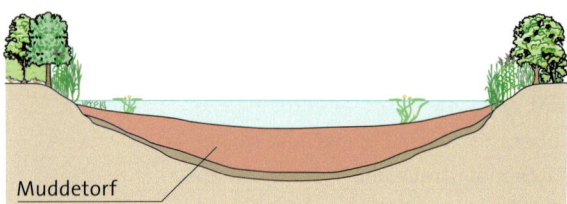

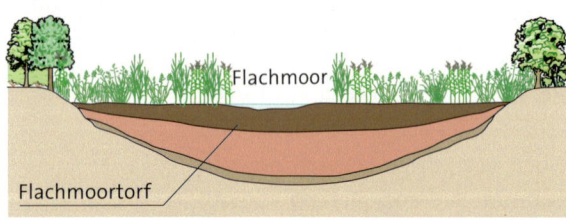

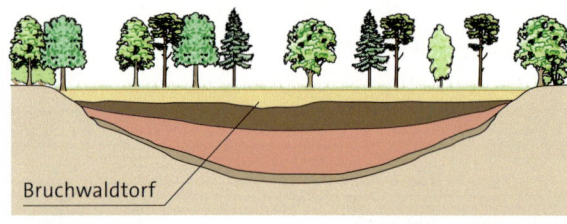

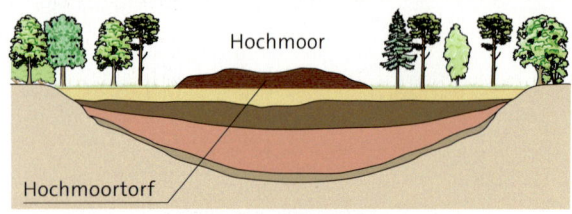

01 Stadien der Entstehung von Mooren

BILDUNG VON MOOREN · Im Laufe der Eutrophierung fällt mehr totes organisches Material an, das nicht vollständig abgebaut werden kann. Im **eutrophen See** lagert es sich als *Faulschlamm* am Seegrund ab.

Der See wird dadurch flacher und Uferpflanzen wie Schilf und Seggen breiten sich in Richtung Seemitte aus. Ihre absinkenden toten Reste lagern sich als *Muddetorf* ab. Unter anaeroben Bedingungen und niedrigen Temperaturen wird der bakterielle Abbau weiter gehemmt, wodurch sich Kohlenstoff anreichert. Aus Muddetorf wird dunkler *Flachmoortorf.* Dieser verdrängt zunehmend das Wasser. Der See verlandet und wird zum **Flach-** oder **Niedermoor.**

Bei geringen Niederschlagsmengen breiten sich in der Folge Bäume wie *Moorbirken, Schwarzerlen* und Weiden im Flachmoor aus. Ihre toten Reste bilden eine weitere Torfschicht, den *Bruchwaldtorf.* Sind die Niederschlagsmengen aber hoch, breiten sich Torfmoose aus. Sie sind nicht auf Grundwasser angewiesen, sondern speichern Regenwasser. Deshalb können sie in Schichten übereinanderwachsen. Dabei überwuchern und ersticken sie andere Pflanzen und bewirken eine Ansäuerung des Bodens. Dies hemmt die Tätigkeit der Destruenten. Mit der Zeit wölben sich die Torfmoosschichten immer stärker über dem ursprünglichen Seespiegel auf. Die tote Masse der Torfmoose, der *Hochmoortorf*, bildet ein **Hochmoor.**

In Hochmooren herrschen aufgrund ihrer sauren und mineralstoffarmen Böden extreme Lebensbedingungen. Die meisten der hier lebenden Tier- und Pflanzenarten sind seltene Spezialisten. Durch Entwässerung und Torfabbau ist das Ökosystem Moor stark gefährdet. Seine Arten wie der *Sonnentau* oder *Birkhühner* sind vom Aussterben bedroht.

1) Beschreibe den Unterschied zwischen einem Flachmoor und einem Hochmoor!

Material A ▸ Seentypen

Die beiden Eifelmaare, Weinfelder Maar, links, und Schalkenmehrener Maar, rechts, sind vor etwa 25 000 Jahren entstanden. Der Seenforscher August THIENEMANN beschrieb an diesen nur 400 Meter voneinander entfernten Seen 1915 die Seentypen: oligotropher und eutropher See.

	Weinfelder Maar	Schalkenmehrener Maar
Wasserfläche	159.000 m²	219.000 m²
Wasservolumen	4,31 Millionen m³	2,46 Millionen m³
Tiefe: max./durchschnittlich	52 m/27,1 m	21 m/11,2 m
Einzugsgebiet	0,35 km²	1,30 km²
Uferlänge	1,5 km	1,7 km
Seeufer	Steil, kahl oder mit Bäumen bewachsen	Flach, landschaftlich genutzt, bebaut

A1 Vergleiche tabellarisch die Biomasse sowie den Sauerstoff- und Mineralstoffgehalt eines oligotrophen und eutrophen Sees!

A2 Stelle mithilfe der abgebildeten Tabelle Hypothesen auf, welches Maar eutroph ist!

A3 Nenne mögliche Ursachen für die Eutrophierung dieses Maars!

Material B ▸ Sanierungsverfahren

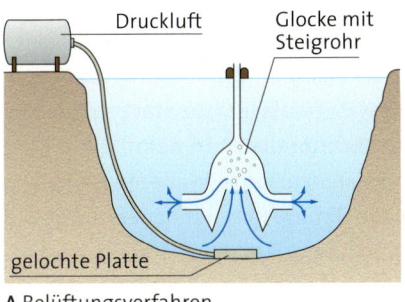

Druckluft · Glocke mit Steigrohr · gelochte Platte

A Belüftungsverfahren

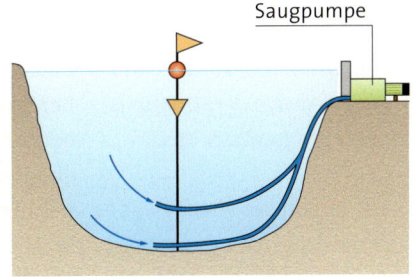

Saugpumpe

B Tiefenwasserableitungsverfahren

B1 Beschreibe mithilfe der Abbildungen die beiden Maßnahmen zur Sanierung eutropher Seen!

B2 Begründe, welche der beiden Maßnahmen eine nachhaltigere Wirkung hat!

Material C ▸ Aralsee und Tschadsee

1960 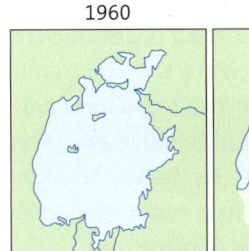 2011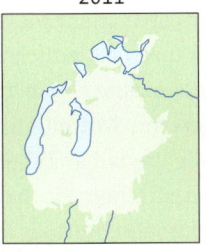

1963 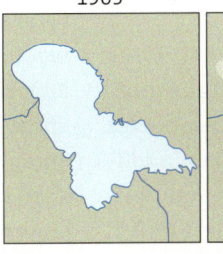 2007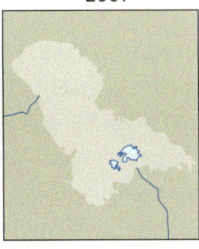

A Aralsee

B Tschadsee

C1 Recherchiere über die beiden Seen zu folgenden Punkten: Lage, Klima, Größe, Tiefe, Ursachen der Veränderungen, Auswirkungen auf das Ökosystem See und sein Umland! Stelle die Ergebnisse in einer Tabelle zusammen!

01 Gebirgsbach

Von der Quelle zur Mündung

In den Bergen entspringt ein Bach und fließt talabwärts. Während das Wasser nahe der Quelle schnell und lebhaft strömt, fließt es weiter flussabwärts immer langsamer, bevor der Fluss ins Meer mündet. Wie wirkt sich die Strömung auf das Leben in einem Fließgewässer aus?

FLIESSGEWÄSSER · Im Verlauf des Fließgewässers von seiner Quelle bis zur Mündung verändern sich die abiotischen Faktoren wie beispielsweise *Temperatur* und *Sauerstoffgehalt* des Wassers. Durch die kontinuierliche Änderung vieler Faktoren kann man ein Fließgewässer in verschiedene nahtlos ineinander übergehende Zonen gliedern.

ZONIERUNG EINES FLIESSGEWÄSSERS · Nahe der **Quelle** eines Baches ist das Gefälle groß. Die starke Strömung und Verwirbelung des Wassers führt zu einem hohen Sauerstoffgehalt, wozu auch die niedrige Temperatur beiträgt. Im felsigen Bachbett und in der starken Strömung finden nur wenige Lebewesen Halt.

Im folgenden **Oberlauf** des Flusses herrscht durch das meistens noch hohe Gefälle eine starke Strömung. Das Wasser ist sauerstoffreich und kalt, das Flussbett grob steinig. Im oberen Bereich des Oberlaufs lebt die stark sauerstoffbedürftige Bachforelle. Man nennt diese Zone daher auch *Forellenregion*. Weiter flussabwärts nehmen das Gefälle und der Sauerstoffgehalt ab. Hier sind häufig Äschen zu finden, weshalb dieser Bereich *Äschenregion* heißt.

Im **Mittellauf** tritt der nun breiter gewordene Fluss in flachere Landschaften ein. Das Gefälle nimmt ab, mit ihm auch die Strömung und der Sauerstoffgehalt. Im Mittellauf beginnt der Fluss seitwärts mehr Platz zu beanspruchen, wodurch unterschiedlich stark durchströmte Bereiche, einzelne kleine Inseln und Kiesbänke entstehen. Im Mittellauf findet man daher eine große Vielfalt an Lebensräumen. Nach der charakteristischen Fischart bezeichnet man diesen Flussabschnitt als *Barbenregion*.

Im **Unterlauf** des Flusses fließt das Wasser nur noch langsam und wärmt sich durch die Sonne leichter auf. Wegen der geringen Strömungsgeschwindigkeit können sich auf dem Boden Sand und feiner Kies absetzen, sodass Wasserpflanzen Halt finden. Der Fluss fließt in flacheren Landschaften mit vielen Windungen, den *Mäandern*. Die typische Fischart, die mit dem hier deutlich sauerstoffärmeren Wasser zurechtkommt, ist der Brachsen. Diese Zone wird deshalb *Brachsenregion* genannt.

In der Nähe der **Mündung** des Flusses ins Meer wird der Einfluss des Meerwassers immer stärker erkennbar, sogar Salz lässt sich im Flusswasser nachweisen. Der Fluss fließt im flachen Gefälle nur noch sehr langsam und ist vergleichsweise warm und sauerstoffarm. Der Bodengrund besteht aus Sand und Schlamm. Hier leben Fischarten, die an den schwankenden Salzgehalt des Wassers angepasst sind, zum Beispiel der Kaulbarsch und die Flunder. Der Mündungsbereich eines Flusses heißt daher auch *Kaulbarsch-Flunder-Region*.

Die abiotischen Faktoren Sauerstoffgehalt und Temperatur sind also wesentlich von der *Strömung* abhängig. Auch das Flussbett wird von der Strömung bestimmt. Je langsamer der Fluss fließt, desto feineres Material kann sich am Grund als *Sediment* absetzen.

LEBENSRAUMVIELFALT · Neben dieser Grobgliederung ist ein Fließgewässer auch kleinräumig gegliedert. Schnell und langsam durchströmte Bereiche oder tiefe und flache Bereiche wechseln sich ab. Kleine Inselchen oder Totholz unterbrechen stellenweise seinen Lauf. Neben dieser *Strukturvielfalt* eines Fließgewässers gibt es auch noch jahreszeitliche Veränderungen wie Hoch- und Niedrigwasser oder Eisbildung. Je höher die Vielfalt an Lebensbedingungen und Lebensräumen in einem Fließgewässer ist, desto artenreicher ist die Tier- und Pflanzenwelt.

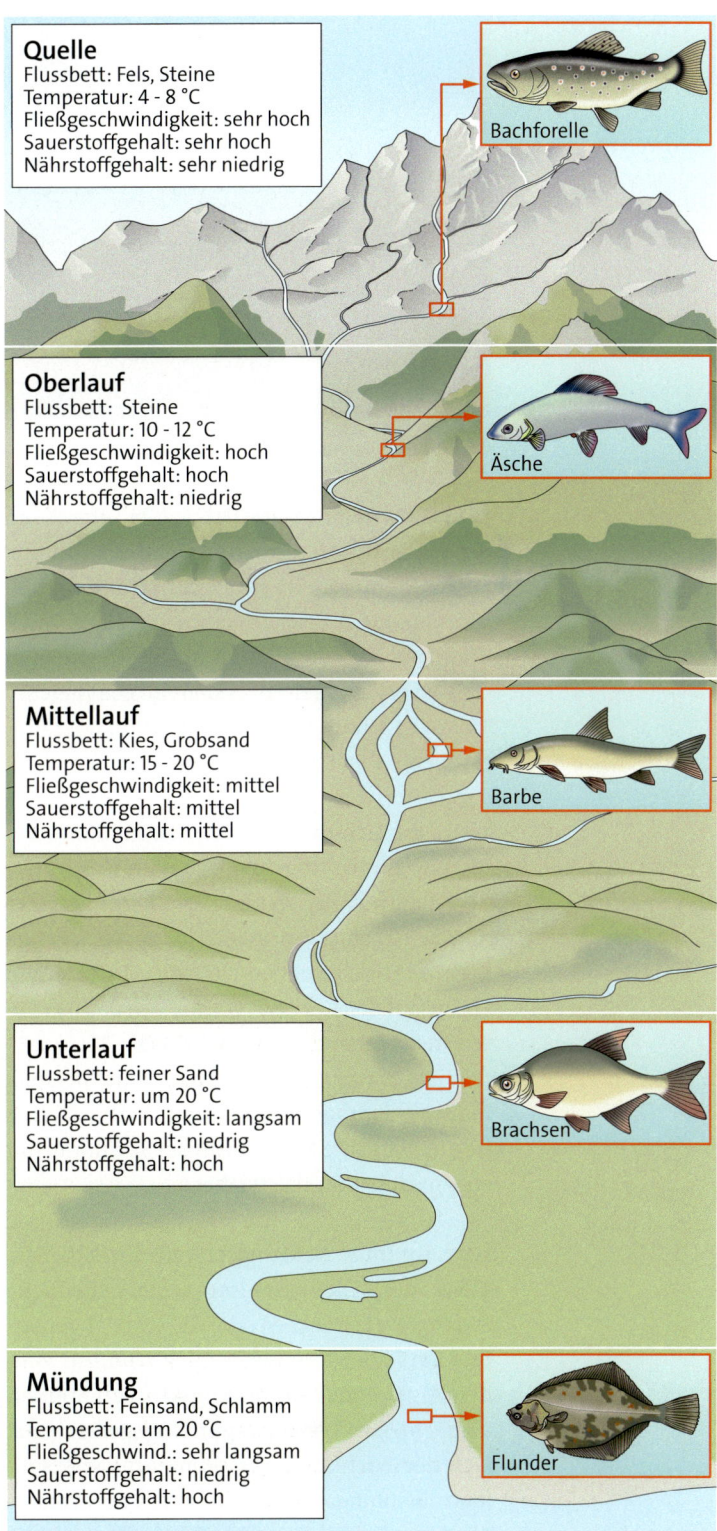

Quelle
Flussbett: Fels, Steine
Temperatur: 4 - 8 °C
Fließgeschwindigkeit: sehr hoch
Sauerstoffgehalt: sehr hoch
Nährstoffgehalt: sehr niedrig

Bachforelle

Oberlauf
Flussbett: Steine
Temperatur: 10 - 12 °C
Fließgeschwindigkeit: hoch
Sauerstoffgehalt: hoch
Nährstoffgehalt: niedrig

Äsche

Mittellauf
Flussbett: Kies, Grobsand
Temperatur: 15 - 20 °C
Fließgeschwindigkeit: mittel
Sauerstoffgehalt: mittel
Nährstoffgehalt: mittel

Barbe

Unterlauf
Flussbett: feiner Sand
Temperatur: um 20 °C
Fließgeschwindigkeit: langsam
Sauerstoffgehalt: niedrig
Nährstoffgehalt: hoch

Brachsen

Mündung
Flussbett: Feinsand, Schlamm
Temperatur: um 20 °C
Fließgeschwind.: sehr langsam
Sauerstoffgehalt: niedrig
Nährstoffgehalt: hoch

Flunder

02 Zonierung eines Fließgewässers

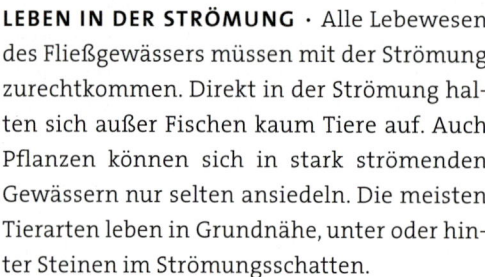

03 Eintagsfliegenlarve *Ecdyonurus*

04 Netz der Köcherfliegenlarve *Hydropsyche*

LEBEN IN DER STRÖMUNG · Alle Lebewesen des Fließgewässers müssen mit der Strömung zurechtkommen. Direkt in der Strömung halten sich außer Fischen kaum Tiere auf. Auch Pflanzen können sich in stark strömenden Gewässern nur selten ansiedeln. Die meisten Tierarten leben in Grundnähe, unter oder hinter Steinen im Strömungsschatten.

Tiere, die sich mithilfe von Saugnäpfen oder Haken am Untergrund festhalten können, nennt man *Anhefter* oder *Klammerer*. Manche Köcherfliegenlarven bauen sich köcherförmige Wohnröhren, in denen sie leben. Die kleinen Steine auf den Köchern verhindern das Abdriften der Köcherfliegenlarve. Solche Tiere heißen *Beschwerer*. Andere Tiere, zum Beispiel manche Eintagsfliegenlarven, bieten durch ihre abgeflachte Körperform der Strömung nur eine geringe Angriffsfläche.

Auch für ihren Nahrungserwerb verfolgen die Tiere der Fließgewässer unterschiedliche Strategien. Schnecken oder die stark abgeplattete Larve der Eintagsfliege *Ecdyonurus* weiden Algen- oder Bakterienrasen von Steinen ab, sie heißen **Weidegänger**. Dagegen ernährt sich der Bachflohkrebs *Gammarus* von Falllaub oder anderen Grobresten von Lebewesen. Er ist ein **Zerkleinerer**. Die Köcherfliegenlarve *Hydropsyche* spinnt ein feines Netz, mit dem sie kleinste Nahrungspartikel aus der Strömung aussieben kann. Tiere mit dieser Ernährungsweise nennt man *Filtrierer*. Auch die meisten Mückenlarven ernähren sich auf diese Weise. Andere Lebewesen, beispielsweise manche Steinfliegenlarven oder Eintagsfliegenlarven, fressen Nahrungsteilchen des Untergrunds, des Sediments. Sie werden daher als **Sedimentfresser** bezeichnet. Dagegen ernähren sich die Larven von Libellen oder Schlammfliegen von lebenden Tieren, sie sind **Räuber**.

Weil sich mit der Strömung auch weitere abiotische Faktoren ändern, leben in den einzelnen Bereichen eines Fließgewässers Tierarten mit unterschiedlichen Lebensweisen. So setzt sich beispielsweise im Oberlauf eines Flusses wegen der stärkeren Strömung nur wenig feines Material am Grund ab. Sedimentfresser sind daher im Oberlauf eher selten zu finden, während sich im langsamer strömenden Unterlauf eines Flusses viele Tiere auf diese Weise ernähren können.

1 Beschreibe die ökologischen Bedingungen in zwei Zonen eines Fließgewässers!

2 Erläutere das biologische Prinzip *Angepasstheit* am Beispiel der Köcherfliegenlarven und der Eintagsfliegenlarven!

Material A ▸ Bewohner von Fließgewässern

Bachflohkrebs
(Gammarus fossarum)

Größe: bis 21 Millimeter
Vorkommen: Bäche
Lebensweise: Zerkleinerer, frisst abgestorbene Grobreste wie Falllaub und tote Insekten. Kann mithilfe seines muskulösen Hinterleibs auch gegen die Strömung schwimmen. Stellt hohe Ansprüche an Sauerstoffgehalt und Wasserqualität.

Groppe
(Cottus gobio)

Größe: bis 15 Zentimeter
Vorkommen: Bäche
Lebensweise: nachtaktiver Räuber, frisst wirbellose Kleintiere. Besitzt keine Schwimmblase und hält sich daher in Bodennähe auf. Lebt meistens zwischen Steinen und Wurzeln. Benötigt sauberes Wasser mit hohem Sauerstoffgehalt. Wichtiger Beutefisch für Forellen.

Köcherfliegenlarve
(Anabolia nervosa)

Größe: bis 23 Millimeter
Vorkommen: Flüsse und Seen
Lebensweise: Sedimentfresser. Baut einen bis zu 40 Millimeter langen Köcher aus Sandkörnern und kleinen Ästen, in dem sie lebt. Verpuppt sich unter Steinen. Die geschlüpften Köcherfliegen leben nur wenige Tage und sterben nach der Eiablage.

A1 Vergleiche die Lebensweise von zwei der abgebildeten Arten!

A2 Ordne die Tiere jeweils einer Zone eines Fließgewässers zu! Begründe deine Zuordnung!

A3 Stelle eine Hypothese auf, weshalb Köcherfliegen zur Eiablage immer flussaufwärts fliegen!

Material B ▸ Abiotische Faktoren in Fließgewässern

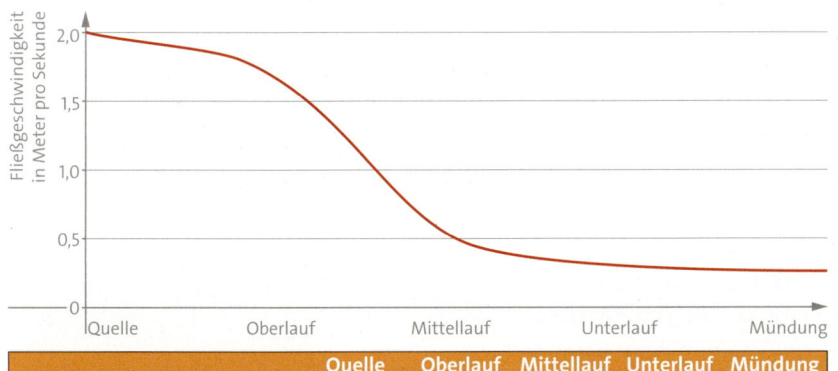

	Quelle	Oberlauf	Mittellauf	Unterlauf	Mündung
Temperatur in Grad Celsius	8	13	17	20	22
Sauerstoffgehalt in Milligramm O_2 pro Liter	12	9	8	6	5

B1 Werte das Diagramm aus!

B2 Beschreibe den Zusammenhang zwischen Temperatur und Sauerstoffgehalt des Wassers!

B3 Übertrage das abgebildete Diagramm zweimal in dein Heft! Zeichne in ein Diagramm die Temperatur, in das andere den Sauerstoffgehalt ein!

B4 Begründe, wie der jeweilige Kurvenverlauf zustande kommt!

01 Veränderter und belasteter Fluss

Gefährdung von Fließgewässern

Viele Flüsse und Bäche sind vom Menschen stark verändert worden. Häufig wird ihr natürlicher Lauf begradigt oder es werden Abwässer eingeleitet. Wie kann dieser Lebensraum geschützt und erhalten werden?

BELASTUNG VON FLIESSGEWÄSSERN · Seit der Mensch begann sesshaft zu werden, hat er Fließgewässer verändert. Flüsse und Bäche dienten neben der Trinkwassergewinnung auch dazu, Abfälle und Ausscheidungen der Menschen und ihrer Nutztiere auf bequeme Weise aus den Siedlungen zu entfernen.

Zu diesen **Abwassereinleitungen** aus Siedlungen kamen mit Beginn der Industrialisierung im 19. Jahrhundert chemikalienhaltige Industrieabwässer hinzu. Durch die immer stärkere Intensivierung der Landwirtschaft gelangen Düngemittel in die Abwässer. Abwassereinleitungen haben zur Folge, dass viele Lebewesen im Wasser geschädigt oder getötet werden und die Gewinnung von Trinkwasser aus Fließgewässern häufig nur noch schwer möglich ist.

Als die entsprechenden technischen Möglichkeiten vorhanden waren, begann der Mensch, viele Fließgewässer zu verändern. Dämme und Stauwehre wurden gebaut. Die ehemals gewundenen Flussläufe wurden begradigt und ihre Ufer befestigt.

Solche **Begradigungen** werden vor allem seit Mitte des 19. Jahrhunderts durchgeführt. Dabei werden auch die zwischen den Flusswindungen liegenden natürlichen Überschwemmungsflächen, die *Auen*, trockengelegt. Die Begradigungen dienen hauptsächlich zur Gewinnung weiterer Siedlungs- und Ackerflächen und zur leichteren Befahrbarkeit der Flüsse mit Schiffen. Begradigungen erhöhen jedoch die Fließgeschwindigkeit von Flüssen und tragen damit zur Zerstörung von Lebensräumen bei. Das schneller fließende Wasser vermindert die Hochwassergefahr im Oberlauf, erhöht sie jedoch im Mittel- und Unterlauf des Flusses.

Mit der Anlage von **Stauwehren** wird die Nutzung der Wasserkraft möglich. Stauwehre können unüberwindliche Barrieren für flussaufwärts oder flussabwärts wandernde Tiere wie Lachse und Aale sein. Zur Belastung von Fließgewässern können aber auch **Freizeitnutzungen** wie der Wassersport beitragen.

SELBSTREINIGUNG · In jedem Gewässer entstehen natürliche Verunreinigungen durch Ausscheidungen von Lebewesen, durch abgestorbene Pflanzenreste und durch tote Tiere. Die Lebewesen in einem intakten Fließgewässer können diese Verunreinigungen verarbeiten und beseitigen. Diesen Vorgang nennt man **Selbstreinigung.**

Je stärker ein Fließgewässer belastet und vom Menschen verändert worden ist, desto schlechter laufen diese natürlichen Reinigungsvorgänge ab. Bei besonders stark belasteten Gewässern kann es dazu kommen, dass fast alle Lebewesen im Wasser sterben. Man spricht dann vom *Umkippen* des Gewässers.

GEWÄSSERQUALITÄT · Die in Fließgewässern lebenden Tierarten kommen unterschiedlich gut mit Gewässerbelastungen zurecht. So sind *Steinfliegenlarven* oder *Köcherfliegenlarven* auf einen hohen Sauerstoffgehalt und eine gute Wasserqualität angewiesen, während *Zuckmückenlarven* oder *Schlammröhrenwürmer* auch in sehr stark verschmutzten Gewässern überleben können. Solche Tierarten werden als *Zeigerarten* bezeichnet. Mithilfe dieser Zeigerarten lässt sich die Qualität eines Fließgewässers bewerten.

Die Gewässerqualität wurde früher in unterschiedliche Güteklassen eingeteilt: von „unbelastet" bis „übermäßig verschmutzt". Seit 2004 teilt man sie in Qualitätsklassen von „sehr gut" bis „schlecht" ein. Je stärker ein Gewässer verschmutzt ist, desto geringer ist meistens die Anzahl der Tierarten, die dort leben können.

1 Vergleiche zwei Ursachen für die Gefährdung von Fließgewässern miteinander!

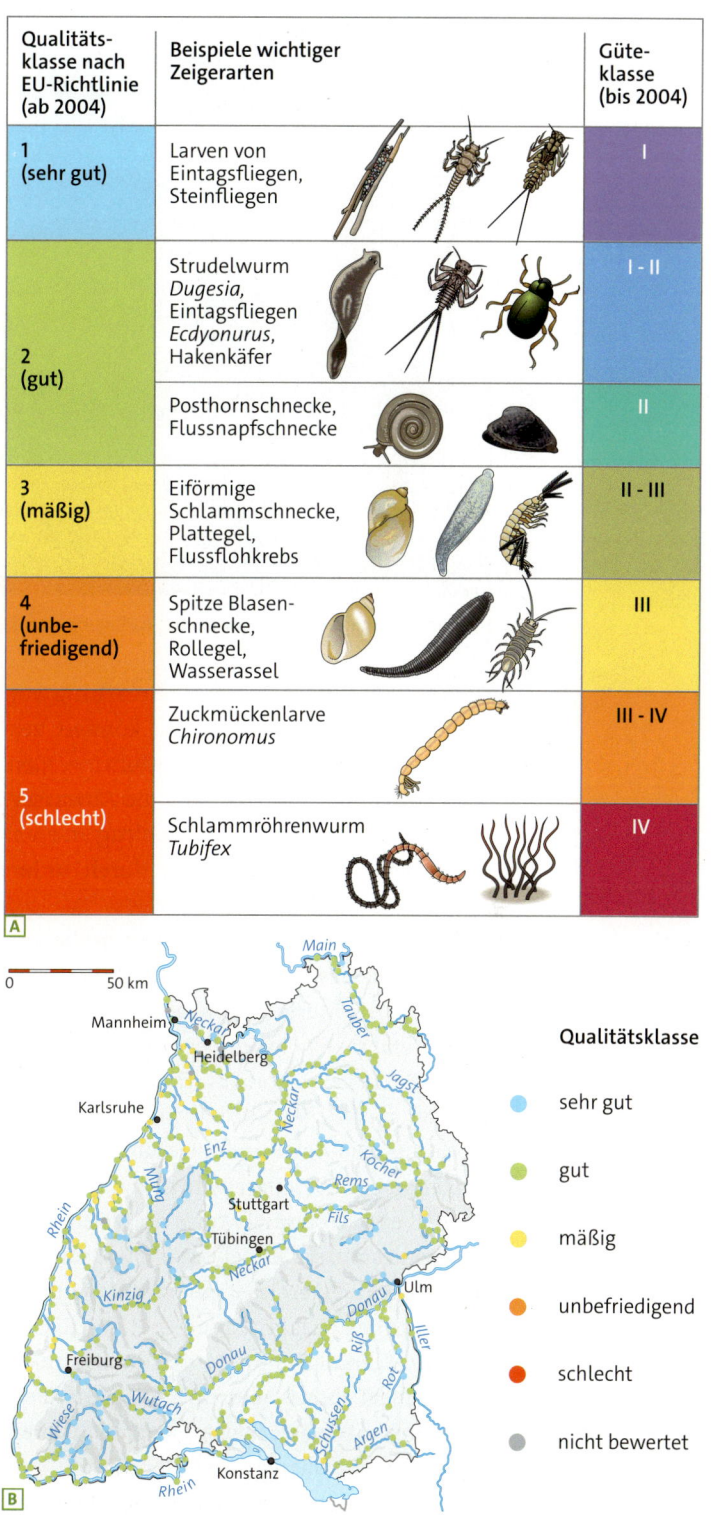

Qualitätsklasse nach EU-Richtlinie (ab 2004)	Beispiele wichtiger Zeigerarten	Güteklasse (bis 2004)
1 (sehr gut)	Larven von Eintagsfliegen, Steinfliegen	I
2 (gut)	Strudelwurm *Dugesia*, Eintagsfliegen *Ecdyonurus*, Hakenkäfer	I - II
	Posthornschnecke, Flussnapfschnecke	II
3 (mäßig)	Eiförmige Schlammschnecke, Plattegel, Flussflohkrebs	II - III
4 (unbefriedigend)	Spitze Blasenschnecke, Rollegel, Wasserassel	III
5 (schlecht)	Zuckmückenlarve *Chironomus*	III - IV
	Schlammröhrenwurm *Tubifex*	IV

A

Qualitätsklasse
- sehr gut
- gut
- mäßig
- unbefriedigend
- schlecht
- nicht bewertet

B

02 Gewässerqualität: **A** Qualitätsklassen, **B** Gewässerqualität in Baden-Württemberg 2015

03 Renaturierung eines Fließgewässers: **A** Planung einer Renaturierung, **B** renaturierter Flussabschnitt nach drei Monaten

GEWÄSSERSCHUTZ · Um die Belastung von Fließgewässern zu verringern, können verschiedene Maßnahmen durchgeführt werden. Die Reinigung von Abwässern, die **Abwasserklärung,** ist dabei besonders wichtig. In einer Kläranlage werden Abwässer durch unterschiedliche Verfahren gereinigt.

In der *mechanischen Stufe* werden grobe Verunreinigungen wie Abfall und Essensreste entfernt. Gelöste Stoffe wie Fäkalien werden anschließend in der *biologischen Stufe* vor allem durch Bakterien abgebaut. In der darauf folgenden *chemischen Stufe* werden die Schadstoffe aus dem Abwasser entfernt, die von den Bakterien nicht beseitigt werden können. Dabei handelt es sich beispielsweise um Wasch- und Reinigungsmittel. Das geklärte Abwasser kann nun in das Fließgewässer eingeleitet werden. Seit Mitte des 20. Jahrhunderts hat sich die Anzahl der Kläranlagen in Deutschland beinahe verdreifacht, sodass heute fast 100 Prozent der anfallenden Abwässer geklärt werden. Dadurch hat sich die Gewässerqualität in Deutschland stark verbessert. Bäche und Flüsse sind heute wesentlich sauberer als noch Ende des 20. Jahrhunderts.

RENATURIERUNG · Auch die durch Begradigungen verursachten Belastungen von Fließgewässern werden heute teilweise korrigiert, indem man den Lauf eines begradigten Fließgewässers wieder in einen möglichst natürlichen Zustand versetzt. Durch eine solche **Renaturierung** können sich in einem Fließgewässer wieder viele Arten von Lebewesen ansiedeln, die im begradigten Gewässer nur wenig Lebensräume fanden. Die größere Artenanzahl und die vielfältige Aktivität der Lebewesen erhöhen die Selbstreinigungskraft des renaturierten Fließgewässers.

Auch Hochwassergefahren können durch solche Renaturierungsmaßnahmen reduziert werden. Die Fließgeschwindigkeit des Flusses wird reduziert und durch die hinzugewonnenen Biegungen steht mehr Raum für die Aufnahme von Hochwasser zur Verfügung.

2 Beschreibe die Folgen menschlicher Eingriffe auf das Ökosystem Fließgewässer!

3 Stelle die Verfahren der Abwasserklärung zur Verbesserung der Gewässerqualität in einem Pfeildiagramm dar!

WIEDERBESIEDLUNG · Nach der Renaturierung eines Fließgewässers siedeln sich nach und nach immer mehr Lebewesen an. Wasserinsekten zum Beispiel legen ihre Eier in die neuen Lebensräume. Auch Vögel wie Eisvögel, Bachstelzen und Wasseramseln fliegen zu den neu gestalteten Gewässern. Durch die Renaturierung erhalten sie neue Möglichkeiten für Brutplätze und Nahrungserwerb. Der Eisvogel zum Beispiel findet Steilufer, in denen er seine Bruthöhle anlegen kann, und Sträucher und Bäume mit überhängenden Zweigen, von denen aus er sich ins Wasser stürzen kann, um kleine Fische zu erbeuten.

Häufig entstehen Gewässerabschnitte, in denen das Wasser über einen Kiesgrund schnell zwischen und über großen Steinen fließt. Hier findet die Wasseramsel ideale Lebensbedingungen. An solchen Stellen taucht sie und sucht am Gewässergrund nach Insektenlarven.

Fische können renaturierte Flussabschnitte nicht ganz so leicht besiedeln. Staudämme und Wehre versperren ihnen häufig den Weg. Daher werden an Wehren immer häufiger **Fischtreppen** angelegt, die es den Fischen ermöglichen, das Wehr zu umgehen. Das ist besonders wichtig für wandernde Fischarten wie die Forelle, den Lachs oder den Aal, die über die Fischtreppen zu ihrem Laichort gelangen. Zusätzlich werden viele Fischarten nachgezüchtet und in geeigneten Fließgewässern ausgesetzt. So kehrt der in den 1950er-Jahren im Rhein ausgestorbene Lachs aufgrund solcher Maßnahmen seit Ende der 1980er-Jahre allmählich wieder in den Rhein zurück. Auch die Anzahl der Pflanzenarten steigt nach der Renaturierung, weil die Vielfalt der Lebensbedingungen zunimmt.

Eine Wiederbesiedlung von Fließgewässern findet nicht nur nach Renaturierungsmaßnahmen statt. Auch die stetig gestiegene Wasserqualität führt dazu, dass sich Lebewesen wieder ansiedeln, die im ehemals belasteten Fluss nicht leben konnten.

04 Eisvogel

05 Lachs

06 Fischtreppe

4 Erkläre, weshalb die Renaturierung eines Flussabschnitts zu einer Wiederbesiedlung von Tieren führen kann!

Material A ▸ Gewässerqualität in Baden-Württemberg von 1968 bis 2015

Prozentuale Verteilung der Qualitätsklassen in Baden-Württemberg (1968-2015)

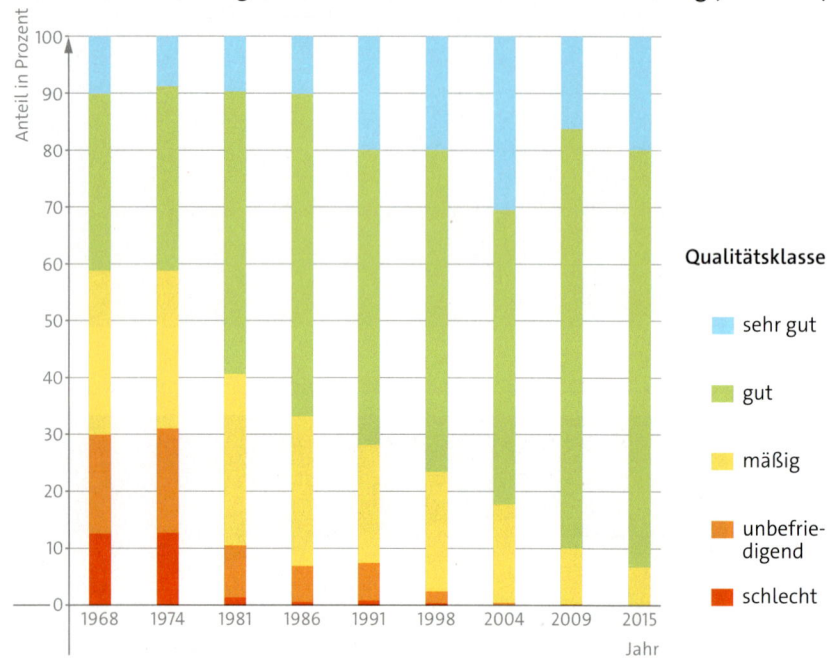

Qualitätsklasse

- ▪ sehr gut
- ▪ gut
- ▪ mäßig
- ▪ unbefrie-digend
- ▪ schlecht

A1 Beschreibe, wie sich der Anteil der Qualitätsklassen „sehr gut" und „unbefriedigend" von 1968 bis 2015 verändert hat!

A2 Stelle Hypothesen auf, weshalb sich diese Werte veränderten!

A3 Stelle Hypothesen auf, welche Flussabschnitte der Qualitätsklasse „sehr gut" zugeordnet werden könnten!

A4 Begründe, in welchen Regionen Baden-Württembergs besonders viele Fließgewässer der Qualitätsklasse „sehr gut" zu finden sind! Nimm dazu die Karte auf Seite 123 zu Hilfe!

Material B ▸ Abwassereinleitung in ein Fließgewässer

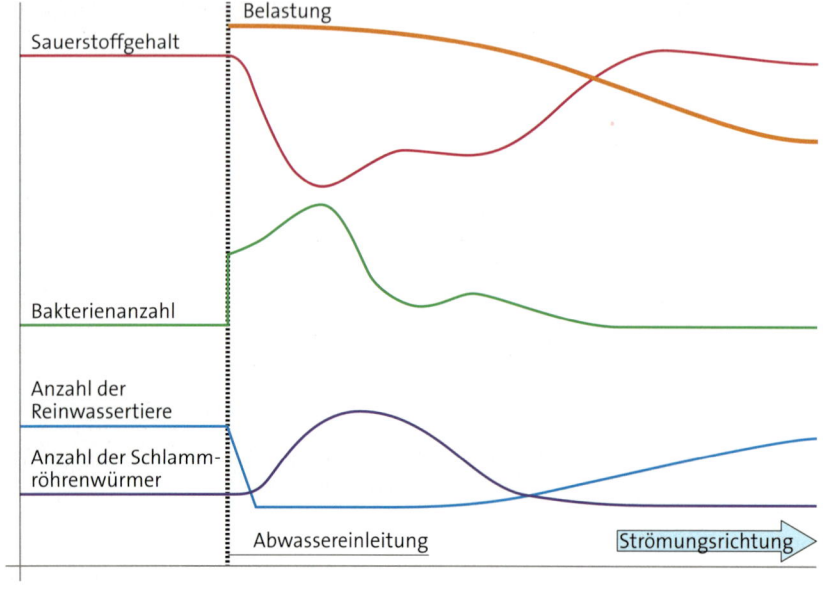

In ein Fließgewässer werden an einer Stelle Abwässer eingeleitet. Flussabwärts von der Einleitungsstelle wird der Fluss in seinem weiteren Verlauf auf den Gehalt an gelösten Stoffen und die Anzahl der vorkommenden Lebewesen untersucht. Das Ergebnis der Untersuchung ist im Diagramm dargestellt.

B1 Beschreibe den Verlauf aller Kurven!

B2 Stelle Hypothesen auf, wie der Verlauf der Kurven zu erklären sein könnte!

B3 Stelle Hypothesen auf, weshalb in manche Becken einer Kläranlage Luft eingeblasen wird!

Material C ▸ Eine Stellungnahme analysieren

In Flussfelde tobt ein Streit!

Die Kleinstadt Flussfelde, die an einem kleinen, naturnahen Fluss liegt, ist in Aufruhr. Für den Ausbau der Wassersportmöglichkeiten soll ein fünf Kilometer langes Stück der „Nahne" begradigt werden. Dieses Stück gehört zu den letzten längeren naturnahen Abschnitten des Flusses und bietet vielen seltenen Vögeln einen Lebensraum. Die Begradigung des Flussabschnitts mit dem Bau eines Hafens für Sportboote verspricht für Flussfelde attraktive,

neue Sportmöglichkeiten und neue Arbeitsplätze durch Wassersporttourismus. Genau der Abschnitt der Nahne, der begradigt werden soll, wird jedoch von großen Auenwaldflächen begrenzt, die im Fall einer Begradigung als Ackerland genutzt werden könnten. Die direkten Flussanwohner befürchten jedoch, dass dann die Hochwassergefahr wie in anderen Städten flussabwärts mit ähnlich begradigten Flussverläufen deutlich steigen wird.

Ich bin dafür!

Bewohner von Flussfelde! Wir warten seit Jahren auf eine Möglichkeit, wieder mehr attraktive Angebote für Touristen und damit neue Arbeitsplätze schaffen zu können. Der Tourismus ist seit Jahrzehnten der Grundstein unserer Stadt. In der heutigen Zeit reichen beschauliche Wanderwege und seltene Vogelarten aber nicht mehr aus, um genügend Touristen anzulocken. Wir brauchen diesen Sporthafen

als neue Attraktion! Wir Landwirte benötigen zudem dringend neue Flächen, um im Preiskampf der Lebensmittelproduktion konkurrenzfähig zu bleiben!
Viele andere Städte haben ihre Flussabschnitte auch schon begradigt, um sie besser nutzen zu können. Und ob dieser Flussabschnitt begradigt wird oder nicht, spielt nun auch keine Rolle mehr! Lasst uns diese Chance nicht verpassen!

C1 Erstelle eine Tabelle wie auf Seite 99! Trage zu jedem Argument, das im Leserbrief des Bewohners von Flussfelde angesprochen wird, ein Stichwort in die linke Spalte der Tabelle ein!

C2 Trage in die zweite beziehungsweise dritte Spalte der Tabelle die Tatsachen- und Sollen-Aussagen ein, die im Leserbrief genannt werden!

C3 Ergänze in der Tabelle mit einer anderen Farbe die fehlenden Tatsachen- und Sollen-Aussagen!

C4 Begründe, ob alle Argumente in der Stellungnahme als gültig anzuerkennen sind!

C5 Ergänze in der Tabelle eigene Argumente und führe dann eine Gewichtung aller Argumente mithilfe einer Zielscheibe wie auf Seite 99 durch!

C6 Vergleiche deine Gewichtungen mit denen deiner Mitschüler!

C7 Interpretiere das Bild „Tauziehen" unter Berücksichtigung der Entscheidungsfindung in Umweltkonflikten!

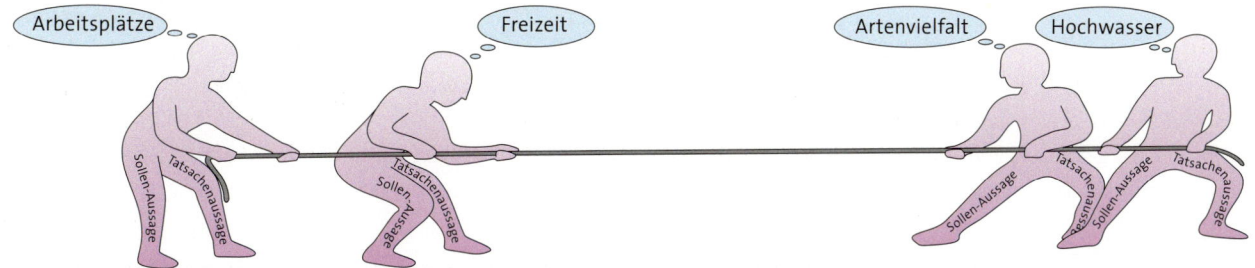

Gewässeruntersuchung

Gewässerqualität

Naturnahe Gewässer besitzen oft sauberes Wasser und ein kurvenreiches Ufer mit reichlich Pflanzenbewuchs. Durch störende Einflüsse, zum Beispiel die Verschmutzung durch den Menschen oder eine Uferbegradigung, sind viele Flüsse jedoch stark verändert worden. Ihr Wasser ist oft trüb oder stinkt und die Ufer sind betoniert. In solchen Flüssen kommen meistens nur wenige Tier- und Pflanzenarten vor, manche für natürliche Fließgewässer typische Lebewesen fehlen sogar ganz.

Um eine Verbesserung der Qualität von Oberflächengewässern und Grundwasser zu erreichen, muss überregional zusammengearbeitet werden. Da große Fließgewässer oft mehrere Landesgrenzen überschreiten, hat die EU im Jahr 2000 die Zusammenarbeit aller europäischen Länder in einer Wasserrahmenrichtlinie festgelegt. Ihre Ziele sind es, die weitere Verschmutzung des Wassers zu stoppen und einen sorgsamen und nachhaltigen Umgang mit der Ressource Wasser zu fördern. Das führt auch zum Schutz der Lebensräume am und im Wasser, zum Hochwasserschutz und zur Verbesserung der Meeresumwelt.

Um die Entwicklungen der Gewässer kontrollieren zu können, werden europaweit ausgewählte Gewässer untersucht, um die Qualität des Lebensraums zu beurteilen. Man unterscheidet nach der Wasserrahmenrichtlinie fünf Qualitätsklassen von sehr guter Qualität, über gute, mäßige und unbefriedigende bis hin zur schlechten Qualität.

Zeigerarten

Für die Bestimmung der Qualität von Fließgewässern führt man chemische, physikalische und biologische Untersuchungen durch. Zur Feststellung der biologischen Gewässerqualität untersucht man die Lebewesen in einem Fließgewässer.

*Bestimmte Lebewesen sind an ganz bestimmte Umweltbedingungen beispielsweise die Nahrung oder den Sauerstoffgehalt angepasst. Wenn die Umweltansprüche einer Art an einer bestimmten Stelle des Fließgewässers erfüllt sind, tritt diese Art dort gehäuft auf. Somit zeigt sie an, dass an dieser Stelle bestimmte Umweltbedingungen vorliegen. Solche Arten nennt man deshalb **Zeigerarten.** Unter den wirbellosen Tieren in Fließgewässern eignen sich viele als Zeigerarten. Sie sind relativ leicht zu untersuchen.*

Biologische Gewässeruntersuchung

Um die Gewässerqualität an verschiedenen Stellen eines Fließgewässers zu bestimmen, gehst du folgendermaßen vor:

1) *Sammle eine Viertelstunde lang Wassertiere zwischen Pflanzen, unter Steinen und am Boden des Fließgewässers. Ziehe hierzu ein Sieb oder einen Kescher langsam durch die Pflanzen und durch den Sand oder Schlamm am Boden. Sammle Tiere von der Unterseite einiger handgroßer Steine.*

2) *Übertrage die Tiere vorsichtig in eine helle, mit etwas Flusswasser gefüllte Schale. Wenn sich die Tiere am Stein oder im Sieb festkrallen, kannst du sie vorsichtig mit einem Pinsel absammeln.*

3) *Bestimme die Tiere mithilfe von Lupe, Stereolupe und Bestimmungsbüchern und zähle, wie häufig die einzelnen Arten vorkommen. Recherchiere, bei welcher Qualitätsklasse sie vorkommen. Die nebenstehende Auswahl an Zeigerarten kann dir dabei helfen.*

4) *Setze zum Schluss alle Tiere wieder an der Sammelstelle aus.*

Zeigerarten in Fließgewässern

Qualitätsklasse: sehr gut

Steinfliegenlarve

Steinfliegenlarven benötigen sauerstoffreiche, saubere Gewässer.

Qualitätsklasse: mäßig

Schlammschnecke

Schlammschnecken leben in mäßig belasteten Gewässern mit einem etwas niedrigeren Sauerstoffgehalt.

Qualitätsklasse: schlecht

Rote Zuckmückenlarve

Schlammröhrenwurm

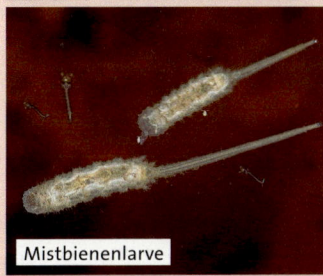

Mistbienenlarve

Qualitätsklasse: gut

Köcherfliegenlarve

Flohkrebs

Köcherfliegenlarven und Flohkrebse zeigen gering belastete Gewässer an. Das Wasser ist noch relativ sauerstoffreich.

Qualitätsklasse: unbefriedigend

Wasserassel

Rollegel

Wasserasseln und Rollegel benötigen nur einen geringen Sauerstoffgehalt des Wassers. Sie zeigen eine deutliche Verunreinigung des Gewässers an.

Rote Zuckmückenlarven und Schlammröhrenwürmer sind an stark belastete, trübe Gewässer angepasst. Sie ernähren sich vom Schlamm dieser Gewässer und kommen mit sehr geringem Sauerstoffgehalt des Wassers aus. Mistbienenlarven können sogar im faulenden, sauerstoffarmen Schlamm von Tümpelrändern und Jauchegruben überleben.

01 Überbevölkerung

Der Mensch belastet die Umwelt

Seit Beginn des 19. Jahrhunderts hat sich die Bevölkerung der Erde versiebenfacht. Welche Auswirkungen hat diese Zunahme auf die Umwelt, in der wir leben?

RESSOURCEN · Der enorme Anstieg der Erdbevölkerung in den letzten zweihundert Jahren stellt uns vor große Herausforderungen. Die große Anzahl an Menschen auf der Erde braucht zum Leben nicht nur ausreichend unbelastete Nahrung und sauberes Trinkwasser, sondern auch Wohnraum, Energie, saubere Luft und weitere Güter des täglichen Bedarfs wie Kleidung.

Boden, Wasser, Pflanzen und Tiere sind die Grundlage des menschlichen Lebens und Wirtschaftens. Diese bezeichnet man als **natürliche Ressourcen.** Manche dieser Ressourcen sind praktisch unerschöpflich, wenn weniger von ihnen verbraucht werden, als neu entstehen können. Diese Ressourcen wie Boden oder

Wasser zählen zu den *erneuerbaren Ressourcen.* Im Gegensatz dazu werden andere, *nicht erneuerbare Ressourcen* zu einem bestimmten Zeitpunkt restlos verbraucht sein. Dies gilt für Bodenschätze oder *fossile Energieträger* wie Kohle und Erdöl. Sonnenlicht steht als Energieträger dagegen unbegrenzt zur Verfügung. Damit eine grundlegende Versorgung für die steigende Anzahl an Menschen gewährleistet ist, muss mit den zur Verfügung stehenden natürlichen Ressourcen verantwortungsvoll umgegangen werden. Ein solches Verhalten bezeichnet man als **nachhaltig.**

2015
7,5 Mrd.

2011
7 Mrd.

1999
6 Mrd.

1987
5 Mrd.

1974
4 Mrd.

1959
3 Mrd.

1927
2 Mrd.

1804
1 Mrd.

1800   1850   1900   1950   2000   Jahr

02 Anzahl der Menschen auf der Erde

Durch ihre Aktivitäten beeinflusst die wachsende Weltbevölkerung die Umwelt immer stärker. So werden beispielsweise für Landwirtschaft, Siedlungen und Energiegewinnung immer mehr natürliche Ressourcen verbraucht. Auch die industrielle Produktion von Waren und Gütern und die Mobilität des Menschen greift in die Umwelt ein. Diese Aktivitäten belasten die Umwelt auf unterschiedliche Art und Weise.

LUFTVERSCHMUTZUNG · Durch Rohstoffgewinnung, Energieumwandlung, industrielle und landwirtschaftliche Produktion sowie den Verkehr entstehen Stoffe wie Staub, Schwefeldioxid, Stickstoffoxide, Kohlenstoffmonooxid und Kohlenwasserstoffe. Diese **Luftschadstoffe** wirken sich direkt auf die Gesundheit der Lebewesen aus. Die Weltgesundheitsorganisation schätzt, dass weltweit rund zwei Millionen Menschen pro Jahr an durch Luftverschmutzung verursachten Erkrankungen sterben. Neben der Gesundheit des Menschen ist auch seine Umwelt von Luftverschmutzung betroffen. Viele Ökosysteme werden belastet oder geschädigt.

ABFÄLLE · Vor allem in den Industrieländern entstehen große Mengen an verschiedenen Abfallstoffen. In Deutschland fallen pro Einwohner im Jahr ungefähr 170 Kilogramm an Hausmüll an, bei einem US-Amerikaner sind es fast 700 Kilogramm pro Jahr. Im Gegensatz dazu produziert ein Einwohner eines weniger entwickelten Landes nur 20 bis 50 Kilogramm Müll pro Jahr.

Manche dieser Abfälle wie Papier oder organische Reste können durch Bodenlebewesen zersetzt werden, wenn sie in die Umwelt gelangen. Andere Abfälle wie Kunststoffe, Metall oder Glas sind dagegen in der Umwelt praktisch unzersetzbar. Metalle, Glas und Papier können jedoch als Ausgangsstoffe für neue Produkte verwertet werden. Da sich diese Stoffe dann wieder in einem Stoffkreislauf befinden,

03 Abgase

04 Müll

nennt man diesen Prozess **Recycling**. Organische Abfälle können zu Kompost verarbeitet werden. Kunststoffe dagegen können nur schwer recycelt werden.

Abfälle werden häufig in großen **Mülldeponien** gelagert oder in Müllheizkraftwerken verbrannt. Mülldeponien müssen dabei besonders aufwendig gesichert werden, damit keine Schadstoffe in die Umwelt gelangen können. In Müllheizkraftwerken sind Filter eingebaut, welche die Luftverschmutzung durch Abgase verringern sollen. Dennoch gelangen sehr viele Abfälle und Schadstoffe unkontrolliert in die Umwelt und verschmutzen und vergiften Meer, Flüsse, Grundwasser und Boden.

05 Versiegelung

06 Bodenerosion

LANDSCHAFTSVERÄNDERUNG · In dicht besiedelten Ländern wie Deutschland werden große Flächen für Siedlungen, Verkehrswege und Landwirtschaft benötigt. Wenn unbebaute Flächen in Siedlungs- oder Verkehrsflächen umgewandelt werden und damit das natürliche Versickern von Regenwasser verhindert wird, spricht man von **Versiegelung.** Pro Tag werden in Deutschland rund 100 Hektar versiegelt, was der Fläche von ungefähr 100 Fußballfeldern entspricht. Diese Versiegelung von Flächen führt zu einer Veränderung des Lokalklimas und zerstört den Boden. Durch die fehlende Speicherfunktion des Bodens fließen Niederschläge schnell und oberflächlich ab und erhöhen damit die Überschwemmungsgefahr. Versiegelung vernichtet auch viele Lebensräume von Tieren und Pflanzen.

Die zunehmende **Intensivierung** der Landwirtschaft trägt ebenfalls zum Lebensraumverlust bei. Riesige Äcker oder Weiden bieten nur wenig Lebensmöglichkeiten für Lebewesen wie Insekten oder Vögeln. Diese negativen Auswirkungen der industriellen Landwirtschaft auf die Umwelt werden zusätzlich durch den Einsatz von Schädlingsbekämpfungsmitteln und Kunstdüngern verstärkt.

BELASTUNG DER BÖDEN · Der Boden ist die wichtigste Grundlage für die Nahrungsmittelproduktion. Intensive Landwirtschaft kann dazu führen, dass die oberen Bodenschichten durch den Einsatz schwerer Landmaschinen zusammengepresst werden. Diesen Vorgang nennt man **Verdichtung.** In einem zu stark verdichteten Boden ist ein natürliches und artenreiches Bodenleben, das für die Fruchtbarkeit des Bodens wichtig ist, nur schwer möglich.

Unbepflanzte Ackerböden können leicht durch den Regen weggeschwemmt oder durch den Wind weggeblasen werden, man spricht von **Bodenerosion.** Dieser Verlust der fruchtbaren oberen Bodenschicht verringert die Bodenfruchtbarkeit. Die Regenerierung eines durch Erosion geschädigten Bodens dauert sehr lange, da die Bildung eines Bodens mehrere Tausend Jahre benötigt.

1) Nenne Beispiele für „natürliche Ressourcen"!

2) Nenne ein Beispiel für nachhaltiges Verhalten!

3) Beschreibe anhand von drei Beispielen, wie der Mensch die Umwelt belastet!

Treibhauseffekt

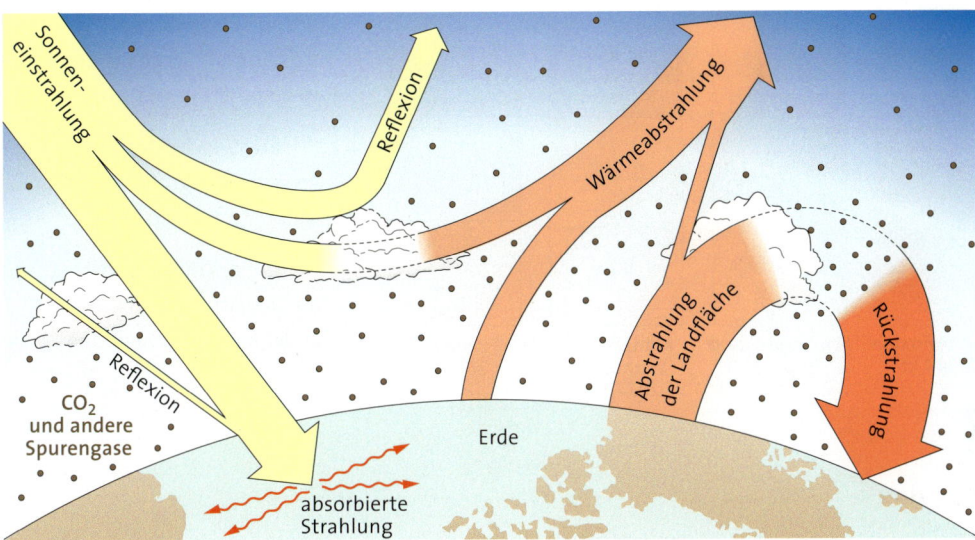

01 Treibhaus-
effekt

In ein Treibhaus fällt *energiereiche Sonnenstrahlung* ein. Dadurch erwärmen sich Luft und Boden im Inneren des Gewächshauses und geben *Wärmestrahlung* ab. Diese Abstrahlung kann das Glas des Gewächshauses jedoch kaum nach außen durchdringen. Als Resultat entstehen im Inneren eines Gewächshauses deutlich höhere Temperaturen als außerhalb.

Die Atmosphäre der Erde wirkt ähnlich wie ein Treibhaus. Der größte Teil der von der Sonne eintreffenden energiereichen Strahlung dringt durch die Atmosphäre und führt zur Erwärmung der Erdoberfläche. Die Oberfläche gibt diese Energie als Wärmestrahlung ab. Die in der Erdatmosphäre enthaltenen Gase, wie zum Beispiel Wasserdampf, Kohlenstoffdioxid und Methan, bewirken, dass der Großteil der Wärmestrahlung zur Oberfläche reflektiert wird und nur ein kleiner Teil in das Weltall entweichen kann. Die Erdatmosphäre heizt sich auf, ähnlich wie in einem Treibhaus. Dieser Effekt wird deshalb **natürlicher**

Treibhauseffekt genannt. Er bewirkt, dass die durchschnittliche Temperatur auf der Erdoberfläche rund 15 Grad Celsius beträgt. Ohne ihn läge diese Temperatur bei −18 Grad Celsius. Leben auf der Erde wäre nicht möglich.

Durch die wachsende Erdbevölkerung und ihre Nutzung von *fossilen Energieträgern* wie Erdöl und Kohle werden seit rund 150 Jahren große Mengen an Gasen wie Kohlenstoffdioxid und Methan frei. Diese zusätzlichen Treibhausgase verstärken den natürlichen Treibhauseffekt und werden wahrscheinlich zu einer deutlichen **Klimaerwärmung** führen, die gravierende Auswirkungen auf die Menschen haben kann. Mögliche Folgen sind Meeresspiegelanstieg, Überschwemmungen, Stürme oder Dürren.

1) Erläutere den Zusammenhang zwischen der steigenden Kohlenstoffdioxidkonzentration in der Atmosphäre und dem Anstieg des Meeresspiegels!

Material A ▸ Luftverschmutzung in Deutschland (2014)

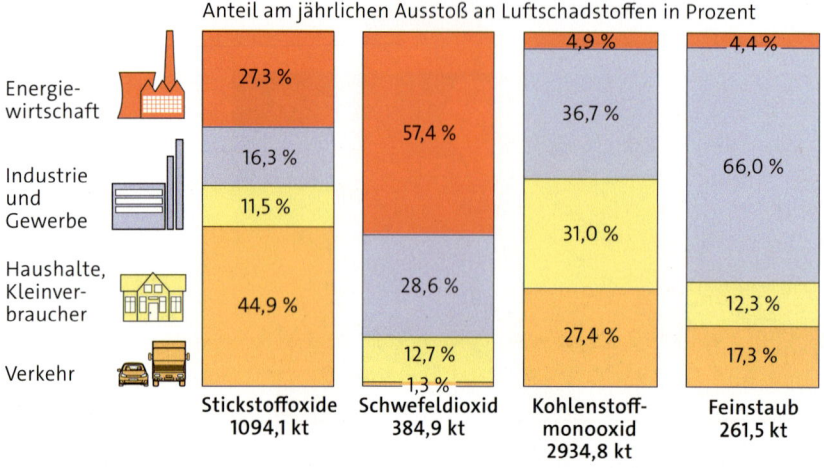

Anteil am jährlichen Ausstoß an Luftschadstoffen in Prozent

Energie-
wirtschaft

Industrie
und
Gewerbe

Haushalte,
Kleinver-
braucher

Verkehr

	Stickstoffoxide 1094,1 kt	Schwefeldioxid 384,9 kt	Kohlenstoff-monooxid 2934,8 kt	Feinstaub 261,5 kt
Energiewirtschaft	27,3 %	57,4 %	4,9 %	4,4 %
Industrie und Gewerbe	16,3 %		36,7 %	66,0 %
	11,5 %			
Haushalte, Kleinverbraucher	44,9 %	28,6 %	31,0 %	
				12,3 %
Verkehr	12,7 %	12,7 %	27,4 %	17,3 %
		1,3 %		

A1 Ermittle, wie viele Kilotonnen Luftschadstoffe jede Verursacher-gruppe insgesamt pro Jahr in die Luft abgibt! Trage die Ergebnisse in eine Tabelle ein!

A2 Erkläre, welche der Verursacher-gruppen die größte Masse an Luft-schadstoffen produziert!

A3 Formuliere eine Hypothese, wie die Belastung mit Luftschad-stoffen reduziert werden könnte!

Material B ▸ Bodenerosion

	Bodenbedeckung durch Bewuchs in Prozent	Bodenabtrag durch Wasser in Prozent	Abfluss des Niederschlags in Prozent
Buchenwald, Grünland	>70	<1	<30
Maisfeld	50	8	<30
Kartoffelacker	30	25	40
vegetationslose Offenlandfläche	0	100	45
asphaltierte Fläche	0	0	100

B1 Beschreibe den Zusammenhang zwischen Bodenbedeckung durch Bewuchs und Bodenerosion!

B2 Erkläre, weshalb in einem Buchen-wald deutlich weniger Nieder-schlag abfließt als von einem Kartoffelacker!

Material C ▸ Bevölkerungsentwicklung

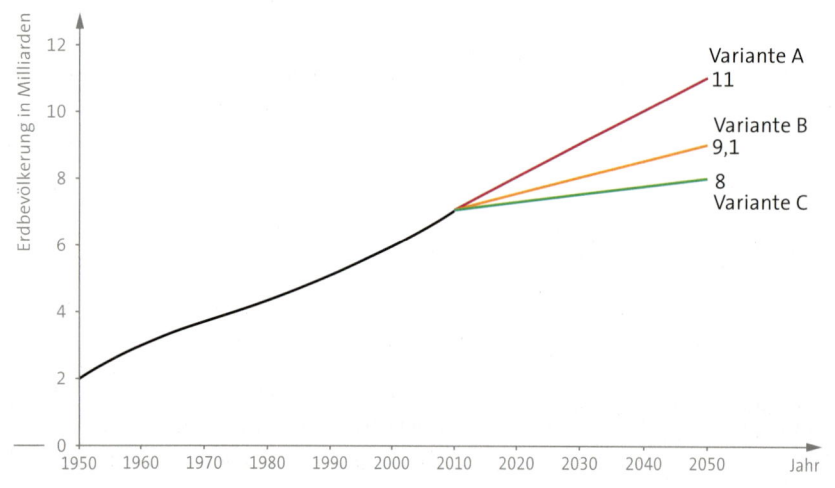

Erdbevölkerung in Milliarden

Variante A
11

Variante B
9,1

8
Variante C

Jahr

C1 Beschreibe die Kurven der Be-völkerungsentwicklung!

C2 Stelle Hypothesen auf, weshalb die Weltbevölkerung seit 1950 stark angestiegen ist!

C3 Stelle Hypothesen auf, welche Bedingungen zu den unterschied-lichen Kurvenverläufen geführt haben könnten!

Material D ▸ Ökologischer Fußabdruck

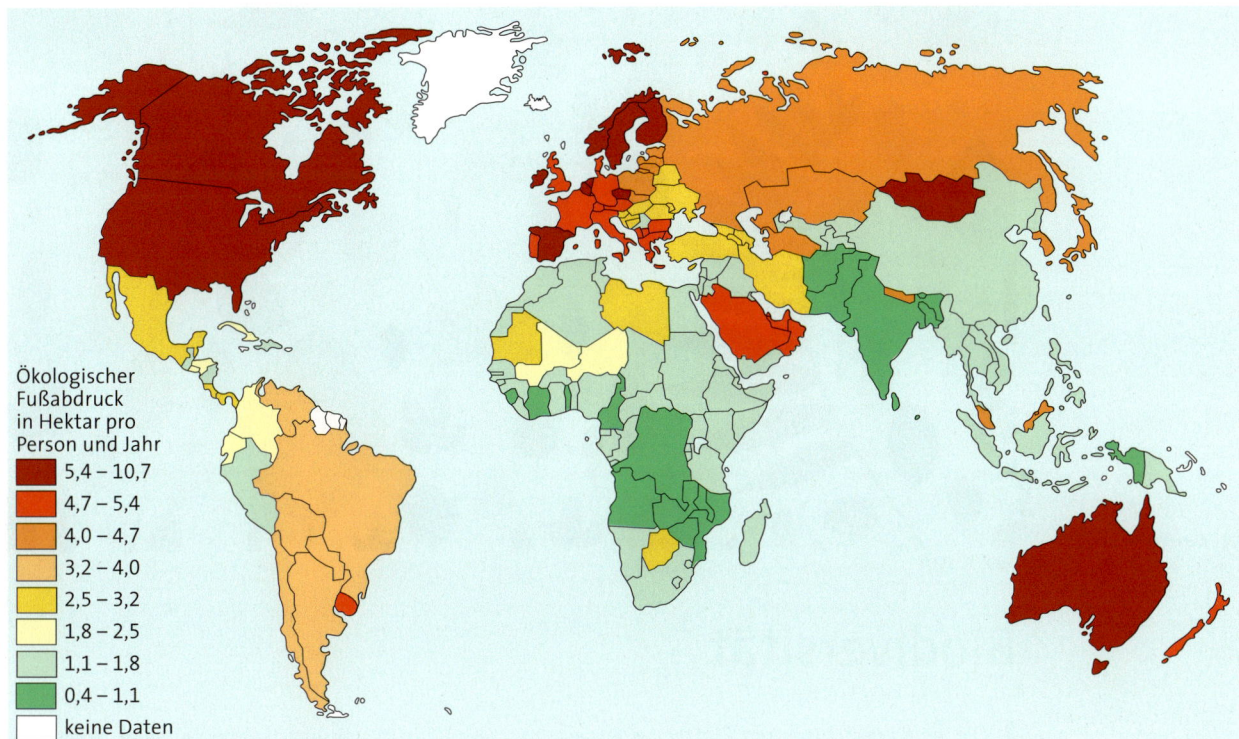

Ökologischer
Fußabdruck
in Hektar pro
Person und Jahr

- 5,4 – 10,7
- 4,7 – 5,4
- 4,0 – 4,7
- 3,2 – 4,0
- 2,5 – 3,2
- 1,8 – 2,5
- 1,1 – 1,8
- 0,4 – 1,1
- keine Daten

Der **ökologische Fußabdruck** ist ein Begriff, der Mitte der 1990er-Jahre geprägt wurde. Der ökologische Fußabdruck eines Menschen umfasst die Fläche, die er zur Aufrechterhaltung seines Lebensstandards benötigt. Darin eingeschlossen sind beispielsweise Flächen, die zur Produktion seiner Nahrung, Kleidung und Wohnung benötigt werden, sowie Flächen für die Bereitstellung der dazu notwendigen Energie. Auch Flächen für die Entsorgung der dabei entstehenden Abfallstoffe und die Flächen, die zum Binden des durch seine Aktivitäten frei gewordenen Kohlenstoffdioxids nötig sind, werden miteinbezogen. Der ökologische Fußabdruck ist somit ein Maß für den Ressourcenverbrauch eines Menschen und wird in Hektar pro Person und Jahr angegeben.

Der ökologische Fußabdruck eines Menschen in einem Industrieland ist weitaus größer als der eines Menschen in einem nur wenig entwickelten Land. So hat ein Deutscher einen fünfmal größeren ökologischen Fußabdruck als ein Inder. Das bedeutet, dass er pro Jahr die fünffache Menge an Ressourcen eines Inders benötigt. Vergleicht man den ökologischen Fußabdruck aller Menschen einer Region mit der Regenerationsfähigkeit der natürlichen Ressourcen in dieser Region, erhält man ein Maß für den menschlichen Nutzungsdruck auf diese Region. Wenn die Menschen einer Region mehr Ressourcen verbrauchen, als diese zur Verfügung stellen kann, ergibt sich ein **ökologisches Defizit.**

Bezogen auf die gesamte Menschheit wurde im Jahr 2013 etwa das Anderthalbfache dessen verbraucht, was uns die Erde an Ressourcen zur Verfügung stellen kann. Man könnte auch sagen, dass die Erde anderthalb Jahre benötigt, um die Ressourcen zu regenerieren, welche die Menschheit in diesem Jahr verbraucht hat.

D1 Ermittle deinen persönlichen Fußabdruck mithilfe eines Fußabdruckrechners im Internet!

D2 Vergleiche deinen persönlichen Fußabdruck mit dem deiner Freunde und mit dem Fußabdruck eines Menschen aus einem wenig entwickelten Land!

D3 Beschreibe mögliche Maßnahmen, mit der sich dein ökologischer Fußabdruck verkleinern ließe!

01 Artenvielfalt

Biodiversität

Die vielen verschiedenen Blätter zeigen einen Ausschnitt der Pflanzenvielfalt. Auf der Erde gibt es eine nahezu unüberschaubare Anzahl an Arten von Lebewesen. Welche Bedeutung hat diese Vielfalt für die Menschen?

Der Begriff Biodiversität bezieht sich aber auch auf die Vielfalt der Erbinformation, der Lebensgemeinschaften der Lebensräume. Biodiversität ist die *Vielfalt des Lebens auf allen Ebenen.*

ARTENVIELFALT · Heute kennen Wissenschaftler ungefähr 1,5 Millionen verschiedene Arten von Bakterien, Pilzen, Pflanzen und Tieren. Viele Arten sind jedoch noch nicht entdeckt worden, sodass man davon ausgeht, dass insgesamt mindestens drei Millionen verschiedene Arten an Lebewesen die Erde bevölkern. Manche Forscher rechnen sogar mit einer zweistelligen Millionenanzahl an Arten. Alleine der Anteil an Insektenarten könnte dabei bis zu acht Millionen betragen. Auch bei den sehr artenreichen Pilzen ist vermutlich nur ein kleiner Bruchteil der Arten bekannt.

NUTZEN DER BIODIVERSITÄT · Viele Lebewesen haben vor allem als *Nahrungsressource* einen direkten Nutzen für die Menschen. Aber auch Rohstoffe für Kleidung und viele weitere Güter wie Öle, Fette, Farbstoffe oder Harze stammen von Lebewesen.

Eine große Artenvielfalt hat auch einen indirekten Nutzen. Insekten tragen zum Beispiel als *Bestäuber* zur Ernährung des Menschen bei. Lebewesen sichern als *Schädlingsbekämpfer* die Ernten. Arzneistoffe aus der Natur helfen gegen Krankheiten. Ungefähr 40 Prozent aller Arzneimittel enthalten Inhaltsstoffe natürlichen Ursprungs.

Einige *industrielle Anwendungen* gehen auf Vorbilder aus der Natur zurück. Nach dem Vorbild der Blätter des Lotos werden Oberflächen herge-

lateinisch diversitas = Verschiedenheit

BIODIVERSITÄT · Die Vielfalt des Lebens bezeichnet man als **Biodiversität.** Häufig wird darunter nur die Artenvielfalt verstanden.

stellt, die sich selbst reinigen. Man spricht vom Lotoseffekt. Eine nach dem Vorbild der Haihaut konstruierte Außenhülle moderner Flugzeuge oder Schiffe spart Treibstoff.

Artenvielfalt und intakte Natur haben weiterhin einen hohen *Erholungs-* und *Freizeitwert* für den Menschen.

Nahrungsnetze und ökologische Beziehungen sind bei hoher Artenvielfalt dicht und führen damit zu *Stabilität*. Bei geringer Vielfalt kann das Aussterben nur einer Art die übrigen Arten einer Lebensgemeinschaft stark beeinträchtigen.

Nicht zuletzt sprechen *ethische Gründe* für den Erhalt der Biodiversität.

BEDROHUNG DER BIODIVERSITÄT · Die globale Vielfalt wird durch menschliche Aktivitäten entscheidend beeinflusst. Wenn pflanzliche oder tierische Populationen so stark durch den Menschen genutzt werden, dass sie sich nicht mehr erholen können und im Extremfall aussterben, spricht man von *Übernutzung*. Ein Beispiel hierfür ist die Überfischung der Meere.

Durch Überbauung, Abholzung, intensive Agrarnutzung oder Verschmutzung werden *Lebensräume zerstört*, beispielsweise im tropischen Regenwald. So gingen der Erde seit dem Jahr 2000 rund 150 000 Quadratkilometer Wald pro Jahr verloren, was knapp der Hälfte der Fläche Deutschlands entspricht. Populationen von Lebewesen können durch Zerstörung ihres Lebensraums verkleinert werden, was das Aussterberisiko erhöht.

Auch vom Menschen zufällig oder absichtlich *eingeführte Arten*, die Neobiota, verdrängen häufig einheimische Arten aus ihren Lebensräumen. Die aktuell stattfindende *Klimaveränderung* trägt ebenfalls zur Bedrohung der Artenvielfalt bei. Lebewesen, die Klimaveränderungen nicht ausweichen können, sind dabei besonders stark bedroht. Dies gilt beispielsweise für Pflanzen, aber auch für Korallen. Alle diese Faktoren werden durch die *wachsende Erdbevölkerung* und ihre Bedürfnisse weiter verstärkt.

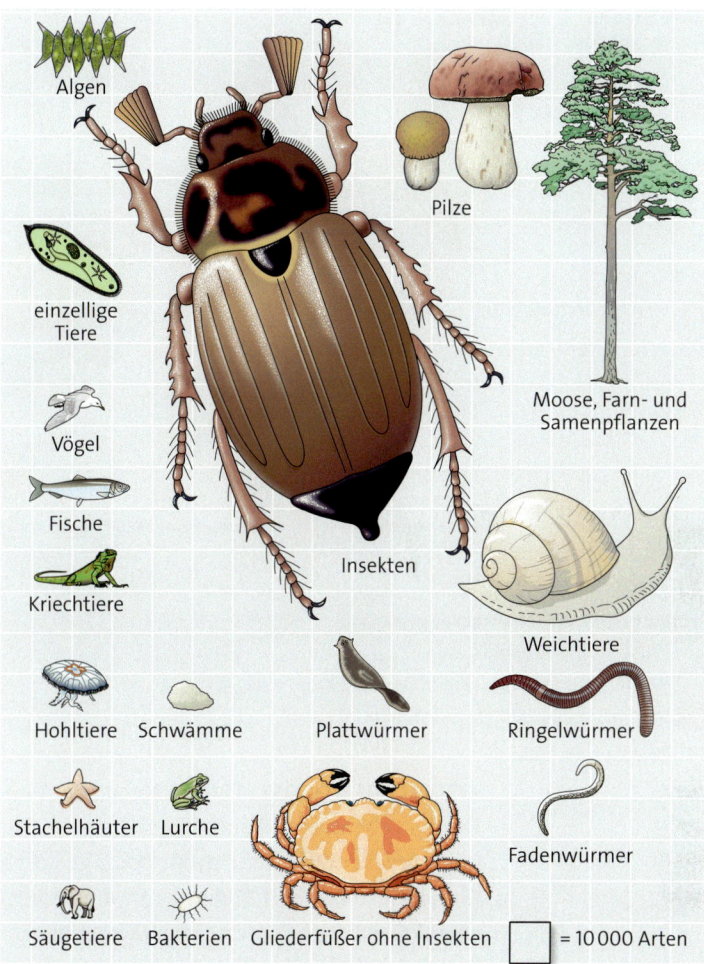

02 Artenzahl verschiedener Gruppen von Lebewesen

03 Lebensraumzerstörung durch Brandrodung in einem Regenwald

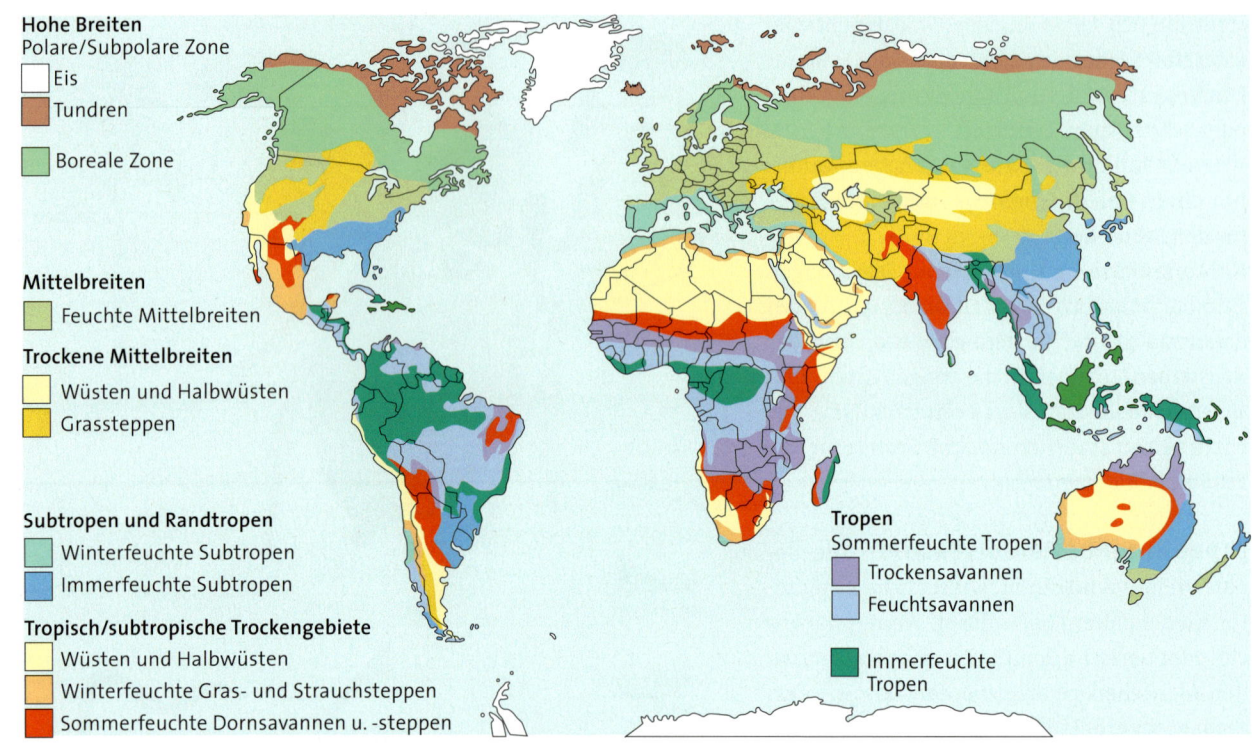

Hohe Breiten
Polare/Subpolare Zone
- Eis
- Tundren
- Boreale Zone

Mittelbreiten
- Feuchte Mittelbreiten

Trockene Mittelbreiten
- Wüsten und Halbwüsten
- Grassteppen

Subtropen und Randtropen
- Winterfeuchte Subtropen
- Immerfeuchte Subtropen

Tropisch/subtropische Trockengebiete
- Wüsten und Halbwüsten
- Winterfeuchte Gras- und Strauchsteppen
- Sommerfeuchte Dornsavannen u. -steppen

Tropen
Sommerfeuchte Tropen
- Trockensavannen
- Feuchtsavannen

- Immerfeuchte Tropen

04 Ökozonen der Erde

VIELFALT DER ÖKOSYSTEME · Neben der Vielfalt der Lebewesen ist auch die globale Vielfalt ihrer *Lebensräume* sehr groß. Bedingt durch Klima, Gesteine und Boden kann die Erde in charakteristische Bereiche, die **Ökozonen**, eingeteilt werden. Jeder Ökozone kann eine typische Vegetationsform zugeordnet werden. In den mittleren Breiten herrscht beispielsweise der *sommergrüne Laubwald* vor, während in den immerfeuchten Tropen der *immergrüne tropische Regenwald* charakteristisch ist.

Die polaren Zonen und die boreale Zone nehmen etwa 30 Prozent der Landoberfläche der Erde ein, die mittleren Breiten, in denen wir leben, ungefähr 10 Prozent. Die Wüsten der Subtropen und Tropen bedecken etwa 20 Prozent der Landfläche und die sommer- und immerfeuchten Tropen ungefähr 25 Prozent. Vor allem in den immerfeuchten Tropen ist die Artenvielfalt besonders hoch, ungefähr 70 Prozent aller bekannten Arten an Lebewesen kommen nur hier vor.

BEDROHUNG DER ÖKOSYSTEME · Lebensräume werden durch ähnliche Faktoren bedroht wie einzelne Arten. *Übernutzung* und *Klimaveränderung* sind dabei die entscheidenden Faktoren. Besonders stark durch Übernutzung bedrohte Lebensräume sind der tropische und subtropische Regenwald oder der mediterrane Hartlaubwald. Auch die Meere sind von Übernutzung, aber auch von *Verschmutzung* stark betroffen. Die tropischen Korallenriffe werden dagegen vor allem durch die Klimaveränderung bedroht. Auwälder und Feuchtgebiete in Europa werden durch *Flächenverbrauch* für Landwirtschaft, Verkehr und Siedlungen gefährdet.

1 ⌡ Erkläre die Bedeutung der Biodiversität für den Menschen!

2 ⌡ Erläutere anhand von drei Beispielen den Nutzen der Biodiversität!

3 ⌡ Beschreibe anhand von drei Beispielen, wie der Mensch die Biodiversität beeinflusst!

Arten- und Biotopschutz

ARTEN- UND BIOTOPSCHUTZ · Vor allem durch dichte Besiedlung, starke Bebauung und intensive landwirtschaftliche Nutzung geht die Artenvielfalt in Deutschland seit Jahren kontinuierlich zurück. Um diesen Rückgang zu verlangsamen oder aufzuhalten, werden bedrohte Pflanzen- und Tierarten gesetzlich unter *Artenschutz* gestellt. Es ist beispielsweise verboten, unter Schutz stehenden Pflanzen zu pflücken. Unter Schutz stehende Tierarten dürfen weder gefangen noch getötet werden.

Artenschutz alleine kann aber nur begrenzt zum Schutz bedrohter Lebewesen beitragen. Viel wichtiger ist ein Schutz ihrer Lebensräume, der *Biotopschutz.* Der Naturschutz strebt daher eine Kombination aus Artenschutz und Biotopschutz an.

01 Streuobstwiese

SCHUTZKATEGORIEN · In Deutschland gibt es verschiedene Schutzkategorien für Lebensräume. Wichtigste und strengste Schutzkategorien sind der *Nationalpark,* das *Naturschutzgebiet* und das *Biosphärenreservat.* In diesen Gebieten ist die menschliche Nutzung stark eingeschränkt oder untersagt und der Großteil der Flächen darf nicht betreten werden.

Einzelne kleinflächige Besonderheiten wie alte Bäume oder Felsen können unter die Kategorie *Naturdenkmal* fallen und sind so vor schädlichen Veränderungen geschützt.

Die Kriterien für die Kategorien *Landschaftsschutzgebiet* und *Naturpark* sind weniger streng. Nutzung durch Landwirtschaft und Tourismus sind hier möglich, beispielsweise bei Streuobstwiesen. Lediglich gravierende Eingriffe ins Landschaftsbild wie Straßenbau oder Wohnbebauung sind nicht gestattet.

1) Beschreibe den Zusammenhang zwischen Artenschutz und Biotopschutz!

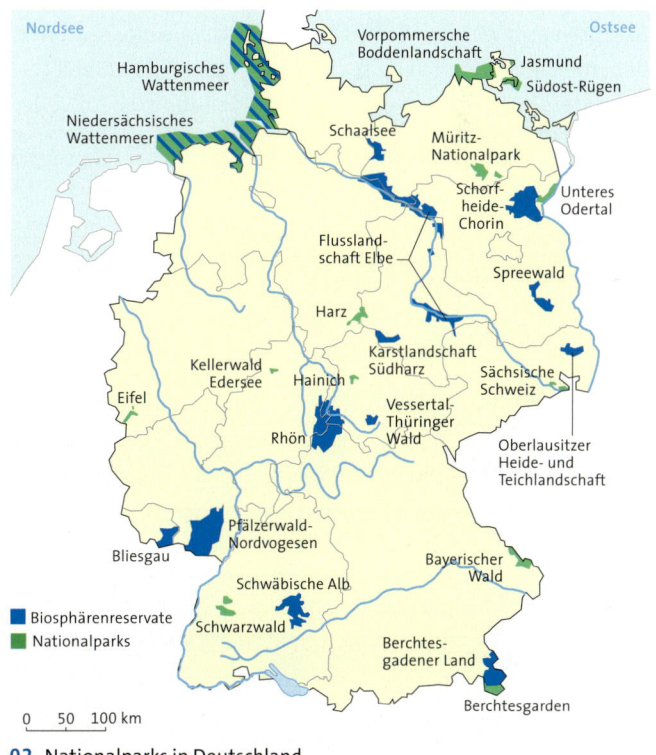

02 Nationalparks in Deutschland

Material A ▸ Biodiversität von Pflanzen

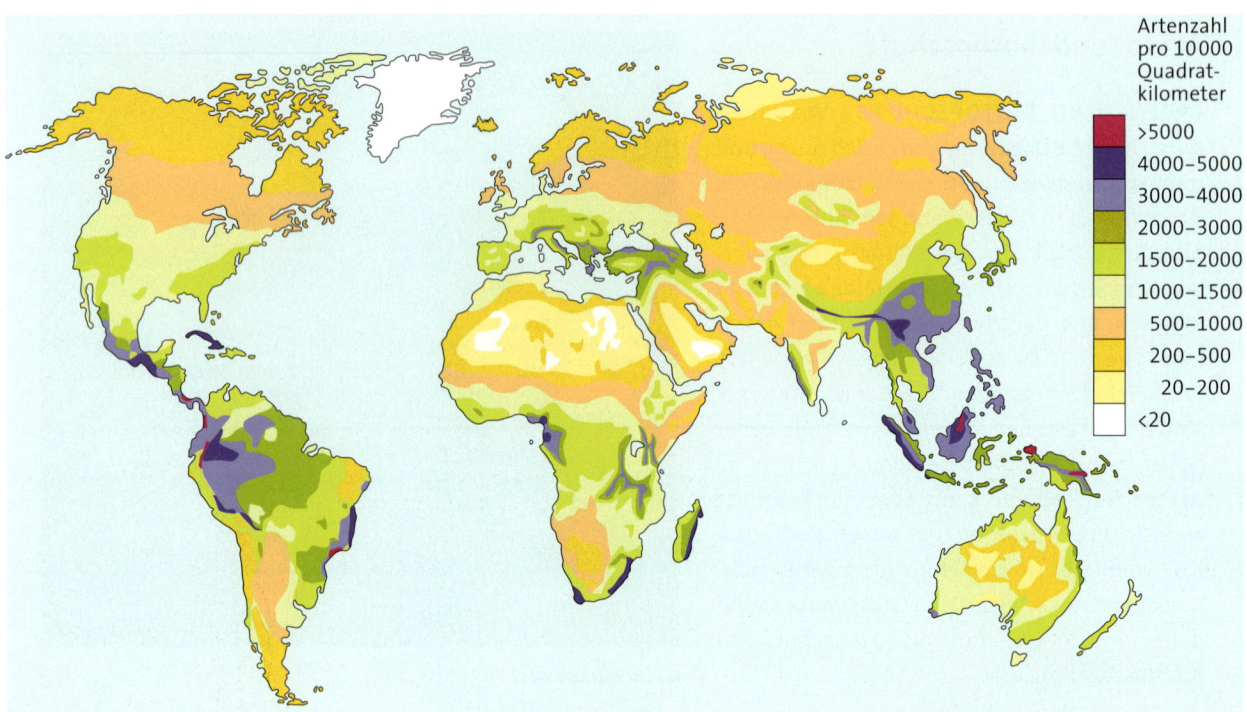

Artenzahl
pro 10000
Quadrat-
kilometer

- >5000
- 4000–5000
- 3000–4000
- 2000–3000
- 1500–2000
- 1000–1500
- 500–1000
- 200–500
- 20–200
- <20

A1 Beschreibe, in welchen Gebieten der Erde die Pflanzenvielfalt besonders hoch ist!

A2 Nenne die Ökozonen der in A1 genannten Gebiete! Nimm die Abbildung 04 auf Seite 138 zu Hilfe!

A3 Stelle eine Hypothese auf, weshalb gerade in Gebieten mit hoher Pflanzenvielfalt der Schutz der Diversität häufig besonders schwierig ist!

Material B ▸ Artensterben

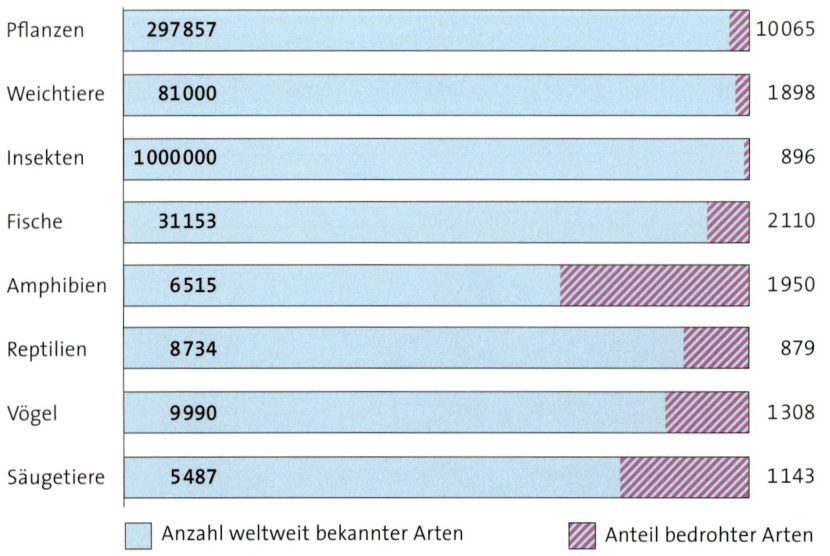

	Anzahl weltweit bekannter Arten	Anteil bedrohter Arten
Pflanzen	297857	10065
Weichtiere	81000	1898
Insekten	1000000	896
Fische	31153	2110
Amphibien	6515	1950
Reptilien	8734	879
Vögel	9990	1308
Säugetiere	5487	1143

B1 Ermittle den Anteil bedrohter Arten jeder Gruppe in Prozent! Trage die Ergebnisse in eine Tabelle ein!

B2 Nenne die vier Tiergruppen, bei denen der Anteil bedrohter Arten besonders hoch ist!

B3 Stelle eine Hypothese auf, durch welche Bedrohungen die hohen Anteile der bei B2 genannten Tiergruppen zustande kommen!

Material C ▸ Schutz von Lebensräumen in Deutschland

A

B

C

Natürliche oder naturnahe Lebensräume wie Wacholderheiden, Hochmoore oder ursprüngliche Buchenwälder werden in Deutschland immer seltener und sind stark bedroht. Auch die in diesen Lebensräumen vorkommenden Pflanzen- und Tierarten sind daher häufig gefährdet.

Insgesamt nehmen natürliche oder naturnahe Lebensräume knapp zehn Prozent der Fläche Deutschlands ein. Viele dieser Flächen stehen unter Naturschutz, um sie als Lebensraum, aber auch zur Erholung für den Menschen zu erhalten.

C1 Recherchiere in Fachliteratur und im Internet über einen der drei Lebensräume! Erstelle eine Präsentation über den Lebensraum mit folgenden Punkten: Vorkommen in Deutschland, Nutzung durch den Menschen, Besonderheit des Lebensraums, besondere Tier- und Pflanzenarten!

C2 Bewerte, ob der von dir gewählte Lebensraum bedroht ist!

C3 Erläutere, welche Maßnahmen zum Schutz des gewählten Lebensraums ergriffen werden können!

01 Heizen mit Holz

Nachhaltiges Handeln

Immer mehr umweltbewusste Menschen heizen ihre Wohnungen mit Holz. Nützt es wirklich der Umwelt, Holz als Brennstoff zu verwenden?

02 Hans Carl VON CARLOWITZ (1645–1714), sächsischer Bergrat, zuständig für die Holzversorgung des kursächsischen Berg- und Hüttenwesens

NACHHALTIGKEIT · Im Mittelalter rodete man in Zentraleuropa Wälder, um Nahrung für die wachsende Bevölkerung anzubauen sowie um Brenn- und Baustoffe zu gewinnen. Zu Beginn der Neuzeit waren nur dort noch Waldreste übrig, wo keine Landwirtschaft möglich war. Man erkannte, wenn es auch künftig Holz zum Bauen und Jagdreviere für den Adel geben sollte, durfte nur noch so viel Holz geschlagen werden, wie gleichzeitig nachwuchs. Für diese Wirtschaftsweise prägte Hans Carl VON CARLOWITZ im Jahre 1713 den Begriff **Nachhaltigkeit.**

Heute werden in unserer Region Wälder nachhaltig bewirtschaftet. Allgemein versteht man inzwischen unter Nachhaltigkeit, dass Ressourcen nur in dem Maße genutzt werden, wie sie neu entstehen.

Bei der Holzfeuerung wird Energie genutzt, die im Holz eines Baumes gespeichert ist. Wenn man nicht mehr Holz verbrennt als gleichzeitig nachwächst, ist auch die Wärmegewinnung und die Freisetzung des klimaschädlichen Kohlenstoffdioxids nachhaltig. Beim Verbrennen von Holz entsteht nämlich genauso viel Kohlenstoffdioxid, wie der Baum zuvor bei der Fotosynthese aufgenommen hat.

Umweltschädlich sind aber zum Beispiel der beim Verbrennen von Holz entstehende Feinstaub sowie die Schwefel- und Stickstoffoxide. Diese Stoffe müssten mit Rauchfiltern abgefangen werden. Auch sollten nur zu Pellets gepresste Sägespäne und Holzreste verheizt werden, da die Bau- und Möbelindustrie ebenfalls Holz benötigt. Hinzu kommt, dass nur einige Menschen diese Art der Wärmegewinnung nutzen können. Heizen mit Holz kann daher nur unter Berücksichtigung dieser Punkte ein Mosaikstein in einem Gesamtkonzept zur nachhaltigen und umweltfreundlichen Energiegewinnung sein.

UMGANG MIT RESSOURCEN · Über Jahrtausende hielten Menschen die Ressourcen ihrer Umwelt für unerschöpflich. Man nahm sich, was man brauchte, ohne sich über die Folgen Gedanken zu machen. Später wurden schwer zugängliche Rohstoffe mithilfe immer leistungsfähigerer Techniken gewonnen. Die Grenze der Verfügbarkeit vieler natürlicher Ressourcen rückt immer näher, was durch das rasante Bevölkerungswachstum beschleunigt wird. Zudem heizt das auf Wachstum ausgerichtete Weltwirtschaftssystem den Verbrauch an Rohstoffen weiter an.

PHOSPHAT · Am Beispiel des Phosphatverbrauchs wird deutlich, welche Folgen der ungezügelte Verbrauch wichtiger Rohstoffe haben kann. Lebewesen brauchen auch Phosphat, beispielsweise zum Aufbau der Erbsubstanz und für den Energiestoffwechsel. Pflanzen nehmen es aus dem Boden auf und Tiere mit der Nahrung. Die intensive Landwirtschaft mit ihrer hohen Futtermittelproduktion für die Massentierhaltung ist auf eine Zufuhr von Phosphat als Dünger angewiesen.

Heute werden weltweit jährlich 40 Millionen Tonnen Phosphat zur Produktion von Düngemitteln abgebaut. Nach Schätzungen reichen die in Gesteinen lagernden Phosphatvorräte noch 50 bis 100 Jahre. Bei weiterhin hohem Phosphatverbrauch wird in absehbarer Zeit die Pflanzenproduktion erheblich eingeschränkt sein. Die damit verbundenen Konsequenzen kann man nur vermeiden, wenn es gelingt, das beim Abbau organischer Substanz wieder freiwerdende Phosphat aus Abwasser und Klärschlamm zu recyceln. Nur eine solche **Kreislaufwirtschaft** ist nachhaltig.

GRUNDWASSER · Auch der Weg des Wassers in der Biosphäre ist ein Stoffkreislauf. Natürlicherweise fließt ein Teil des Regenwassers durch Bäche, Seen und Flüsse ins Meer, verdunstet, bildet Wolken und regnet wieder ab. Ein anderer Teil sickert ins Grundwasser. Dieses tritt in Quellen

03 Phosphatabbau

04 Regenwasserversickerung auf einem Schulhof

wieder zutage oder fließt unterirdisch in Flüsse und gelangt nach langer Zeit ins Meer.

Mehr als 70 Prozent unseres Trinkwassers werden aus Grundwasser gewonnen. Aufgrund der Versiegelung vieler Flächen durch Gebäude, Straßen und Plätze fließt aber ein erheblicher Teil des Regenwassers in die Kanalisation und über Klärwerke direkt in Flüsse. Das hat zur Folge, dass weniger Grundwasser entsteht. Wie kann man die lebenswichtige Ressource Grundwasser nachhaltig bewirtschaften? Man kann zum Beispiel versiegelte Flächen wieder aufbrechen, indem man Parkplätze mit wasserdurchlässigen Belägen wie Rasengittersteinen versieht, Regenwasser in Versickerungsmulden leitet und das von Dächern abfließende Wasser in Regentonnen als Wasser zum Gießen sammelt.

1 Erkläre, weshalb letztlich nur eine Kreislaufwirtschaft nachhaltig ist!

KUNSTSTOFFMÜLL · Kunststoffe können in technischen Verfahren aus Erdölprodukten oder rein synthetisch, also chemisch, hergestellt werden. Deshalb sind sie keine Naturprodukte und haben keinen natürlichen Stoffkreislauf. Sie werden in der Natur nicht oder nur sehr langsam abgebaut.

Insbesondere in den Meeren bleibt die Verschmutzung durch Kunststoffmüll nicht örtlich begrenzt. Dies zeigte der Unfall eines Containerschiffes im Nordpazifik im Jahr 1992. Dabei gingen drei Container, die mit Badespielzeug aus Kunststoff gefüllt waren, über Bord. Einige Monate später strandeten Spielzeugtiere an den Küsten von Alaska, Indonesien und Chile. Weitere Fundmeldungen brachten Kenntnisse über die Ausbreitung von Müll in den Weltmeeren. Der Spielzeughersteller setzte einen Finderlohn auf das Strandgut aus, das anhand von Prägestempeln identifiziert werden konnte. So wurden weitere Funde bis ins Jahr 2003 von der Atlantikküste Kanadas und der Ostküste Englands gemeldet.

Die mit den Badeenten belegte Verteilung in den Weltmeeren trifft auch für Kunststoffmüll wie Einwegflaschen, Verpackungsmaterial und defekte Fischernetze zu. Seevögel verfangen sich in den Kunststoffleinen oder in Getränkeverpackungen. Robben schnappen nach leeren Flaschen, die dann unverdaut im Magen bleiben. Noch gefährlicher sind Kunststoffreste, die jahrelang im Meer schwimmen und dabei in immer kleinere Stücke zerbrechen. Im Meerwasser vorhandene Erdölreste und Pestizide aus der Landwirtschaft bleiben daran haften. Winzig kleine Teile dieses Kunststoffmülls werden von Planktonfressern aufgenommen. Über Nahrungsketten reichern sich damit diese gesundheitsschädlichen Stoffe auch in Speisefischen stärker an und gelangen schließlich auf unsere Teller.

Wie kann man die Verschmutzung mit Kunststoffmüll vermeiden? Kunststoffprodukte sollten nicht in die Umwelt gelangen, sondern nach Gebrauch zu neuen Produkten verarbeitet oder umweltverträglich verbrannt werden. Zudem kann der Verbraucher Kunststoffmüll vermeiden, indem er zum Beispiel Verpackungen aus natürlichen Stoffen bevorzugt oder Glasflaschen und -behältnisse verwendet.

NACHHALTIGES HANDELN · Die Beispiele Holzverbrauch, Kohlenstoffdioxid-Emission, Phosphatverbrauch, Grundwassererneuerung und Kunststoffmüll zeigen, dass nachhaltiges Handeln sehr unterschiedlich sein kann. Nicht erneuerbare Ressourcen sollten geschont und Alternativen dafür entwickelt werden. Stoffe, die natürliche Kreisläufe durchlaufen, sollten so genutzt und erneuert werden, dass der natürliche Kreislauf ungestört erhalten bleibt, und künstliche Stoffe sollten nicht unkontrolliert in die Umwelt gelangen, sondern recycelt oder unschädlich gemacht werden. Das Ziel nachhaltigen Handelns muss jeweils sein, folgenden Generationen eine saubere, natürliche Umwelt mit einem ausreichenden Maß an lebensnotwendigen Ressourcen zu hinterlassen.

2 ⌡ Erkläre, wie Kunststoffmüll aus deiner Heimat ins Meer gelangt!

3 ⌡ Erkläre nachhaltiges Handeln an einem Beispiel!

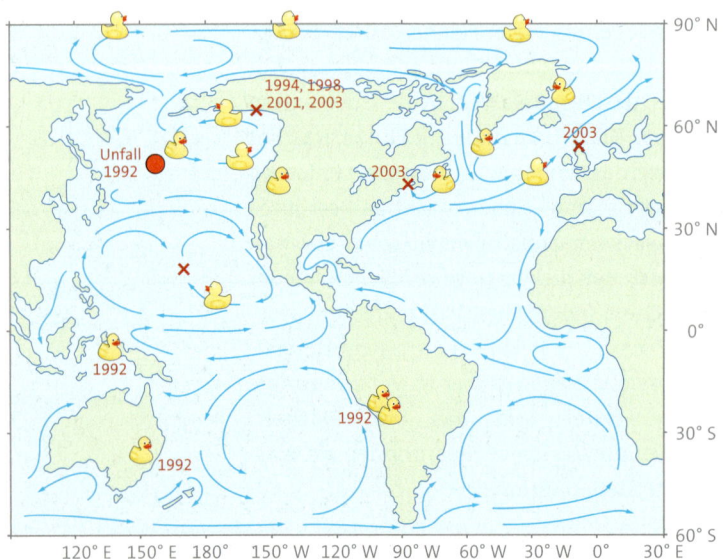

05 Verdriftung von Badeenten in Pazifik und Atlantik

Material A ▶ Globaler Kohlenstoffkreislauf

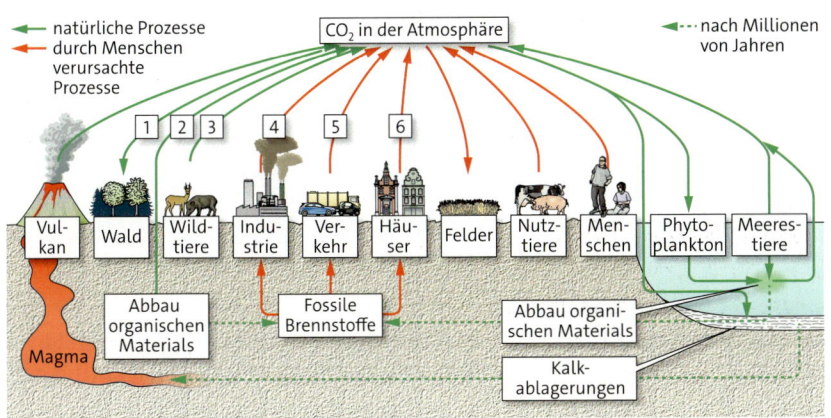

← natürliche Prozesse
← durch Menschen verursachte Prozesse

CO₂ in der Atmosphäre

◀--- nach Millionen von Jahren

Vulkan · Wald · Wildtiere · Industrie · Verkehr · Häuser · Felder · Nutztiere · Menschen · Phytoplankton · Meerestiere

Magma

Abbau organischen Materials · Fossile Brennstoffe · Abbau organischen Materials · Kalkablagerungen

CO₂-Ausstoß pro Jahr durch	Deutschland	Gesamte Welt
menschliche Atmung	30 Mio. Tonnen 82 Mio. Menschen	2,7 Mrd. Tonnen 7,2 Mrd. Menschen
Energiegewinnung	750 Mio. Tonnen	41 Mrd. Tonnen

Temperatur in Grad Celsius	CO₂-Löslichkeit in Gramm pro Liter Wasser
0	3,26
10	2,28
20	1,67
30	1,28

A1 Vergleiche den globalen Kohlenstoffkreislauf mit einem natürlichen Kohlenstoffkreislauf! Nimm dazu die Abbildung auf Seite 80 oder 110 zu Hilfe.

A2 Erkläre die natürlichen Prozesse 1 bis 3!

A3 Bewerte nachhaltige Alternativen für die durch Menschen verursachten Prozesse 4 bis 6!

A4 Erkläre den Einfluss des Bevölkerungswachstums auf den globalen Kohlenstoffkreislauf unter Einbeziehung der linken Tabelle!

A5 Erkläre den Einfluss der Löslichkeit von CO₂ in Wasser auf das Klima mithilfe der rechten Tabelle!

Material B ▶ Minimumgesetz

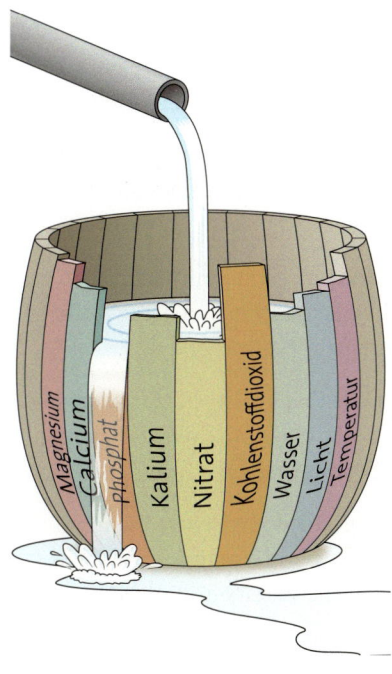

Magnesium · Calcium · Phosphat · Kalium · Nitrat · Kohlenstoffdioxid · Wasser · Licht · Temperatur

Düngung der Pflanzen mit Phosphat	Zusätzliche Düngung mit anderen Mineralstoffen	Wachstumssteigerung der Pflanzen
keine	nein	keine
wenig	nein	kaum
viel	nein	stark
sehr viel	nein	stark
sehr viel	ja	sehr stark

Der Chemiker Justus VON LIEBIG erkannte durch Versuche die Bedeutung der Mineralstoffe für das Pflanzenwachstum. Dabei stellte er Gesetzmäßigkeiten fest, die er als **Minimumgesetz** formulierte. Als Modell für die Gesetzmäßigkeit gilt die **Minimumtonne**.

B1 Beschreibe das Modell der Minimumtonne!

B2 Erkläre die in der Tabelle angegebenen Veränderungen des Pflanzenwachstums, wenn kein, viel und sehr viel Phosphatdünger verwendet wird, durch das Minimumgesetz!

B3 Erkläre das unterschiedliche Pflanzenwachstum, das in den letzten beiden Tabellenzeilen angegeben ist!

B4 Bewerte die Verwendung von Phosphatdünger!

B5 Nenne nachhaltige Alternativen zur Verwendung von künstlichem Phosphatdünger!

A ▸ Ökosystem mehr als ein Lebensraum

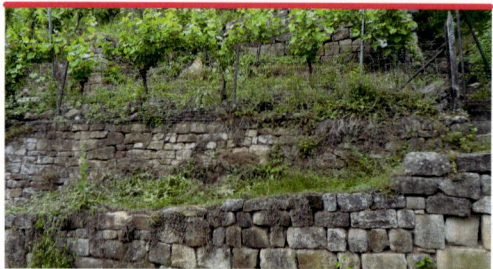

Kann ich …

1 ❯ beschreiben, was ein Biotop ist? *(Seite 60)*

2 ❯ fünf Beispiele für abiotische Umweltfaktoren nennen? *(Seite 60)*

3 ❯ beschreiben, was man unter einer Population versteht? *(Seite 60 und 61)*

4 ❯ die Begriffe Fauna und Flora definieren? *(Seite 60 und 61)*

5 ❯ anhand von Beispielen beschreiben, was man unter biotischen Umweltfaktoren versteht? *(Seite 60 und 61)*

6 ❯ die Begriffe Biotop, Biozönose und Ökosystem miteinander vergleichen? *(Seite 60 und 61)*

7 ❯ die Nahrungsbeziehungen in einem Ökosystem am Beispiel der Trockenmauer beschreiben? *(Seite 62)*

8 ❯ einen Zusammenhang zwischen den Begriffen Nahrungskette und Nahrungsnetz herstellen? *(Seite 62)*

9 ❯ die Begriffe Produzent, Konsument und Destruent mithilfe von Beispielen erläutern? *(Seite 62)*

10 ❯ Beschreiben, wie man bei der Untersuchung eines Ökosystems vorgehen kann? *(Seite 64 und 65)*

B ▸ Ökosystem Wald

Kann ich …

1 ❯ verschiedene mitteleuropäische Waldtypen beschreiben und deren Entstehung erläutern? *(Seite 66 und 67)*

2 ❯ den Unterschied zwischen einem physiologischen und einem ökologischen Optimum erklären? *(Seite 68)*

3 ❯ die Ebenen und Kreisläufe in einem Nahrungsnetz erläutern? *(Seite 70 und 71)*

4 ❯ die Lotka-Volterra-Regeln an einem Beispiel beschreiben? *(Seite 70)*

5 ❯ Symbiose und Parasitismus miteinander vergleichen? *(Seite 72)*

6 ❯ den Begriff ökologische Nische erläutern? *(Seite 74)*

7 ❯ das Konkurrenzausschlussprinzip an einem Beispiel beschreiben? *(Seite 75)*

8 ❯ interspezifische und intraspezifische Konkurrenz miteinander vergleichen? *(Seite 76)*

9 ❯ die Stockwerke eines mitteleuropäischen Mischwalds nennen und deren Aufbau beschreiben? *(Seite 82 und 83)*

10 ❯ die Umweltbedingungen verschiedener Stockwerke eines Mischwalds beschreiben? *(Seite 82 und 83)*

11 ❯ die Unterschiede zwischen einem Sonnenblatt und einem Schattenblatt der Buche beschreiben? *(Seite 83)*

12 erklären, was man unter einer Aspekt-folge versteht? *(Seite 86)*

13 die Bedeutung des Lichts für die Vegetation eines Waldes im Jahresverlauf erläutern? *(Seite 86 und 87)*

14 die Sukzession in einem Mischwald beschreiben? *(Seite 188)*

15 natürliche Waldschäden beschreiben? *(Seite 92)*

16 die Schadstufen eines Waldes am Beispiel der Fichte beschreiben? *(Seite 93)*

17 Ursachen des Waldsterbens erläutern? *(Seite 94)*

18 Maßnahmen zur Begrenzung von Waldschäden erklären? *(Seite 94)*

19 natürliche und neuartige Waldschäden miteinander vergleichen und jeweils Ursachen beschreiben? *(Seite 92 bis 94)*

C ▸ Ökosystem See und Fließgewässer

Kann ich ...

1 die abiotischen Umweltfaktoren eines Sees nennen? *(Seite 100)*

2 die Abfolge der Pflanzenzonen an einem Seeufer beschreiben? *(Seite 101)*

3 eine Nahrungsbeziehung im Ökosystem See darstellen? *(Seite 102)*

4 die Schichtungen und die Wasserzirkulation eines Sees während eines Jahres miteinander vergleichen? *(Seite 104 und 105)*

5 Gefährdungen des Ökosystems See beschreiben? *(Seite 114)*

6 einen oligotrophen See mit einem eutrophen See vergleichen? *(Seite 115)*

7 die Zonen eines Fließgewässers beschreiben? *(Seite 118 und 119)*

8 an Beispielen beschreiben, wie Lebewesen an die Strömung eines Fließgewässern angepasst sind? *(Seite 120)*

9 die Gefährdung von Fließgewässern beschreiben? *(Seite 122 und 123)*

10 Beispiele wichtiger Zeigerarten für verschiedene Qualitätsklassen eines Fließgewässers nennen? *(Seite 123)*

11 erläutern, was man unter der Renaturierung eines Fließgewässers versteht? *(Seite 124)*

12 Beispiele für die Wiederbesiedlung von Fließgewässern beschreiben? *(Seite 124)*

D ▸ Energiefluss und Stoffkreisläufe

Kann ich ...

1 die Energieumwandlung an einem Beispiel erläutern? *(Seite 78 und 108)*

2 die Zehn-Prozent-Regel erklären? *(Seite 79 und 109)*

3 erläutern, was man unter einer Biomassenpyramide versteht? *(Seite 109)*

4 an einem Beispiel beschreiben, was man unter dem Energiefluss in einem Ökosystem versteht? *(Seite 79, 108 und 109)*

5 den Kohlenstoffkreislauf im See und Wald mithilfe von Grafiken erklären? *(Seite 80, 110 und 111)*

6 den Stickstoffkreislauf im See und Wald mithilfe von Grafiken erklären? *(Seite 80, 110 und 111)*

7 den Sauerstoffkreislauf im See und Wald mithilfe von Grafiken erklären? *(Seite 80, 110 und 111)*

E ▸ Umweltbelastungen

Kann ich ...

1 Beispiele für erneuerbare und nicht erneuerbare natürliche Ressourcen nennen? *(Seite 130)*

2 Ursachen für den steigenden Verbrauch an natürlichen Ressourcen erklären? *(Seite 130 und 131)*

3 vier Beispiele für Luftschadstoffe nennen? *(Seite 131)*

4 die Ursachen beschreiben, durch die Schadstoffe in die Luft gelangen? *(Seite 131)*

5 die Möglichkeiten der Abfallbeseitigung beschreiben? *(Seite 131)*

6 Beispiele für Abfallstoffe nennen, die sich recyceln lassen? *(Seite 131)*

7 beschreiben, wie es zu einer Versiegelung der Landschaft kommen kann? *(Seite 132)*

8 die Folgen der Intensivierung der Landwirtschaft an Beispielen erläutern? *(Seite 132)*

9 Die Begriffe Versiegelung, Verdichtung und Bodenerosion miteinander vergleichen? *(Seite 132)*

F ▸ Natur- und Umweltschutz

Kann ich ...

1 ⌡ den Begriff Biodiversität erläutern? *(Seite 136)*

2 ⌡ Beispiele nennen, wie der Mensch die Vielfalt der Lebewesen direkt und indirekt nutzt? *(Seite 136 und 137)*

3 ⌡ den Zusammenhang zwischen Artenvielfalt und Stabilität von Nahrungsketten beschreiben? *(Seite 136 und 137)*

4 ⌡ die verschiedenen Formen der Bedrohung der Artenvielfalt an Beispielen erläutern? *(Seite 137)*

5 ⌡ erklären, weshalb bestimmte Arten von Lebewesen durch den Klimawandel besonders bedroht sind? *(Seite 137)*

6 ⌡ den Ökozonen der Erde Vegetationsformen zuordnen? *(Seite 138)*

7 ⌡ Ökosysteme nennen, die durch Klimaänderung, Verschmutzung oder Übernutzung besonders bedroht sind? *(Seite 138)*

8 ⌡ den Begriff Nachhaltigkeit erklären? *(Seite 142)*

9 ⌡ Vor- und Nachteile für die Umwelt von Holz als Brennstoff beschreiben? *(Seite 142)*

10 ⌡ die Folgen von Phosphatverbrauch für die Landwirtschaft erläutern? *(Seite 143)*

11 ⌡ die Folgen von Phosphatverbrauch für die Umwelt erläutern? *(Seite 143)*

12 ⌡ erklären, wie man die lebenswichtige Ressource Grundwasser nachhaltig bewirtschaften kann? *(Seite 143)*

13 ⌡ die Vorteile einer Kreislaufwirtschaft erläutern? *(Seite 142 und 143)*

14 ⌡ erläutern, weshalb Kunststoffmüll die Umwelt belastet? *(Seite 144)*

15 ⌡ die Ziele nachhaltigen Handelns erläutern? *(Seite 142 bis 144)*

Kann ich aus dem Kapitel „Ökologie"
Beispiele nennen für das biologische Prinzip:

- Angepasstheit?
- Stoff- und Energieumwandlung?
- Variabilität?
- Reproduktion?
- Steuerung und Regelung?
- Struktur und Funktion?

Genetik

In diesem Kapitel beschäftigst du dich mit

- ► der Erbinformation. Du erfährst etwas über das Wachstum durch Zellvermehrung und über die Zellbestandteile, die chemischen Substanzen und die Vorgänge, die an der Vererbung beteiligt sind.

- ► der Speicherung der Erbinformation in den Zellen. Du lernst, wie mithilfe der Erbinformation Merkmale eines Lebewesens entstehen.

- ► den Regeln der Vererbung. Du lernst Erklärungen dafür kennen, wie Merkmale an die Nachkommen weitergegeben werden.

- ► den möglichen Veränderungen der Erbinformation. Du lernst Formen und Folgen der Veränderungen der Erbinformation kennen.

- ► Methoden der Pflanzen- und Tierzucht sowie mit modernen Verfahren der Biotechnologie in der Landwirtschaft und Medizin.

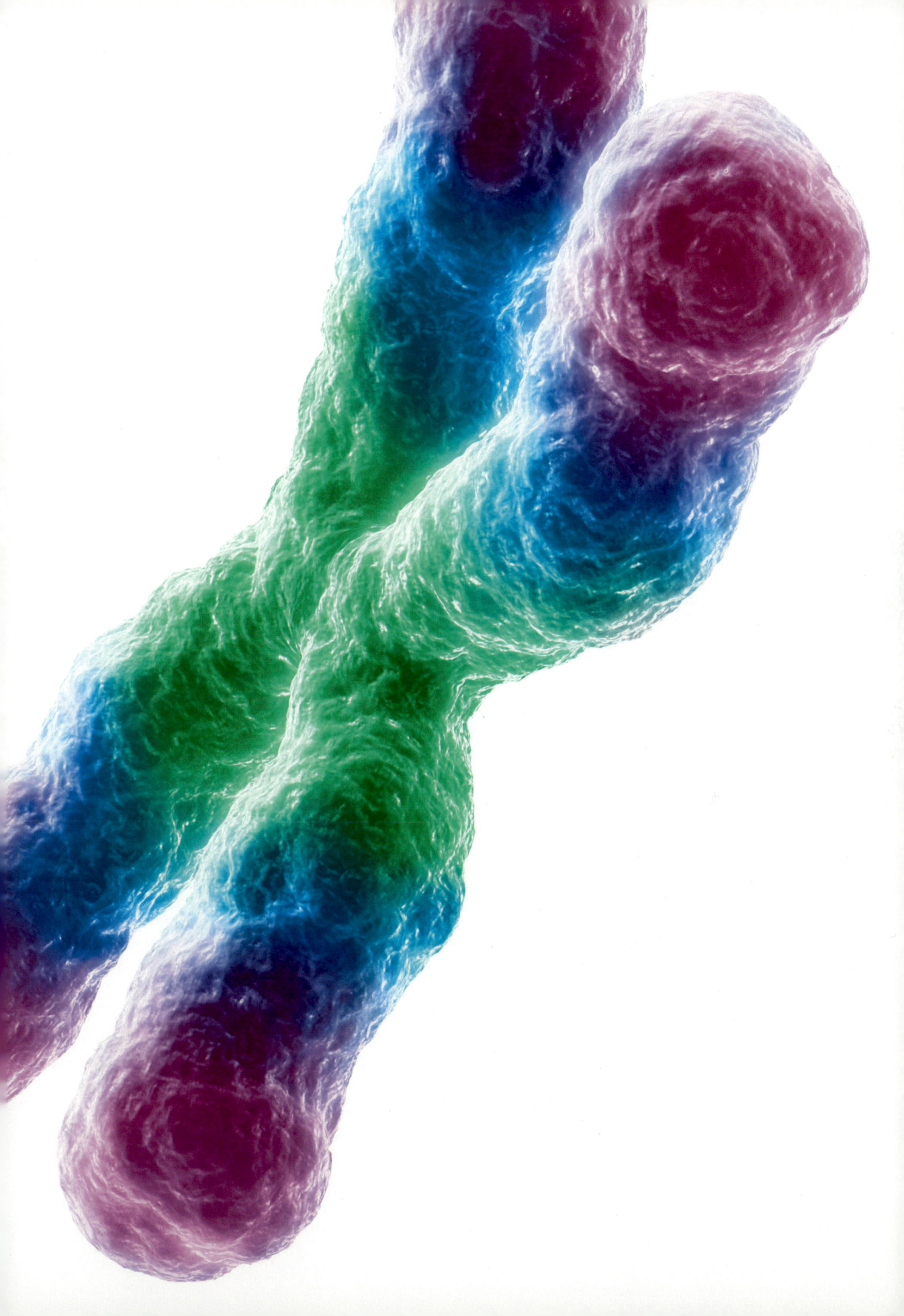

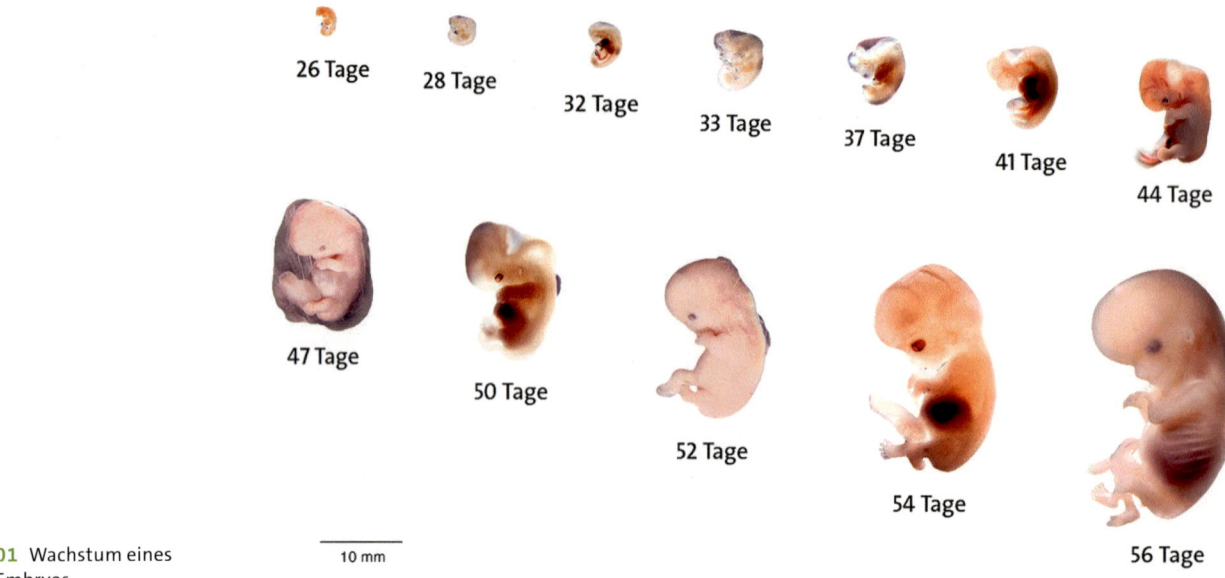

26 Tage
28 Tage
32 Tage
33 Tage
37 Tage
41 Tage
44 Tage
47 Tage
50 Tage
52 Tage
54 Tage
56 Tage

10 mm

01 Wachstum eines Embryos

Teilung und Wachstum

Die Entwicklung eines menschlichen Embryos beginnt mit einer einzigen kleinen Zelle, der befruchteten Eizelle. Bis zur Geburt eines ungefähr 50 Zentimeter großen Säuglings entstehen aus dieser einen Zelle Milliarden von Zellen. Wie erfolgt dieses Wachstum durch Zellvermehrung?

WACHSTUM · Lebewesen wachsen, indem sich ihre Zellen vermehren. Ihre zusätzlichen Zellen entstehen hierbei jedoch niemals ganz neu. Sie gehen stets aus Verdopplungen bereits vorhandener Zellen hervor. Diese Verdopplung nennt man **Zellteilung,** bei der aus einer vorhandenen Zelle zwei **Tochterzellen** entstehen. Die Tochterzellen sind nach der Teilung jeweils etwa halb so groß wie die ursprüngliche Zelle. Durch die Zellteilung allein findet somit noch kein Wachstum statt. Nach der Zellteilung vergrößern sich jedoch die Tochterzellen meist jeweils auf die Größe der ursprünglichen Zelle. Erst hierdurch kommt es zum eigentlichen Wachstum. Danach können sich die Tochterzellen erneut teilen, sodass 4, 8, 16, 32, 64 und viele weitere Zellen entstehen können.

MITOSE · Alle Zellen, die durch Zellteilung aus einer Zygote hervorgehen, haben einen Zellkern mit entsprechender Erbinformation. Diese Erbinformation ist von großer Bedeutung, da sie die Prozesse in jeder Zelle steuert. Auch die aus einer Zellteilung hervorgegangenen Tochterzellen enthalten jeweils die vollständige Erbinformation der ursprünglichen Zelle. Dies ist möglich, da sich die Erbinformation vor der Zellteilung zunächst verdoppelt. Dann wird sie gleichmäßig auf die Tochterzellen verteilt. Diese Aufteilung der Erbinformation, bei der sich der ursprüngliche Zellkern auflöst und zwei neue Zellkerne entstehen, nennt man Kernteilung oder **Mitose.**

CHROMOSOMEN · Die Erbinformation einer Zelle ist in Form langer, fädiger Strukturen im Zellkern gespeichert. Jeder Einzelfaden wird als **Chromosom** bezeichnet. Die Anzahl dieser Chromosomen ist von Art zu Art unterschiedlich. In menschlichen Zellen gibt es stets 46 Chromosomen. Liegen diese Chromosomen als lange, fädige Strukturen vor, sind sie aktiv und steuern die Vorgänge der Zelle.

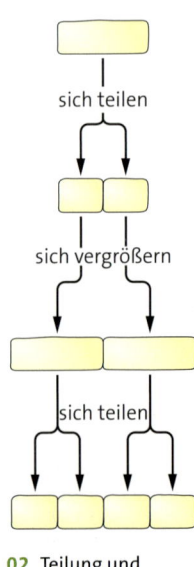

sich teilen

sich vergrößern

sich teilen

02 Teilung und Wachstum (Schema)

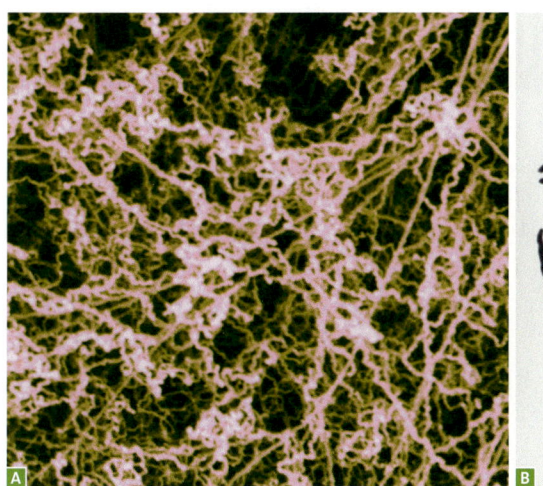

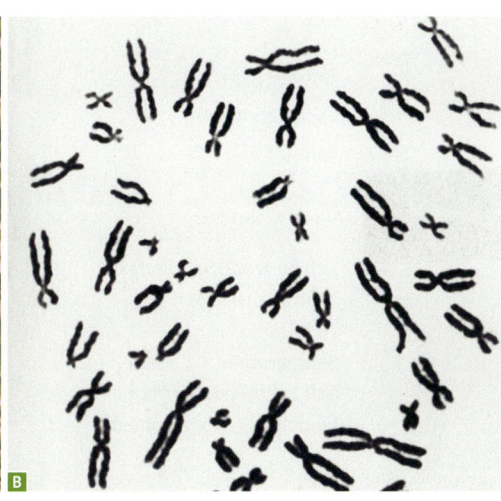

03 Chromosomen:
A Arbeitsform,
B Transportform

Daher bezeichnet man diesen Zustand der Chromosomen als **Arbeitsform.** Vollzieht eine Zelle jedoch eine Mitose, so liegen die Chromosomen als stark verkürzte, X-förmige Strukturen vor. Diese **Transportform** der Chromosomen entsteht durch starke Verkürzung der Chromosomenfäden, indem sich diese spiralig aufwickeln. Die X-Form der Chromosomen bildet sich durch eine Verdopplung der einfädigen Chromosomen vor der Mitose. Die identischen fädigen Chromosomen bleiben durch das **Zentromer** miteinander verbunden, sodass die X-Form entsteht. Jeder Einzelfaden wird als **Chromatid** bezeichnet. Vor der Verdopplung bezeichnet man daher Chromosomen als **Ein-Chromatid-Chromosomen,** nach der Verdopplung als **Zwei-Chromatiden-Chromosomen.** Dabei ist die Erbinformation der beiden Chromatiden eines Zwei-Chromatiden-Chromosoms jeweils gleich.

Während der Mitose werden die beiden Chromatiden eines jeden Zwei-Chromatiden-Chromosoms voneinander getrennt und jeweils auf die Tochterzellen verteilt. So erhalten die Tochterzellen von jedem Chromosomen der ursprünglichen Zelle eine Kopie in Form eines Ein-Chromatid-Chromosoms. Durch diese gleichartige Verteilung der Erbinformation entstehen bei einer Mitose *identische Tochterzellen.*

ZELLZYKLUS · Die Häufigkeit, mit der sich Zellen teilen, hängt vom Zelltyp ab. Zellen eines Embryos können schon wenige Stunden nach einer Zellteilung erneut in einen Teilungsprozess eintreten. Vollzieht eine Zelle keine Mitose, so befindet sie sich in der **Interphase.** Je länger diese Interphase andauert, desto länger ist die Zeitspanne zwischen den Zellteilungen. In der Interphase liegen die Chromosomen in ihrer Arbeitsform vor. Die Interphase wird unterbrochen durch eine Phase, in der sich die Chromatiden verdoppeln, sodass Zwei-Chromatiden-Chromosomen entstehen. Die Abfolge aus Mitose und Interphase bezeichnet man insgesamt als *Zellzyklus.*

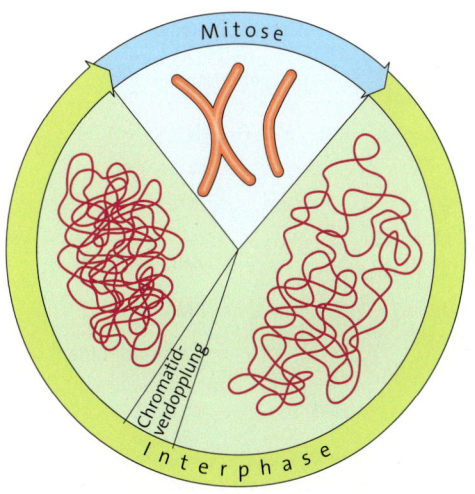

04 Zellzyklus am Beispiel eines Chromosoms in seiner Arbeits- und Transportform sowie als Ein-Chromatid- und Zwei-Chromatiden-Chromosom

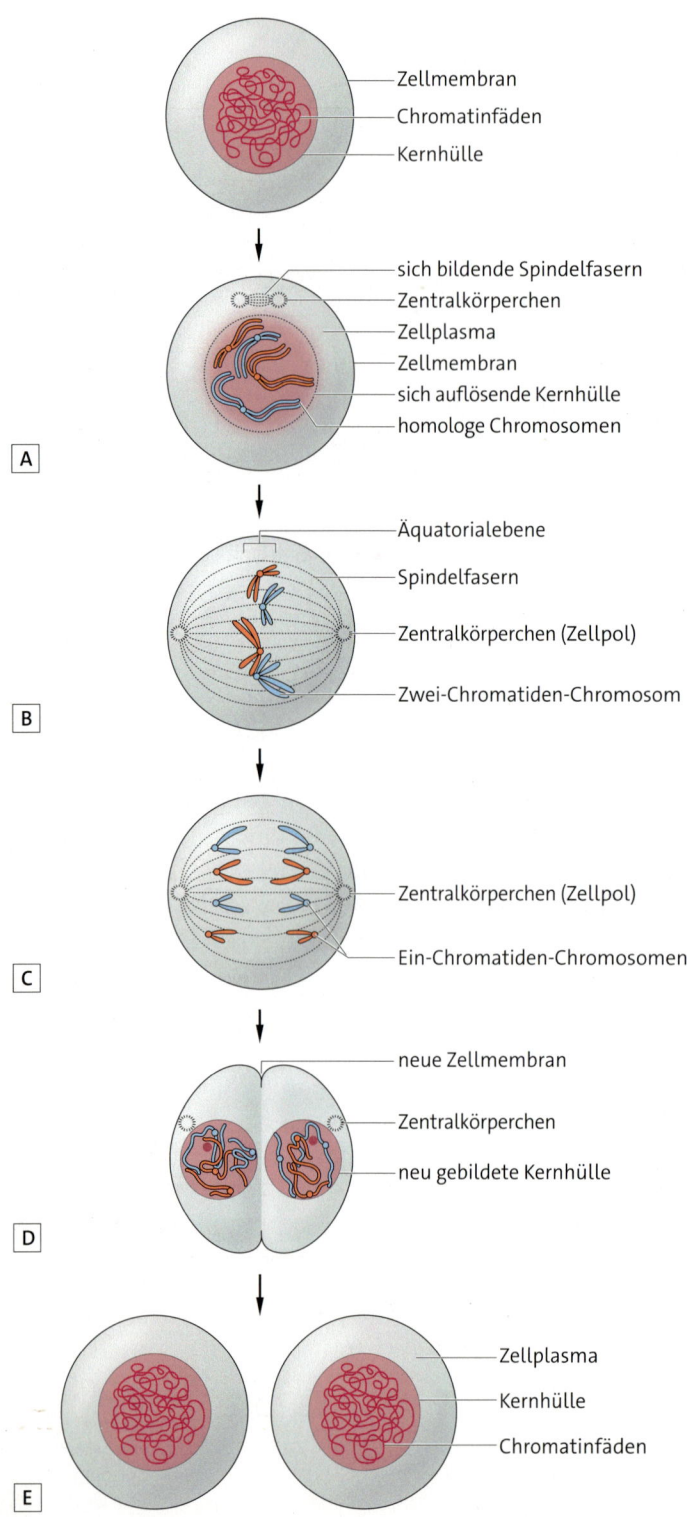

Zellmembran
Chromatinfäden
Kernhülle

sich bildende Spindelfasern
Zentralkörperchen
Zellplasma
Zellmembran
sich auflösende Kernhülle
homologe Chromosomen

A

Äquatorialebene
Spindelfasern
Zentralkörperchen (Zellpol)
Zwei-Chromatiden-Chromosom

B

Zentralkörperchen (Zellpol)
Ein-Chromatiden-Chromosomen

C

neue Zellmembran
Zentralkörperchen
neu gebildete Kernhülle

D

Zellplasma
Kernhülle
Chromatinfäden

E

05 Zellzyklus einer Tierzelle: **A** Prophase, **B** Metaphase, **C** Anaphase, **D** Telophase, **E** Interphase

DIE CHROMOSOMEN IN DER MITOSE ·

Prophase: Die langen, fädigen Chromosomen wickeln sich spiralig auf, verkürzen sich dadurch sehr stark und werden so dick, dass man sie im Lichtmikroskop sehen kann. So lassen sie sich in der Zelle leicht bewegen. Daher nennt man diesen Zustand die *Transportform der Chromosomen.*

Metaphase: Die Chromosomen wandern in die Zellmitte. Sie ordnen sich dort in einer Ebene an, der *Äquatorialebene.* Jedes Chromosom hat zwei Schenkel, die als *Chromatiden* bezeichnet werden. Man spricht daher von einem *Zwei-Chromatiden-Chromosom.* Die Chromatiden hängen an einer Stelle noch zusammen. Beide haben eine identische Erbinformation.

Anaphase: Die beiden Chromatiden jedes Chromosoms trennen sich. Jedes der so entstandenen *Ein-Chromatid-Chromosomen* wandert entlang der Spindelfasern zu gegenüberliegenden Polen der Zelle. So erhalten beide Bereiche jeweils 46 Ein-Chromatid-Chromosomen, sodass die Erbinformation in beiden Bereichen identisch ist.

Telophase: Die Zelle schnürt sich in der Mitte ein, bis zwei getrennte, jeweils von einer Zellmembran vollständig umhüllte Zellen entstanden sind. Die Ein-Chromatid-Chromosomen entspiralisieren sich und werden dadurch wieder lang und dünn.

INTERPHASE · Nach der Zellteilung wachsen die Zellen. In der Zeit bis zur nächsten Zellteilung, in der *Interphase,* sind die Chromosomen sehr lang und so dünn, dass sie im Lichtmikroskop nicht erkennbar sind. Die Zelle kann die Erbinformation nur lesen und verwirklichen, wenn die Chromosomen in dieser Form vorliegen. Man spricht daher von der *Arbeitsform der Chromosomen.* Vor der nächsten Zellteilung wird in der Interphase aus jedem Ein-Chromatid-Chromosom ein Zwei-Chromatiden-Chromosom. Durch diese Verdopplung liegt die Erbinformation wieder zweifach auf dem Zwei-Chromatiden-Chromosom vor.

Material A ▸ Phasen der Mitose in Zellen der Königslilie

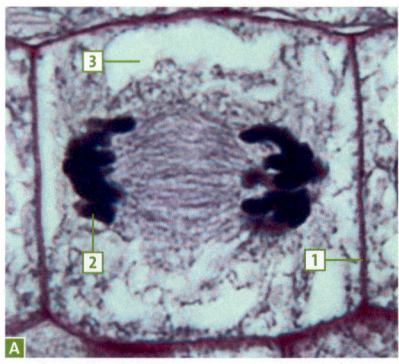
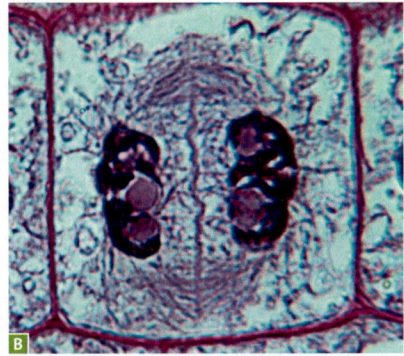
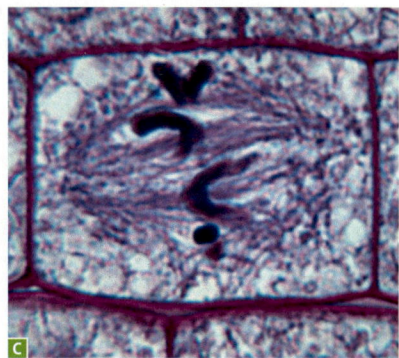

Die lichtmikroskopischen Fotos zeigen drei von vier Phasen der Mitose einer Pflanzenzelle in ungeordneter Reihenfolge.

A1 Beschrifte die mit Zahlen gekenn- zeichneten Bereiche!

A2 Nenne die Fachbegriffe für die dargestellten Phasen!

A3 Ordne die Phasen in der richtigen zeitlichen Reihenfolge an! Begründe!

A4 Nenne den Fachbegriff der fehlen- den Phase!

A5 Beschreibe die Vorgänge, die zu der fehlenden Phase geführt haben!

A6 Vergleiche die Phase B mit der gleichen Phase der Zellteilung von Tierzellen!

Material B ▸ Interphase und Mitose

Dauer der Interphase und Mitose in Geweben des Menschen

Körperbereiche	Interphase (in Stunden)	Mitose (in Stunden)
Dünndarm	14	0,7
Leber	9998	0,7
Blutbildendes Knochenmark	10	0,7
Haut	998	0,7

Dauer der Mitosephasen

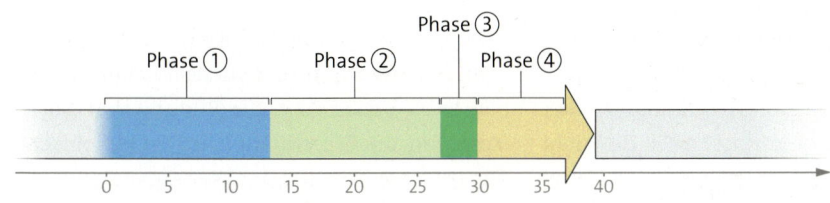

B1 Nenne ein Gewebe, in dem be- sonders häufig Zellen gebildet werden!

B2 Stelle die in der untersten Abbil- dung dargestellte Zeitdauer der Mitosephasen in einem geeigne- ten Diagramm dar!

B3 Erkläre, weshalb in mikrosko- pischen Bildern von wachsenden Geweben nur wenige Zellen in der Anaphase zu sehen sind!

B4 Wunden an den Lippen heilen sehr viel schneller als andere Hautver- letzungen. Stelle Vermutungen an, woran das liegen könnte!

01 Familie

Kinder sehen ihren Eltern ähnlich

„Ganz der Vater" oder „Das hast du von deiner Mutter geerbt" hört man häufig. Schaut man sich die Familie an, erkennt man, dass Eltern und Kinder gleiche Merkmale aufweisen. Auch zwischen den Geschwistern gibt es Ähnlichkeiten. Wie ist es zu erklären, dass sie sich ähnlich sehen und dennoch einzigartig sind?

MERKMALE · Betrachtet man die Geschwister, fällt auf, dass sich beide in der Form des Gesichts und der Nase ähneln. In anderen Merkmalen, beispielsweise der Augenfarbe, unterscheiden sie sich aber deutlich. Die Augenfarbe, die Gesichtsform und die Form der Nase gehören zum Erscheinungsbild eines Menschen. Solche tatsächlich ausgeprägten und feststellbaren Merkmale machen den Phänotyp aus. Der Begriff **Phänotyp** umfasst auch die nicht sichtbaren Merkmale eines Lebewesens, zum Beispiel die Blutgruppe.

griechisch phän = Erscheinung

griechisch typos = Abbild

Das Mädchen auf dem Foto hat braune Augen wie ihre Mutter, während der Sohn wie der Vater blaue Augen hat. Das deutet darauf hin, dass die Information für die Ausbildung eines Merkmals, die *Erbinformation*, bei einem der Eltern vorhanden ist und weitergegeben werden kann. Andererseits aber hat der Junge nicht die Augenfarbe seiner Mutter. Welche Erbinformation der Eltern weitergegeben wird und sich ausprägt, ist demzufolge von Kind zu Kind unterschiedlich.

Wie erfolgt nun die Weitergabe der Erbinformation? Wieso hat der Junge blaue Augen wie der Vater und nicht braune wie die Mutter? Um diese Fragen zu beantworten, ist es notwendig, den Beginn des menschlichen Lebens näher zu betrachten. Die Bildung von Nachkommen, die *Reproduktion*, ist der biologische Prozess, welcher für die Weitergabe der Erbinformation verantwortlich ist.

ERBINFORMATION · Voraussetzung für die Reproduktion ist die Verschmelzung der Kerne von Spermienzelle und Eizelle, also die *Befruchtung*. Die Informationen für die Merkmale eines Kindes liegen sowohl im Kern der Spermienzelle als auch der Eizelle vor.

Die Erbinformation jeder Spermienzelle kann unterschiedlich sein, ebenso die Erbinformation jeder Eizelle. Je nachdem, welche Spermienzelle zufällig welche Eizelle befruchtet, ergibt sich für jede befruchtete Eizelle, die *Zygote*, eine andere Kombination der Erbinformation. Welche Erbinformation von den Eltern weitergegeben wird, ist zufällig. Im Augenblick der Befruchtung wird festgelegt, welche Erbinformation das entstehende Kind erhält.

Durch zahlreiche Zellteilungen entsteht aus einer Zygote ein einzigartiger Mensch, der in jeder Zelle die gleiche individuelle Erbinformation gespeichert hat. Die dadurch auftretende Vielfalt der Phänotypen bezeichnet man als **Variabilität.** Diese Unterschiede der Geschlechtszellen und die individuelle Kombination bei der Befruchtung führen auch bei Geschwistern zu verschiedenen Kombinationen der elterlichen Erbinformationen und damit zu unterschiedlichen, manchmal aber auch zu ähnlichen Merkmalen.

Grundlage aller Merkmale des Menschen ist also die von den Eltern weitergegebene Erbinformation. Die kleinste informationstragende Einheit, die zur Ausprägung eines bestimmten Merkmals erforderlich ist, wird **Gen** genannt. Die Gesamtheit aller Gene, die den Merkmalen eines Lebewesens zugrunde liegen, bezeichnet man als Erbbild oder **Genotyp.**

Neben dem Genotyp beeinflusst auch die Umwelt unseren Phänotyp. Umweltfaktoren können Einfluss darauf haben, wie sich genetisch bedingte Merkmale ausprägen. Das können beispielsweise Sonneneinstrahlung, Ernährung oder Training sein.

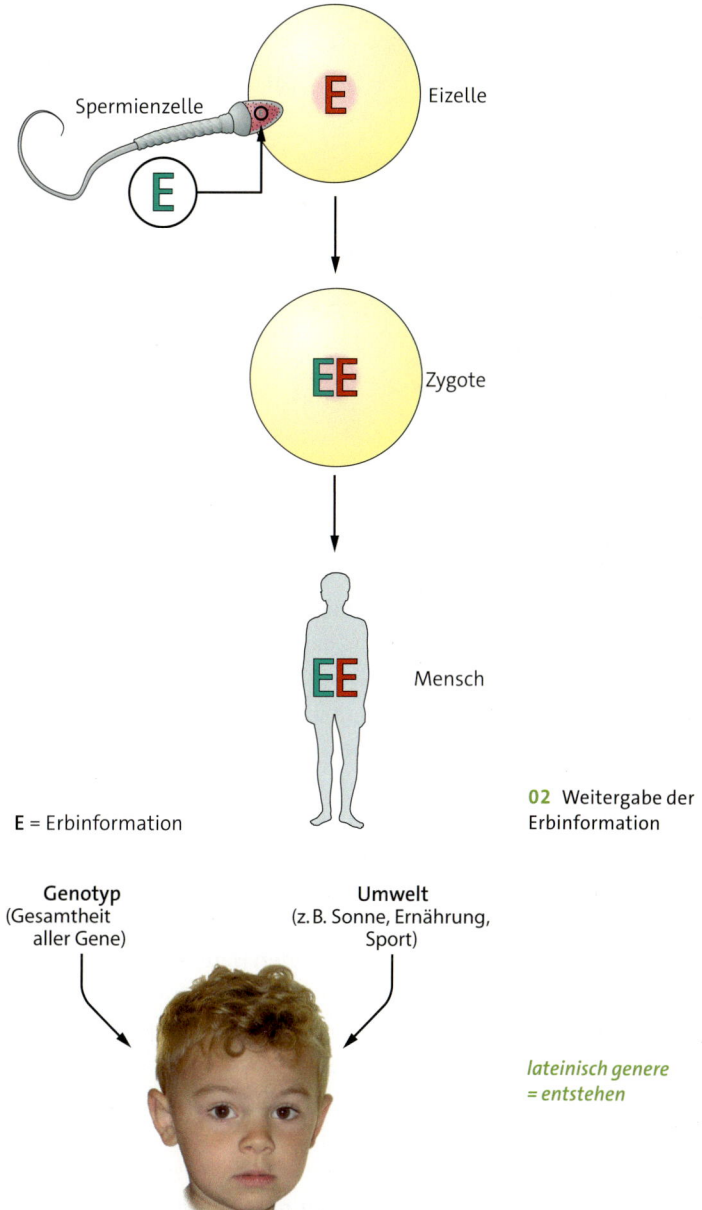

Spermienzelle · Eizelle

E = Erbinformation

02 Weitergabe der Erbinformation

Genotyp
(Gesamtheit aller Gene)

Umwelt
(z. B. Sonne, Ernährung, Sport)

lateinisch genere = entstehen

Phänotyp
(Mensch mit bestimmten Merkmalen)

03 Einfluss verschiedener Faktoren auf den Phänotyp

1 › Definiere die Begriffe Phänotyp und Genotyp!

2 › Erkläre, weshalb jeder Mensch einen einzigartigen Genotyp hat!

3 › Erläutere das biologische Prinzip *Variabilität* beim Menschen!

04 Eineiige Zwillinge

UNTERSCHIEDE IM PHÄNOTYP · Eineiige Zwillinge besitzen dieselbe Erbinformation und damit denselben Genotyp, denn sie haben sich beide aus derselben befruchteten Eizelle entwickelt. Dennoch unterscheiden sie sich, zum Beispiel in ihrer Hautfarbe.

Die Hautfarbe des Menschen wird durch das Hautpigment Melanin bestimmt. Je mehr hiervon in bestimmten Hautzellen eingelagert ist, desto dunkler erscheint die Haut. Die Menge des eingelagerten Melanins ist bei jedem Menschen durch seine Erbinformation festgelegt und bestimmt unseren Hauttyp und damit unseren Phänotyp. Die UV-Strahlung der Sonne führt aber dazu, dass die Produktion des Hautpigments gesteigert wird, sodass unsere Haut besser vor der schädlichen UV-Strahlung geschützt ist.

lateinisch modificare = umformen, abmessen

Solche umweltbedingten, nicht erblichen Variationen des Phänotyps nennt man **Modifikationen.** Die Grenzen der möglichen Modifikation eines Merkmals werden durch das Gen festgelegt, das dem Merkmal zugrunde liegt. Die Spanne dieses begrenzenden Rahmens, in dem sich Merkmale durch Umwelteinflüsse ändern können, nennt man *Reaktionsbreite*. Merkmale, die durch Modifikation verändert wurden, können nicht an die Nachkommen weitergegeben werden.

Die Körpergröße ist ein weiteres modifizierbares Merkmal des Menschen. Sie ist zu etwa zehn Prozent durch Umweltfaktoren bestimmt. Unter- oder Mangelernährung führt zu geringerem Wachstum, ausgewogene, ausreichende Ernährung wirkt wachstumsfördernd. Gleiches gilt für die Unterschiede der Muskulatur eines Athleten und einer nicht Sport treibenden Person. Der Umweltfaktor Training spielt hier eine Rolle. Auch die Intelligenz eines Menschen ist durch Modifikation veränderbar.

Es gibt aber auch Merkmale, die eng durch den Genotyp bestimmt sind. Die Blutgruppen zum Beispiel unterliegen in ihrer Ausprägung keinen Umwelteinflüssen. Solche Merkmale nennt man *umweltstabil*.

Dass die Ausprägung von Merkmalen häufig durch Gene nicht exakt festgelegt ist, sondern durch die Umwelt modifiziert werden kann, bietet Vorteile. So können sich Individuen kurzfristig auf die jeweiligen Umweltbedingungen einstellen. Durch eine dunklere Haut hat ein Individuum zum Beispiel bei einer starken Sonneneinstrahlung einen höheren Schutz gegen die schädigende UV-Strahlung als ein Individuum mit hellerer Haut.

Wie stark ein Merkmal modifiziert werden kann, lässt sich beim Menschen vor allem an genetisch gleichen Individuen, den eineiigen Zwillingen, erforschen, die unterschiedlichen Umweltbedingungen ausgesetzt sind. Merkmale, die sich bei solchen Zwillingen unterscheiden, lassen den Schluss zu, dass ihre Ausprägung durch die zugrunde liegenden Gene nicht exakt festgelegt ist.

4 ❩ Vergleiche die genetische Variabilität mit der Variabilität durch Modifikation!

5 ❩ Erkläre den Begriff Modifikation anhand eines selbst gewählten Beispiels!

CHROMOSOMEN DES MENSCHEN · Der menschliche Organismus besteht aus Billionen von Zellen. Im Zellkern jeder Zelle befinden sich fädige, anfärbbare Strukturen, die *Chromosomen*. Jede unserer Körperzellen, egal ob Haut-, Muskel- oder Nervenzelle, hat die gleichen 46 Chromosomen. Immer zwei dieser Chromosomen sind in ihrer Größe und Gestalt gleich, sie sind **homolog.** Jeweils eines der homologen Chromosomen haben wir vom Vater und eines von der Mutter. Eine Zelle enthält also einen doppelten, einen **diploiden,** Satz aus 23 mütterlichen und 23 väterlichen Chromosomen. Auf den Chromosomen liegen die Gene. Ein *Gen* ist ein bestimmter Abschnitt auf dem Chromosom, das Informationen für ein Merkmal enthält. Gene sind für die Ausprägung von Merkmalen erforderlich. Sie bestimmen, welche Augenfarbe oder welche Blutgruppe ein Mensch hat.

Vater und Mutter geben über die Geschlechtszellen jeweils eines von jedem homologen Chromosomenpaar an ihre Nachkommen weiter. Unsere Geschlechtszellen weisen deshalb 23 Chromosomen auf, das heißt nur je eines der homologen Chromosomen. Sie sind **haploid.**

KARYOGRAMM · Während der Zellteilung lassen sich Chromosomen anfärben und nach Größe und Gestalt in homologen Paaren zu einem **Karyogramm** anordnen. Im Karyogramm erkennt man zwei Typen von Chromosomenpaaren. 22 Chromosomenpaare sind bei allen Menschen gleich, die **Autosomen.** Das 23. Chromosomenpaar legt das Geschlecht fest. Frauen besitzen zwei homologe X-Chromosomen. Männer haben ein ungleiches Chromosomenpaar. Es besteht aus einem X- und aus einem sehr kleinen Y-Chromosom. X- und Y-Chromosomen sind die Geschlechtschromosomen oder **Gonosomen.**

6 Erläutere die Unterschiede der Erbinformation in Körper- und Geschlechtszellen!

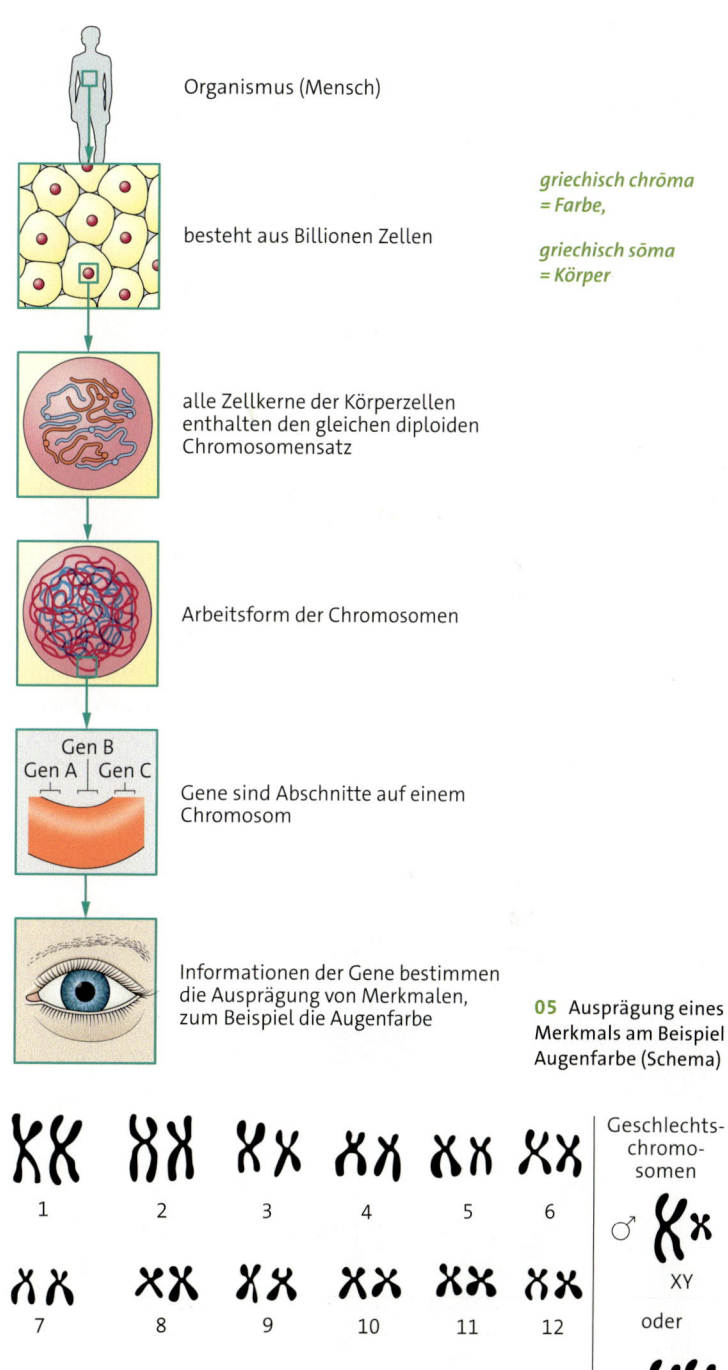

Organismus (Mensch)

griechisch chrôma = Farbe,

griechisch sôma = Körper

besteht aus Billionen Zellen

alle Zellkerne der Körperzellen enthalten den gleichen diploiden Chromosomensatz

Arbeitsform der Chromosomen

Gen B
Gen A | Gen C

Gene sind Abschnitte auf einem Chromosom

Informationen der Gene bestimmen die Ausprägung von Merkmalen, zum Beispiel die Augenfarbe

05 Ausprägung eines Merkmals am Beispiel Augenfarbe (Schema)

Geschlechtschromosomen

♂ XY

oder

♀ XX

1 2 3 4 5 6

7 8 9 10 11 12

13 14 15 16 17 18

19 20 21 22

23

06 Karyogramm des Menschen

Material A ▸ Familienähnlichkeit

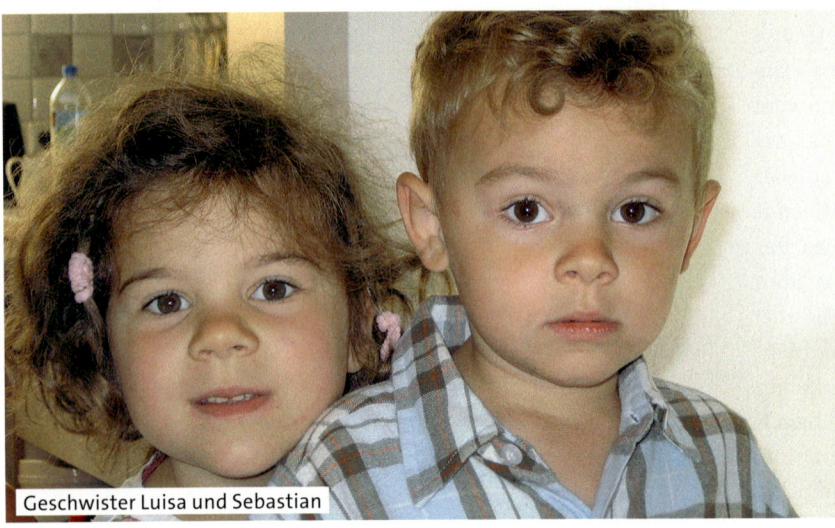

Geschwister Luisa und Sebastian

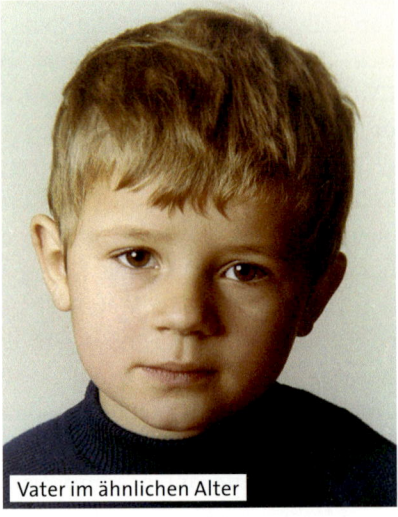

Vater im ähnlichen Alter

A1 Beschreibe Unterschiede und Ähnlichkeiten der Geschwisterkinder mit ihrem Vater im ähnlichen Alter!

A2 Erkläre, wie trotz gemeinsamen Vaters die Unterschiede der Geschwister entstehen können!

A3 Beschreibe mithilfe der Bilder das biologische Prinzip *Variabilität*!

A4 Vergleiche die Karyogramme von Vater und Tochter!

Material B ▸ Zwillinge

A

B

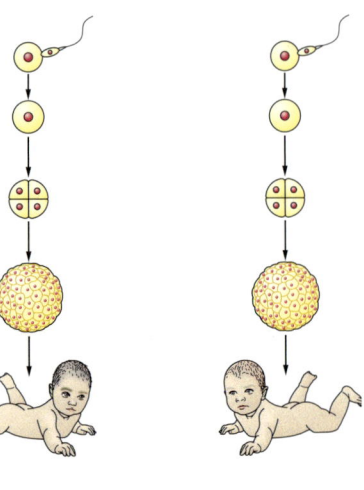

C   D

B1 Vergleiche jeweils den Phänotyp der Geschwister bei den Zwillingspaaren!

B2 Beurteile die Ähnlichkeiten der jeweiligen Zwillingspaare!

B3 Ordne die Begriffe eineiige und zweieiige Zwillinge den Abbildungen zu! Begründe mithilfe der Grafik, ob auch das Zwillingspaar A unterschiedlichen Geschlechts sein kann!

B4 Auch eineiige Zwillinge unterscheiden sich in manchen Merkmalen. Stelle Hypothesen über die Ursachen auf!

Material C ▸ Anzahl der Blutzellen

Datum	Höhe in Meter	Anzahl der roten Blutzellen in Millionen pro Kubikmillimeter
01.04.	210	4,5
02.05.	1350	5,2
18.05.	3050	6,6
11.06.	4050	7,7
17.06.	5500	8,3

Der Sauerstoffgehalt der Luft nimmt mit steigender Höhe über dem Meeresspiegel ab. Bei einem Bergsteiger, der sich längere Zeit in verschiedenen Höhen aufhielt, wurde die Anzahl der roten Blutzellen gemessen. Die Tabelle zeigt die gemessenen Werte.

C1 Beschreibe, wie sich die Anzahl der roten Blutzellen verändert hat!

C2 Stelle Hypothesen auf, welche Ursachen die Veränderungen haben könnten!

C3 Erkläre, weshalb Leistungssportler sich zum Training längere Zeit im Hochgebirge aufhalten!

C4 Begründe, ob es sich bei diesem Beispiel um Modifikation handelt!

Material D ▸ Modifikation bei Pflanzen

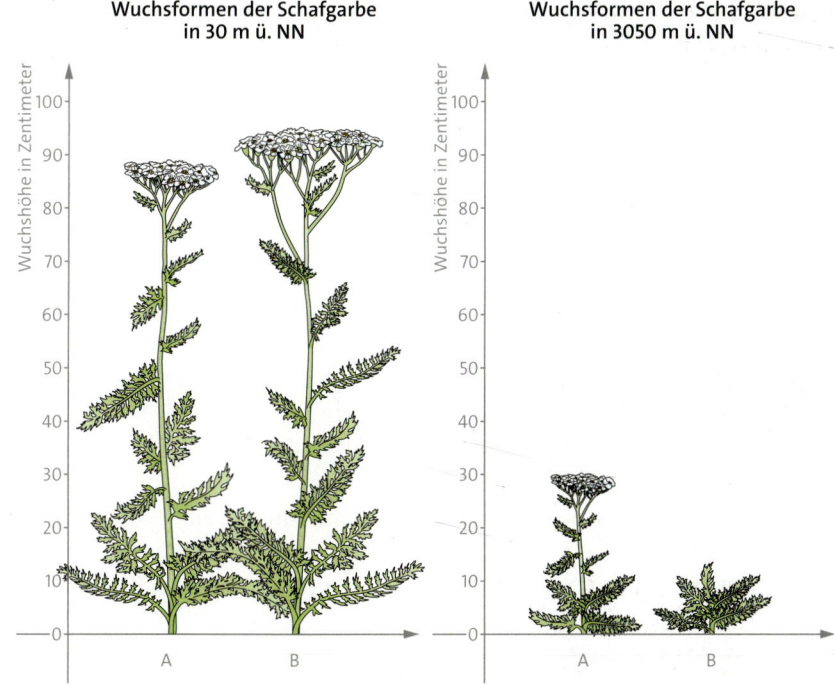

Wuchsformen der Schafgarbe in 30 m ü. NN

Wuchsformen der Schafgarbe in 3050 m ü. NN

Wenn man die Wurzel einiger Pflanzen, wie zum Beispiel der Schafgarbe, teilt, wächst aus jedem Teil wieder eine neue Pflanze heran.
In einem Versuch wurde die Wurzel von zwei verschiedenen Schafgarbenpflanzen in je zwei Hälften geteilt.

Je eine Hälfte der Pflanze A wurde im Tiefland, die andere im Hochland eingepflanzt. Ebenso verfuhr man mit der Pflanze B.
Die Abbildung zeigt schematisch die Pflanzen, die aus den Wurzeln heranwuchsen.

D1 Vergleiche die Versuchsergebnisse!

D2 Begründe, ob sich der Genotyp der Tieflandpflanze B von dem Genotyp der Hochlandpflanze B unterscheidet!

D3 Erkläre, welche Unterschiede auf genetische Variabilität und welche auf Modifikation beruhen!

D4 Erläutere den Begriff Reaktionsbreite an diesem Beispiel!

D5 Stelle Hypothesen zu den Umweltfaktoren auf, die für die Unterschiede verantwortlich sein könnten!

D6 Stelle eine Hypothese dazu auf, welchen Vorteil die Modifikation bei der Pflanze A bieten könnte!

D7 Formuliere zwei Fragen, die durch den Versuch geklärt werden können!

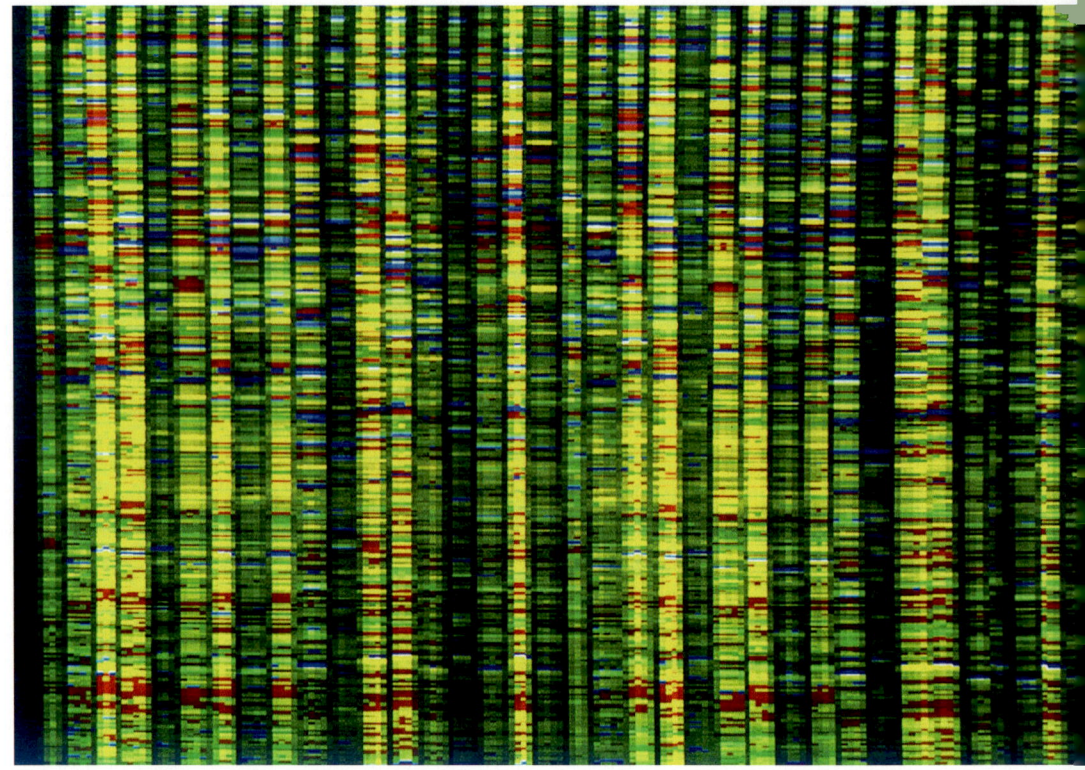

01 Darstellung der menschlichen Erbinformation als farbige Banden

Chromosomen – Träger der Erbinformation

englisch DNA = deoxyribonucleic acid

Das Humangenomprojekt hatte das Ziel, die menschliche Erbinformation zu entschlüsseln und zu kartieren. Sie lässt sich als Abfolge von farbigen Banden darstellen. Träger der Erbinformation sind die Chromosomen. Wie sind Chromosomen gebaut und wie ist die Erbinformation in ihnen gespeichert?

ERFORSCHUNG DER ERBINFORMATION · Bereits Ende des 19. Jahrhunderts entdeckte der Arzt Friedrich MIESCHER in Zellen bisher unbekannte Substanzen, die chemisch zu den Säuren gehören. Da sie sich im Zellkern, dem *Nukleus,* befanden, gab er ihnen den Namen *Nukleinsäuren.* Ihre Funktion in der Zelle war damals aber noch nicht bekannt.
Zu Beginn des 20. Jahrhunderts erkannte man, dass Chromosomen Nukleinsäuren enthalten. Diese Nukleinsäuren der Chromosomen beste-

hen aus vier verschiedenen Basen, dem Zucker Desoxyribose und Phosphatresten. Nach dem vorhandenen Zucker, der Desoxyribose, bezeichnet man sie heute noch als **Desoxyribonukleinsäure,** kurz DNS oder englisch **DNA.**
Mitte des 20. Jahrhunderts identifizierte Oswald AVERY durch Experimente mit Bakterien die DNA als Träger der Erbinformation.
James WATSON und Francis CRICK gelang es, den räumlichen Bau der DNA zu entschlüsseln. Sie analysierten Röntgenbeugungsmuster von Rosalind FRANKLIN und bauten mithilfe dieser Daten ein Molekülmodell. 1953 veröffentlichten sie dieses in der Fachzeitschrift „Nature" und erhielten dafür 1962 den Nobelpreis für Medizin. Dieses räumliche *Watson-Crick-Modell* der DNA war die Grundlage zur Entschlüsselung der menschlichen Erbinformation.

BAU DER CHROMOSOMEN · Jedes der 46 Chromosomen des Menschen besteht aus einem einzigen langen DNA-Molekül. Es ist sehr dünn, fadenförmig, mehrfach gewunden wie eine Spirale und zusätzlich um Proteine gewickelt, welche Stützfunktionen übernehmen. Ein DNA-Molekül bildet zusammen mit den Proteinen den **Chromatinfaden.**

Die DNA ähnelt in ihrem Bau einer Strickleiter, die um ihre Achse gewunden ist. Die beiden Holme der Strickleiter bestehen aus dem Zucker Desoxyribose und den Phosphatresten. Die Sprossen bilden die Basenpaare. Von den vier vorhandenen Basen Adenin, Thymin, Guanin und Cytosin passen je zwei wie Schlüssel und Schloss zueinander. Sie sind zueinander **komplementär.** Über zwei Wasserstoffbrücken sind die Basen Adenin und Thymin gebunden, über drei Guanin und Cytosin. Jeweils eine der vier Basen, ein Zucker und ein Phosphatrest bilden zusammen den Grundbaustein der DNA, ein **Nukleotid.**

Beim DNA-Molekül handelt es sich also um zwei Einzelstränge aus miteinander verknüpften Nukleotiden. Die beiden Stränge sind über Wasserstoffbrücken zwischen den komplementären Basen zu einem Doppelstrang verbunden. Der Doppelstrang weist eine um die eigene Achse gewundene Struktur auf, man spricht deshalb von einer **Doppelhelix.**

Ein Gen ist ein DNA-Abschnitt aus etwa 100 bis über 10 000 Basenpaaren mit einer bestimmten Basenabfolge, auch *Basensequenz* genannt. In der Abfolge der Basen der DNA ist die Erbinformation verschlüsselt.

Im Humangenomprojekt wurde die Basensequenz der Erbinformation des Menschen fast vollständig aufgeklärt. Diese Sequenz lässt sich als Folge farbiger Banden darstellen.

1 ⌡ Beschreibe den Bau eines Einzelstrangs der DNA!

2 ⌡ Beschreibe den Feinbau eines Chromosoms!

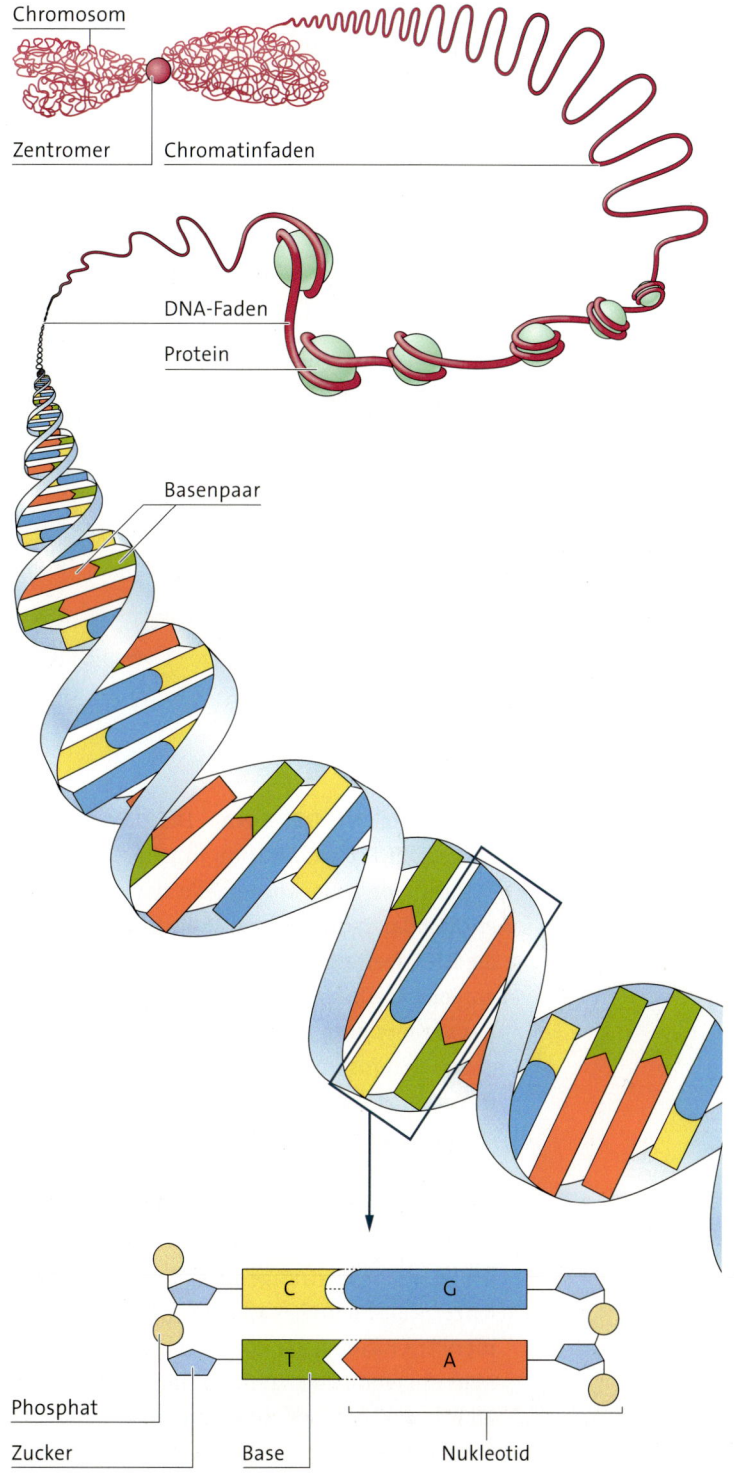

A: Adenin   C: Cytosin   T: Thymin   G: Guanin

02 Feinbau eines Chromosoms

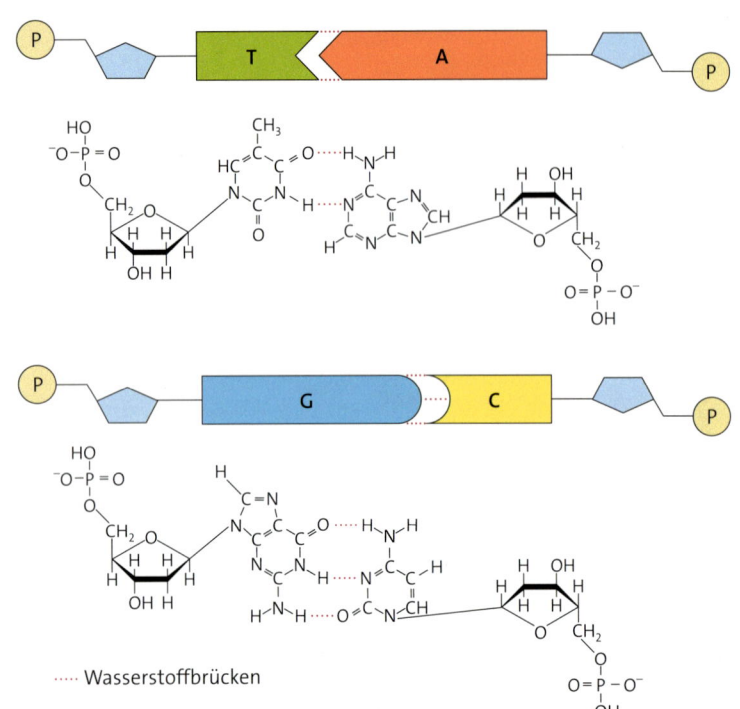

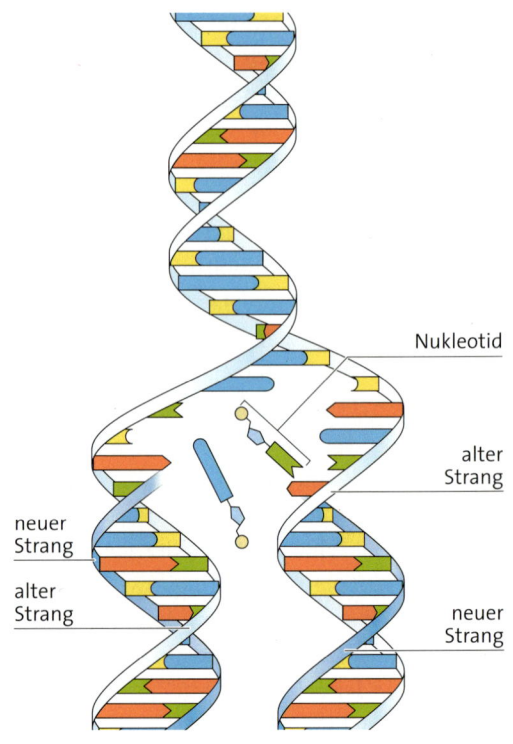

Nukleotid

alter
Strang

neuer
Strang

alter
Strang

neuer
Strang

···· Wasserstoffbrücken

03 Wasserstoffbrücken zwischen Nukleotiden

04 Identische Verdopplung der DNA

VERDOPPLUNG DER DNA · Die DNA liegt als Träger der Erbinformation in jeder Zelle vollständig vor. Jede Körperzelle des Menschen enthält daher die gesamte Erbinformation. Um die DNA weitergeben zu können, muss sie sich vor jeder Zellteilung verdoppeln.

Zur Verdopplung wird die Doppelhelix mithilfe eines Enzyms entwunden. Der Doppelstrang trennt sich durch Lösen der Wasserstoffbrücken zwischen den Basen in zwei Einzelstränge. Dieser Vorgang ist vergleichbar mit einem Reißverschluss, den man aufzieht.

An beide Einzelstränge lagern sich nun neue Nukleotide an und es entstehen neue komplementäre Basenpaare. Die Nukleotide werden über ein weiteres Enzym zu einem Strang verknüpft, der komplementär zum ursprünglichen Strang ist.

Jeder Einzelstrang dient so als Kopiervorlage für den neuen Gegenstrang. Diesen Kopiervorgang der DNA nennt man **Replikation.**

lateinisch mutare = ändern

Bei der Replikation entstehen zwei Doppelstränge, die aus je einem neuen und einem alten Einzelstrang zusammengesetzt sind. Vor jeder Zellteilung wird so die DNA aller 46 Chromosomen verdoppelt, sodass bei der Zellteilung jede der beiden Tochterzellen alle 46 Chromosomen erhält.

Der Vorgang der Replikation muss fehlerfrei erfolgen, damit zwei identische DNA-Moleküle entstehen. Reparaturenzyme erkennen bei der Replikation fehlerhafte Basenpaarungen und korrigieren diese. Dennoch können in seltenen Fällen Fehler auftreten. Bei einer Milliarde angelagerter Nukleotide ist im Durchschnitt eine Basenpaarung falsch. Fehler bei der Replikation sind eine der Ursachen für die dauerhafte Veränderung der Erbinformation, für **Mutationen.**

3 ʝ Stelle die Vorgänge der Replikation als Pfeildiagramm dar!

Material A ▸ Bau der DNA

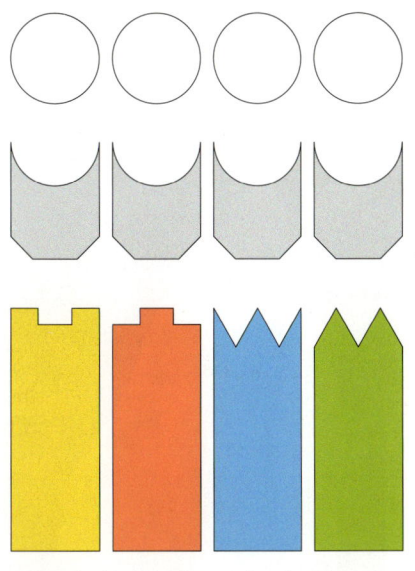

Symbole der Einzelbausteine der DNA

In der Abbildung sind Symbole vorge-schlagen, mit denen sich das Modell eines DNA-Moleküls zeichnen lässt.

A1 Erstelle eine Legende in deinem Heft, in der du die Symbole den Einzelbausteinen der DNA zuordnest!

A2 Zeichne ein Nukleotid in dein Heft! Verwende hierfür die in der Abbildung angegebenen Symbole!

A3 Zeichne einen DNA-Einzelstrang aus sieben Nukleotiden!

A4 Ergänze zeichnerisch den Einzel-strang, sodass ein Doppelstrang entsteht!

A5 Vergleiche die Basenabfolge deines DNA-Moleküls mit der Zeichnung deiner Mitschüler! Erkläre, welche Bedeutung die unterschiedlichen Basenabfolgen für die Erbinformation haben!

A6 Erläutere das Baumerkmal der DNA, welches für die identische Verdopplung von großer Bedeutung ist!

Material B ▸ Basenzusammensetzung der DNA

Organismus	Adenin	Thymin	Cytosin	Guanin
Mensch	31 %	31 %	19 %	19 %
Schaf	30 %	30 %	20 %	20 %
Seeigel	33 %	33 %	17 %	17 %
Weizen	27 %	27 %	23 %	23 %
Hefe	31 %	31 %	19 %	19 %
E. coli (Bakterium)	24 %	24 %	26 %	26 %

Die Tabelle zeigt den jeweils prozentualen Anteil einer Base in der DNA für verschiedene Lebewesen.

B1 Vergleiche die Anteile der ver-schiedenen Basen der DNA des Menschen!

B2 Vergleiche die Basenzusammen-setzung des Menschen mit der des Weizens und der Hefe!

B3 Erkläre die Unterschiede und Gemeinsamkeiten, die bei B2 beschrieben wurden!

B4 Interpretiere die Daten der Tabelle im Hinblick auf den Bau der DNA!

Material C ▸ Wasserstoffbrücken

1 -T-A-C-C-G-G-C-A-T-C-G-G-

2 -A-A-T-C-T-T-T-A-T-T-G-T-

In der Abbildung sind die Basen-folgen von Ausschnitten aus zwei Einzelsträngen der DNA dargestellt. Wasserstoffbrücken lassen sich durch Erwärmen lösen.

C1 Übernimm die Einzelstränge in dein Heft und ergänze sie zu Doppelsträngen!

C2 Begründe, welcher der Doppel-stränge sich leichter in zwei Einzel-stränge trennen lässt!

Gene bestimmen Merkmale

Die Gesichter der jungen Menschen unterscheiden sich. Jedes Gesicht hat individuelle Merkmalsausprägungen.
Die Information für unsere Merkmale ist in Form von Genen auf unseren Chromosomen im Zellkern gespeichert. Wie wird die Erbinformation in unsere Merkmale umgesetzt?

MERKMALE · In der genetischen Information der DNA ist nicht direkt die Information über Merkmale enthalten, sondern nur die Information für die Bildung von Proteinen. Das Bindeglied zwischen den Genen, die den *Genotyp* bestimmen, und den zugehörigen Merkmalen, dem *Phänotyp,* sind also **Proteine.** Wie kann die DNA Informationen für den Aufbau von Proteinen enthalten?
Wir besitzen viele Tausend verschiedene Proteine in unseren Zellen. Diese sind durch ihre unterschiedlichen Funktionen für die Ausbildung verschiedener Merkmale erforderlich. Wichtige Proteine sind die Enzyme, da sie Stoffwechselprozesse katalysieren. Außerdem gibt es Strukturproteine wie die der Haare, Transportproteine zum Beispiel für Sauerstoff und Rezeptorproteine an Synapsen der Nervenzellen.

Die Grundbausteine der Proteine sind **Aminosäuren.** Beim Menschen sind 20 verschiedene Aminosäuren am Aufbau aller Proteine beteiligt. Die Proteine bestehen aus Ketten von miteinander verknüpften Aminosäuren. Die Abfolge der unterschiedlichen Aminosäuren, die **Aminosäuresequenz,** ist für jedes Protein spezifisch. Für ihre Funktion ist aber nicht nur ihre Aminosäuresequenz ausschlaggebend, sondern auch die räumliche Anordnung der Aminosäurekette, die *räumliche Struktur* des Proteins.
Die Basenabfolge der Gene wird in eine Aminosäureabfolge der Proteine übersetzt. Diese sind für die Ausbildung von Merkmalen notwendig.

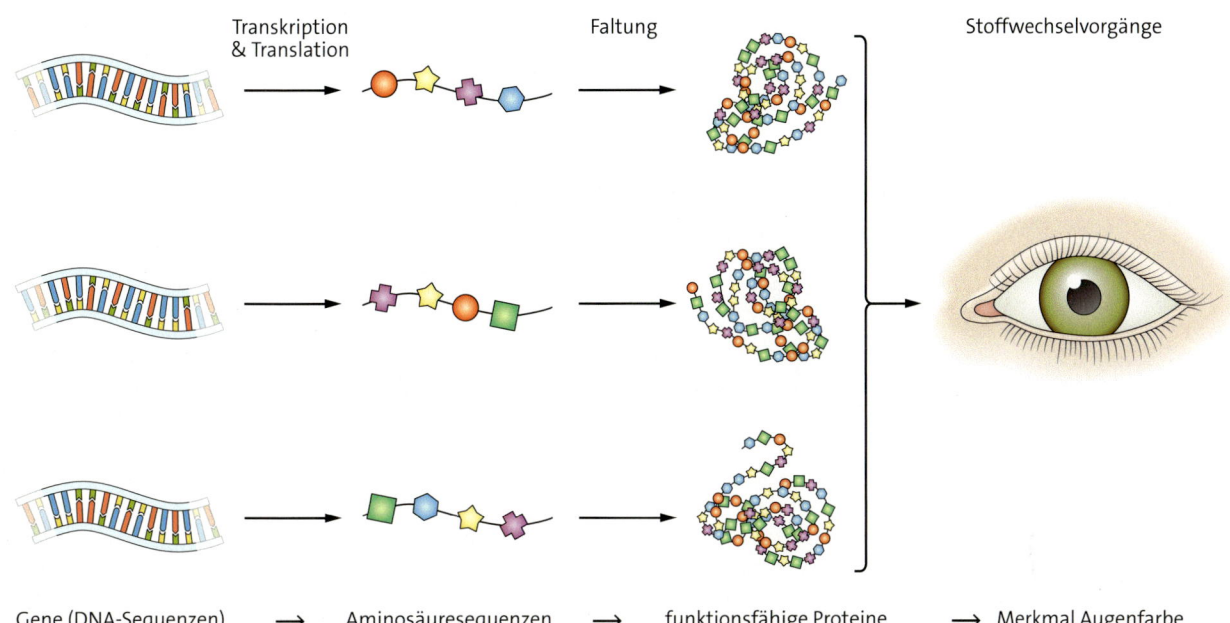

Transkription & Translation · Faltung · Stoffwechselvorgänge

Gene (DNA-Sequenzen) → Aminosäuresequenzen → funktionsfähige Proteine → Merkmal Augenfarbe

DER GENETISCHE CODE

DER GENETISCHE CODE · Ein Code dient dazu, eine Information mithilfe festgelegter Zeichen zu speichern und zu übermitteln. Bei der Umsetzung der codierten Information muss diese zunächst entschlüsselt werden. So müssen wir die Zeichen unseres Schriftcodes, die Buchstaben, lesen, um die Information in Worte umzusetzen. Genauso werden beim Morsecode Kombinationen aus langen und kurzen Tönen in Buchstaben umgesetzt.

Der genetische Code besteht aus vier Zeichen, den vier verschiedenen Basen der Nukleinsäuren. In ihrer Abfolge, der *Basensequenz,* ist die genetische Information gespeichert. Ein Abschnitt der DNA mit bestimmter Basensequenz entspricht einem Gen. Diese Sequenz muss in die *Aminosäuresequenz* eines Proteins umgesetzt werden. Für die Bildung der Proteine in der Zelle stehen 20 verschiedene Aminosäuren zur Verfügung. Um mit vier verschiedenen Basen die Information für 20 verschiedene Aminosäuren codieren zu können, muss eine bestimmte Abfolge von drei aufeinanderfolgenden Basen einer bestimmten Aminosäure entsprechen. So gibt es genügend Variationsmöglichkeiten, nämlich $4^3 = 64$, um alle 20 Aminosäuren der Proteine zu codieren. Ein solches *Basentriplett* wird **Codon** genannt. Würde nur eine Base für eine Aminosäure codieren, könnte lediglich die Information für vier Aminosäuren in der DNA gespeichert werden.

Alle Lebewesen verwenden denselben genetischen Code, das heißt, ein bestimmtes Codon wird bei allen Lebewesen in dieselbe Aminosäure übersetzt. Daher bezeichnet man den genetischen Code als **universell.** Der Prozess der Übersetzung der genetischen Information in Proteine wird **Proteinbiosynthese** genannt. Dieser läuft in zwei Schritten ab: Der erste findet im Zellkern statt, der zweite im Zellplasma. Die unterschiedlichen Merkmale in den Gesichtern der Jugendlichen kommen dadurch zustande, dass die genetische Information mithilfe der Proteine in Merkmale umgesetzt wird.

1 Beschreibe den Zusammenhang zwischen Genen und Merkmalen!

2 Erkläre, wie viele unterschiedliche Aminosäuren mit einem 2er-Codon verschlüsselt werden könnten!

02 Gene bestimmen Merkmale.

Blindenschrift

a	b	c	d	e	f	g	h	i	j
k	l	m	n	o	p	q	r	s	t
u	v	w	x	y	z	ß	ü	ä	ö

Morsecode

A ·−	N −·
B −···	O −−−
C −·−·	P ·−−·
D −··	Q −−·−
E ·	R ·−·
F ··−·	S ···
G −−·	T −
H ····	U ··−
I ··	V ···−
J ·−−−	W ·−−
K −·−	X −··−
L ·−··	Y −·−−
M −−	Z −−··

QR-Code

03 Codierte Informationen

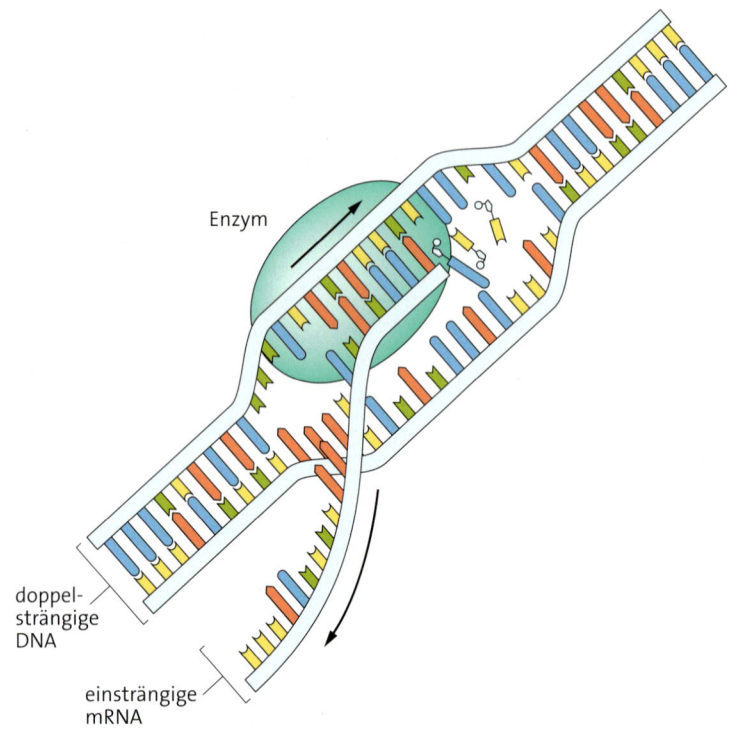

Enzym

doppel-
strängige
DNA

einsträngige
mRNA

04 Transkription im Zellkern

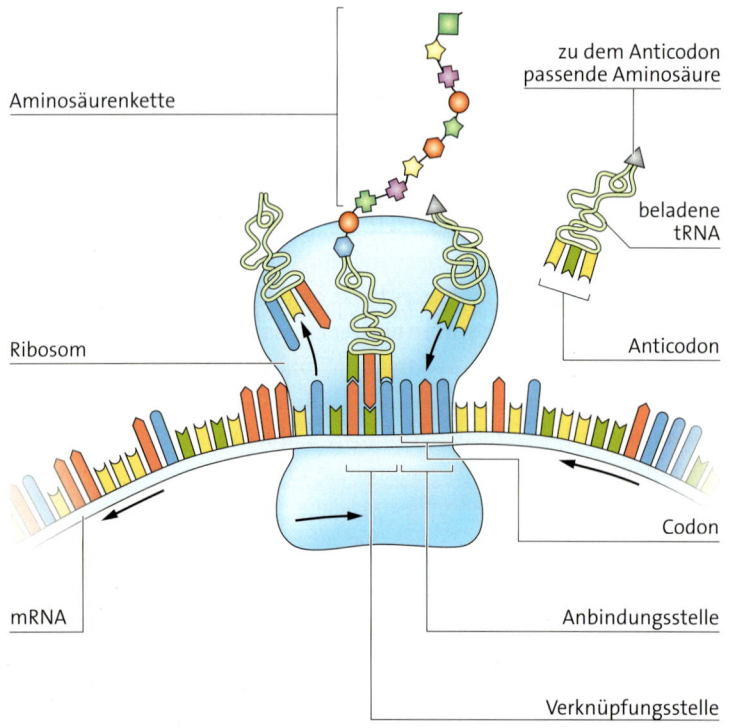

Aminosäurenkette

zu dem Anticodon
passende Aminosäure

beladene
tRNA

Ribosom

Anticodon

Codon

mRNA

Anbindungsstelle

Verknüpfungsstelle

05 Translation am Ribosom im Zellplasma

TRANSKRIPTION · Die DNA liegt im Zellkern, die Proteine werden aber im Zellplasma gebildet. Wie gelangt die Information der DNA ins Zellplasma?

Zunächst wird die doppelsträngige DNA mithilfe eines Enzyms aufgetrennt. An einen der beiden DNA-Stränge lagern sich komplementäre Nukleotide an, die im Aufbau den DNA-Nukleotiden ähneln. Sie enthalten aber den Zucker Ribose statt Desoxyribose und die Base Uracil statt Thymin. Die Nukleotide werden zu einem Einzelstrang, der **Ribonukleinsäure,** kurz RNA, verknüpft. Es entsteht dabei die RNA-Kopie eines Gens. Die RNA gelangt durch die Kernporen ins Zellplasma und bringt so die Information des Gens zum Ribosom. Sie heißt daher Boten- oder messenger-RNA, kurz **mRNA.** Den Vorgang des Umschreibens nennt man **Transkription.** Im Zellplasma lagert sich die mRNA an ein Ribosom an. Wie erfolgt nun die Übersetzung der in der mRNA gespeicherten Information in ein Protein?

TRANSLATION · Jede der 20 am Aufbau der Proteine beteiligten Aminosäuren wird an eine weitere RNA, die transfer-RNA oder **tRNA,** gebunden. Ein spezifisches Basentriplett, das Anticodon, entscheidet, welche Aminosäure die jeweilige tRNA bindet. An der Anbindungsstelle des Ribosoms bindet an jedem Basentriplett der mRNA, dem *Codon,* genau jene tRNA mit komplementärem Basentriplett, dem *Anticodon.* Jedem Codon der mRNA ist so eine bestimmte Aminosäure zugeordnet. Rückt die mRNA mit der komplementären t-RNA an die Verknüpfungsstelle des Ribosoms, wird die an der tRNA gebundene Aminosäure mit der bereits entstandenen Aminosäurenkette verknüpft. Die entladene tRNA verlässt das Ribosom. Dieser Vorgang wiederholt sich, bis das Protein fertiggestellt ist. Die Übersetzung der Basensequenz der mRNA in eine Aminosäuresequenz eines Proteins nennt man **Translation.** Den gesamten Vorgang von Transkription und Translation bezeichnet man auch als **Proteinbiosynthese.**

Material A ▸ Das genetische Alphabet

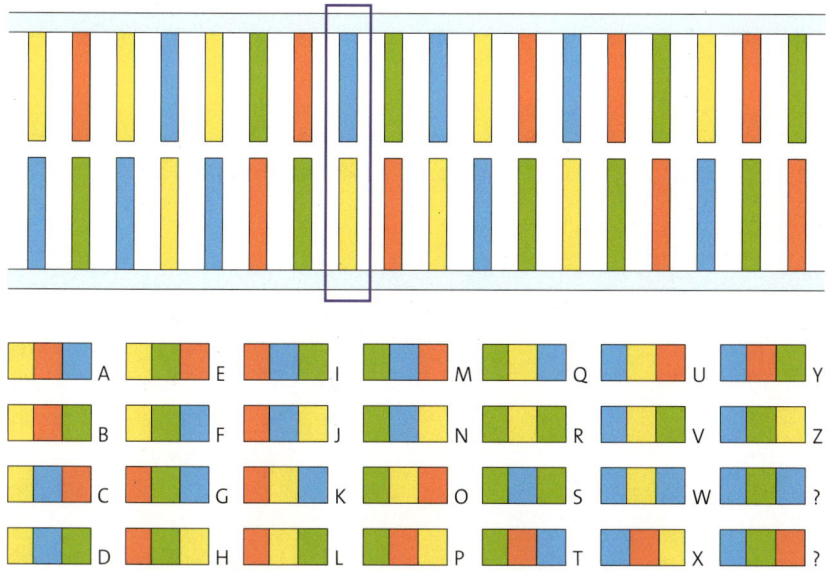

Die Art der Codierung durch Nukleinsäuren lässt sich modellhaft auch auf die Buchstabenschrift anwenden.

A1 Übersetze die als DNA codierte Information! Beginne mit den ersten drei Basen des unteren Strangs!

A2 Die Tripletts „?" zeigen keine Zuordnung zu einem Buchstaben. Stelle eine Hypothese auf, welche Funktion diese besitzen könnten!

A3 Nenne die Strukturen, die bei der Proteinbiosynthese den Buchstaben und dem ganzen Wort entsprechen!

A4 Beschreibe die Folgen, wenn der lila eingerahmte Teil der DNA verloren geht! Übersetze auch diese Information!

A5 Zeichne ein weiteres denkbares Farbentriplett für den Buchstaben E!

Material B ▸ Die Codesonne

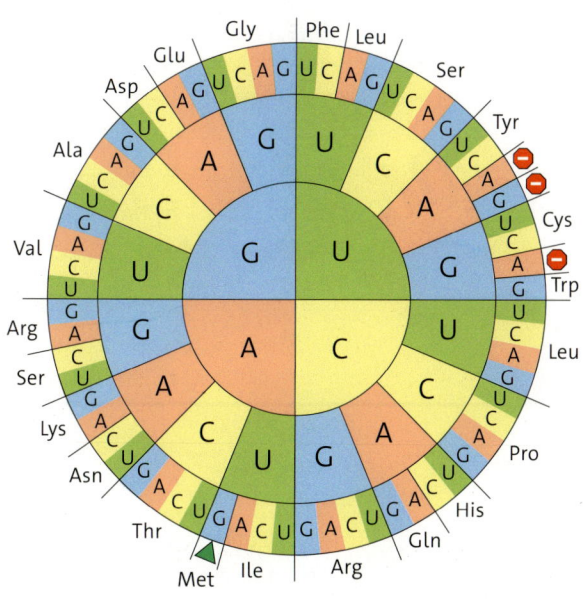

Aminosäuren
Gly = Glycin
Val = Valin
Ile = Isoleucin
Phe = Phenylalanin
Cys = Cystein
Ser = Serin
Asn = Asparagin
Tyr = Tyrosin
Asp = Asparaginsäure
Glu = Glutaminsäure
Lys = Lysin
His = Histidin
Ala = Alanin
Leu = Leucin
Pro = Prolin
Met = Methionin
Thr = Threonin
Gln = Glutamin
Trp = Tryptophan
Arg = Arginin

▶ Start

⊖ Stopp

In der Codesonne ist angegeben, welches Basentriplett der RNA welche Aminosäure codiert. Die Leserichtung ist immer von innen nach außen. Das Basentriplett AUG codiert demnach die Aminosäure Methionin.

B1 Nenne alle möglichen Basentripletts der RNA für die Aminosäure Leucin!

B2 Übersetze die mRNA-Sequenz AUG GUA AAG CCA AGA CAC UGA sowohl in die DNA- als auch in die Aminosäuresequenz!

Proteinbiosynthese im Überblick

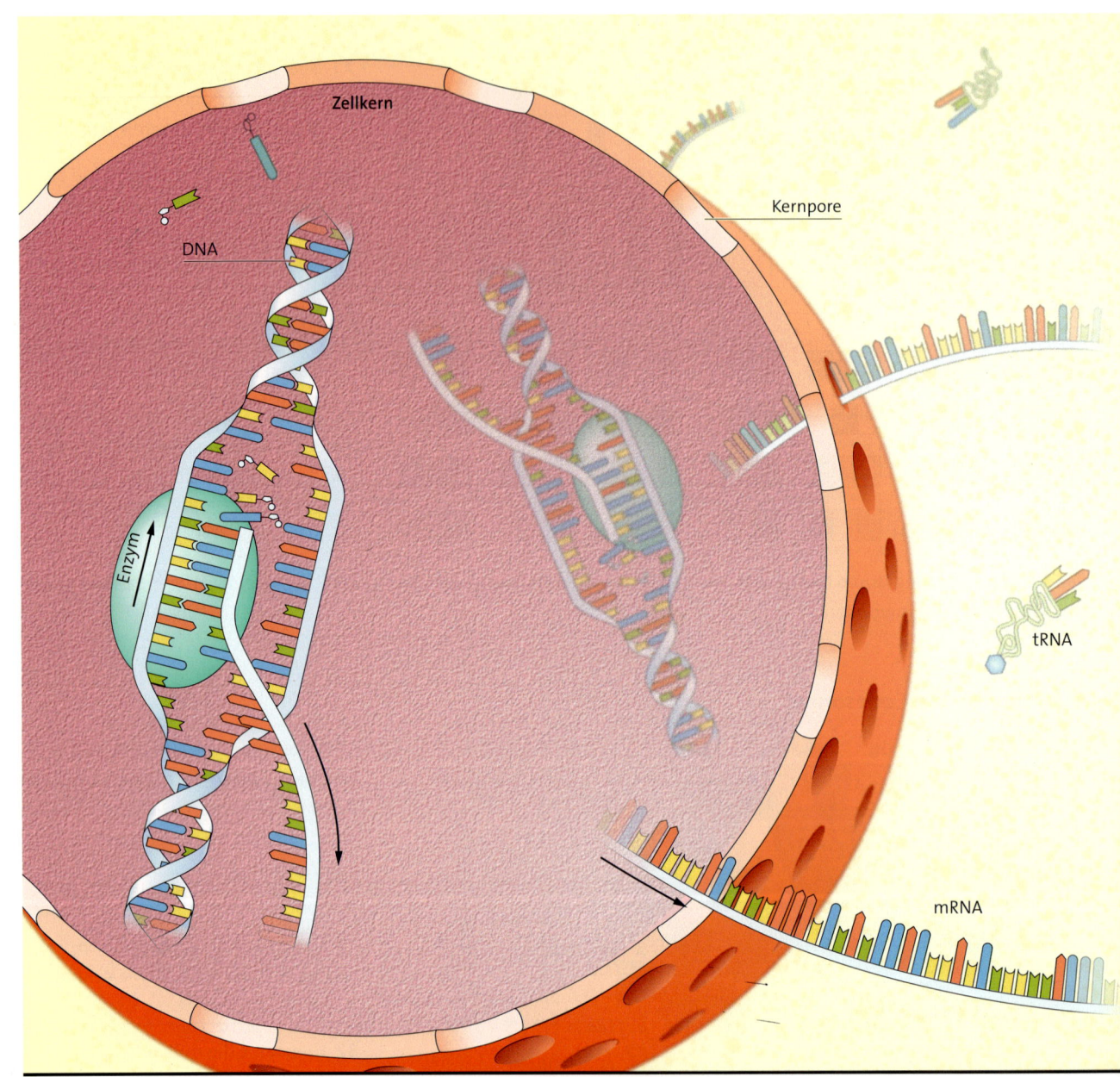

DNA

→

mRNA

**Nukleotidsequenz:
doppelsträngig**

Die Informationen für die
Merkmale ist in den Genen im
Zellkern gespeichert.

Transkription
Die DNA-Nukleotidsequenz
wird in eine RNA-Nukleotidsequenz umgeschrieben.

**Nukleotidsequenz:
einsträngig**

Die mRNA verlässt den Zellkern
und lagert sich im Zellplasma
an ein Ribosom an.

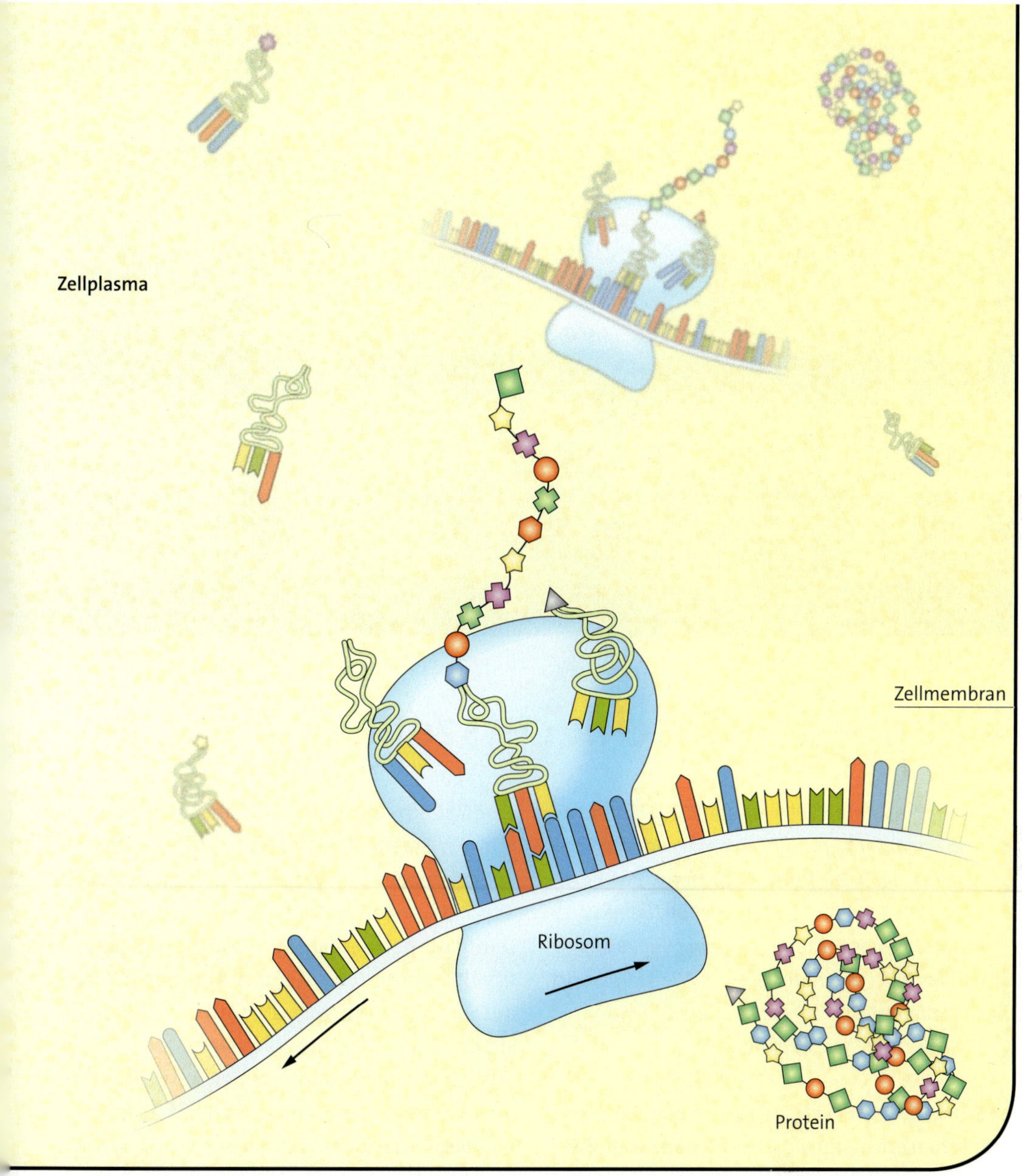

Zellplasma

Zellmembran

Ribosom

Protein

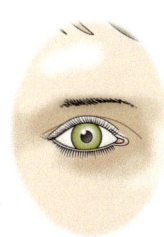

→ **Protein** → **Merkmal**

Translation
Die Nukleotidsequenz
der mRNA wird in eine
Aminosäuresequenz
übersetzt.

Aminosäuresequenz

Die Aminosäuresequenz
bestimmt die räumliche
Struktur eines Proteins
und damit seine Funktion.

Stoffwechsel
Durch bestimmte Proteine,
die Enzyme, kommt es zu
Stoffwechselvorgängen, die
für die Ausprägung eines
Merkmals notwendig sind.

Beispiele:
Augenfarbe
Haarfarbe

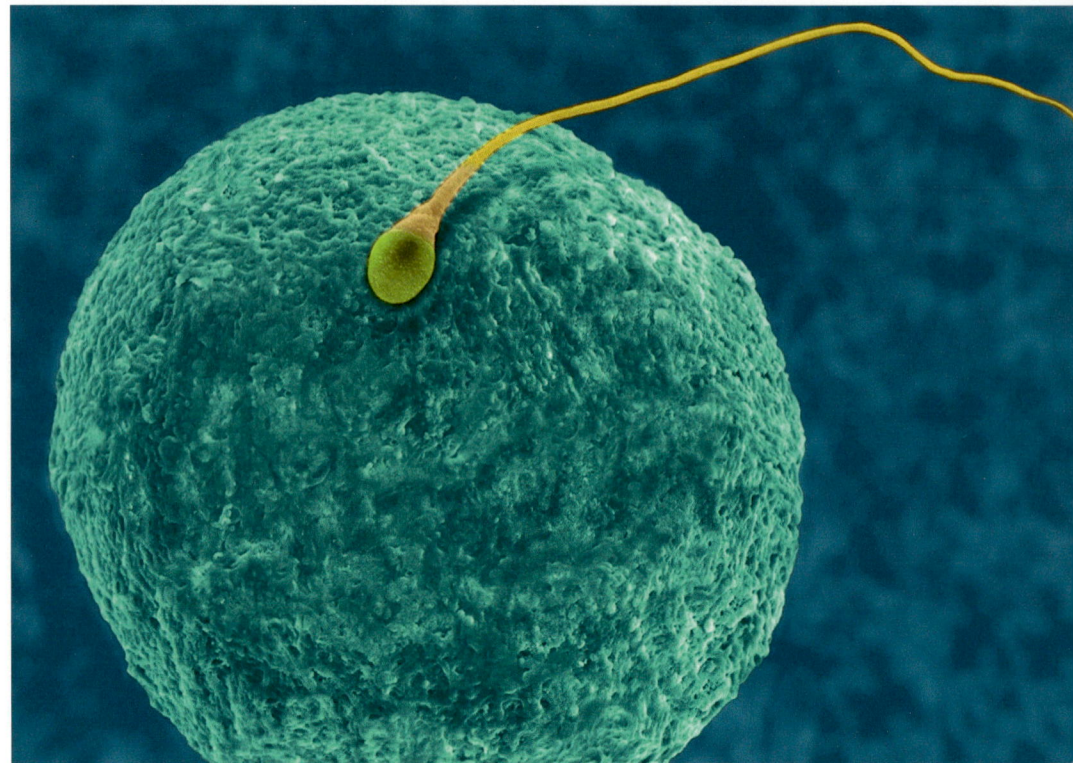

01 Befruchtung einer Eizelle durch eine Spermienzelle

Bildung der Geschlechtszellen

Eine befruchtete Eizelle enthält die Erbinformation beider Elternteile. Diese wird mit den Trägern der Erbinformation, den Chromosomen, an die Kinder weitergegeben. Beim Vater geschieht dies mithilfe der Spermienzelle und bei der Mutter mit der Eizelle. Wie werden die Spermienzelle und die Eizelle, die sogenannten Geschlechtszellen, gebildet?

GESCHLECHTSZELLEN · Die Körperzellen eines Menschen enthalten 46 Chromosomen. Je zwei Chromosomen sind in Form und Größe gleich, sie sind *homolog*. Daher sind 23 homologe Chromosomenpaare vorhanden. Alle Körperzellen gehen durch Zellteilungen aus einer befruchteten Eizelle hervor. Bei der Befruchtung verschmelzen die Zellkerne von Eizelle und Spermienzelle und es entsteht eine befruchtete Eizelle mit der genetischen Information beider Elternteile. Sie enthält die vollständige Erbinformation eines Menschen. Wenn eine Zelle zwei Chromosomensätze hat, einen von der Eizelle der Mutter und einen von der Spermienzelle des Vaters, so spricht man vom doppelten oder **diploiden** Chromosomensatz. Damit die befruchtete Eizelle 46 Chromosomen erhält, dürfen Spermienzelle und Eizelle vor der Befruchtung nur 23 Chromosomen besitzen. Bei der Bildung der Geschlechtszellen aus *diploiden* Vorläuferzellen muss deshalb die Chromosomenzahl von 46 auf 23 halbiert werden. Ohne diese Halbierung würde sich die Chromosomenzahl bei jeder weiteren Befruchtung verdoppeln. Die Geschlechtszellen haben somit einen einfachen oder **haploiden** Chromosomensatz.

Die Bildung der Geschlechtszellen wird **Meiose** genannt. Sie findet in den Hoden des Mannes und in den Eierstöcken der Frau statt.

1) Vergleiche Körper- und Geschlechtszellen hinsichtlich ihrer Chromosomen!

MEIOSE · Der Vorgang der Meiose lässt sich in zwei Zellteilungsschritte, die **erste** und **zweite Reifeteilung,** gliedern. Die *erste Reifeteilung* beginnt mit einer diploiden Vorläuferzelle. In ihrem Zellkern sind 46 *Zwei-Chromatiden-Chromosomen*, von denen jeweils ein Chromosom eines jeden homologen Paares mütterlicher und eines väterlicher Herkunft ist.

Während der **Prophase I** werden die Zwei-Chromatiden-Chromosomen aufgewunden und damit sichtbar. In der **Metaphase I** ordnen sich alle 23 homologen Chromosomenpaare paarweise in der *Äquatorialebene* an. In der folgenden **Anaphase I** werden die homologen Chromosomen zu entgegengesetzten Zellpolen transportiert und so voneinander getrennt. Welche der ursprünglich mütterlichen oder väterlichen Chromosomen eines jeden Paares zu welchem Zellpol gelangen, erfolgt dabei zufällig.

In der **Telophase I** teilt sich die Zelle. In beiden Tochterzellen liegt nun ein einfacher, *haploider Chromosomensatz* aus 23 Zwei-Chromatiden-Chromosomen vor. Da der doppelte auf den einfachen Chromosomensatz halbiert wird, bezeichnet man die erste Reifeteilung auch als **Reduktionsteilung.** Die Tochterzellen besitzen nicht die gleiche Erbinformation, da die mütterlichen und väterlichen Chromosomen durch die zufällige Verteilung neu kombiniert werden.

In der anschließenden *zweiten Reifeteilung* trennen sich die Zwei-Chromatiden-Chromosomen in ihre beiden Ein-Chromatid-Chromosomen. Je eines gelangt zu einem Zellpol. So entstehen vier haploide Zellen mit Ein-Chromatid-Chromosomen. Beim Mann bilden sich aus der Vorläuferzelle vier Spermienzellen. Bei der Frau entstehen eine sehr große Zelle, die Eizelle, und drei sehr kleine Zellen, die Polkörperchen. Diese werden nicht befruchtet.

2 ⌡ Beschreibe die erste Reifeteilung!

3 ⌡ Vergleiche die Chromosomen der Anaphase I und II!

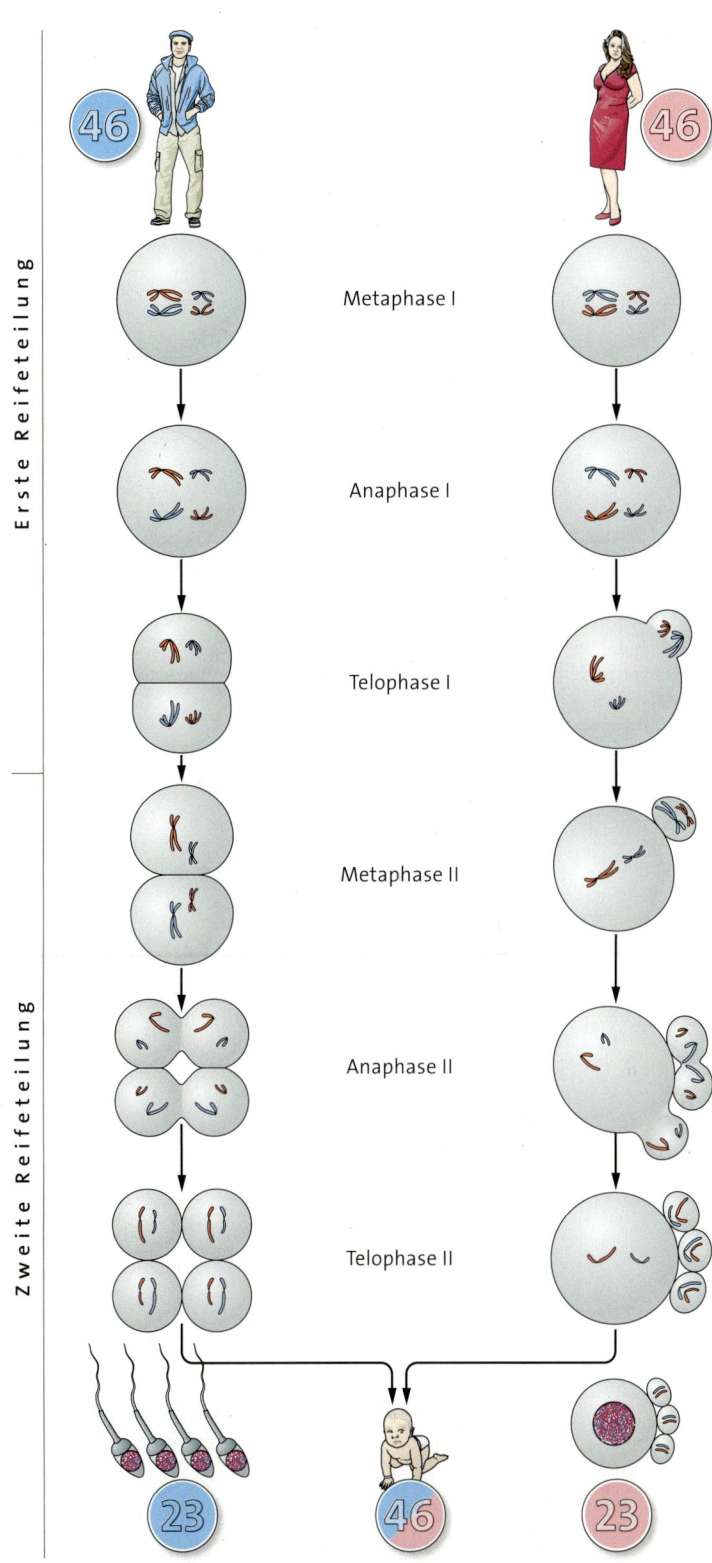

Erste Reifeteilung

Metaphase I

Anaphase I

Telophase I

Zweite Reifeteilung

Metaphase II

Anaphase II

Telophase II

02 Bildung der Geschlechtszellen am Beispiel von zwei Chromosomenpaaren

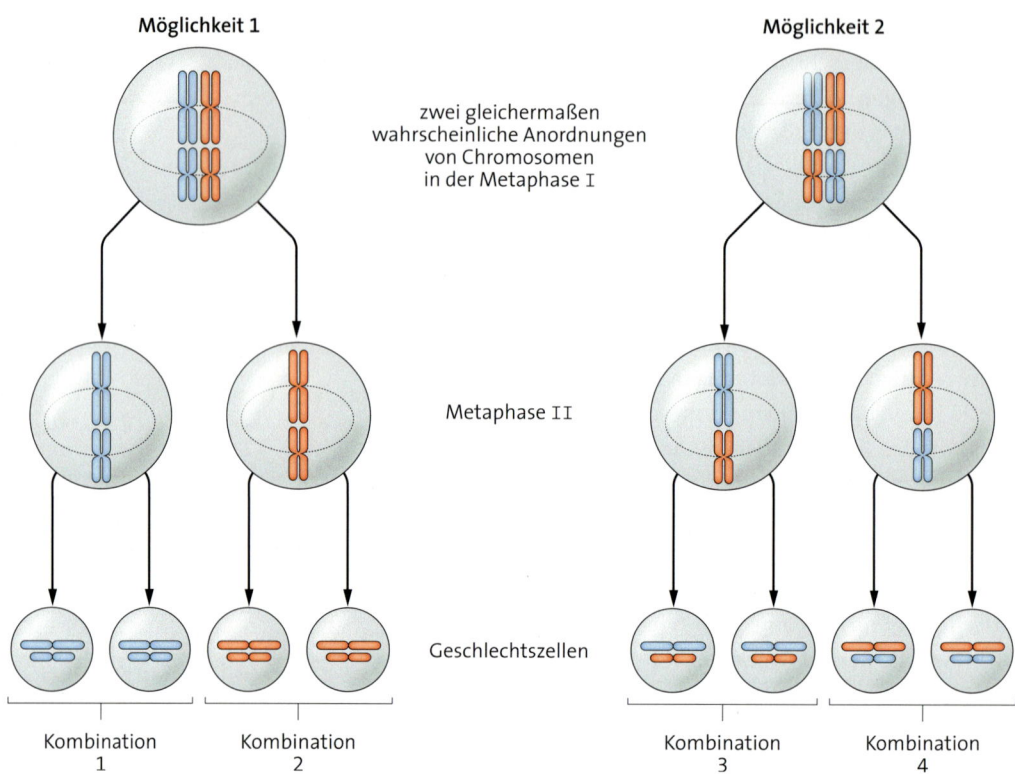

Möglichkeit 1

Möglichkeit 2

zwei gleichermaßen wahrscheinliche Anordnungen von Chromosomen in der Metaphase I

Metaphase II

Geschlechtszellen

03 Kombinationsmöglichkeiten der Chromosomen in den Geschlechtszellen bei zwei Chromosomenpaaren

Kombination 1

Kombination 2

Kombination 3

Kombination 4

VARIABILITÄT · Obwohl Geschwister dieselben Eltern haben und je 23 Chromosomen von Vater und Mutter erben, sind sie dennoch unterschiedlich. Wie kommen diese Unterschiede zustande?

Während der *Reduktionsteilung* der Meiose trennen sich die homologen Chromosomenpaare voneinander. Die Verteilung auf die Tochterzellen erfolgt dabei zufällig. Für die Anordnung der homologen Chromosomenpaare in der Äquatorialebene und ihre nachfolgende Verteilung auf die Tochterzellen gibt es verschiedene Möglichkeiten. Diese sind alle gleich wahrscheinlich.

Betrachtet man nur $n = 2$ homologe Chromosomenpaare, so ergeben sich 2^n, also hier $2^2 = 4$, Kombinationsmöglichkeiten für die Geschlechtszellen. Tatsächlich sind es beim Menschen 23 Chromosomenpaare, somit ergeben sich 2^{23} Möglichkeiten. Dies bedeutet, dass die Geschlechtszellen mit hoher Wahrscheinlichkeit unterschiedliche Chromosomenkombinationen

haben. Bei jeder Befruchtung verschmelzen die Kerne einer Spermienzelle und einer Eizelle mit jeweils einer individuellen Kombination an Chromosomen miteinander. Eine *Neukombination* der Chromosomen erfolgt deshalb außer bei der Bildung der Geschlechtszellen auch noch zusätzlich bei der Befruchtung.

Die biologische Bedeutung der *Meiose* wie auch der Befruchtung ist die Durchmischung der Erbinformation in jeder Generation. Dies führt zu einer großen Vielfalt, der **genetischen Variabilität.** Sie ist der Grund dafür, dass Geschwister trotz gleicher Eltern individuelle Erbinformationen und damit individuelle Merkmale aufweisen.

4 Nenne die Vorgänge, durch die Chromosomen neu kombiniert werden können!

5 Erkläre die Bedeutung der Meiose für das biologische Prinzip *Variabilität*!

Material A ▸ Vergleich von Mitose und Meiose

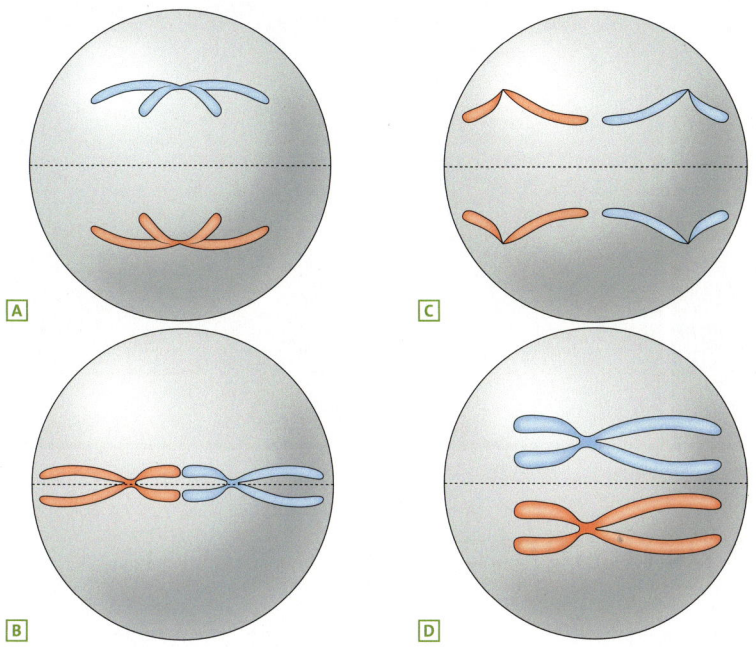

Die Abbildungen A bis D zeigen Zellteilungsstadien der Mitose oder der Meiose. Zur besseren Übersicht ist in allen Zellen jeweils nur ein homologes Chromosomenpaar abgebildet.

A1 Ordne alle Stadien der Mitose oder Meiose zu und nenne den Fachbegriff des jeweiligen Stadiums!

A2 Zeichne jeweils das Zellstadium, das auf Abbildung A und C folgt!

A3 Vergleiche Mitose und Meiose tabellarisch! Berücksichtige dabei die Anzahl der Teilungen, die Chromosomenanzahl und die Bedeutung für die Vielfalt.

Material B ▸ Variabilität

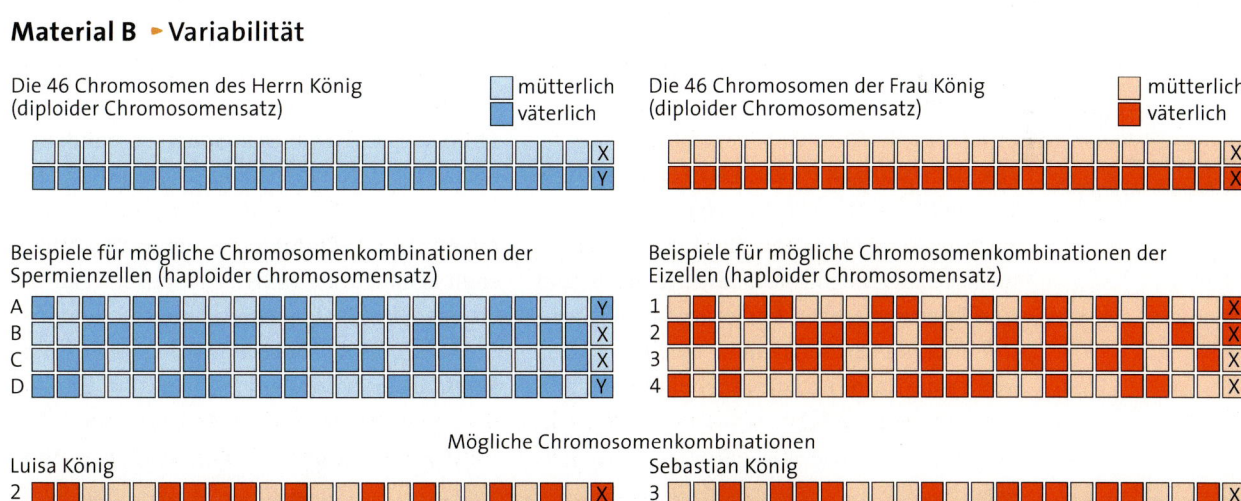

B1 Vergleiche die Chromosomenkombination der Geschwister Luisa und Sebastian König!

B2 Begründe, ob Luisa und Sebastian eineiige oder zweieiige Zwillinge sein könnten!

B3 Frau König ist erneut schwanger mit einem Mädchen. Zeichne eine mögliche Chromosomenkombination für das dritte Kind!

B4 Zeichne zwei mögliche Chromosomensätze von Luisas Eizellen!

B5 Erkläre, in welchem Stadium der Meiose die möglichen Chromosomensätze in Luisas Eizellen zustande kommen!

01 A Johann Gregor MENDEL,

B Erbsenpflanzen

MENDELs Experimente

Johann Gregor MENDEL (1822–1884), Augustinermönch und Naturwissenschaftler, 1866 veröffentlichte er die „Versuche mit Pflanzenhybriden"

Die Regeln der Vererbung waren noch bis zur Mitte des 19. Jahrhunderts unbekannt. Erst durch zahlreiche Versuche mit Erbsenpflanzen entdeckte sie der Mönch Johann Gregor MENDEL. Nach welchen Regeln werden Merkmale wie die Blütenfarbe vererbt?

VERSUCHSOBJEKT ERBSENPFLANZE · Die Erbsenpflanze eignet sich aufgrund mehrerer günstiger Eigenschaften für Vererbungsversuche besonders gut. Sie ist anspruchslos, und eine Pflanze bildet in kurzer Zeit viele Nachkommen, die Erbsensamen. Vor allem aber werden die Narbe und die Staubblätter der Erb-

senblüte so von Blütenblättern eingeschlossen, dass nur Pollen derselben Blüte auf die Narbe gelangen können. Dieser Vorgang, die *Selbstbestäubung,* führt zu Pflanzen, die über mehrere Generationen hinweg ihre Merkmale nicht verändern. Solche **reinerbigen** Pflanzensorten schienen MENDEL besonders passend, um nach Regeln der Vererbung zu suchen.

MENDELs EXPERIMENTE · Bei seinen Versuchen beobachtete MENDEL zunächst nur ein einziges Merkmal, zum Beispiel die Blütenfarbe. Die Ausgangspflanzen nannte er die Eltern- oder **Parentalgeneration,** kurz **P-Generation.** Um eine

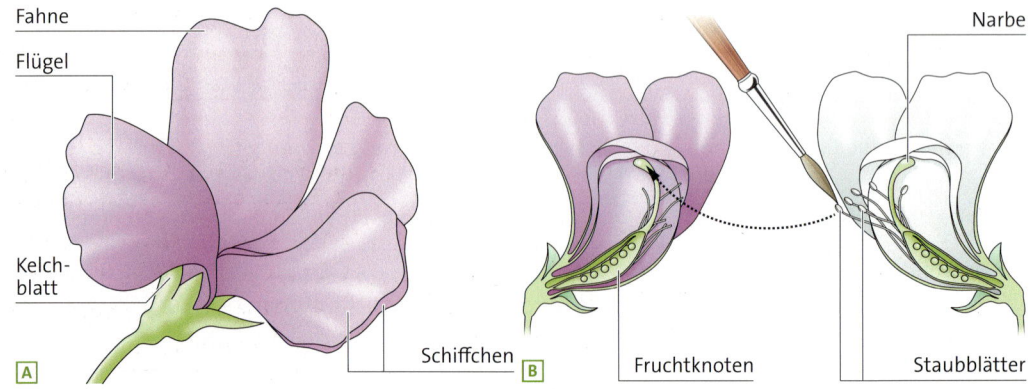

02 Versuchsobjekt Erbsenpflanze:

A Bau der Erbsenblüte,

B Fremdbestäubung

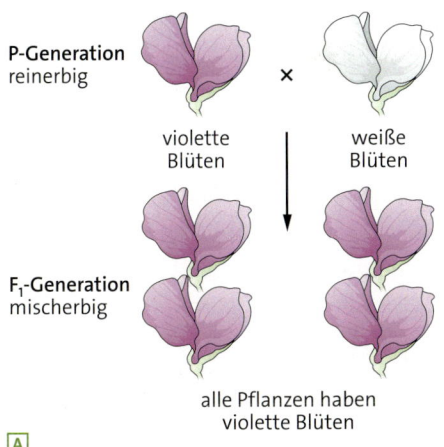

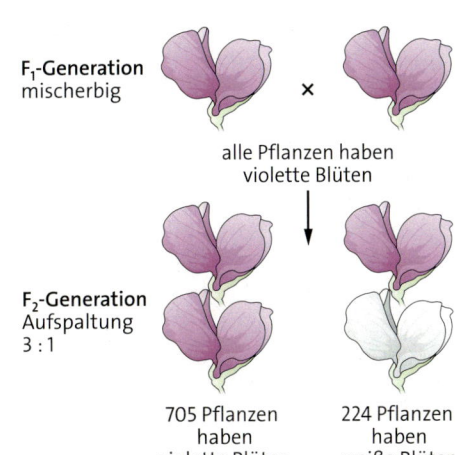

P-Generation reinerbig

violette Blüten × weiße Blüten

F₁-Generation mischerbig

alle Pflanzen haben violette Blüten

A

F₁-Generation mischerbig

alle Pflanzen haben violette Blüten

F₂-Generation Aufspaltung 3 : 1

705 Pflanzen haben violette Blüten

224 Pflanzen haben weiße Blüten

B

03 Kreuzungsversuche:

A zwischen reinerbigen Erbsenpflanzen,

B zwischen mischerbigen Erbsenpflanzen

Selbstbestäubung zu verhindern, entfernte er die Staubblätter einer violett blühenden Erbsenpflanze. Dann entnahm er mit einem Pinsel den Pollen einer weiß blühenden Pflanze und übertrug ihn auf die Narbe der violetten Blüte. Er führte damit eine *Fremdbestäubung* durch. Bei diesem *Kreuzungsversuch* mit reinerbigen Eltern wuchs aus den entstandenen Samen die nächste Generation heran. Die Pflanzen dieser ersten Tochter- oder **ersten Filialgeneration,** kurz **F₁-Generation,** hatten alle die gleiche Farbe: einheitlich violett. Sie waren **uniform.**

MENDEL führte die Kreuzung auch umgekehrt durch. Bei dieser **reziproken Kreuzung** bestäubte er die Narbe von weißen Blüten mit dem Pollen von violetten. Auch hier erhielt er in der F₁-Generation nur violette Blüten. Diese und weitere Beobachtungen an anderen Merkmalen führten MENDEL zu einer Entdeckung, die später als 1. MENDEL'sche Regel bezeichnet wurde.

MENDEL fragte sich, ob die Information für die Merkmalsausprägung weiße Blüten bei der Ver-

erbung verloren gegangen war. Um dies zu klären, kreuzte er die Pflanzen der F₁-Generation miteinander. In der daraus entstandenen F₂-Generation hatten drei Viertel aller Pflanzen violette Blüten, während bei einem Viertel die weiße Blütenfarbe wieder auftrat. Die Information für die Ausprägung der weißen Blütenfarbe war also erhalten geblieben.

MENDEL folgerte daraus, dass es in der F₁-Generation zwei Erbanlagen für die Blütenfarbe geben muss: für violett und für weiß. Diese Pflanzen sind also **mischerbig** bezüglich des Merkmals Blütenfarbe und werden als *Mischlinge* oder *Hybride* bezeichnet. Die Blüten der F₁-Generation sind alle violett, weil sich die Erbanlage für violett durchsetzt. Die Erbanlage Violett ist **dominant** über die Erbanlage Weiß. Weiß wird unterdrückt und ist **rezessiv.** MENDEL prüfte solche **dominant-rezessiven Erbgänge** an verschiedenen Merkmalen. Das Zahlenverhältnis 3 : 1 in der F₂-Generation blieb als statistischer Wert erhalten. Diese Beobachtung wurde später als 2. MENDEL'sche Regel formuliert.

lateinisch dominare = herrschen

lateinisch recedere = zurückweichen

Uniformitätsregel (1. MENDEL'sche Regel)

Wenn man zwei Individuen einer Art kreuzt, die sich in einem oder mehreren Merkmalen reinerbig unterscheiden, dann sind bei allen Nachkommen in der F₁-Generation die betrachteten Merkmale uniform.

Spaltungsregel (2. MENDEL'sche Regel)

Kreuzt man die Mischlinge der F₁-Generation, so spalten bezüglich der Merkmalsausprägungen die Nachkommen in der F₂-Generation in einem bestimmten Zahlenverhältnis auf, und zwar beim dominant-rezessiven Erbgang im Verhältnis 3 : 1.

04 Kreuzungsschema zur 1. Mendel'schen Regel

05 Kreuzungsschema zur 2. Mendel'schen Regel

ERBGÄNGE · Jedem Merkmal liegen zwei Erbanlagen zugrunde. Wie man später herausfand, liegen sie auf sich entsprechenden Orten der homologen Chromosomen. Einen solchen Ort bezeichnet man als **Gen** oder **Allel**.

Bei der Erbsenpflanze liegt das Gen für die Blütenfarbe entweder als Allel für die Merkmalsausprägung violette Blüte oder als Allel für die Merkmalsausprägung weiße Blüte vor. Liegen in der befruchteten Eizelle im Fruchtknoten gleiche Erbanlagen, zum Beispiel die Allele für violette Blüten, so ist die entstehende Erbsenpflanze reinerbig oder *homozygot*. Treffen dagegen in der Eizelle verschiedenen Anlagen aufeinander, zum Beispiel die Allele für die Ausprägungen violetter und weißer Blüten, ist die entstehende Erbsenpflanze mischerbig oder *heterozygot*.

MENDEL vermutete, dass die Erbanlagen in den Geschlechtszellen liegen und durch sie von einer Generation auf die nächste übertragen werden. Heute weiß man, dass in den Zellkernen der Körperzellen die Chromosomen paarig vorliegen. Körperzellen sind *diploid*.

Bei der Bildung der Geschlechtszellen in der Meiose gelangt jeweils nur ein Chromosom eines jeden Paares in die Geschlechtszelle. Dabei werden die homologen Chromosomen getrennt und nach dem Zufallsprinzip auf die Geschlechtszellen verteilt. In der Geschlechtszelle liegt also im Zellkern immer nur ein einfacher Chromosomensatz vor. Geschlechtszellen sind *haploid*. Welche der männlichen Geschlechtszellen mit einer weiblichen Geschlechtszelle zur Befruchtung gelangt, richtet sich ebenfalls nach dem Zufallsprinzip. Stets gelten die MENDEL'schen Regeln.

Erbgänge werden durch Kreuzungsschemata veranschaulicht. Ein dominantes Allel, zum Beispiel für die Merkmalsausprägung violette Blüten, wird mit einem großen Buchstaben (A) gekennzeichnet. Das rezessive Allel für die Merkmalsausprägung weiße Blüte erhält einen kleinen Buchstaben (a).

Material A ▶ Kreuzung bei Meerschweinchen

In einem Zuchtverein sollen schwarze Meerschweinchen mit weißen gekreuzt werden. Die Meerschweinchen sind bezogen auf die Fellfarbe reinerbig. Das Allel für Schwarz ist dominant über das Allel für Weiß.

A1 Erstelle Kreuzungsschemata bis zur F_2-Generation!

A2 Nenne das Zahlenverhältnis von Genotypen und Phänotypen in der F_2-Generation!

A3 Erkläre, weshalb man bei einem schwarzen Meerschweinchen nicht eindeutig vom Phänotyp auf den Genotyp schließen kann!

A4 Erstelle ein Glossar mit folgenden Begriffen: homozygot, heterozygot, dominant, rezessiv, Gen und Allel!

VERSUCH B ▶ Modellversuch zur Spaltungsregel

sich ergebende Kombination von Kopf und Zahl nebeneinander auf den Tisch. Wenn alle Münzen gezogen sind, wird protokolliert. Danach wird der Versuch noch dreimal wiederholt und die Ergebnisse werden addiert.

B1 Zähle die Häufigkeiten der drei entstandenen Kombinationen aus!

B2 Ordne die Begriffe homo- und heterozygot den Kombinationen zu!

B3 Vergleiche dein Ergebnis mit dem Zahlenverhältnis der Genotypen in der F_2-Generation!

B4 Erkläre, weshalb MENDEL viele Kreuzungsversuche durchführen musste, um sichere Aussagen machen zu können, welche Regeln für die Vererbung gelten!

B5 Erkläre, inwieweit dieser Modellversuch die Vorgänge bei der Meiose und der Befruchtung wiedergibt!

Material:
100 Centmünzen, 2 Boxen, Schal
Durchführung:
Verteile mit deinem Banknachbarn die ausliegenden 100 Centmünzen zu gleichen Teilen in zwei Boxen. Einer von euch verbindet mit einem Schal dem anderen die Augen. Dieser holt abwechselnd aus der einen und anderen Box jeweils eine Münze heraus und legt die

01 Erbsensamen:
A gelb und glatt,
B gelb und runzlig,
C grün und glatt,
D grün und runzlig

Weitere Vererbungsregeln

MENDEL kreuzte auch Erbsenpflanzen mit gelben, glatten Samen und solche mit grünen, runzligen Samen. Er fragte sich, ob bei der Vererbung die beiden Merkmale Farbe und Form der Erbsensamen neu kombiniert werden können?

NEUKOMBINATIONSREGEL · MENDEL verwendete nicht nur Erbsenpflanzen, die sich in einem Merkmal reinerbig unterschieden. Er kreuzte auch Erbsenpflanzen, die sich in zwei Merkmalen unterschieden. Man bezeichnet diese Kreuzungen als **dihybrid.** Unterscheiden sich die Eltern nur in einem Merkmal, spricht man von einem **monohybriden Erbgang.**

Wenn er Erbsenpflanzen mit gelben, glatten Samen mit solchen kreuzte, die grüne, runzlige Samen hatten, entwickelten sich in den Hülsen der Nachkommen nur gelbe, glatte Samen. Die F_1-Generation entsprach damit wie erwartet der Uniformitätsregel. Die Erbanlagen für gelb und glatt sind dominant über grün und runzlig.

Aus der Kreuzung der F_1-Generation untereinander entstanden jedoch zwei neue Phänotypen. In den Hülsen der F_2-Generation lagen auch gelbe, runzlige und grüne, glatte Samen. MENDEL erhielt 315 gelb-glatte, 101 gelb-runzlige, 108 grün-glatte und 32 grün-runzlige Samen. Er wiederholte diesen Kreuzungsversuch mehrfach, aber die Aufspaltung der F_2-Generation blieb immer im Zahlenverhältnis von $9:3:3:1$. Aus den Ergebnissen schloss MENDEL, dass verschiedene Erbanlagen unabhängig voneinander weitergegeben werden und sich neu kombinieren lassen.

NEUKOMBINATIONS- ODER UNABHÄNGIGKEITSREGEL (3. MENDEL'sche Regel):
Kreuzt man Individuen einer Art, die sich in mehr als einem Merkmal reinerbig unterscheiden, können neue Merkmalskombinationen auftreten. Die Weitergabe der Erbanlagen erfolgt zufällig und unabhängig voneinander.

VARIABILITÄT · MENDEL folgerte aus seinen dihybriden Kreuzungsversuchen, dass die Mischlinge, die Hybriden, der F₁-Generation mit dem Genotyp *AaBb* vier unterschiedliche Geschlechtszellen mit den Allelkombinationen *AB*, *Ab*, *aB* oder *ab* ausbilden können. Die Geschlechtszellen enthalten pro Gen jeweils nur ein Allel, da ihr Chromosomensatz haploid ist. Durch die Befruchtung werden diese dann zufällig kombiniert.

Für die F₂-Generation ergeben sich aus den vier mal vier Kombinationsmöglichkeiten des Kreuzungsschemas 16 Kombinationen. Zur besseren Übersichtlichkeit werden in den einzelnen Kombinationsquadraten nicht nur die Genotypen, sondern auch die Phänotypen eingetragen. Es sind neun verschiedene Genotypen und vier unterschiedliche Phänotypen möglich. Davon sind zwei Phänotypen in der F₂-Generation neu aufgetreten. Im Beispiel sind das Pflanzen mit gelben, runzligen und mit grünen, glatten Samen.

Heute weiß man, dass die Gene für die Ausbildung der Farbe und der Form der Erbsensamen auf verschiedenen Chromosomen liegen. Dadurch können die Gene für diese beiden Merkmale unabhängig voneinander vererbt und Allele neu kombiniert werden. Durch die Neukombination von Merkmalen entsteht Vielfalt, man spricht auch von *Variabilität*. Sie kann sich erhöhen, wenn man Individuen kreuzt, die sich in mehreren Merkmalen unterscheiden.

Variabilität findet man bei allen Lebewesen. Bei denen, die sich geschlechtlich fortpflanzen, ist sie besonders hoch. Daher handelt es sich hier um ein allgemeingültiges *biologisches Prinzip*. Es ist in der Pflanzen- und Tierzucht von großer Bedeutung.

1 ⌡ Erkläre am Beispiel der Erbsensamen, wie genetische Vielfalt entsteht!

02 Samen in den Hülsen der F₂-Generation

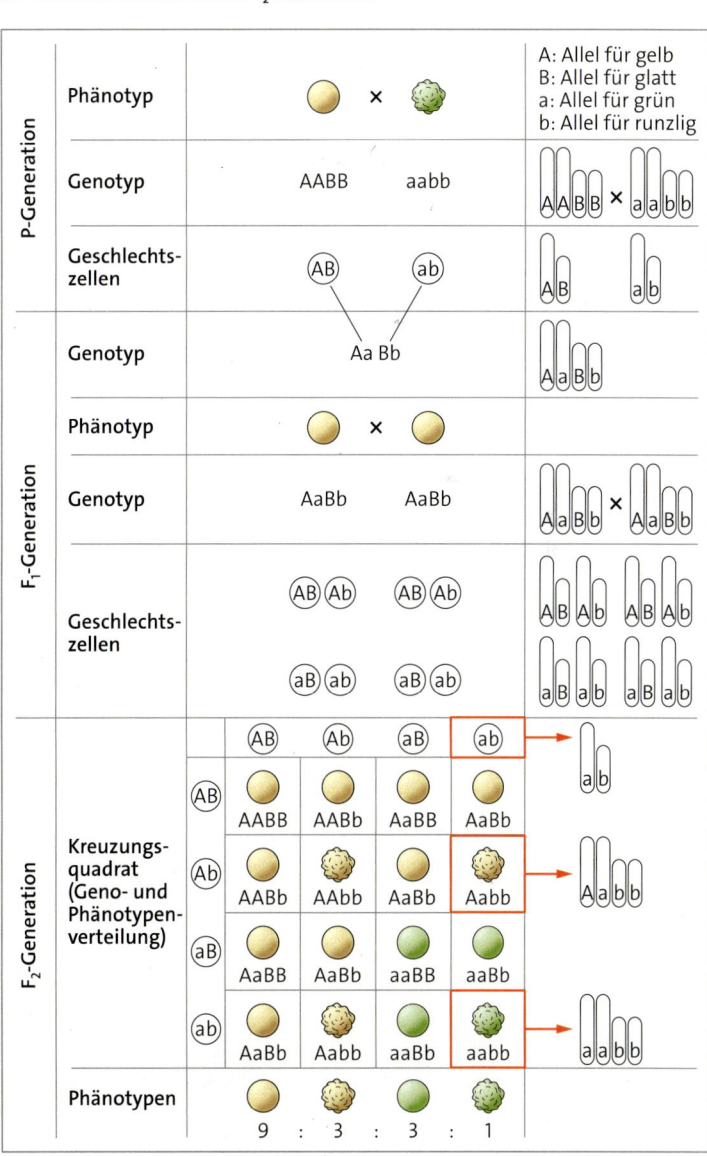

03 Kreuzungsschema zur Neukombinationsregel

04 Verschiedenfarbige Wunderblumen

INTERMEDIÄRER ERBGANG · Etwa vierzig Jahre nach MENDELs Untersuchungen an der Erbsenpflanze führte der deutsche Botaniker Karl CORRENS weitere Kreuzungsversuche durch. Er kreuzte reinerbig rot blühende mit reinerbig weiß blühenden Wunderblumen. Die Nachkommen der P-Generation hatten alle die gleiche Blütenfarbe. Sie waren uniform, wie nach der Uniformitätsregel zu erwarten war. Jedoch blühten alle Wunderblumen weder rot noch weiß, sondern rosa.

Die Ausprägung des Merkmals Blütenfarbe liegt demnach phänotypisch zwischen den Elternpflanzen. Deshalb kann keines der Allele dominant sein. CORRENS bezeichnete einen solchen Erbgang als **intermediär**. Im Kreuzungsschema werden solche Allele mit demselben Kleinbuchstaben gekennzeichnet und durch den Zusatz von Zahlen unterschieden.

Bei der Kreuzung der F_1-Generation untereinander treten in der F_2-Generation rot, rosa und weiß blühende Pflanzen im Zahlenverhältnis $1:2:1$ auf – und nicht wie nach der Spaltungsregel zu erwarten im Verhältnis $3:1$. Das liegt daran, dass die Allele für die Merkmalsausprägung der Blütenfarbe gleich stark sind. Hier lässt sich also immer vom Phänotyp auf den Genotyp schließen. Obwohl CORRENS einen weiteren Erbgang entdeckte, bestätigen die Ergebnisse seiner Kreuzungsversuche die von MENDEL entdeckten Gesetzmäßigkeiten der Vererbung.

05 Kreuzungsschema intermediärer Erbgang

Material A ▸ Dihybrider Erbgang bei Rinderrassen

Eine schwarze, gescheckte Rinderrasse wird mit einer braunen, einfarbigen gekreuzt. Die Rassen sind in beiden Merkmalen reinerbig.

Aus der P-Generation gehen in der F_1-Generation nur schwarze, einfarbige Tiere hervor, die dann wieder untereinander gekreuzt werden.

A1 Nenne die Genotypen der Körper- und Geschlechtszellen der P-Generation!

A2 Erstelle Kreuzungsschemata bis zur F_2-Generation! Stelle die Phänotypen im Kombinationsquadrat der F_2-Generation mit sinnvollen Symbolen dar!

A3 Erläutere an diesem Beispiel, wie die Variabilität durch Züchtung erhöht werden kann!

Material B ▸ Kreuzung von Hühnern

P (reinerbig)

F_1

F_2

B1 Beschreibe die Phänotypen der Kreuzungsergebnisse bis zur F_2-Generation!

B2 Begründe, ob es sich bei dieser Kreuzung um einen dominant-rezessiven oder um einen intermediären Erbgang handelt!

B3 Erstelle Kreuzungsschemata bis zur F_2-Generation! Nenne jeweils auch die Phänotypen!

B4 Ein Tierzüchter möchte möglichst viele graue Hühner besitzen. Um dieses Ziel zu erreichen, kreuzte er die F_1-Generation untereinander. Begründe, ob diese Vorgehensweise sinnvoll war!

Material C ▸ Züchtung von Rebpflanzen

Blütenstand

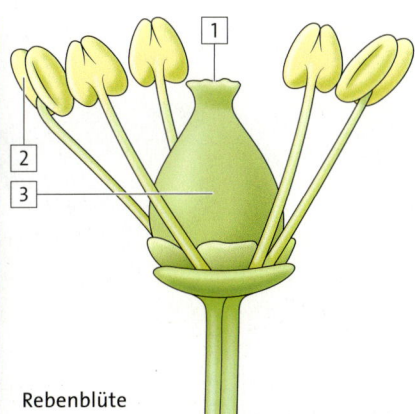

Rebenblüte

Ein Winzer hat eine süße, aber pilzanfällige Traubensorte und eine pilzresistente Sorte mit bitteren Früchten. Die Allele für bitter und pilzanfällig sind dominant.

C1 Nenne die mit Zahlen gekennzeichneten Blütenbestandteile!

C2 Erläutere anhand der Abbildung und mit Kreuzungsschemata, wie der Winzer vorgehen muss, wenn er eine süße, pilzresistente Traubensorte züchten möchte!

Material D ▸ Rückkreuzung

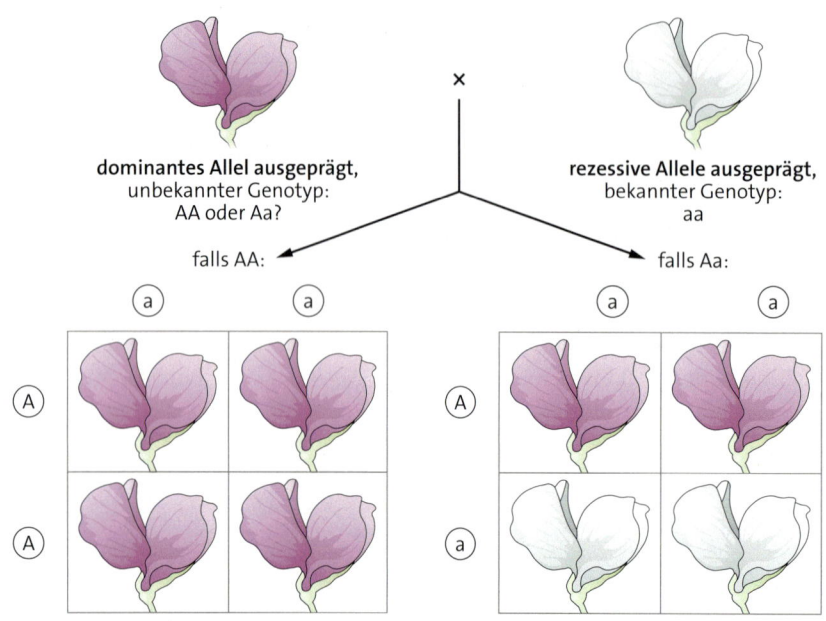

dominantes Allel ausgeprägt,
unbekannter Genotyp:
AA oder Aa?

×

rezessive Allele ausgeprägt,
bekannter Genotyp:
aa

falls AA:

falls Aa:

D1 Erläutere, weshalb die Versuchs-
ergebnisse eine Aussage über den
Genotyp einer violett blühenden
Erbsenpflanze erlauben!

D2 Erkläre, weshalb die Rückkreuzung
mit einem reinerbig dominanten
Elternteil keine Aussage über den
Genotyp erlaubt!

D3 Die Testkreuzung ist auch mit
einem heterozygotem Partner
möglich. Begründe mithilfe von
Kreuzungsschemata, weshalb
diese Kreuzung als Testkreuzung
weniger geeignet ist!

Bei Hybriden wie den violett blühenden Erbsenpflanzen kann man nicht
vom Phänotyp auf den Genotyp
schließen. Durch eine Rückkreuzung
mit dem rezessiven Elternteil lässt
sich der Genotyp ermitteln. Daher
wird sie auch als *Testkreuzung*
bezeichnet.

Material E ▸ Dihybrider Erbgang bei Meerschweinchen

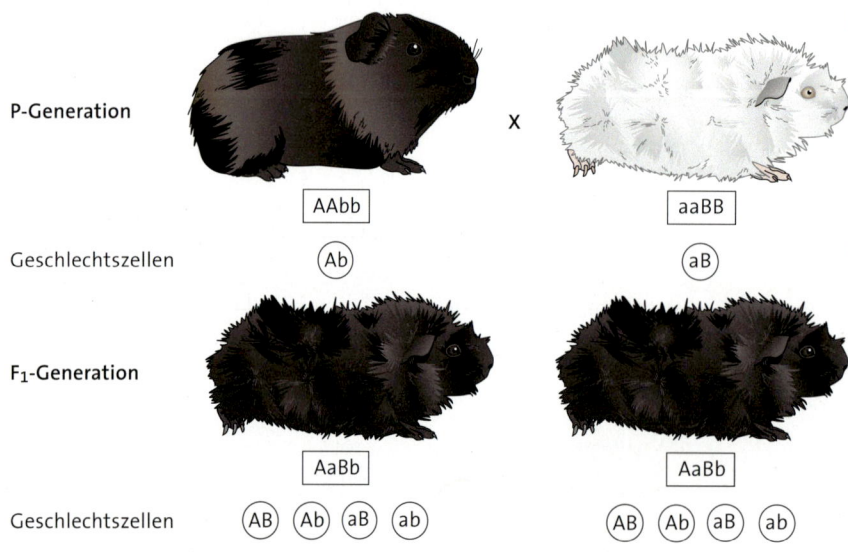

P-Generation

AAbb

×

aaBB

Geschlechtszellen

Ab

aB

F₁-Generation

AaBb

AaBb

Geschlechtszellen

AB Ab aB ab

AB Ab aB ab

E1 Begründe anhand von Kreuzungsschemata, welche Genotypen der
P-Generation vorliegen müssten,
damit erst in der F₂-Generation
neue Merkmalskombinationen
entstehen!

E2 Mithilfe von Testkreuzungen
sucht ein Züchter unter den
Individuen der F₂-Generation
reinerbig schwarze, wirbel-
haarige Tiere. Entwirf entsprechende Kreuzungssche-
mata und begründe deinen
Vorschlag!

In einer dihybriden Kreuzung wurden
reinerbig schwarze, glatthaarige mit
reinerbig weißen, wirbelhaarigen
Meerschweinchen gekreuzt.

Material F ▸ Vererbung der Fellfarbe bei Mäusen

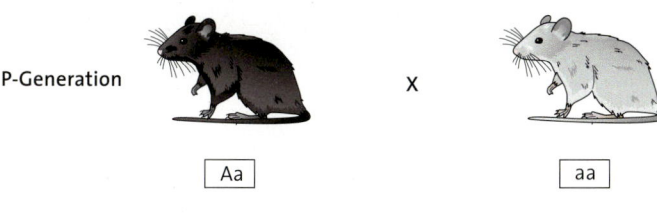

P-Generation

Aa   aa

F₁-Generation

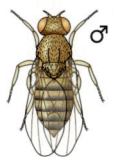   

? ? ? ?

Es werden Mäuse gekreuzt, die sich in ihrer Fellfarbe unterscheiden. Der Erbgang ist dominant-rezessiv.

F1 Übertrage das Schema in dein Biologieheft und vervollständige die fehlenden Phäno- und Genotypen!

F2 Begründe, welche der MENDEL'schen Regeln erfüllt werden!

Material G ▸ Kreuzungsversuche bei Taufliegen

Kreuzung 1

P-Generation

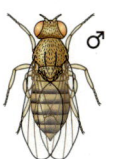 

F₁-Generation

Der Genetiker Thomas H. MORGAN führte Kreuzungsversuche an Taufliegen durch. Diese Tiere waren als Versuchsobjekte besonders geeignet, weil sie viele Nachkommen in kurzer Zeit hervorbringen. Bei einer seiner Kreuzungen, Kreuzung 1, bestand die P-Generation aus reinerbig braungrauen, normalflügligen und aus schwarzen, stummelflügligen Taufliegen. MORGAN kreuzte ♂ der F₁ mit ♀ der P-Generation. Das Ergebnis zeigt Kreuzung 2.

Kreuzung 2

Rückkreuzung von ♂ der F₁-Generation mit ♀ der P-Generation

Nachkommen aus der Rückkreuzung

G1 Erkläre, weshalb eine hohe Nachkommenanzahl und eine kurze Entwicklungsdauer vorteilhaft für Kreuzungsversuche sind!

G2 Erkläre, weshalb das Ergebnis in der F₂-Generation überraschend war!

G3 Stelle eine Hypothese auf, die das Ergebnis der F₂-Generation erklärt!

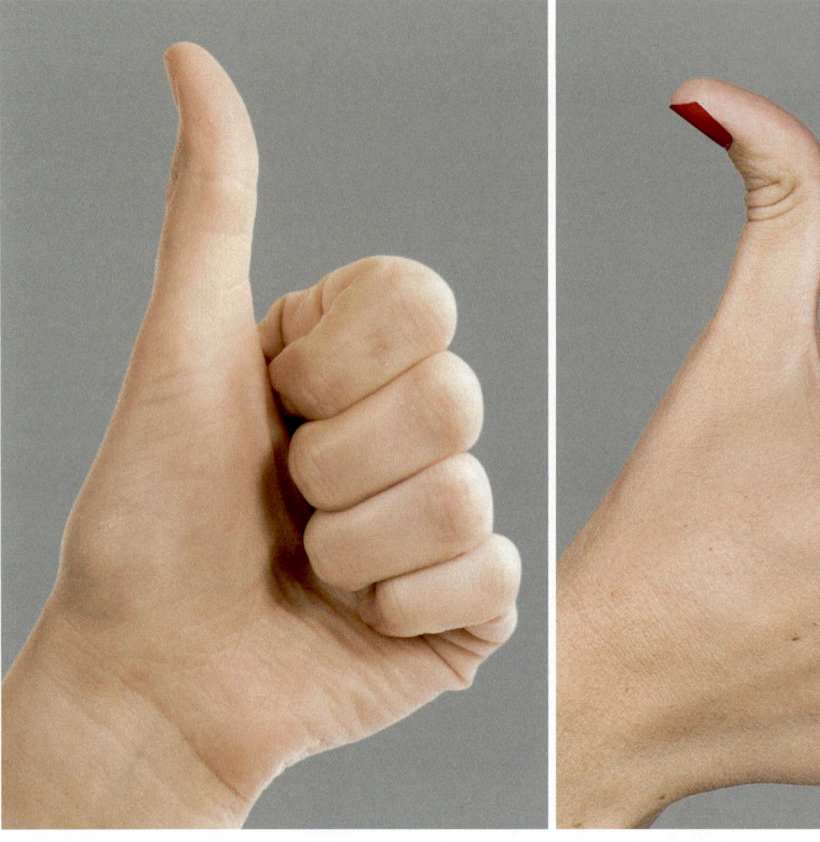

Forschungsmethoden der Humangenetik

Manche Menschen können genetisch bedingt ihr Daumenendglied weit zurückbiegen, einige wiederum nicht. Wie kann man herausfinden, ob dieses Gen dominant oder rezessiv an die Nachkommen vererbt wird?

FAMILIENFORSCHUNG · Die Vererbung des Gens für ein Merkmal folgt wie bei allen Lebewesen den Mendel'schen Regeln. Die Untersuchung der Erbgänge von bestimmten Merkmalen beim Menschen ist jedoch viel schwieriger als bei Pflanzen, da Kreuzungsversuche schon aus ethischen Gründen nicht vertretbar sind. Zudem würde die geringe Anzahl der Nachkommen und die zu lange Generationenfolge eine Auswertung erschweren. Daher müssen andere Methoden zur Ermittlung der Erbgänge beim Menschen herangezogen werden.

Eine wichtige Methode in der *Humangenetik* ist die **Familienforschung,** bei der das Auftreten eines bestimmten Merkmals über Generationen hinweg beobachtet wird. In einer solchen **Stammbaumanalyse** können Aussagen über den Erbgang des betrachteten Merkmals getroffen werden.

Wird ein Merkmal, zum Beispiel das zurückbiegbare Daumenendglied, rezessiv vererbt, sind alle Personen mit dieser Fähigkeit, die **Merkmalsträger,** homozygot. Sie können nur den Genotyp *aa* haben. Bei dominanter Vererbung können die Merkmalsträger homozygot oder heterozygot sein, also den Genotyp *AA* oder *Aa* haben.

Sind die Eltern aber Nichtmerkmalsträger und haben sie Kinder, die die Fähigkeit des Daumenbiegens besitzen, dann kann ein dominanter Erbgang ausgeschlossen werden. Der Genotyp der Eltern kann in diesem Fall nur homozygot mit den Allelen aa vorliegen. Das Allel A kann somit nicht weitergegeben werden. Bei einem rezessiven Erbgang ist dies jedoch möglich. Hier können die Eltern als Nichtmerkmalsträger auch heterozygot veranlagt sein, sodass sie das rezessive Allel a an die Nachkommen vererben können.

Wenn man herausgefunden hat, ob ein Merkmal rezessiv oder dominant vererbt wird, kann man auch die Wahrscheinlichkeit berechnen, mit der ein Merkmal bei den Kindern auftritt. Sind beispielsweise beide Eltern bezüglich des Daumenbiegens heterozygot veranlagt, treten Nichtmerkmalsträger und Merkmalsträger nach der zweiten MENDEL'schen Regel mit einer Wahrscheinlichkeit von 3 : 1 auf. Heterozygote Eltern, die ihr Daumenendglied nicht biegen können, haben also mit einer Wahrscheinlichkeit von 25 Prozent Kinder, die den Daumen biegen können.

Es gibt einige Merkmale beim Menschen, die durch das Zusammenwirken mehrerer Gene ausgebildet werden, zum Beispiel die Hautfarbe, die Augenfarbe oder die Haarfarbe. In solchen Fällen ist dann die Stammbaumanalyse wenig aussagekräftig.

ZWILLINGSFORSCHUNG · Nur wenige Merkmale des Menschen bleiben von Geburt an in der Ausprägung gleich. Die meisten verändern sich im Laufe des Lebens, zum Beispiel die Körpergröße, die Kopfform, die Muskelausstattung oder die Leistungsfähigkeit des Gehirns. Inwieweit wird die Ausprägung solcher Merkmale durch die Gene beziehungsweise durch die Umwelt beeinflusst?

Die Zwillingsforschung geht dieser Frage nach, indem sie **eineiige Zwillinge** untersucht. Sie sind genetisch identisch, da sie sich aus nur einer befruchteten Eizelle entwickeln. Für diese Untersuchung besonders geeignet sind solche eineiigen Zwillinge, die schon in früher Kindheit getrennt wurden und dadurch im Vergleich zu gemeinsam aufgewachsenen ein-

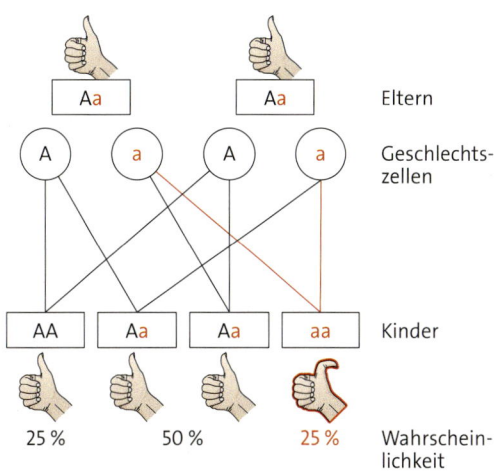

a = Allel für zurückbiegbares Daumenglied
A = Allel für nicht zurückbiegbares Daumenglied
aa = Merkmalsträger

02 Erbgang eines rezessiven Merkmals

eiigen Zwillingen verschiedenen Lebensbedingungen ausgesetzt waren. Je größer die durchschnittlichen Merkmalsunterschiede sind, desto höher ist der Einfluss der Umwelt bei der Merkmalsausprägung. Wie stark jedoch Umwelt und Gene für eine bestimmte Merkmalsausprägung verantwortlich sind, lässt sich aufgrund der geringen Datenmenge nicht statistisch eindeutig formulieren.

03 Dominante Merkmale:
A Zungenrollen,
B spitzer Haaransatz,
C freies Ohrläppchen,
D behaartes Fingerglied

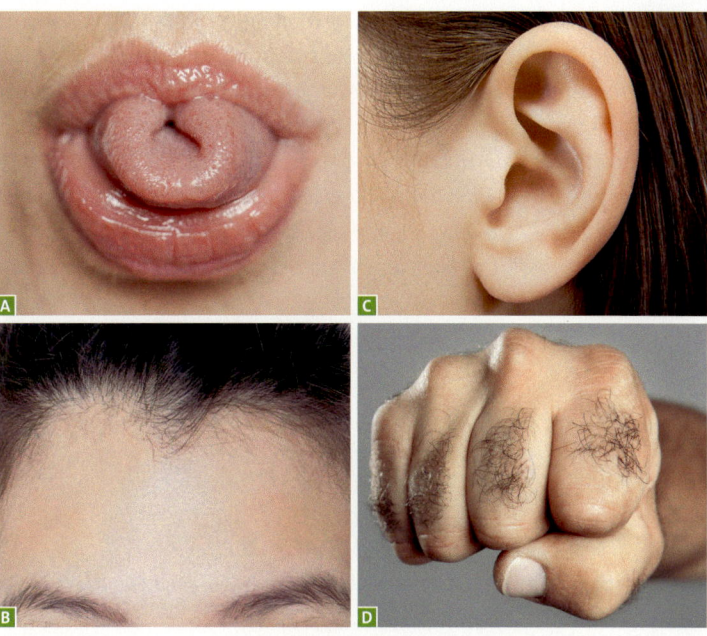

Stammbäume lesen und auswerten

P-Generation — Daniel · Anna

F₁-Generation — Jan · Lena · Max · David · Clara · Tim

F₂-Generation — Alina · Moritz · Carsten · Sofia

Symbole:
- ☐ Mann
- ○ Frau
- Eltern (☐—○ oder ☐—○)
- Geschwister (☐ ☐ ○)
- Merkmalsträger: Mann ▨ / Frau ⬤

01 Stammbaum Daumenbiegen und Stammbaumsymbole

1. Zunächst überprüft man, ob es sich um einen dominanten oder rezessiven Erbgang handelt. In dem Stammbaum Daumenbiegen sind die Eltern Anna und Daniel keine Merkmalsträger. Ihr Kind Clara kann aber den Daumen zurückbiegen. Ein dominanter Erbgang kann also ausgeschlossen werden, denn sonst müsste einer der Eltern das dominante Allel ebenfalls besitzen, um es weitergeben zu können. Zudem tritt das Merkmal relativ selten auf. Es handelt sich um einen **rezessiven Erbgang.** *Wenn das Merkmal in jeder Generation auftritt, lässt das einen* **dominanten Erbgang** *vermuten. Zu erkennen ist dieser Erbgang, wenn Merkmalsträger Kinder als Nichtmerkmalsträger haben. Wäre das Allel für das betrachtete Merkmal rezessiv, wären beide Eltern homozygot und alle Kinder müssten dann auch Merkmalsträger sein.*

2. Man prüft, wie häufig das Merkmal bei beiden Geschlechtern vorkommt. Tritt das Merkmal bei Männern und Frauen etwa gleich häufig auf, liegt das entsprechende Allel vermut-

lich auf einem Autosom. Es handelt sich um einen **autosomalen Erbgang.** *Zeigt sich das untersuchte Merkmal gehäuft oder ausschließlich bei einem der beiden Geschlechter, liegt das Allel auf einem Gonosom. Man spricht von einem* **gonosomalen Erbgang.** *Bei Männern kommt ein solches Allel nur einmal vor, entweder auf dem X- oder Y-Chromosom, das heißt, auch ein rezessiv vererbtes Merkmal wird immer ausgeprägt. Frauen, die das rezessive Allel an ihre Söhne weitergeben, selbst aber heterozygot veranlagt sind, nennt man* **Konduktorinnen.**

Um welchen Erbgang es sich hier handelt, lässt sich eindeutig an Vater Daniel und seiner Tochter Clara festmachen. Würde hier ein gonosomaler Erbgang vorliegen, müsste Daniel Merkmalsträger sein. Rezessiv ist der Erbgang, weil Daniel und Anna Nichtmerkmalsträger sind, ihr Kind Clara aber das Merkmal trägt. Somit beruht die Merkmalsausprägung Daumenbiegen auf einem **autosomal-rezessiven Erbgang.**

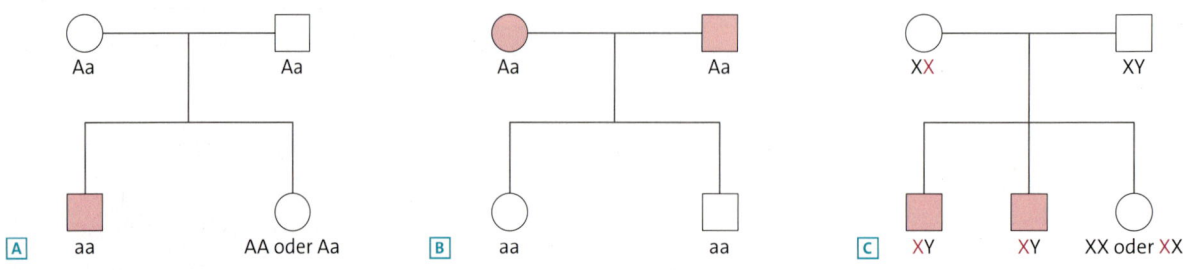

02 Erbgänge (Auswahl): A autosomal-rezessiv, B autosomal-dominant, C X-gonosomal-rezessiv

Material A ▸ Stammbaumanalyse

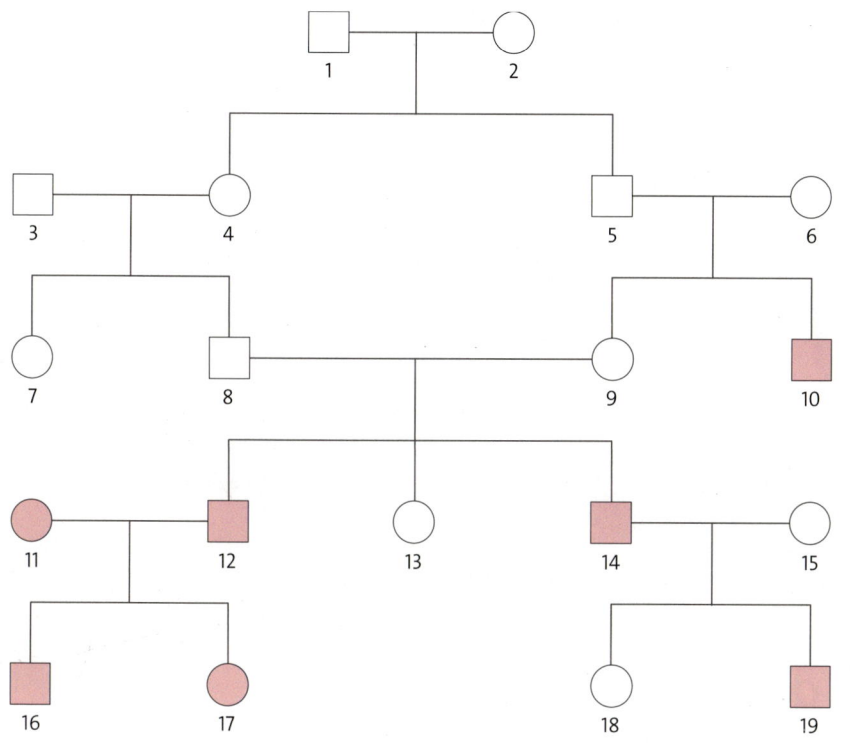

A1 Übertrage den Stammbaum in dein Heft! Begründe mit Beispielen aus dem Stammbaum, ob es sich hier um einen autosomal-rezessiven oder autosomal-dominanten Erbgang handelt!

A2 Nenne die möglichen Genotypen der Personen 1, 2, 4, 5, 8, 9, 12, 15 und 18!

A3 Begründe, mit welcher Wahrscheinlichkeit ein Kind der Personen 16 und 18 Merkmalsträger ist!

A4 Erkläre, weshalb die Merkmalsträger nach der dritten Generation gehäuft auftreten!

A5 Erstelle ein Glossar mit folgenden Begriffen: reinerbig, dominant, rezessiv, F_1-Generation, Gen, Allel, Genotyp, Phänotyp!

Material B ▸ Stammbaumanalyse

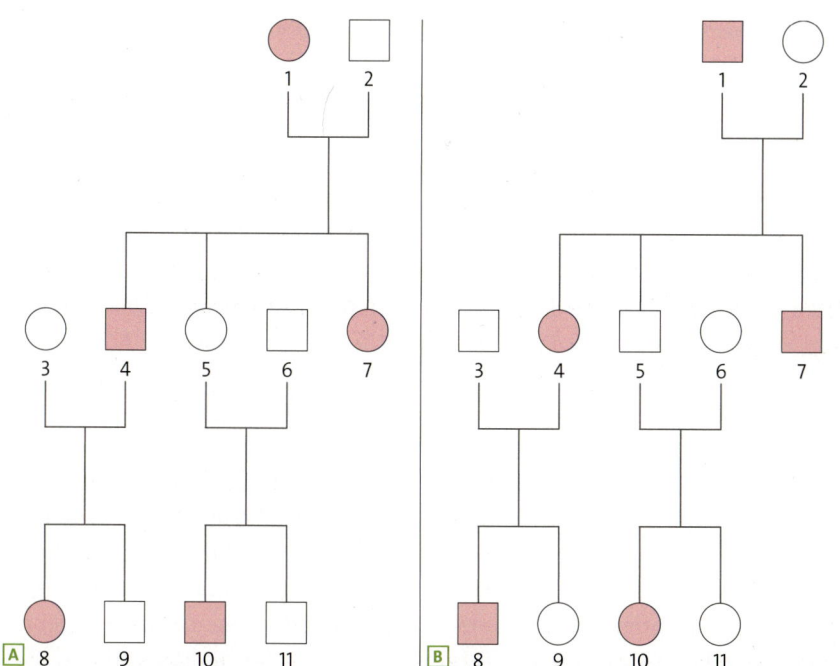

B1 Begründe, ob der Stammbaum A einen dominanten oder rezessiven, autosomalen oder gonosomalen Erbgang abbildet!

B2 Nenne zu allen Personen des Stammbaums A die möglichen Genotypen!

B3 Im Rahmen theoretischer Überlegungen wurde durch Vertauschen der Geschlechter aus Stammbaum A der Stammbaum B erstellt.
Begründe, ob deine Analyse von Stammbaum A auch für den Stammbaum B zutrifft!

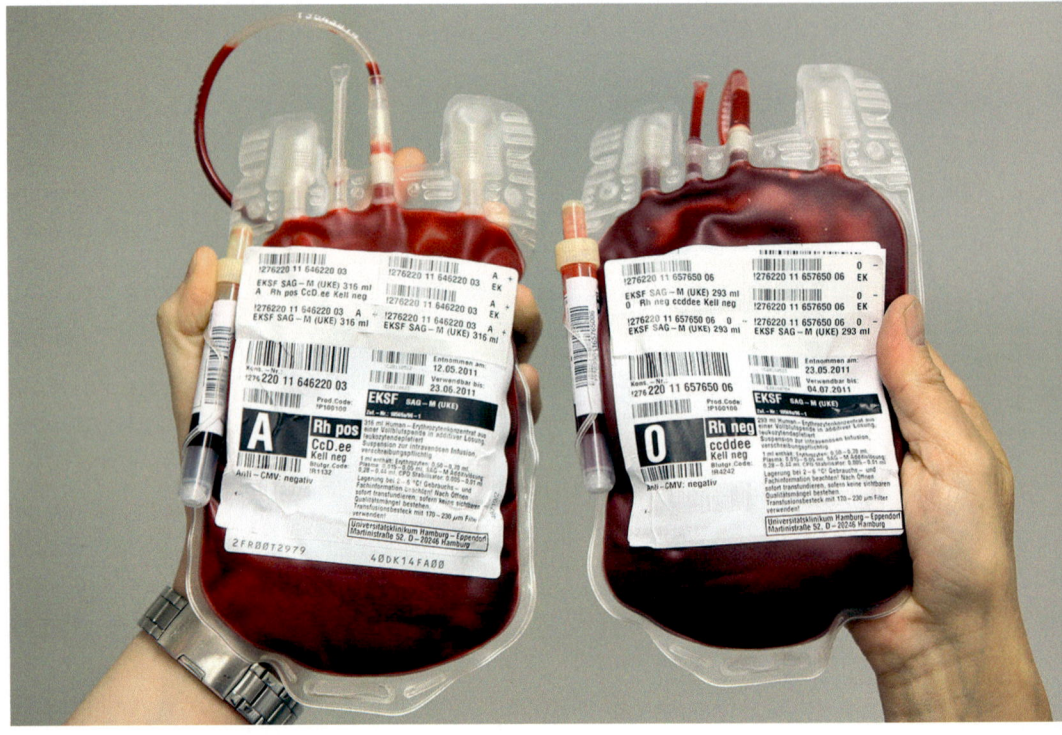

01 Blutbeutel

Genetik der Blutgruppen

Verlieren Kinder bei einem Unfall oder einer schwere Operation viel Blut, fehlen die roten Blutzellen für den Transport des lebensnotwendigen Sauerstoffs. Bei großem Blutverlust wird deshalb Blut übertragen. Dabei wird dem Kind immer Blut seiner eigenen Blutgruppe übertragen. Warum kommen die Eltern oder die Geschwister nicht immer als Spender infrage?

ABO-SYSTEM · Man kennt beim Menschen inzwischen über 25 Blutgruppensysteme. Sie unterscheiden sich durch die Oberfläche der roten Blutzellen, der Erythrozyten. Im Fall der vier Blutgruppen A, B, AB und 0 handelt es sich um unterschiedliche Kohlenhydratgruppen, die aus der Membran der Erythrozyten herausragen. Die Information für den Aufbau der jeweiligen Kohlenhydratgruppe ist auf der DNA in drei Allelen gespeichert. Es sind die Allele A, B und 0. Daher wird dieses Blutgruppensystem als *ABO-System* bezeichnet. Da hier von einem Gen mehr als zwei Allele vorliegen, spricht man von *multipler Allelie*. Bei der Befruchtung der Eizelle erfolgt die Kombination der Allele nach dem Zufallsprinzip. Je nach Kombination wird eine der vier Blutgruppen A, B, AB oder 0 phänotypisch ausgebildet. Nach welchen Regeln werden die Blutgruppenallele vererbt?

Durch die Auswertung von Familienstammbäumen wurde ermittelt, dass die Allele A und B gegenüber dem Allel 0 dominant sind. Demnach gibt es für die Blutgruppen A und B jeweils zwei mögliche Genotypen. Die Blutgruppe A kann den Genotyp AA oder A0 besitzen. Entsprechend verhält es sich bei der Blutgruppe B, auch hier können die Allele entweder homozygot als BB oder heterozygot als B0 vorliegen. Die Blutgruppe AB kommt dadurch zustande, dass die Allele A und B gleichermaßen dominant wirken. Dadurch werden beide Kohlenhydratgruppen phänotypisch ausgeprägt. Erbgänge, die zu einem solchen Ergebnis führen, bezeichnet man als **kodominant.**

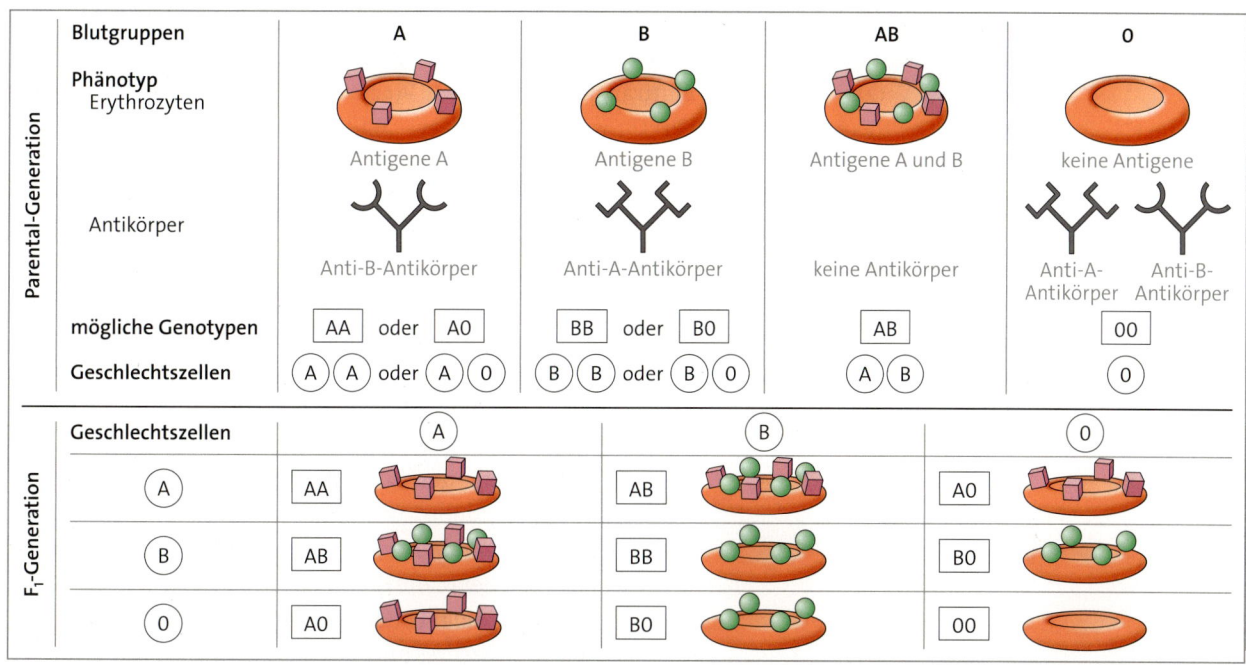

02 Vererbung der Blutgruppen des ABO-Systems

Die Blutgruppe 0 kann dagegen nur in Erscheinung treten, wenn die beiden rezessiven Allele homozygot vorliegen. Die Ursache für die unterschiedlichen Blutgruppen beim Menschen ist also genetisch bedingt. Die betreffenden Allele werden nach den Mendel'schen Regeln vererbt.

Die Blutgruppe einer Person bleibt ein Leben lang unverändert, da sie nicht durch die Umwelt beeinflussbar ist. Die Häufigkeit der Blutgruppen in der Bevölkerung ist je nach Region auf der Erde unterschiedlich.

BEDEUTUNG DES ABO-SYSTEMS · Die Oberflächenstrukturen auf der Membran der Erythrozyten werden als *Antigene* bezeichnet. Im Blutserum der Blutgruppe A befinden sich Antikörper gegen die Antigene der Blutgruppe B. Das Blutserum der Blutgruppe B enthält dagegen Antikörper gegen das Antigen der Blutgruppe A. Das Blutserum der Blutgruppe 0 enthält Antikörper gegen die Antigene A und B, während sich im Blutserum der Blutgruppe AB keine Antikörper gegen die Antigene A und B

befinden. Vor der Entdeckung des ABO-Systems verliefen viele Bluttransfusionen tödlich. Bei der Vermischung unterschiedlicher Blutgruppen konnte es zu heftigen *Antigen-Antikörper-Reaktionen* kommen und damit zu einer Verklumpung der Erythrozyten im Körper der Patienten. Die verklumpten Erythrozyten können Blutgefäße verstopfen und transportieren keinen Sauerstoff mehr. Vor jeder Blutübertragung muss daher heute erst die Blutgruppe bestimmt werden.

Das ABO-System kann auch bei Verwandtschaftsuntersuchungen herangezogen werden. Hat ein Kind die Blutgruppe AB, kann es zum Beispiel keinen Vater mit der Blutgruppe 0 haben, da er nur das rezessive Allel 0 weitervererben kann, das Kind jedoch die Allele A und B besitzt. Mithilfe des ABO-Systems kann man eine Vaterschaft nur ausschließen, nicht aber nachweisen.

Blutgruppen	
A	43 %
B	11 %
AB	5 %
0	41 %

03 Häufigkeit der Blutgruppen in Deutschland

1 Nenne die möglichen Genotypen der Blutgruppen A, B, AB und 0!

RHESUSSYSTEM · Auch nachdem das ABO-System bereits bekannt war, kam es immer wieder zu Verklumpungen bei Bluttransfusionen. 1940 entdeckte man an der Erythrozytenmembran von Rhesusaffen ein Protein, welches auch beim Menschen für die Verklumpung verantwortlich war. Dieses Protein wurde daher als *Rhesusfaktor* bezeichnet. Das entscheidende zugrunde liegende Gen bezeichnet man als Allel D.

Da der Rhesusfaktor dominant vererbt wird, sind die meisten Europäer rhesuspositiv, abge-kürzt Rh⁺. Der Genotyp kann daher entweder homozygot, DD, oder heterozygot, Dd, sein. Nur etwa 15 Prozent der Europäer haben die rhesusnegative Blutgruppe, abgekürzt rh⁻. Diese Menschen bilden das Protein nicht aus, da sie den homozygot rezessiven Genotyp dd besitzen.

Auswertungen von Stammbäumen haben gezeigt, dass die Gene des ABO-Systems und des Rhesussystems unabhängig voneinander vererbt werden wie in einem dihybriden Erbgang. Somit können die Gene nicht auf dem gleichen Chromosom liegen, und bei den Nachkommen können daher auch neue Merkmalskombinationen auftreten. Hat ein Vater zum Beispiel den Genotyp AODd und die Mutter BBDd, kann der Mann die vier Geschlechtszellen AD, OD, Ad und Od bilden und die Frau BD und Bd. Bei der Befruchtung können zufällig die Allele Ad und Bd aufeinandertreffen. Dieses Kind hat mit seiner Blutgruppe AB rhesusnegativ eine neue Merkmalskombination, eine andere Blutgruppe. Denn seine Eltern sind beide rhesuspositiv und haben die Blutgruppe A beziehungsweise B. Sie kommen daher für ihr Kind als Blutspender nicht infrage.

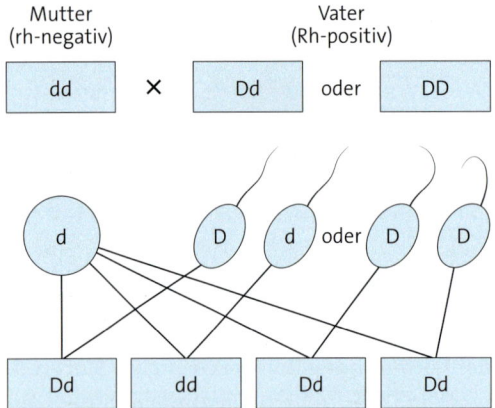

Mutter (rh-negativ) × Vater (Rh-positiv)

dd × Dd oder DD

04 Vererbung des Rhesusfaktors

Im Unterschied zum ABO-System enthält das Blutserum des Rhesussystems keine Anti-D-Antikörper. Beim Rhesussystem werden die Antikörper gegen das Antigen D erst gebildet, wenn ein Mensch mit rhesusnegativem Blut in Kontakt mit dem Rhesusfaktor kommt. Erhält diese Person bei einer zweiten Bluttransfusion wieder rhesuspositives Blut, reagiert das Immunsystem sofort, sodass die Anti-D-Antikörper an die Proteine der Membran binden und so die Erythrozyten verklumpen. Das kann für die Betroffenen lebensbedrohend werden. Aus diesem Grund sind das Rhesussystem und auch das ABO-System die wichtigsten Blutgruppensysteme. Vor einer Bluttransfusion muss daher immer die Blutgruppenverträglichkeit untersucht werden.

05 Dihybrider Erbgang bei ABO-System und Rhesussystem

	Mutter	Vater
Phänotyp	B Rh⁺	A Rh⁺
Genotyp (Beispiel)	BBDd	AODd
Chromosomen	B B D d	A O D d
Mutter/Vater	BD	Bd
AD	ABDD **AB Rh⁺**	ABDd **AB Rh⁺**
OD	BODD **B Rh⁺**	BODd **B Rh⁺**
Ad	ABDd **AB Rh⁺**	ABdd **AB rh⁻**
Od	BODd **B Rh⁺**	BOdd **B rh⁻**

2 Nenne Gemeinsamkeiten und Unterschiede des ABO- und des Rhesussystems!

Material A ▸ Familienzusammenführung

	Eltern	Blutgruppe
I	Vater	A / rh⁻
	Mutter	B / rh⁻
II	Vater	AB / Rh⁺
	Mutter	B / Rh⁺
III	Vater	0 / rh⁻
	Mutter	0 / Rh⁺

Kinder	Blutgruppe
Darya	0 / Rh⁺
Mabou	B / rh⁻
Chukwudi	AB / Rh⁺
Aayana	B / Rh⁺
Latifa	A / rh⁻
Khem	0 / rh⁻

In einem Flüchtlingslager suchen drei Elternpaare ihre Kinder und sechs Kinder ihre Eltern. Bei der Zuordnung kann die Analyse der Blutgruppen helfen.

A1 Begründe mithilfe von Kreuzungsschemata, welche Kinder sich welchen Eltern zuordnen lassen!

A2 Nenne die Kinder, die nur einem Elternpaar zugeordnet werden können!

Material B ▸ Stammbaumanalyse

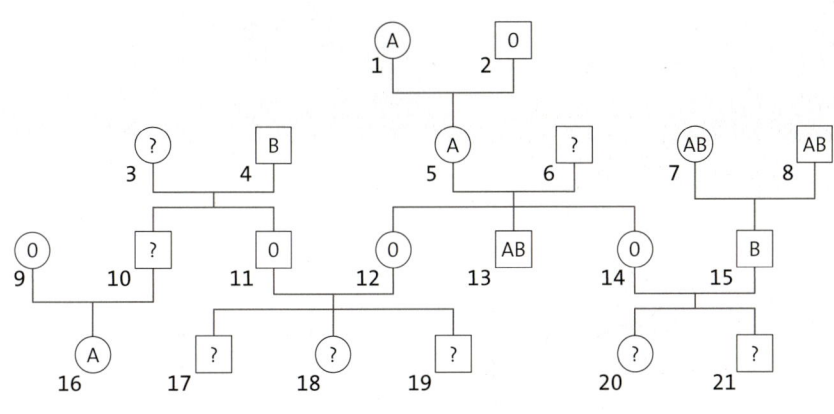

Im Stammbaumschema sind mit den Symbolen A, B und 0 die Blutgruppen der Personen eingetragen.

B1 Nenne die im Stammbaum nicht angegebenen Blutgruppen!

B2 Begründe mithilfe eines Kreuzungsschemas, mit welcher Wahrscheinlichkeit ein zweites Kind der Eltern 7 und 8 die Blutgruppe B haben könnte!

Material C ▸ Rhesusunverträglichkeit

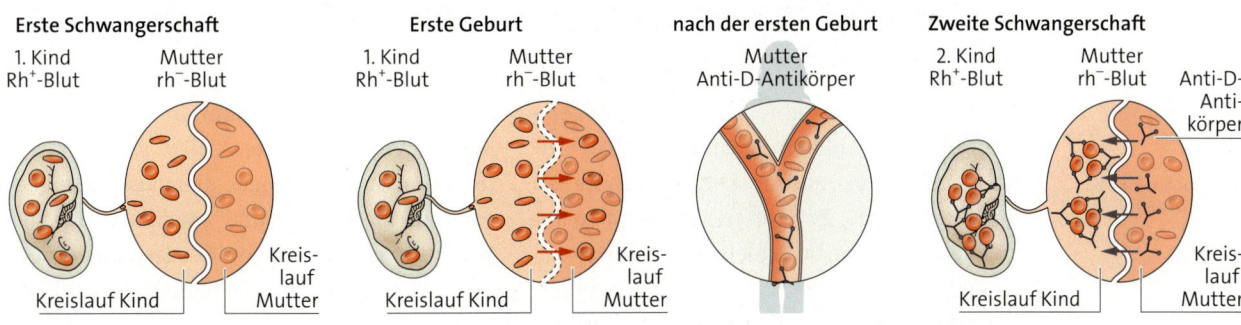

Erste Schwangerschaft
1. Kind Rh⁺-Blut — Mutter rh⁻-Blut
Kreislauf Kind — Kreislauf Mutter

Erste Geburt
1. Kind Rh⁺-Blut — Mutter rh⁻-Blut
Kreislauf Kind — Kreislauf Mutter

nach der ersten Geburt
Mutter Anti-D-Antikörper

Zweite Schwangerschaft
2. Kind Rh⁺-Blut — Mutter rh⁻-Blut — Anti-D-Antikörper
Kreislauf Kind — Kreislauf Mutter

Menschen mit rhesusnegativem Blut bilden Anti-D-Antikörper, wenn sie in Verbindung mit rhesuspositivem Blut kommen. Diese als Rhesusunverträglichkeit bezeichnete Reaktion kann bei Bluttransfusionen, Organtransplantationen und bei der Geburt auftreten.

C1 Beschreibe, wie es bei einer Schwangerschaft zur Rhesusunverträglichkeit kommen kann!

C2 Nenne die Folgen für das Kind!

C3 Erkläre, weshalb einer rhesusnegativen Mutter nach der Geburt eines rhesuspositiven Kindes Anti-D-Antikörper gespritzt werden!

01 An Mukoviszidose
erkrankte Mädchen

Genmutationen

Der Tagesablauf der beiden Mädchen unterscheidet sich von dem der meisten Menschen. Mehrfach am Tag sind besondere Therapiemaßnahmen erforderlich, zum Beispiel Inhalieren. Warum können mit diesen Maßnahmen die Symptome der Mukoviszidose nur gelindert, aber nicht geheilt werden?

lateinisch mucus
= Schleim

lateinisch viscidus
= zähflüssig

MUKOVISZIDOSE · Eine häufige angeborene Stoffwechselkrankheiten ist die Mukoviszidose. Die Erkrankungsquote bei Neugeborenen liegt bei 1:2000. Bei dieser Krankheit bildet sich zäher Schleim im Schleimhautgewebe vieler Organe wie in der Lunge, im Darm, in der Bauchspeicheldrüse und in den Geschlechtsorganen. Es kommt zu Verstopfungen der Drüsenzellen. Quälender Husten, schwere Lungenentzündungen, Atemnot und starke Verdauungsstörungen sind die Folgen. Wenn die Spermienleiter verstopfen, sind die männlichen Patienten zeugungsunfähig. Da bei der

Mukoviszidose gleich mehrere Organe stark geschädigt werden, sind die Therapiemaßnahmen vielfältig. Um den klebrigen Schleim in der Lunge aufzuweichen, müssen die Patienten mehrfach am Tag Kochsalzlösung inhalieren und spezielle Atemübungen sowie Krankengymnastik machen. Damit kann der Schleim wenigstens zum Teil abgehustet werden. Die tägliche Einnahme von Antibiotika verringert das Risiko von Lungeninfektionen. Zusätzlich gleichen eine besondere Ernährung und Medikamente mit Verdauungsenzymen die Mangelerscheinungen aus, welche durch Verdauungsstörungen auftreten.

Durch diese Maßnahmen konnte die Lebenserwartung der Patienten deutlich erhöht werden. Früher starben die Betroffenen schon im Jugendalter. Eine Heilung ist jedoch noch nicht möglich, da die Ursache auf einer Veränderung der DNA, einer **Mutation,** beruht.

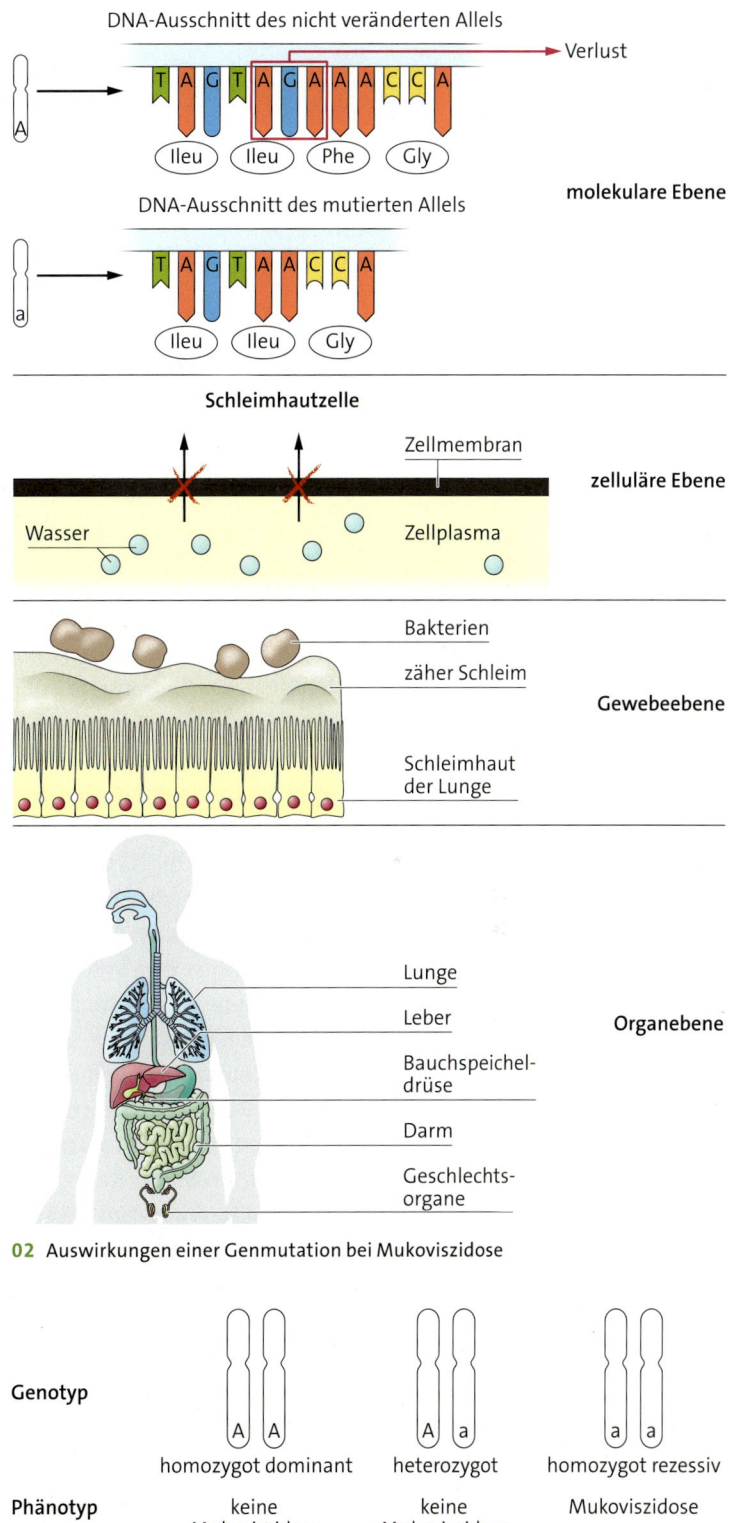

GENMUTATION · Es gibt viele Mutationen, die zu unterschiedlich schweren Formen der Mukoviszidose führen. Die häufigste Mutation ist der Verlust von drei aufeinanderfolgenden Basen. Bei der Translation fehlt dadurch das Basentriplett, welches für die Aminosäure Phenylalanin codiert. Das gebildete Protein hat daher eine veränderte Struktur und kann so seine Funktion nicht erfüllen. Eine Veränderung der Basensequenz eines Gens heißt **Genmutation**. Diese Veränderung auf der molekularen Ebene hat Auswirkungen auf die zelluläre Ebene.

Bei Mukoviszidosepatienten ist ein Protein der Zellmembran von Schleimhautzellen verändert. Dadurch kann nicht mehr genügend Wasser aus der Zelle austreten. Durch den Mangel an Wasser verdünnt sich der Schleim nicht. Das hat Folgen auf der Gewebe- und Organebene. Der zähflüssige Schleim legt sich über die Schleimhäute. In der Lunge ist dadurch zum Beispiel die Atmung stark beeinträchtigt.

ERBGANG · Tritt eine Genmutation in den Geschlechtszellen auf, die zur Befruchtung gelangen, sind alle Körperzellen des Kindes genetisch verändert. Führt dies zu einem erkennbaren Defekt beim Phänotyp, spricht man von einer genetisch bedingten Krankheit oder **Erbkrankheit**.

Wenn Menschen bezüglich dieses Gens heterozygot veranlagt sind, bricht die Krankheit nicht aus. Da noch ein unverändertes Allel vorhanden ist, kann ausreichend Wasser durch die Membran austreten. Mukoviszidose tritt nur auf, wenn beide Allele verändert sind, also bei homozygotem Genotyp. Diese Erbkrankheit wird *autosomal-rezessiv* vererbt. Bei gesunden, heterozygoten Eltern liegt das Erkrankungsrisiko ihrer Kinder daher bei 25 Prozent.

Um herauszufinden, ob jemand heterozygot veranlagt ist, kann man den Salzgehalt im Schweiß testen. Die ausgeschwitzte Flüssigkeit ist selbst bei heterozygoter Veranlagung salzhaltiger als im Normalfall.

DNA-Ausschnitt des nicht veränderten Allels

A

Verlust

T A G T A G A A A C C A

Ileu Ileu Phe Gly

molekulare Ebene

DNA-Ausschnitt des mutierten Allels

a

T A G T A A C C A

Ileu Ileu Gly

Schleimhautzelle

Zellmembran

zelluläre Ebene

Wasser

Zellplasma

Bakterien

zäher Schleim

Gewebeebene

Schleimhaut der Lunge

Lunge

Leber

Bauchspeicheldrüse

Darm

Geschlechtsorgane

Organebene

02 Auswirkungen einer Genmutation bei Mukoviszidose

Genotyp

A A

homozygot dominant

A a

heterozygot

a a

homozygot rezessiv

Phänotyp

keine Mukoviszidose

keine Mukoviszidose

Mukoviszidose

03 Chromosomen mit Allelkombinationen

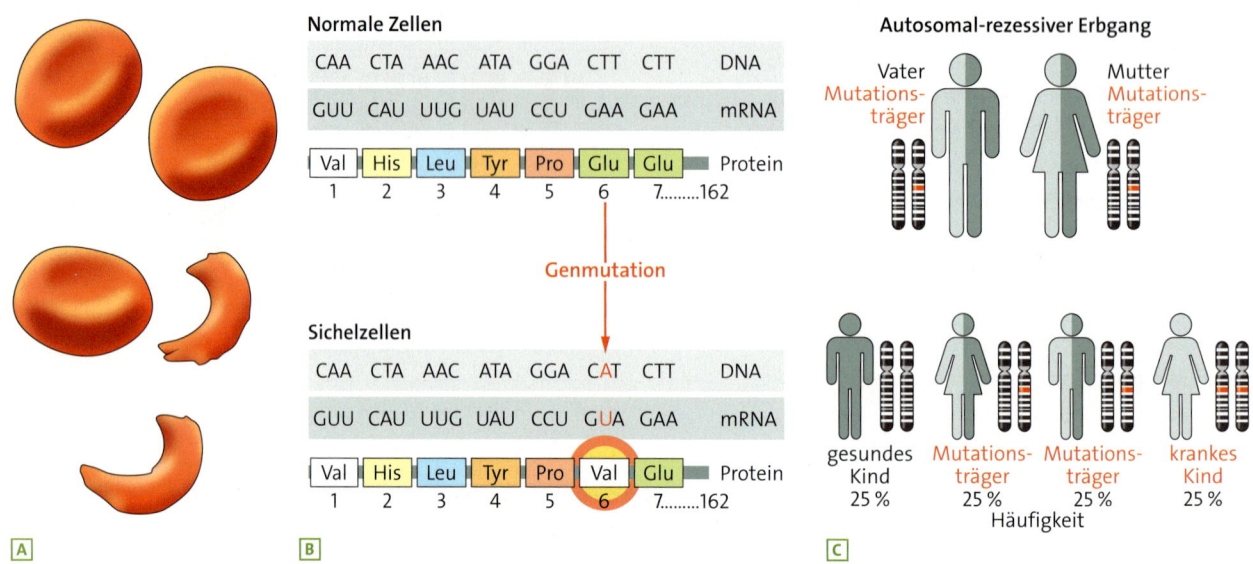

Normale Zellen

CAA	CTA	AAC	ATA	GGA	CTT	CTT		DNA
GUU	CAU	UUG	UAU	CCU	GAA	GAA		mRNA

| Val | His | Leu | Tyr | Pro | Glu | Glu | | Protein |
| 1 | 2 | 3 | 4 | 5 | 6 | 7.........162 | | |

Genmutation

Sichelzellen

CAA	CTA	AAC	ATA	GGA	CAT	CTT		DNA
GUU	CAU	UUG	UAU	CCU	GUA	GAA		mRNA

| Val | His | Leu | Tyr | Pro | Val | Glu | | Protein |
| 1 | 2 | 3 | 4 | 5 | 6 | 7.........162 | | |

Autosomal-rezessiver Erbgang

Vater Mutationsträger — Mutter Mutationsträger

gesundes Kind 25 % — Mutationsträger 25 % — Mutationsträger 25 % — krankes Kind 25 %

Häufigkeit

A B C

04 Sichelzellenanämie: **A** Phänotyp, **B** Genotyp, **C** Erbgang

lateinisch mutare = ändern

lateinisch genere = erzeugen

SICHELZELLENANÄMIE · Ein noch kleinerer Fehler in der DNA als bei der Genmutation der Mukoviszidose führt zu einer Veränderung der Erythrozyten. Die Ursache liegt im Austausch einer einzigen Base im Hämoglobin-Gen. Bei der Replikation der DNA wird an einer bestimmten Stelle statt Thymin die Base Adenin eingebaut. Das Basentriplett codiert daher bei der Translation nicht mehr für die Glutaminsäure, sondern für die Aminosäure Valin.

Dieser Austausch verändert den roten Blutfarbstoff Hämoglobin derart, dass im sauerstoffarmen Blut die Erythrozyten sichelförmige Gestalt annehmen. Im Vergleich zu normalen Erythrozyten sind diese Sichelzellen starr. Dadurch verhaken sie sich im Blut miteinander und verstopfen die Kapillaren. Zudem sind sie weniger stabil, zerbrechen leicht im Blutstrom und werden schneller abgebaut. Das führt zur Blutarmut, der *Anämie*. Man nennt diese Erbkrankheit daher **Sichelzellenanämie.** Sie wird autosomal-rezessiv vererbt. Bei monozygotem Genotyp hat sie schwerwiegende Folgen für alle Organe, da diese nicht ausreichend mit Sauerstoff versorgt werden. Herz- und Nierenversagen, Gehirnschäden und Lähmungen führen zu einem frühzeitigen Tod der Betroffenen.

MUTAGENE · Die Häufigkeit von Genmutationen kann durch einige physikalische und chemische Einflussfaktoren, die *Mutagene,* erhöht werden. Wenn jemand UV-Strahlung, radioaktiver Strahlung, Tabakrauch, Formalin und anderen Chemikalien ausgesetzt ist, können mehr Genmutationen entstehen. Häufig bilden sich auch Zellen, die sich unkontrolliert teilen, die *Krebszellen*.

Es lässt sich aber nicht voraussagen, welches Gen wie verändert wird. Die meisten Schäden der DNA können jedoch durch ein DNA-Reparatursystem erkannt und behoben werden. Der Anteil der in einer bestimmten Zeit neu mutierten Zellen, die *Mutationsrate*, ist daher gering.

1 ⌡ Definiere den Begriff Genmutation!

2 ⌡ Beschreibe an einem Beispiel eine Genmutation und erläutere die Auswirkungen dieser Genmutation auf den Organismus!

3 ⌡ Erkläre, wie man erkennen kann, dass Mukoviszidose autosomal-rezessiv vererbt wird!

Material A ▶ Genmutationen

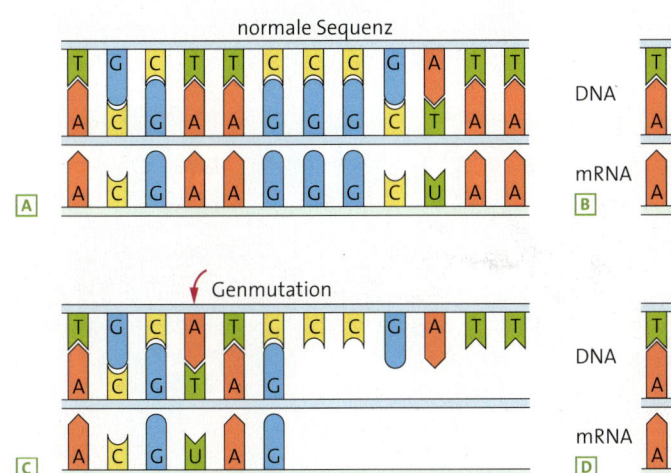

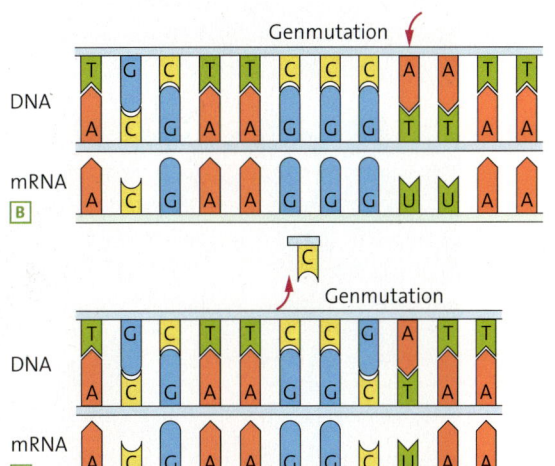

Lese-richtung der DNA

A1 Beschreibe die abgebildeten Mutationen!

A2 Ermittle mithilfe der Codesonne auf der Seite 169 die Aminosäuresequenz für A bis D!

A3 Erkläre die jeweils mögliche Folge für die Bildung des Proteins!

Material B ▶ Mondscheinkinder

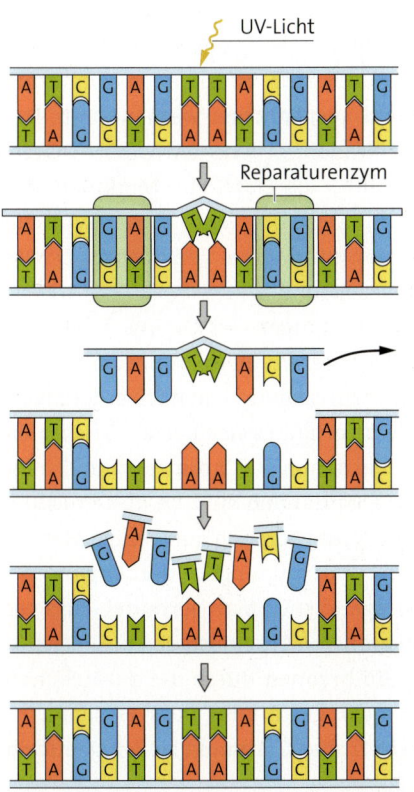

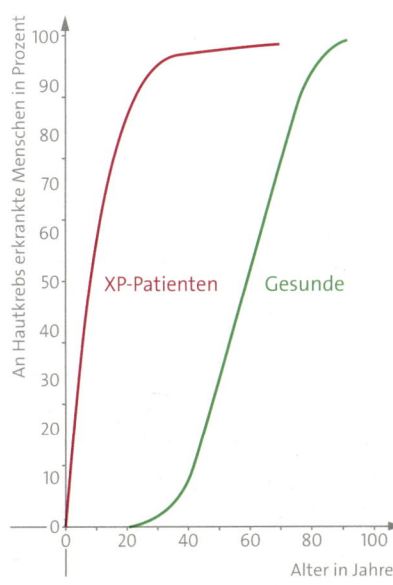

Xeroderma pigmentosum ist eine seltene, erblich bedingte Hautkrankheit. Betroffene sind äußerst empfindlich gegenüber UV-Strahlung. UV-Strahlung kann eine Verknüpfung benachbarter Thyminbasen bewirken, sodass die Bindung zum komplementären Adenin verloren geht. Bei der Replikation und Transkription bricht der Vorgang dann genau an dieser Stelle ab.

B1 Beschreibe die Vorgänge der Reparatur von UV- bedingten DNA-Schäden!

B2 Beschreibe das Kurvendiagramm eines *Xeroderma pigmentosum*-Patienten und einer gesunden Person und werte es aus!

B3 Stelle eine Hypothese auf, welche Genmutation bei einem *Xeroderma pigmentosum*-Patienten vorliegt!

B4 Erkläre, weshalb die Betroffenen auch als Mondscheinkinder bezeichnet werden!

B5 Erkläre, weshalb *Xeroderma pigmentosum* häufig zu Krebs führt!

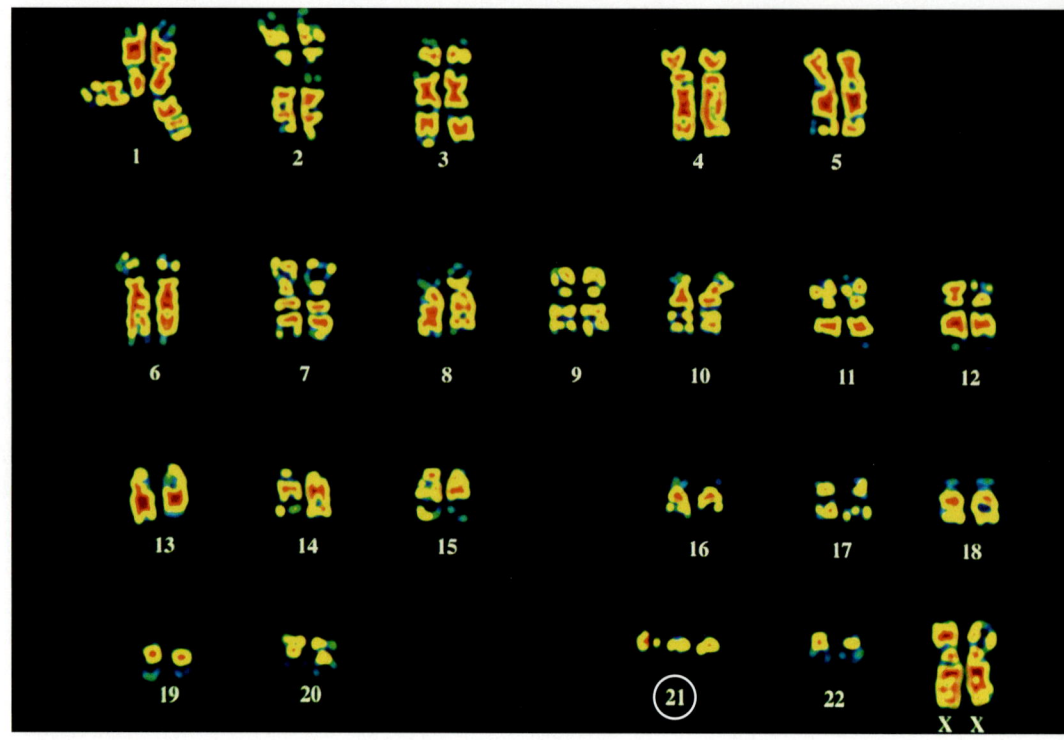

01 Karyogramm
Trisomie 21

Genommutationen

> *Es gibt Menschen, die das Chromsom 21 drei-*
> *fach besitzen. Im Karyogramm wird das sicht-*
> *bar. Wie entsteht diese Veränderung und wie*
> *wirkt sie sich auf den Menschen aus?*

TRISOMIE 21 · Menschen mit drei Chromosomen 21 unterscheiden sich vom äußeren
Erscheinungsbild nur wenig gegenüber Menschen mit einem normalen Chromosomensatz.
Kennzeichen dieser als Trisomie 21 bezeichneten genetischen Krankheit können eine geringere Körpergröße, etwas herabhängende obere
Augenlider, die dadurch bedingten schmaleren
Augenspalten, eine flachere Nasenwurzel und
ein rundliches Gesicht sein. Jedoch kommt es
häufig aufgrund des überzähligen Chromosoms 21 auch zu Fehlentwicklungen der inneren Organe. Herzfehler, Atemwegserkran-
kungen, Funktionsstörungen der Schilddrüse,
Verdauungsstörungen und ein schwächeres
Immunsystem sind häufige Symptome. Ein
Kennzeichen ist auch die unterschiedlich aus-

geprägte Minderung der geistigen Fähigkeit,
die aber durch früh einsetzende Förderung
weitgehend ausgeglichen werden kann. Der
englische Kinderarzt John LANGDON-DOWN
beschrieb 1860 als Erster die Merkmale der
Trisomie 21. Deshalb wird diese typische
Kombination von Merkmalen auch als *Down-*
Syndrom bezeichnet.

Da die Fehlbildungen der Organe heute gut
behandelt werden können, konnte die Lebenserwartung bei Trisomie 21 deutlich erhöht werden. Anders verhält es sich bei den Trisomien
13 und 18, bei denen die Chromosomen 13 oder
18 dreifach vorhanden sind. In diesen Fällen
werden die Neugeborenen nur wenige Monate
alt, da die Missbildungen der Organe zu
schwerwiegend sind. Man vermutet, dass vor
allem bei größeren Chromosomen die Entwicklung der Embryonen durch die zusätzlichen
Gene so stark gestört ist, dass es schon zu
einem sehr frühen Zeitpunkt zu Fehlgeburten
kommt.

GENOMMUTATION · Die Ursache für die Trisomie 21 ist eine ungleichmäßige Verteilung der Chromosomen bei der Bildung der Geschlechtszellen. Wenn sich zum Beispiel während der ersten Reifeteilung der Eizelle die beiden homologen Chromosomen 21 nicht trennen, entsteht eine Geschlechtszelle, die zwei Chromosomen 21 enthält. Bei der zweiten Reifeteilung kann die fehlerhafte Verteilung nicht korrigiert werden. In dieser Phase werden die Zwei-Chromatiden-Chromosomen in Ein-Chromatid-Chromosomen aufgetrennt. Die Zahl der Chromosomen bleibt in der zweiten Reifeteilung gleich. Bei einer späteren Befruchtung gelangt durch die haploide Spermienzelle das dritte Chromosom 21 in die Eizelle. Die Gesamtzahl der Chromosomen, das *Genom,* verändert sich dadurch. Deshalb spricht man von einer **Genommutation.**

Genommutationen können bei der Meiose entstehen und sind daher bei Spermienzellen und Eizellen gleichermaßen möglich. Dennoch steigt das Risiko einer Fehlverteilung der Chromosomen vor allem mit zunehmendem Alter der Mutter an. Das liegt daran, dass die Bildung der späteren Eizelle schon während der Embryonalentwicklung beginnt. Mit steigendem Alter der Frau altern also auch ihre Eizellen und daher erhöht sich die Wahrscheinlichkeit einer fehlerhaft ablaufenden Meiose.

GONOSOMALE GENOMMUTATION · Auch die Geschlechtschromosomen, die *Gonosomen,* können ungleich verteilt sein. Beim Genotyp X0 fehlt das zweite X-Chromosom. Die Frauen haben eine verminderte Körpergröße, besitzen keine funktionsfähigen Eierstöcke und wenig ausgebildete sekundäre Geschlechtsmerkmale. Man spricht von *Turner-Frauen.* Die phänotypische Beeinträchtigung kann jedoch individuell so unauffällig sein, dass erst mit Ausbleiben der Menstruation eine genetische Untersuchung vorgenommen wird.

Männer mit dem Genotyp Y0, also ohne X-Chromosom, gibt es nicht. Der Embryo kann sich

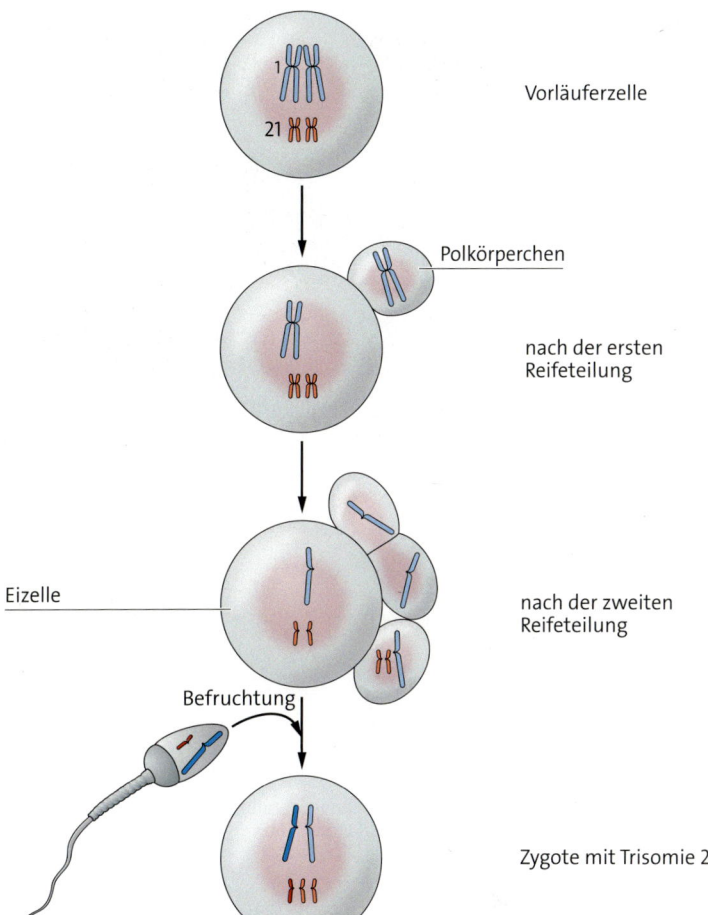

Vorläuferzelle

Polkörperchen

nach der ersten Reifeteilung

Eizelle

nach der zweiten Reifeteilung

Befruchtung

Zygote mit Trisomie 21

02 Entstehung von Trisomie 21

nämlich nicht entwickeln. Ihm fehlen die zahlreichen Gene, die auf dem X-Chromosom liegen. Trisomien kommen bei beiden Geschlechtern vor. Frauen mit drei X-Chromosomen sind fruchtbar und in ihrem Körperbau meist unauffällig. Bei Trisomien von Männern liegt entweder das X-Chromosom oder das Y-Chromosom zweifach vor. Die *Klinefelter-Männer* besitzen den Genotyp XXY. Sie haben lange Arme und Beine, eine hohe Stimme und einen geringen Bartwuchs. Die Hoden bilden keine Spermienzellen. Männer mit zwei Y-Chromosomen sind in ihrem Aussehen unauffällig. Ihre Körpergröße liegt nur minimal über dem Durchschnitt und sie sind nicht steril.

1 Definiere den Begriff Genommutation!

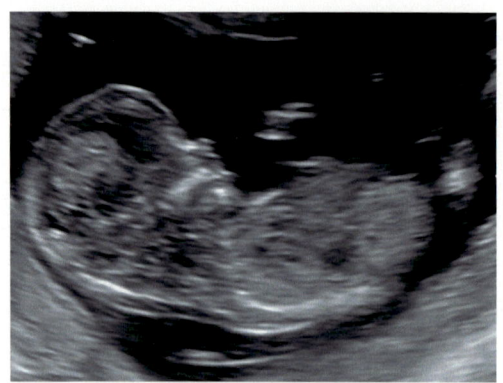

03 Ultraschallaufnahme in der 10. Schwangerschaftswoche

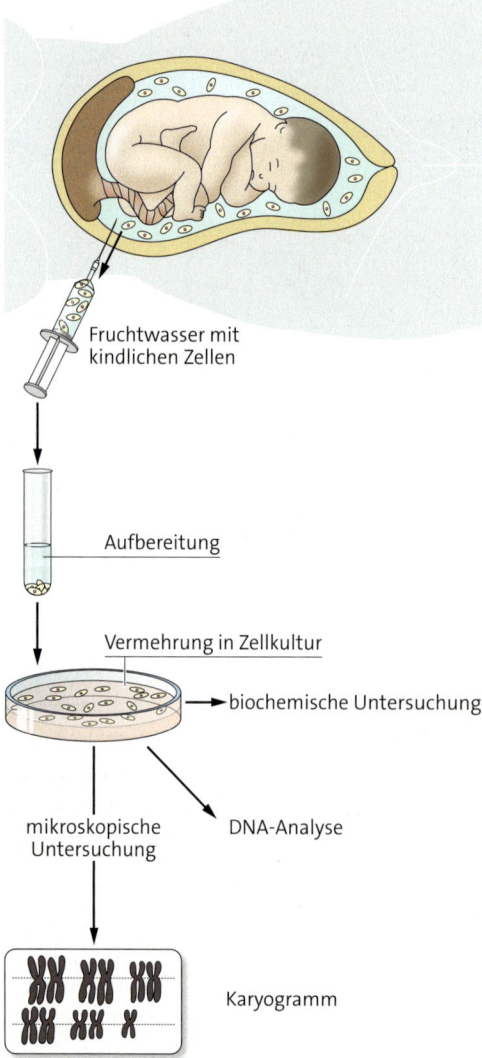

Fruchtwasser mit kindlichen Zellen

Aufbereitung

Vermehrung in Zellkultur → biochemische Untersuchung

mikroskopische Untersuchung

DNA-Analyse

Karyogramm

04 Fruchtwasseruntersuchung

PRÄNATALE DIAGNOSTIK · Wenn bei einer Familie gehäuft Erbkrankheiten aufgetreten sind, wendet diese sich meistens an eine genetische Beratungsstelle. Hier kann dann über Familienstammbäume das Vererbungsrisiko ermittelt werden. Auch ältere Paare nehmen häufig die genetische Beratung in Anspruch. Bei ihnen ist aufgrund des höheren Alters mit einer größeren Wahrscheinlichkeit von Genommutationen bei ihren Kindern zu rechnen. In beiden Fällen werden die Ratsuchenden über vorgeburtliche Untersuchungsmethoden, die **pränatale Diagnostik,** und über die Bedeutung und die Konsequenzen eines Testergebnisses informiert. Das Ziel einer genetischen Beratung ist, den Paaren zu helfen, eine eigenverantwortliche Entscheidung zu treffen.

Eine wichtige Vorsorgeuntersuchung ist die **Ultraschalluntersuchung.** Damit können schon ab der 10. Schwangerschaftswoche die Lage, das Wachstum und die Herztöne beobachtet sowie Fehlbildungen des Embryos festgestellt werden. Blutuntersuchungen der Schwangeren können ebenfalls Auskunft über bestimmte Fehlbildungen geben.

INVASIVE METHODEN · Um genetisch bedingte Stoffwechselkrankheiten oder Chromosomenveränderungen zu erkennen, benötigt man Zellen des Kindes. Daher muss man in den Körper der Schwangeren eindringen, man spricht von *invasiven Methoden.* Bei der **Fruchtwasseruntersuchung** gewinnt man die Zellen des Kindes, indem man unter Ultraschallbeobachtung mit einer dünnen Nadel durch Bauchdecke und Gebärmutter hindurch in die Fruchtblase sticht. Diese werden dann mehrere Tage in einem Nährmedium vermehrt, bevor sie mikroskopisch nach Chromosomenveränderungen und biochemisch auf Stoffwechselkrankheiten untersucht oder Gendefekte über DNA-Analyse gefunden werden können. Mit diesen Methoden ist allerdings ein geringes Fehlgeburtsrisiko verbunden. Da die Zellanalysen einige Zeit dauern, haben die Eltern nur wenig Zeit, sich zu entscheiden.

Material A ▸ Down-Syndrom

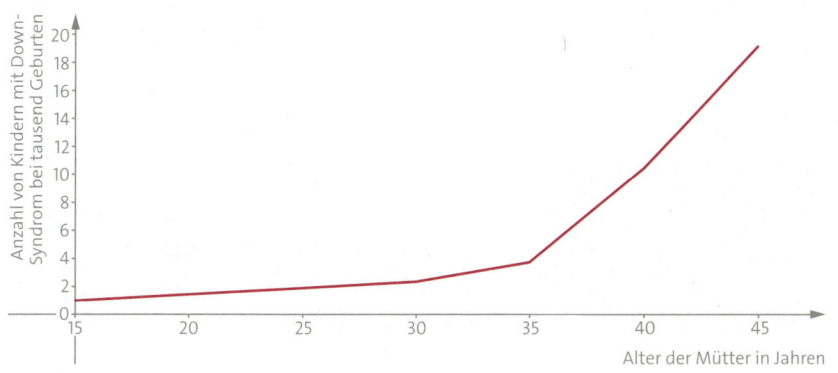

A1 Beschreibe das Kurvendiagramm und werte es aus!

A2 Erkläre, weshalb das Alter der Mutter für den Kurvenverlauf verantwortlich ist!

A3 Erkläre, weshalb eine Fruchtwasseruntersuchung geeignet ist, um das Down-Syndrom festzustellen!

Material B ▸ Genommutation

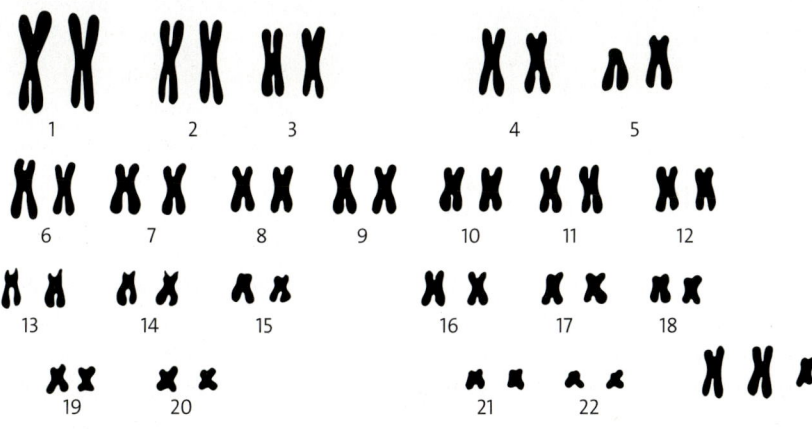

B1 Nenne die Bezeichnung dieses Genotyps und seine phänotypischen Auswirkungen!

B2 Begründe, ob bei der vorliegenden Genommutation die Ultraschalluntersuchung für die pränatale Diagnose geeignet ist!

B3 Stelle die Entstehung dieser Genommutation mithilfe von Schemazeichnungen dar!

Material C ▸ Katzenschreisyndrom

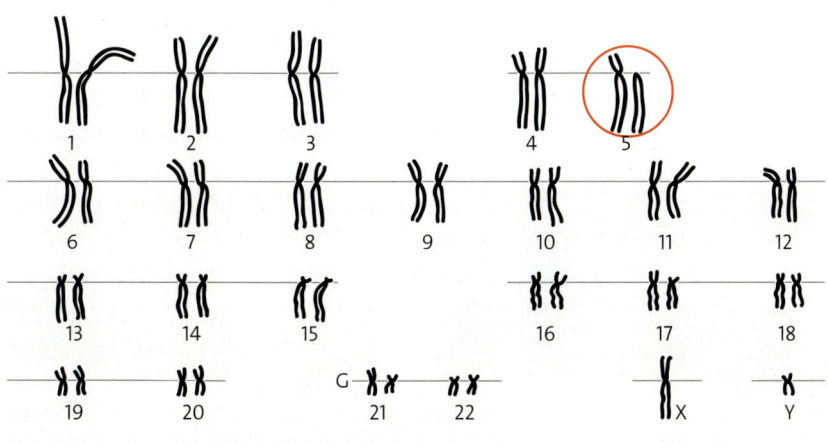

Bei diesem Genotyp fehlt ein Stück des Chromosoms 5. Es handelt sich um eine Chromosomenmutation. Betroffene bleiben körperlich und geistig zurück. Auffallend sind die Laute der Kinder, die an Katzengeschrei erinnern.

C1 Stelle eine Hypothese auf, weshalb es zu Fehlentwicklungen kommt!

C2 Nenne Unterschiede in der Entstehung dieser Chromosomenmutation zu einer Genommutation!

01 Wildschwein mit Frischlingen

Tier- und Pflanzenzucht

Schon vor vielen Tausend Jahren begann der Mensch, Wildschweine für seinen Nahrungsbedarf zu halten. Aus dem Wildschwein entstanden unsere heutigen Hausschweinrassen. Wie wurde aus dem Wildtier ein Nutztier?

AUSLESEZÜCHTUNG · Unsere heutigen Hausschweine unterscheiden sich deutlich vom Wildschwein. Der Mensch war daran interessiert, für ihn günstige Merkmale der Tiere zu verstärken und ungünstige zu verringern. Das kann durch Verfahren erreicht werden, die man als **Zucht** bezeichnet. Schweine sollten zum Beispiel schnell an Gewicht zunehmen, viele Nachkommen haben, weniger aggressiv und weniger anfällig für Krankheiten, Parasiten und Stresssituationen sein. Solche Merkmale nennt man **Zuchtziele.** Diese lassen sich unter anderem erreichen, indem man für die Fortpflanzung nur die Tiere auswählt, die ein erwünschtes Merkmal am stärksten zeigen. Durch eine solche **Auslesezüchtung** kann man in kleinen Veränderungsschritten über viele Generationen hinweg dem Zuchtziel immer näherkommen.

02 Rassen des Hausschweins:

A Schwäbisch-Hällisches Landschwein,

B Deutsches Edelschwein

In der Pflanzenzucht konnte man durch Auslesezüchtung ebenfalls Zuchtziele erreichen. In der Getreidezucht sind das zum Beispiel die höhere Anzahl und der festere Halt der Körner in den Ähren. Getreidepflanzen mit standfesten Halmen sind günstig, weil sie verhindern, dass die Körner bei Kontakt mit dem Boden bereits vor der Reife auskeimen. Auch der geringere Bedarf an Dünger und eine geringere Anfälligkeit für Krankheiten sind Zuchtziele.

KOMBINATIONSZÜCHTUNG · Lupinen haben eiweißreiche Samen, die sich als Tierfutter eignen. Ursprüngliche Lupinensorten enthalten aber Bitterstoffe, die ihre Verwendung als Futterpflanzen unmöglich machen. Die Süßlupine hat zwar keine giftigen Bitterstoffe, ihre Hülsen platzen aber beim Ernten auf, sodass die Samen herausfallen und verloren gehen.

Man kreuzte daher die Süßlupine mit einer Rasse, die zwar Bitterstoffe enthält, aber platzfeste Hülsen hat. Beide Sorten waren bezüglich dieser Merkmale homozygot. Die F_1-Generation bestand nur aus Pflanzen mit Bitterstoffen und platzenden Hülsen. In der F_2-Generation aber traten auch bitterstofffreie Lupinen mit platzfesten Hülsen auf. Sie wurden ausgewählt und vermehrt. Weil die Merkmale also kombiniert wurden, spricht man von **Kombinationszüchtung.**

Bei dieser Züchtungsmethode nutzt man die Erkenntnisse Gregor MENDELs. Alle Individuen der F_1-Generation sind entsprechend der *Uniformitätsregel* untereinander identisch. In der F_2-Generation können entsprechend der *Unabhängigkeitsregel* die Allele neu kombiniert werden. Dabei treten auch Nachkommen auf, die phänotypisch die verschiedenen Merkmale ihrer Eltern in sich vereinen.

Alle Nutztierrassen und Nutzpflanzensorten entstanden durch Züchtung. Ohne sie wäre die Ernährung der Weltbevölkerung nicht möglich.

1 Vergleiche Auslese- und Kombinationszüchtung miteinander!

<table>
<tr><td>P</td><td colspan="2">AAbb   x   aaBB</td></tr>
</table>

F_1	AaBb	AaBb	AaBb	AaBb

F_2

	(AB)	(Ab)	(aB)	(ab)
(AB)	AABB	AABb	AaBB	AaBb
(Ab)	AABb	AAbb	AaBb	Aabb
(aB)	AaBB	AaBb	aaBB	aaBb
(ab)	AaBb	Aabb	aaBb	aabb

A Allel für bitterstoffführend
a Allel für bitterstofffrei
B Allel für platzende Hülsen
b Allel für platzfeste Hülsen

03 Lupine: **A** Blüten, **B** Hülsen, **C** Kombinationszüchtung

HETEROSISEFFEKT · Nahe verwandte Individuen sind untereinander genetisch sehr ähnlich. Wenn man sie miteinander kreuzt, treffen daher bei der Befruchtung häufig Geschlechtszellen aufeinander, die gleiche Allele enthalten. Man kann deshalb mit einer solchen **Inzuchtzüchtung** die Wahrscheinlichkeit erhöhen, dass homozygote Nachkommen auftreten. Wenn man diese vermehrt, entstehen *Inzuchtlinien.*

Aus der Kreuzung zwischen verschiedenen Inzuchtlinien gehen häufig Nachkommen hervor, die leistungsfähiger sind als ihre Eltern. Häufig wachsen sie schneller oder sind widerstandfähiger gegen Krankheiten und Parasiten. Diese höhere Leistungsfähigkeit kann dann auftreten, wenn Gene heterozygot vorliegen. Man bezeichnet dieses Phänomen daher als **Heterosiseffekt.** Diesen Effekt macht man sich zum Beispiel zunutze, um widerstandsfähige und ertragreiche Maissorten zu erhalten.

HYBRIDZÜCHTUNG · Die Maispflanzen der Inzuchtlinie, die homozygot-dominant sind, werden mit Pollen der Inzuchtlinie bestäubt, die homozygot-rezessiv sind. Ebenso werden Pollen von der homozygot-dominanten Inzuchtlinie auf die homozygot-rezessive übertragen. Um zu gewährleisten, dass die Pflanzen nur mit fremden Pollen bestäubt werden, entfernt man die männlichen Blütenstände schon im unreifen Zustand. Die durch diese Fremdbestäubung entstehenden Samen sind bezüglich der betrachteten Merkmale heterozygot, sie sind *Hybride*. Man nennt diese Züchtungsmethode daher **Hybridzüchtung.**

Die Hybridsamen werden zur Aussaat verwendet. Aus ihnen entstehen die Pflanzen, die aufgrund des Heterosiseffekts sehr leistungsfähig sind. Diese Pflanzen werden zur Ernährung oder als Futter genutzt. Die Pflanzen, die als Pollenspender dienen, bestäuben sich auch selbst. Dadurch entstehen Samen, die je nach Inzuchtlinie homozygot-dominant oder homozygot-rezessiv sind. Diese Samen werden ausgesät, damit für die nächste Herstellung von Hybridsamen wieder homozygote Pflanzen zur Verfügung stehen. Die homozygoten Pflanzen dienen also nur zur Zucht, nicht als Nahrungs- oder Futterlieferanten. Sie müssen auf Feldern, die von Pollen anderer Maissorten nicht erreicht werden können, immer wieder vermehrt werden.

Mit der Hybridzüchtung sind Nachteile verbunden. Die Pflanzen der F_1-Generation, die Hybridpflanzen, bestäuben sich gegenseitig. Entsprechend der Spaltungsregel MENDELs sind deshalb nur 50 Prozent ihrer Samen heterozygot. Die Samen der F_1-Generation eignen sich daher nicht für die Aussaat. Aus diesem Grund muss man die Hybriden immer wieder neu aus den homozygoten Linien herstellen. Da die homozygoten Pflanzen durch Inzucht entstehen, treten bei ihnen häufig ungünstige Merkmale auf, vielfach sind sie anfällig für Krankheiten. Die Hybridzüchtung ist heute in der Landwirtschaft weit verbreitet. Viele unserer Gemüsesorten, alle heimischen Maissorten, viele Zierpflanzen, aber auch Nutztiere, vor allem Schweine und Hühner, sind Hybride.

Inzuchtlinie I   Inzuchtlinie II

AA   aa

P-Generation

AA   AA   aa   aa

F_1-Generation

AA   Aa   aa

homozygotes Saatgut   Hybrid-Saatgut   homozygotes Saatgut

F_1-Generation

F_2-Generation

04 Hybridzüchtung beim Mais

AA   AA Aa aa   aa
100 %   25 % 50 % 25 %   100 %

2 Nenne Vor- und Nachteile der Hybridzüchtung!

Material A ▸ Hühnerzucht

P-Generation

AAbb   ×   aaBB

F₁-Generation

AaBb   AaBb   AaBb   AaBb   AaBb

Legehennen

Im Schema ist vereinfacht eine Kreuzung dargestellt, mit der Geflügelzüchter besonders leistungsfähige Legehennen erzeugt haben.

A1 Nenne die Bezeichnung der dargestellten Züchtungsart!

A2 Nenne die Genotypen der Tiere, die aus Inzuchtlinien stammen!

A3 Erkläre, welche weiteren Kreuzungen die Geflügelzüchter durchführen müssen, um für die Zukunft zu gewährleisten, dass sie Legehennen mit dem Genotyp AaBb erzeugen können!

A4 Erkläre, weshalb die Züchter die Tiere mit dem Genotyp AaBb nicht untereinander kreuzen, um sie zu vermehren!

A5 Nenne die Tiere, unter denen die männlichen Küken als unerwünscht aussortiert werden. Begründe!

Material B ▸ Erdbeeren

Walderdbeere

Chromosomensätze der Pflanze

Ⓟ

Kreuzung I

2 n   x   2 n

Kreuzung II

☐   x   ☐

Geschlechtszellen

○   ○   ○   ○

Ⓕ₁

☐   8 n

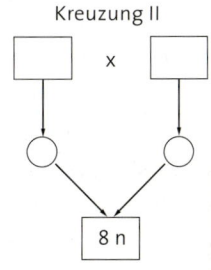
Gartenerdbeere

Die Zellen der Gartenerdbeere haben mehr als zwei Chromosomensätze. Sie sind nicht diploid = $2n$ wie ihre Stammform, die Walderdbeere, sondern polyploid. Polyploide Pflanzen entstehen durch Geschlechtszellen, die in Folge einer fehlerhaften Meiose dieselbe Anzahl an Chromosomen haben wie die Körperzellen.

B1 Vergleiche den Genotyp der Walderdbeere mit dem der Gartenerdbeere!

B2 Übernimm das Schema der Kreuzungen, durch die die Gartenerdbeere entstanden ist, und vervollständige es!

B3 Beschreibe die Stellen des Schemas, an denen eine fehlerhafte Meiose abgelaufen ist!

B4 Stelle Hypothesen auf, weshalb polyploide Pflanzen leistungsfähiger sind als diploide!

B5 Stelle Hypothesen auf, weshalb bei triploiden Pflanzen, das sind Pflanzen, die drei Chromosomensätze haben, Schwierigkeiten bei der Meiose auftreten!

Gentechnik

Die genetische Information von Viren, Bakterien, Pflanzen und Tieren lässt sich durch moderne technische Verfahren gezielt verändern. Wie geht man dabei vor und welche Chancen und Risiken sind damit verbunden?

EINGRIFF IN DIE ERBINFORMATION · Die genetische Information eines Lebewesens kann so verändert werden, dass sie ganz bestimmte gewünschte Eigenschaften zeigt. Häufig überträgt man dazu Abschnitte der DNA eines Lebewesens auf die DNA eines anderen. Möglich wird dies dadurch, dass alle Lebewesen denselben genetischen Code aufweisen. In allen Zellen aller heutigen Lebewesen stehen die gleichen Basentripletts für die gleichen Aminosäuren. Das fremde Gen kann also in der Proteinbiosynthese abgelesen werden, sodass die veränderte Zelle ein fremdes Protein bildet. Die Verfahren, mit denen die genetische Information durch Eingriffe in

die DNA verändert wird, bezeichnet man als **Gentechnik.**

Die Vorteile der gentechnischen Verfahren lassen sich am Beispiel der Produktion von Insulin aufzeigen. Früher wurde das Insulin, das den Patienten in die Blutbahn gespritzt wird, aus der Bauchspeicheldrüse geschlachteter Rinder und Schweine isoliert. Die Verwendung des Insulins dieser Tiere ist möglich, weil es dem menschlichen Insulin, dem *Humaninsulin,* sehr ähnlich ist. Allerdings unterscheidet sich die chemische Struktur des Rinder- und Schweineinsulins von der des Humaninsulins an wenigen Stellen der Aminosäurekette. Heute steht den Patienten gentechnisch hergestelltes Insulin zur Verfügung, das identisch ist mit dem des Menschen.

Wie läuft nun das gentechnische Verfahren ab, durch das man die genetische Information eines Lebewesens so verändern kann, dass bei der Proteinbiosynthese Humaninsulin hergestellt wird?

HERSTELLUNG VON INSULIN · Zur Herstellung von Humaninsulin wird zunächst DNA aus menschlichen Spenderzellen gewonnen. Anschließend wird der DNA-Abschnitt isoliert, der das *Insulingen* enthält. Die Werkzeuge, die dazu nötig sind, sind Enzyme, die den gewünschten Abschnitt ausschneiden. Diese Enzyme heißen deshalb **Schneideenzyme.** Weiterhin wird DNA aus Bakterienzellen isoliert. DNA ist in Bakterienzellen in Form eines Chromosoms im Zellplasma zu finden, bei vielen Bakterien zusätzlich in Form eines Ringes, dem **Plasmid.** Ein solches Plasmid wird in einem nächsten Schritt ebenfalls von einem Schneideenzym aufgeschnitten. In das geöffnete Plasmid wird nun das menschliche Gen eingesetzt, das die genetische Information zur Insulinbildung trägt. Zusammengefügt werden Plasmid und Insulingen ebenfalls mit einem Enzym, einem **Bindeenzym.**

Die Plasmide, die das fremde menschliche DNA-Stück enthalten, werden nun in Bakterien eingeschleust. Durch die gezielte gentechnische Veränderung der genetischen Information der Bakterien sind diese in der Lage, Humaninsulin zu produzieren. Um viel Humaninsulin gewinnen zu können, werden sie vermehrt. Anschließend wird aus ihnen das Insulin isoliert und gereinigt. Bakterien, deren genetische Ausstattung nach gentechnischer Veränderung einen Abschnitt eines anderen Lebewesens enthalten, nennt man **transgene Bakterien.** Gentechnisch hergestelltes Humaninsulin ruft keine Reaktion des Immunsystems hervor, da dieses Hormon identisch ist mit dem, das die menschliche Bauchspeicheldrüse bildet. Es wirkt besser als tierisches Insulin, da es perfekt in die Rezeptoren der Zielzellen passt.

1 ⌡ Beschreibe die Funktion von Enzymen bei der Herstellung transgener Bakterien!

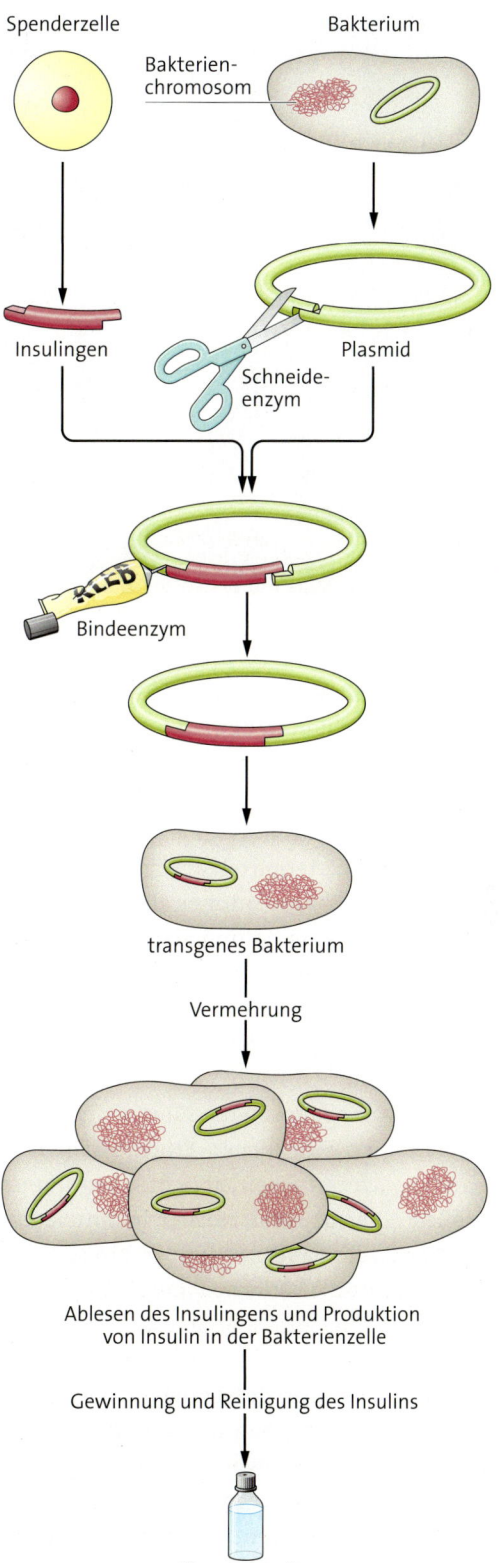

02 Gentechnische Herstellung von Humaninsulin

03 Gesunde Maispflanze

04 Von Zünslerlarve befallene Maispflanze

TRANSGENER MAIS · Mais ist eine der wichtigsten Nutzpflanzen der Erde. Er wird in vielen Ländern angebaut, vor allem in Nord- und Südamerika sowie in Afrika. Mais dient der Ernährung des Menschen, findet aber auch Verwendung als Futtermittel für Schweine, Rinder und Hühner. Ebenso wird er als Rohstoff für die Energieerzeugung und als Ausgangsstoff für Kunststoffe eingesetzt, die auf der Basis von nachwachsenden Rohstoffen erzeugt werden, den Biokunststoffen.

In den Maisanbaugebieten führt weltweit ein Schädling zu erheblichen Ernteausfällen. Es handelt sich um einen circa drei Zentimeter großen Falter, den **Maiszünsler.** In Mitteleuropa fliegen die Falter im Juni in junge Maisbestände, wo die Weibchen auf der Unterseite der Maisblätter ihre Eier ablegen. Nach dem Schlüpfen fressen sich die Schmetterlingslarven im Inneren des Stängels der jungen Maispflanze nach unten. Infolgedessen wächst die Maispflanze weniger stark, weil durch die Fraßschäden der Transport von Wasser und Mineralstoffen in ihrem Stängel eingeschränkt wird. Im weiteren Verlauf fressen sich die

Zünslerlarven immer tiefer in die Maispflanze hinein, bis diese nicht mehr standhalten kann. Die Stängel knicken ein. Infolgedessen können die Maiskolben nicht mehr ausreifen oder bei der Ernte nicht mehr erfasst werden. Der Maiszünsler ist der wirtschaftlich bedeutendste Maisschädling, der im Jahr Schäden in Höhe von mehreren Millionen Euro verursacht.

Heute steht eine gentechnisch veränderte Maispflanze zur Verfügung, die nicht vom Maiszünsler geschädigt wird. In diese Maispflanze wurde ein Gen aus dem Bodenbakterium *Bacillus thuringensis*, abgekürzt Bt, übertragen. Es handelt sich also um eine transgene Maissorte, den **Bt-Mais.** Das Bakteriengen wird bei der Proteinbiosynthese von Bt-Mais abgelesen, sodass ein bestimmtes Protein entsteht. Für die Maispflanze, aber auch für den Mensch und andere Wirbeltiere ist dieses Bt-Protein ungiftig. Frisst allerdings die Zünslerlarve an der Maispflanze, wird das Bt-Protein im Insektenkörper aufgespalten, sodass eine giftige Verbindung entsteht. Diese durchlöchert die Darmwand des Insekts und die Maiszünslerlarve stirbt.

CRISPR/CAS-METHODE · Wissenschaftler haben eine neue Methode der Gentechnik entwickelt, die es ermöglicht, beliebige DNA-Abschnitte einfach, gezielt und schnell zu verändern. Diese Methode beruht auf einem natürlichen System, mit dem sich Bakterien gegen eingedrungene Viren wehren.

Bakterien besitzen in ihrem Erbgut kurze, sich wiederholende DNA-Abschnitte, die man *CRISPR* nennt. Diese sind unterbrochen von veränderlichen Abschnitten, in die Bakterien bei einem Virusbefall Teile der Virus-DNA einbauen. Wird das Bakterium erneut von diesem Virus befallen, erkennt ein bakterieneigenes Protein, das *Cas-Protein,* die Virus-DNA, zerlegt sie und hindert die Viren damit an ihrer Vermehrung.

In der Gentechnik wird dieses natürliche CRISPR/Cas-System umfunktioniert, sodass man gezielt Gene abschalten oder Genabschnitte verändern kann.

Zunächst wird dafür außerhalb der Zelle das „biologische Werkzeug" hergestellt. Dazu hängt man einen RNA-Einzelstrang mit frei wählbarer Nukleotidsequenz an ein Cas-Protein an. Danach bringt man dieses Cas-Protein in die Zelle, deren Erbgut man verändern möchte.

Dort sucht nun das Protein am DNA-Doppelstrang nach Stellen, die zu seiner angehängten RNA-Nukleotidsequenz komplementär sind. Hat es diese gefunden, schneidet es den DNA-Doppelstrang an dieser Stelle. Das Cas-Protein bezeichnet man deshalb auch als **Genschere.** Mit der Wahl der Nukleotidsequenz des RNA-Stranges kann man also bestimmen, an welcher Stelle die DNA geschnitten werden soll.

Zum Schluss verbindet das natürliche Reparatursystem der Zelle die freien Enden der DNA an der Schnittstelle. Dabei entstehen auch manchmal Fehler, sodass zum Beispiel einzelne DNA-Bausteine entfernt werden. An diesen Schnittstellen können aber auch gezielt fremde Gene eingebaut werden. CRISPR/Cas wird anschließend aus der Zelle entfernt.

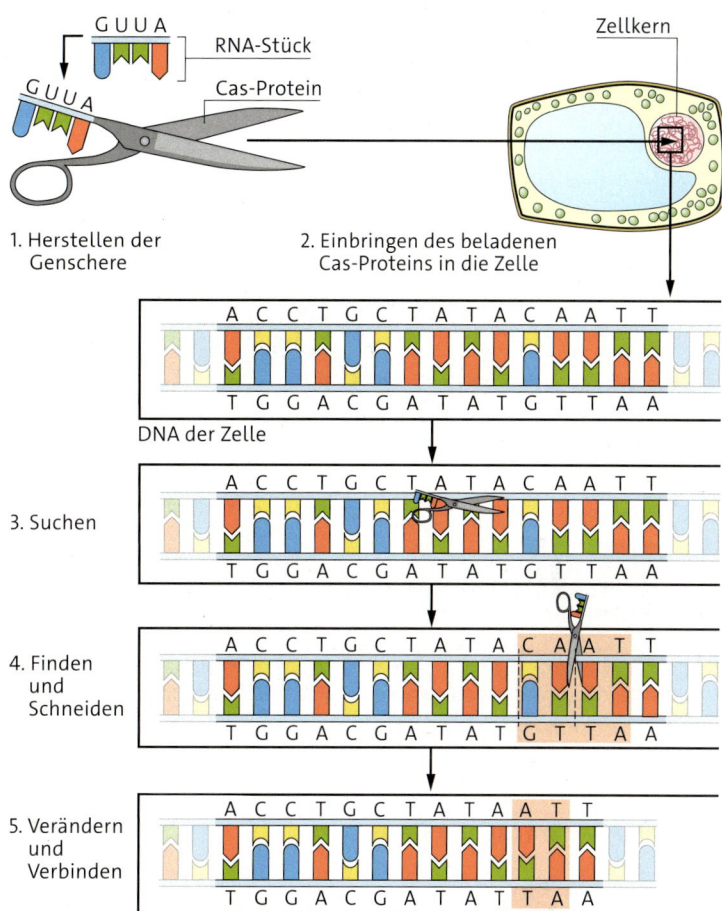

1. Herstellen der Genschere
2. Einbringen des beladenen Cas-Proteins in die Zelle

DNA der Zelle

3. Suchen

4. Finden und Schneiden

5. Verändern und Verbinden

05 Ablauf der CRISPR/Cas-Methode

Die CRISPR/Cas-Methode hat viele Vorteile. Sie ist sehr viel präziser als die bisherigen gentechnischen Verfahren, weil mit ihr sehr genau bestimmt werden kann, welche Stelle der DNA verändert werden soll. Sie kann sowohl bei Bakterien als auch bei Pflanzen, Tieren und auch beim Menschen angewendet werden, und sie ist sehr kostengünstig. Allerdings ist in der EU noch nicht abschließend geklärt, ob mit dieser Methode veränderte Lebewesen nach den geltenden europäischen Gentechnik-Vorschriften als gentechnisch verändert einzuordnen sind oder nicht.

2 ⌡ Nenne die Vorteile der CRISPR/Cas-Methode gegenüber herkömmlichen gentechnischen Verfahren!

Material A ▸ Bt-Mais

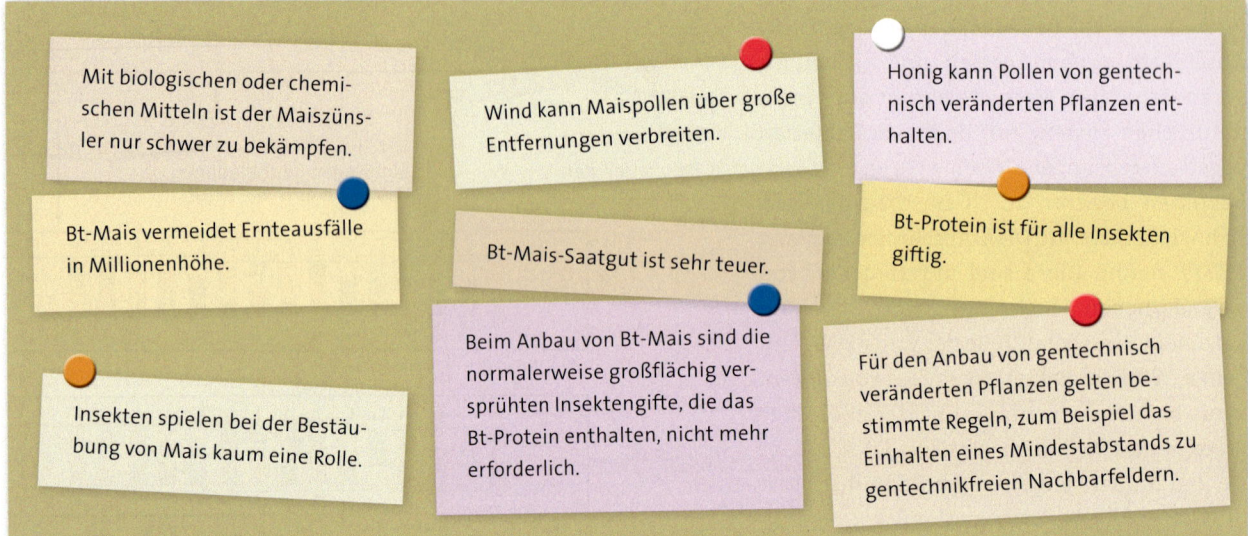

Mit biologischen oder chemischen Mitteln ist der Maiszünsler nur schwer zu bekämpfen.

Wind kann Maispollen über große Entfernungen verbreiten.

Honig kann Pollen von gentechnisch veränderten Pflanzen enthalten.

Bt-Mais vermeidet Ernteausfälle in Millionenhöhe.

Bt-Mais-Saatgut ist sehr teuer.

Bt-Protein ist für alle Insekten giftig.

Insekten spielen bei der Bestäubung von Mais kaum eine Rolle.

Beim Anbau von Bt-Mais sind die normalerweise großflächig versprühten Insektengifte, die das Bt-Protein enthalten, nicht mehr erforderlich.

Für den Anbau von gentechnisch veränderten Pflanzen gelten bestimmte Regeln, zum Beispiel das Einhalten eines Mindestabstands zu gentechnikfreien Nachbarfeldern.

A1 Ordne die Aussagen dem Pro und Kontra des Anbaus von gentechnisch verändertem Mais zu!

A2 Bewerte den Anbau von Bt-Mais in Deutschland!

Material B ▸ Transgene Tiere

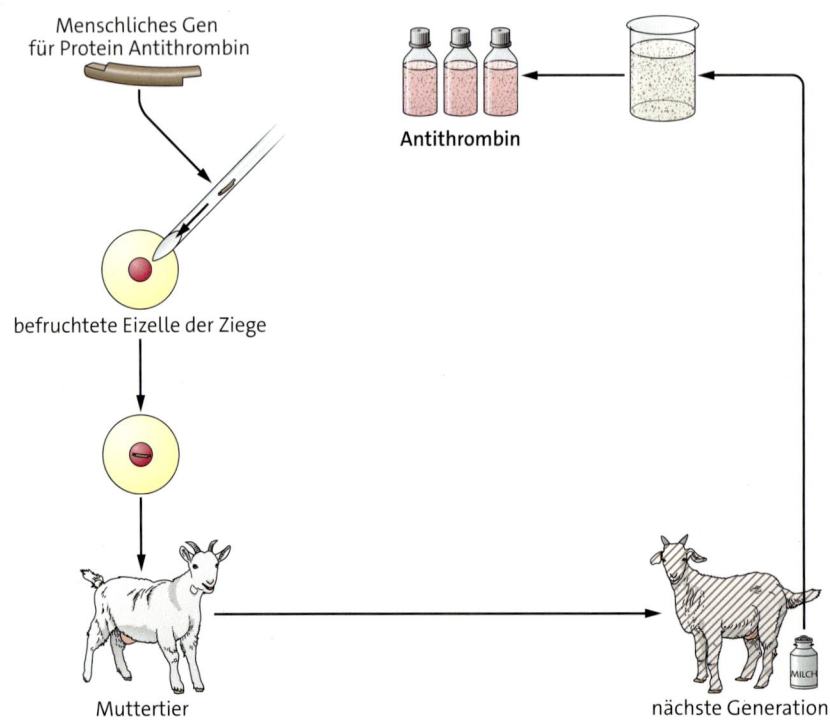

Menschliches Gen für Protein Antithrombin

befruchtete Eizelle der Ziege

Muttertier

Antithrombin

nächste Generation

Antithrombin ist ein Protein, das in der menschlichen Leber synthetisiert wird und im Körper die Blutgerinnung hemmt. Es kann auch mithilfe von transgenen Tieren hergestellt werden.

B1 Beschreibe die Herstellung von Antithrombin mithilfe von transgenen Ziegen!

B2 Begründe, welche anderen Tiere auch zur Herstellung von Antithrombin in Frage kommen können!

B3 Nenne Chancen und Risiken der gentechnischen Herstellung von Antithrombin!

Material C ▸ CRISPR/Cas – Gesetzgebung

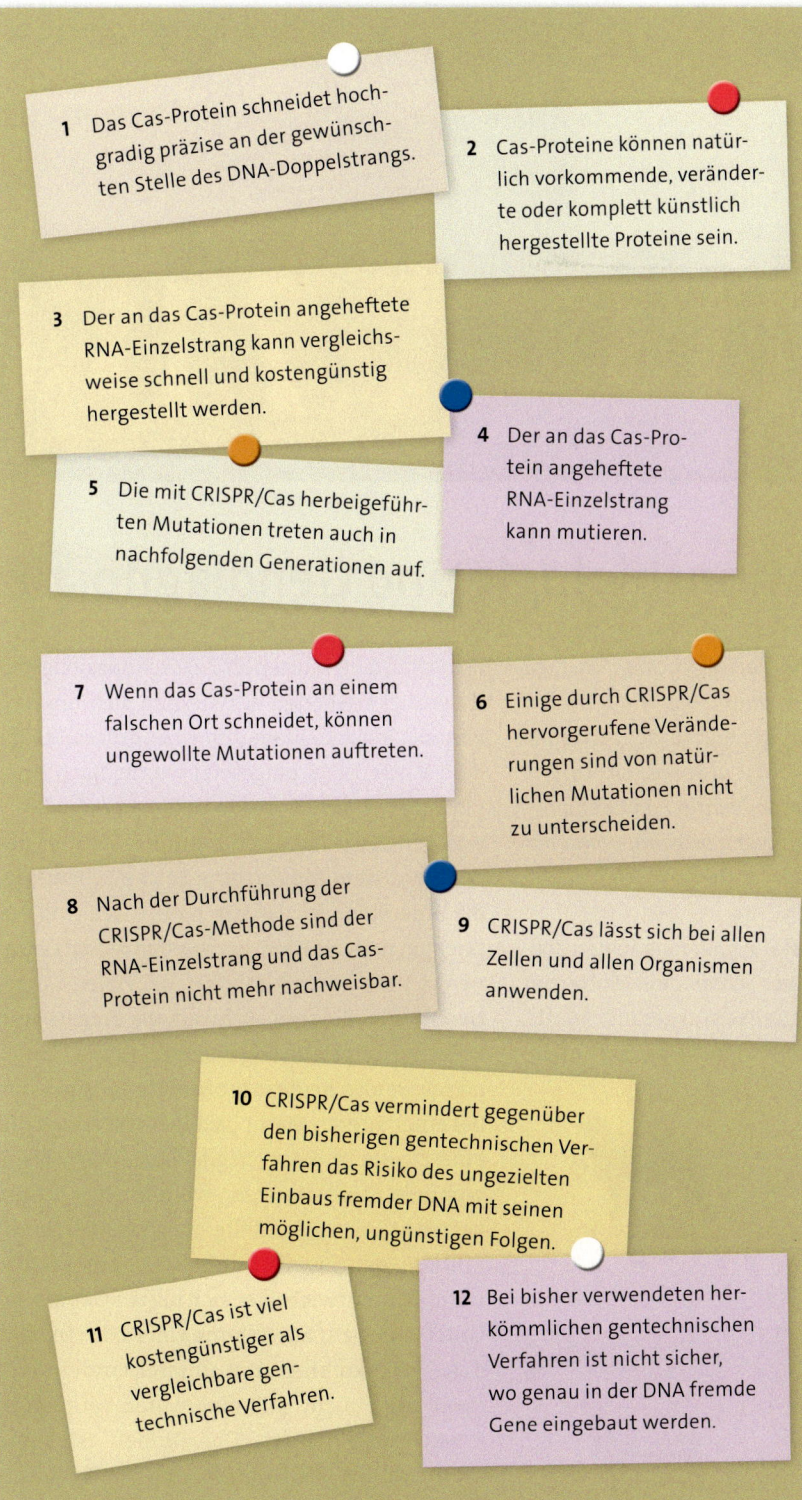

1 Das Cas-Protein schneidet hochgradig präzise an der gewünschten Stelle des DNA-Doppelstrangs.

2 Cas-Proteine können natürlich vorkommende, veränderte oder komplett künstlich hergestellte Proteine sein.

3 Der an das Cas-Protein angeheftete RNA-Einzelstrang kann vergleichsweise schnell und kostengünstig hergestellt werden.

4 Der an das Cas-Protein angeheftete RNA-Einzelstrang kann mutieren.

5 Die mit CRISPR/Cas herbeigeführten Mutationen treten auch in nachfolgenden Generationen auf.

7 Wenn das Cas-Protein an einem falschen Ort schneidet, können ungewollte Mutationen auftreten.

6 Einige durch CRISPR/Cas hervorgerufene Veränderungen sind von natürlichen Mutationen nicht zu unterscheiden.

8 Nach der Durchführung der CRISPR/Cas-Methode sind der RNA-Einzelstrang und das Cas-Protein nicht mehr nachweisbar.

9 CRISPR/Cas lässt sich bei allen Zellen und allen Organismen anwenden.

10 CRISPR/Cas vermindert gegenüber den bisherigen gentechnischen Verfahren das Risiko des ungezielten Einbaus fremder DNA mit seinen möglichen, ungünstigen Folgen.

11 CRISPR/Cas ist viel kostengünstiger als vergleichbare gentechnische Verfahren.

12 Bei bisher verwendeten herkömmlichen gentechnischen Verfahren ist nicht sicher, wo genau in der DNA fremde Gene eingebaut werden.

Bis Ende 2017 hatte der Europäische Gerichtshof noch nicht entschieden, ob die mit CRISPR/Cas veränderten Lebewesen unter das geltende Gentechnik-Gesetz fallen, ob sie also zugelassen werden sollen oder nicht.

C1 Begründe, welche der aufgeführten Aussagen relevante Argumente für die Entscheidung des Europäischen Gerichtshofs sind und welche Aussagen nicht ausschlaggebend wären!

C2 Ordne die als Argument für das Gericht verwendbaren Aussagen in solche, die dafür beziehungsweise dagegen sprechen, dass durch CRISPR/Cas veränderte Lebewesen als gentechnisch verändert zu betrachten sind!

C3 Formuliere eine begründete Stellungnahme an den Europäischen Gerichtshof zur Frage, ob durch CRISPR/Cas erzeugte Lebewesen zugelassen werden sollten oder nicht!

C4 Begründe, ob eine Maispflanze, auf die mithilfe der CRISPR/Cas-Methode ein Bt-Gen übertragen wurde, als gentechnisch verändert betrachtet werden sollte! Nimm dazu auch Seite 208 zu Hilfe!

01 Klonschafe

Reproduktionsbiologie und Gendiagnostik

Die geschlechtliche Fortpflanzung führt zu Nachkommen, die in ihrer Erbinformation den Eltern zwar ähnlich, aber nicht identisch sind. 1996 aber wurde Dolly geboren, ein Lamm, dessen Erbinformation identisch mit der eines erwachsenen Schafs war. Wie konnte man das erreichen?

KLONEN · Dolly entstand, indem man den Zellkern der Euterzelle eines Schafs, dem Muttertier 1, in eine Eizelle, deren Zellkern abgesaugt wurde, übertrug. Die Eizelle stammte von einem anderen Schaf, dem Muttertier 2. Durch spezielle Kultivierungsmethoden entwickelte sich ein Embryo, der in die Gebärmutter eines dritten Schafs, dem Muttertier 3, eingesetzt wurde. Nach einer normalen Tragzeit wurde Dolly geboren. Dolly war genetisch identisch mit dem Spender des Zellkerns, dem Muttertier 1. Solche Lebewesen, die untereinander genetisch identisch sind, bezeichnet man als **Klon.** Inzwischen wird das *Klonen* mit mehreren Methoden bei vielen Säugetieren wie Rindern, Schweinen, Ziegen und Katzen erfolgreich angewendet. Selbst Zuchtpferde werden heute in großem Umfang geklont. Bei einer älteren Methode der Klonierung wird eine Eizelle im Reagenzglas befruchtet. Nach wenigen Zellteilungen werden die Zellen getrennt. Aus jeder Zelle entwickelt sich ein Embryo, der jeweils in ein Tier eingepflanzt wird. Dort entwickelt er sich bis zur Geburt. Im Unterschied zur Entstehung von Dolly sind alle diese Nachkommen nur untereinander identisch, aber nicht mit einem der beteiligten erwachsenen Tieren. Das Klonen ist keine Methode der Gentechnik, weil die Erbinformation nicht verändert wird.

02 Schema zur Entstehung von Dolly

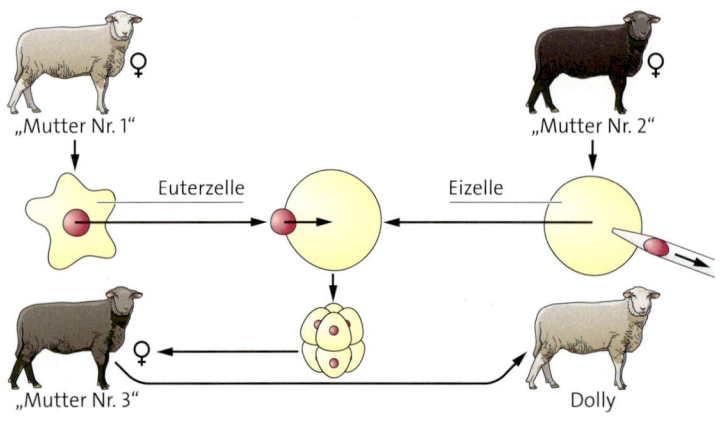

„Mutter Nr. 1"   Euterzelle   Eizelle   „Mutter Nr. 2"

„Mutter Nr. 3"   Dolly

REPRODUKTIONSMEDIZIN · In Deutschland können ungefähr 15 Prozent aller Paare auf natürlichem Weg keine Kinder bekommen. In einigen Fällen können Ärzte solchen Paaren den Kinderwunsch erfüllen. Dieser Bereich der Medizin wird als *Reproduktionsmedizin* bezeichnet.

KÜNSTLICHE BESAMUNG · Bildet der Mann zu wenig Spermienzellen oder ist deren Beweglichkeit vermindert, können Spermienzellen zur Zeit des Eisprungs mit einer Spritze direkt in die Gebärmutter eingebracht werden. Da die Befruchtung im Eileiter geschieht, kann so die Wahrscheinlichkeit einer Befruchtung erhöht werden. Diese Methode heißt *künstliche Besamung*.

IN-VITRO-FERTILISATION · Wenn die beiden Eileiter der Frau nicht durchlässig sind, erhält die Frau Hormone. Diese bewirken das gleichzeitige Heranreifen mehrerer Eizellen. Kurz vor dem Eisprung werden die Eizellen unter Ultraschallbeobachtung mit einer dünnen Nadel aus dem Eierstock entnommen und in ein Kulturmedium gegeben. Gleichzeitig werden die Spermienzellen untersucht und anschließend mit der Eizelle im Reagenzglas zusammengebracht. Diese Methode der Befruchtung bezeichnet man als *In-vitro-Fertilisation*.

In einem Brutschrank bei 37 Grad Celsius beginnen sich die befruchteten Eizellen zu teilen. Haben die Embryonen das Achtzellstadium erreicht, werden sie in die Gebärmutter übertragen. Die Einnistung in die Gebärmutterschleimhaut wird durch weitere Hormongaben unterstützt. Da dennoch häufig nicht alle Embryonen zu einem Kind heranwachsen, pflanzt man in der Regel drei Embryonen ein. Dadurch kann es in einzelnen Fällen auch zu Mehrlingsgeburten kommen. Die weiteren, überschüssigen Embryonen werden eingefroren. Wenn die Embryonenübertragung misslungen ist, werden diese Embryonen aufgetaut und für einen neuen Versuch verwendet.

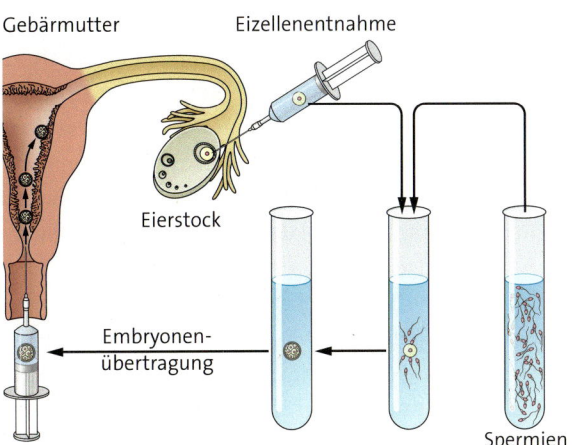

Gebärmutter   Eizellenentnahme

Eierstock

Embryonen-
übertragung

Spermien

03 In-vitro-Fertilisation und Embryonenübertragung

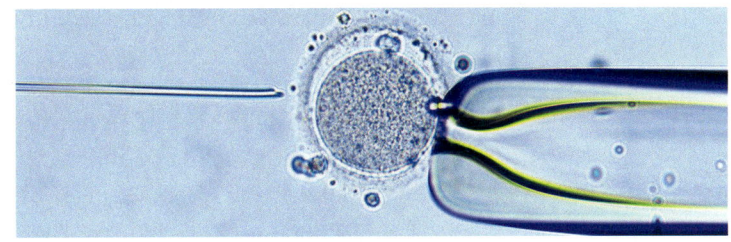

04 Intrazytoplasmatische Spermieninjektion

Nach einer festgesetzten Zeit werden die überschüssigen Embryonen laut deutschem **Embryonenschutzgesetz** vernichtet. In einigen anderen europäischen Ländern dagegen können diese Embryonen zu Forschungszwecken genutzt werden. Die Embryonen dürfen allerdings nur wenige Tage alt sein.

lateinisch vitrum = Glas

lateinisch fertilis = fruchtbar

INTRAZYTOPLASMATISCHE SPERMIENINJEKTION · Wenn die Spermienzellen zu wenig beweglich sind oder ihre Anzahl zu gering ist, wird eine Spermienzelle direkt in eine reife Eizelle injiziert. Die Eizelle wird dazu mit einer Glaspipette angesaugt und festgehalten. Dann wird die Spermienzelle unter mikroskopischer Beobachtung mithilfe einer sehr feinen Injektionsnadel in die Eizelle hineingeschoben. Zur Feinsteuerung der Handbewegungen benötigt man einen Mikromanipulator. Diese Methode wird als *intrazytoplasmatische Spermieninjektion* bezeichnet.

lateinisch intra = innerhalb

lateinisch iniectio = Einspritzung

GENDIAGNOSTIK · Die Methoden der Reproduktionsmedizin ermöglicht es Paaren, ihren Wunsch nach eigenen Kindern zu erfüllen. Durch künstliche Befruchtung entstandene Embryonen können aber in einem frühen Entwicklungsstadium auch genetisch untersucht werden. Dadurch lassen sich Veranlagungen für genetisch bedingte Krankheiten feststellen.

Dazu wird zunächst eine *In-vitro-Fertilisation* durchgeführt. Bevor jedoch die Embryonen der Frau wieder eingesetzt werden, entnimmt man ihnen im Achtzellstadium jeweils ein bis zwei Zellen, isoliert die Erbsubstanz und untersucht, ob ein mutiertes, krankheitsauslösendes Gen vorliegt. Diese Untersuchung bezeichnet man als **Präimplantationsdiagnostik**, kurz **PID.**

Bei diesem Verfahren wird die Abfolge der Basen genau festgestellt, aus denen das betreffende Gen besteht. Durch den Vergleich der Basenabfolge lassen sich Veränderungen in einem Gen erkennen. Das defekte Gen kann bewirken, dass ein bestimmtes Protein nicht mehr gebildet oder ein stark verändertes Protein hergestellt wird, sodass die Zelle stark geschädigt wird. Embryonen mit derartig mutierten Genen werden aussortiert.

Die PID ist in Deutschland nur zulässig, wenn eine hohe Wahrscheinlichkeit für eine schwere genetisch bedingte Krankheit vorliegt oder mit einer Fehl- oder Totgeburt zu rechnen ist.

GENTEST · Genetische Tests können nicht nur vor der Geburt durchgeführt werden wie bei der PID, sondern auch nachgeburtlich. Meistens benutzt man für Gentests weiße Blutzellen oder Zellen der Mundschleimhaut. Gentests führt man bisher nur bei wenigen Erkrankungen durch, zum Beispiel bei Verdacht auf genetisch bedingte Krankheiten wie Mukoviszidose.

Gentests spielen auch eine große Rolle bei der Klärung der Vaterschaft und in der Kriminalistik bei der Identifizierung von Straftätern. Hierbei nutzt man die Tatsache, dass jeder Mensch neben den Genen, die die Information für seine Merkmale tragen, in seiner DNA auch Abschnitte hat, in denen Abfolgen von Basen mehrfach wiederholt werden. Solche Abschnitte tragen keine genetische Information. Die Anzahl dieser Wiederholungen ist bei jedem Individuum unterschiedlich, kommt in vielen DNA-Abschnitten vor und wird vererbt.

Durch diese genetischen Unterschiede kann man jedes einzelne Individuum auf molekularer Ebene unverwechselbar charakterisieren. In Anlehnung an einen Fingerabdruck, der einen einzelnen Menschen eindeutig wiedererkennen lässt, wurde der Begriff **genetischer Fingerabdruck** geprägt.

05 DNA:

A Abschnitte mit genetischer Information,

B Abschnitte ohne genetische Information

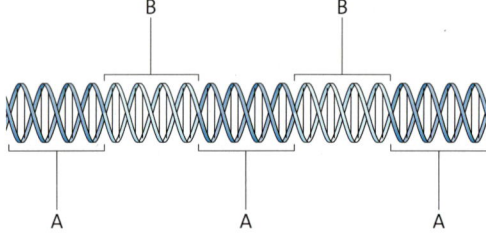

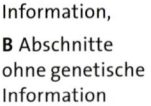

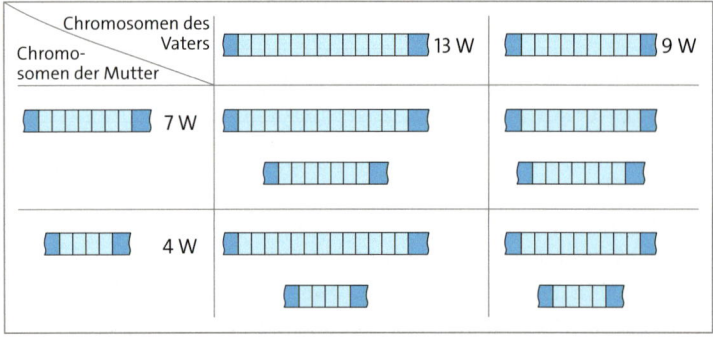

☐ = Wiederholungssequenz aus 2 bis 6 Basen

W = Wiederholungen

06 Kreuzungsquadrat zur Vererbung der DNA-Abschnitte ohne genetische Information

1 ꜱ Vergleiche zwei Klonierungsmethoden!

2 ꜱ Stelle den Vorgang der PID in einem Pfeildiagramm dar!

3 ꜱ Erkläre, weshalb Reproduktionsmethoden keine Methoden der Gentechnik sind!

Material A ▸ Reproduktionsbiologische Verfahren in der Landwirtschaft

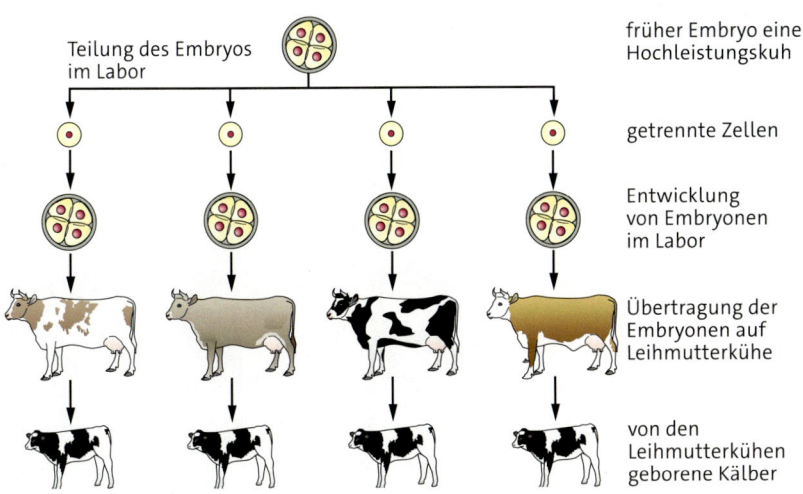

Teilung des Embryos im Labor

früher Embryo einer Hochleistungskuh

getrennte Zellen

Entwicklung von Embryonen im Labor

Übertragung der Embryonen auf Leihmutterkühe

von den Leihmutterkühen geborene Kälber

Die Abbildung veranschaulicht ein Verfahren der Tierzucht. Der Embryo wurde einer Hochleistungskuh nach der Befruchtung durch einen ebenfalls hochleistungsfähigen Stier entnommen.

A1 Beschreibe das Verfahren!

A2 Vergleiche die Genotypen folgender Tiere miteinander:
- Kälber untereinander,
- Kälber mit ihren Leihmüttern,
- Kälber mit der Hochleistungskuh, von der der Embryo stammt!

A3 Begründe, ob es sich bei diesem Verfahren um Klonierung handelt!

A4 Beschreibe einen Vorteil des Verfahrens für die Landwirtschaft!

A5 Vergleiche das Verfahren mit dem Verfahren in Abbildung 02 auf Seite 212!

Material B ▸ Gendiagnostik

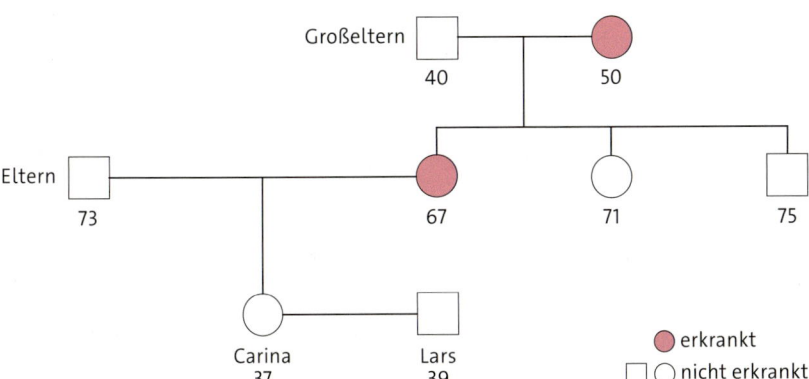

Großeltern

40   50

Eltern

73   67   71   75

Carina
37

Lars
39

● erkrankt
□ ○ nicht erkrankt

Carina, 37 Jahre, und Lars, 39 Jahre, möchten gerne Kinder haben. Vor zwei Jahren erkrankte Carinas Mutter an Chorea Huntington. Das ist eine schnell fortschreitende, tödlich endende und unheilbare Nervenerkrankung. Die ersten Symptome treten meistens um das 40. Lebensjahr auf. Es handelt sich um einen autosomal-dominanten Erbgang. Der Stammbaum zeigt einen Ausschnitt aus Carinas Familie. Die Zahlen geben das erreichte Lebensalter an. Die Großeltern starben früh.
Der Arzt rät zu einem Gentest. Dadurch lässt sich eindeutig feststellen, ob Carina das krank machende Gen trägt und daher wie ihre Mutter an Chorea Huntington erkranken wird. Nach vielen Gesprächen mit ihrem Mann entscheidet Carina sich gegen den Gentest.

Nach der Entscheidung gegen den Gentest kommen für Carina und Lars zwei Verfahren infrage, die dafür sorgen können, dass sie ein gesundes Kind bekommen, die Präimplantationsdiagnose, PID, oder die Fruchtwasseruntersuchung.

B1 Begründe, mit welcher Wahrscheinlichkeit Carina das Allel für Chorea Huntington trägt!

B2 Bewerte Carinas Entscheidung gegen den Gentest! Stelle dazu zunächst Argumente zusammen, die für und gegen den Gentest sprechen!

B3 Nenne Argumente, die jeweils für und gegen die Präimplantationsdiagnose beziehungsweise die Fruchtwasseruntersuchung sprechen!

A ▸ Erbinformation

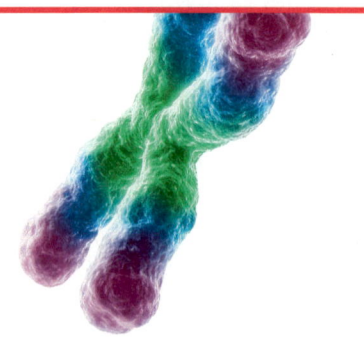

Kann ich ...

1 ⌡ die Arbeits- und Transportform von Chromosomen beschreiben? *(Seite 152 und 153)*

2 ⌡ die Phasen der Mitose und den Zellzyklus beschreiben? *(Seite 153 und 154)*

3 ⌡ den Genotyp vom Phänotyp unterscheiden? *(Seite 156 und 157)*

4 ⌡ den Einfluss des Genotyps auf den Phänotyp beschreiben? *(Seite 157)*

5 ⌡ erklären, wieso Kinder derselben Eltern sich in ihren Merkmalen unterscheiden? *(Seite 156 und 157)*

6 ⌡ erklären, was man unter Modifikation versteht? *(Seite 158)*

7 ⌡ die Ausbildung eines Merkmals an einem Beispiel beschreiben? *(Seite 159)*

8 ⌡ das Karyogramm eines gesunden Menschen beschreiben? *(Seite 159)*

9 ⌡ den Bau der DNA beschreiben? *(Seite 162 und 163)*

10 ⌡ die Replikation der DNA beschreiben? *(Seite 164)*

11 ⌡ den genetischen Code erläutern? *(Seite 167)*

12 ⌡ die Transkription und die Translation beschreiben? *(Seite 168)*

13 ⌡ die Proteinbiosynthese als Pfeildiagramm darstellen? *(Seite 170 und 171)*

14 ⌡ die Vorgänge während der Meiose beschreiben? *(Seite 172 und 173)*

15 ⌡ die Bedeutung der Meiose und Befruchtung für die Variabilität erklären? *(Seite 174)*

B ▸ Regeln der Vererbung

Kann ich ...

1 ⌡ die MENDEL'schen Regeln nennen? *(Seite 177 und 180)*

2 ⌡ Kreuzungsschemata anfertigen, die die Versuche und Ergebnisse Gregor MENDELs an Beispielen darstellen? *(Seite 178 und 181)*

3 ⌡ die MENDEL'schen Regeln durch die Verteilung der Chromosomen bei der Meiose und der Befruchtung erklären? *(Seite 178 und 181)*

4 ⌡ das Kreuzungsschema eines intermediären Erbgangs bis zur zweiten Filialgeneration anfertigen? *(Seite 182)*

5 ⌡ beschreiben, woran im Stammbaum einer Familie zu erkennen ist, ob ein Merkmal dominant oder rezessiv sowie autosomal oder gonosomal vererbt wird? *(Seite 188)*

6 ⌡ die Bedeutung der Zwillingsforschung für die Humangenetik erläutern? *(Seite 187)*

7 ⌡ die Vererbung der Blutgruppen des ABO- und des Rhesussystems beschreiben? *(Seite 190 bis 192)*

C ▸ Veränderungen der Erbinformation

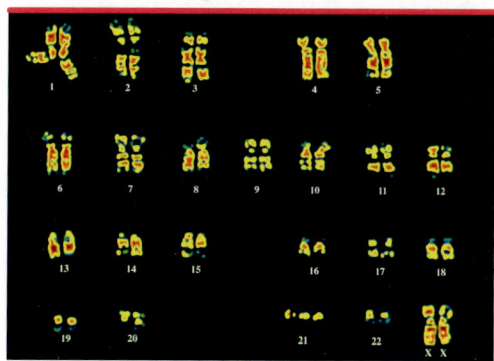

Kann ich ...

1) Veränderungen der Erbinformation beschreiben, die zu einer Genmutation führen? *(Seite 194 bis 196)*

2) Beispiele für Genmutationen des Menschen nennen? *(Seite 194 bis 196)*

3) Beispiele für Mutagene nennen? *(Seite 196)*

4) Beispiele für autosomale und gonosomale Genommutationen nennen und ihre Auswirkungen beschreiben? *(Seite 198 bis 200)*

Kann ich aus dem Kapitel Genetik Beispiele nennen für das biologische Prinzip:
- Schlüssel-Schloss-Prinzip?
- Variabilität?
- Reproduktion?
- Information und Kommunikation?

D ▸ Biotechnologie

Kann ich ...

1) drei verschiedene Züchtungsmethoden beschreiben, die auf Kreuzungen beruhen? *(Seite 202 bis 204)*

2) die Kombinationszüchtung erläutern? *(Seite 203)*

3) den Heterosiseffekt beschreiben? *(Seite 203)*

4) die Nachteile der Hybridzüchtung erklären? *(Seite 204)*

5) erklären, weshalb übertragene Gene abgelesen und verwirklicht werden können? *(Seite 206)*

6) ein Pfeildiagramm erstellen, das die Übertragung der Erbinformation darstellt, die für die Bildung von menschlichem Insulin erforderlich ist? *(Seite 207)*

7) die Wirkung von Bt-Mais auf Insekten beschreiben? *(Seite 208)*

8) den Ablauf der CRISPR/Cas-Methode beschreiben? *(Seite 209)*

9) die Vorteile der CRISPR/Cas-Methode gegenüber der herkömmlichen Gentechnik nennen? *(Seite 209)*

10) die Eigenschaften eines Klons nennen? *(Seite 212)*

11) die Klonierung durch Übertragung eines Zellkerns beschreiben? *(Seite 212)*

12) Beispiele für die Reproduktionsmedizin und die Gendiagnostik beim Menschen beschreiben? *(Seite 213)*

Immunbiologie

In diesem Kapitel beschäftigst du dich mit

- den Abwehrmechanismen des menschlichen Körpers gegen verschiedene Krankheitserreger. Dabei erfährst du, wie der Körper ihr Eindringen verhindern kann und wie er auf eingedrungene Krankheitserreger reagiert.

- Bakterien als Ursache für Infektionskrankheiten. Du lernst, wie Bakterien in den menschlichen Körper gelangen können und mithilfe welcher Vorgänge der Körper die Bakterien bekämpft.

- dem Bau und der Vermehrung von Viren. Du lernst verschiedene Erkrankungen kennen, die durch Viren hervorgerufen werden. Dabei erfährst du an einem Beispiel, welche Ansteckungswege es gibt und wie man sich davor schützen kann. Außerdem beschäftigst du dich mit den Vorgängen, die bei der Bekämpfung von Viren im Körper ablaufen.

- mit der Fähigkeit des Körpers, sich an bereits bekannte Krankheitserreger zu erinnern. Außerdem lernst du, wie man sich in der Medizin diese Fähigkeit zur Vorbeugung und Behandlung von Infektionskrankheiten zunutze macht.

01 Schürfwunde
durch Fahrradsturz

Schutzbarrieren und Entzündungsreaktion

*lateinisch inficere
= benetzen, eindringen*

*Verletzen wir uns beispielsweise bei einem Fahr-
radsturz, so reinigen wir die Wunde vom sichtbaren Schmutz und desinfizieren sie möglichst
auch. Tun wir dies nicht, so kann sich die Wunde
entzünden. Was passiert bei einer Entzündung
im Körper?*

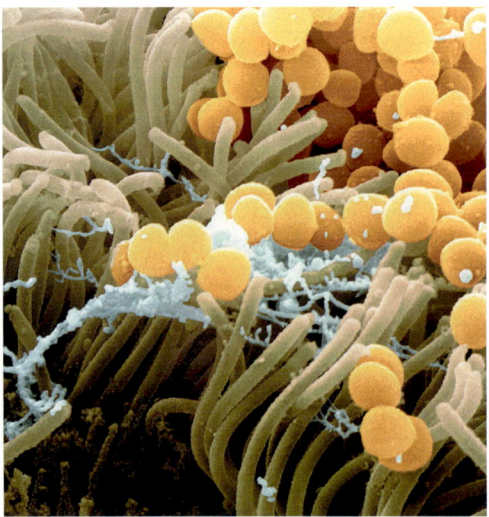

02 Flimmerhärchen
einer Schleimhaut
und Bakterien

SCHUTZBARRIEREN · In unserer Haut liegen
die Zellen dicht beieinander und erschweren
den Krankheitserregern das Eindringen. Zudem
scheiden Drüsen in der Haut ständig Stoffe aus,
die einen für viele Krankheitserreger lebens-
feindlichen *Säureschutzmantel* auf der Haut
bilden. Die Haut ist also eine *Schutzbarriere.*
Unsere Körperöffnungen, vor allem Mund,
Nase und die Geschlechtsöffnungen, bieten
einen leichteren Zugang für Eindringlinge. Das
Eindringen von Krankheitserregern in den
Körper nennt man **Infektion.**
Diese offenen Körperbereiche sind durch besondere Gewebe, die *Schleimhäute,* ausge-
kleidet. Sie sind zwar dünn und leicht verletzbar, produzieren aber einen feuchten Schleim,
der Abwehrstoffe enthält. In diesem Schleim
bleiben Erreger hängen und werden mit ihm
durch Flimmerhärchen nach außen transportiert. Zudem können Inhaltsstoffe des Speichels,
des Nasenschleims oder des feuchten Belags
der Vagina viele Krankheitserreger vernichten.

Manchmal gelangen Krankheitserreger über den Mund in den Magen. Dort werden sie dann von dem sauren Magensaft abgetötet. Werden Haut oder Schleimhäute verletzt, können die Krankheitserreger in den Körper eindringen. Dann greifen weitere Schutzmechanismen des Körpers.

FRESSZELLEN · Unter den weißen Blutzellen gibt es verschiedene Zelltypen. Manche von ihnen können sich kriechend fortbewegen. Sie schieben dazu Teile ihres Zellkörpers als kleine Ausstülpungen vor, und der Rest der Zelle fließt hinterher. Da diese Ausstülpungen wie kleine Füßchen der Zelle aussehen, nennt man sie *Scheinfüßchen*.

Treffen diese *Fresszellen* auf einen Krankheitserreger, so können sie ihn durch Umfließen mit den Scheinfüßchen in ihr Zellinneres aufnehmen und dort durch Enzyme verdauen. Diesen Vorgang bezeichnet man als **Phagozytose.** Durch Fresszellen werden daher bereits in den Körper eingedrungene Krankheitserreger unschädlich gemacht. Dies ist ein wichtiger Abwehrmechanismus des Körpers. Alle Abwehrmechanismen bezeichnet man als **Immunsystem,** seine Zellen als **Immunzellen.** Weil die Fresszellen nicht auf bestimmte Krankheitserreger spezialisiert sind, bezeichnet man diese Abwehr als **unspezifische Immunabwehr.** Diese ist angeboren und heißt deshalb auch *angeborene Immunabwehr.* Auch die Schutzbarrieren des Körpers gehören zur unspezifischen Abwehr.

ENTZÜNDUNGSREAKTION · Eine weitere Form der unspezifischen Abwehr ist die *Entzündungsreaktion*. Sie setzt ein, wenn viele Krankheitserreger eingedrungen und zusätzlich Körperzellen verletzt sind.

Hierbei kommt es zu typischen Symptomen. Das Gewebe um die Verletzung rötet und erwärmt sich, schwillt an und schmerzt. Diese Symptome entstehen dadurch, dass die zerstörten Körperzellen Signalstoffe freisetzen, die Abwehrmechanismen des Körpers auslösen. Die Wände der Blutgefäße werden dadurch durchlässiger. So können die Fresszellen leichter aus dem Blut in das umliegende Gewebe gelangen. Weil gleichzeitig auch Blutplasma in das Gewebe gelangt, schwillt die Hautregion an. Die Reizung von Nervenendigungen aufgrund der Schwellung führt zu Schmerzen. Durch die erweiterten Blutgefäße fließt mehr Blut durch die Haut, sodass sich diese rötet und erwärmt. Zudem gelangen viele Fresszellen in die Region. Die Fresszellen werden durch Stoffe, die die geschädigten Gewebezellen abgeben, zum Infektionsort gelockt. Sie phagozytieren die Krankheitserreger und Fremdkörper und machen sie dadurch unschädlich. Die Fresszellen sterben durch die aufgenommenen Giftstoffe häufig ab. Aus der Ansammlung abgestorbener Fresszellen, zerstörter körpereigener Zellen und Krankheitserreger kann sich eine gelbliche Flüssigkeit, der *Eiter*, bilden.

griechisch phagein = fressen

griechisch cytos = Zelle /Höhlung

griechisch ose = Vorgang

03 Fresszellen greifen Bakterien an

Zellkern · Zellplasma · Krankheitserreger

04 Fresszellen vernichtet Krankeitserreger

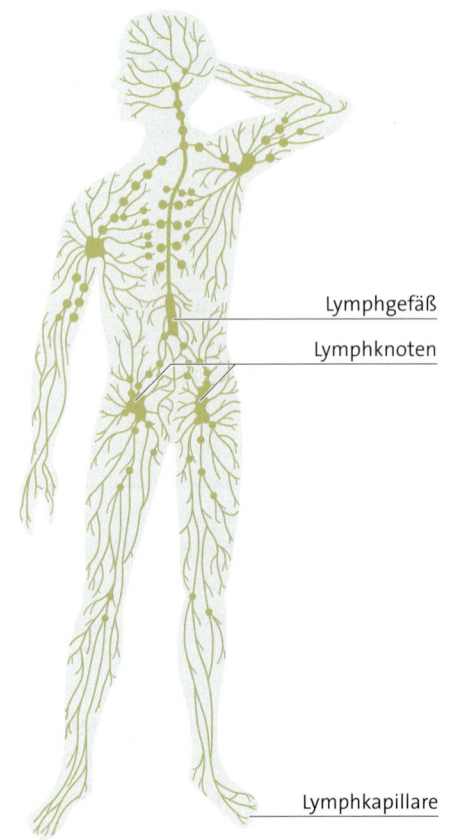

05 Lymphgefäßsystem des Menschen

Lymphgefäß

Lymphknoten

Lymphkapillare

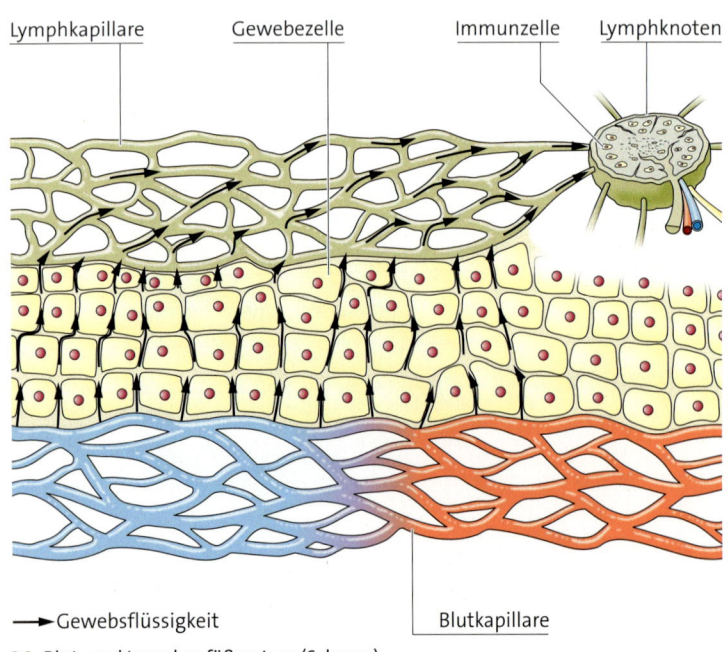

Lymphkapillare   Gewebezelle   Immunzelle   Lymphknoten

→ Gewebsflüssigkeit

Blutkapillare

06 Blut- und Lymphgefäßsystem (Schema)

LYMPHGEFÄSSSYSTEM · Das Lymphgefäßsystem stellt einen wichtigen Teil des Immunsystems dar. Immunzellen gibt es im Blut, im Gewebe und vor allem in einem System von kleinen Röhren, den *Lymphkapillaren*. Diese vereinen sich zu Lymphgefäßen und bilden zusammen das *Lymphgefäßsystem*. Es durchzieht ähnlich wie das Blutgefäßsystem den gesamten Körper. Es ist mit einer Flüssigkeit gefüllt, die an frischen Schürfwunden als klare Flüssigkeit austritt. Woher kommt diese klare Flüssigkeit?

Im Kapillarbereich des Blutgefäßsystems tritt ein Teil des Blutserums in die Lymphkapillaren über. Auch die Gewebsflüssigkeit, die sich außerhalb der Blutgefäße zwischen den Zellen eines Gewebes befindet, gelangt in die Lymphkapillaren. Diese Flüssigkeiten werden als **Lymphe** bezeichnet. Sie fließt durch das gesamte Lymphgefäßsystem.

Entlang der größten Lymphgefäße befinden sich rundliche Strukturen, die **Lymphknoten.** Auch sie werden von der Lymphe durchströmt. In den Lymphknoten gibt es sehr viele Immunzellen. Sie filtern aus der Lymphe Giftstoffe, Reste abgestorbener Zellen und Krankheitserreger aus und bauen sie ab. Im oberen Brustbereich sind Blut- und Lymphgefäßsystem miteinander verbunden. Dort wird die Flüssigkeit dem Blut wieder zugeführt.

Bei einer Infektion sammeln sich sehr viele Immunzellen in den Lymphknoten, die dem Infektionsort am nächsten liegen. Aufgrund der verstärkten Aktivität der Abwehrzellen in den Lymphknoten schwellen diese an und schmerzen häufig. Man kann sie dann im Halsbereich, unter den Achseln und in der Leistengegend ertasten. Wenn ein Arzt die Schwellung der Lymphknoten feststellt, weiß er, dass der Patient an einer Infektion leidet.

1 Beschreibe die Funktion der Lymphknoten bei der unspezifischen Immunabwehr!

Material A ► Unspezifische Immunabwehr

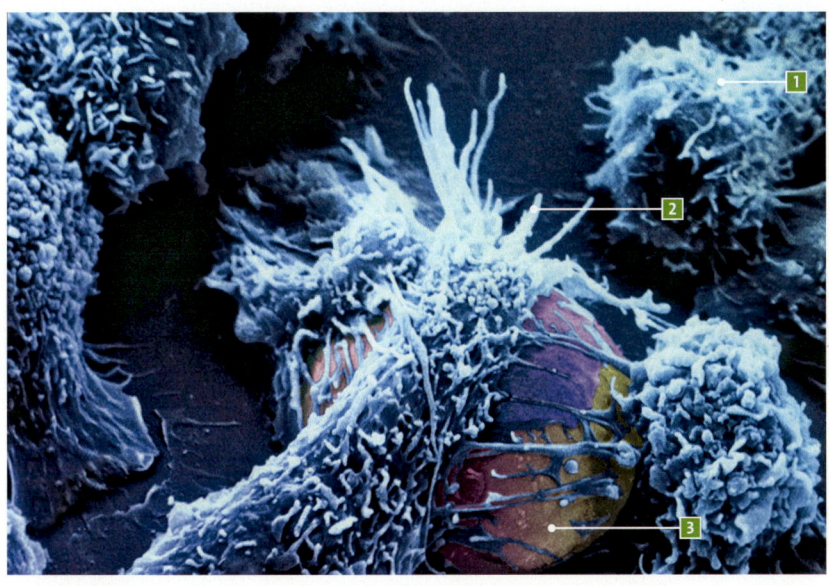

A1 Benenne die mit Zahlen gekennzeichneten Strukturen in der
Abbildung!

A2 Erkläre den Begriff unspezifische
Immunabwehr!

A3 Nenne vier Abwehrmechanismen
und beschreibe ihre Funktion!

A4 Stelle eine Hypothese auf,
weshalb sich die Lymphknoten
besonders in Bereichen um die
Körperöffnungen befinden!

Material B ► Ablauf einer Entzündungsreaktion

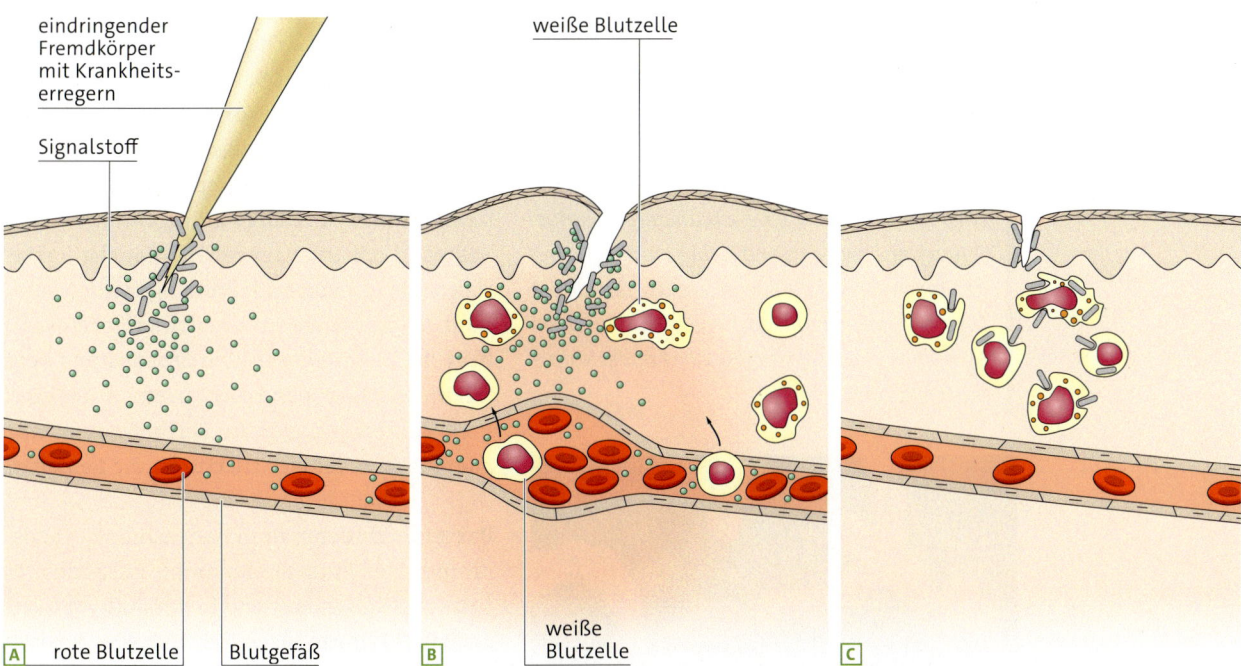

B1 Beschreibe die in den Abbildungen
dargestellten Vorgänge A–C!

B2 Ordne die Symptome einer Entzündungsreaktion den Abbildungen A–C zu und begründe deine
Zuordnung!

B3 Erläutere am Beispiel der Entzündungsreaktion das biologische
Prinzip Kommunikation und Information!

01 Krank im Bett

Bakterien und Antikörperbildung

Stellt ein Arzt bei einem Kind oder Jugendlichen eine Infektion mit Scharlacherregern fest, so verordnet er Bettruhe. Kontakt mit anderen Menschen sollte nach Möglichkeit vermieden werden. Es stellen sich dann meist Symptome wie Halsschmerzen, eine scharlachrote Zunge, Schluckbeschwerden und Fieber ein. Nach einigen Tagen klingen die Symptome ab, der Patient fühlt sich gesund und darf wieder mit anderen Menschen in Kontakt treten. Wie hat der Körper die Infektion besiegt?

BAKTERIEN · Bei Scharlacherregern handelt es sich um Bakterien. Bakterien sind einzellige, einfach gebaute und nur wenige tausendstel Millimeter große Lebewesen. Bakterienzellen besitzen als äußere Begrenzung eine *Bakterienzellwand*, die anders aufgebaut ist als die Zellwand der Pflanzenzellen. Manche Bakterien sind von einer schleimhaltigen *Kapsel* umhüllt. An der Innenseite der Bakterienzellwand liegt die Zellmembran. Die Erbsubstanz liegt frei im Zellplasma und nicht in einem Zellkern. Viele Bakterien tragen zur Fortbewegung eine oder mehrere fädige Strukturen, die *Geißeln*.

Bakterien findet man in nahezu allen Lebensräumen der Erde. Sie kommen im Boden, in Salz- und Süßwasser und in der Luft vor. Aber auch jede Pflanze, jedes Tier und jeder Mensch ist von unzähligen Bakterien besiedelt. Bakterien kommen meistens in großer Anzahl vor und spielen eine wichtige Rolle in der Natur, beispielsweise als Zersetzer von toten Pflanzen oder Tieren.

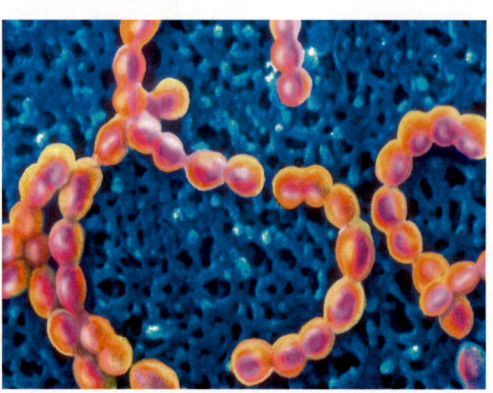

02 Erreger der Scharlachs

KRANK MACHENDE BAKTERIEN · Ebenso wie Scharlach werden auch andere Erkrankungen wie Hirnhaut-, Darm- und Lungenentzündung oder auch Entzündungen an den Geschlechtsorganen durch Bakterien verursacht. Eine Infektion mit diesen Bakterien ist über infiziertes Wasser, infizierte Lebensmittel oder durch Kontakt mit infizierten Menschen möglich. Die Übertragung kann durch die beim Niesen herausgeschleuderten Flüssigkeitströpfchen und somit auch über die Luft erfolgen. Diesen Vorgang nennt man *Tröpfcheninfektion*.

Symptome einer bakteriellen Infektion sind Fieber, Erbrechen, Durchfall oder Schmerzen. Eine Ursache für die Symptome sind oftmals giftige Stoffe, die von den Bakterien abgegeben werden. Die Symptome treten dann auf, wenn die Bakterien sich im Körper stark vermehrt haben. Eine weitere Ursache für die Symptome können die **Abwehrmechanismen** des Körpers sein.

Die Zeit zwischen dem Eindringen des Krankheitserregers und dem Auftreten der ersten Symptome nennt man *Inkubationszeit*. Je nach Erreger liegt diese Zeit zwischen mehreren Stunden und einigen Tagen. Bei Scharlach beträgt die Inkubationszeit ein bis drei Tage.

SPEZIFISCHE IMMUNABWEHR · Manchmal reicht die unspezifische Immunabwehr nicht aus, um die eingedrungenen Krankheitserreger zu bekämpfen. Sie vermehren sich im Körper weiter. Dann setzt die *spezifische Immunabwehr* ein. Im Gegensatz zur unspezifischen, angeborenen Immunabwehr wird die spezifische Immunabwehr erst erworben. Man nennt sie daher auch *erworbene Immunabwehr*. Immunzellen der spezifischen Immunabwehr erkennen körperfremde Zellen und wehren sie ab. Da sich die Bakterien und die von ihnen produzierten Gifte außerhalb von Körperzellen befinden, wehren die Immunzellen die Bakterien vor allem im Blut und in der Lymphe ab. Daher nennt man diese Reaktion **humorale Immunantwort**.

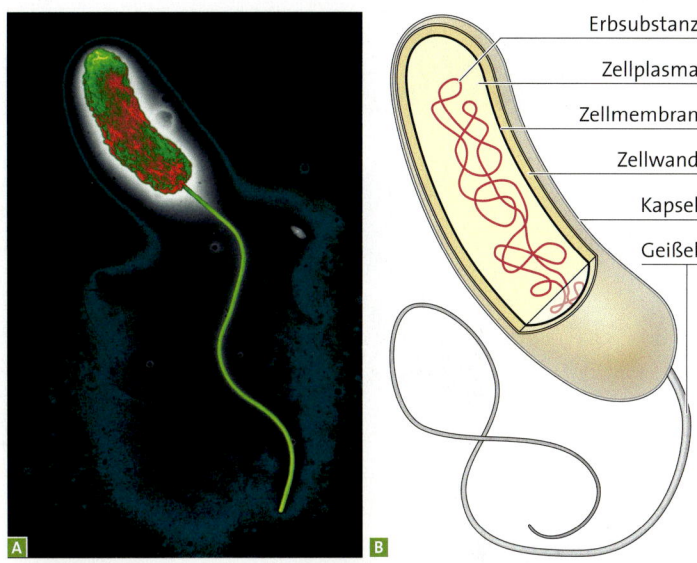

03 Bau einer Bakterienzelle: **A** mikroskopische Aufnahme, **B** Schema

Erbsubstanz
Zellplasma
Zellmembran
Zellwand
Kapsel
Geißel

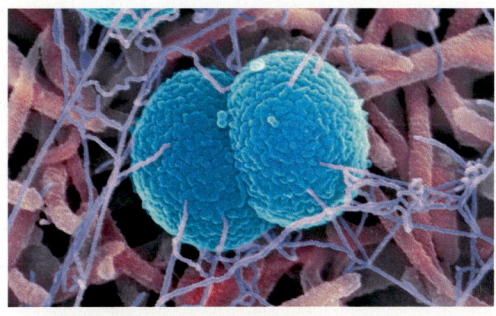

04 Erreger der Hirnhautentzündung

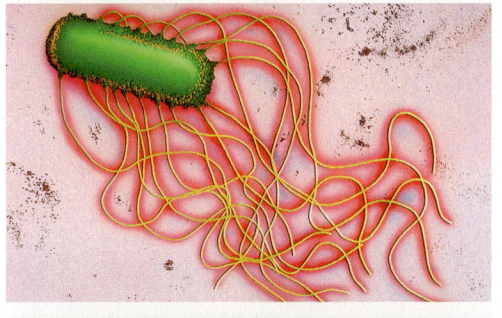

05 Erreger der Darmentzündung

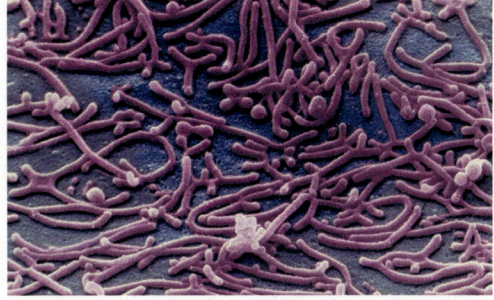

lateinisch humor = Flüssigkeit

06 Erreger der Lungenentzündung

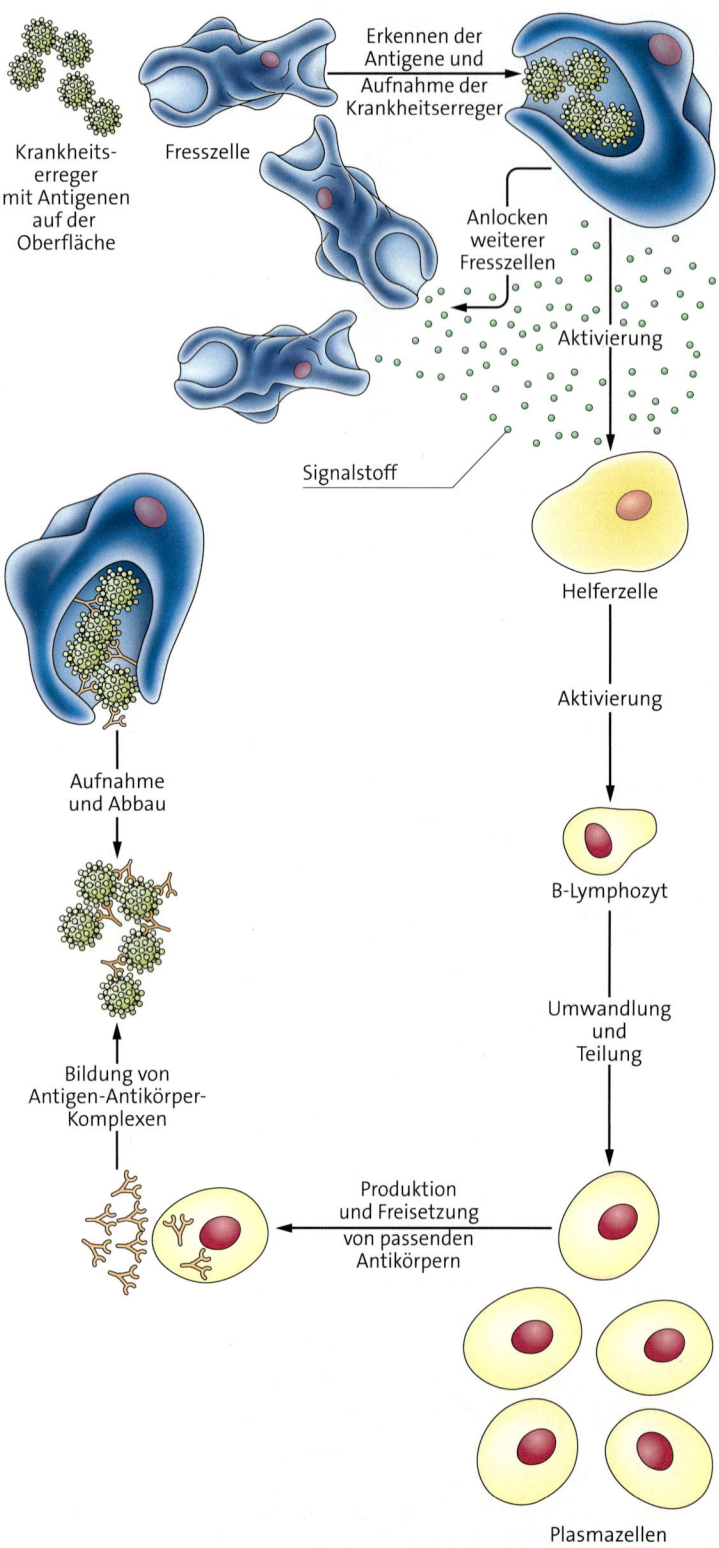

Krankheitserreger mit Antigenen auf der Oberfläche

Fresszelle

Erkennen der Antigene und Aufnahme der Krankheitserreger

Anlocken weiterer Fresszellen

Aktivierung

Signalstoff

Helferzelle

Aktivierung

B-Lymphozyt

Umwandlung und Teilung

Aufnahme und Abbau

Bildung von Antigen-Antikörper-Komplexen

Produktion und Freisetzung von passenden Antikörpern

Plasmazellen

07 Ablauf einer humoralen Immunantwort (Schema)

HUMORALE IMMUNANTWORT · Jede Zelle besitzt auf ihrer Oberfläche charakteristische Strukturen, die **Antigene.** Anhand dieser Antigene können körperfremde Zellen, wie Scharlachbakterien, von Immunzellen erkannt werden. Sind Bakterien in den Körper eingedrungen und haben sich dort stark vermehrt, so werden sie von den *Fresszellen* als körperfremd erkannt und *phagozytiert.* Diese Fresszellen schütten dann Signalstoffe aus, die weitere Fresszellen anlocken, und weitere spezielle weiße Blutzellen aktivieren, die *Helferzellen.*

Den Helferzellen kommt eine Schlüsselfunktion in der humoralen Immunantwort zu. Sie aktivieren spezielle **B-Lymphozyten,** die zu den Krankheitserregern passen. Diese B-Lymphozyten wandeln sich in *Plasmazellen* um und teilen sich vielfach. So entstehen viele spezifische Plasmazellen. Sie besitzen die Fähigkeit, spezifische Abwehrstoffe, die **Antikörper,** in großer Menge zu produzieren und ins Blut freizusetzen.

Die spezifischen Antikörper passen nur zu den Antigenen eines bestimmten Krankheitserregers wie ein „Schlüssel zu seinem Schloss". Scharlach-Antikörper passen nur zu Antigenen der Scharlach-Erreger. Jeder Antikörper hat zwei Bindungsstellen für die Antigene. So kann ein Antikörper zwei Scharlachbakterien miteinander verbinden. Mithilfe mehrerer Antikörper werden viele Scharlachbakterien zu größeren Klumpen verbunden, den **Antigen-Antikörper-Komplexen.** So können nicht nur einzelne Scharlachbakterien, sondern ganze Bakterienklumpen von den Fresszellen aufgenommen und durch Phagozytose abgebaut werden.

1 ⌡ Nenne die an der humoralen Immunantwort beteiligten Zellen und Zellbestandteile und ihre jeweilige Funktion!

2 ⌡ Erkläre die Bedeutung des Schlüssel-Schloss-Prinzips für die humorale Immunantwort!

Material A ▸ Vermehrung von Bakterien

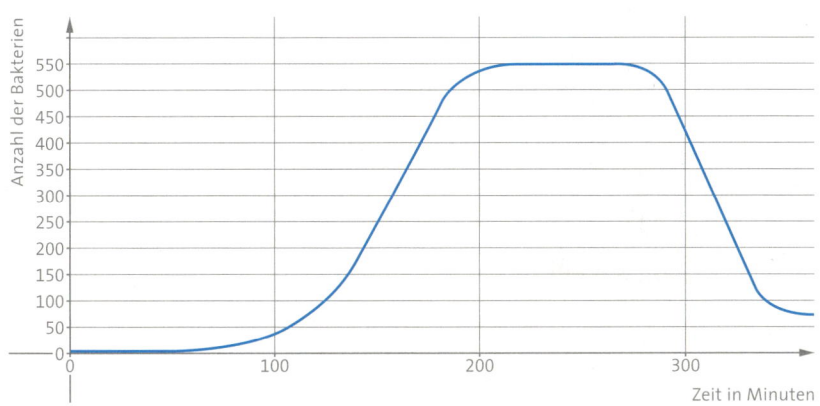

Im Diagramm ist dargestellt, wie sich die Anzahl der Bakterien in einem Kulturgefäß im Lauf der Zeit ändert.

A1 Beschreibe das abgebildete Liniendiagramm und den Kurvenverlauf!

A2 Ermittle, wie viele Bakterien nach drei Stunden aus einer Bakterienzelle entstanden sind, wenn alle 20 Minuten eine Teilung stattfindet! Stelle die errechneten Werte als Liniendiagramm dar!

A3 Vergleiche die von dir erstellte Kurve mit der abgebildeten Kurve!

A4 Stelle eine Hypothese auf, wie sich die Unterschiede zwischen den beiden Kurven erklären lassen!

Material B ▸ Infektionen und Vorbeugung

Pest
Im Mittelalter erlagen dieser Krankheit in Europa viele Millionen Menschen. Die Pest ist heute nahezu ausgerottet. Eine Form, die Beulenpest, äußert sich mit Kopf- und Gliederschmerzen sowie beulenartigen Schwellungen am Körper. Unbehandelt endet die Beulenpest nach wenigen Tagen häufig tödlich. Die Beulenpest wird durch den Stich eines Rattenflohs übertragen. Man nennt den Rattenfloh deshalb *Überträger*.

Tripper (Gonorrhoe)
Der Tripper ist eine der häufigsten durch Geschlechtsverkehr übertragbaren Krankheiten. Die Inkubationszeit beträgt zwei bis drei Tage. Bei infizierten Männern treten schmerzhafte Entzündungen der Harnröhre auf, bei Frauen eitrige Ausflüsse aus der Scheide. Die Krankheit kann von infizierten Schwangeren bei der Geburt auf das Kind übertragen werden.

Scharlach
Diese Infektionskrankheit von Gaumen und Rachen tritt häufig bei Kindern auf. Symptome sind Halsschmerzen, eine scharlachrote Zunge, Schluckbeschwerden und Fieber. Hustet oder niest ein Scharlachpatient, gelangen feinste Flüssigkeitströpfchen mit Bakterien in die Umgebung.

B1 Vergleiche die Übertragungswege der genannten, durch Bakterien verursachten Krankheiten!

B2 Beschreibe Maßnahmen, mit denen man sich vor der Infektion mit den beschriebenen Krankheiten schützen kann!

B3 Stelle eine Hypothese auf, weshalb im Mittelalter so viele Menschen an der Pest erkrankten!

B4 Nach Naturkatastrophen, zum Beispiel nach einem Erdbeben, treten häufig in großen Gebieten Choleraepidemien auf. Scharlachepidemien dagegen bleiben meistens örtlich begrenzt. Stelle eine Hypothese auf, wie dieser Unterschied erklärt werden könnte!

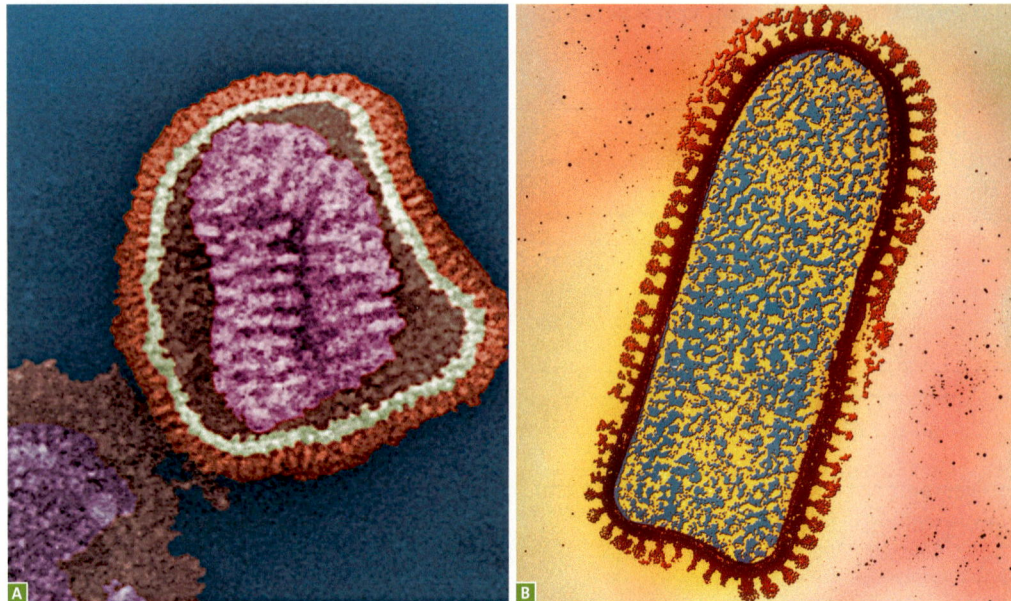

01 Viren im Elektronenmikroskop, gefärbt:
A Grippevirus,
B Tollwutvirus

Viren und zelluläre Immunantwort

Früher glaubte man, dass viele Krankheiten, für die man keine Erreger nachweisen konnte, durch Giftstoffe verursacht wurden. Diese Stoffe bezeichnete man daher als Virus – nach dem lateinischen Wort für Gift. Erst mit dem Elektronenmikroskop konnte man Viren sichtbar machen und ihre Vielfalt und Besonderheit erforschen. Was sind Viren und wie wehrt sich unser Körper dagegen?

BAU VON VIREN · Um 1900 fand man heraus, dass Viren noch kleiner sein müssen als Bakterien. Ließ man nämlich eine Flüssigkeit mit Viren durch einen Filter laufen, der Bakterien zurückhält, konnte man die Viren damit nicht auffangen. Heute ist bekannt, dass Viren nur etwa ein zehntausendstel Millimeter Durchmesser haben und deshalb nur im Elektronenmikroskop sichtbar sind.

Viren bestehen lediglich aus einer **Proteinhülle** und einer **Erbsubstanz.** Die Proteinhülle besitzt zahlreiche kleine *Proteinfortsätze*. Es gibt eine Vielzahl verschiedener Viren, die sich in der Größe, dem Bau der Proteinhülle sowie der Art und Menge der Erbsubstanz unterscheiden.

VERMEHRUNG · Viren besitzen keinen eigenen Stoffwechsel, wachsen nicht und können sich nicht selbst bewegen und vermehren. Viren sind daher keine Lebewesen. Zur Vermehrung sind sie auf lebende Zellen angewiesen, auf die *Wirtszellen*. Kommt ein Virus in

Erbsubstanz · Proteinfortsatz

Proteinhülle

02 Bau eines Virus

Kontakt mit einer Wirtszelle, bleibt es mit seinen Fortsätzen an der Zellmembran haften. Meistens wird es von der Membran umschlossen und in einem Membranbläschen in die Zelle aufgenommen. Dort bricht die Proteinhülle auf, und die Erbsubstanz des Virus gelangt in die Wirtszelle.

Diese Erbsubstanz stellt den Stoffwechsel der Wirtszelle so um, dass nun Virusbausteine hergestellt werden können. Die Bausteine fügen sich zu zahlreichen neuen Viren zusammen. Dann platzt die Wirtszelle und setzt damit eine große Anzahl von Viren frei, die weitere Zellen befallen können. Jeder Virustyp vermehrt sich in ganz bestimmten Wirtszellen. So befallen zum Beispiel Viren, die Kinderlähmung verursachen, die Nervenzellen.

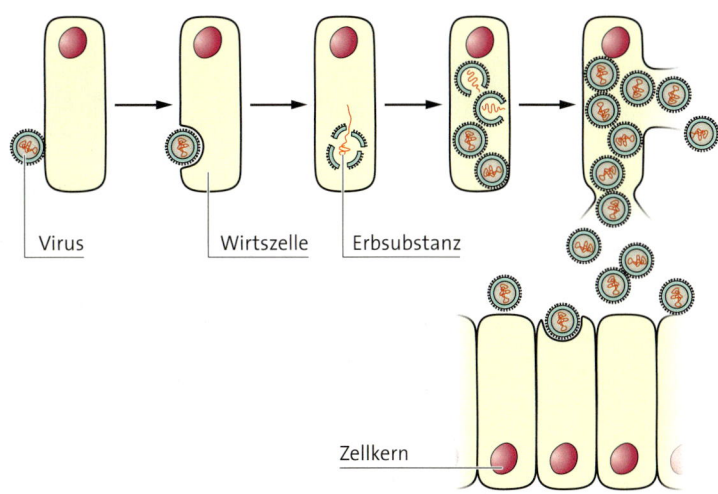

03 Vermehrung von Viren

VIRUSERKRANKUNGEN · Viren können viele Krankheiten verursachen. Beim Menschen sind das zum Beispiel Grippe, Herpes, Masern, Pocken, Windpocken, Röteln, Mumps, Kinderlähmung und Tollwut. Die Unterschiede der Krankheiten sind darauf zurückzuführen, dass jeweils andere Wirtszellen zerstört werden.

Bei Grippe sind vor allem die Schleimhautzellen der Atemwege betroffen. Nach einer Infektion treten zunächst Symptome wie Niesen und Husten auf. Dadurch werden die Grippeviren in feinsten Schleimtröpfchen in die Luft geschleudert und können andere Personen beim Einatmen infizieren. Krankheitssymptome treten ein bis drei Tage nach einer solchen *Tröpfcheninfektion* auf. Tollwut wird direkt, zum Beispiel durch den Biss eines infizierten Fuchses, übertragen. Diese direkte Übertragungsweise heißt *Kontaktinfektion*. Die Inkubationszeit beträgt in diesem Fall ein bis sechs Monate. Das Tollwutvirus schädigt Nervenzellen. Eine Erkrankung an Tollwut endet ohne Behandlung meistens tödlich.

1) Beschreibe den Bau und die Vermehrung eines Virus!

/// **STECKBRIEF** /////////////////////////////////

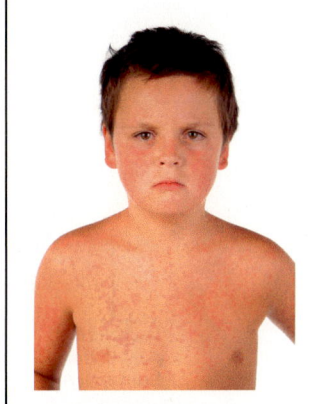

Masern
Übertragung: Tröpfcheninfektion
Inkubationszeit: 8–14 Tage
Symptome: Schnupfen, Husten und Fieber; nach vier Tagen rote Flecken am Körper, der Masernausschlag; Rückgang des Fiebers am 7. bis 8. Tag. Seltene Folge kann eine Hirnhautentzündung sein.
Behandlung: Schutzimpfung; bei Erkrankung: fiebersenkende Maßnahmen.

/// **STECKBRIEF** /////////////////////////////////

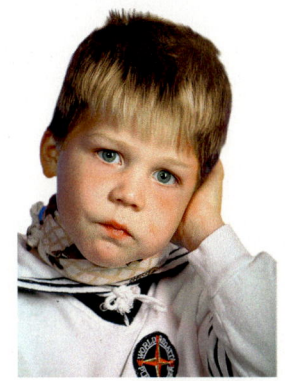

Mumps
Übertragung: Tröpfchen- oder Kontaktinfektion
Inkubationszeit: 12–25 Tage
Symptome: Fieber, Kopfschmerzen, Erbrechen; Schwellung der Ohrspeicheldrüsen, „Hamsterbacken". Seltene Folge bei Jungen kann eine Hodenentzündung sein.
Behandlung: Schutzimpfung; bei Erkrankung: fiebersenkende Maßnahmen.

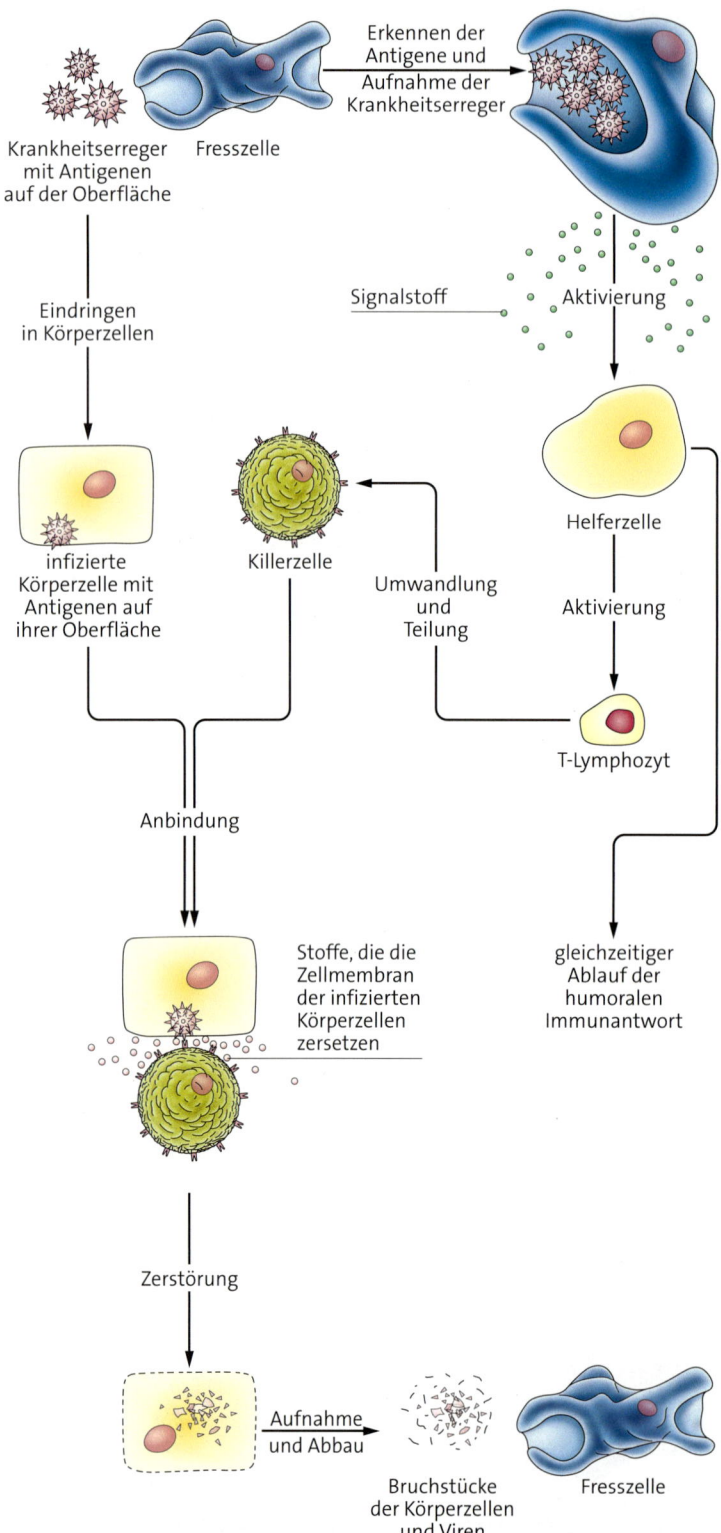

ZELLULÄRE IMMUNANTWORT · Sind Viren in den Körper eingedrungen, werden sie zunächst von speziellen weißen Blutzellen, den *Fresszellen*, als körperfremd erkannt und phagozytiert. Es setzt also die *humorale Immunantwort* ein und es werden spezifische Antikörper gegen die Viren gebildet.

Durch die schnelle Vermehrung der Viren kann sich ein Teil der Viren der humoralen Immunabwehr entziehen und Körperzellen befallen. Sobald die Viren in Körperzellen eingedrungen sind, können sie von den Fresszellen und Antikörpern nicht mehr erkannt und bekämpft werden.

Der Stoffwechsel der infizierten Zelle wird auf die Produktion von Virenbausteinen umgestellt. Während der Produktion der Bausteine gelangen Proteine der Virushülle auf die Oberfläche der Wirtszellen. Diese Proteine wirken als Antigene. Gleichzeitig werden durch *Botenstoffe* der Helferzellen zum Antigen passende T-Lymphozyten aktiviert und in **Killerzellen** umgewandelt.

Diese Killerzellen binden spezifisch an die Antigene auf der Oberfläche der infizierten Körperzellen und geben Stoffe ab, die die Zellmembran infizierter Körperzellen zerstören, sodass diese absterben. Die Viren können sich nicht weiter vermehren. Die Bruchstücke der zerstörten Körperzellen und Viren werden von den Fresszellen aufgenommen und durch Phagozytose abgebaut.

Da diese Immunantwort durch spezifische Killerzellen vermittelt wird, die auf befallene Körperzellen abzielt, spricht man von der *zellulären Immunantwort*.

04 Ablauf einer zellulären Immunantwort (Schema)

2 ⌡ Nenne die an der zellulären Immunantwort beteiligten Strukturen und ordne ihnen ihre jeweilige Funktion zu!

Material A ▸ Übertragungswege von Krankheitserregern

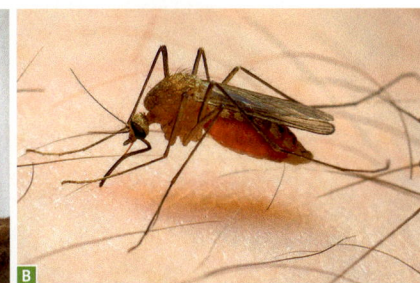

A1 Beschreibe die in den Abbildungen dargestellten Übertragungswege von Krankheitserregern!

A2 Nenne weitere Möglichkeiten der Übertragung von Krankheitserregern aus deinem Schulalltag!

A3 Beschreibe, wie man sich in den dargestellten Situationen vor Infektionen mit Krankheitserregern schützen kann!

A4 Nenne die Abbildungen, in denen der erste Abwehrmechanismus des Körpers greift! Beschreibe die jeweils möglichen wirksamen Schutzeinrichtungen!

Material B ▸ Antikörper

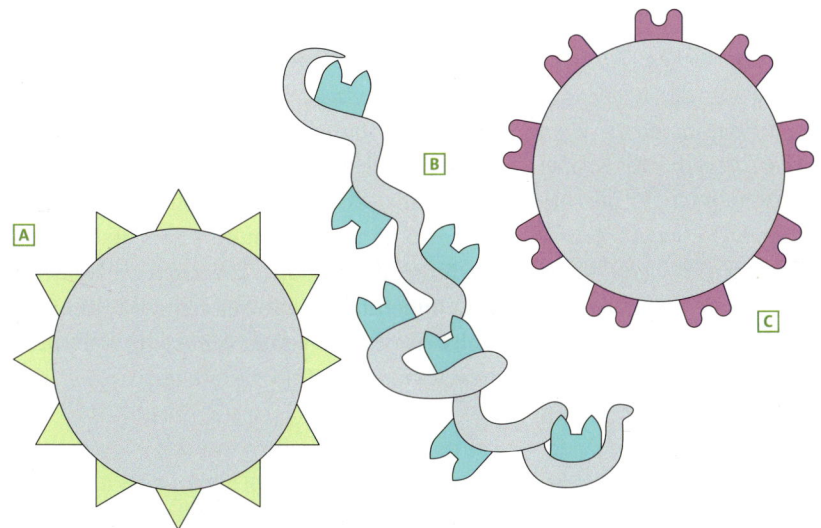

B1 Zeichne zu den drei abgebildeten Erregern die spezifischen Antikörper!

B2 Erkläre anhand dieser Beispiele das Schlüssel-Schloss-Prinzip!

B3 Erläutere die Vorteile der Bekämpfung von Krankheitserregern durch Antikörper!

B4 Nenne ein weiteres Beispiel für das Schlüssel-Schloss-Prinzip!

Material C ▸ Fieber

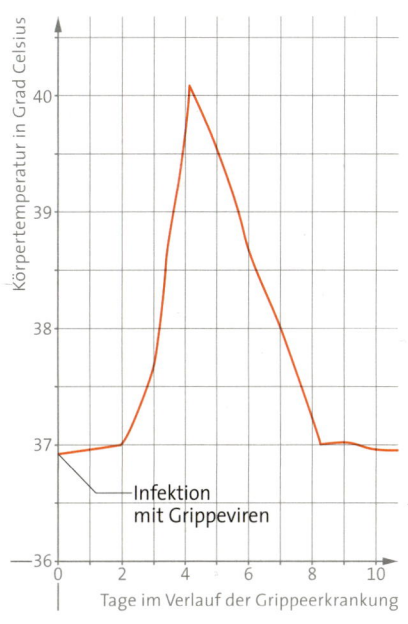

C1 Beschreibe das Diagramm und den Kurvenverlauf!

C2 Erkläre, weshalb das Fieber ab dem vierten Tag zurückgeht!

01 Junge mit Windpocken

Immunisierung

Ein Junge leidet unter Windpocken, die auf seiner Haut einen Juckreiz verursachen. Der Name Windpocken leitet sich von der hohen Ansteckungswahrscheinlichkeit ab, da die Viren mehrere Meter über die Luft verbreitet werden und somit auch ohne direkten Kontakt übertragen werden können. Dennoch erkrankt der Bruder des Jungen nicht, obwohl sich beide häufig in denselben Räumen aufhalten. Wie ist das zu erklären?

IMMUNITÄT · Wenn die Windpockenviren zum ersten Mal in den Körper eindringen, nehmen die Immunzellen ihre Tätigkeit auf. Fresszellen vernichten die Erreger und antikörperproduzierende Zellen werden aktiviert. Sie vermehren sich und bilden Antikörper gegen die Antigene der Windpockenviren. Allmählich werden dadurch immer mehr Windpockenviren verklumpt und vernichtet. Die Windpockenviren, die durch die Antikörper nicht abgefangen werden, können bestimmte Körperzellen befallen. Hier greifen jedoch die Killerzellen an. Sie zerstören die befallenen Zellen und verhindern so die Vermehrung der Windpockenviren. Bei dieser **Erstinfektion** läuft die Immunabwehr nicht schnell genug ab, sodass sich die Windpockenerreger trotzdem stark vermehren können. Wie bei dem Jungen kann das Immunsystem daher den Ausbruch der Windpocken nicht verhindern. Vor einigen Jahren ging es seinem Bruder genauso. Weshalb erkrankt der Bruder aber nicht erneut an dieser Kinderkrankheit?

Bei der Erstinfektion wird noch ein weiterer Vorgang eingeleitet. Es bilden sich nicht nur Zellen, die Antikörper produzieren, sondern auch Zellen, die die Information speichern, dass es sich um Windpocken-Antigene handelt. Sie heißen daher **Gedächtniszellen.** Wenn Jahre später bei einer **Zweitinfektion** die Windpockenviren wieder in den Körper eindringen, sorgen die zahlreich vorhandenen Gedächtniszellen dafür, dass in kürzester Zeit eine große Anzahl an Antikörpern entsteht.

Die Windpockenviren werden dadurch schnell bekämpft, bevor sie sich stark vermehren können. Der Körper ist gegen diesen Krankheitserreger **immun** geworden, sodass die Krankheit nicht ausbricht. Der Bruder ist also nach der Erstinfektion geschützt.

AKTIVE IMMUNISIERUNG · Neben den vergleichsweise harmlosen Symptomen können bei einer Windpockenerkrankung aber auch schwere Krankheitserscheinungen auftreten, zum Beispiel eine Hirnhautentzündung mit bleibenden Ausfällen von Gehirnfunktionen. Ärzte empfehlen daher schon für das frühe Kleinkindesalter eine vorbeugende Behandlung, die vor Windpocken schützt.
Der Arzt spritzt dazu einem Kleinkind abgeschwächte Windpockenviren in den Oberarm, er **impft** das Kind. Bei anderen gefährlichen Infektionskrankheiten kommen auch abgetötete Erreger oder nur Bruchstücke des Erregers als Impfstoff zum Einsatz. Die Krankheit bricht nicht aus, weil die Krankheitserreger abgeschwächt oder unvollständig sind, sodass sie sich nicht vermehren können. Wie bei einer Erstinfektion bildet das Immunsystem nun nicht nur spezifische Antikörper gegen die Antigene der geimpften Erreger, sondern auch die entsprechenden Gedächtniszellen.

Gelangen Jahre später vermehrungsfähige, krank machende Windpockenerreger in den Körper, können die Gedächtniszellen sofort und in kürzester Zeit dafür sorgen, dass eine große Anzahl von spezifischen Antikörpern bereitsteht. Diese verhindern den Ausbruch der Krankheit. Nach einer Windpockenimpfung ist das Kind gegen die Windpockenviren immun. Da der Körper bei dieser Impfung selbst einen Schutz gegen eine bestimmte Infektionskrankheit aufbaut, spricht man von **aktiver Immunisierung.**
Bei Kleinkindern verwendet man bei solchen *Schutzimpfungen* in der Regel Mehrfachimpfstoffe, die gegen verschiedene Krankheiten

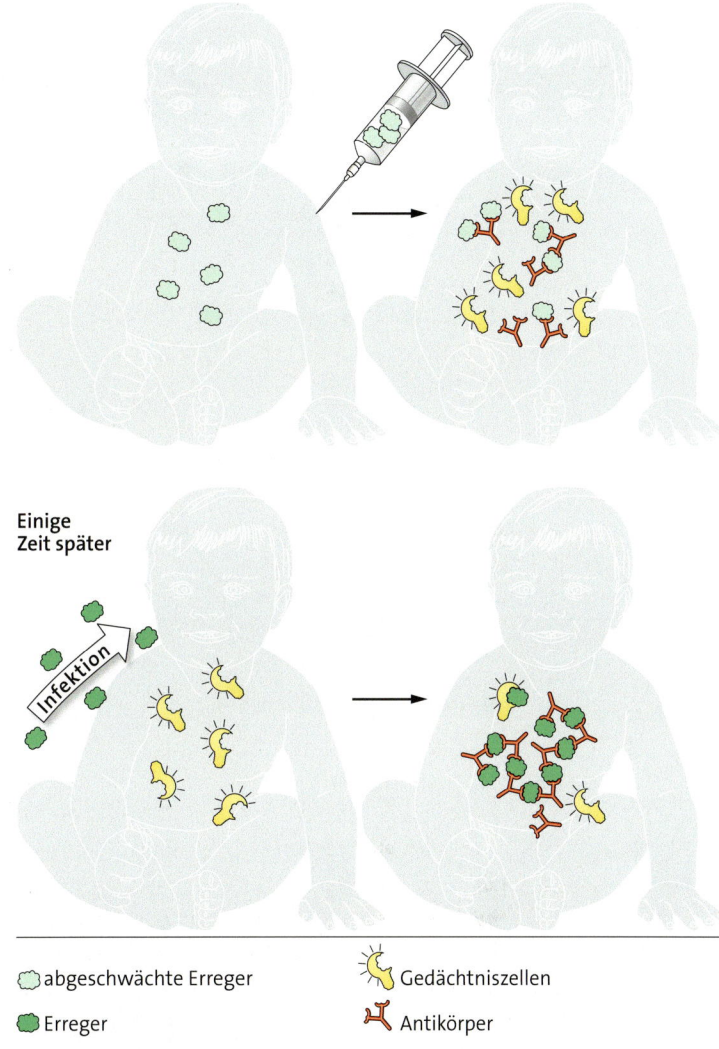

Einige Zeit später

abgeschwächte Erreger
Erreger
Gedächtniszellen
Antikörper

02 Aktive Immunisierung

vorbeugen. So lässt sich bei der Vielfalt der möglichen Krankheitserreger die Anzahl der erforderlichen Impfungen verringern.
Die Immunität geht jedoch häufig nach einigen Jahren verloren, weil die bei der aktiven Immunisierung gebildeten Gedächtniszellen nicht lebenslang erhalten bleiben. In solchen Fällen muss der Impfstoff durch eine *Auffrischungsimpfung* erneut gespritzt werden.
Die Impfstoffe für die aktive Immunisierung werden gewonnen, indem man Bakterien oder Viren vermehrt und diese so behandelt, dass sie ihre Fähigkeit zur Vermehrung verlieren.

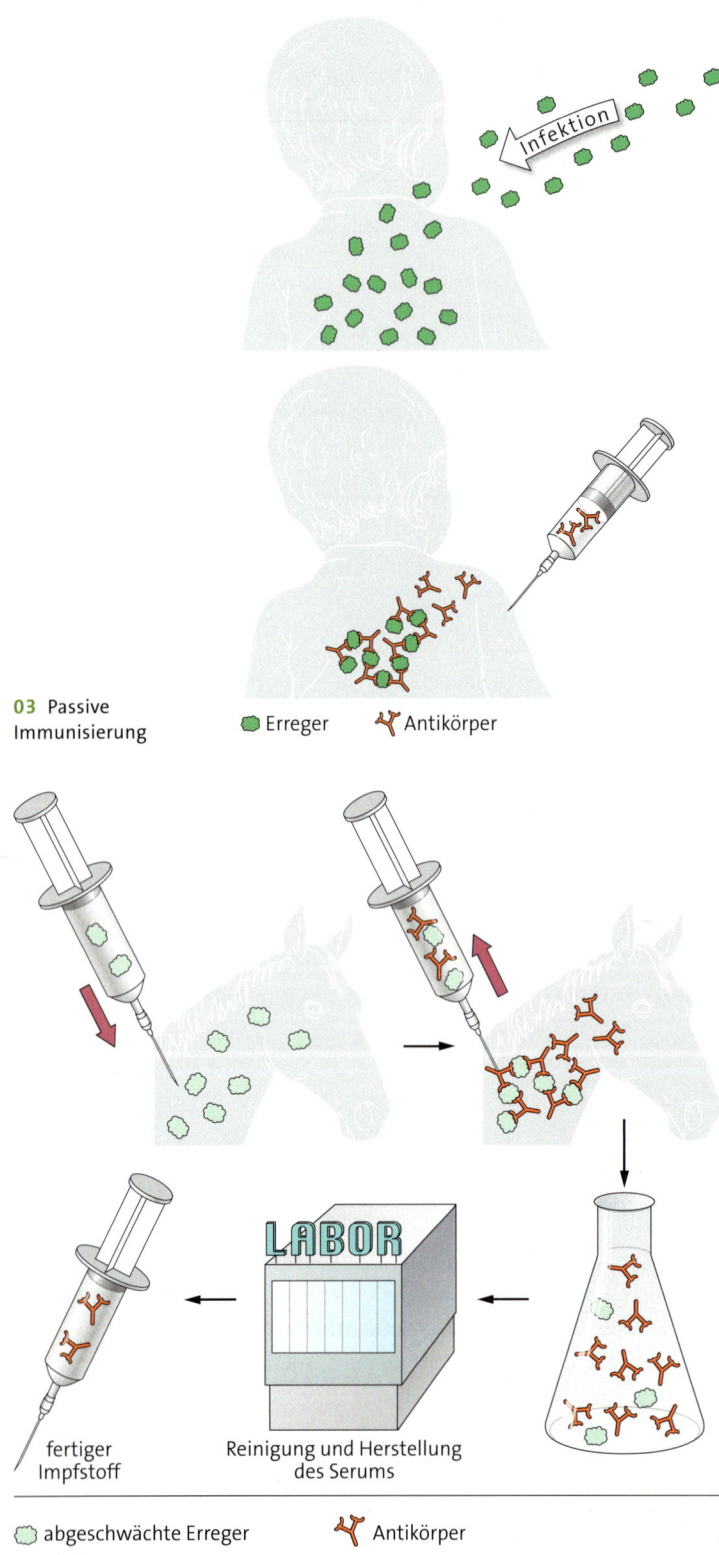

03 Passive
Immunisierung

⬡ Erreger   ⋏ Antikörper

LABOR

fertiger
Impfstoff

Reinigung und Herstellung
des Serums

⬡ abgeschwächte Erreger   ⋏ Antikörper

04 Herstellung von Heilserum

PASSIVE IMMUNISIERUNG · Wenn die Windpockenviren sich stark vermehrt haben, bricht die Krankheit aus. In einem solchen Fall kann man spezifische Antikörper gegen Windpockenviren spritzen. Diese Impfung verkürzt deutlich den Heilungsprozess einer bereits erkrankten Person und wird daher als *Heilimpfung* bezeichnet.

Da die eingespritzten Antikörper nach einiger Zeit verbraucht oder abgebaut sind, erlischt der vorübergehende Impfschutz. Der Körper ist nicht dauerhaft immun, da die eigene spezifische Immunabwehr durch die schnelle Heilung nicht oder zumindest nicht ausreichend aktiviert wurde. Bei einer Zweitinfektion fehlen die notwendigen Gedächtniszellen für die schnelle Bekämpfung der Windpockenviren. Da der Körper die Krankheitserreger nicht selbst abwehrt, sondern die Heilwirkung auf den gespritzten, spezifischen Antikörpern beruht, bezeichnet man diese Impfung als **passive Immunisierung.**

Diese Impfmethode entwickelte 1890 der deutsche Arzt Emil VON BEHRING. Um den Impfstoff zu erhalten, spritzt man Säugetieren, wie zum Beispiel Pferden oder Schafen, abgeschwächte Krankheitserreger. Die Tiere bilden spezifische Antikörper gegen den jeweiligen Krankheitserreger. Diese Antikörper werden anschließend aus dem Blut gewonnen und zur Herstellung von *Heilserum* zur Behandlung erkrankter Personen verwendet.

1 ⌡ Erkläre, weshalb die aktive Immunisierung als Schutzimpfung bezeichnet wird!

2 ⌡ Nenne die Unterschiede zwischen aktiver und passiver Immunisierung! Fertige dazu eine Tabelle an!

3 ⌡ Erstelle ein Pfeildiagramm, das die einzelnen Verfahrensschritte zur Herstellung eines Heilserums beschreibt!

Material A ▸ Experiment mit Blut

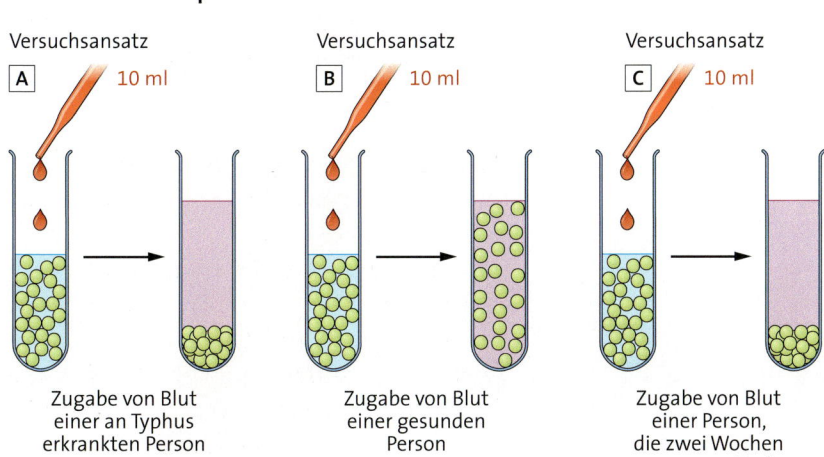

Versuchsansatz **A** 10 ml

Zugabe von Blut einer an Typhus erkrankten Person

Versuchsansatz **B** 10 ml

Zugabe von Blut einer gesunden Person

Versuchsansatz **C** 10 ml

Zugabe von Blut einer Person, die zwei Wochen zuvor gegen Typhus aktiv immunisiert wurde

○ Typhuserreger in Flüssigkeit

A1 Beschreibe die Durchführung des Experiments!

A2 Formuliere eine Fragestellung, die mit dem Experiment beantwortet werden kann!

A3 Werte die Ergebnisse aus!

A4 Wenn man in Ansatz C Blut einer Person verwendet, die mehrere Jahre zuvor gegen Typhus aktiv immunisiert wurde, erhält man das gleiche Ergebnis wie in Ansatz B. Erkläre!

Material B ▸ Impfen – pro und kontra

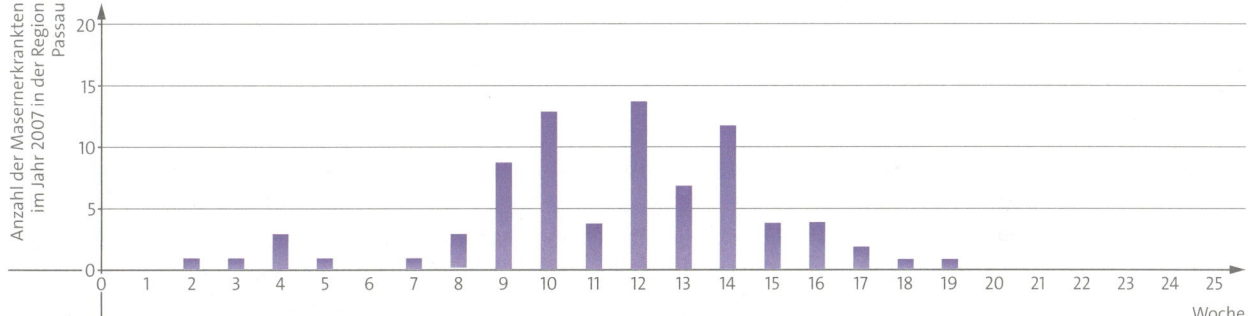

Anzahl der Masernerkrankten im Jahr 2007 in der Region Passau — Woche

Viele Krankheiten konnten in Europa durch Impfungen ausgerottet werden. Impfen ist jedoch für viele nicht mehr selbstverständlich, da unter dem Stichwort Impfschäden diskutiert wird, ob Impfungen Erkrankungen wie Allergien oder Neurodermitis fördern können. Fehlende Impfungen führen aber dazu, dass bestimmte Krankheiten wie Masern wieder verstärkt auftreten. Masern ist eine Viruserkrankung, die zu Hautflecken führt und die Erkrankten schwächt. Eine zusätzliche Lungenentzündung kann lebensgefährlich sein.

Sind 95 Prozent einer Bevölkerung gegen eine Infektionskrankheit geimpft, spricht man vom Herdenschutz. Dieser Herdenschutz ist ein Argument für Impfungen: „Man schützt nicht nur sich selbst, sondern auch diejenigen, die aus medizinischen Gründen wie zum Beispiel Allergien nicht geimpft werden können, etwa Kleinkinder oder ältere und kranke Menschen."

In der Region Passau kam es 2007 zu mehreren Maserninfektionen. Etwa 90 Prozent der Betroffenen waren ohne Impfschutz.

B1 Beschreibe und erkläre den Verlauf der Maserninfektionen in der Region Passau anhand des Diagramms!

B2 Erkläre, weshalb eine hohe Impfrate von mindestens 95 Prozent notwendig ist, um in einem bestimmten Gebiet eine Infektionskrankheit wie Masern auszurotten!

B3 Bewerte, ob der Hinweis auf den Herdenschutz ein begründbares Argument darstellt! Beachte hierbei, dass Argumente sowohl durch Tatsachen als auch durch Normen oder Interessen begründet sein sollten!

01 Postkarte zum
Welt-Aids-Tag

HI-Virus – Angriff auf das Immunsystem

Am Welt-Aids-Tag wird in jedem Jahr an die Krankheit Aids erinnert. Sie wird hervorgerufen durch ein Virus, das HI-Virus. Nach einer Infektion treten zunächst grippeähnliche Krankheitserscheinungen auf. Trotzdem sind HI-Viren sehr viel gefährlicher als Grippeviren. Weshalb sind sie so gefährlich?

HIV · Wie alle Viren benötigen auch HI-Viren für ihre Vermehrung bestimmte Wirtszellen. HI-Viren befallen weiße Blutzellen, vor allem solche, die bei einer Infektion helfen, das Immunsystem zu aktivieren. Man nennt diese Zellen **Helferzellen.** Sie aktivieren sowohl die Produktion von Antikörpern als auch die von Killerzellen. Infizierte Helferzellen werden durch das HI-Virus so stark geschädigt, dass sie absterben. Dringen nun andere Krankheitserreger in den Körper ein, können nicht genügend Antikörper und Killerzellen gebildet werden. Deshalb werden weder die Krankheitserreger im Blut noch die in den Körperzellen ausreichend bekämpft.

HI-Viren sind somit besonders gefährlich, weil sie durch den Angriff auf die Helferzellen die wichtigsten Abwehrmöglichkeiten des Immunsystems stark schwächen. Das Virus erhielt daher den Namen **Human Immunodeficiency Virus**, abgekürzt **HIV,** was auf Deutsch menschliches Immunschwächevirus heißt.

Antikörper
produzierende
Zelle

HI-Viren

Killerzelle

← aktiviert

aktiviert →

bildet

Helferzelle

tötet

Antikörper

von
Krankheitserregern
befallene Zelle

02 Aufgaben der Helferzellen im Immunsystem

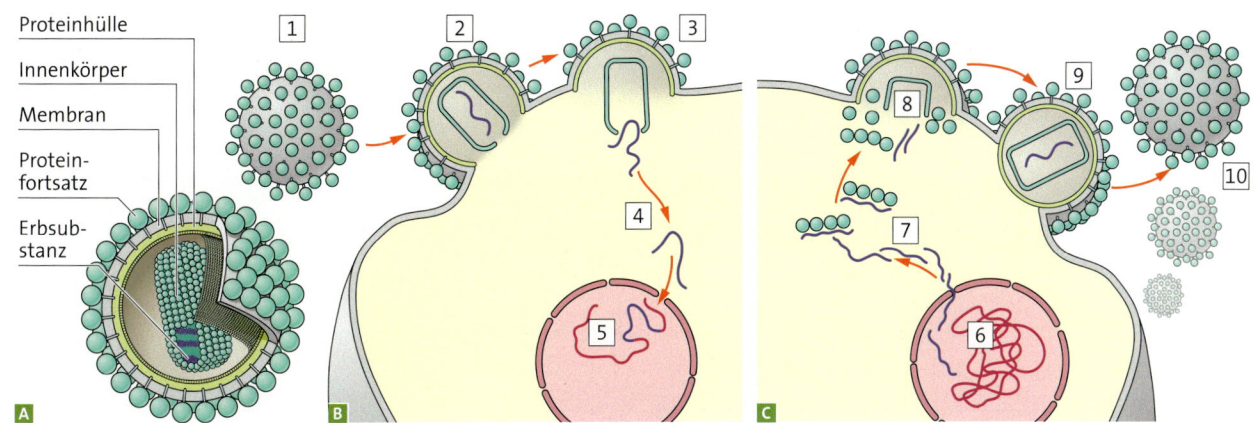

03 HI-Virus: **A** Bau, **B** Infektion (1 bis 5), **C** Vermehrung (6 bis 10)

BAU UND VERMEHRUNG VON HIV · HI-Viren sind wie Grippeviren etwa ein zehntausendstel Millimeter groß und bestehen aus einer Membran und einer Proteinhülle sowie aus Erbsubstanz. Im Unterschied zum Grippevirus besitzt das HI-Virus noch eine zweite, kapselartige Proteinhülle im Inneren, den *Innenkörper*. In diesem ist die Erbsubstanz eingeschlossen.

Wenn HI-Viren ins Blut gelangen, bleiben sie mit ihren Proteinfortsätzen an der Zelloberfläche von weißen Blutzellen haften. Dann verschmilzt die Hülle des HI-Virus mit der Membran der Wirtszelle. Dadurch öffnet sich die Proteinhülle des Virus und der Innenkörper gelangt in die Wirtszelle. Die Erbsubstanz des Virus wird freigesetzt. Sie wandert in den Zellkern der Wirtszelle und wird dort in die Erbsubstanz der Wirtszelle eingebaut.

Im Zellkern wird die HIV-Erbsubstanz kopiert. Die in den Kopien enthaltene Erbinformation stellt die normalen Vorgänge in der Wirtszelle so um, dass diese nun HIV-Bausteine herstellt. Im Zellplasma der Wirtszelle werden die Bausteine zu neuen HI-Viren zusammengesetzt, welche die Wirtszelle verlassen und weitere Helferzellen befallen können.

ÜBERTRAGUNG VON HIV · Nachdem sich HI-Viren vermehrt haben, kommen sie auch in verschiedenen Körperflüssigkeiten vor. Beson-

ders viele sind im Blut sowie in der Spermien- und Scheidenflüssigkeit vorhanden, während im Speichel, in der Tränenflüssigkeit und im Urin nur wenige vorhanden sind.

Man kann sich mit HIV infizieren, wenn die im Blut, in der Spermien- oder Scheidenflüssigkeit enthaltenen HI-Viren ins eigene Blut gelangen. Am häufigsten werden HI-Viren beim Geschlechtsverkehr übertragen. Die Viren gelangen aus der Spermien- oder Scheidenflüssigkeit durch kleinste, nicht bemerkbare Risse in der Scheidenschleimhaut oder am Penis ins Blut. Das Risiko einer Infektion ist auch sehr groß, wenn Drogenabhängige Spritzen gemeinsam benutzen und dadurch Blutreste eines Infizierten ins Blut eines Nichtinfizierten gelangen. Die Gefahr, dass eine infizierte Mutter während der Schwangerschaft das Virus auf das ungeborene Kind überträgt, ist gering. Während der Geburt ist aber über den Kontakt mit dem Blut der Mutter oder danach beim Stillen über die Muttermilch eine Infektion möglich. Eine Infektion über Bluttransfusionen im Krankenhaus ist heute weitgehend ausgeschlossen, da Blutkonserven streng auf HI-Viren geprüft werden.

1 ⌡ Erkläre die Gefährlichkeit von HI-Viren!

2 ⌡ Erstelle ein Pfeildiagramm zu den Vorgängen 1 bis 10 in Abbildung 03!

Infektion mit HIV

Akute Phase	Verborgene Phase	Aids-Phase
• Fieber	• keine deutlichen Symptome	• Fieber
• Müdigkeit	• Ängste bei Infizierten, die wissen, dass sie HIV-positiv sind	• Lungenentzündung
• Gelenkschmerzen		• Pilzerkrankungen
• Hautausschläge		• Durchfälle
		• Hautkrebs

Zeit in Wochen   Zeit in Jahren

04 Krankheitsverlauf

KRANKHEITSVERLAUF · Etwa zwei bis sechs Wochen nach einer HIV-Infektion treten zunächst grippeähnliche Symptome auf, die nach etwa zwei Wochen wieder abklingen. Man bezeichnet diese Zeit, in der Krankheitserscheinungen auftreten, als **akute Phase.**

Danach können viele Jahre ohne deutliche Symptome vergehen. Trotzdem steigt in dieser Zeit die Anzahl an HI-Viren, und die Anzahl an Helferzellen sinkt allmählich. Da die schleichende Schädigung des Immunsystems verborgen abläuft, nennt man diesen Zeitraum die **verborgene Phase.**

Die weitere Abnahme der Anzahl an Helferzellen schwächt schließlich die Immunabwehr so stark, dass selbst harmlose Krankheitserreger nicht mehr bekämpft werden können. Die Symptome der akuten Phase treten erneut auf, verschwinden aber nicht mehr. Damit beginnt die letzte Phase, in der sich die durch die HIV-Infektion erworbene Immunschwäche deutlich auswirkt. Sie heißt **Acquired Immunodeficiency Syndrome,** kurz **Aids,** was auf Deutsch erworbenes Immunschwächesyndrom heißt. Da der Körper bei Aids allen Krankheitserregern weitgehend schutzlos ausgeliefert ist, sind die Krankheitserscheinungen vielfältig. Häufig treten Pilzerkrankungen, Lungenentzündung und Hautkrebs auf. Der Aidskranke stirbt schließlich an den Folgen dieser nicht mehr heilbaren Erkrankungen.

HIV-TEST · Obwohl bei einer HIV-Infektion die für die Aktivierung der Immunantwort verantwortlichen Helferzellen allmählich zerstört werden, findet auch gegen die HI-Viren eine Immunreaktion statt. Es werden Antikörper gebildet, die die HI-Viren verklumpen. Diese Immunreaktion kann aber die Vermehrung von HI-Viren nicht stoppen. HIV-Antikörper können jedoch zwölf Wochen nach der Infektion im Blut nachgewiesen werden. Auf diesem Nachweis beruht der HIV-Test. Sind HIV-Antikörper vorhanden, spricht man von *HIV-positiv,* fehlen sie, von *HIV-negativ.*

SCHUTZ VOR HIV · Aids ist mit Medikamenten noch nicht heilbar. Man kann mit ihnen nur den Ausbruch verzögern und das Leiden der Aidskranken lindern. Jeder sollte deshalb wissen, wie man sich vor einer HIV-Infektion schützen kann. Da die meisten Infektionen beim ungeschützten Geschlechtsverkehr erfolgen, ist die Verwendung von Kondomen eine wichtige Schutzmaßnahme. Bei der Ersten Hilfe von Verletzten sollte ein Blutkontakt vermieden werden. Drogenabhängige sollten immer eigenes, steriles Injektionsbesteck verwenden.

Alljährlich erinnert der Welt-Aidstag am 1. Dezember an die Einhaltung dieser Schutzmaßnahmen. Als Symbol der Verbundenheit mit Aidskranken dient eine rote Schleife.

05 Aidsschleife

Material A ▸ HIV-Übertragung

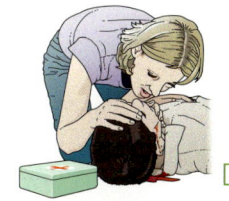

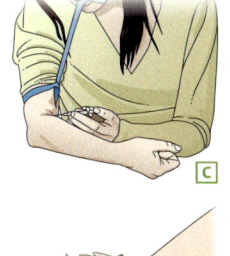
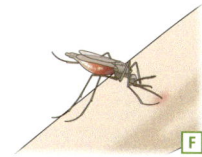

A1 Nenne die Abbildungen, die Situationen zeigen, bei denen ein hohes Risiko besteht, sich mit HIV zu infizieren!

A2 Erkläre für die Abbildung E das Infektionsrisiko!

A3 Beschreibe ein weiteres Beispiel für eine mögliche HIV-Infektion!

Material B ▸ Krankheitsverlauf einer HIV-Infektion

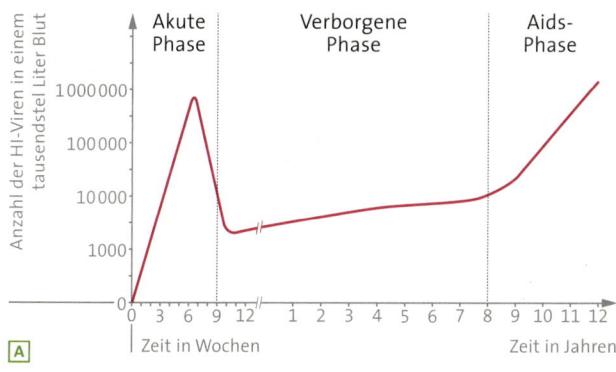

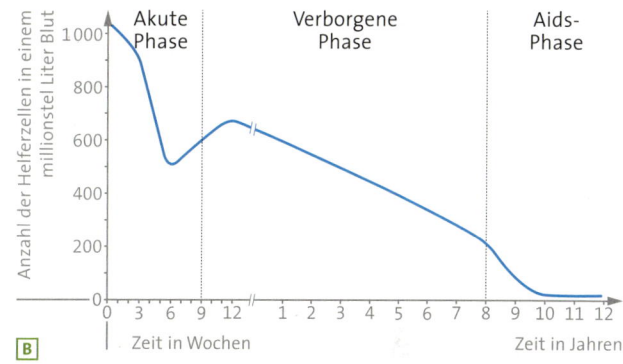

B1 Beschreibe die beiden Diagramme und den jeweiligen Kurvenverlauf!

B2 Erkläre den Zusammenhang zwischen den beiden Kurven!

B3 Vergleiche Aids-Phase und akute Phase! Begründe, in welcher Phase die Krankheitserscheinungen schwerwiegender sind!

Material C ▸ Schutz vor AIDS

C1 Beschreibe die abgebildeten Werbeplakate!

C2 Erläutere die Aussagen eines der beiden Plakate!

C3 Entwirf selbst eine Postkarte zum Thema Aids!

Blutgruppen

Bei einer Blutübertragung passt nicht das Blut jedes Spenders zu dem des Empfängers. Es können Unverträglichkeiten auftreten, die zu Verklumpungen der roten Blutzellen führen. Dadurch kommt es zu lebensgefährlichen Verstopfungen der Blutgefäße. Die Ursache dafür liegt darin, dass sowohl die roten Blutzellen als auch das Blutserum nicht bei jedem Menschen gleich sind. Die roten Blutzellen können sich in bestimmten Proteinen auf ihrer Oberfläche unterscheiden, ihren **Antigenen.**

Karl LAND-STEINER (1868 bis 1943)

Bei der Bezeichnung der Blutgruppen ging ihr Entdecker, der Wiener Arzt Karl LANDSTEINER, von diesen Antigenen aus. Die roten Blutzellen der Blutgruppe A tragen das Antigen A. Die Blutgruppe B besitzt das Antigen B. Die Blutgruppe AB trägt beide Antigene und die Blutgruppe 0 trägt keine von beiden.

Im Blutserum sind auch ohne vorangegangene Immunreaktion **Antikörper** enthalten. Das Blutserum der Blutgruppe A enthält Anti-B-Antikörper. Treffen sie auf rote Blutzellen mit dem Antigen B, kommt es zur Verklumpung. Das geschieht durch eine **Antigen-Antikörper-Reaktion.** Blutgruppe B enthält Anti-A-Antiköper, Blutgruppe 0 enthält beide Antikörpertypen und Blutgruppe AB keine.

Bei Blutübertragungen wird daher nur Blut der gleichen Blutgruppe verwendet. Zur Bestimmung der Blutgruppen genügen zwei *Testseren.* Davon enthält das eine Testserum Anti-A-Antikörper, das andere Anti-B-Antikörper. Wenn zum Beispiel die Blutprobe ausschließlich mit dem Testserum Anti-A verklumpt, handelt es sich um die Blutgruppe A.

1 J Erkläre, wie man mithilfe zweier Testseren die Blutgruppe 0 bestimmen kann!

Blutgruppe	Rote Blutzellen	Blutserum
A	Antigene A	Anti - B - Antikörper
B	Antigene B	Anti - A - Antikörper
AB	Antigene A und B	keine Antikörper
0	keine Antigene	Anti - A - Antikörper / Anti - B - Antikörper

01 Blutgruppen A, B, AB und 0

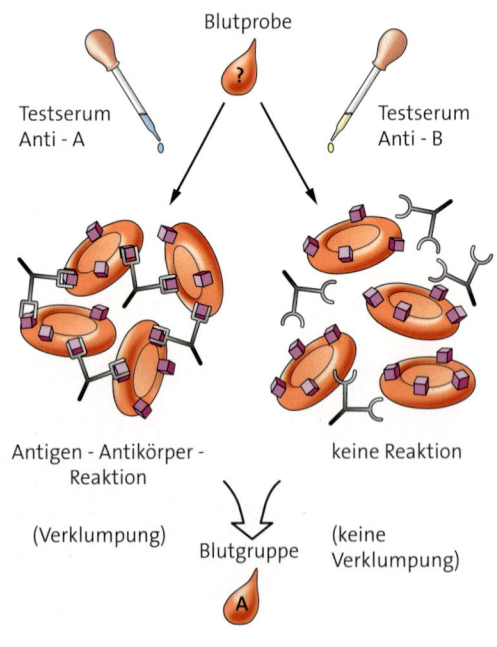
02 Blutgruppenbestimmung

Allergien

Sobald manche Menschen in Kontakt mit Katzenhaaren kommen, tränen ihre Augen und ihre Nase läuft. Auch Kopfschmerzen und Atembeschwerden können auftreten. Die Katzenhaare tragen Antigene, die bei den meisten Menschen keine Beschwerden verursachen. Bei manchen jedoch lösen sie eine unangemessene Immunantwort aus, eine **Allergie.** Antigene, die eine Allergie auslösen, werden als **Allergene** bezeichnet.

Am häufigsten tragen die Pollen von Blütenpflanzen Allergene. Diese Allergene können *Heuschnupfen* auslösen. Die Nasenschleimhaut schwillt an und bildet sehr viel Schleim. Die Augen jucken und tränen und die Atemwege verengen sich. Bei besonders heftigen Allergien tritt schwere Atemnot auf. Solche allergischen Symptome können auch durch den Kot von Hausstaubmilben hervorgerufen werden. Allergische Hautausschläge entstehen oft durch den Kontakt mit bestimmten Metallen, zum Beispiel Nickel im

Schmuck. Weitere Allergene können auch in Nahrungsmitteln, der Kleidung, Kosmetika, Medikamenten, Insektengiften, Reinigungs- und Waschmitteln vorkommen. Bei manchen Allergenen setzt die allergische Reaktion sofort nach dem Kontakt mit der Haut oder der Schleimhaut ein, bei anderen erst nach Tagen oder Wochen.

Um herauszufinden, welche Allergene für eine allergische Reaktion infrage kommen, führt der Arzt einen *Allergietest* durch. Dazu tropft der Arzt verschiedene Testsubstanzen mit jeweils einem anderen Allergen auf die Haut. Danach sticht er mit einer Nadel durch die Tropfen hindurch in die Haut. Durch eine Rötung der Haut lässt sich das auslösende Allergen erkennen.

Zur Milderung der allergischen Symptome kann man Medikamente einsetzen. Allerdings wirken sie nur kurze Zeit. Ohne Beschwerden bleiben Allergiker nur, wenn sie den Kontakt mit dem Allergen vermeiden.

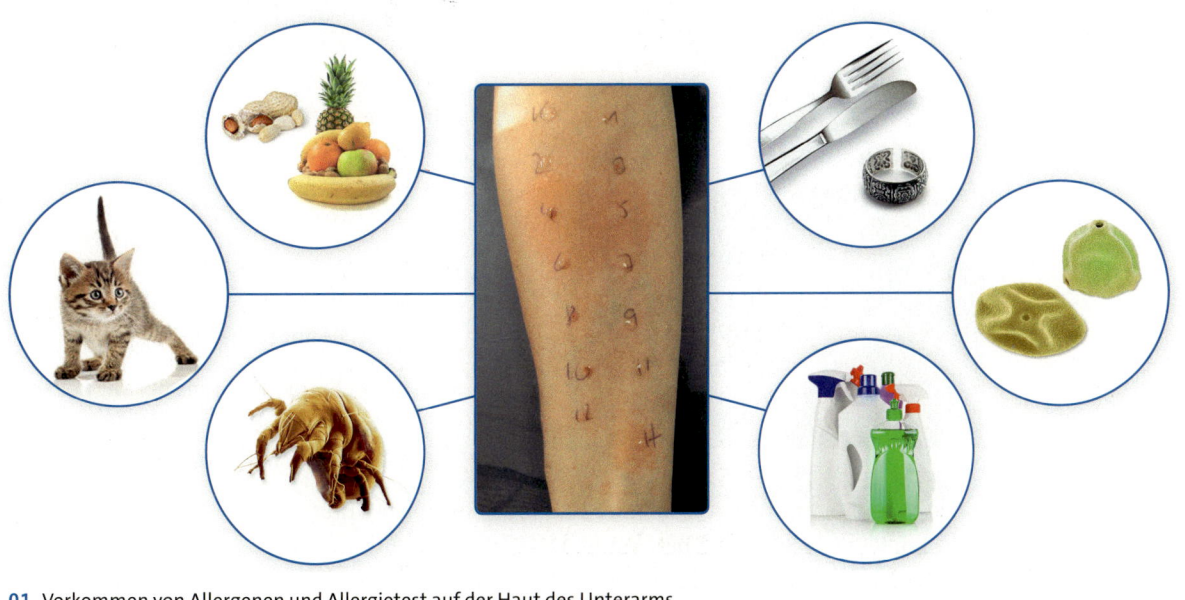

01 Vorkommen von Allergenen und Allergietest auf der Haut des Unterarms

A ▸ Unspezifische Immunabwehr

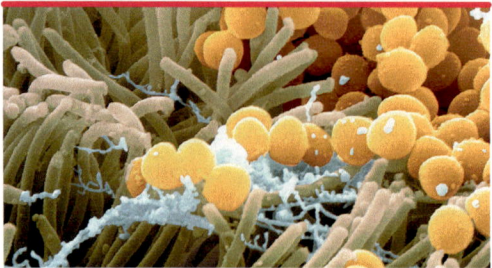

Kann ich ...

1 ❱ beschreiben, wie sich der Körper gegen das Eindringen von Krankheitserregern schützt? *(Seite 220 und 221)*

2 ❱ die Begriffe Infektion und Immunsystem definieren? *(Seite 220 und 221)*

3 ❱ beschreiben, wie Fresszellen in den Körper eingedrungene Krankheitserreger durch Phagozytose unschädlich machen? *(Seite 221)*

4 ❱ den Verlauf einer Entzündungsreaktion beschreiben und die Ursache einer Entzündung nennen? *(Seite 221)*

5 ❱ die Bestandteile des Lymphgefäßsystems nennen? *(Seite 222)*

6 ❱ die Funktion der Lymphknoten bei der Immunabwehr beschreiben? *(Seite 222)*

B ▸ Bakterien

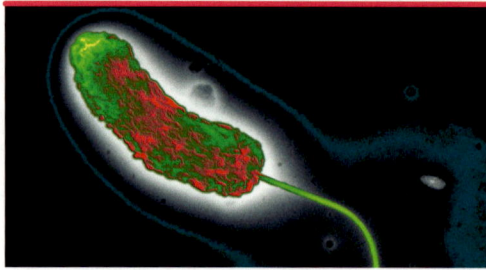

Kann ich ...

1 ❱ den Bau von Bakterien beschreiben? *(Seite 224 und 225)*

2 ❱ verschiedene bakterielle Infektionskrankheiten nennen? *(Seite 225)*

3 ❱ die Symptome einer bakteriellen Infektion nennen und erklären? *(Seite 225)*

4 ❱ den Begriff Inkubationszeit definieren? *(Seite 225)*

5 ❱ den Ablauf einer humoralen Immunantwort beschreiben? *(Seite 226)*

6 ❱ die Entstehung eines Antigen-Antikörper-Komplexes erklären? *(Seite 226)*

7 ❱ das Schlüssel-Schloss-Prinzip am Beispiel der spezifischen Immunabwehr erläutern? *(Seite 226)*

8 ❱ die Begriffe angeborene Immunabwehr und erworbene Immunabwehr erklären? *(Seite 221 und 225)*

C ▸ Viren

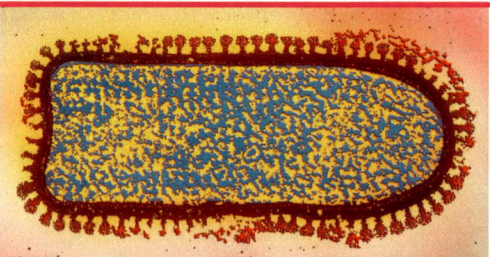

Kann ich ...

1 ❱ den Bau und die Vermehrung von Viren beschreiben? *(Seite 228 und 229)*

2 ❱ Beispiele für Viruserkrankungen und Möglichkeiten der Übertragung von Viren nennen? *(Seite 229)*

3 ❱ die Abläufe im Körper bei der Bekämpfung von eingedrungenen Viren beschreiben? *(Seite 230)*

4 ❱ die Unterschiede zwischen der Immunabwehr bei einer bakteriellen Infektion und der Immunabwehr bei einer Viruserkrankung erklären? *(Seite 230 und 236)*

D ▶ Immunisierung

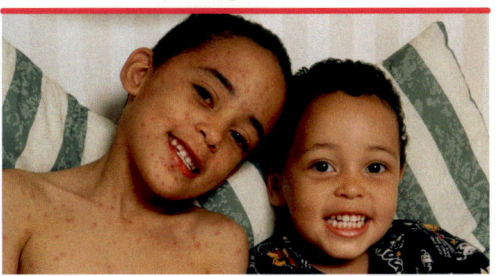

Kann ich ...

1 die Vorgänge beschreiben, die bei einer Windpockeninfektion ablaufen? *(Seite 232 und 233)*

2 beschreiben, wie es zur Bildung von Gedächtniszellen kommt? *(Seite 232)*

3 beschreiben, wie eine aktive Immunisierung verläuft? *(Seite 233)*

4 erklären, weshalb eine aktive Immunisierung vor Infektionskrankheiten schützen kann? *(Seite 233)*

5 den Vorgang der passiven Immunisierung beschreiben? *(Seite 234)*

6 die aktive und die passive Immunisierung hinsichtlich ihrer Impfstoffe, ihrer Einsatzmöglichkeiten und ihrer Wirkungsdauer vergleichen? *(Seite 233 und 234)*

E ▶ HIV und Aids

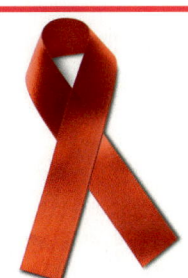

Kann ich ...

1 den Bau und die Vermehrung des HI-Virus beschreiben? *(Seite 237)*

2 Situationen nennen, in denen die Gefahr einer HIV-Infektion besonders hoch ist? *(Seite 237)*

3 die Durchführung eines HIV-Tests beschreiben? *(Seite 238)*

4 Schutzmaßnahmen zur Vermeidung einer HIV-Infektion nennen? *(Seite 238)*

5 die Phasen der Aidserkrankung beschreiben und ihre Symptome nennen? *(Seite 238)*

Kann ich aus dem Kapitel „Immunbiologie" Beispiele nennen für das biologische Prinzip:

- Schlüssel-Schloss-Prinzip?
- Angepasstheit?
- Steuerung und Regelung?
- Information und Kommunikation?
- Reproduktion?
- Variabilität?

Informations-systeme

In diesem Kapitel beschäftigst du dich mit

► dem Bau und der Funktion des menschlichen Auges. Dabei lernst du, welche Aufgaben die verschiedenen Strukturen des Auges haben. Außerdem erfährst du, welche Bedeutung das Gehirn bei der Wahrnehmung von Farben, Bildern und Bewegungen hat.

► dem Bau und der Funktion des menschlichen Ohrs. Hierbei erfährst du, welche Aufgaben das Außen-, Mittel- und Innenohr haben. Du lernst auch etwas über den Gleichgewichts-, Dreh- und Lagesinn.

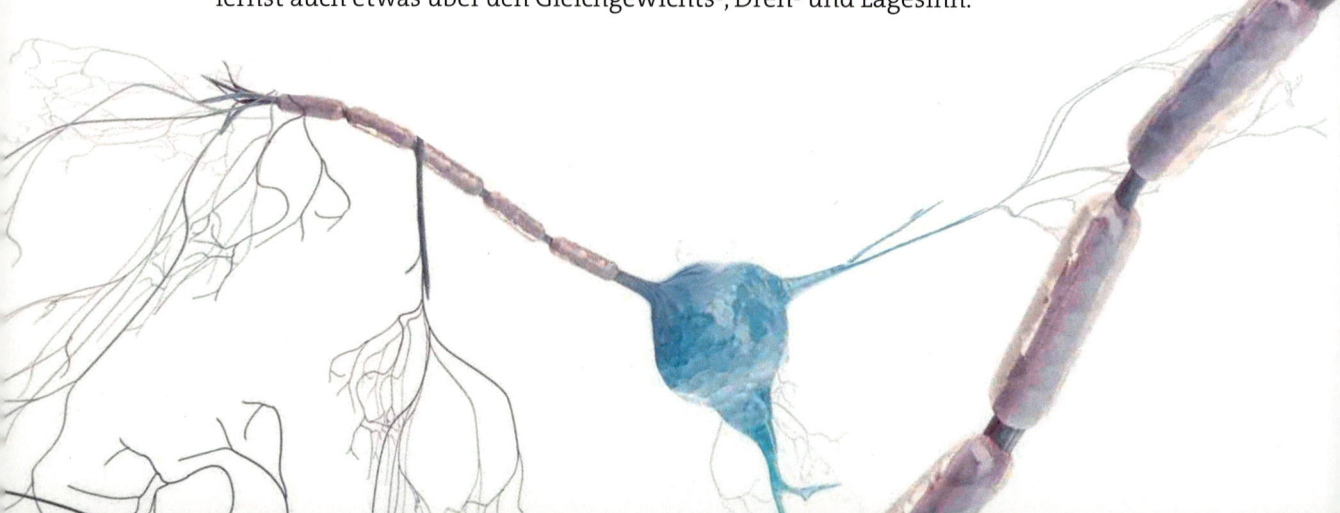

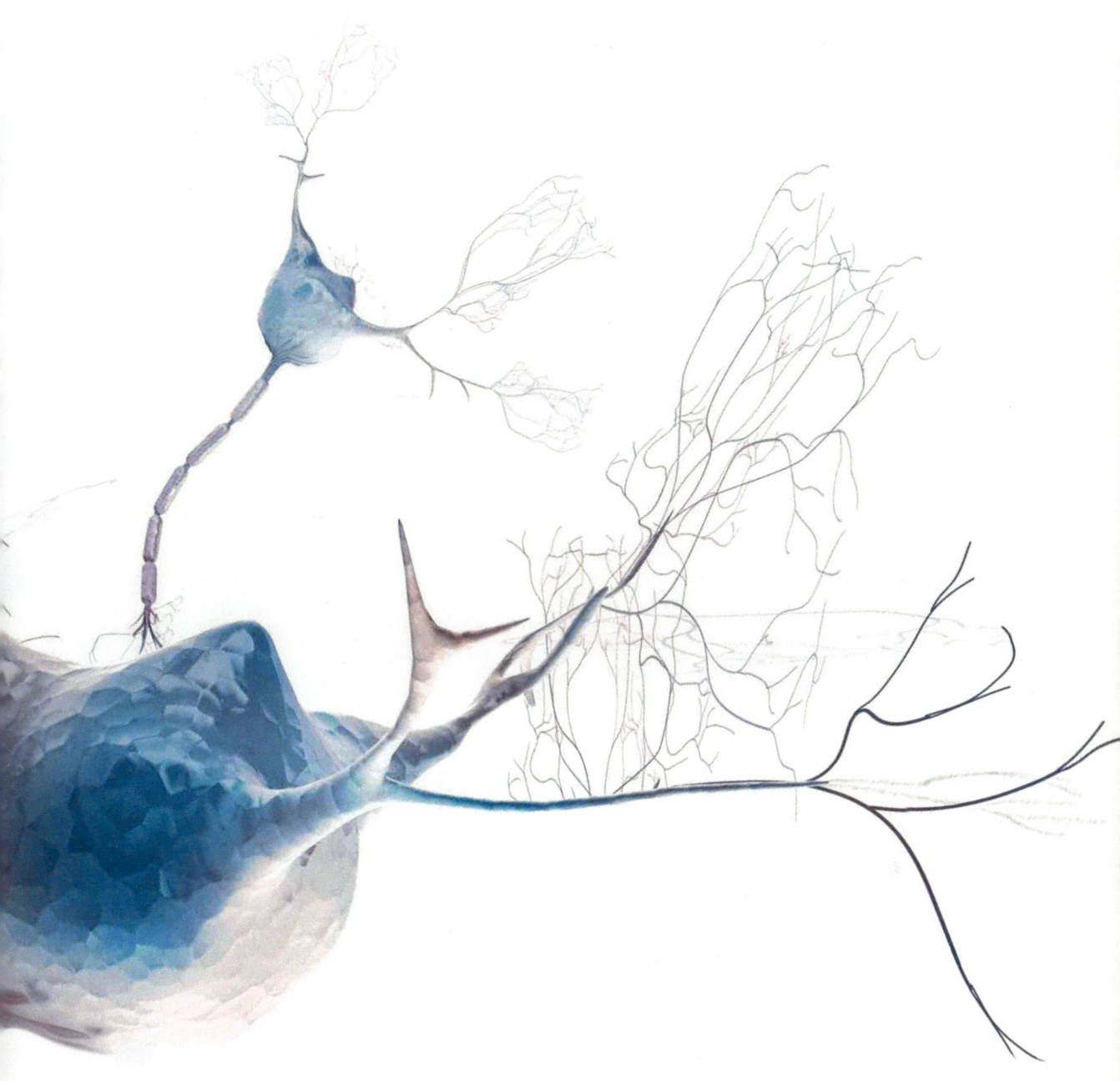

- dem zentralen, dem peripheren und dem vegetativen Nervensystem. Du befasst dich mit einer Nervenzelle, der Weiterleitung
  von Erregungen und der Informationsverarbeitung im Rückenmark
  und Gehirn. Außerdem erfährst du, welche Bedeutung das Gehirn
  beim Lernen spielt.

- dem Hormonsystem des Menschen. Hier lernst du die Funktion von
  Hormonen kennen, wie sie reguliert werden und welche Bedeutung
  sie bei Mann und Frau sowie in Stresssituationen haben.

01 Livekonzert

Der Mensch nimmt viele Reize wahr

Ein Livekonzert kann sehr aufregend sein. Man ist dabei ununterbrochen vielen verschiedenen Einflüssen ausgesetzt. Wie kann man sie wahrnehmen?

REIZE · Schon vor Betreten eines Konzertsaals wirken auf den Körper unterschiedliche Einflüsse ein. In der Warteschlange, umringt von vielen Besuchern, ist der Körper sehr vielen verschiedenen Geräuschen, Gesprächen, Geruchsstoffen und Berührungen ausgesetzt.

Die ersten Blicke auf die Bühnengestaltung bei Betreten des Konzertsaals sind verbunden mit der Platzsuche, um eine gute Sicht auf die Bühne zu haben. Wenn immer mehr Fans in den Saal strömen, wird das Gedränge zwischen den Besuchern größer. Sie werden aneinandergedrückt und die Temperatur im Konzertsaal steigt. Bei einem Livekonzert wird nicht nur

Musik gespielt. Auch Nebeleffekte, Lichtscheinwerfer mit verschiedenen Farben und Spezialeffekte werden eingesetzt. Dies führt zusammen mit der Bühnenperformance zu einer facettenreichen Gesamtdarbietung. Der Besucher muss also mit einer großen Fülle unterschiedlicher Einflüsse aus der nahen und fernen Umgebung zurechtkommen. Jeder Einfluss aus der Umwelt, der eine Wirkung auf den Körper hat, wird als **Reiz** bezeichnet.

Reize können sehr verschieden sein. Man teilt sie in chemische, physikalische und mechanische Reize ein. So sind Geräusche, Töne, Licht und Temperatur *physikalische Reize*. Geruchsstoffe und Geschmacksstoffe hingegen werden als *chemische Reize* bezeichnet. Druck, der zum Beispiel bei einer Berührung entsteht, stellt einen *mechanischen Reiz* dar.
Wie aber nimmt der Körper die Reize auf?

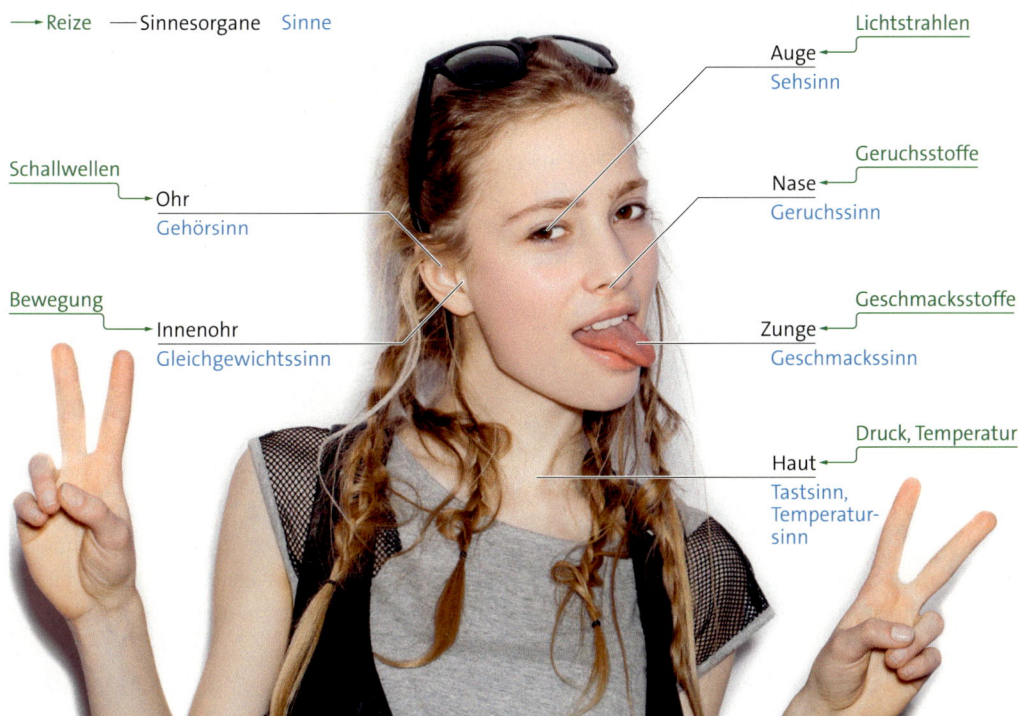

Reize — Sinnesorgane — Sinne

Lichtstrahlen
Auge
Sehsinn

Geruchsstoffe
Nase
Geruchssinn

Schallwellen
Ohr
Gehörsinn

Geschmacksstoffe
Zunge
Geschmackssinn

Bewegung
Innenohr
Gleichgewichtssinn

Druck, Temperatur
Haut
Tastsinn,
Temperatur-
sinn

02 Sinne und Sinnesorgane des Menschen

SINNE · Die Fähigkeit unseres Körpers, einen Reiz aufzunehmen, wird als ein **Sinn** bezeichnet. Der Körper des Menschen verfügt über mehrere Sinne: *Gehörsinn, Sehsinn, Geruchssinn, Geschmackssinn, Tastsinn, Temperatursinn* und *Gleichgewichtssinn*.

Reize werden über besondere Organe, die **Sinnesorgane,** aus der Umwelt aufgenommen. Die Sinnesorgane wie *Haut, Ohren, Augen, Nase* und *Zunge* sind auf bestimmte Reize spezialisiert. Das Auge zum Beispiel ist nur für Lichtstrahlen empfindlich, nicht aber für Geruchsstoffe oder Schallwellen.

Ein Sinnesorgan besitzt spezialisierte *Rezeptoren*, die **Sinneszellen.** Diese Zellen empfangen Reize. Sie sind jeweils nur für einen bestimmten Reiz empfindlich. So haben auf die Lichtsinneszellen des Auges nur Lichtstrahlen eine Wirkung, nicht aber zum Beispiel Geschmacksstoffe. Nur wenn der Reiz zu einer Sinneszelle passt, kann diese ihn aufnehmen. Solche Reize nennt man *adäquat*. Schallwellen sind beispielsweise adäquate Reize für die Sinneszellen der Ohren. Geruchsstoffe hingegen werden nur von den Sinneszellen der Nase aufgenommen. Geschmacksstoffe wiederum sind adäquate Reize für die Sinneszellen der Zunge. Die Haut, unser größtes Sinnesorgan, besitzt mehrere verschiedene Sinneszellen und kann deshalb unterschiedliche Reize aufnehmen. Wärme- und Kältesinneszellen in der Haut sind empfindlich für die Temperatur, die Tastsinneszellen hingegen für den Druck von Berührungen.

Die Sinnesorgane des Gleichgewichtssinns liegen im Innenohr. Sie sind zuständig für Reize, die sich je nach Bewegung und Lage des Körpers verändern.

lateinisch recipere = empfangen

1) Beschreibe den Unterschied zwischen einem Sinn und einer Sinneszelle!

2) Erkläre, was man unter einem adäquaten Reiz versteht!

lateinisch aequus = angemessen

WAHRNEHMUNG · Um die aufgenommenen Reize als Informationen aus der Umwelt wahrnehmen zu können, müssen diese verarbeitet werden. Die Sinneszellen wandeln die Reize, für die sie empfindlich sind, in elektrische Signale um. Sie werden deshalb als **Signalwandler** bezeichnet. Hierbei wird auch berücksichtigt, welche Eigenschaften und Stärke ein Reiz hat. Bei einem Konzert werden so zum Beispiel verschieden hohe Töne und verschieden laute Musik, die in Form von Schallwellen auf das Ohr treffen, aufgenommen und in ein jeweils spezifisches Muster von elektrischen Signalen umgewandelt. Diese werden dann als *Erregung* über den Hörnerv zum Gehirn geleitet.

Jedes Sinnesorgan hat seine eigenen Nervenbahnen, die zu dem für ihn zuständigen Bereich im Gehirn führen. So werden Lichtreize, die wir mit den Augen aufnehmen, als elektrische Erregung über den Sehnerv zum Sehzentrum im hinteren Bereich des Großhirns weitergeleitet. Dort wird die eingetroffene Erregung verarbeitet, sodass wir Formen, Farben und Bewegungen wahrnehmen.

Für die *Wahrnehmung* der Umwelt müssen also Sinnesorgane, Nerven und Gehirn zusammenarbeiten. Die Sinnesorgane wandeln Reize in Erregung um, die Nerven leiten die Erregung weiter und das Gehirn verarbeitet und speichert sie. Wenn man ein Lied zum ersten Mal hört, nimmt man Töne wahr. Diese werden im Gehirn gespeichert. Beim zweiten Hören kann ein Mensch die bereits einmal gehörte und gespeicherte Melodie wiedererkennen. Wahrnehmen und Erkennen sind also Leistungen des Gehirns.

Das Gehirn filtert aus den von den Sinnesorganen kommenden Signalen die weniger wichtigen heraus. Dadurch schützt es den Körper vor einer Reizüberflutung. Einige Eigenschaften unserer Umwelt können wir gar nicht wahrnehmen. Wir haben zum Beispiel keine Sinnesorgane für Magnetfelder oder UV-Strahlen. Wir nehmen also immer nur einen Ausschnitt aus unserer Umwelt wahr.

3 ❩ Stelle in einem Pfeildiagramm den Weg von einem Reiz bis zur Wahrnehmung dar!

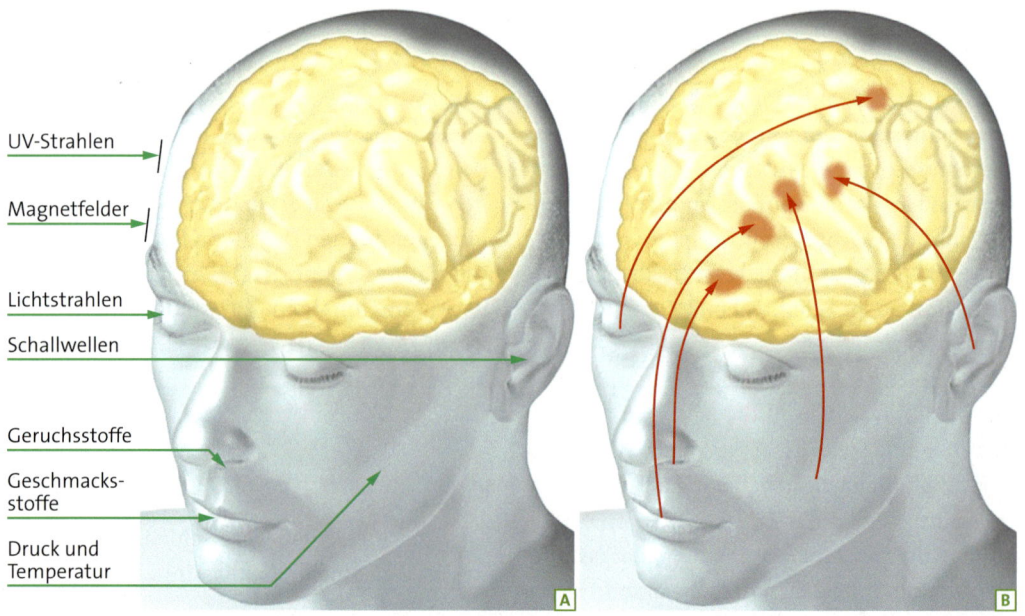

03 Reizaufnahme und Wahrnehmung: **A** Aufnahme und Umwandlung von Reizen in Erregung, **B** Weiterleitung der Erregung und Wahrnehmung

Material A ▸ Reize und Sinnesorgane

A1 Beschreibe die Situation der Personen!

A2 Nenne die Reize, die auf die Personen einwirken!

A3 Begründe, welche Sinnesorgane besonders aktiv sind!

A4 Beschreibe eine andere Situation in einem Freizeitpark und erkläre, welche Sinnesorgane dabei besonders aktiv sind!

Material B ▸ Wahrnehmung

Schallwellen

Wahrnehmung

Sinnesorgan

Großhirn

Umwelt

Erregung

Reiz

Körper

Ohren

UV-Strahlen

Augen

Nerven

B1 Erstelle mithilfe der vorgegebenen Begriffe ein Pfeildiagramm! Es soll verdeutlichen, wie Reize aus der Umwelt wahrgenommen werden!

B2 Ergänze das erstellte Pfeildiagramm durch mindestens vier zusätzliche Fachbegriffe!

B3 Recherchiere im Internet, welche Tiere Magnetfelder wahrnehmen können! Erstelle einen Steckbrief für ein selbstgewähltes Tier!

B4 Recherchiere im Internet, welche Tiere UV-Strahlen wahrnehmen können! Erstelle eine Präsentation für ein selbstgewähltes Tier!

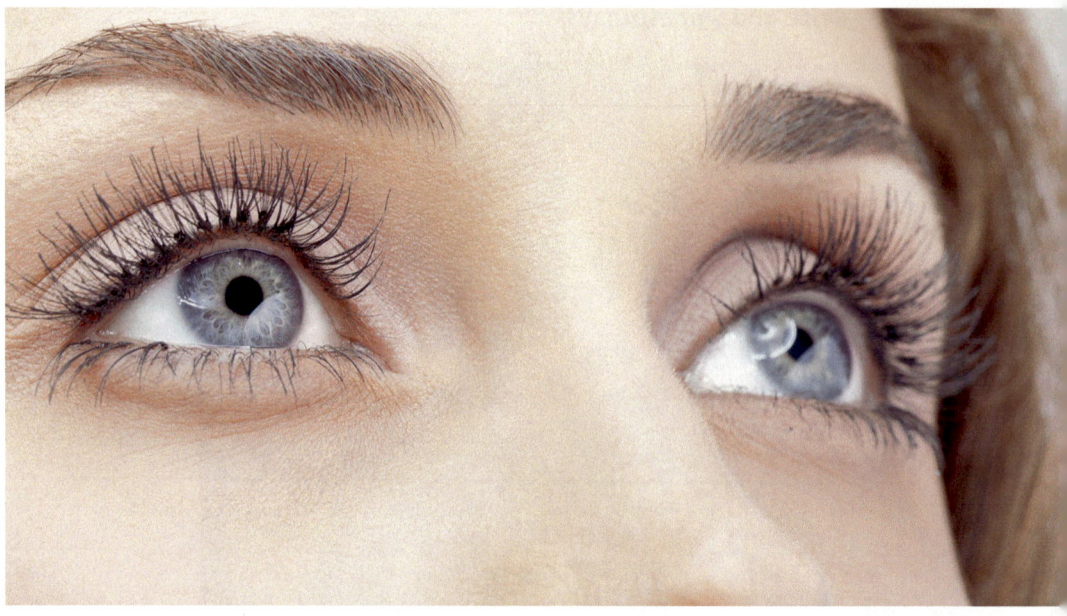

01 Augen

Das Auge

> *Wenn man seine Augen im Spiegel betrachtet, sieht man nur einen kleinen Ausschnitt von ihnen. Ein sehr viel größerer Teil der Augen liegt geschützt in der Augenhöhle. Wie ist das menschliche Auge gebaut und wie funktioniert dieses Sinnesorgan?*

BAU UND FUNKTION DES AUGES · Von außen sind nur wenige Bereiche des kugelförmigen Auges sichtbar. Eine zähe weiße Außenhaut, die **Lederhaut,** verleiht dem Auge seine Festigkeit. An der Lederhaut setzen Muskeln an, die das Auge bewegen. Im vorderen Bereich ist die Lederhaut durchsichtig. Diese Haut heißt **Hornhaut** und ist etwa einen halben Millimeter dick. Fällt Licht auf das Auge, wird es durch die Hornhaut ein erstes Mal gebrochen und durchdringt anschließend die dahinterliegende, mit Flüssigkeit gefüllte **Augenkammer.**

Die darauffolgende *Regenbogenhaut,* die **Iris,** ist kreisförmig, farbig und hat in der Mitte eine Öffnung, die **Pupille.** Sie ist von außen als schwarzer Kreis sichtbar. Muskeln der Iris können die Weite der Pupille verändern. Bei viel Licht wird die Pupille eng. Die Anpassung der Augen an die Lichtverhältnisse bezeichnet man als **Adaptation.**

Hinter der Pupille trifft das Licht auf die durchsichtige **Linse.** Sie ist elastisch und über Linsenbänder an einem **Ringmuskel** befestigt. Das Licht wird durch die Linse ein zweites Mal gebrochen und durchdringt dann den **Glaskörper.** Er ist gelartig und durchsichtig und füllt fast den gesamten Innenraum des Auges aus. Er besteht vorwiegend aus Wasser und verleiht dem Auge zusätzlich Stabilität.
Das Licht trifft schließlich am hinteren Ende des Auges auf die **Netzhaut,** auch *Retina* genannt. Dort liegen lichtempfindliche Zellen, die **Lichtsinneszellen.** Die hinter der Netzhaut liegende Pigmentschicht kann das Licht nicht durchdringen. Zwischen dieser **Pigmentschicht** und der Lederhaut befindet sich eine gut durchblutete Schicht, die **Aderhaut.**

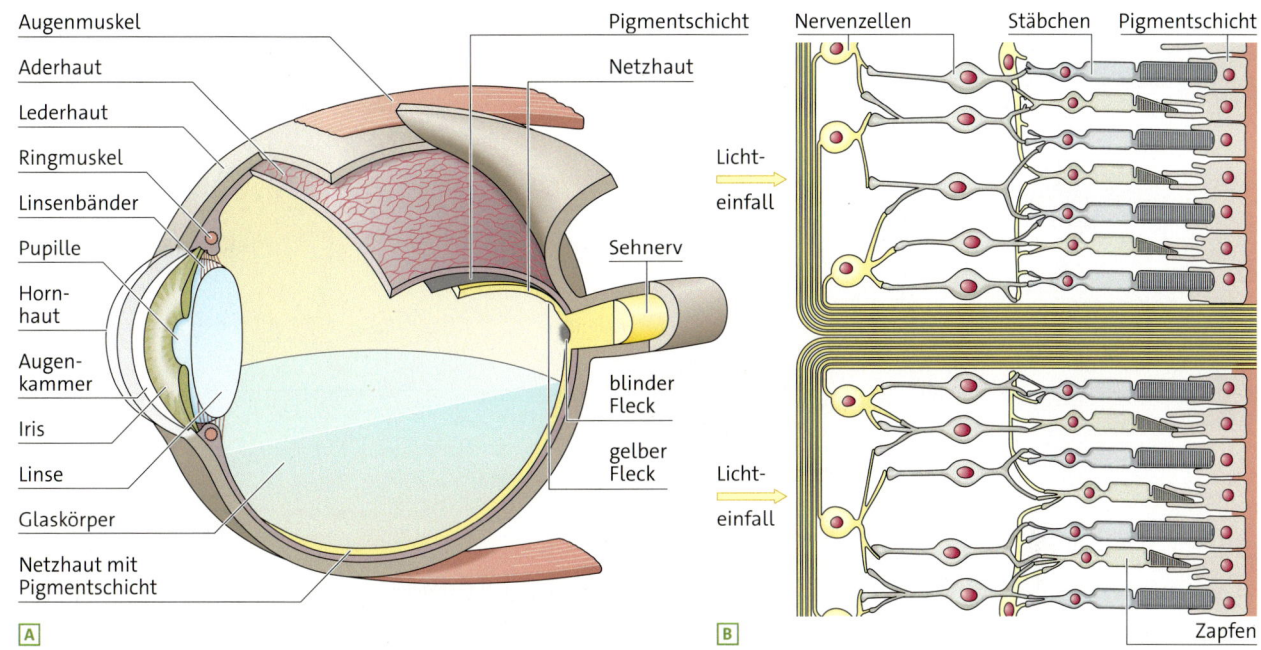

Augenmuskel
Aderhaut
Lederhaut
Ringmuskel
Linsenbänder
Pupille
Horn-
haut
Augen-
kammer
Iris
Linse
Glaskörper
Netzhaut mit
Pigmentschicht

Pigmentschicht
Netzhaut
Sehnerv
blinder
Fleck
gelber
Fleck

Nervenzellen   Stäbchen   Pigmentschicht
Licht-
einfall
Licht-
einfall
Zapfen

A

B

02 **A** Auge (Schema),
B Ausschnitt aus der
Netzhaut (Schema)

BAU UND FUNKTION DER NETZHAUT · Bevor die Lichtstrahlen auf die Netzhaut treffen, durchdringen sie viele Nervenzellen. Sie sind stark vernetzt und stehen in Verbindung mit den dahinterliegenden **Lichtsinneszellen.** Diese sind lichtempfindlich und ragen in die lichtundurchlässige Pigmentschicht hinein. Aufgrund ihres Baus und ihrer Funktion unterscheidet man zwei verschiedene Grundtypen von Lichtsinneszellen. Die länglichen, dünnen **Stäbchen** sind für das Hell-Dunkel-Sehen verantwortlich. In der Netzhaut liegen etwa 120 Millionen Stäbchen. Sie ermöglichen bereits bei geringer Lichtintensität die Unterscheidung verschiedener Grautöne.

Die etwas dickeren und kürzeren Lichtsinneszellen, die **Zapfen,** sind für das Farbensehen notwendig. Von ihnen gibt es etwa 6 Millionen. Während es nur einen Stäbchentyp gibt, unterscheidet man drei verschiedene Zapfentypen. Sie reagieren auf unterschiedliche Farben des Lichts. Es gibt grün-, rot- und blauempfindliche Zapfen. Der adäquate Reiz für die grünempfindlichen Zapfen ist der Grünanteil des Lichts, für die rotempfindlichen ist es der Rotanteil und für die blauempfindlichen der Blauanteil.

Trifft Licht auf eine Lichtsinneszelle, zerfällt ein in den Lichtsinneszellen enthaltener lichtempfindlicher Farbstoff, der **Sehfarbstoff.** Dabei wird Lichtenergie in elektrische Energie umgewandelt. Die Lichtsinneszellen geben sie als Signale in Form von elektrischen Impulsen an die Nervenzellen weiter. Danach werden sie über die Nervenfasern weitergeleitet. Diese treten gemeinsam als **Sehnerv** aus dem Auge aus. An der Austrittsstelle sind nur Nervenfasern, aber keine Lichtsinneszellen vorhanden. Man bezeichnet diesen Bereich als **blinden Fleck.** Der Bereich der Netzhaut, in dem ausschließlich Zapfen dicht beieinanderliegen, ist die Stelle des schärfsten Sehens, der **gelbe Fleck.** Über den Sehnerv gelangen die Signale ins Sehzentrum des Gehirns, wo sie verrechnet und als Formen und Farben wahrgenommen werden.

1 Ordne den von außen sichtbaren Teilen des Auges jeweils eine Funktion zu!

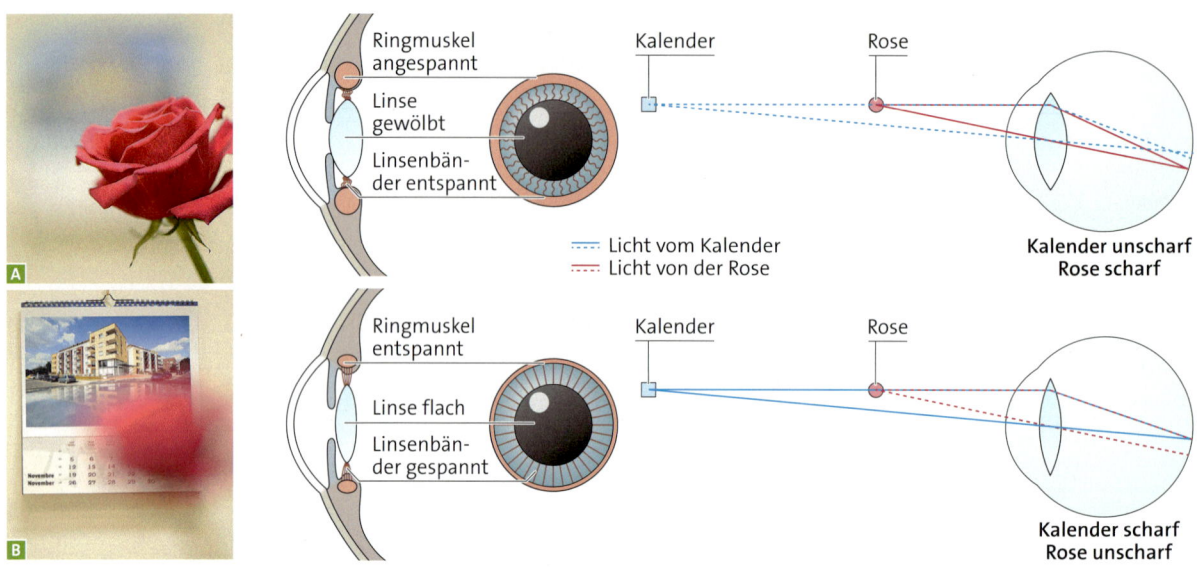

03 Anpassung des Auges an unterschiedlich weit entfernte Gegenstände: **A** Nahsehen, **B** Fernsehen

AKKOMODATION · Betrachtet man gleichzeitig eine nahe Rose und einen weiter entfernten Kalender, sieht man nur einen der beiden Gegenstände scharf. Das Auge kann sich entweder nur auf den nahen oder den fernen Gegenstand einstellen. Diese Einstellung, die **Akkommodation**, geschieht durch die Linse.

Sieht man die nahe Rose scharf, ist der Ringmuskel zusammengezogen und die Linsenbänder sind entspannt, wodurch sich die Linse wölbt. Die Lichtstrahlen schneiden sich bei dieser Linsenform genau auf der Netzhaut, sodass man die Rose scharf sieht. Die Lichtstrahlen vom Kalender treffen sich vor der Netzhaut. Das Bild des Kalenders ist daher unscharf. Sieht man den weit entfernten Kalender scharf, ist der Ringmuskel entspannt und die Linsenbänder sind gespannt. Die Linse wird dadurch flach. Die vom Kalender ausgehenden Lichtstrahlen treffen sich dann genau auf der Netzhaut, sodass man den Kalender scharf sieht. Die Lichtstrahlen der Rose treffen sich bei einer flachen Linse erst hinter der Netzhaut. Das Bild der Rose ist deshalb unscharf. Die Veränderung der Linsenform ermöglicht es also, Gegenstände in unterschiedlicher Entfernung scharf zu sehen.

SCHUTZ DES AUGES · Das Auge liegt in einer knöchernen Augenhöhle, die mit Fettgewebe ausgepolstert ist. Vor dem Auge befinden sich zwei Hautfalten, das obere und untere Augenlid, mit Wimpern. Die Augenlider können sich schließen und so Fremdkörper vom Auge fernhalten. Eine Drüse oberhalb des Auges gibt Tränenflüssigkeit ab. Sie hält die Hornhaut ständig feucht. Staub und kleine Fremdkörper werden durch die Tränenflüssigkeit weggespült.

Sind Hornhaut, Linse oder Glaskörper beschädigt, wird das ins Auge fallende Licht falsch gebrochen. Es könnte auch sein, dass nicht mehr genügend Licht hindurch kommt. Wenn man Arbeiten durchführt, bei denen scharfe Gegenstände, Splitter oder schädliche Chemikalien an oder in das Auge gelangen könnten, muss man daher unbedingt eine Schutzbrille tragen. Sehr starkes Licht wie direktes Sonnenlicht kann die Lichtsinneszellen schädigen. Deshalb ist es notwendig, bei direkter und starker Sonneneinstrahlung eine Sonnenbrille zu tragen.

2 ∫ Erkläre, weshalb Rennradfahrer eine Schutzbrille tragen!

Material A ▸ Pupille

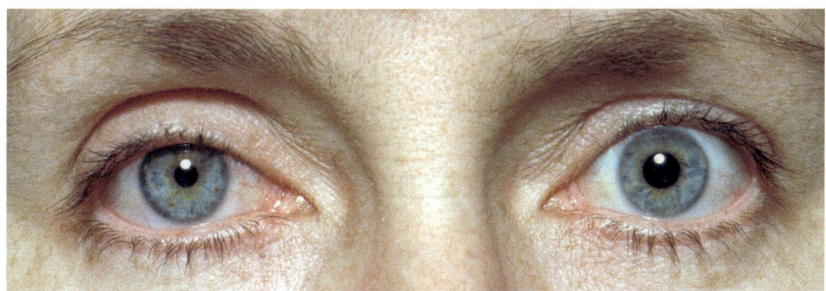

Die Pupille des linken Auges wurde für eine Augenuntersuchung durch ein Medikament erweitert. Das ist unabhängig von den Lichtverhältnissen möglich.

A1 Erkläre, weshalb es sinnvoll ist, nach der Untersuchung eine Sonnenbrille zu tragen!

A2 Erkläre, weshalb sich die Pupillen normalerweise verändern, wenn man aus einem hell beleuchteten in einen dunklen Raum kommt!

A3 Stelle eine Hypothese auf, weshalb das Medikament für einige Augenuntersuchungen erforderlich ist!

Material B ▸ Bildentstehung

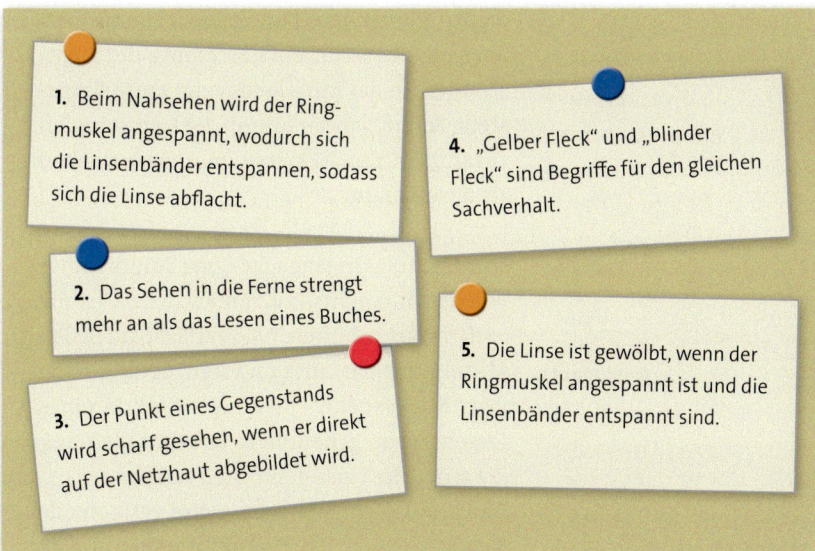

1. Beim Nahsehen wird der Ringmuskel angespannt, wodurch sich die Linsenbänder entspannen, sodass sich die Linse abflacht.

2. Das Sehen in die Ferne strengt mehr an als das Lesen eines Buches.

3. Der Punkt eines Gegenstands wird scharf gesehen, wenn er direkt auf der Netzhaut abgebildet wird.

4. „Gelber Fleck" und „blinder Fleck" sind Begriffe für den gleichen Sachverhalt.

5. Die Linse ist gewölbt, wenn der Ringmuskel angespannt ist und die Linsenbänder entspannt sind.

B1 Begründe, welche Aussagen falsch sind!

B2 Formuliere die falschen Aussagen in einem Satz fachlich korrekt um!

B3 Beschreibe am Beispiel der Netzhaut den Zusammenhang zwischen Struktur und Funktion!

B4 Nenne jeweils die Muskeln, die für die Adaptation und die Akkomodation erforderlich sind!

Material C ▸ Schutzmaßnahmen

C1 Beschreibe jeweils die Gefahren, die bei den beiden Sportarten für die Augen bestehen!

C2 Erkläre jeweils mögliche Schutzmaßnahmen für die Augen!

C3 Nenne zwei weitere Tätigkeiten, bei denen Gefahren für die Augen bestehen!

Strahlengänge

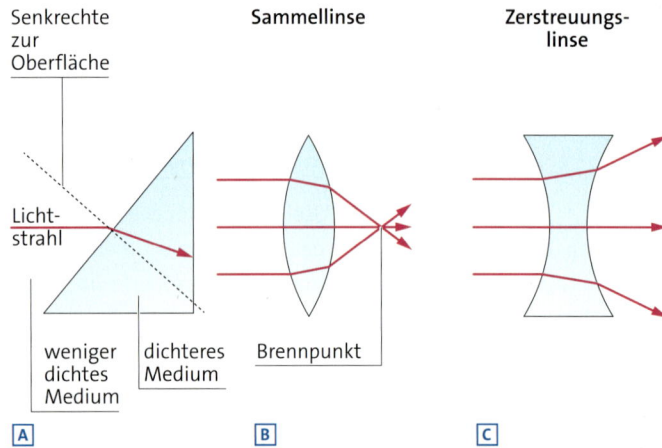

01 Lichtbrechung an: **A** Medium, **B** Sammellinse, **C** Zerstreuungslinse

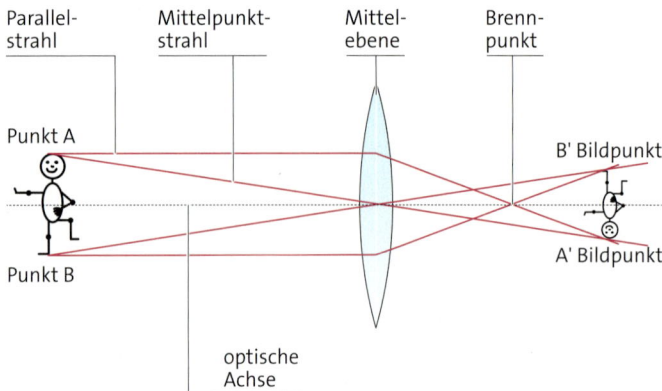

02 Strahlengänge durch eine leicht gekrümmte Sammellinse

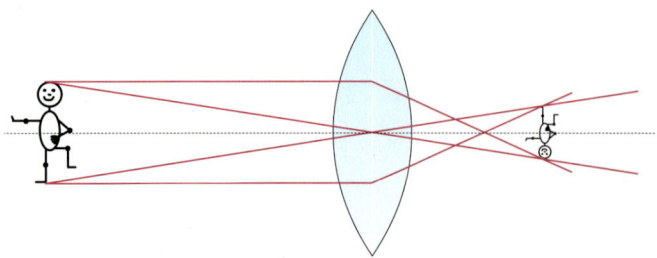

03 Strahlengänge durch eine stark gekrümmte Sammellinse

Das menschliche Auge ist ein Linsensystem, das ein scharfes, verkleinertes, auf dem Kopf stehendes und seitenverkehrtes Abbild von einem Gegenstand auf der Netzhaut erzeugt. Lichtquellen und angestrahlte Gegenstände senden Licht aus, das man sich als Lichtstrahlen vorstellen kann. Trifft ein Lichtstrahl auf ein lichtdurchlässiges Medium mit einer anderen optischen Dichte, beispielsweise eine Linse, dann wird seine Richtung geändert. Das Licht wird gebrochen. Beim Austritt aus der Linse wird der Lichtstrahl erneut gebrochen. Zur Vereinfachung wird aber meistens nur eine Brechung der Lichtstrahlen an der Mittelebene der Linse dargestellt. *Sammellinsen* führen die Lichtstrahlen zusammen, durch *Zerstreuungslinsen* streben sie auseinander.

Um die Strahlengänge bei einer Sammellinse wie der Augenlinse zu verdeutlichen, ist die *optische Achse* hilfreich. Sie verläuft durch den Mittelpunkt der Linse und steht senkrecht zu ihrer Mittelebene. Von einem Punkt A eines Gegenstands gehen viele Lichtstrahlen aus, die durch die Linse gebrochen werden.
Der parallel zur optischen Achse verlaufende Lichtstrahl wird *Parallelstrahl* genannt. Der Lichtstrahl, der durch den Mittelpunkt der Linse fällt, heißt *Mittelpunktstrahl*. Dort, wo sich die Lichtstrahlen des Punkts A treffen, entsteht ein Bildpunkt A'. Alle Bildpunkte zusammen stellen den Gegenstand auf dem Kopf stehend, seitenverkehrt und verkleinert dar. Alle Parallelstrahlen des Gegenstands treffen sich hinter der Linse im *Brennpunkt* auf der optischen Achse. Je stärker die Sammellinse gekrümmt ist, desto stärker werden die Lichtstrahlen gebrochen und desto näher liegt der Brennpunkt hinter der Linse.

Fehlsichtigkeit

Wird das Bild eines Gegenstands nicht scharf auf der Netzhaut abgebildet, spricht man von einer Fehlsichtigkeit. Die Ursache hierfür kann in der Größe des Augapfels liegen.

Ist der Augapfel im Vergleich zu einem normalen Auge leicht verkürzt, liegen bei der Betrachtung eines nahen Gegenstands die Bildpunkte trotz maximaler Linsenwölbung hinter der Netzhaut. Auf der Netzhaut entsteht so ein unscharfes Bild. Weit entfernte Gegenstände können hingegen scharf abgebildet werden, da die notwendige Lichtbrechung durch die Linse erreicht werden kann. Man spricht bei dieser Fehlsichtigkeit deshalb auch von **Weitsichtigkeit.** Mit einer Brille oder Kontaktlinsen kann man die Weitsichtigkeit korrigieren. Sie wirken als Sammellinsen, die Lichtstrahlen vor der Hornhaut bündeln.

Ist der Augapfel ein wenig länger als normal, liegen die Bildpunkte eines weit entfernt betrachteten Gegenstands, trotz maximal abgeflachter Linse, vor der Netzhaut. Der Gegenstand erscheint unscharf. Nahe Gegenstände werden hingegen scharf abgebildet, da die für den verlängerten Augapfel notwendige Lichtbrechung möglich ist. Da man in die Ferne schlecht, in die Nähe jedoch gut sehen kann, spricht man bei dieser Fehlsichtigkeit von **Kurzsichtigkeit.** Eine Korrektur der Kurzsichtigkeit lässt sich durch eine Zerstreuungslinse erreichen, welche die Lichtstrahlen vor der Hornhaut streut.

Da die Hornhaut wesentlich an der Lichtbrechung beteiligt ist, kann man ihre Brechkraft durch eine Laserbehandlung verringern. Dadurch wird die Hornhaut dünner. So lässt sich eine Kurzsichtigkeit in bestimmtem Umfang korrigieren.

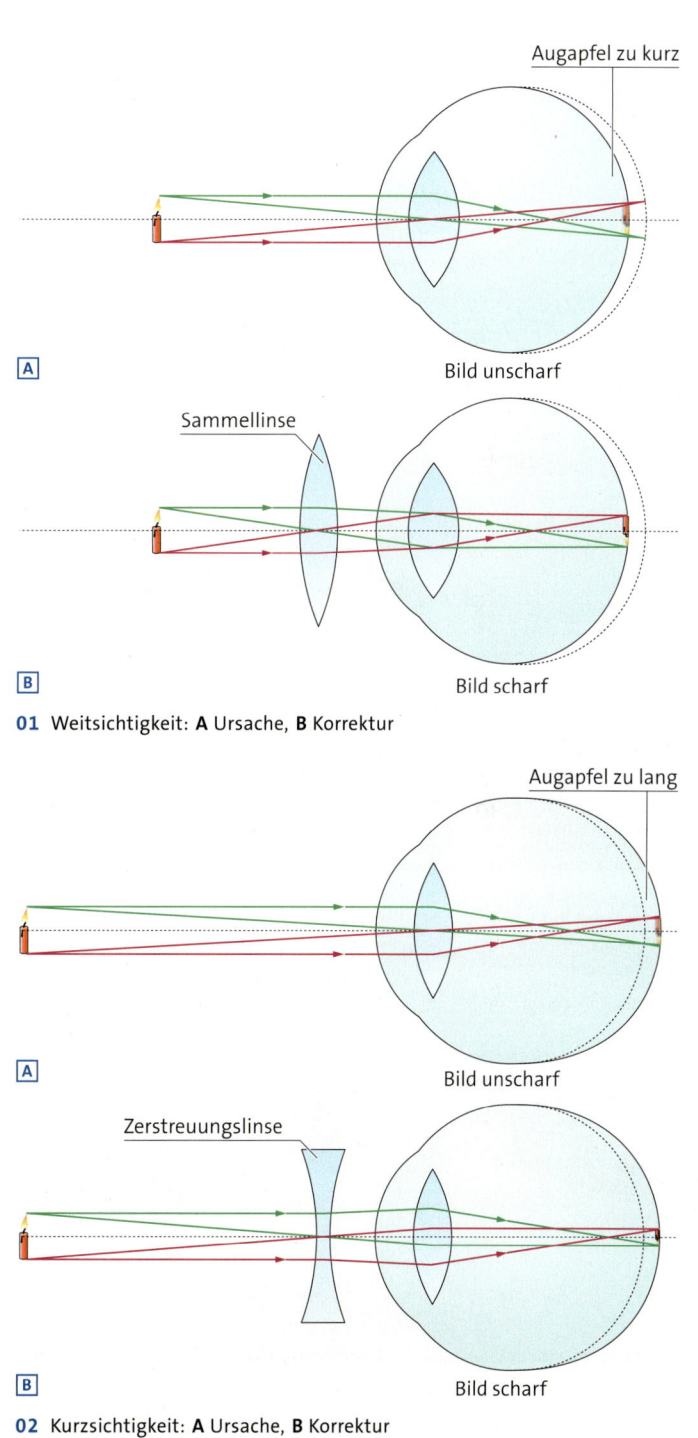

Augapfel zu kurz

A Bild unscharf

Sammellinse

B Bild scharf

01 Weitsichtigkeit: **A** Ursache, **B** Korrektur

Augapfel zu lang

A Bild unscharf

Zerstreuungslinse

B Bild scharf

02 Kurzsichtigkeit: **A** Ursache, **B** Korrektur

Präparation eines Schweineauges

Material:
Einmalhandschuhe, Schweineauge, Präparierschale, Präparierschere, Pinzette, Skalpell, Zeitungspapier, Augenmodell und Abbildungen des menschlichen Auges

Durchführung:
Beim Präparieren wird das Schweineauge vorsichtig in seine Bestandteile zerlegt. Dabei können anatomische Strukturen genauer untersucht werden. Um Verletzungen zu vermeiden, muss der Umgang mit scharfen und spitzen Arbeitsmaterialien besonders vorsichtig erfolgen. Das Tragen von Einmalhandschuhen ist aus hygienischen Gründen wichtig. Lies dir zunächst jeden einzelnen Arbeitsschritt genau durch und beginne erst dann mit der Durchführung. Dokumentiere die Ergebnisse der einzelnen Arbeitsschritte.

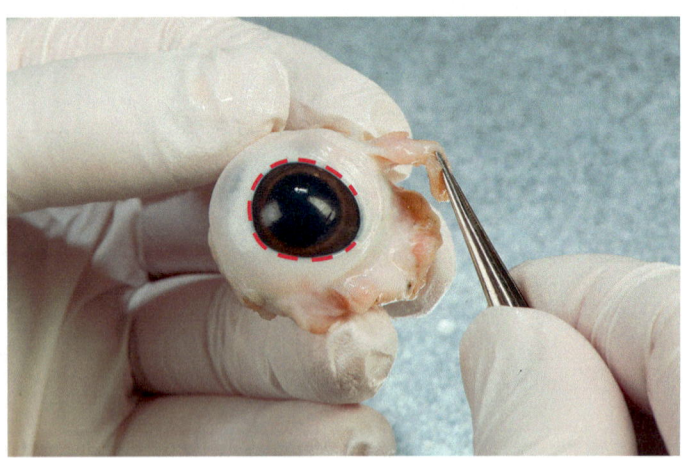

01 Schweineauge

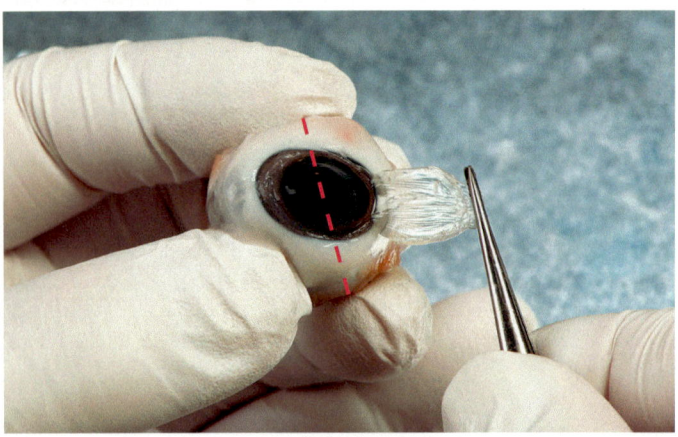

02 Schweineauge mit aufgeklappter Hornhaut

1. *Lege das Schweineauge in die Präparierschale. Betrachte den äußeren Bau und vergleiche ihn mit einem Modell oder einer Abbildung des menschlichen Auges. Identifiziere die Hornhaut, die Lederhaut, die Iris, die Pupille, die Ansätze für die Augenmuskeln und den Sehnerv. Beschreibe die Form und die Festigkeit des Augapfels.*

2. *Halte das Schweineauge mit Daumen und Zeigefinger fest und entferne vorsichtig mit der Pinzette und der Präparierschere das Muskel- und Fettgewebe. Achte darauf, die Lederhaut und den Sehnerv nicht zu beschädigen.*

3. *Öffne am Übergang von der Lederhaut zur Hornhaut das Auge mit einem kleinen Schnitt. Verwende dazu das Skalpell, ohne in das Auge zu stechen. Schneide nun mit der Schere die Hornhaut, wie in Abbildung 01 dargestellt, kreisförmig ab. Achte darauf, dass die Spitze der Schere nicht ins Innere des Auges sticht. Mit den Fingern darf nicht zu viel Druck auf das Auge ausgeübt werden, damit das Innere nicht nach außen gedrückt wird.*

4. *Blicke in das geöffnete Auge und beschreibe alle sichtbaren Strukturen. Nimm das Modell oder eine Abbildung des Auges zu Hilfe.*

5. Bei der weiteren Präparation wird das Auge in zwei Hälften geteilt. Schneide mit der Schere die Lederhaut kreisförmig auf. Beginne an der bereits geöffneten Seite, wie in Abbildung 02 dargestellt, und führe den Schnitt am Sehnerv vorbei wieder nach vorne. Achte darauf, dass du nicht ins Innere des Auges stichst, da sonst der Glaskörper beschädigt wird.

6. Vergleiche die Strukturen des geöffneten Auges mit der Abbildung 03. Identifiziere die Linse, den Glaskörper, die Iris, die Pupille, die Hornhaut, die Lederhaut, die Netzhaut und die Pigmentschicht.

7. Übernimm die Dokumentationsvorlage aus Abbildung 04 auf ein Blatt Papier. Lege entsprechende Teile des Auges zur Dokumentation in die freien Flächen und notiere jeweils die Kennzeichen, zum Beispiel die Farbe, die Beschaffenheit und die Besonderheiten. Lege die Linse auf ein Stück Zeitungspapier und ziehe sie mithilfe der Pinzette langsam über die Schrift. Beschreibe deine Beobachtungen. Zur Dokumentation kann auch ein Foto angefertigt werden, da die Bestandteile des Auges nicht aufgehoben werden können.

8. Nach der Präparation und Dokumentation werden alle Reste des Auges sachgerecht entsorgt. Die Arbeitsmaterialien und der Arbeitsplatz werden gründlich gereinigt.

Da ein Schwein ein Säugetier ist, sind viele Organe in Struktur und Funktion denen des Menschen sehr ähnlich. In der Medizin können deshalb die Organe von Schweinen als Forschungshilfen für die Humanmedizin dienen. Das menschliche Auge hat die gleichen Bestandteile wie ein Schweineauge. Auch die Funktionen der Bestandteile sind vergleichbar. Die Präparation eines Schweineauges bringt somit auch Erkenntnisse über das menschliche Auge.

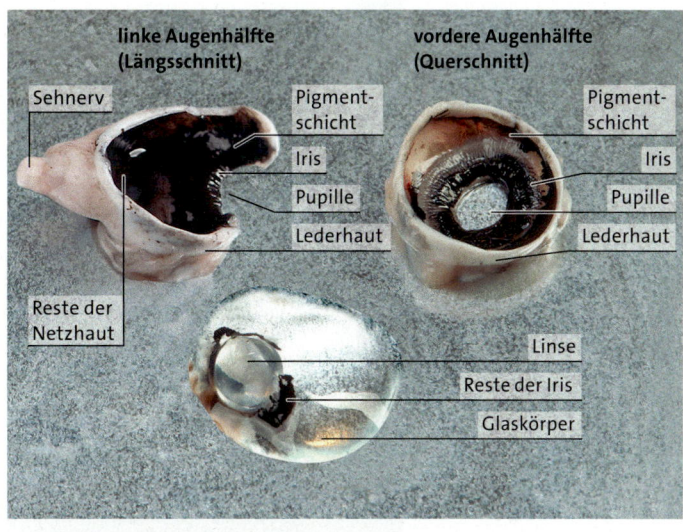

03 Bestandteile des Schweineauges

Glaskörper
Kennzeichen:

Teil der Netzhaut mit Pigmentschicht
Kennzeichen:

Teil der Hornhaut
Kennzeichen:

Linse
Kennzeichen:

Teil der Lederhaut
Kennzeichen:

Teil der Regenbogenhaut
Kennzeichen:

----

04 Dokumentationsvorlage

01 Fernsehen mit
dem Tablet

Sehen – mit Augen und Gehirn

Auf dem Display eines Tablets können bei der Betrachtung eines Fußballspiels Bilder und Bewegungen in sehr vielen verschiedenen Farbtönen gesehen werden. Wie lässt sich erklären, dass wir farbige Bilder und Bewegungen wahrnehmen können?

FARBWAHRNEHMUNG · Farbige Bilder eines Displays setzen sich aus vielen verschiedenen Farbpunkten zusammen.

Für das Farbsehen sind drei verschiedene Zapfentypen verantwortlich. Jeder der drei Zapfentypen ist für einen anderen Wellenlängenbereich empfindlich. Trifft rotes, grünes und blaues Licht gemeinsam auf einen Bereich der Netzhaut, dann werden alle drei Zapfentypen gereizt. Die Erregungen dieser Sinneszellen werden über den Sehnerv zum Gehirn weitergeleitet und dort verarbeitet. Dadurch wird das einfallende Licht als Weiß wahrgenommen. Trifft ausschließlich rotes und grünes Licht auf die Netzhaut, werden blauempfindliche Zapfen nicht erregt. Die Farbe Gelb wird wahrgenommen.

Da die Erregung von Licht unterschiedlicher Wellenlänge verrechnet wird, spricht man auch von **additiver Farbmischung**. Die additive Farbmischung macht die Wahrnehmung vieler verschiedener Farbtöne möglich.

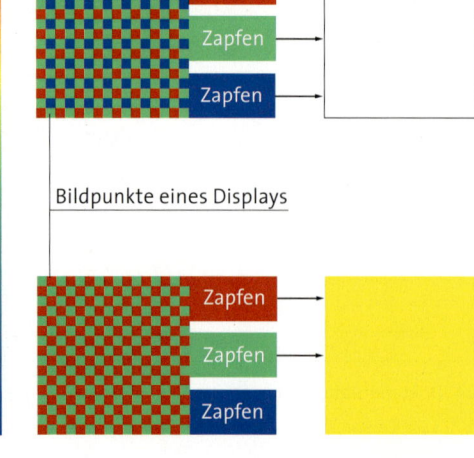

Bildpunkte eines Displays

02 Farbwahrnehmung

RÄUMLICHES SEHEN · Fixiert man einen Gegenstand, zum Beispiel einen Pokal, einmal mit dem rechten und einmal mit dem linken Auge, so ergeben sich zwei leicht unterschiedliche Bilder des Pokals. Betrachtet man ihn jedoch mit beiden Augen, so verrechnet das Gehirn beide Informationen zu einem einzigen einheitlichen Bild.

Wenn der Betrachter die vorderen Bereiche des Pokals von den hinten liegenden Bereichen unterscheiden kann, dann wird der Pokal als dreidimensionaler Gegenstand wahrgenommen. Ist er zusätzlich in der Lage, seine Entfernung von ihm aus abzuschätzen, so ist auch eine dreidimensionale Wahrnehmung des Raums möglich. Man spricht daher vom *räumlichen Sehen*. Wenn beide Augen Informationen an das Gehirn liefern, ist die Messung von Entfernungen und damit räumliches Sehen am besten möglich. Mit nur einem Auge ist das räumliche Sehen stark eingeschränkt.

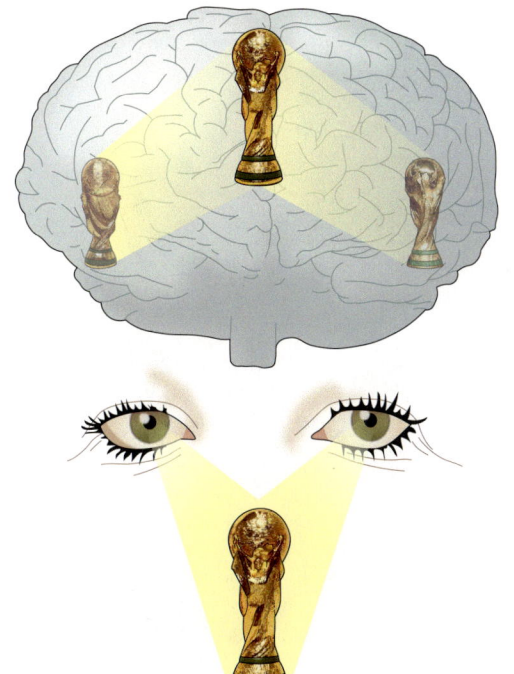

03 Räumliches Sehen

BEWEGUNGEN · Die schnellen Bewegungen eines Torhüters und des Balls bei einem Torschuss können wir als fließende Bewegungen auf dem Display eines Smartphones wahrnehmen. Wie ist das möglich?

Werden weniger als 16 Bilder innerhalb einer Sekunde auf dem Display gezeigt, dann nimmt der Mensch diese Bilder jeweils als ein Einzelbild wahr. Bei mehr als 16 Bildern pro Sekunde kann der Mensch die Einzelbilder nicht mehr einzeln wahrnehmen. Dadurch entsteht der Eindruck, dass die Bilder sich bewegen. Man spricht daher von bewegten Bildern. Sie setzen sich also aus einer schnellen Abfolge von vielen Einzelbildern zusammen. Das Gehirn nimmt die Einzelbilder dann als fließende Bewegung wahr. Die Wahrnehmung von Bewegungen und farbigen Bildern sowie das räumliche Sehen ist nur möglich, wenn die von den Augen aufgenommenen Informationen im Gehirn verarbeitet werden. Wir können nur sehen, wenn die Augen und das Gehirn zusammenarbeiten.

04 Bewegungen

1 ⌡ Beschreibe die Vorgänge bei einer additiven Farbmischung!

2 ⌡ Beschreibe, was man unter dem räumlichen Sehen versteht!

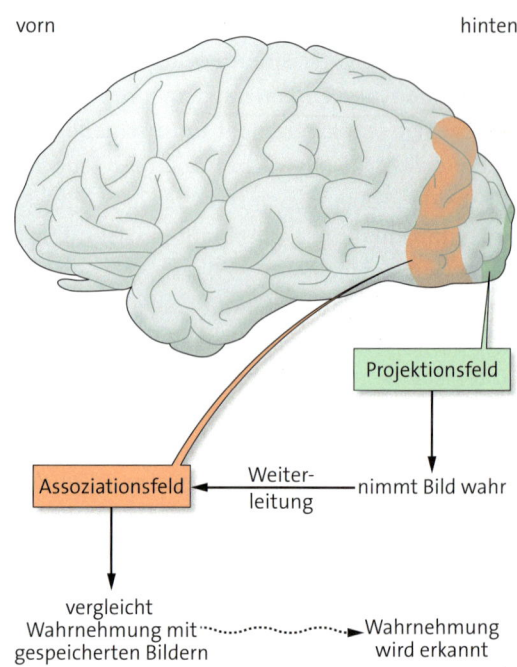

vorn   hinten

Projektionsfeld

Assoziationsfeld   Weiter-leitung   nimmt Bild wahr

vergleicht
Wahrnehmung mit ·············· Wahrnehmung
gespeicherten Bildern   wird erkannt

A

B

05 Wahrnehmung:
A unmögliche Anordnung von Würfeln,
B Projektionsfeld und Assoziationsfeld des Sehens

WAHRNEHMUNG · In einer Zeichnung kann man Würfel so anordnen, dass der Eindruck erweckt wird, einige würden in der Luft schweben. Es entsteht das Bild eines *unmöglichen Objekts*. Die Art der Linienführung bei der Zeichnung eines solchen dreidimensionalen Objekts auf einer zweidimensionalen Fläche führt dazu, dass das Gehirn angeregt wird, das Objekt räumlich wahrzunehmen.

Die von den Augen aufgenommenen Informationen werden über den Sehnerv in einen speziellen Bereich des Gehirns weitergeleitet. Er ist für die Verrechnung dieser Informationen und das Erstellen eines Bilds verantwortlich. Dieses **Projektionsfeld des Sehens** befindet sich im hinteren Bereich des Großhirns. Hier wird das Bild wahrgenommen.

Die im Projektionsfeld des Sehens erstellten Eindrücke und Bilder werden dann mit bereits im Gehirn gespeicherten Erfahrungen und Bildern verglichen. Diese gespeicherten Informationen befinden sich in einem anderen Bereich des Großhirns, dem **Assoziationsfeld des Sehens**. Wird ein Bild im Projektionsfeld wahr-

genommen und stimmt es mit einer gespeicherten Information im Assoziationsfeld überein, dann wird dieses Bild erkannt. Die Wahrnehmung und die Erkennung eines Bilds finden also in zwei verschiedenen Bereichen des Gehirns statt.

Vergleicht man das wahrgenommene Bild der unmöglichen Anordnung von Würfeln mit den Erfahrungen, dass Würfel nur nebeneinander oder aufeinander gelegt werden können, so gibt es keine eindeutige Übereinstimmung beim Abgleich der Informationen. Es kommt zu irreführenden oder falschen Ergebnissen des Verarbeitungsprozesses zwischen dem Projektionsfeld und dem Assoziationsfeld des Sehens im Großhirn. Eine solche Anordnung von Linien und Flächen in räumlichen Bildern scheint nicht möglich zu sein. Der Eindruck eines unmöglichen Objekts entsteht. Solche und ähnliche Phänomene, bei denen im Gehirn falsche, irreführende oder nicht eindeutige Sehwahrnehmungen entstehen, fasst man als **optische Täuschungen** zusammen.

3 」 Nenne die Aufgaben des Assoziationsfelds!

Material A ▸ Farbwahrnehmung

Die Farben in einem Malkasten nehmen wir unterschiedlich wahr, da jede Farbe einen Teil des Lichtspektrums absorbiert und einen anderen Teil reflektiert. So reflektiert die rote Farbe hauptsächlich rotes Licht, während die grüne Farbe hauptsächlich grünes Licht reflektiert. Der Rest des Lichtspektrums wird jeweils absorbiert. Mischt man Rot mit Grün, so reflektiert die Mischfarbe weniger Licht als die Einzelfarben, gleichzeitig werden mehr Teile des Lichtspektrums absorbiert als jeweils bei den einzelnen Farben. Die Mischfarbe nehmen wir deshalb dunkler wahr als die Einzelfarben. Es werden Wellenlängen des Lichts herausgefiltert. Dies gilt allgemein, wenn man zwei Farben mischt. Man nennt dies **subtraktive Farbmischung.** Diese Farbmischung erfolgt, bevor die Lichtreize auf die Netzhaut eines Auges auftreffen.

A1 Beschreibe die subtraktive Farbmischung am Beispiel der Farben Gelb und Blau!

A2 Beschreibe mithilfe der Vorgänge bei der additiven Farbmischung, wie es zur Wahrnehmung der Farbe Gelb auf einem Display kommt!

A3 Beschreibe Unterschiede zwischen der subtraktiven und der additiven Farbmischung!

Material B ▸ Farbsehvermögen

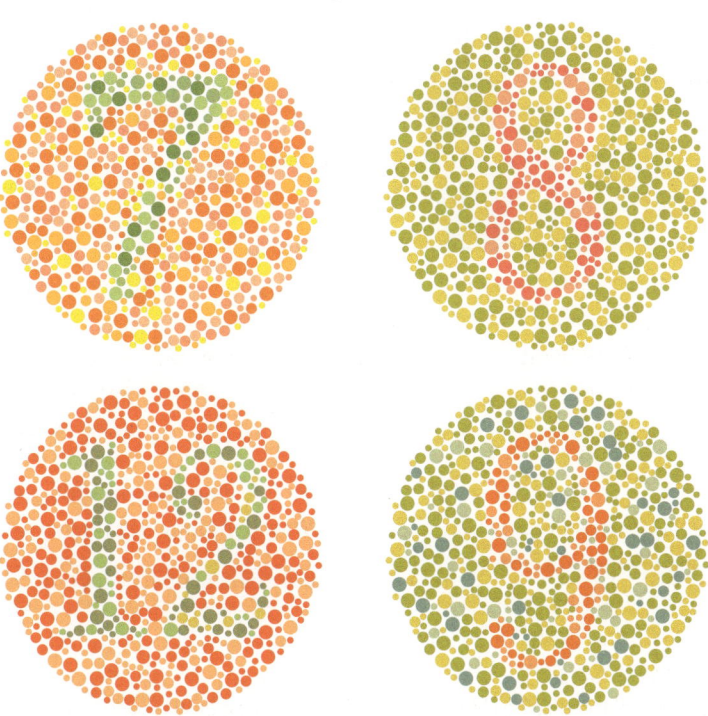

Eine Störung des Farbsehvermögens ist die Rot-Grün-Schwäche. Sie kann mithilfe spezieller Testbilder herausgefunden werden.

B1 Beschreibe die Gemeinsamkeiten der vier Testbilder!

B2 Stelle eine Hypothese auf, weshalb mithilfe dieser Testbilder eine Rot-Grün-Schwäche erkannt werden kann!

B3 Stelle eine Hypothese auf, welche Bedeutung die unterschiedliche Farbintensität der Farbabbildungen haben könnte!

B4 Beschreibe das biologische Prinzip *Stoff- und Energieumwandlung* bei der Wahrnehmung von Licht!

VERSUCH C ▸ Augen und Gehirn

Material: Abbildung

gelb rot violett schwarz orange grün gelb
blau gelb rot grün gelb schwarz orange lila
grün rot weiß pink orange schwarz weiß
gelb blau gelb grün schwarz violett pink
rosa blau gelb orange weiß schwarz

C1 Beschreibe die Erfahrungen bei der Durchführung des Versuchs!

C2 Vergleiche die beiden Ergebnisse miteinander!

C3 Interpretiere die Ergebnisse!

C4 Stelle eine Hypothese auf, weshalb es einfacher ist, die Wörter zu lesen, anstatt die Farben der Wörter zu nennen!

Durchführung:

Die Farben der Wörter werden von einer Person sehr schnell nacheinander aufgesagt. Eine zweite Person dokumentiert die Anzahl der Fehler. In einem zweiten Durchlauf werden die Aufgaben getauscht.

VERSUCH D ▸ Sehen mit zwei Augen

Material: Papierblatt DIN A4

Durchführung:

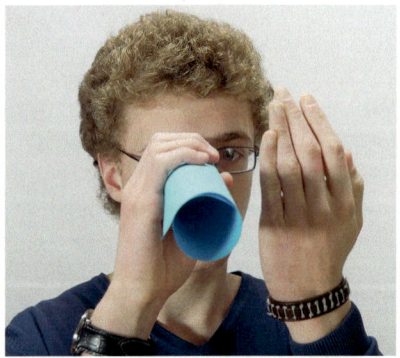

Person. Führe dann die linke, flache Hand von links neben das letzte Drittel der Papierröhre.

D1 Beschreibe deine Beobachtungen!

D2 Stelle eine Hypothese auf, wie das Versuchsergebnis zustande kommt!

Rolle das Blatt Papier zu einer Röhre und halte sie mit der rechten Hand vor das rechte Auge. Schaue mit dem rechten Auge durch die Röhre, ohne das linke Auge zu schließen. Betrachte nun eine etwa zwei Meter entfernte

VERSUCH E ▸ Sehen mit einem Auge

Material: Abbildung

Durchführung:

Halte das rechte Auge mit einer Hand zu und schaue in einer Entfernung von etwa 30 Zentimetern mit dem linken Auge auf den schwarzen Kreis. Nähere dich immer weiter der Abbildung und fixiere weiterhin den Kreis.

E1 Beschreibe deine Beobachtung bei der Wahrnehmung des Sterns!

E2 Erkläre deine Beobachtungen!

Material F ▸ Wahrnehmung und Erkennung

A

B

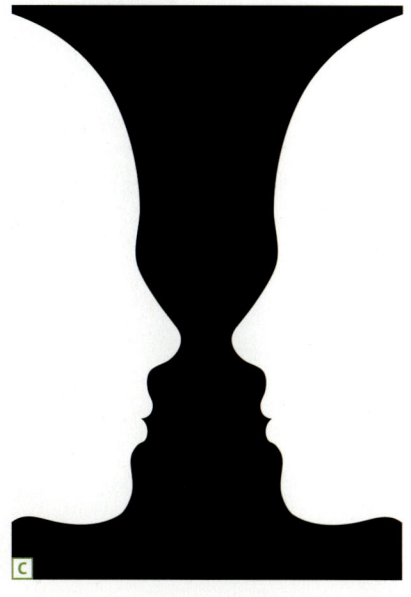

C

F1 Beschreibe jeweils die Wahrnehmungen bei der Betrachtung der Bilder!

F2 Erläutere die Vorgänge im Gehirn bei der Erkennung der Bilder!

F3 Erkläre mithilfe einer Abbildung den Unterschied zwischen Wahrnehmung und Erkennung!

Material G ▸ Optische Phänomene

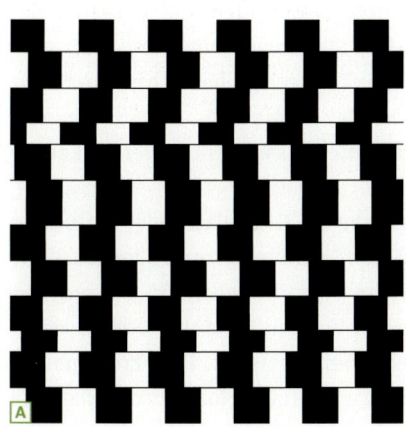

A

B

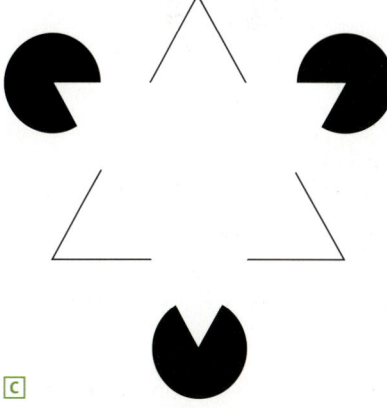

C

G1 Beschreibe die Wahrnehmung bei der Betrachtung der Abbildung A!

G2 Überprüfe deine Wahrnehmung mithilfe eines Lineals!

G3 Beschreibe die Wahrnehmung bei der Betrachtung der Abbildung B!

G4 Drehe das Buch um 180 Grad und beschreibe die Wahrnehmung der Abbildung B erneut!

G5 Beschreibe die Abbildung C!

G6 Beschreibe die Wahrnehmung bei der Betrachtung der Abbildung C!

G7 Stelle eine Hypothese auf, welche Rolle das Gehirn bei der Wahrnehmung aller drei Phänomene spielt!

01 Platzender
Luftballon

Das Ohr

> *Der Knall eines platzenden Luftballons ist weithin zu hören. Wodurch können wir Geräusche wahrnehmen?*

AUSSENOHR · Ein platzender Luftballon versetzt die Luft in Schwingungen, die sich als *Schallwellen* ausbreiten. Der äußerlich sichtbare Teil des Ohrs, die *Ohrmuschel,* fängt die Schallwellen wie ein Trichter auf und leitet sie durch den *Gehörgang* in die weiter innen liegenden Bereiche des Ohrs. Zusammen mit der Ohrmuschel bildet der Gehörgang das *Außenohr.*

MITTELOHR · Der Gehörgang endet an einer nur 0,1 Millimeter dicken und etwa 60 Quadratmillimeter großen Membran. Die Schallwellen setzen dieses Häutchen in Schwingung, deshalb bezeichnet man es als **Trommelfell.** Je häufiger Schallwellen pro Sekunde auftreffen und je stärker sie sind, desto häufiger und stärker bewegt sich auch das Trommelfell hin und her. Dem Trommelfell liegt innen ein kleiner, etwa

fünf Millimeter langer Knochen auf, der *Hammer.* Er ist durch ein Gelenk mit dem ebenso kleinen *Amboss* verbunden und dieser wiederum mit dem *Steigbügel.* Diese drei kleinsten Knochen des Menschen bezeichnet man als **Gehörknöchelchen.** Sie leiten die Schwingungen des Trommelfells weiter und verstärken sie dabei.

Ein in der Nähe des Ohrs platzender Luftballon kann so starke Schallwellen erzeugen, dass das empfindliche Trommelfell reißt. Bei starken Verletzungen werden die Schallwellen dann nicht mehr weitergeleitet. Das Trommelfell und der mit Luft gefüllte Hohlraum, in dem die Gehörknöchelchen liegen, bilden den mittleren Bereich des Ohrs, das *Mittelohr.* Es ist durch einen Gang, die *Ohrtrompete* mit dem Rachenraum verbunden. Sie gleicht den Druck zwischen Mittelohr und Mundhöhle aus. Allerdings können durch sie auch Krankheitserreger vom Rachen her in das Ohr einwandern und zu einer *Mittelohrentzündung* führen.

02 Gehörknöchelchen

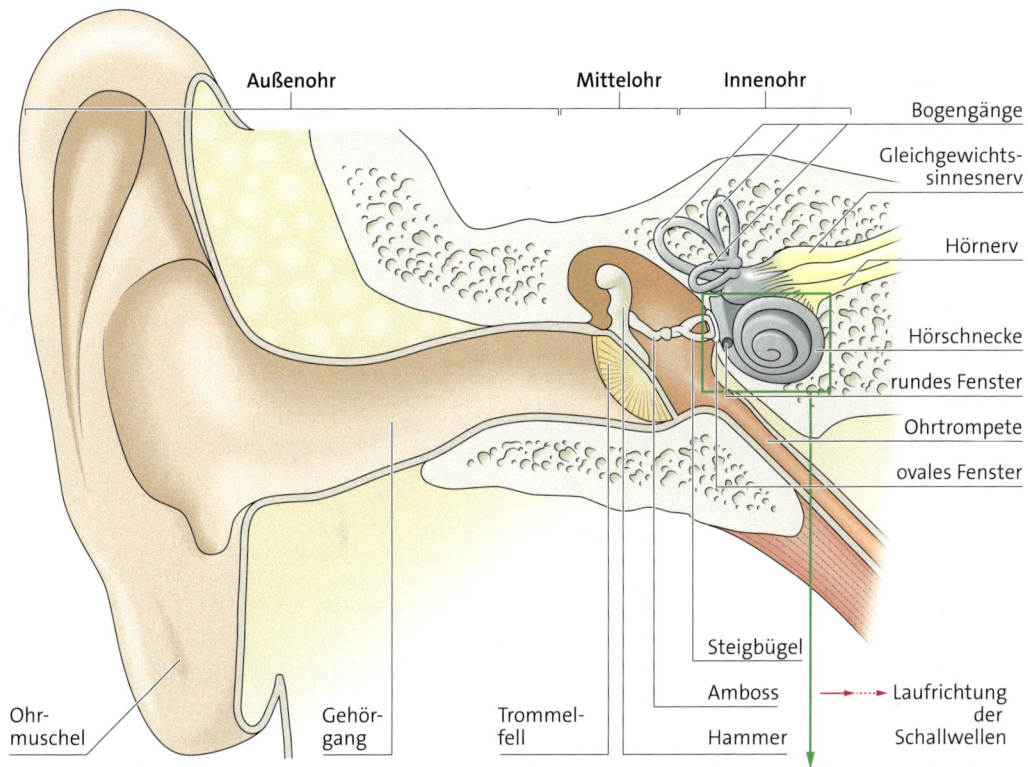

Außenohr   Mittelohr   Innenohr

Bogengänge

Gleichgewichts-
sinnesnerv

Hörnerv

Hörschnecke

rundes Fenster

Ohrtrompete

ovales Fenster

Steigbügel

Amboss   — — → Laufrichtung
der
Hammer   Schallwellen

Ohr-
muschel

Gehör-
gang

Trommel-
fell

03 Bau des Ohrs
(Schema)

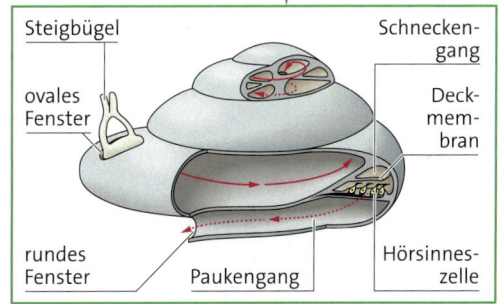

Steigbügel

ovales
Fenster

rundes
Fenster

Paukengang

Schnecken-
gang

Deck-
mem-
bran

Hörsinnes-
zelle

04 Hörschnecke

INNENOHR · Der innerste Bereich des Ohrs liegt gut geschützt im Schädelknochen. Über eine kleine, ovale Membran, das **ovale Fenster,** ist er mit dem Steigbügel des Mittelohrs verbunden. Hinter dem ovalen Fenster beginnt der erste von drei übereinanderliegenden Gängen. Diese sind mit Flüssigkeit gefüllt und durch dünne Häute voneinander getrennt.

Der erste Gang ist der *Vorhofgang.* Er geht an seinem Ende in den *Paukengang* über. In der Mitte zwischen diesen beiden Gängen verläuft der *Schneckengang.* An seinem Boden, der *Grundmembran,* liegen die *Hörsinneszellen.* Ihre haarförmigen Fortsätze, die *Sinneshärchen,* werden von einer dünnen Membran, der *Deckmembran,* wie von einem Dach abgedeckt. Die drei Gänge sind wie ein Schneckenhaus gewunden, deshalb nennt man sie **Hörschnecke.** In ihr liegen die etwa drei Zentimeter langen Gänge mit ihren etwa 16 000 Hörsinneszellen in kompakter Form und geschützt im Schädelknochen.

Das ovale Fenster übernimmt die von den Schallwellen ausgelösten und vom Steigbügel übertra-

genen Schwingungen. Infolgedessen beginnt auch die Flüssigkeit im Vorhofgang zu schwingen. Die wellenartigen Schwingungen gehen am Ende des Vorhofgangs in den Paukengang über und wandern dann zurück bis zum runden Fenster. An der elastischen Membran des runden Fensters wird der durch die Schwingung verursachte Druck an das Mittelohr abgegeben.

In der Nähe der Hörschnecke, ebenfalls in den Schädelknochen eingebettet, liegen drei bogenförmige Kanäle, die *Bogengänge.* Obwohl sie kein Bestandteil des eigentlichen Hörorgans sind, sondern zur Wahrnehmung der Körperlage und -bewegung dienen, bezeichnet man sie zusammen mit der Hörschnecke als *Innenohr.*

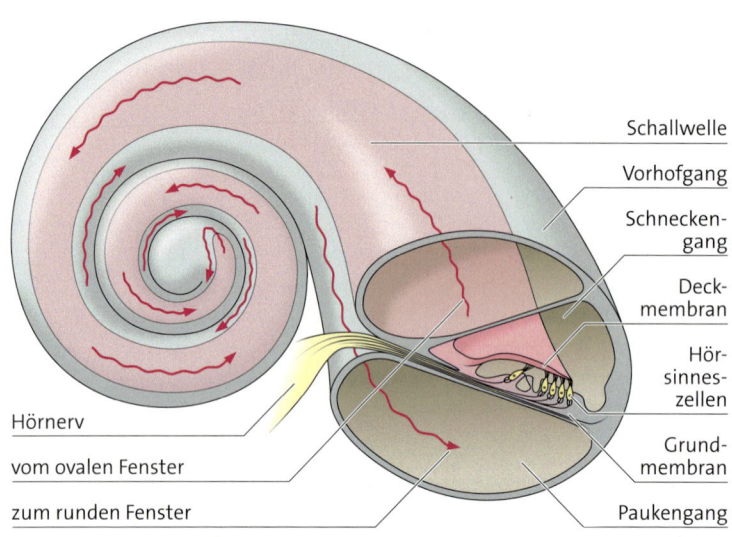

05 Hörschnecke (Schema)

Schallwelle
Vorhofgang
Schnecken-gang
Deck-membran
Hör-sinnes-zellen
Grund-membran
Paukengang
Hörnerv
vom ovalen Fenster
zum runden Fenster

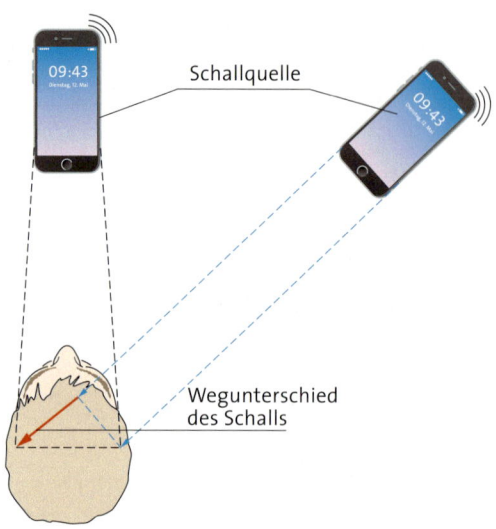

06 Richtungshören

Schallquelle
Wegunterschied
des Schalls

HÖRVORGANG · Durch die Hin- und Her-bewegungen des ovalen Fensters entstehen in der Flüssigkeit der Hörschnecke wellenartige Schwingungen, die auch die feinen Häute der Hörschnecke erfassen. Dadurch verringert sich der Abstand zwischen Grund- und Deck-membran. Je geringer der Abstand zwischen den Membranen ist, desto stärker biegen sich die Sinneshärchen der Hörsinneszellen in der Hörschnecke. Dadurch werden die Hörsinnes-zellen gereizt.

Die Reizung wird in eine elektrische Erregung umgewandelt. Diese läuft dann über ableiten-de Nervenfasern, die sich zum *Hörnerv* vereini-gen, zum Gehirn. Die Hörsinneszellen, die für die Aufnahme hoher Töne verantwortlich sind, liegen im vorderen Teil der Grundmembran, in der Nähe des ovalen Fensters, die für tiefe Töne im hinteren Teil, in der Nähe des runden Fens-ters. Je stärker die Schallwellen sind, die auf das Ohr treffen, desto stärker ist die Erregung, die ins Gehirn einläuft, und desto lauter ist das Geräusch, das wir wahrnehmen.

RICHTUNGSHÖREN · Um festzustellen, aus welcher Richtung der Schall kommt, sind beide Ohren erforderlich. Wenn eine Schallquelle rechts vom Kopf liegt, treffen die Schallwellen zunächst auf das näher liegende rechte und erst danach auf das weiter entfernte linke Ohr. Vom rechten Ohr läuft die Erregung daher etwas eher in das Gehirn ein als vom linken Ohr. Schon ein Unterschied von Bruch-teilen einer Millisekunde reicht dem Gehirn, um daraus die Richtung der Schallquelle zu errechnen.

HÖRSCHÄDEN · Das menschliche Ohr ist sehr empfindlich und verletzbar. Bei lange an-dauernden lauten Geräuschen werden die Hörsinneszellen so stark gegen die Deckmem-bran gedrückt, dass ihre Sinneshärchen, später auch die Zellen selbst, zerstört werden. Weil der Körper den Schaden nicht beheben kann, sind unheilbare, dauerhafte Schwerhörigkeit oder sogar Taubheit die Folge. Wenn man häufig zu laute Musik über Kopfhörer hört oder sich in Diskotheken vor den Lautsprechern aufhält, ist die Gefahr besonders groß, schon als Jugendlicher schwerhörig zu werden. Aber auch ein einmaliges Ereignis, zum Beispiel der Knall eines in Ohrnähe platzenden Luft-ballons, kann dauerhafte Hörschäden verur-sachen.

1 ⌡ Erkläre, wie Schwerhörigkeit entsteht!

Schall

Bei Stille sind die Luftteilchen im Raum gleichmäßig verteilt. Nach dem Schlag auf eine Trommel gerät ihre Membran in Schwingung. Eine solche schwingende Membran drückt abwechselnd die Luftteilchen zusammen oder zieht sie auseinander. So entstehen Luftschwingungen, die sich als Schallwellen ausbreiten. Die Schallgeschwindigkeit beträgt in der Luft etwa 340 Meter pro Sekunde.

Schallwellen lassen sich als *Schwingungsbild* darstellen. Es besteht aus einer wellenförmigen Linie in einem Achsenkreuz. Ihre höchsten und tiefsten Punkte sind die *Umkehrpunkte*. Auf der Hälfte der Linie zwischen einem oberen und einem unteren Umkehrpunkt liegt der *Mittelpunkt* einer Schwingung.

Die Stärke einer Schallwelle lässt sich im Schwingungsbild als Strecke vom Mittelpunkt der Schwingung bis zu einem ihrer Umkehrpunkte erkennen. Diese Schwingungsweite wird als **Amplitude** bezeichnet. Je größer die Amplitude ist, desto lauter ist der Ton.

Aus der Anzahl der Umkehrpunkte kann man ablesen, wie viele verdichtete und verdünnte Luftbereiche in einer bestimmten Zeit erfolgen. Diese Häufigkeit, die **Frequenz,** wird in *Hertz*, abgekürzt Hz, angegeben. Eine Schwingung pro Sekunde entspricht 1 Hertz. 1000 Schwingungen sind 1 Kilohertz, abgekürzt 1 kHz. Die Frequenz hängt von der Entfernung zwischen zwei oberen oder zwei unteren Umkehrpunkten ab, der *Wellenlänge*. Je geringer die Wellenlänge ist, desto höher ist die Frequenz.

Je größer die Frequenz ist, desto höher ist der Ton, den wir wahrnehmen. Der Mensch kann Schallwellen mit einer Frequenz von 16 bis 21 000 Hertz hören. Höhere Frequenzen bezeichnet man als Ultraschall, geringere als Infraschall.

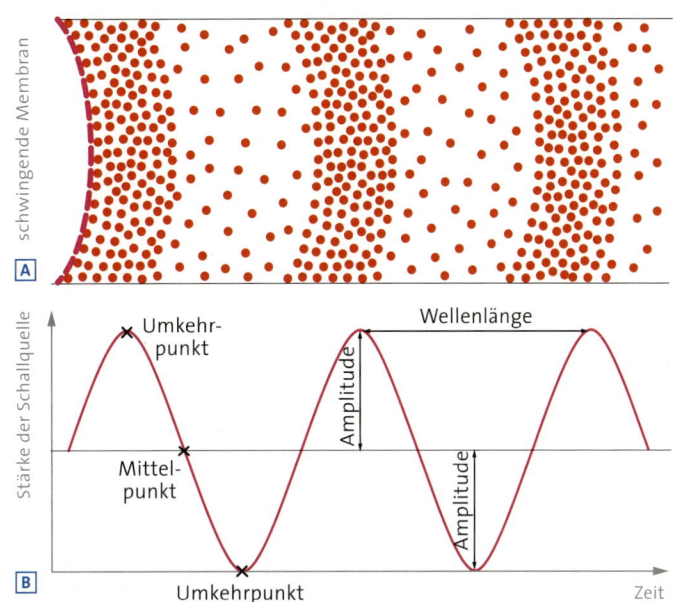

01 Schallwellen: **A** Entstehung, **B** Schwingungsbild

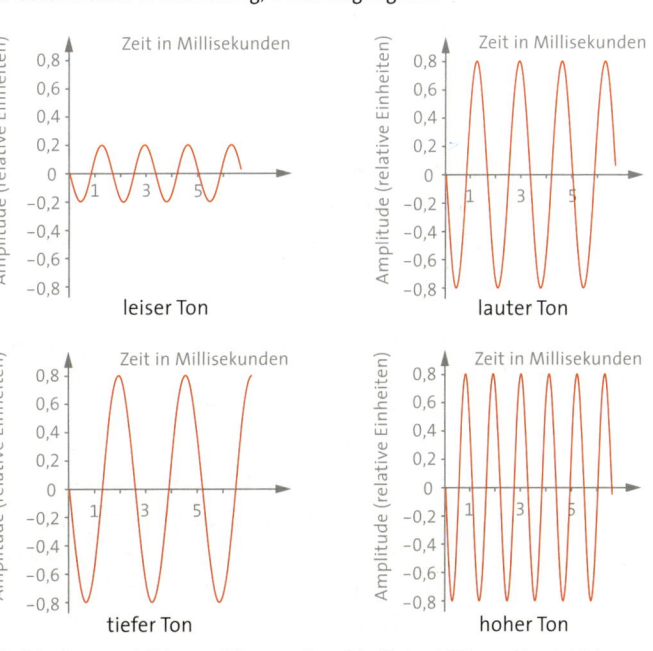

02 Schwingungsbilder von Tönen unterschiedlicher Höhe und Lautstärke

1) Definiere die Begriffe Amplitude und Frequenz!

2) Vergleiche das Schwingungsbild eines leisen, hohen Tons mit dem eines lauten, tiefen!

GLEICHGEWICHTSSINN · Im Innenohr, mit der Hörschnecke verbunden, liegen zwei Sinnesorgane. Beide zusammen bilden den **Gleichgewichtssinn,** der die Körperhaltung kontrolliert.

DREHSINNESORGAN · Eines der Gleichgewichtsorgane besteht aus drei kreisförmig gebogenen, mit Flüssigkeit gefüllten Kanälen. Man bezeichnet sie als *Bogengänge*. Einer liegt waagerecht, die beiden anderen stehen senkrecht im Winkel von 90 Grad zueinander, sodass sie in den drei Ebenen des Raums angeordnet sind. Jeder Bogengang hat eine kleine, blasenförmige Anschwellung, die *Ampulle*. Darin liegen Sinneszellen, deren haarförmige Fortsätze, die *Sinneshärchen,* durch eine gallertige Masse, die *Gallertzunge,* zusammengehalten werden. Wenn sich der Kopf bewegt, bewegen sich auch die Wände der Bogengänge. Die Flüssigkeit kann diese Bewegung zunächst wegen ihrer Trägheit nicht mitmachen. Daher entsteht eine Strömung, die die Gallertzunge mit den darin liegenden Sinneshärchen abbiegt. Infolge dieses Reizes bilden die Sinneszellen elektrische Erregungen, die über einen

Nerv ins Gehirn laufen. Das Gehirn errechnet aus den Meldungen der Bogengänge, wie sich der Kopf bewegt. Mithilfe der Bogengänge lassen sich keine geradlinigen, sondern nur Drehbewegungen wahrnehmen. Daher heißt dieses Sinnesorgan **Drehsinnesorgan.**

LAGESINNESORGAN · Das zweite Gleichgewichtsorgan liegt unter den Bogengängen. Dort befinden sich in zwei kleinen, flüssigkeitsgefüllten Anschwellungen Sinneszellen, deren Sinneshärchen in eine *Gallertkuppel* hineinragen. Eine der beiden Gallertkuppeln ist horizontal, die andere vertikal angeordnet. Eingelagerte Kalkkörnchen machen diese Gallerte schwerer. Die Schwerkraft sorgt dafür, dass sich die Gallertmasse verschiebt, wenn der Kopf sich neigt. Dadurch biegen sich die Sinneshärchen. Dieser Reiz führt zu einer elektrischen Erregung, die über einen Nerv ins Gehirn einläuft. Weil das Gehirn aus den eintreffenden Signalen die Lage des Kopfs errechnen kann, spricht man vom **Lagesinnesorgan.** Neben der Lage können wir mit ihm auch geradlinige Beschleunigungen des Körpers wahrnehmen.

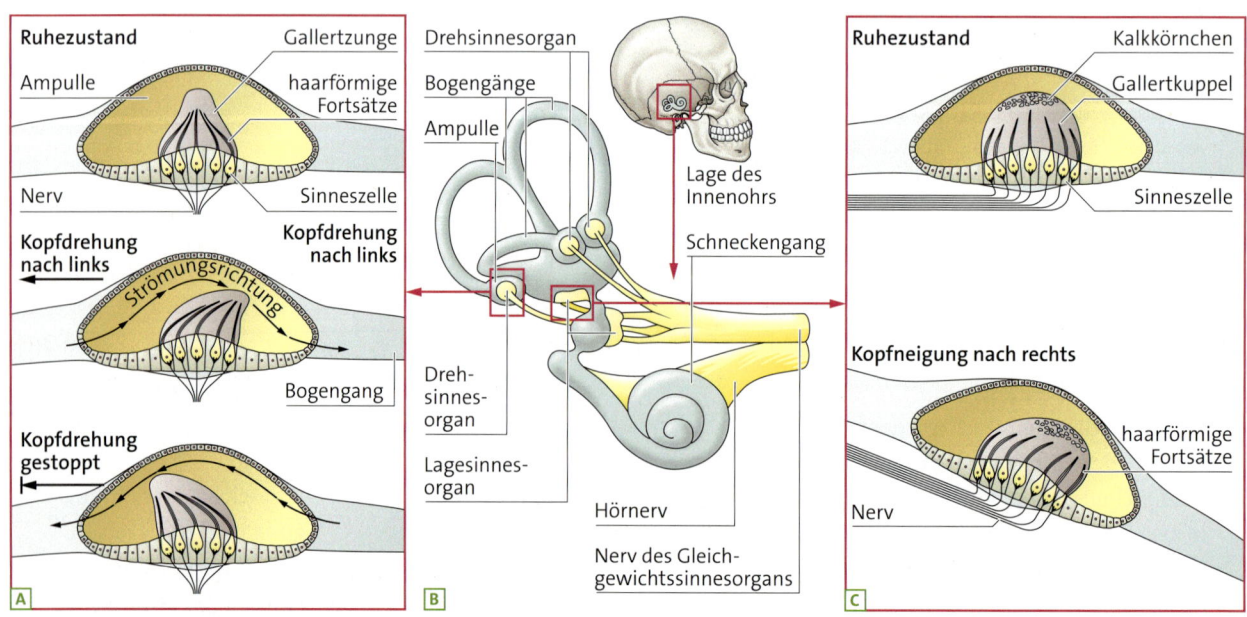

07 Gleichgewichtssinnesorgane: **A** Drehsinnesorgan, **B** Lage im Ohr, **C** Lagesinnesorgan

Material A ▸ Lärm

Lärmquellen	dB-Werte
Flüstern	30
laute Unterhaltung (1 m Abstand)	60
Radiomusik in Zimmerlautstärke	50
Musik über Kopfhörer	90 – 110
laute Musik (Disko, Pop- oder Rockkonzert)	120
Stadtverkehr auf Hauptverkehrsstraße	70 – 85
Düsenflugzeug im Standlauf	110
Düsenflugzeug beim Start	120 – 130

Die Lautstärke wird in Dezibel, abgekürzt dB, angegeben. 20 dB entsprechen der Zunahme der Lautstärke um das Zehnfache. Ab etwa 100 dB führt eine häufige oder längere Beschallung zu dauerhaften Hörschäden.

A1 Nenne die Geräusche mit einer hohen Gefahr von Hörschäden!

A2 Ermittle die Unterschiede der Lautstärke zwischen:
1. Musik in Zimmerlautstärke und Musik über Kopfhörer!
2. einer lauten Unterhaltung und Musik in einer Diskothek!

Material B ▸ Richtungshören

Die Versuchsperson hält die offenen Enden eines Gummischlauchs an die Gehörgänge. Die Versuchsleiterin schlägt mit einem Stab kräftig auf eine Stelle des Schlauchs. Die Versuchsperson gibt an, ob sie den Schall von links, von rechts oder aus der Mitte kommend wahrnimmt. Auf dem Schlauch ist eine Skala aufgetragen. So kann man messen, ab welchem Abstand von der Mitte die Versuchsperson richtig angibt, aus welcher Richtung der Schall kommt. Bei vielen Menschen beträgt dieser Abstand etwa einen Zentimeter.

Die Schallgeschwindigkeit beträgt in der Luft etwa 340, im Wasser etwa 1480 Meter pro Sekunde.

B1 Beschreibe, wie das Gehirn die Lage der Klopfstelle feststellt!

B2 Ermittle mithilfe des Versuchsergebnisses den kleinsten Wert, aus dem das Gehirn die Richtung des Schalls noch feststellen kann!

B3 Erkläre, weshalb man die Schallrichtung unter Wasser nicht feststellen kann!

Material C ▸ Dreh- und Lagesinn

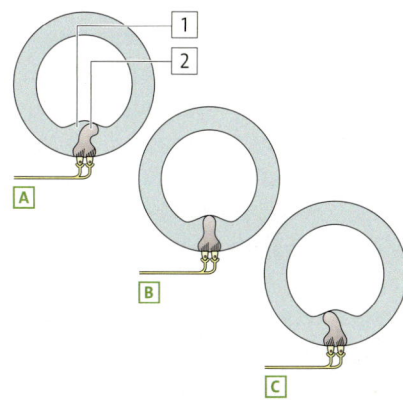

In einem Versuch wird eine Person auf einem Drehstuhl erschütterungsfrei gedreht. Die Schemata zeigen Zustände des horizontalen Bogengangs während des Versuchs.

C1 Nenne die mit 1 und 2 gekennzeichneten Bereiche des Bogengangs!

C2 Ordne die Schemata des Bogengangs folgenden Situationen zu und begründe deine Zuordnung:

1. zu Beginn von fünf schnellen Drehungen im Uhrzeigersinn.
2. zu Beginn von fünf schnellen Drehungen gegen den Uhrzeigersinn.
3. während fünf sehr langsamer Drehungen im Uhrzeigersinn.
4. bei plötzlichem Stopp nach 15 schnellen Drehungen im Uhrzeigersinn.

C3 Stelle eine Hypothese auf, weshalb der Versuchsperson die Augen verbunden werden!

01 Volleyballspielerin

Zentrales und peripheres Nervensystem

Die Volleyballspielerin sieht den Ball, läuft auf ihn zu und spielt ihn innerhalb kürzester Zeit zielgerichtet zurück. Welche Vorgänge laufen dabei in ihrem Körper ab?

BAU DES NERVENSYSTEMS · Die Volleyballspielerin bewegt sich, dazu müssen sich viele Muskeln kontrahieren. Die Information darüber, welche Muskeln sich kontrahieren müssen, kommt vom Gehirn und vom Rückenmark. Hier liegen sehr viele Nervenzellen dicht zusammen. Gehirn und Rückenmark bilden das **Zentralnervensystem,** das *ZNS*.

Das ZNS erhält Informationen von den Sinnesorganen. Die Verbindung zwischen Sinnesorganen und Zentralnervensystem sowie zwischen Zentralnervensystem und den Muskeln stellen **Nervenzellen** her, die lange Fortsätze haben.

Alle außerhalb des ZNS liegenden Teile des Nervensystems werden als **peripheres Nervensystem,** *PNS,* bezeichnet. Das PNS verbindet alle Körperregionen mit dem ZNS.

Das Nervensystem regelt nicht nur das Zusammenwirken von Sinnesorganen und Muskeln, sondern auch die Funktion der inneren Organe. Fortwährend empfängt es Informationen, die die inneren Zustände des Körpers betreffen. Es verarbeitet diese Informationen zum Teil und leitet sie weiter. Da dieser Teil des Nervensystems vor allem für Organe zuständig ist, die den Körper am Leben erhalten, bezeichnet man es als **vegetatives Nervensystem.**

ARBEITSWEISE DES NERVENSYSTEMS · Die Volleyballspielerin sieht den herannahenden Ball. Dieser Reiz wird in den Lichtsinneszellen der Augen in elektrische Signale umgewandelt. Die Signale laufen als Erregung über lange Fortsätze der Nervenzellen, die **Nervenfasern,** zum Gehirn. Das Gehirn verarbeitet die eintreffenden Informationen, sodass die Spielerin den herannahenden Ball erkennt. Alle Nervenfasern, die von den Sinneszellen ausgehen und zum ZNS führen, nennt man **sensorische Nervenfasern.**

Die Volleyballspielerin hat schon häufig Bälle zurückgeschlagen, sodass ihr Gehirn über gespeicherte Bewegungsmuster verfügt. Diese sendet das Gehirn in Form von elektrischen Signalen an die entsprechenden Muskeln. Dies geschieht über **motorische Nervenfasern.** Die Muskeln kontrahieren sich dadurch fein aufeinander abgestimmt, sodass sich der Körper der Volleyballspielerin bewegen kann. Dieses Zusammenspiel von Nervensystem und Muskulatur, das zu einer zielgerichteten Bewegung führt, nennt man **Steuerung.**

Jede Muskelaktivität verändert die Position der Spielerin zum Ball. Von den Sinnesorganen erhält das Gehirn laufend Rückmeldungen darüber, wie vorangegangene Bewegungen die Körperstellung verändert haben. Es vergleicht ständig die gegenwärtige Position mit der erforderlichen und ermittelt daraus, welche Muskelgruppen sich wie als Nächstes kontrahieren müssen. Durch solche Vorgänge, die man als **Regelung** bezeichnet, kann die Spielerin die gewünschte Stellung zum Ball erreichen und ihn letztlich zielgerichtet schlagen. Die Vorgänge vom Eintreffen eines Reizes über die Verarbeitung bis zur Reaktion laufen immer in ähnlicher Weise ab. Man spricht von einem **Reiz-Reaktions-Schema.**

1 ⌡ Nenne die Aufgaben des Zentralnervensystems und die des peripheren Nervensystems!

2 ⌡ Beschreibe die Vorgänge, durch die sich Steuerung und Regelung voneinander unterscheiden!

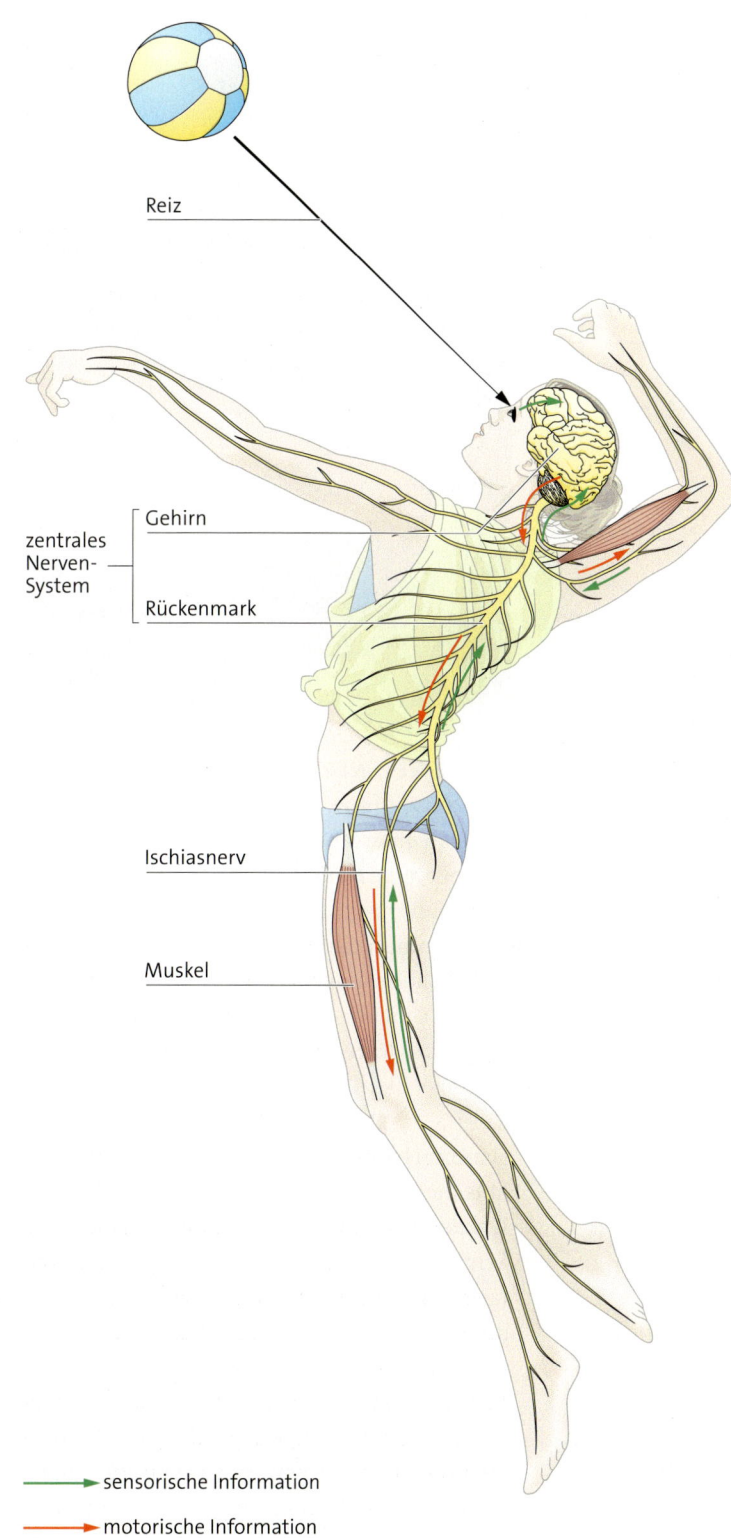

Reiz

zentrales Nerven-System
Gehirn
Rückenmark

Ischiasnerv

Muskel

→ sensorische Information
→ motorische Information

02 Volleyballspielerin beim Schmettern (Schema)

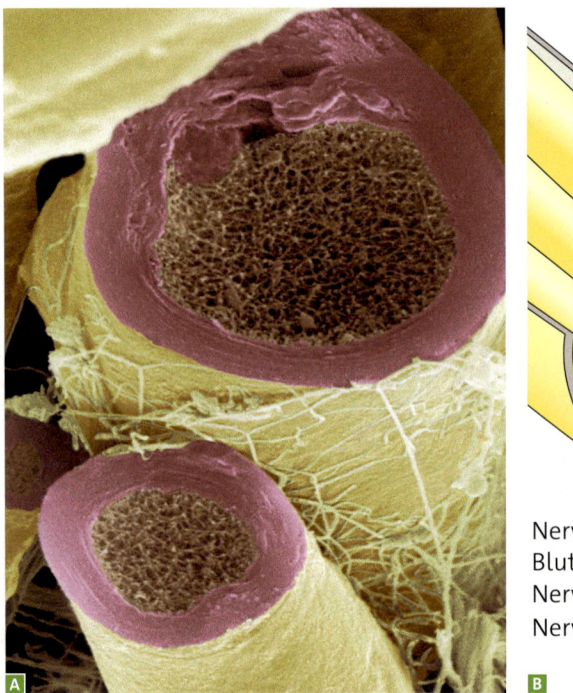

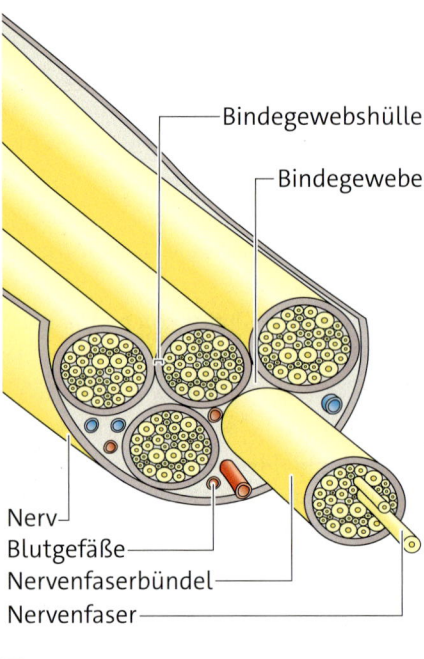

Bindegewebshülle

Bindegewebe

Nerv
Blutgefäße
Nervenfaserbündel
Nervenfaser

03 Bau eines Nervs:
A Rasterelektronen-
mikroskopische Auf-
nahme,
B Schema

BAU EINES NERVS · Ein Nerv ist ähnlich gebaut wie ein Kabel. Den Leitungen des Kabels entsprechen lange Fortsätze von Nervenzellen, die **Nervenfasern.** Die Nervenfasern sind zu Bündeln zusammengefasst, den **Nervenfaserbündeln.** Diese sind von einer **Bindegewebshülle** umgeben. Mehrere Nervenfaserbündel sind wiederum zusammengefasst. Sie bilden den **Nerv,** der ebenfalls von einer Bindegewebshülle zusammengehalten wird.

Die Bindegewebshüllen verleihen dem Nerv eine hohe Elastizität und schützen ihn vor Druck, sodass er bei Bewegungen des Körpers keinen Schaden nimmt. Zwischen den Nervenfaserbündeln laufen Blutgefäße. Sie versorgen die Nervenzellen mit Sauerstoff und Nährstoffen. Die Bündelung der Nervenfasern zu einem Nerven ist vorteilhaft. So reichen zum Beispiel wenige Blutgefäße aus, um viele Nervenfasern zu versorgen und eine einzige Bindegewebshülle kann viele Nervenfasern schützen. In den meisten Nerven verlaufen sowohl *sensorische* als auch *motorische* Nervenfasern.

Im gleichen Nerv kann also Information vom ZNS in den Körper übermittelt werden und gleichzeitig aus dem Körper in Richtung ZNS. Unter den Nervenzellen findet man die längsten Zellen des Körpers. Der längste Nerv im Körper des Menschen ist der Ischiasnerv. Er verläuft vom Rückenmark ausgehend zum Gesäß und weiter entlang des hinteren Oberschenkels bis zum Fuß. Die Nervenzellen des Ischiasnervs sind bis zu einen Meter lang. Seine Aufgabe ist es, Meldungen von den Sinneszellen des Beins an das ZNS zu leiten und Befehle des ZNS an die Beinmuskulatur zu senden.

Die Volleyballspielerin erhält zum Beispiel über die Ischiasnerven Informationen darüber, welche Stellung ihre Beine haben, und über dieselben Nerven schickt ihr Gehirn über das Rückenmark Erregungsmuster, die ihre Beinmuskeln dazu bringen, sich zusammenzuziehen.

3 ❭ Nenne die Bestandteile eines Nerves von innen nach außen!

VERSUCH A ▸ Reaktionszeit

Hinweis:
Die Fallstrecke in Zentimetern dient als Maß für die Reaktionszeit.

A1 Führe den Versuch fünfmal mit der linken und fünfmal mit der rechten Hand durch und notiere deine Messwerte in einer geeigneten Tabelle!

A2 Stelle eine Hypothese auf, wie sich Unterschiede in den Messwerten erklären lassen könnten!

A3 Ermittle deine durchschnittliche Fallstrecke!

A4 Vergleiche deine durchschnittliche Reaktionszeit mit der deiner Mitschüler!

A5 Erläutere, wie es zu unterschiedlichen Werten kommen kann!

Material:
Lineal (30 cm)
Durchführung:
Lege deinen Arm so auf den Tisch, dass die Hand über seinen Rand hinausragt. Deine Partnerin hält das Lineal und lässt es mit dem unteren Ende über deiner leicht geöffneten Hand zwischen Daumen und Zeigefinger hängen.
Dann lässt sie es ohne Vorankündigung los. Greife das fallende Lineal, ohne die Stellung der Hand zu verändern, mit Daumen und Zeigerfinger.

Material B ▸ Reiz und Reaktion

B1 Stelle die Vorgänge, die im Körper des abgebildeten Torwarts ablaufen, in Form eines Pfeildiagramms dar!

B2 Begründe, weshalb ein Elfmeter schwerer zu halten ist als ein Fernschuss auf das Tor!

B3 Erkläre das Reiz-Reaktions-Schema an einem Beispiel aus dem Straßenverkehr!

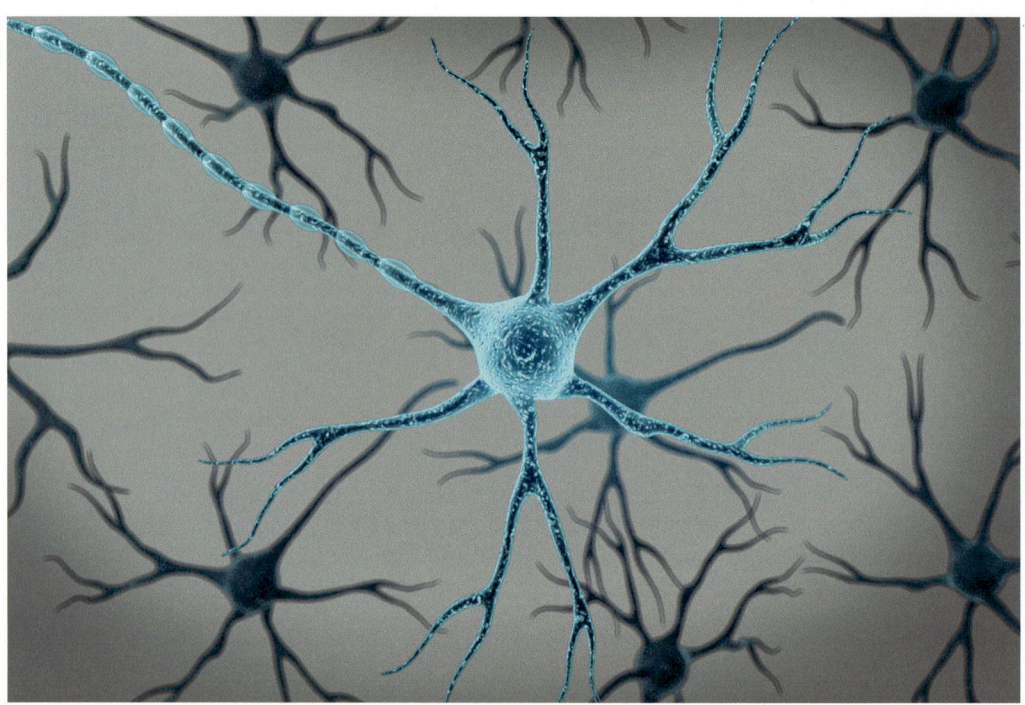

01 Nervenzellen

Die Nervenzelle

Nervengewebe besteht aus Millionen von Nervenzellen. Sie verzweigen sich und stehen miteinander in Verbindung. Dadurch bilden sie ein dichtes Netz. Wie ist die Nervenzelle gebaut und welche Vorgänge laufen dort ab?

BAU EINER NERVENZELLE · In ihrem Grundbauplan gliedert sich eine Nervenzelle, auch **Neuron** genannt, in mehrere Abschnitte.

Der dickste Bereich einer Nervenzelle hat einen Durchmesser von etwa 0,01 Millimetern bis zu 0,1 Millimetern. In diesem **Zellkörper** liegen der Zellkern und sehr viele Mitochondrien. Die große Anzahl der Mitochondrien ist mit dem hohen Energiebedarf der Nervenzellen zu erklären. Am Zellkörper fallen zahlreiche dünne Fortsätze mit einer Länge von 0,2 Millimetern bis 0,3 Millimetern auf. Wegen ihrer baumartigen Verzweigung werden diese Fortsätze **Dendriten** genannt.

Dendriten nehmen Informationen in Form von elektrischen Signalen von benachbarten Nerven- oder Sinneszellen auf und leiten sie entlang ihrer Zellmembran an den Zellkörper weiter. Auf der Zellmembran des Zellkörpers laufen die elektrischen Signale dann zu einem besonderen Fortsatz. Dieser kann bis zu einem Meter lang sein. Er wird als **Axon** bezeichnet.

Die meisten Axone sind von Hüllzellen umgeben, die zusammen die *Markscheide* bilden. Diese enthält fettartige Substanzen, die das Axon elektrisch isolieren. Die Zwischenräume zwischen den Hüllzellen bezeichnet man als **Schnürringe.** Am Ende bildet das Axon Verzweigungen aus, die in Verdickungen münden, den **Endknöpfchen.** Hier werden die elektrischen Signale auf benachbarte Nervenzellen, auf Muskel- oder Drüsenzellen übertragen. Diese Kontaktstellen heißen **Synapsen.**

ERREGUNGSLEITUNG · Wenn eine Nervenzelle von anderen Nervenzellen oder einer Sinneszelle elektrische Signale erhält, dann ändert sich die elektrische Spannung an ihrer Membran. Diese Veränderung bezeichnet man als **Erregung.** Ist die Erregung stark genug, kommt es am Beginn des Axons zu einer kurzzeitigen stärkeren Spannungsänderung. Diese Form der Erregung, das **Aktionspotenzial,** setzt sich an der Membran des Axons in Richtung Endknöpfchen fort.

Die Weiterleitung der Erregung geschieht dadurch, dass immer wieder neue Aktionspotenziale an den Schnürringen gebildet werden. Dadurch werden an der Membran des Axons Geschwindigkeiten der Erregungsleitung von bis zu 120 Metern pro Sekunde erreicht.

Wenn ein starker Reiz eine Erregung auslöst, entstehen viele Aktionspotenziale pro Sekunde. Löst ein schwacher Reiz eine Erregung aus, entstehen nur wenige Aktionspotenziale pro Sekunde. Dabei verändert die Stärke eines Reizes nichts an der Form eines Aktionspotenzials. Die Information darüber, ob ein schwacher oder ein starker Reiz die Erregung ausgelöst hat, wird also über die Anzahl der Aktionspotenziale pro Sekunde bestimmt.

Um welche Art von Reiz es sich handelt, lässt sich nicht durch die Aktionspotenziale erkennen, da diese alle gleich sind. Diese Information erhält das Gehirn dadurch, dass die Erregung auf jeweils anderen Axonen im jeweils anderen Bereich des zentralen Nervensystems einläuft. Das Gehirn erkennt Meldungen aus den Augen daran, dass die von den Lichtreizen ausgelöste Erregung über den Sehnerv einläuft, während die auf Schallwellen zurückgehende Erregung über den Hörnerv ins Gehirn gelangt.

1 ⌡ Beschreibe die Erregungsleitung an einer Nervenzelle!

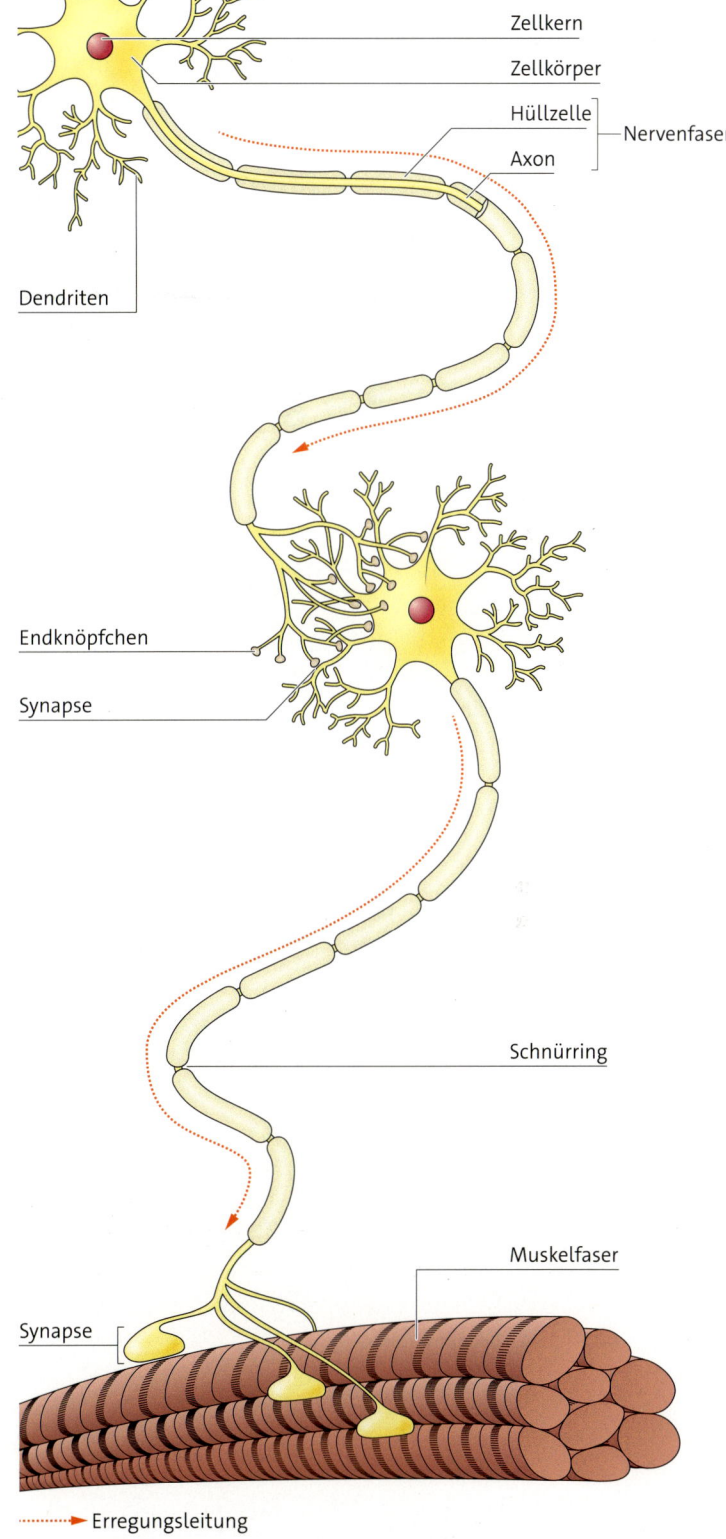

·········▶ Erregungsleitung

02 Erregungsleitung über zwei Nervenzellen hinweg

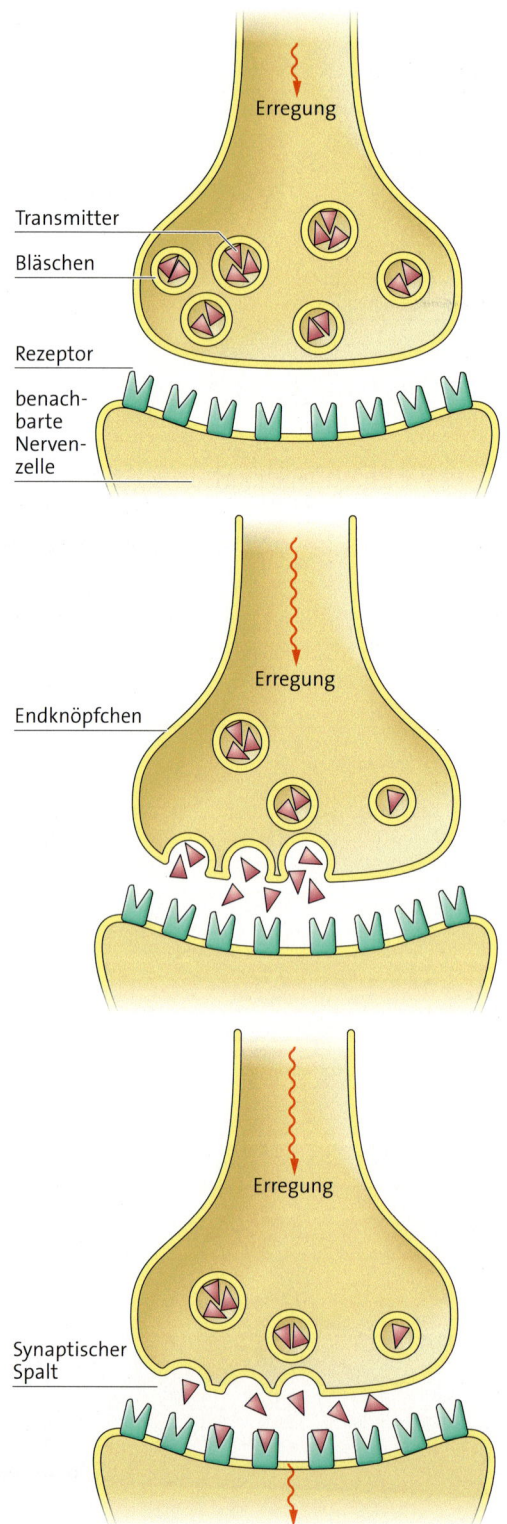

Transmitter

Bläschen

Rezeptor

benach-
barte
Nerven-
zelle

Erregung

Endknöpfchen

Erregung

Synaptischer
Spalt

Erregung

03 Erregungsübertragung an einer Synapse

SYNAPSE · Der spanische Mediziner Santiago Ramón Y CAJAL entdeckte Ende des 19. Jahrhunderts, dass zwischen dem Endknöpfchen und der angrenzenden Zelle ein sehr schmaler Spalt liegt, der **synaptische Spalt.** Wie kann die Erregung diesen Spalt überwinden?

Im Endknöpfchen liegen zahlreiche von einer Membran umgebene Bläschen. Eine im Endknöpfchen eintreffende Erregung bewirkt, dass einige dieser Bläschen mit der Zellmembran des Endknöpfchens verschmelzen. Dadurch entleeren sie ihren Inhalt, eine chemische Substanz, in den synaptischen Spalt. Diese durchquert den synaptischen Spalt. Sie wird daher als *Überträgerstoff* oder **Transmitter** bezeichnet. Da der synaptische Spalt sehr schmal ist, nur etwa 0,000 02 Millimeter breit, läuft dieser Vorgang sehr schnell ab.
Die Transmittermoleküle binden auf der anderen Seite an spezielle Rezeptoren der Membran der angrenzenden Zelle. Nach dem *Schlüssel-Schloss-Prinzip* passen die Transmitter und die Rezeptoren genau zueinander. Infolge dieser Bindung wird die Membran der Zelle erregt. Ist die Empfängerzelle eine Muskelzelle, so löst die Erregung eine Kontraktion aus.
Die Transmittermoleküle werden nun von Enzymen zerlegt und damit unwirksam gemacht. Die dadurch entstandenen Teilstücke werden in das Endknöpfchen aufgenommen, dort wieder zu Transmittermolekülen zusammengesetzt und erneut in Bläschen gespeichert.

Die Erregungsleitung verläuft also über den synaptischen Spalt hinweg auf chemischem Weg. Viele Medikamente, die auf das Nervensystem wirken, greifen in die Erregungsübertragung an Synapsen ein.

2 ⌡ Erstelle ein Pfeildiagramm, das die Erregungsübertragung an der Synapse darstellt!

Material A ▸ Nervenzellen im Gehirn

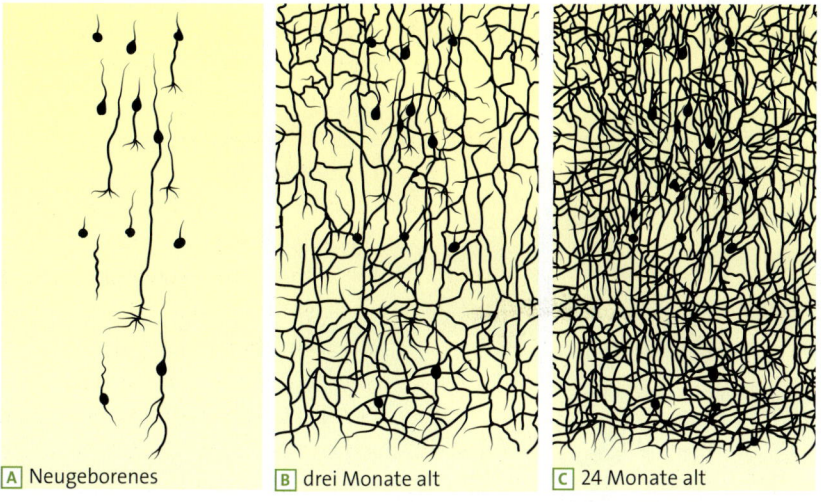

A Neugeborenes   B drei Monate alt   C 24 Monate alt

In der Abbildung dargestellt sind Nervenzellen des gleichen Gehirnbereichs in unterschiedlichem Alter eines Kindes.

A1 Beschreibe die Entwicklung des dargestellten Gehirnbereichs im Laufe der zwei Jahre!

A2 Fertige je eine beschriftete Schemazeichnung von drei Nervenzellen der Stadien A und B an, die die Veränderungen deutlich machen!

A3 Stelle eine Hypothese auf über die Veränderungen der Leistungsfähigkeit des dargestellten Gehirnbereichs!

Material B ▸ Synapsenfunktion

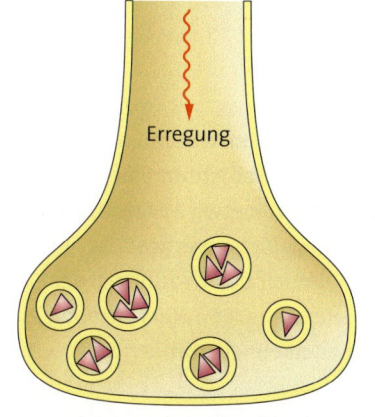
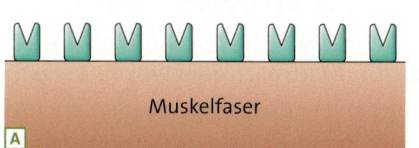
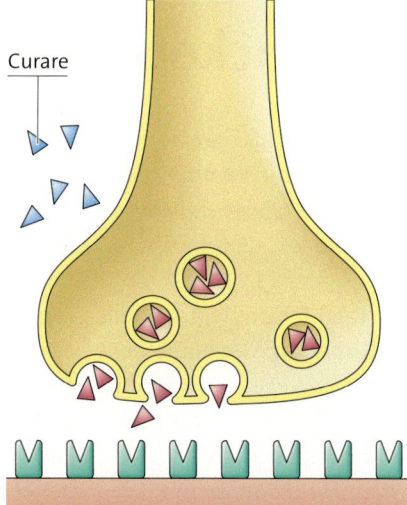
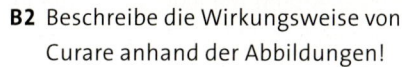
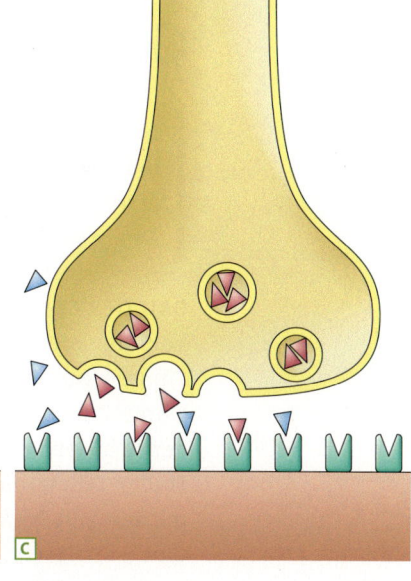

Curare, ein Gemisch aus verschiedenen Pflanzengiften, wird von den Indios Südamerikas als Pfeilgift genutzt, um Tiere zu töten. Früher wurde Curare auch bei Operationen zur Muskelentspannung eingesetzt.

B1 Beschreibe, wie die Erregung den synaptischen Spalt überwindet!

B2 Beschreibe die Wirkungsweise von Curare anhand der Abbildungen!

B3 Erkläre, weshalb die Verwendung bei Operationen erst möglich war, nachdem Patienten künstlich beatmet werden konnten!

B4 Nikotin, ein pflanzlicher Giftstoff in den Blättern der Tabakpflanze, bewirkt an der Synapse eine Dauererregung.
Stelle eine Hypothese auf, wie Nikotin an der Synapse wirken könnte!

01 Startender
Sprinter

Gehirn und Rückenmark

Sobald ein Läufer den Startschuss gehört hat, drückt seine Muskulatur den Körper aus den Startblöcken. Welche Rolle spielen dabei das Gehirn und das Rückenmark?

BAU DES GEHIRNS · Das Gehirn liegt an der höchsten Stelle des Körpers, in der Nähe der Sinnesorgane, sodass die Wege von Augen, Ohren, Zunge und Nase sehr kurz sind. Außer den Schädelknochen bieten auch drei weiche Hüllen Schutz, die man *Hirnhäute* nennt. Die mittlere ist schwammartig gebaut und enthält eine Flüssigkeit, die wie ein Wassermantel Erschütterungen dämpft. Außerdem wird von den Hirnhäuten aus das Gehirn mit Blut versorgt.

Das Gehirn besteht aus mehreren Teilen. Den größten Raum des Schädels füllt ein Gehirnbereich aus, der aus einer linken und einer rechten Hälfte besteht. Durch einen dicken Nervenstrang, den *Balken*, stehen die beiden Hälften miteinander in Kontakt. Dieser Gehirnab-

schnitt wird als **Großhirn** bezeichnet. Furchen in seinen äußeren Schichten sorgen für eine große Oberfläche von etwa 2,5 Quadratmetern. Durch diese Oberflächenvergrößerung haben im äußeren Bereich des Großhirns, der *Großhirnrinde*, viele Milliarden Nervenzellen Platz. Man spricht auch von der *grauen Substanz* des Gehirns.

In der weiter innen liegenden *weißen Substanz* verlaufen Nervenfasern. Wie ein Computer arbeitet das Großhirn nach dem Prinzip: Eingang – Verarbeitung – Ausgang. Für die ein- und ausgehende Erregung sind die Nervenfasern in der weißen Substanz zuständig. Die Verarbeitung von Erregung geschieht in der grauen Substanz an den Zellkörpern und Dendriten der Großhirnrinde.

Ein Läufer nimmt den Startschuss in seinem Großhirn wahr. Diese Wahrnehmung wird weiterverarbeitet, sodass er auch die Bedeutung der Wahrnehmung erkennt. Auch später beim Lauf muss der Läufer die Markierungen der Bahn nicht nur wahrnehmen, sondern auch erkennen, damit er sich danach richten kann. Die für die Wahrnehmung und Erkennung zuständigen Bereiche der Großhirnrinde nennt man *sensorische Felder*. Hören findet in Hörfeldern statt, Sehen in Sehfeldern. Außer solchen sensorischen Feldern hat das Großhirn auch Bereiche, aus denen Erregungen in den Körper laufen, die die Muskeln zur Kontraktion bringen. Ein Läufer erhält beim Start den ersten Befehl an die Muskulatur aus solchen *motorischen Feldern*. In sensorische Felder laufen also Erregungen ein, von motorischen Feldern gehen Erregungen aus.

Weitere Bereiche der Großhirnrinde sind nicht auf bestimmte Aufgaben festgelegt. Sie sind zuständig für das Denken und Planen. Beim Menschen sind sie besonders groß. Vor allem durch sie können wir das leisten, was man mit den intellektuellen und moralischen Fähigkeiten des Menschen umschreibt.

Der Befehl zum Laufen kommt nur als grobes Programm aus dem Großhirn. Die Feinabstimmung, die fein koordinierte, harmonische Bewegungen möglich macht, geschieht in einem anderen Gehirnteil. Er liegt im unteren Bereich des Hinterkopfs und ist ebenfalls gefurcht und in zwei Hälften geteilt. Hier im **Kleinhirn** sind Programme gespeichert, die ganze Bewegungsabläufe umfassen. So wird das Großhirn von der Aufgabe befreit, die gesamte Bewegungssteuerung zu übernehmen. Durch diese Entlastung kann es sich während der Bewegung anderen Aufgaben widmen, zum Beispiel beim Laufen taktische Überlegungen anstellen.

Unter dem Großhirn liegt ein ungefurchter, nicht in zwei Hälften geteilter Gehirnabschnitt, das **Stammhirn.** In seinem vorderen Teil, dem *Zwischenhirn*, werden Meldungen aus den Sinnesorganen bewertet, bevor sie ins Großhirn einlaufen. Hier wird nach wichtig und unwichtig unterschieden. Auch Gefühle wie Hunger, Angst oder Wut entstehen hier,

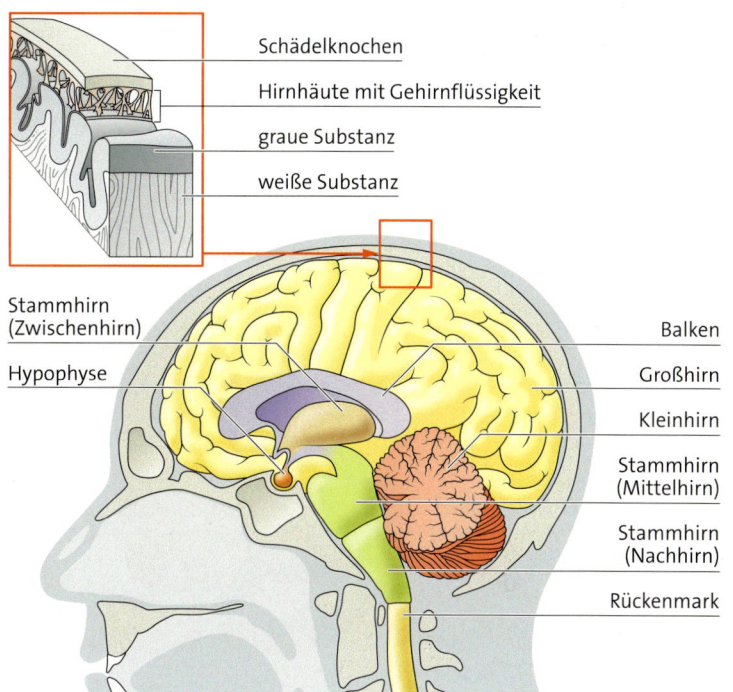

Schädelknochen
Hirnhäute mit Gehirnflüssigkeit
graue Substanz
weiße Substanz

Stammhirn (Zwischenhirn)
Hypophyse
Balken
Großhirn
Kleinhirn
Stammhirn (Mittelhirn)
Stammhirn (Nachhirn)
Rückenmark

02 Bestandteile des Gehirns

ebenso die Freude eines Läufers, wenn er gewonnen hat. Außerdem ist das Zwischenhirn für die Erhaltung der Lebensvorgänge von grundlegender Bedeutung, zum Beispiel für die Körpertemperatur und den Mineralstoffgehalt des Körpers. Unten ist das Zwischenhirn durch einen kurzen Stiel mit einem etwa erbsengroßen Gebilde, der *Hypophyse,* verbunden. Über diese Hormondrüse kann das Zwischenhirn Vorgänge im Hormonsystem steuern.

Die übrigen Bereiche des Stammhirns sind das *Mittelhirn* und das weiter hinten liegende *Nachhirn*, das in das Rückenmark übergeht. Im Mittelhirn liegen Umschaltstellen zwischen den Sinnesorganen und dem Zwischen- und Großhirn. Das Nachhirn ist für lebenswichtige Vorgänge zuständig, die wir mit unserem Willen nicht beeinflussen können, zum Beispiel für die Atembewegungen.

1 Nenne die Aufgaben der verschiedenen Teile des Gehirns!

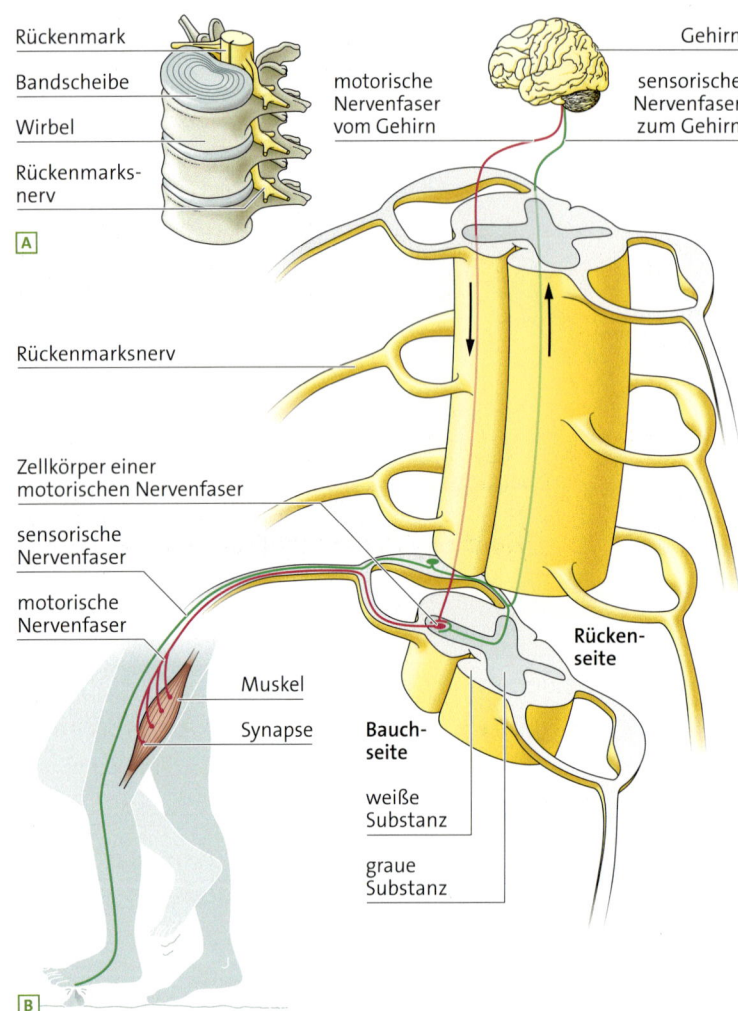

Rückenmark

Bandscheibe

Wirbel

Rückenmarks-
nerv

A

Rückenmarksnerv

Zellkörper einer
motorischen Nervenfaser

sensorische
Nervenfaser

motorische
Nervenfaser

Muskel

Synapse

B

Gehirn

motorische
Nervenfaser
vom Gehirn

sensorische
Nervenfaser
zum Gehirn

Rücken-
seite

**Bauch-
seite**

weiße
Substanz

graue
Substanz

03 Schmerzreaktion: **A** Lage des Rückenmarks, **B** Erregungsleitung und Verschaltung

RÜCKENMARK · Neben dem Gehirn gehört auch das Rückenmark zum zentralen Nervensystem. Die Zellkörper seiner Nervenzellen liegen in der schmetterlingsförmigen *grauen Substanz* im Inneren des Rückenmarks. Der Außenbereich, die *weiße Substanz,* besteht aus Nervenfasern. Pro Wirbel geht rechts und links je ein Nerv ab, die *Rückenmarksnerven.* Sie beginnen in ihrem Anfangsbereich mit je zwei Wurzeln.

Wenn man auf einen spitzen Stein tritt, zieht man das Bein zurück, bevor man den Schmerz spürt. Durch den spitzen Stein entsteht in den Sinneszellen der Haut Erregung. Sie läuft durch

die *Rückenmarksnerven* bis in die graue Substanz des Rückenmarks. Dort geht die Erregung auf andere Nervenzellen, die *motorischen Nervenzellen,* über. Die auf ihren Nervenfasern laufende Erregung bringt die Beinmuskeln zur Kontraktion, sodass das Bein zurückgezogen wird. Eine solche Reaktion auf einen Reiz hin bezeichnet man als **Reflex**, die zugrunde liegende Verschaltung der Nervenzellen als **Reflexbogen.**

Reflexe enden immer in einer festgelegten, nicht veränderbaren Reaktion. Durch die kurzen Leitungswege der *sensorischen* und *motorischen Nervenfasern* von den Sinneszellen bis zum Erfolgsorgan ist die Reaktion sehr schnell. Auch Schlucken, Niesen, Lidschluss und Speichelbildung werden durch Reflexe gesteuert.

Den Tritt auf einen spitzen Stein spüren wir als Schmerz. Die von den Schmerzsinneszellen ausgehende Erregung muss also das Gehirn erreichen. Dafür sorgen Abzweigungen der sensorischen Nervenfasern, die durch die weiße Substanz zum Gehirn laufen. Weil der Weg dieser *sensorischen Bahnen* zum Gehirn lang ist, empfinden wir den Schmerz aber erst, nachdem der Reflex bereits abgelaufen ist.

In der weißen Substanz verlaufen auch Nervenfasern, die von den Hirnbereichen ausgehen, die für Bewegungen zuständig sind. Die Axone dieser *motorischen Bahnen* bilden Synapsen mit den motorischen Zellen des Rückenmarks. So können Bewegungen ausgelöst werden, zu denen wir uns entschlossen haben, zum Beispiel die, mit der wir den beim Reflex zurückgezogenen Fuß wieder auf den Boden setzen. Vom Rückenmark aus läuft die Erregung dieser *willkürlichen Bewegung* auf denselben Nervenbahnen zur Muskulatur, die auch Bestandteil des Reflexbogens sind. Das Rückenmark erfüllt also zwei Funktionen. Es verschaltet und es leitet die Erregungen.

2 Stelle die Vorgänge, die bei Reflexen ablaufen, als Pfeildiagramm dar!

Material A ▸ Felder der Großhirnrinde

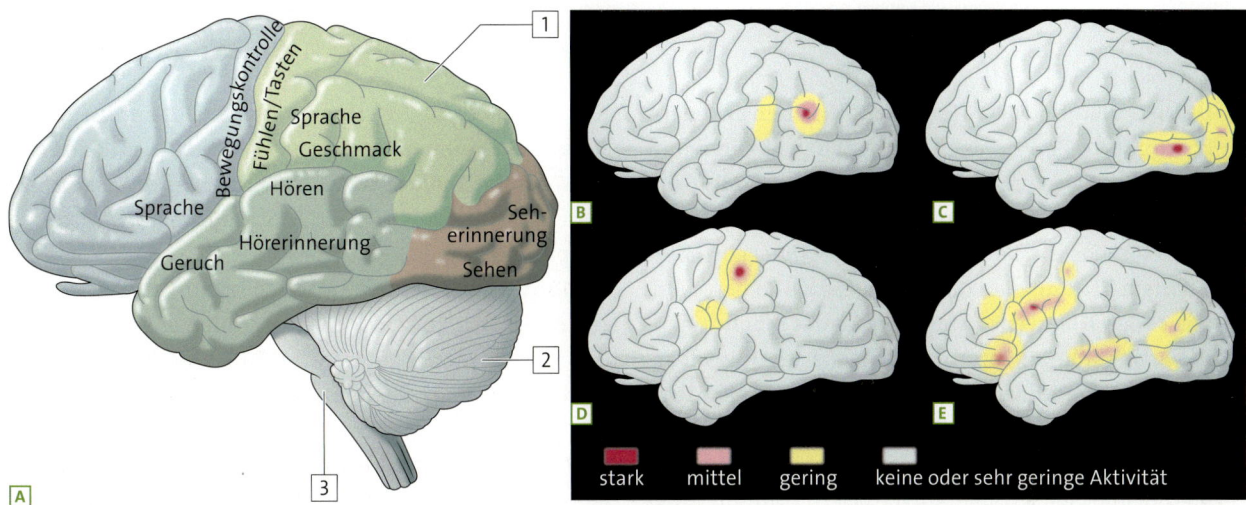

Mit einer besonderen Technik lassen sich die Bereiche der Großhirnrinde, die gerade besonders aktiv sind, durch eine gelbe, orangefarbene und rote Färbung sichtbar machen.

A1 Ordne den Zahlen die entsprechenden Fachbegriffe zu!

A2 Ordne den Abbildungen B bis E folgende Leistungen zu: 1) Worte sehen, 2) Worte sprechen, 3) Worte hören, 4) an Worte denken!

A3 Stelle eine Hypothese auf, weshalb in der Abbildung C zwei Bereiche der Großhirnrinde aktiv sind!

A4 Stelle eine Hypothese auf, weshalb in der Abbildung E viele Felder aktiv sind!

Material B ▸ Reflex

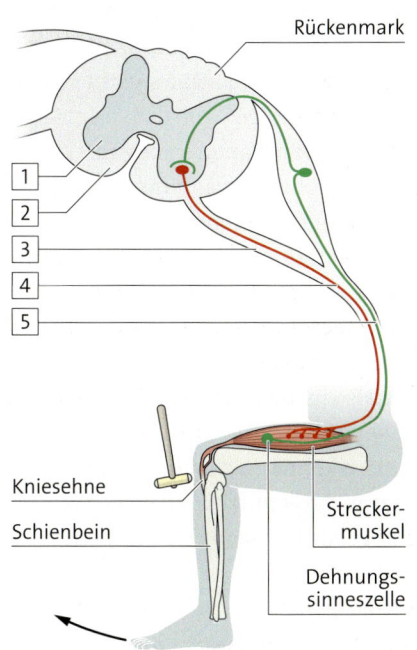

Bei einem leichten Schlag auf die Kniesehne wird der Streckermuskel gedehnt. Dadurch entsteht in Dehnungssinneszellen des Muskels elektrische Erregung. Infolgedessen hebt sich der Unterschenkel mit einem kleinen Ruck. Diese Reaktion auf den Reiz nennt man *Kniesehnenreflex*.

B1 Ordne folgende Begriffe den mit Zahlen gekennzeichneten Bereichen der Abbildung zu: motorische Nervenfaser, weiße Substanz, Rückenmarksnerv, sensorische Nervenfaser, graue Substanz, motorische Nervenzelle!

B2 Erkläre, weshalb man die Bewegungssteuerung, die in der Abbildung dargestellt ist, als Reflex bezeichnen darf!

B3 Stelle eine Hypothese auf, weshalb ein Arzt bei einer Untersuchung diesen Reflex prüft!

B4 Stelle eine Hypothese auf, durch welche im Schema nicht eingetragenen Strukturen es möglich ist, auch mit geschlossenen Augen festzustellen, dass der Reflex ablief!

Lernen

ÜBUNG UND LERNEN · Fast alle Tätigkeiten erfordern koordinierte Bewegungen. Beim Geige spielen zum Beispiel greift man mit der linken Hand die Saiten am Griffbrett, mit der rechten Hand führt man den Bogen über die Saiten der Geige. Nach einer gewissen Übungszeit kann man die beiden Hände so bewegen, wie es den Noten entspricht. Wie ist das möglich?

Die Aufnahme von Informationen aus der Umwelt erfolgt über die *Sinnesorgane*. Beim Geige spielen zum Beispiel sieht man die Noten und hört die Töne. Weitergeleitet werden die Informationen in Form von Erregung über sensorische Nervenfasern zum zentralen Nervensystem. Im *Großhirn* sind es die sensorischen Felder der Großhirnrinde, in die die Erregung einläuft und in denen sie verarbeitet wird. Damit wird die Erregung wahrgenommen.

Der Befehl, durch den die Finger die Saiten des Griffbretts greifen sowie der Arm den Bogen über die Saiten streicht, kommt in Form eines groben Programms vom Großhirn. Für die Feinabstimmung der koordinierten Bewegungen ist vor allem das Kleinhirn zuständig. So können die Noten des Blattes in eine präzise Tonfolge umgesetzt werden. Auf diese Weise hat man ein Notenbild mit bestimmten Bewegungen verknüpft und gespeichert.

Ein Prozess, bei dem ein Mensch Informationen aus seiner Umwelt aufnimmt, verarbeitet, diese speichert und sie zu einem späteren Zeitpunkt wieder abruft, wird als **Lernen** bezeichnet.

LERNTYPEN · Menschen lernen auf unterschiedliche Weise. Es gibt Menschen, die Informationen aus ihrer Umwelt am besten aufnehmen können, indem sie diese hören. Andere können dies am erfolgreichsten, wenn sie Informationen über ihre Augen aufnehmen, und nochmals anderen gelingt das Aufnehmen von Informationen dann besonders gut, wenn sie die Möglichkeit haben, eine Handlung selbst auszuführen. Auch die Kommunikation mit dem Gegenüber kann für den Lernerfolg entscheidend sein. Für alle **Lerntypen** aber gilt, dass der Lernerfolg am höchsten ist, wenn der Mensch die gleichen Informationen über möglichst viele seiner Sinnesorgane gleichzeitig aufnimmt, zum Beispiel in Form eines gesprochenen Textes und einer abgebildeten Grafik. Man spricht von einem **mehrkanaligen Lernen.**

Das Lernen wird durch mehrere Faktoren begünstigt. Diese können die Motivation sein, etwas lernen zu wollen, eine mögliche Belohnung sowie positive Gefühle, die zum Beispiel dann auftreten, wenn mit anderen, angenehmen Menschen zusammen gelernt wird.

Das Lernen geht mit einer Veränderung des Gehirns einher. Zum Beispiel kommt es an Synapsen, in denen häufig Aktionspotenziale einlaufen, zu einer Verbesserung der Erregungsübertragung. Durch häufiges Wiederholen von Tätigkeiten können sich neue Synapsen ausbilden. Wenig oder nicht genutzte Synapsen werden häufig wieder abgebaut. So kann unser Gehirn neue Erregungsmuster entwickeln, zum Beispiel, wenn man Geige spielen lernt.

Synapse

neue Synapsen

vor dem
Lernen

nach dem
Lernen

01 Synapsenbildung durch Lernen?

Sucht und Drogen

Oft hört man, dass Menschen nach bestimmten Dingen oder Tätigkeiten, zum Beispiel Zigaretten, Alkohol oder Spielen, süchtig sind. Echte Süchte stellen eine große Gefahr für die Gesundheit dar.

SUCHT · *Glücksgefühle* wie Zuneigung oder Anerkennung sind für jeden Menschen wichtig. Sie aktivieren einen bestimmten Bereich unseres Gehirns, das *Glückszentrum*. Daher sucht unser Gehirn nach Situationen, die sein Glückszentrum anregen, es entwickelt also ein Verlangen nach Glücksgefühlen. So entstehen bei jedem Menschen Angewohnheiten, die ihm besonders wichtig erscheinen.

Wenn eine Gewohnheit jedoch zum zwanghaften Verlangen wird, um Glücksgefühle zu erzeugen oder negative Gefühle zu vermeiden, und so zunehmend die Kontrolle über den Betroffenen gewinnt, hat sie sich zur **Sucht** entwickelt. Um das gewünschte Gefühl hervorzurufen, muss mit der Zeit die Dosis erhöht werden – ein Alarmzeichen, an dem die Abhängigkeit erkannt werden kann. Wenn der Süchtige um „jeden Preis" das Suchtmittel besorgen will oder muss, sein Verhalten darauf ausrichtet und das Interesse an anderen Menschen verliert, spricht man von *seelischer* oder *psychischer Abhängigkeit*. Wenn der Körper des Süchtigen auf die dauernde Einnahme des Suchtmittels reagiert und seinen Stoffwechsel darauf einstellt, spricht man von *körperlicher* oder *physischer Abhängigkeit*. Wird dem Körper das Suchtmittel entzogen, reagiert er mit Entzugserscheinungen wie Unruhe, Schwitzen, Nervosität, Übelkeit oder Schmerzen. Sie lassen erst nach, wenn das Suchtmittel zugeführt wird.

Glücksgefühle werden in unserem Gehirn vom Belohnungssystem erzeugt, wenn wir beispielsweise Grundbedürfnisse wie Hunger, Durst oder Schlaf befriedigen. Der Anblick oder Duft eines leckeren Stücks Schokotorte erzeugt zum Beispiel in unserem Gehirn den Drang, das bewusste Verlangen danach zu stillen. Gehirn-

01 Süchtig?

zellen schütten den Transmitter Dopamin, ein „Glückshormon", vermehrt aus, lenken so die Aufmerksamkeit auf den Reiz und markieren ihn als wichtig für das Wohlbefinden. Auch beim Lernen oder bei anderen Handlungen, die eine Belohnung oder Erfolg versprechen, ist Dopamin beteiligt und sorgt für die nötige Motivation.

DROGEN · Alkohol und Tabak sowie Cannabis und Heroin gelangen über die Blutbahn in unser Gehirn und erhöhen die Dopaminausschüttung. Dadurch wird die von Nervenzelle zu Nervenzelle weitergeleitete Erregung massiv verstärkt und das Belohnungssystem wird fehlgeleitet. Substanzen, die das zentrale Nervensystem, das Verhalten und die Psyche beeinflussen, werden als **Drogen** oder *psychoaktive Substanzen* bezeichnet.

Illegale Drogen wie Cannabis und Heroin sind per Betäubungsmittelgesetz verboten. Der Gebrauch von legalen Drogen wie Alkohol, Nikotin und Medikamenten ist allgemein üblich und gesellschaftlich akzeptiert, unterliegt aber auch gewissen Vorschriften.

01 Yogaübung

Vegetatives Nervensystem

> *Eine junge Frau sitzt am Strand und macht Entspannungsübungen. Der Wechsel zwischen Entspannung und Anspannung dient der Gesunderhaltung des Körpers. Welche Vorgänge laufen dabei im Körper ab und wie werden diese geregelt?*

VEGETATIVES NERVENSYSTEM – BAU · Bei Entspannungsübungen sind die Augen häufig geschlossen, die Gesichtsmuskulatur ist entspannt, die Atmung ist tief und gleichmäßig. Der Herzschlag ist ebenfalls gleichmäßig und langsam. Im Lotussitz sind die Arme locker auf den Beinen abgelegt. Der gesamte Körper und das Gehirn befinden sich in einem Zustand der Entspannung. Dafür verantwortlich ist ein bestimmter Teil des Nervensystems, das *vegetative Nervensystem*. Der Teil des vegetativen Nervensystems, der für die Entspannung des Körpers zuständig ist, ist der **Parasympathikus.**

Dieser Nerv kommt auf beiden Seiten direkt aus dem Gehirn. Außerdem gehören paarige Nerven zum Parasympathikus, die im Beckenbereich auf beiden Seiten vom Rückenmark austreten. Diese Nerven führen zu fast allen Organen.

Den Teil des vegetativen Nervensystems, der für die Anspannung und die Aktivierung des Körpers verantwortlich ist, bezeichnet man als **Sympathikus.** Sympathikusnerven treten aus dem Rückenmark aus und münden in Ansammlungen von Nervenzellen, den *Ganglien*. Die Ganglienketten des Sympathikus verlaufen beiderseits der Wirbelsäule. Sie werden als *sympathische Grenzstränge* bezeichnet. Von hier aus ziehen die Nerven des Sympathikus zu allen inneren Organen des Körpers.

1 Beschreibe den Bau des vegetativen Nervensystems!

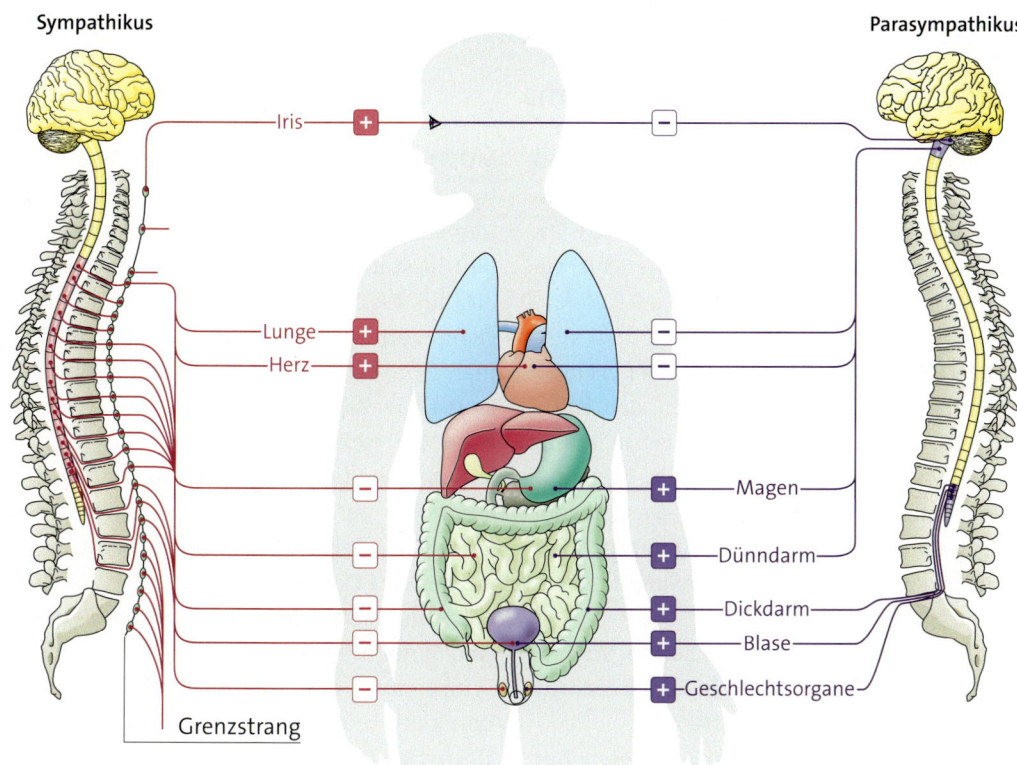

Sympathikus

Parasympathikus

Iris + −

Lunge + −
Herz + −

− + Magen

− + Dünndarm

− + Dickdarm

− + Blase

− + Geschlechtsorgane

Grenzstrang

02 Wirkungen von Sympathikus und Parasympathikus

VEGETATIVES NERVENSYSTEM – FUNKTION · Während eines Wettkampfs ist der Körper eines Sportlers auf Leistung eingestellt. Seine Atmung und sein Herzschlag sind beschleunigt. So gelangt viel Sauerstoff zu den Muskelzellen. In der Leber wird vermehrt Glukose abgegeben, die über das Blut zu den Muskelzellen transportiert wird. Die Schweißdrüsen geben Schweiß ab, sodass die durch die Muskelaktivität entstehende Wärme abgeführt werden kann. Weiterhin werden die Bewegungen von Magen und Darm zurückgefahren.

Der Sympathikus steuert die Organe, die notwendig sind, wenn körperliche Leistung gesteigert werden muss. Der Parasympathikus hingegen fördert Entspannung, Regeneration sowie den Aufbau von Energiereserven. Er drosselt die Aktivität von Lunge, Herz sowie Schweißdrüsen und fördert die Leistung der Verdauungsorgane, der Ausscheidungsorgane und der Geschlechtsdrüsen.

Die Regelung der vielen unterschiedlichen Organfunktionen im Körper läuft über Sympathikus und Parasympathikus ab. So wirken beide beispielsweise auf das Herz ein, der eine anregend, der andere hemmend. Deshalb bezeichnet man sie als Gegenspieler, als *Antagonisten*. So ist eine schnelle und präzise Einstellung körperlicher Funktionen möglich. Dabei arbeiten Sympathikus und Parasympathikus weitestgehend selbstständig, ihre anregende beziehungsweise hemmende Funktion ist willentlich nicht beeinflussbar. Deshalb wird das vegetative Nervensystem auch als **autonomes Nervensystem** bezeichnet.

Allerdings können zum Beispiel durch Yoga oder autogenes Training die Funktionen des vegetativen Nervensystems positiv unterstützt werden.

griechisch anti = gegen

griechisch agein = handeln

griechisch auto = selbst

griechisch nomos = Gesetz

2 Der Sympathikus wird auch als „Leistungsnerv" bezeichnet, der Parasympathikus als „Ruhenerv". Erläutere diese Bezeichnungen!

Erkrankungen des Nervensystems

Einige Krankheiten des Nervensystems sind die Folge einer Infektion, zum Beispiel die Kinderlähmung. Fehlerhafte Vorgänge im Immunsystem sind die Ursachen für die Multiple Sklerose.

KINDERLÄHMUNG (POLIOMYELITIS) ·

Durch die Infektion mit Viren, den *Polioviren*, werden bestimmte Nervenzellen im grauen Bereich des Rückenmarks, die motorischen Nervenzellen, zerstört. Die Zeit vom Beginn der Infektion bis zum Auftreten der ersten Symptome, die *Inkubationszeit*, beträgt 5 bis 35 Tage.

Meistens beginnt die Krankheit im Kindesalter zwischen drei und acht Jahren. Sie tritt vor allem in Indien und Afrika auf.

Bei einem harmlosen Verlauf treten nur Fieber, Rückenschmerzen, Muskelschmerzen sowie eine Steifheit des Nackens auf. Schlimmer ist der Krankheitsverlauf, bei dem die Zerstörung der Rückenmarkszellen zu Lähmungen führt. Häufig bleiben dann die Beine dauerhaft gelähmt. Mit einer medikamentösen Behandlung können die Symptome gelindert werden. Zur Vorbeugung dienen Hygienemaßnahmen und Impfungen, wie die sogenannte *Polioimpfung*.

MULTIPLE SKLEROSE · Die Ursache für Multiple Sklerose sind fehlerhafte Abläufe des Immunsystem. Dabei greift das Immunsystem die Markscheiden von Nervenzellen des ZNS an. Weil sich das Immunsystem also gegen körpereigene Zellen richtet, spricht man von einer **Autoimmunerkrankung.** Durch die Zerstörung der Markscheiden kann die elektrische Erregung nur noch langsam weitergeleitet werden. Dadurch kommt es zu Muskelschwäche sowie zu Sprach- und Sehstörungen. Auch Einschränkungen des Gedächtnisses und der Wahrnehmung sowie Koordinationsprobleme sind Symptome der *Multiplen Sklerose*. Die Symptome treten schubweise auf. Die Krankheit bricht meistens zwischen dem 20. und 40. Lebensjahr aus.

Als Auslöser für die fehlgeleitete Reaktion des Immunsystems werden vor allem genetische Einflüsse vermutet. In der Therapie werden Medikamente eingesetzt, die das Immunsystem günstig beeinflussen. Weiterhin gehören zur Behandlung von Multipler Sklerose Sprachtherapie und Physiotherapie. *Multiple Sklerose* ist zurzeit nicht heilbar.

zerstörte
Nerven-
zellen

01 Zerstörte Nervenzellen im Rückenmark bei der Kinderlähmung

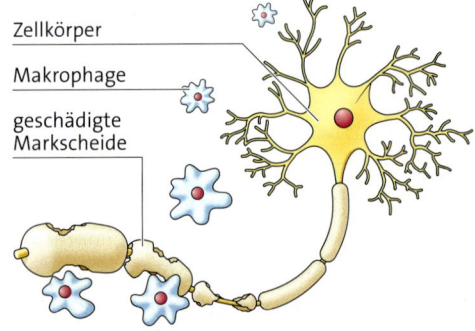

Zellkörper

Makrophage

geschädigte
Markscheide

02 Zerstörte Markscheiden einer Nervenzelle bei der Multiplen Sklerose

Material A ▸ Vegetatives Nervensystem

A1 Beschreibe die jeweils in der Ab-bildung dargestellte Situation!

A2 Beschreibe die Vorgänge, die dabei im vegetativen Nerven-system ablaufen!

A3 Erläutere die Einflüsse des vege-tativen Nervensystems auf die Bereitstellung von Glukose in Situation A und B!

A4 Stelle eine Hypothese dazu auf, welcher Vorteil der Antagonismus im vegetativen Nervensystem hat!

A5 Begründe, ob man die in A2 be-schriebenen Vorgänge willentlich beeinflussen kann!

Material B ▸ Parkinson

Schriftprobe A

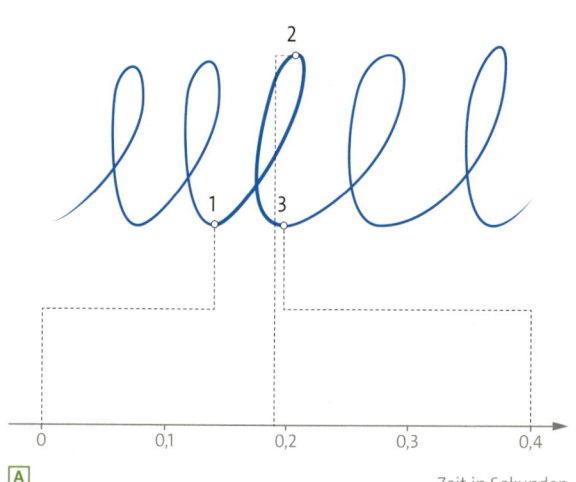

Zeit in Sekunden

Schriftprobe B

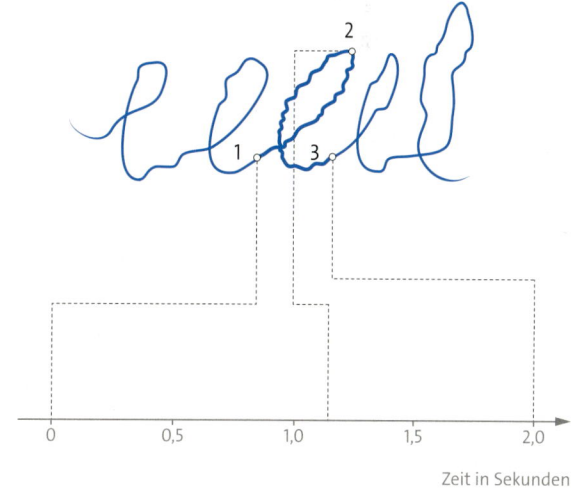

Zeit in Sekunden

Parkinson ist eine Krankheit, bei der aus noch ungeklärten Gründen die Dopamin produzierenden Nerven-zellen im Mittelhirn zerstört werden. Wird kein Dopamin produziert, fehlt dieser Transmitter in den Synapsen.

Zur Diagnose der Krankheit wird oft eine Schriftprobe gemacht.

B1 Beschreibe die Abbildung A!

B2 Vergleiche die Abbildungen A und B!

B3 Beschreibe die Bedeutung von Trans-mittern in den Synapsen!

B4 Stelle Hypothesen auf, in welchem Zusammenhang die Schriftproben mit dem Transmitter Dopamin stehen!

01 Haushaltszucker

Hormone – Blutzuckerspiegel

> *Haushaltszucker besteht zum Teil aus Glukose. Diese benötigen unsere Zellen für die Zellatmung. Je nach Aktivität des Körpers ist eine unterschiedliche Menge an Glukose erforderlich. Wie wird geregelt, dass die Zellen die passende Menge an Glukose erhalten?*

HORMONE · Die Glukose der Nahrung gelangt aus dem Dünndarm ins Blut und von dort aus in die Zellen. Wie hoch der Glukosegehalt im Blut, der *Blutzuckerspiegel*, ist und wie viel Glukose aus dem Blut in die Zellen gelangt, wird durch bestimmte Botenstoffe geregelt. Auch die Regelung vieler anderer Prozesse geschieht durch spezielle Botenstoffe. Allen gemeinsam ist, dass sie von besonderen Drüsen an das Blut abgegeben werden und dass sie schon in sehr geringen Mengen wirken. Man nennt solche Botenstoffe **Hormone**.

Ein bestimmtes Hormon wirkt nur auf die Zellen, die auf der Oberfläche ihrer Membran Empfängerstellen, die *Rezeptoren,* tragen. In diese passt das jeweilige Hormon wie ein Schüssel ins Schloss.

Das Hormonsystem ist neben dem Nervensystem ein zweites Informationssystem des Körpers. Da Hormone mit dem Blut transportiert werden, ist die Informationsleitung aber viel langsamer als die des Nervensystems. Außerdem kann ein einmal an das Blut abgegebenes Hormon an mehreren Stellen des Körpers gleichzeitig wirken, nämlich überall dort, wo Zellen die passenden Rezeptoren haben. Für die Hormone, die den Blutzuckerspiegel regeln, haben alle Zellen des Körpers passende Rezeptoren.

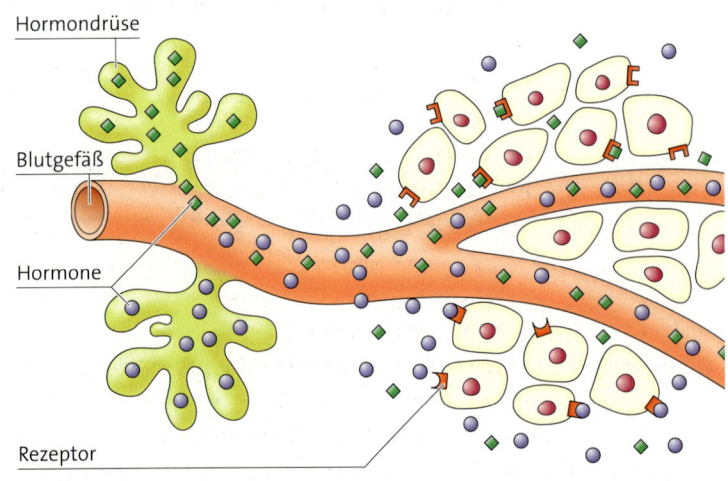

Hormondrüse

Blutgefäß

Hormone

Rezeptor

02 Informationsübertragung im Hormonsystem

INSULIN UND GLUKAGON · Die meisten Kohlenhydrate in der Nahrung enthalten Glukose, zum Beispiel Haushaltszucker, oder die aus langen Ketten von Glukoseteilchen bestehende *Stärke* in Brot, Kartoffeln oder Reis. Nach der Verdauung einer Mahlzeit steigt daher in der Regel der Blutzuckerspiegel an. Wie viel Glukose dem Blut entzogen wird und in die Zellen gelangt, steuert ein bestimmtes Hormon. Es verändert die Membranen der Zellen so, dass sie die Glukose aus dem Blut in ihr Zellplasma aufnehmen können. Dadurch sinkt der Blutzuckerspiegel. Dieses Hormon, das **Insulin**, wird in der Bauchspeicheldrüse gebildet und ins Blut abgegeben, wenn der Blutzuckerspiegel ansteigt.

Glukose, die nicht sofort in der Zellatmung abgebaut wird, wird zu Fett umgewandelt oder in Leber- und Muskelzellen zu langen, verzweigten Ketten, zu *Glykogen*, verbunden. Glykogen ist eine Speicherform von Glukose.

Durch die Ausschüttung von Insulin kann der Blutzuckerspiegel stark sinken. Auch ohne Nahrungsaufnahme lässt sich der Blutzuckerspiegel wieder erhöhen, wenn das in der Leber und den Muskeln gespeicherte Glykogen oder das Körperfett zu Glukose abgebaut wird. Wie stark der Abbau von Glykogen in der Leber verläuft, wird durch ein weiteres Hormon, das **Glukagon,** gesteuert. Es wird ebenfalls in der Bauchspeicheldrüse gebildet. Die Bauchspeicheldrüse bildet also Verdauungssaft und die Hormone Insulin und Glukagon.

Insulin senkt den Blutzuckerspiegel, Glukagon hebt ihn. Man nennt solche in entgegengesetzter Richtung wirkende Faktoren Gegenspieler. Sie regeln den Blutzuckerspiegel. Bei einem gesunden Menschen liegt er in einem Bereich von etwa einem Gramm Glukose pro Liter Blut.

1 ⌡ Beschreibe die Abbildung 02!

2 ⌡ Beschreibe die Merkmale von Hormonen!

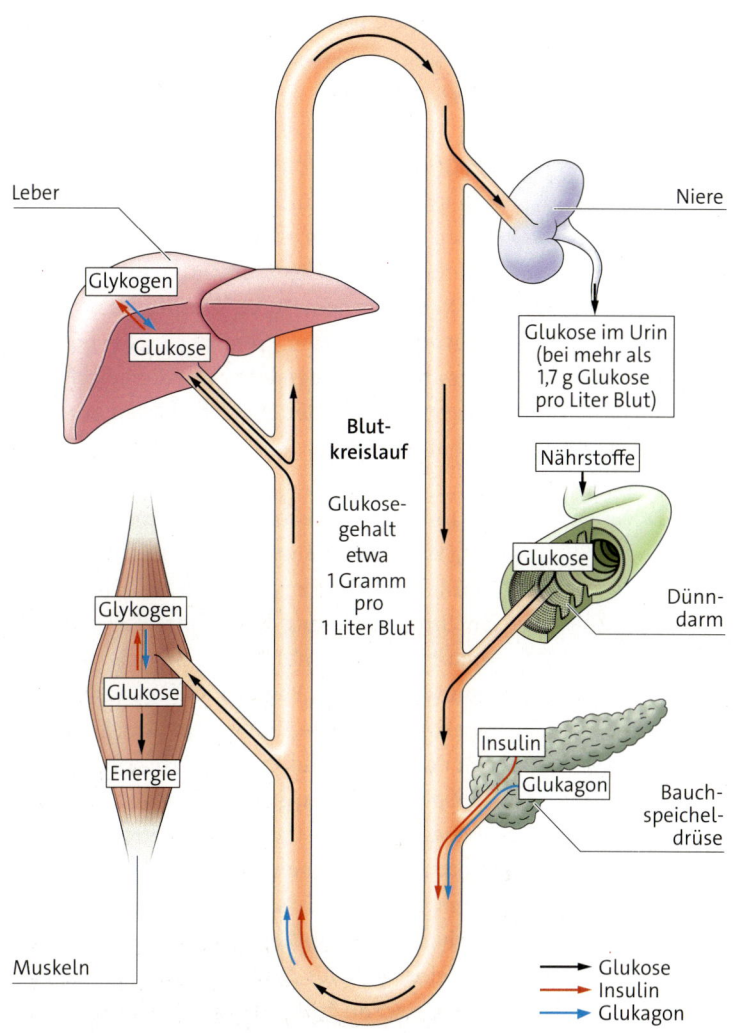

03 Informationsübertragung durch die Hormone Insulin und Glukagon

///// **BIOLOGISCHES PRINZIP** /////////

Gegenspielerprinzip

Insulin senkt den Blutzuckerspiegel, indem es den Übertritt von Glukose aus dem Blut in die Zellen und die Umwandlung von Glukose zu Glykogen und Fett fördert. Glukagon hingegen erhöht den Blutzuckerspiegel, indem es den Abbau von Glykogen zu Glukose in der Leber fördert und damit den Glukosegehalt im Blut erhöht. Solche Vorgänge, bei denen jeweils einzelne Teile entgegengesetzt wirken, bezeichnet man als ***Gegenspielerprinzip.***

DIABETES · Wenn die Bauchspeicheldrüse kein oder zu wenig Insulin bildet, können die Zellen keine oder zu wenig Glukose aus dem Blut aufnehmen. Das Blut erhält aber weiterhin Glukose durch die Nahrungsaufnahme. Dadurch steigt der Blutzuckerspiegel auf einen zu hohen Wert. Wenn zu viel Glukose im Blut vorhanden ist, wird die überschüssige Glukose in der Niere aus dem Blut entfernt und mit dem Harn ausgeschieden. Wenn der Zucker im Harn dauerhaft weit über dem normalen Wert liegt, spricht man von der *Zuckerkrankheit* oder von **Diabetes mellitus.**

griechisch dia = durch, bainein = gehen

lateinisch mellitus = süß

Bei Diabetikern gelangt die Glukose der Nahrung zwar bis ins Blut, von dort aber wegen des Insulinmangels in zu geringem Maße in die Zellen. Ihre Zellatmung kann daher nur schwach ablaufen, sodass nur wenig Energie zur Verfügung steht, zum Beispiel für die Tätigkeit der Muskulatur oder des Nervensystems. Sie fühlen sich dann matt und kraftlos. Der hohe Blutzuckerspiegel führt zu großem Durst und zur Ausscheidung großer Urinmengen. Weil auch die Bildung von Glykogen und Fett herabgesetzt ist, nehmen Diabetiker ohne Behandlung häufig rasch und stark an Gewicht ab. Diese Form des Diabetes wird als *Diabetes Typ 1* bezeichnet. Weil sie schon früh im Leben auftreten kann, nennt man sie auch *Jugenddiabetes*.

Den Mangel an Insulin können Diabetiker vom Typ I nur ausgleichen, indem sie das Hormon unter die Haut in ihre Blutbahn spritzen. Die erforderliche Menge an Insulin hängt von der jeweiligen Situation ab. Ein Diabetiker misst daher den Blutzuckerspiegel in einem kleinen Tropfen Blut. Er berechnet den Glukosegehalt der Nahrung und schätzt ab, welche Glukosemenge er für die Tätigkeit in den nächsten Stunden benötigt.

Wenn er zu viel Insulin spritzt oder wenn er durch eine unvorhergesehene anstrengende Tätigkeit zu viel Glukose verbraucht, sinkt der Blutzuckerspiegel zu stark ab. Wenn zu wenig Glukose im Blut vorhanden ist, ist auch die Energieversorgung seines Nervensystems gefährdet. Er beginnt zu zittern, ist leicht benommen und kann bewusstlos werden. Diabetiker nehmen in solchen Fällen rasch Traubenzucker, also Glukose, zu sich und heben dadurch den Blutzuckerspiegel.

Durch moderne Medikamente, Messgeräte und die gute medizinische Versorgung können Diabetiker heute ohne große Beeinträchtigungen leben. Viel häufiger als dieser Jugenddiabetes ist der *Diabetes Typ 2*. Dieser Diabetes beruht auf einer Störung der Insulinrezeptoren. Vor allem ältere Menschen mit Übergewicht bilden eine Risikogruppe für diesen Diabetes, den *Altersdiabetes*.

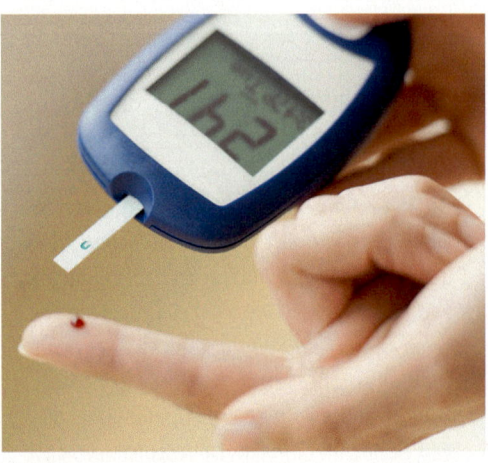

04 Messen des Blutzuckerspiegels

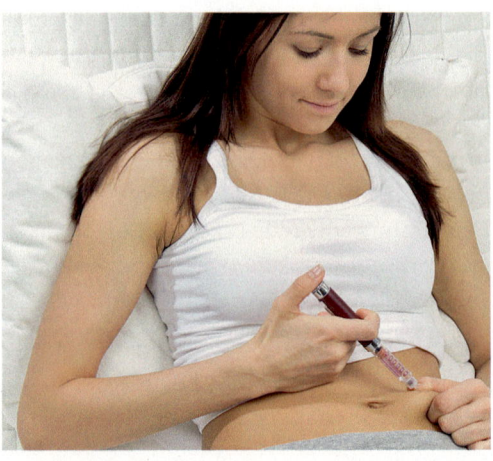

05 Einspritzen von Insulin

Material A ► Blutzuckerspiegel

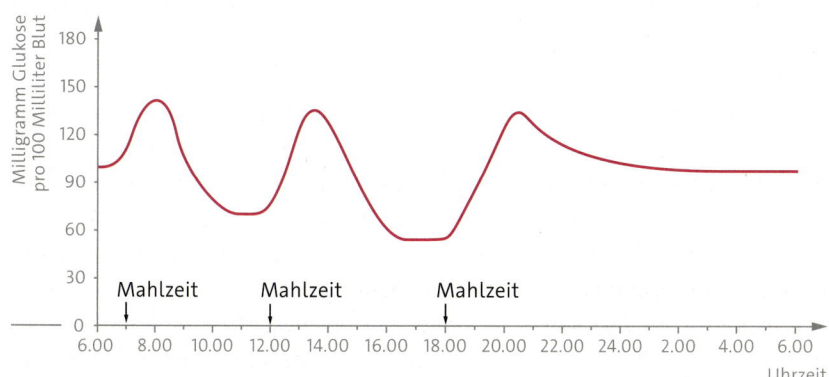

A1 Erkläre den Kurvenverlauf!

A2 Begründe mithilfe der Grafik, ob Fachleute drei große Mahlzeiten pro Tag oder mehrere kleine empfehlen!

A3 Erkläre, weshalb eine Kurve des Insulingehalts in der Grafik ähnlich wie die Glukosekurve, aber zeitlich versetzt verlaufen würde!

Material B ► Zuckerbelastungstest

Ergebnisse des Zuckerbelastungstest

Blutzuckergehalt des Blutes in Gramm pro Liter		
Zeit	Person A	Person B
→ Trinken der Glukoselösung		
8 Uhr	1,5	0,9
9 Uhr	2,6	1,3
10 Uhr	2,9	1,0
11 Uhr	2,5	0,9

Bei einem Zuckerbelastungstest tranken zwei nüchterne Personen eine Glukoselösung. Danach wurde in regelmäßigen Zeitabständen die Höhe des Blutzuckerspiegels gemessen. Die Werte für die beiden Personen sind aus der Tabelle zu entnehmen.

B1 Stelle die Testergebnisse in einem geeigneten Diagramm dar!

B2 Vergleiche die Testergebnisse der beiden Testpersonen!

B3 Erkläre, weshalb eine der beiden Personen unter Diabetes leidet!

B4 Stelle eine Hypothese auf, wie sich der Blutzuckerspiegel der Person B ändern würde, wenn ihr um 11 Uhr Glukagon gespritzt wird! Begründe!

Material C ► Diabetes und Übergewicht

"Obesity[1] is a serious[2] worldwide problem and is associated[3] with the risk of developing diabetes. Today, more than 1.1 billion adults worldwide are overweight, and 312 million of them are obese[4]. In the past 20 years, the rates of obesity have tripled[5] in developing countries that have adopted[6] a Western lifestyle, with the Middle East, Pacific Islands, Southeast Asia, India, and China facing the greatest increase[7]. Consequently, the number of people with diabetes in these countries is expected[8] to increase from 84 million in 2000 to 228 million by 2030."

[1]obesity: Fettleibigkeit; [2]serious: ernst; [3]associate: verbinden; [4]obese: fettleibig; [5]tripled: verdreifacht; [6]to adopt sth.: etwas übernehmen; [7]increase: Zunahme; [8]to expect sth.: mit etwas rechnen

Quelle: Marion J. Franz: The Dilemma of Weight Loss in Diabetes, in Diabetes Spectrum July 2007 vol. 20 no. 3, 133 – 136

C1 Gib den Inhalt des Textes in eigenen Worten wieder!

C2 Beschreibe auf der Basis des Textes Maßnahmen zur Verminderung der Anzahl der Diabetiker!

C3 Stelle eine Hypothese auf, wie sich Zeiten von Nahrungsknappheit auf die Anzahl der Diabetiker auswirken!

C4 Recherchiere Vorsorgemaßnahmen, um Altersdiabetes entgegenzuwirken, und erstelle eine digitale Präsentation!

BIOLOGISCHES PRINZIP

Regulation

Die Hormone der Schilddrüse beeinflussen viele Stoffwechselvorgänge im Körper. Durch eine Steigerung des Stoffwechsels können auch die Freisetzung von Energie und die Wärmeproduktion erhöht werden. Eine wichtige Aufgabe der Schilddrüse besteht darin, die Körpertemperatur konstant zu halten. Wie können solche Vorgänge reguliert werden?

*Die Grundlagen einer Regulation, der **Regelkreis,** lassen sich an einem Alltagsbeispiel verdeutlichen.*

*In vielen Autos lässt sich die Raumtemperatur mit der Klimaanlage konstant auf einem bestimmten Wert halten. Diese Temperatur ist die zu regelnde Größe, die **Regelgröße.** Ein Thermometer der Klimaanlage misst die aktuelle Raumtemperatur. Es ist das **Messglied** im Regelkreis und stellt den aktuellen Wert, den **Istwert** von beispielsweise 25 Grad Celsius, fest. Die Klimaanlage, welche die Raumtemperatur regelt, wird als **Regler** bezeichnet. Ihr muss die gewünschte Temperatur, der **Sollwert,** mitgeteilt werden. Dies geschieht, wenn der Fahrer die gewünschte Temperatur einstellt, zum Beispiel 21 Grad Celsius. Er ist das **Führungsglied** des gesamten Regelungssystems.*

*Der Regler ermittelt aus der Differenz zwischen Istwert und Sollwert den Wert, mit dem die Regelgröße beeinflusst wird, den **Stellwert.** Der Bestandteil der Klimaanlage, der für die Korrektur der Regelgröße zuständig ist, wird als **Stellglied** bezeichnet. Es erzeugt in diesem Fall kalte Luft. Mithilfe dieser **Stellgröße** wird der Istwert in Richtung des Sollwerts korrigiert. Durch Einwirkung von kalter oder warmer Luft, zum Beispiel durch das Öffnen eines Fensters, wird der Regelkreis beeinflusst. Diese **Störgröße** verändert die Innenraumtemperatur und damit den Istwert.*

Der Abweichung vom Sollwert wirkt die Klimaanlage immer wieder entgegen. Sie regelt die Raumtemperatur nach dem Regelkreisprinzip.

01 Regelkreis am Beispiel der Regulation der Raumtemperatur

Um die Körpertemperatur eines Menschen konstant zu halten, muss die Stoffwechselaktivität ständig den aktuellen Bedingungen angepasst werden. Bei niedrigen Temperaturen muss der Grundumsatz gesteigert werden. Er liefert die Energiemenge, also auch die Wärme, die der Körper schon bei Ruhe benötigt. Da die Stärke des Stoffwechsels von dem Schilddrüsenhormon Thyroxin abhängig ist, wird die Konzentration von Thyroxin im Blut ständig geregelt. Auch diese Regulation funktioniert nach dem Regelkreisprinzip.

Vom Großhirn, das ständig Informationen aus der Umwelt und dem Körper verarbeitet, bekommt der Hypothalamus mitgeteilt, welche Hormonmengen notwendig sind. Daraufhin legt er die erforderliche Thyroxinkonzentration fest. Er schüttet ein Freisetzungshormon aus, das auf die Hypophyse wirkt und diese veranlasst, ein schilddrüsenstimulierendes Hormon freizusetzen. Dieses Hormon bewirkt, dass die Thyroxinmenge produziert wird, die notwendig ist, um den angestrebten Thyroxinspiegel im Blut zu erreichen.

Rezeptoren in der Hypophyse ermitteln regelmäßig die aktuelle Thyroxinkonzentration. Die Hypophyse vergleicht so ständig den Istwert mit dem Sollwert. Ist die Thyroxinkonzentration zu niedrig, führt dies dazu, dass die Hypophyse vermehrt das schilddrüsenstimulierende Hormon freisetzt. Dadurch erhöht sich der Thyroxinspiegel im Blut und der Grundumsatz steigt. Ist die aktuelle Thyroxinkonzentration höher als der Sollwert, so wirkt dies hemmend auf die Hypophyse, wodurch sie weniger schilddrüsen-stimulierendes Hormon freisetzt. In der Folge wird auch weniger Thyroxin von der Schilddrüse in das Blut abgegeben, sodass der Grundumsatz abnimmt. Kälte oder Wärme beispielsweise beeinflussen die Thyroxinkonzentration im Blut.

Der Thyroxingehalt wirkt also auf sich selbst zurück und bestimmt, ob mehr oder weniger Thyroxin ausgeschüttet werden soll. Man spricht von Rückkopplung. Wird die Wirkung in die entgegengesetzte Richtung verändert, nach dem Prinzip „je mehr, desto weniger" oder „je weniger, desto mehr", handelt es sich um eine negative Rückkopplung. Sie ist charakteristisch für den Vorgang einer Regulation. Wird die Wirkung durch eine Rückkopplung jedoch verstärkt, nach dem Prinzip „je mehr, desto mehr"oder „je weniger, desto weniger", handelt es sich um eine positive Rückkopplung. Da nicht nur beim Menschen, sondern bei allen Lebewesen Regulationsvorgänge die Voraussetzung für den Stoffwechsel und die Entwicklung sind, spricht man vom biologischen Prinzip der **Regulation.**

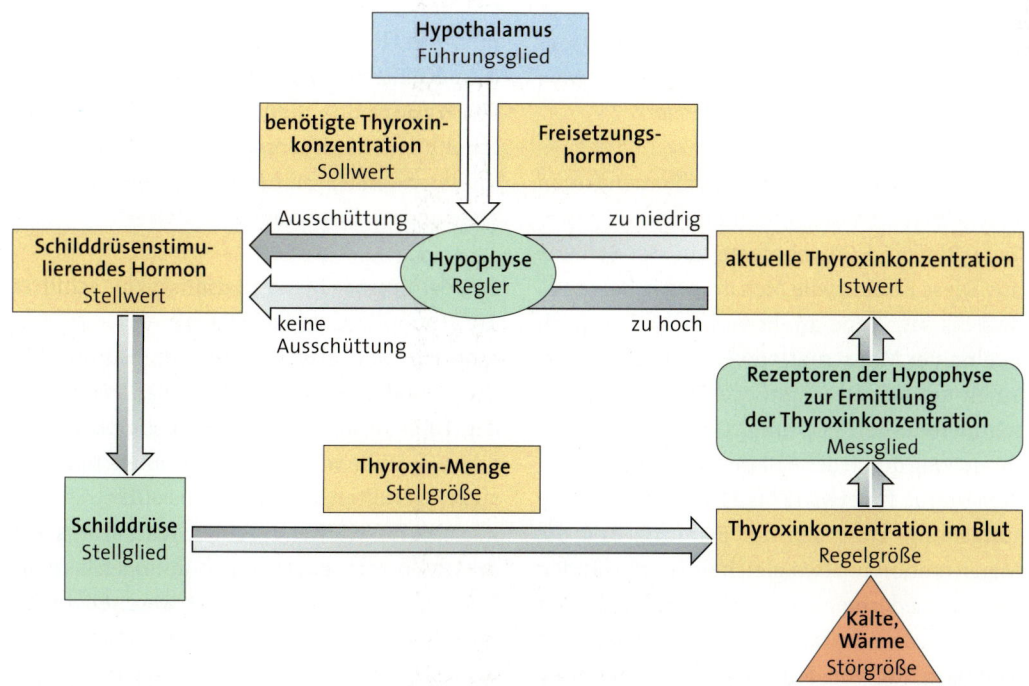

02 Regulation der Thyroxinkonzentration im Blut

01 Schwangere
Frauen

Hormone – Fortpflanzung

Frauen können zu allen Zeiten im Jahr Kinder bekommen. Die Befruchtung einer Eizelle ist aber nur an wenigen, regelmäßig wiederkehrenden und von Frau zu Frau verschiedenen Tagen möglich. Wie ist das zu erklären?

MENSTRUATIONSZYKLUS · Bei Frauen treten in regelmäßigen Abständen, etwa alle 28 bis 30 Tage, Blut und Gewebereste aus der Scheide aus. Diese Blutung, die *Menstruation,* hält etwa drei bis vier Tage an. Etwa am 14. Tag nach Beginn der Menstruation verlässt eine Eizelle einen der beiden Eierstöcke. Diesen Vorgang nennt man den *Eisprung.* Die Eizelle ist auf ihrem Weg durch den Eileiter zur Gebärmutter, dem Uterus, für etwa 12 bis 24 Stunden befruchtungsfähig. Weil sich der Eisprung und die Menstruation in etwa gleichen Zeitabständen immer wiederholen, bezeichnet man die Zeit zwischen dem ersten Tag einer Menstruation und dem Tag vor dem Beginn der nächsten Monatsblutung als **Menstruationszyklus.**

FSH = follikelstimulierendes Hormon

LH = luteinisierendes Hormon = Gelbkörperhormon

REGELUNG DES ZYKLUS · Die Vorgänge während eines Menstruationszyklus werden durch mehrere Hormone geregelt. Als Auslöser für die periodisch wiederkehrende Ausschüttung dieser Hormone dient ein Bereich des Zwischenhirns, der *Hypothalamus.* Er regt mit stimulierenden Hormonen die *Hypophyse* an, die viele andere Hormondrüsen steuert.

Zu Beginn eines Menstruationszyklus schüttet die Hypophyse zunächst vermehrt das Hormon FSH aus, etwas später das Hormon LH. Diese beiden Hormone regen das Wachstum der Hülle an, die eine Eizelle im Eierstock umgibt. Die Hülle wird dadurch zu einem mit Flüssigkeit gefüllten Bläschen, dem **Follikel.** Ein Follikel bildet während seines Wachstums ein drittes Hormon, das Östrogen. Östrogen lässt die Schleimhaut des Uterus stark wachsen. In der Hypophyse vermindert es die Ausschüttung von FSH, verstärkt aber dort die Abgabe von LH. Zwischen dem 13. und 15. Tag eines Menstrua-

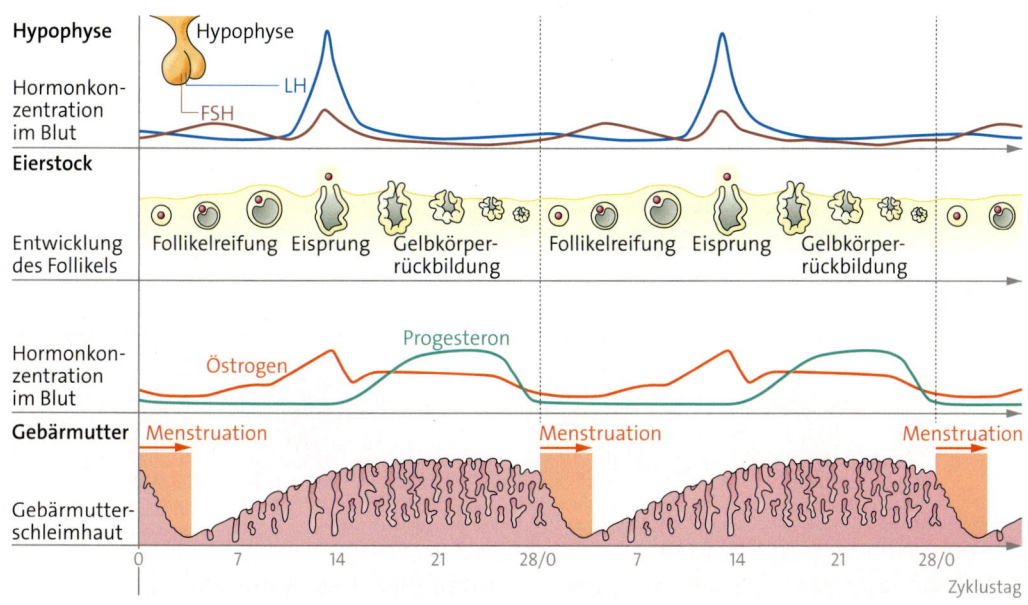

Hypophyse

Hormonkon-
zentration
im Blut

Hypophyse

LH

FSH

Eierstock

Entwicklung
des Follikels

Follikelreifung Eisprung Gelbkörper-
rückbildung   Follikelreifung Eisprung Gelbkörper-
rückbildung

Hormonkon-
zentration
im Blut

Östrogen   Progesteron

Gebärmutter Menstruation   Menstruation   Menstruation

Gebärmutter-
schleimhaut

0   7   14   21   28/0   7   14   21   28/0

Zyklustag

02 Hormonelle
Regelung des
Menstruationszyklus

tionszyklus erreichen die Konzentrationen von FSH und LH im Blut ein bestimmtes Verhältnis zueinander. Das löst den *Eisprung* aus.

Das Hormon LH sorgt dafür, dass sich der nun leere Follikel zum *Gelbkörper* umwandelt. Er bildet neben Östrogen vor allem das Hormon *Progesteron*. Dieses bremst die Ausschüttung von FSH und LH in der Hypophyse. Außerdem fördert es das Wachstum und die Durchblutung der Uterusschleimhaut. So wird sie darauf vorbereitet, nach einer eventuellen Befruchtung die befruchtete Eizelle aufzunehmen.

Wenn eine **Einnistung** nicht erfolgt, weil keine Befruchtung stattgefunden hat, führt die verringerte Ausschüttung von FSH und LH dazu, dass der Gelbkörper kleiner wird. Daher geht zunächst die Bildung der beiden *Sexualhormone* Östrogen und Progesteron zurück. Dadurch wird die hemmende Wirkung auf die FSH-Produktion der Hypophyse geringer. Der daraufhin steigende Gehalt an FSH im Blut lässt einen neuen Follikel wachsen, der wieder vermehrt Östrogen bildet. Dadurch wird unter der alten Uterusschleimhaut eine neue aufgebaut. Die alte Schleimhaut reißt ab und wird mit Bewegungen der Uterusmuskulatur durch die Scheide aus dem Körper entfernt. Es kommt zur *Menstruationsblutung*. Die Steuerung der Hypophyse durch den Hypothalamus, der wiederum mit anderen Gehirnteilen verbunden ist, ist dafür verantwortlich, dass der Menstruationszyklus durch psychische Einflüsse gestört werden kann. Bei starkem Stress kann der Eisprung ausbleiben. Das kann vorteilhaft sein, weil so eine zusätzliche Belastung durch eine Schwangerschaft verhindert wird.

Die hormonelle Regelung, die dem Menstruationszyklus zugrunde liegt, beginnt in der Pubertät. Die beteiligten Hormone bewirken auch die übrigen Veränderungen in dieser Zeit, zum Beispiel das Wachstum der Brüste. Im Alter von etwa 48 bis 55 Jahren, in den *Wechseljahren*, kommt die hormonelle Regelung des Menstruationszyklus zum Erliegen. Der Eisprung und die Menstruation fallen aus.

1 Nenne die bei der Regulation des Menstruationszyklus beteiligten Hormone und ordne ihnen ihre Funktion zu!

2 Beschreibe die Veränderungen eines Follikels während eines Menstruationszyklus!

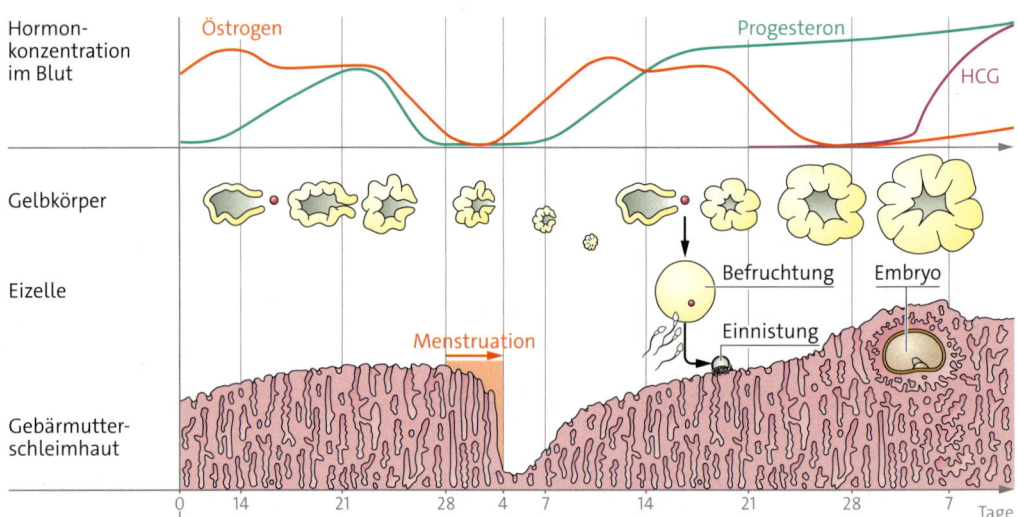

03 Hormonelle Regelung der Schwangerschaft

HCG = humanes Choriongonadotropin

SCHWANGERSCHAFT · Die Veränderungen im Eierstock und im Uterus sind zeitlich aufeinander abgestimmt. Dadurch wird gewährleistet, dass eine befruchtete Eizelle eine Uterusschleimhaut vorfindet, die für ihre Einnistung und die Versorgung des Embryos vorbereitet ist. Nach der Einnistung entsteht an der Uteruswand die *Plazenta*, die die Versorgung des Embryos übernimmt. Sie bildet ein weiteres Hormon, das Schwangerschaftshormon HCG. Unter dem Einfluss von HCG bleibt der Gelbkörper erhalten, sodass weiterhin Östrogen und Progesteron gebildet werden. Diese beiden Sexualhormone sorgen dafür, dass die FSH-Ausschüttung in der Hypophyse gering bleibt. Daher wird die Uterusschleimhaut nicht abgestoßen, es kann kein Follikel in einem Eierstock reifen und so auch kein weiterer Eisprung stattfinden. Auf diese Weise wird verhindert, dass sich im Laufe einer Schwangerschaft ein weiterer Embryo in der Uterusschleimhaut einnistet. Die ausbleibende Menstruation ist ein erstes, deutliches Zeichen für eine Schwangerschaft. Gegen Ende der Schwangerschaft bildet die Hypophyse ein Hormon, das für Kontraktionen der Uterusmuskulatur während der Geburt erforderlich ist. Ein weiteres Hypophysenhormon regt nach der Geburt die Bildung der Muttermilch an.

HORMONE DES MANNES · In den Hoden entsteht ständig eine sehr große Anzahl an Spermien. Beim Mann ist also die Bildung der Geschlechtszellen nicht an einen Zyklus gebunden, wie es bei der Frau der Fall ist. Die Spermienbildung wird durch das FSH der Hypophyse angeregt. LH stimuliert die Ausschüttung von *Testosteron*, dem männlichen Sexualhormon, das auch für die Spermienbildung erforderlich ist. Testosteron wirkt hemmend auf den Hypothalamus und damit auch auf die FSH- und LH-Bildung der Hypophyse. Die verringerte LH-Ausschüttung senkt die Testosteronbildung. An der Regelung der Sexualhormone sind also bei Mann und Frau die gleichen Hypophysenhormone beteiligt. Während der Pubertät lässt Testosteron die Geschlechtsorgane wachsen und bildet die sekundären Geschlechtsmerkmale aus, zum Beispiel den Bart und die Schambehaarung. Zudem fördert Testosteron den Muskelaufbau.

3 ⌡ Vergleiche die Wirkungen von FSH und LH beim Mann mit der Wirkung bei der Frau!

4 ⌡ Erkläre, weshalb von allen Sexualhormonen HCG sich am besten für den Nachweis einer Schwangerschaft eignet!

Material A ▸ Menstruationszyklus

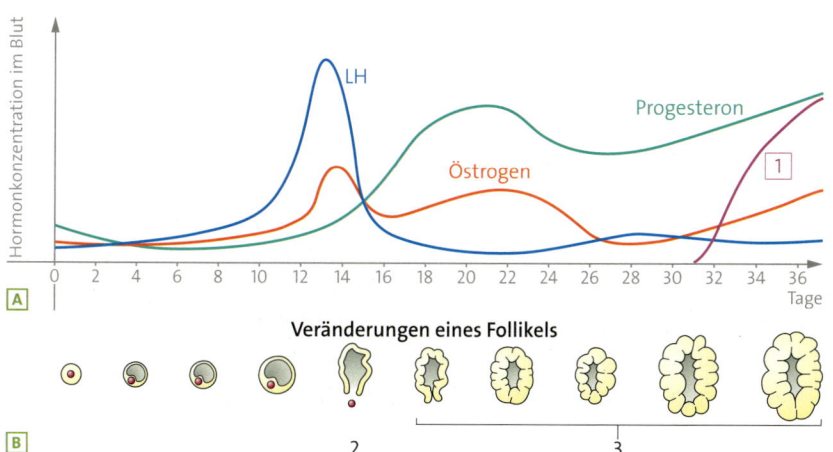

A

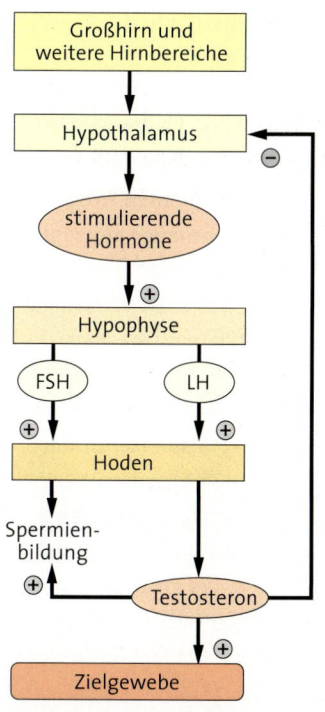

B

Veränderungen eines Follikels

2   3

A5 Beschreibe die Veränderungen eines Follikels, die bei 2 und 3 ablaufen!

A6 Ordne die Vorgänge 2 und 3 dem Zeitraum des Diagramms zu, in dem sie ablaufen! Begründe die Zuordnung!

A7 Erkläre, weshalb man in der Gerichtsmedizin aus der Anzahl der Gelbkörper im Eierstock erschließen kann, wie häufig eine Frau schwanger war!

A1 Beschreibe die Veränderungen der Hormonkonzentrationen!

A2 Nenne ein an der Regelung des Menstruationszyklus beteiligtes Hormon, das im Diagramm nicht berücksichtigt ist!

A3 Begründe mithilfe der Abbildungen, ob im dargestellten Fall eine Befruchtung stattgefunden hat!

A4 Nenne die Bezeichnung des Hormons der Kurve 1 in Abbildung A!

Material B ▸ Hormonhaushalt

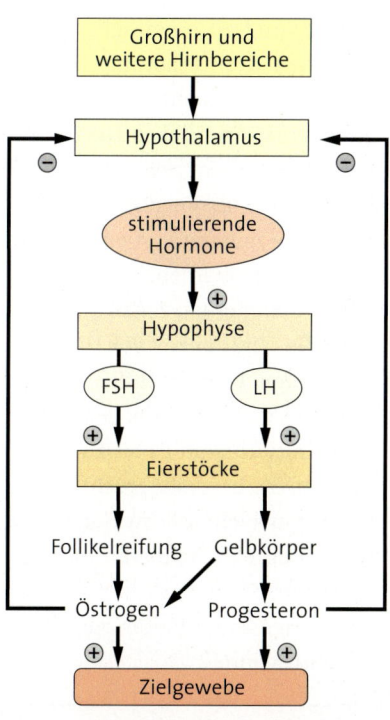

B1 Vergleiche die Hormonbildung der Geschlechtsdrüsen beim Mann mit der bei der Frau!

B2 Beschreibe negative Rückkopplungen im Hormonhaushalt von Mann und Frau!

B3 Nenne je eine Wirkung in den Zielgeweben von Jungen und Mädchen in der Zeit vor und nach der Pubertät!

B4 Stelle eine Hypothese auf, wieso psychische Einflüsse die Regelung der Testosteronkonzentration verändern können!

B5 Erkläre am Beispiel des Testosterons, weshalb Hormone nur eine begrenzte Zeit funktionsfähig sein dürfen!

Hormonelle Verhütung

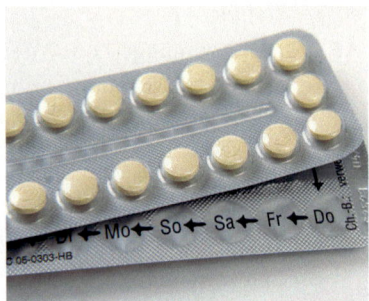

01 Pille

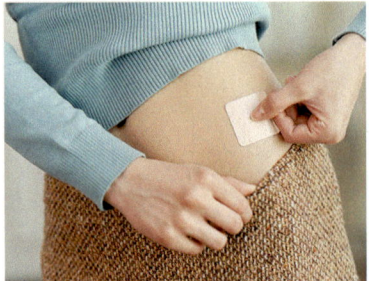

02 Verhütungspflaster

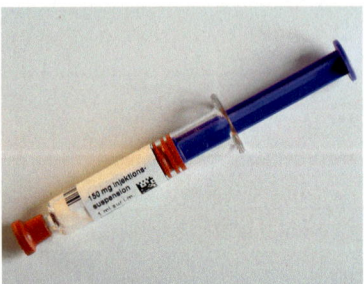

03 Hormonspritze

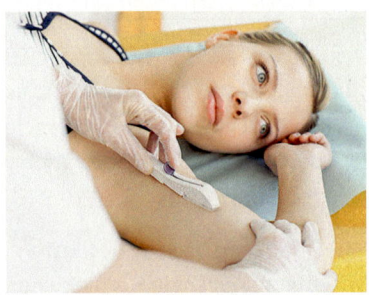

04 Hormonimplantat

Eine Schwangerschaft lässt sich durch die Einnahme hormonhaltiger Mittel verhindern. Man spricht von **hormoneller Verhütung.**

Diese Mittel, **die Pille,** enthalten künstlich hergestellte Hormone in verschiedenen Zusammensetzungen, die in ihrer Wirkung mit den weiblichen Sexualhormonen Östrogene und Gestagene vergleichbar sind. Sie können den Eisprung hemmen, sodass die Befruchtung einer Eizelle nicht möglich ist. Zusätzlich können sie den Schleim im Eingang zur Gebärmutter so verändern, dass Spermienzellen nicht eindringen können. Oft wird der vollständige Aufbau der Gebärmutterschleimhaut verhindert, sodass sich eine befruchtete Eizelle nicht einnisten kann. Diese Mehrfachwirkungen führen bei korrekter Anwendung zu einer sehr hohen Sicherheit der Verhütung. Hormonelle Verhütungsmittel können auch Nebenwirkungen haben. Die Thrombosegefahr erhöht sich zum Beispiel stark bei Raucherinnen. Alle Hormonpräparate müssen von einem Arzt verschrieben werden.

Die Einnahme von Medikamenten kann die Wirksamkeit von Hormonpräparaten beeinträchtigen. Nach Absetzen eines hormonellen Verhütungsmittels kann es bis zu einem Jahr dauern, bevor die Fruchtbarkeit wieder erreicht ist. Im Gegensatz zu Kondomen schützen hormonelle Verhütungsmittel nicht vor Geschlechtskrankheiten oder einer HIV-Infektion.

Die Pille gibt es in vielen verschiedenen Zusammensetzungen der Hormone. Meistens nimmt die Frau 21 Tage lang täglich eine Pille ein. Während der sieben Tage ohne Einnahme findet die Menstruation statt. Durchfall oder Erbrechen können die Wirkung beeinträchtigen. Die sogenannte Minipille enthält sehr geringe Hormonmengen.

Das Verhütungspflaster wird wie ein normales Pflaster auf die Haut geklebt und nur die ersten drei Wochen während eines Zyklus getragen. Wie bei der Pille folgt dann eine Pause von sieben Tagen, bevor ein neues Pflaster notwendig ist. Durchfall oder Erbrechen können die Wirkung nicht beeinträchtigen.

Die Hormonspritze ist in der Regel eine Dreimonatsspritze. Sie muss vom Arzt verabreicht werden und wirkt 90 Tage lang. In dieser Zeit braucht nicht täglich an eine Verhütung gedacht zu werden. Wegen der großen Hormonmenge verträgt sie nicht jede Frau. Während der drei Monate lässt sich die Wirkung nicht wieder rückgängig machen.

Das Hormonimplantat wird von einem Arzt beispielsweise an der Innenseite des Oberarms unter die Haut eingesetzt. Es gibt dann ständig Hormone ab. Das Hormonimplantat wirkt bis zu drei Jahre und kann jederzeit wieder entfernt werden.

Doping

Die Einnahme unerlaubter Substanzen, die zur körperlichen Leistungssteigerung vor allem im Sport eingesetzt werden, wird allgemein als **Doping** bezeichnet. Auch in Alltagssituationen, Ausbildung oder Beruf können bestimmte Substanzen, beispielsweise Medikamente, die Leistungsfähigkeit erhöhen.

Anabolika enthalten künstlich hergestellte Substanzen, die dem männlichen Sexualhormon Testosteron ähneln. Sie fördern die Eiweißsynthese und verbessern dadurch im Training den Aufbau von Muskelmasse. Dies ist vor allem bei Kraftsportarten von Vorteil, bei denen Schnellkraft und eine große Muskelmasse notwendig sind. Zusätzlich wird aber auch die Regenerationsfähigkeit des Körpers verbessert. Als Nebenwirkungen können allerdings auch schwere Organschäden auftreten.

01 Kraftsport

EPO ist die Abkürzung für *Eryhtropoietin*. Dieses Hormon wird in der Niere gebildet. Es fördert im Knochenmark die Produktion von Erythrozyten. Durch eine zusätzliche Einnahme von EPO können mehr Erythrozyten gebildet werden. Dadurch kann das Blut mehr Sauerstoff auch zu den Muskelzellen transportieren, was die Leistungsfähigkeit des Körpers verbessert. Die hohe Anzahl von Blutzellen verdickt aber das Blut. Das kann tödliche Nebenwirkung zur Folge haben.

02 Ausdauersport

Stimulanzien, zum Beispiel *Amphetamine*, sind Aufputschmittel. Sie führen dem Körper keine zusätzliche Energie zu, sondern ermöglichen es ihm, die Müdigkeit zu überwinden, die Aufmerksamkeit zu steigern und die Energiereserven des Körpers auszubeuten. Stimulanzien, zu denen auch *Koffein* gezählt wird, sind bei allen Sportarten, sogar im Freizeitsport, verbreitet. Herzrhythmusstörungen und Kreislaufzusammenbrüche können gefährliche Nebenwirkungen sein.

03 Freizeitsport

01 Klassenarbeit

Stress

> Für Schülerinnen und Schüler ist die Klassenarbeit eine Belastung. Wie reagiert der Körper auf solche und andere belastende Situationen?

STRESS · Jeder von uns kennt das Gefühl, wenn bei Klassenarbeiten und Prüfungen unser Herz schneller und heftiger klopft, die Atmung rascher geht und wir das Gefühl haben, hellwach zu sein. Häufig ist jedoch auch Angst im Spiel. Man fasst solche und andere Einstellungen des Körpers auf belastende oder gefährliche Situationen unter dem Begriff **Stress** zusammen.

Reize, die Stress auslösen, die *Stressoren*, stammen meistens aus unserer Umwelt. Jedoch können wir auch uns selbst unter Stress setzen, zum Beispiel wenn unser Ehrgeiz uns antreibt, ein möglichst gutes Ergebnis bei einer Prüfung zu erzielen. Wir empfinden Stressoren nicht immer als belastend. Für viele ist zum Beispiel der Sportunterricht angenehm. Man bezeichnet positive Belastungen als *Eustress*, unangenehmen Stress als *Disstress*.

KURZZEITSTRESS · Die Antwort des Körpers auf Stress geht vom Gehirn aus. Es nimmt die Stressoren wahr. Von einem Bereich des Zwischenhirns, dem Hypothalamus, läuft danach die Erregung über das Rückenmark und die Nervenfasern des *Sympathikus* zu den Organen. Unter anderem führt das dazu, dass das Herz schneller schlägt.

Von besonderer Bedeutung aber ist die Wirkung des Sympathikus auf Hormondrüsen, die wie eine kleine Kappe oben auf jeder der beiden Nieren sitzen. Wegen ihrer Lage werden sie als **Nebennieren** bezeichnet. Sie bestehen aus einem zentralen Bereich, dem *Nebennierenmark*, und einem außen liegenden, der *Nebennierenrinde*. Der Sympathikus zieht zum Nebennierenmark. Er regt dort die Ausschüttung der Hormone **Adrenalin** und **Noradrenalin** in die Blutbahn an.

Adrenalin und Noradrenalin wirken an vielen Stellen des Körpers. Sie erhöhen die Herzschlagfrequenz und erweitern die Verzweigungen der Luftröhre, die Bronchien. Dadurch

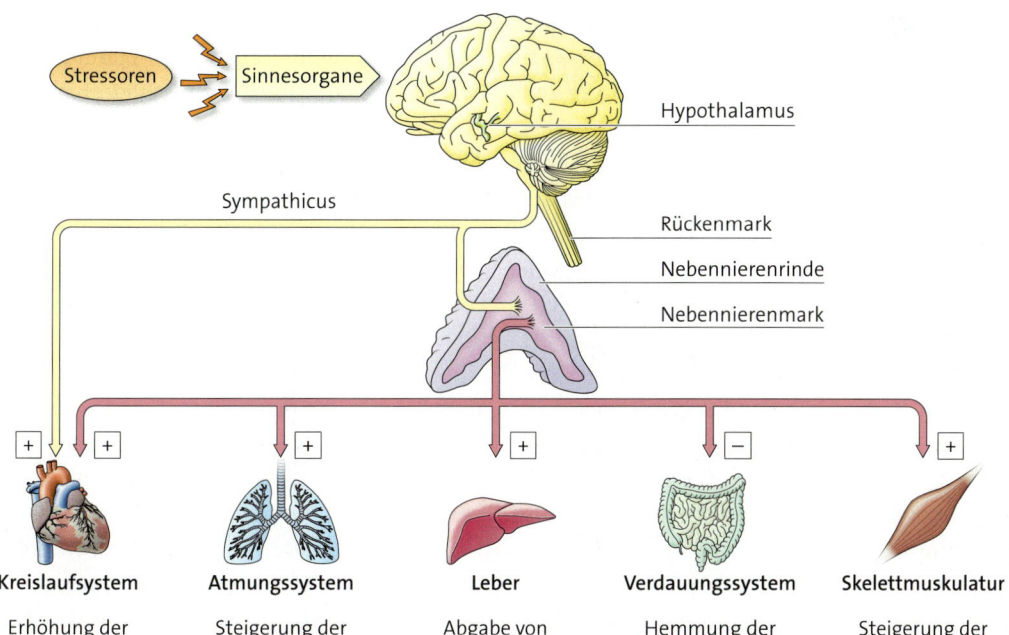

Kreislaufsystem	Atmungssystem	Leber	Verdauungssystem	Skelettmuskulatur
Erhöhung der Blutversorgung	Steigerung der Sauerstoffversorgung	Abgabe von Glukose ins Blut	Hemmung der Verdauung	Steigerung der Glukoseversorgung

02 Vorgänge und Wirkungen des Kurzzeitstresses

erhalten die Zellen des Körpers mehr Sauerstoff. Ebenso fördern diese Hormone den Abbau von Glykogen in der Leber. Dadurch steht den Zellen mehr Glukose für den Energiestoffwechsel zur Verfügung. Energiebedürftige Vorgänge können daher stärker ablaufen, zum Beispiel die Kontraktion von Muskelzellen.

Die Blutgefäße von Herz, Gehirn und Skelettmuskeln werden unter dem Einfluss von Adrenalin erweitert, die der Verdauungsorgane und der Haut werden verengt. Das ist vorteilhaft, denn so werden die Organe stärker mit Blut, also mit Sauerstoff und Nährstoffen, versorgt, die in der Stresssituation besonders leistungsfähig sein sollten. Die in dieser Situation weniger wichtigen Organe erhalten eine geringere Blutmenge. Der Sympathikus und die Hormone Adrenalin und Noradrenalin erhöhen also sehr schnell die Leistungsfähigkeit des Körpers.

Eine Stressreaktion kann lebenswichtig sein. In der Steinzeit zum Beispiel musste die Leistungsfähigkeit des Körpers schnell erhöht werden, wenn ein Raubtier angriff. Die stärkere Aktivität des Sympathikus und die Ausschüttung von Adrenalin und Noradrenalin erhöht allerdings nur für kurze Zeit die Leistungsfähigkeit. Man spricht daher auch von **Kurzzeitstress.** Er bereitet den Körper auf Kampf oder Flucht vor. Die Veränderungen werden daher auch als **fight-or-flight-syndrome** bezeichnet.

Heute wird der Körper durch den Kurzzeitstress zwar häufig in eine erhöhte Leistungsfähigkeit gebracht, die Leistung erfolgt aber gar nicht, weil es weder zum Angriff noch zur Flucht kommt. Bei einer Polizeikontrolle zum Beispiel kann man weder kämpfen noch fliehen. Die Unterdrückung von Kampf oder Flucht kann dem Körper schaden.

03 Heutige Fight-or-Flight-Situation

LANGZEITSTRESS · Hitze, Kälte, Hunger, Durst, ultraviolette Strahlung und weitere Umwelteinflüsse können den Körper über längere Zeit belasten. Die gleichen Wirkungen haben aber auch Überforderung im Beruf oder in der Schule, Partnerschaftskonflikte, übergroßer Ehrgeiz, Zusammenleben auf engem Raum, Einsamkeit und Mobbing. Solche Stressoren führen zu *psychischem Stress*. Auch Krankheiten, Dauerschmerz und körperliche Behinderungen sind solche langfristigen Belastungen. Alle diese Stressoren sind die Ursachen für den **Langzeitstress.**

Stressoren, die Langzeitstress auslösen, erregen über die Sinnesorgane und das Großhirn auch den Hypothalamus. Er schüttet daraufhin ein Hormon aus, das in der Hypophyse zur Freisetzung des Hormons *ACTH* führt. Dieses Hormon regt die Nebennierenrinde an, mehrere weitere Hormone auszuschütten. Ein wichtiges davon ist *Cortisol*. Die Ausschüttung von ACTH wird unter anderem dadurch geregelt, dass Cortisol in einer negativen Rückkopplung die Hypophyse hemmt, ACTH abzugeben.

ACTH = adrenocortico-tropes Hormon

Cortisol wirkt an vielen Stellen im Körper. Es begünstigt Ablagerungen in den Arterien. Dadurch verengen sie sich, sodass sich der Blutdruck erhöht. Infolgedessen steigt das Risiko eines Herzinfarkts oder eines Schlaganfalls. Cortisol vermehrt auch die Bildung von Magensaft. Oft sind Magenschleimhautentzündungen oder Magengeschwüre die Folge. Außerdem schwächt dieses Hormon das Immunsystem, sodass häufiger Infektionen auftreten. Unter dem Einfluss von Cortisol kommt es zur Umwandlung von Proteinen in Glukose. Vor allem Muskeln werden dadurch abgebaut, sodass das Körpergewicht abnimmt. Auch Störungen bei der Bildung von Sexualhormonen treten durch die Wirkung von Cortisol auf. Dadurch kann es zu Fehlgeburten und zum Ausbleiben des Eisprungs sowie bei Männern zu Sterilität und Impotenz kommen.

Häufig aufeinanderfolgender Kurzzeitstress führt zur vermehrten Ausschüttung von Cortisol und hat damit die gleichen Auswirkungen wie Langzeitstress. Langzeitstress hat immer ungünstige Folgen. Vor allem führt er zur körperlichen und psychischen Erschöpfung. Wer längere Zeit unter Stresssymptomen leidet, sollte Ärzte oder Psychologen zurate ziehen. Auch Sport kann die Folgen von Langzeitstress vermindern.

1 ⌡ Nenne die Wirkungen von Adrenalin und Noradrenalin sowie von Cortisol!

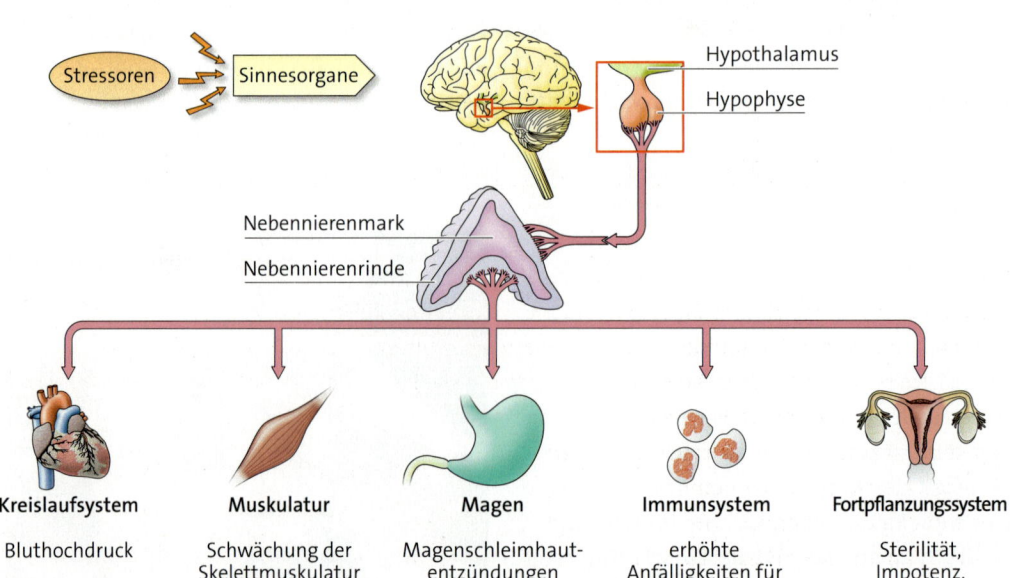

04 Schädliche Wirkungen von Langzeitstress

Material A ▸ Stresssituationen

1) Geburtstagsparty
2) Knochenbruch beim Fußballspiel
3) weit überzogenes Konto
4) Verliebtheit in einen neuen Partner
5) Trennung der Eltern
6) Diskobesuch
7) Schulwechsel
8) dauerhaft getrennt werden von Freund oder Freundin
9) Wohnungswechsel
10) Wettkampf bei Bundesjugendspielen
11) Führerscheinprüfung
12) Auftritt bei Theateraufführung

A1 Ordne die in den Abbildungen und der Liste dargestellten Situationen folgenden Stressformen zu: Eu- oder Disstress, Kurz- oder Langzeitstress!

A2 Vergleiche die Vorgänge im Körper bei einem der in der Liste aufge-

führten Beispiele für Kurzzeitstress mit einem Beispiel für Langzeitstress!

A3 Beschreibe Veränderungen deines Schulalltags, durch die Stress vermieden werden könnte!

Material B ▸ Tupaias

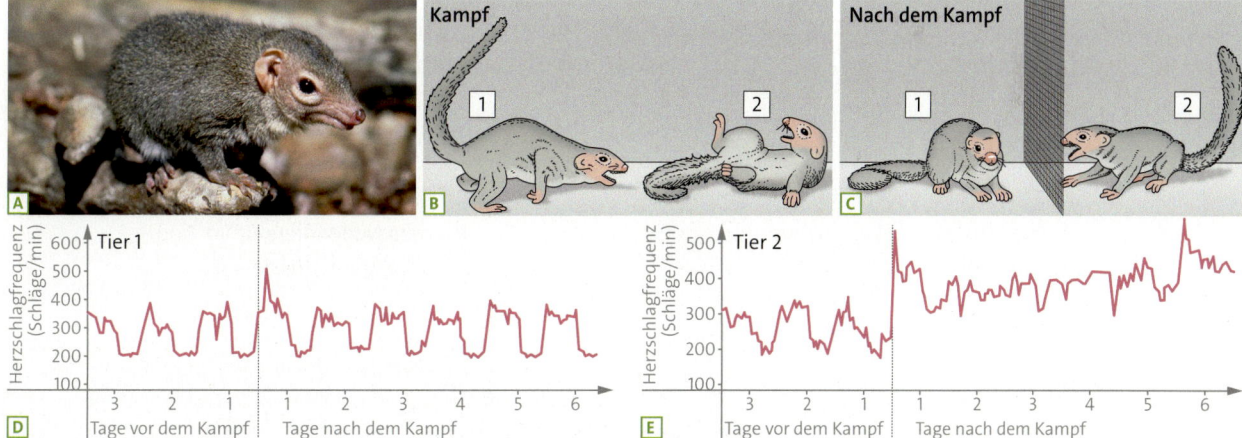

Tupaias sehen ähnlich aus wie Eichhörnchen, sind aber sehr ursprüngliche Verwandte der Affen. In einem Versuch wurden zwei Männchen nach einem Kampf durch einen Maschendraht voneinander getrennt. Die Tiere konnten sich immer wieder sehen und riechen. Die Diagramme zeigen die Schlagfrequenz des Herzens der beiden Rivalen.

B1 Stelle in einem Pfeildiagramm die hormonelle und nervöse Regelung dar, die bei beiden Tieren in B abläuft!

B2 Vergleiche die beiden Diagramme D und E!

B3 Erkläre den Kurvenverlauf nach dem Kampf im Diagramm E!

B4 Erkläre, weshalb zu erwarten ist, dass im Versuch das Körpergewicht des unterlegenen Tieres in den Tagen nach dem Kampf sinkt!

B5 Erkläre an diesem Beispiel, weshalb Kämpfe mit klaren Gewinnern und Verlierern für beide vorteilhaft sein können!

Hormone im Überblick

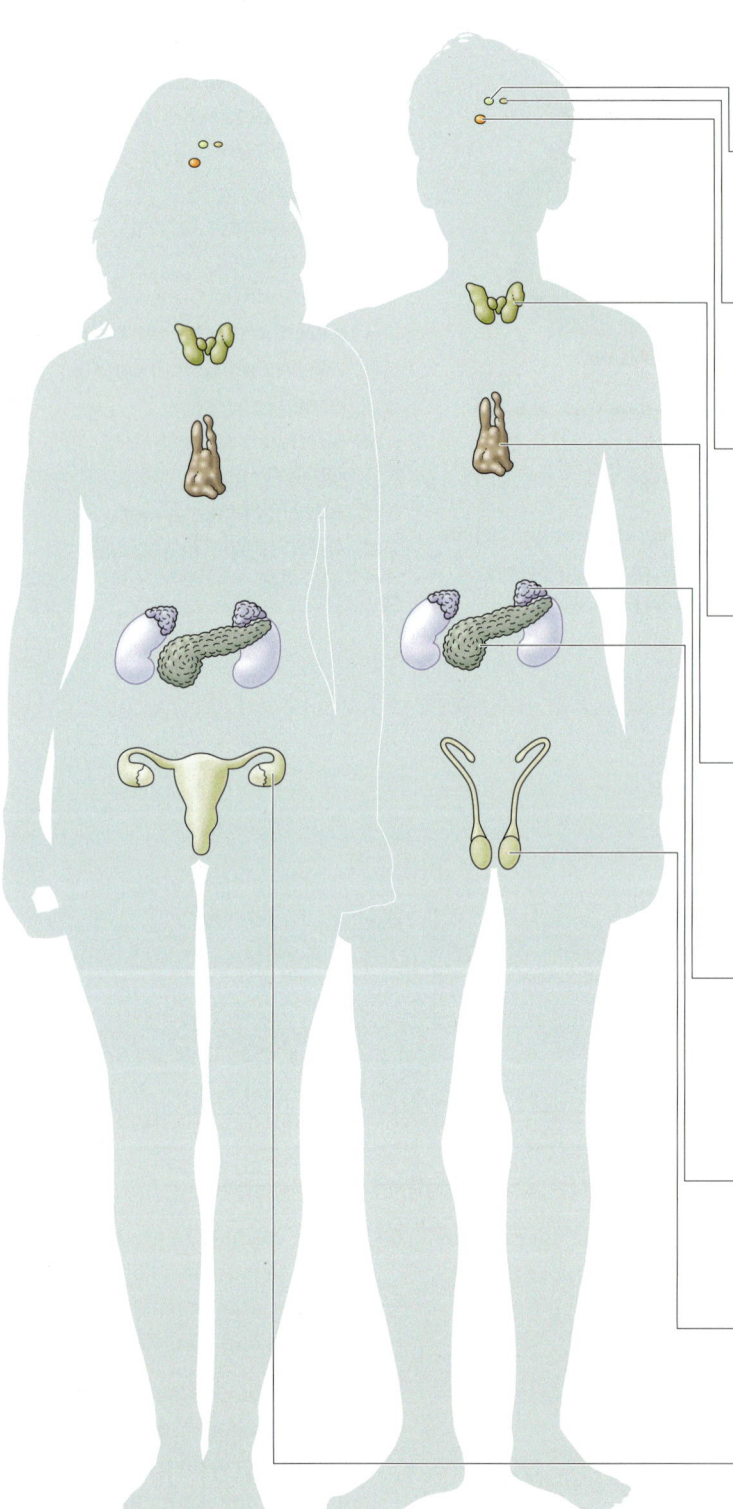

Hormondrüsen und für das Hormon-system wichtige Organe

Hypothalamus:
ist eine spezielle Region des Zwischenhirns; zentrale Steuereinheit des Hormonsystems und des vegetativen Nervensystems; Verbindung beider Informationssysteme.

Epiphyse:
liegt oberhalb des Zwischenhirns.

Hypophyse:
liegt unter dem Zwischenhirn; Hormone wirken entweder direkt auf Zielzellen oder auf Hormondrüsen im Körper; Steuerung wichtiger Körperfunktionen.

Schilddrüse:
liegt unterhalb des Kehlkopfs wie ein Schild vor der Luftröhre.

Thymus:
liegt hinter dem Brustbein unterhalb der Schilddrüse; wächst bis zur Pubertät heran und bildet sich dann wieder zurück.

Nebennieren:
liegen beidseitig wie eine Kappe auf den Nieren auf; bestehen jeweils aus dem Nebennierenmark und der Nebennierenrinde.

Bauchspeicheldrüse:
liegt quer im Oberbauch vor dem Magen.

Hoden:
sind die männlichen Geschlechtsdrüsen; liegen außerhalb des Körpers.

Eierstöcke:
sind die weiblichen Geschlechtsdrüsen; liegen im Unterbauch im Inneren des Körpers.

Produzierte Hormone (Beispiele)	Wirkung der Hormone im Körper (Beispiele)
Freisetzungshormone und Hormone, die eine Ausschüttung von Steuerungshormonen unterdrücken	Freisetzungshormone bewirken in der Hypophyse die Ausschüttung von Steuerungshormonen, hemmende Hormone unterdrücken die Ausschüttung.
Melatonin	Melatonin reguliert den Schlaf-Wach-Rhythmus des Körpers, indem es vor allem die Herz-Kreislauf-Funktionen beeinflusst.
Wachstumshormone und Steuerungshormone	Wachstumshormone regulieren das Körperwachstum. Steuerungshormone regen andere Hormondrüsen an, ihre Hormone auszuschütten.
Thyroxin	Thyroxin beeinflusst das Körperwachstum, die Gehirnentwicklung und viele Stoffwechselvorgänge des Körpers.
Thymosin	Thymosin ist an der Steuerung des Körperwachstums beteiligt und für die Differenzierung und Entwicklung von Immunzellen erforderlich.
Adrenalin (aus dem Nebennierenmark)	Adrenalin steigert die Herz-Kreislauf-Funktionen und setzt Energiereserven frei. Dadurch wird der Körper auf eine erhöhte Leistungsbeanspruchung vorbereitet, zum Beispiel bei Stresssituationen.
Cortisol (aus der Nebennierenrinde)	Cortisol ist bei der Regulation des Kohlenhydratstoffwechsels beteiligt und hemmt Entzündungsreaktionen im Körper.
Insulin	Insulin fördert die Versorgung der Zellen mit Glukose und senkt den Blutzuckerspiegel.
Glukagon	Glukagon fördert den Abbau von Glykogen und Fett und erhöht den Blutzuckerspiegel.
männliche Geschlechtshormone	Männliche Geschlechtshormone fördern die Entwicklung männlicher Geschlechtsmerkmale und stimulieren die Bildung von Spermienzellen.
weibliche Geschlechtshormone	Weibliche Geschlechtshormone fördern die Entwicklung der weiblichen Geschlechtsmerkmale und die Freisetzung der Eizellen. Sie regeln den Menstruationszyklus sowie die Schwangerschaft.

A ▸ Sinnesorgane des Menschen

Kann ich …

1 beschreiben, was ein Reiz und eine Erregung ist? *(Seite 246 und 248)*

2 verschiedenen Sinneszellen jeweils einen adäquaten Reiz zuordnen? *(Seite 246 und 247)*

3 beschreiben, wie es zur Wahrnehmung eines Reizes kommt? *(Seite 248)*

4 den Strukturen eines Auges jeweils eine Funktion zuordnen? *(Seite 250 und 251)*

5 den Bau der Netzhaut beschreiben? *(Seite 251)*

6 die verschiedenen Sinneszellen der Netzhaut miteinander vergleichen? *(Seite 251)*

7 die Vorgänge bei einer Akkommodation des Auges erläutern? *(Seite 252)*

8 die additive Farbmischung mit der subtraktiven Farbmischung vergleichen? *(Seite 258 und 261)*

9 die Bedeutung des Gehirns bei der Wahrnehmung von räumlichen und bewegten Bildern beschreiben? *(Seite 259 und 260)*

10 die Ursachen für zwei Formen der Fehlsichtigkeit nennen und jeweils die Auswirkungen erklären? *(Seite 255)*

11 beschreiben, was man unter einer optischen Täuschung versteht? *(Seite 260)*

12 die Bestandteile des Außen-, Mittel- und Innenohrs nennen? *(Seite 264 und 265)*

13 den Hörvorgang beschreiben? *(Seite 266)*

14 beschreiben, wie Hörschäden entstehen können? *(Seite 266)*

15 erläutern, wie man die Lage des Kopfes und Drehbewegungen wahrnehmen kann? *(Seite 268)*

B ▸ Informationsverarbeitung

Kann ich …

1 den Bau und die Funktion des zentralen und peripheren Nervensystems beschreiben? *(Seite 270 und 271)*

2 die Vorgänge bei einer Steuerung und einer Regelung voneinander unterscheiden? *(Seite 271)*

3 den Bau eines Nervs beschreiben? *(Seite 272)*

4 das Schema einer Nervenzelle zeichnen und beschriften? *(Seite 274 und 275)*

5 die Erregungsleitung an einer Nervenzelle und einer Synapse beschreiben? *(Seite 275 und 276)*

6 die Aufgaben der verschiedenen Gehirnteile nennen? *(Seite 278 und 279)*

7 ‚ einen Reflexbogen zeichnen und seine Rolle bei der nervösen Steuerung beschreiben? *(Seite 280)*

8 ‚ den Bau des vegetativen Nervensystems beschreiben? *(Seite 298)*

9 ‚ die Bedeutung des Sympathikus und Parasympathikus für den Körper beschreiben? *(Seite 284 und 285)*

C ▸ Hormonsystem

Kann ich ...

1 ‚ beschreiben, wie Information im Hormonsystem übertragen wird? *(Seite 288)*

2 ‚ die Regulation des Blutzuckerspiegels mithilfe von Hormonen klären? *(Seite 289)*

3 ‚ das Krankheitsbild Diabetes mellitus erläutern? *(Seite 290)*

4 ‚ die Vorgänge und Wirkungsweisen von Regelkreisen mithilfe vorgegebener Schemata erklären? *(Seite 295 und 296)*

5 ‚ die Regulation des Menstruationszyklus anhand eines Diagramms beschreiben? *(Seite 294 und 295)*

6 ‚ die hormonelle Regelung bei einer Schwangerschaft beschreiben? *(Seite 296)*

7 ‚ die Wirkung von FSH und LH beim Mann mit der Wirkung bei der Frau vergleichen? *(Seite 296)*

8 ‚ beschreiben, was man unter Stress versteht? *(Seite 300)*

9 ‚ die Vorgänge und Wirkungen des Kurzzeitstresses beschreiben? *(Seite 300 und 301)*

10 ‚ den Kurzzeitstress mit dem Langzeitstress vergleichen? *(Seite 300 bis 302)*

11 ‚ die beim Langzeitstress beteiligten Hormone und deren Funktion nennen? *(Seite 302)*

12 ‚ die Lage verschiedener Hormondrüsen im Körper beschreiben, ihre jeweiligen Hormone nennen und ihre Wirkungen im Körper erläutern? *(Seite 304 und 305)*

Kann ich aus dem Kapitel „Informationssysteme" Beispiele nennen für das biologische Prinzip:
- Schlüssel-Schloss-Prinzip?
- Variabilität?
- Information und Kommunikation?
- Regelung und Steuerung?
- Stoff- und Energieumwandlung?
- Reproduktion?

BILDQUELLENVERZEICHNIS

312

Titel (Zwillinge): Fotolia/HaywireMedia
123RF/Dan Kosmayer: **187/A**, Renjith Krishnan: **274/1**, Shao-Chun Wang: **187/B**, Tono Balagauer: **187/D**, Tyler Olson: **186/l.**
Agentur Focus/DR KLAUS BOLLER/SPL: **241/1 (Pollen)**, Gelderblom/eye of science: **225/3a**, **242/B**, SPL: **225/4**, SPL/Jürgen Berger: **220/2**, **242/A**, SPL/Reader: **44/1**, STEVE GSCHMEISSNER/SPL: **241/1 (Birkenpollen)**
akg-images: **142/2**, Science Photo Library: **40/3d**
Arco Images/NPL: **129/M.l.**
blickwinkel: **129/M.M.**, **129/o.r.**, blickwinkel/Frank Hecker: **42/l.**, R. Koenig: **40/4a**, R. Linke: **82/1**, S. Derder: **40/4b**
Bossek, H., Hoppegarten: **63/B5**
Bridgeman Images: **46/3b**
BzGA – Mit freundlicher Genehmigung der Bundeszentrale für gesundheitliche Aufklärung: **236/1**, **239/a**, **239/b**
Colourbox. com: **167**, coulorbox.de/Vincent Hazat: **273/B**
Cornelsen/Theuerkauf, H., Gotha: **180/A–D**, **216/B1–B4**
Cornelsen/Volker Minkus: **179/u.**, **194/1**, **252/3a+3b**, **256/1–3**, **261/A**, **262/l.**, **262/m.**, **263/B**, **269/B**, **273/A**, **300/1**
ddp images/360° CREATIVE: **249/A**, intertopics: **24/5**, Picture Press/Minden Pictures/360° CREATIVE/Michael Durham: **22/1**, **56/A**
Digitalstock: **29/6c, 6d**
EHEIM GmbH & Co. KG: **63/B1**, **130/1**, **139/1**, **148/E**, **223/A**
Ellen Larsson – R. Henrik Nilsson, Erik Kristiansson, Martin Ryberg, Karl-Henrik Larsson (2005). „Approaching the taxonomic affiliation of unidentified sequences in public databases – an example from the mycorrhizal fungi". BMC Bioinformatics 6: 178. DOI:10.1186/1471-2105-6-178. aus Wikipedia/BMC Bioinformatics, CC-2.5-BY: **72/6b**
F1online/AGE/Stefano Paterna: **33/3b**, Frank Stober: **26/1**, Imagebroker RM/Malcolm FLPA: **33/3c**, Westend61/CBpictures: **33/3a**
Fotolia/Amaro: **241/1 (Obst)**, animaflora: **220/1**, Anke Thomass: **6/o.**, emer: **20/5b**, farbkombinat: **21/l.**, focus finder: **16/6**, Franz Pfluegl: **55/2**, Gresei: **241/1 (Erdnüsse)**, hd-design: **125/6**, Igor Mojzes: **287/b**, **303/b**, Iryna Tiumentseva: **283/1**, Jag_cz: **253/C1**, jcfotografo: **253/C2**, jd-photodesign: **238/5**, **243/E**, Manfred Ruckszio: **20/5b**, Martha Marks: **35/o.M.**, mrcats: **231/D**, nasared: **45/a**, ninell: **187/C**, nivsi: **43/l.**, R.-Andreas Klein: **127/o.**, Ralf Gosch: **183/A l.**, Robert Neumann: **106/3**, santia3: **25/l.o.**, seen: **241/1 (Reinigungsmittel)**, simonalvinge: **98/1**, Stefan Redel: **130/3**, Stokholm: **14/3**, Xaver Klaußner: **31/o.**
Höner, G., Lass I., Fischhaus Zepkow: **8/M.**
Huber-Images/TC: **246/1**
imago: **5/o.l.**, **45/c**, **100/1**, **129/M.l.**, **147/C**, imago stock&people/blickwinkel: **36/2**, **63/A3**, imago stock&people/Westend61: **63/B2**, imago/100 pro imago life/blickwinkel: **14/2**, **20/4a**, imago/blickwinkel: **25/o. r.**, **63/A6**, **121/o.M.**, **121/o.r.**, **129/u.r.**, imagebroker: **63/B6**, **66/1**, **121/o.l.**, Steffen Schellhorn: **63/A5**, wolterfoto: **63/B4**
interfoto e.k./Reinhard Dirscherl: **3/o.**, **13**
Janz, Dr. H., Tübingen: **60/1**, **146/A**
Juniors/G.Lacz: **39/u.l.**, Minden Pictures: **33/3d**
König, Marko: **120/4**
laif/Thomas Ernsting: **50/1b**, **57/D**
LOOK: **258/1**
mauritius images: **86/B**, **155/B+C**, **158/4**, **172/1**, **179/o.r.**, **182/04 r. + l.**, **241/1 (Besteck)**, **298/1**, **298/3**, AGE: **299/3**, Alamy: **32/1**, **56**, **95/unten**, **97/2**, **122/1r.**, **122/1l.**, **183/A r.**, Alamy: **253/A**, alamy stock photo/E.R. Degginger: **43/M.**, alamy stock photo/tbkmedia.de: **14/1**, alamy stock photo/The Natural History Museum: **46/3a**, Andreas Vitting: **86/D**, BSIP/CDC: **228/1a**, Christine Steimer: **6/M.o.**, Corne van der Linden/MYN/nature picture library: **24/4**, David & Micha Sheldon: **91/B**, Garden World Images: **97/3**, Garden World Images/GWI/John Swithinbank: **182/04 M.**, Gerard Lacz: **20/4b**, mauritius images/ib: **141/A**, **299/1**, ib/Manfred Bail: **74/1**, **146/B**, ib/Martin Siepmann: **141/C**, imagebroker: **103/o.l.**, **213**, **241/1 (Armreif)**, imageBROKER/Jürgen & Christine Sohns: **202/1**, imageBROKER/Christian Hütter: **29/6b**, imagebroker/Ingo Schulz: **18/1**,
imageBROKER/Marko König: **35/u.M.**, imagebroker/Martin Siepmann: **86/C**, imageBROKER/Norbert Michalke: **142/1**, Image Source/Tony Garcia: **231/A**, Kerstin Layer: **67/3**, Ludwig Mallaun: **118/1**, Onoky: **160/B**, Peter Lehner: **67/2**, Photo Alto: **5/M.**, Photoshot Creative: **136/3**, Phototake: **155/A**, Roland T. Frank: **202/2a**, Science Photos Library: **5/u.l.**, **290/4**, Science Source: **198/1**, **217/C**, **225/6**, **225/5**, **228/1b**, **242/C**, Science Source/All mauritius images: **153/B**, Sinclair Lea/Oredia: **298/2**, Steffen Beuthan: **141/B**, Stephanie Böhlhoff: **224/1**, tips images: **288/1**, Udo Siebig: **86/A**, www.urbanlip.com: **284/1**
Neanderthal Museum – Ausstellung Mammut, Giganten der Eiszeit: **17/l.**
Neanderthal Museum, Mettman: **51/3**
Nowak, Dr. R., Bad Saulgau: **63/A2**
OKAPIA KG/Andreas Hartl: **125/5**, Auscape/SAVE/Jean-Paul Ferrero: **143/3**, Berthold Singler: **132/6**, Breck P. Kent: **15/5**, Chris Mattison/FLPA: **30/u.**, Christian Grzimek: **176**, Harald Theissen: **104/1**, imagebroker/Ottfried Schreiter: **50/1a**, imagebroker/Frank W Lane/FLPA: **29/6a**, Imagebroker/Stefan Arendt: **92**, Kage Mikrofotografie: **221/3**, Karl Gottfried Vock: **203/1b**, Marc de Clerck/KINA: **203/1a**, Michael Peuckert/Imagebroker: **136/1**, **149/F**, NAS/Michael Tweedies: **29/5a**, NAS/Louise K. Broman: **20/5a**, Nigel Cattlin/Holt Studios: **208/3**, **208/4**, Nils Reinhard: **64/1**, Phil McLean-FLPA/Imagebroker: **75/2a**, Raimund Cramm: **35/u.l.**, Rainbow/Dan McCoy: **162/1**, Ramona Richter/Tierfotoagentur: **202/2b**, Rene Arnault: **8/u.**, **21/r.**, **75/2b**, SeaTops/Franz Hajek: **129/o.M.**, Winfried Wisniewski: **63/A1**
panthermedia/Frank Schröer: **63/B3**
Photoshot: **224/2**
picture-alliance: **132/5**, akg-images: **176/1**, Andreas Lander: **287/a**, Arco Images GmbH/Wegner, P.: **179/o.l.**, ASA/Natascha Haupt: **278/1**, **306/B**, ASA/Philippe Crochet: **270/1**, BSIP/IMA: **241/1 (Milbe)**, dpa: **130/4**, **190/1**, NHPA/photoshot: **103/u.l.**, Okapia: **129/u.M.**, Okapia/Root: **39/M.**, P.Hartmann/WILDLIFE: **63/A4**, SGS/Science Photo Library: **272/3a**, Udo Bernhart: **183/C. l.**, WILDLIFE: **129/o.l.**, ZB/euroluftbild.de: **117/oben/A**
Rupp, Gabriele, Stutensee: **241/M.**
Schiek, Dr. Ulrike, Landau: **160/o.l.**, **160/o.r.**
Science Photo Library/Ã: **232/1**, **243/D**, Biophoto Associates: **153/A**, GEORGE BERNARD: **40/3c**, SCIENCE PICTURE CO: **3/u.r.**, **151**, **216/A**
SciencePictures/KES/Kaempre: **228/u.r.**
Shutterstock/Aleksander Bolbot: **90/A**, Andrey Arkusha: **160/A**, Andrii Muzyka: **4/o.**, **244**, Anton Vakhlachev: **260/5a**, Athapet Piruksa: **36/1c**, Awei: **36/1b**, Bernhard Richter: **45/b**, Damson: **45/d**, Daniele Carotenuto: **231/C**, Dmitry Lobanov: **290/5**, Ekaterina V. Borisova: **36/1d**, El Choclo: **299/2**, Elena Yakusheva: **5/u.r.**, Elsa Hoffmann: **186/r.**, Elya Vatel: **241/1 (Katze)**, eveleen: **261/B**, Everett Historical: **26/2**, Ferencz Teglas: **114/1**, Guenter Albers: **40/1**, Heiko Kiera: **8/o.**, IgorMitrovic88: **200/3**, Jason Benz Bennee: **212/1**, **217/D**, Kamil Macniak: **5/o.r.**, Kletr: **231/B**, Krzysztof Odziomek: **39/u.r.**, Kzenon: **301/3**, LeonP: **36/1a**, **56/C**, Monkey Business Images: **294/1**, **307/C**, ollyy: **303/a**, Pavel L Photo and Video: **78/1**, **148/D**, R.Martens: **7/o.**, Ralf Juergen Kraft: **25/M.**, rangizzz: **258/1**, **259/4**, RyFlip: **166/1**, Serg Zastavkin: **250/1**, **306/A**, Shots Studio: **206/1**, Stacy Barnett: **228/m.r.**, Stubblefield Photography: **35/o.r.**, sumikophoto: **35/o.l.**, Super Prin: **3/u.l.**, **58**, Suto Norbert Zsolt: **108/1**, T-Design: **4/M.**, **219**, wavebreakmedia: **156/1**, **259/4**
Smith, Bradley, Ann Arbor, MI, USA: **152/1**
Timo Schemer-Reinhard, Medienwissenschaftliches Seminar d. Uni Siegen: **264/1**
TopicMedia: **42/r.**, Martin Siepmann: **15/4**, Ruckszio: **27/3**
Visum/PANOS/Eric Miller: **54/1**, Woodfall: **125/4**
waldzeit.ch/Jakob Forster: **120/3**
Walter Kleesattel (gestorben 2011): **47/6**
Wasserverband Obere Lippe/NZO-GmbH/Luftbild: Geobasis NRW: **124/A+B**
WILDLIFE/F.Stich: **129/u.l.**
Wissenschaftliche Bildagentur Karly: **6/u.**
Wolfhard Koth-Hohmann: **143/4**
YourPhoto Today: **298/4**, Superbild: **6/M.u.**, **70/1**